西周时代是指公元前十一世
末叶周武王克商，创建周朝，
都于镐（今陕西西安西南），
到公元前七七一年周幽王被
和周平王迁都洛邑（今河南洛
前后约二百八十年的这一段时
我们研究西周史，很有必要以
周可靠文献，结合西周金文，
考儒家所传礼书，作综合比较
分析，从而得出正确的结论。

杨宽——著

西周史

中国断代史系列

西周是继夏、商二代建立的王朝，西周的政治文化在
基础上有了光辉灿烂的发展，孔子就曾说："周鉴于二
乎文哉！吾从周。"儒家从孔子开始，一贯推崇西周的
特别推崇西周开国君主文王和周公。孟子进一步把从
汤、文王到孔子推尊为"圣人"的传统，荀子又开始推
周政治文化的《诗》、《书》、《礼》、《乐》作为儒家的经
西周的政治文化，包括周文王、周公等人物，影响很

政治、军事上的重要措施
和制度，往往贯串在所举
行的各种"礼"中。所谓礼
制，不仅指各种重要的典礼
仪式，更包含许多重要的典
章制度。西周是贵族讲究礼
仪、依据礼制进行统治的时
代，为此我们对各种重要礼
制分别作了探讨，或者作了

上海人民出版社

作者简介

杨宽（1914—2005），字宽正，上海青浦人。1936年毕业于光华大学国文学系，师从吕思勉、蒋维乔、钱基博等。1936年参与上海市立博物馆筹建工作，1946年任上海市立博物馆馆长兼光华大学历史系教授，1953年任复旦大学历史系教授，1959年调任上海社会科学院历史所副所长，1970年又调回复旦大学历史系工作。1984年赴美国迈阿密定居至逝世。历任上海市文物保管委员会主任秘书、古物整理处处长，上海博物馆副馆长，中国先秦史学会第一至第三届副理事长。著有《中国上古史导论》、《古史新探》、《古史探微》、《西周史》、《战国史》、《战国史料编年辑证》、《中国古代陵寝制度史研究》、《中国古代都城制度史研究》等，发表论文360余篇。

目 录

第三编 西周王朝的政权机构、社会结构和重要制度

前　言

西周时代是指公元前十一世纪末叶周武王克商，创建周朝，建都于镐（今陕西西安西南），直到公元前七七一年周幽王被杀和周平王迁都洛邑（今河南洛阳），前后约二百八十年的这一段时间。西周是继夏、商二代建立的王朝，西周的政治文化在两代的基础上有了光辉灿烂的发展，孔子就曾说："周监于二代，郁郁乎文哉！吾从周。"儒家从孔子开始，一贯推崇西周的政治文化，特别推崇西周开国君王文王和周公。孟子进一步把从尧、舜、禹、汤、文王到孔子推尊为"圣人"的传统。荀子又开始把代表西周政治文化的《诗》、《书》、《礼》、《乐》作为儒家的经典。因而西周的政治文化，包括周文王、周公等人物，影响很是深远。

然而要研究西周史，这是个难题。因为现存的主要西周史料，即儒家作为经典的《诗》、《书》、《礼》、《乐》，都经过战国时代儒家的编选和修订，有其家派的局限性。

第一，儒家所传西周史料，大多是开国文献，缺乏西周中期和后期的史料。今本《尚书》二十八篇,《周书》占有一半,大多记载开国大事,其中十篇记有周公有关开国大业的长篇大论,宣扬的是儒家所推崇的"文、武、周公之道"。儒家对于古文献是按其政治需要来编选的,例如古《书》原有《武成》篇,是讲武王克商经过的,很是重要,因为所记杀伤很多,就不为儒家所取。孟子以为武王克商,是以"至仁伐至不仁",不该有"血流漂杵"的杀伤,"尽信《书》不如无《书》",《武成》篇就因而失传。汉景帝时,孔子旧宅的壁中发现《古文尚书》十六篇,这是很重要的古籍发现,却因其中有《武成》篇,不为儒家经师所取,依然失传了。幸而兵家所编的《逸周书》中保存有《世俘解》,是和《武成》相同的篇章,我们还能看到。《逸周书》中所保存的真实西周文献,《世俘》、《商誓》、《度邑》、《作雒》、《皇门》、《祭公》等篇,大多也是西周开国文献。目前研究西周史,关于开国大业的资料比较充分,但是西周中期和后期的文献缺乏,这是个很大的困难。

第二,儒家所传西周的礼书,都不是原始资料,已经儒家按其政治理想重新编定。儒家作为经典的《周礼》,或称《周官》,名为记载周朝政权组织及其相关典章制度的,实际上是经过儒家重新编定的理想化政典。我们依据大量西周金文所载"册命礼"中"右"者官职及其与所属受命者的官职关系,从而考定当时朝廷大臣的组织体系,可知当时执政大臣有公、卿两级,早期公一级有太保、太师和太史,卿一级有司徒、司马、司工、司寇、太宰、公族;中期以后公一级有太师和太史,没有太保,卿一级没有司寇,只有五卿。然而《周礼》所载周朝官制则大不相同,它以天、地、四时(四季)为纲领,以冢宰(太宰)为天官,司徒为地官,宗伯为春官,司马为夏官,司寇为秋官,司工为冬官(冬官早佚,汉儒补入《考工记》),以冢宰统率六卿分掌六典,而没有高于六卿的公一级。很明显，这是经儒家按后世流行制度作了改造的。由此可见《周礼》所载，已经不是西周原有制度，有待于重新分辨，去伪存真。

儒家所传另一部“礼”的经典称为《仪礼》，所载各种仪式，有着统一的规定和严密的条例，清代学者凌廷堪所著《礼经释例》，对此曾作细密分析。很明显这不是西周原有的礼仪，是出于战国时代儒家统一整理而重新编定的。因此西周的礼仪，也有待于重新考订。

古人的所谓礼制，不仅指各种重要的典礼仪式，更包含许多重要的典章制度，因为古代的典章制度经常贯串在各种礼仪的举行中，从而得以确立和维护的。经学家一向把礼书的分析研究作为重要的课题，清代学者江永所著《礼书纲目》和黄以周所编《礼书通故》，就是对古书所载的礼乐制度加以汇编考释而成的。今天我们要探讨西周的典章制度，还是有必要把古书所载各种重要礼制，结合当时经济、政治和文化上的重要制度，系统地探索其源流变化，从而揭发出西周时代各种典章制度的真相来。

既然儒家所传的西周文献有其局限性，又缺乏西周中期和后期的文献，五百篇以上的西周金文就显得特别重要了。目前研究金文的专家，对西周金文所作断代研究，虽然还有不同意见，但已能大体作出论断，因此我们研究西周史，很有必要以西周可靠文献，结合西周金文，参考儒家所传礼书，作综合比较和分析研究，从而得出正确的结论。

从五十年代起，我就开始从事西周史的钻研，进行了一系列的探索，曾对西周农业生产、井田制度和“籍礼”作过一系列考察；又曾对西周乡遂制度、社会结构、军队编制和乡饮酒礼、大蒐礼、射礼作过一系列考察；又曾对宗法制度、贵族组织和冠礼、贽见礼等作过一系列考察；更曾对古代大学的特点、起源和乡饮酒礼、射礼等作了相关的探究。所有这些考察，先后写成论文发表在刊物上，到一九六五年曾汇编进我的《古史新探》一书中（北京中华书局出版）。因为此书出版时，正当"文化大革命"前夕，只印了三千册，国内外许多学者没有注意到。但是我很自信，认为这样的研究方法是踏实的，所得结论是正确的。

八十年代，我开始在上述研究的基础上，从事著作这部《西周史》，依据西周史料的特点，全书分成七编，将《古史新探》中的精华也容纳进去。因为西周史料有其局限性，所写经济、政治、文化各方面，详略既有不同，写法也有差别。

第一编是西周开国史，因为有比较充分的文献资料，写得就很详细，分析也较深入。

第二编讲西周时代的土地制度、农业生产和手工业生产，这是我们特别重视的。我们认为西周推行的井田制，就是贵族占有的村社的土地制度，原来井田制既有共同耕作的"公田"，"公田"收入用于祭祀和公益事业，又有一夫受田百亩的规定，并有定期平均分配和调换不同等级田地的制度，这时"公田"收入已被贵族占有，农民由田官监督在"公田"上劳动，农民还要织布供贵族做衣裳，猎取貉和狐狸为贵族做皮衣，参与打猎练习武功，猎得大兽要献给贵族，酿酒杀羊为贵族祝寿，十月"我稼既同，上入执宫功"（《豳风·七月》），就是说在自己所种庄稼收割后，就要为贵族修缮房屋。农民只能分配到"百亩"私田上的收入用来维持一家生活，这是中国古代特有的一种生产方式。到西周晚期，由于农民不肯尽力耕作"公田"（或称"籍田"），"公田”逐渐荒废，周宣王即位就发生“不籍千亩”的事，“千亩”是周天子的“籍田”。等到春秋、战国之交，各国先后取消这种“籍田”，改用按亩征税的制度，于是农民成为耕作“百亩”之田、纳什一之税的小农。接着秦、魏等国制定法律，实行按户籍授田百亩的制度，农民有上交田税和定期服兵役及劳役的责任。这种被编入户籍的农民，具有后世自耕农的特点，除按亩纳税和服役以外，生产和生活是自主的，因而生产积极性较高，生产得以进一步发展，成为当时社会繁荣和文化高度发展的经济基础。我们主张实事求是地进行分析研究，认为中国从古以来历史发展有其独特的规律，根本不同于欧洲的历史，既没有经历像古代希腊、罗马那样的典型奴隶制，更没有经历过像欧洲中世纪那样的领主封建制，而是从井田制的生产方式发展为小农经济以及地主经济的生产方式。

第三编讲西周王朝的政权机构、社会结构和重要制度，其中依据可靠文献并结合金文，对中央政权机构的剖析，内容是充实的。对王朝公卿的官爵制度的分析，主要是依据大量金文“册命礼”中“右”者的官职与所属受命者的官职关系，从而辨明当时朝廷上公、卿两级的官爵制度。关于西周初期的分封制，因为史料比较充分，可以作出比较周到的分析。至于乡遂制度和社会结构的讨论，宗法制度和贵族组织的探讨，由于西周史料不充分，主要是依据春秋时代的情况进行推断的。至于王朝统治所属少数部族的“荒服”制度，虽然文章不长，但是比较重要的。

第四编讲西周王朝的军政大事，其中“论周武王克商”一篇，对于武王克商的成就作了比较细密的论证。“西周王朝历代对四方的征伐和防御”一篇，主要是依据金文并结合文献来叙述的。西周王朝先后共有二十多次较大的对外战争，因为当时“国之大事，惟祀与戎”，所以我们有必要加以探索。可惜史料有限，大多内容简略。其中“西周春秋时代对东方和北方的开发”一篇，因为西周史料不多，故连同春秋时代一起探讨，这样比较容易说清楚。至于《穆天子传》真实来历的探讨，很是重要，因为长期以来人们是把《穆天子传》所描写的周穆王西行事迹作为小说看待的，有必要加以辨明。

第五编特别论述了西周时代的楚国和曾国，因为楚国经历了西周时代艰苦创业过程，到春秋时代就成为南方大国。七十年代河南、湖北间，多处发现西周晚期的曾国铜器，在湖北随县还发现了战国初期的曾侯大墓，出土了许多精美文物。我们认为这就是文献上的姒姓缯或鄫国，在今河南方城一带。因此我们在编著的《中国历史地图集》第一册上，把鄫定点在河南方城。然而有的学者称之为“曾国之谜”，并认为曾国就是随国，我们不能同意，于是发表这篇“曾国之谜解释”，来说明我们的见解。一九六四年上海博物馆从湖北运沪的废铜中曾拣选出春秋早期的曾子斿鼎，铭文讲到曾的祖先烈曲，这和《世本》所说曾氏出于夏少康封其少子曲烈于鄫之说相合（“曲烈”疑是“烈曲”之误），足以证明我们这个见解是正确的，因此我在这里又写了一段“补记”。

第六编讲西周时代的文化教育和礼制，其中指出了当时大学（辟雍）设有园林和大池，不仅是贵族子弟学习之处，又是公共活动的场所，还是行射礼和习射之处，而这一活动具有练习武艺的性质；它又是举行乡饮酒礼之处，带有敬老、养老、协商大事的性质；更是行礼、奏乐、舞蹈之处，故成为群众娱乐的场所。教师称“师”起于西周时，因为当时大学以练习武艺为主，教师起源于教导军事训练的军官。

在这里我还论述了阴阳五行学说的起源，认为西周末年太史伯阳父所谈阴阳学说和五行学说，足以证明《汉书·艺文志》所说阴阳家者流出于羲和之官的说法，是正确的。西周是贵族讲究礼仪、依据礼制进行统治的时代，为此我们对各种重要礼制分别作了探讨，或者作了说明。

第七编论述了西周后期王朝逐步衰亡及其东迁中原的过程。

以上七编，其中有些篇章曾作单篇论文发表过，目的在于抛砖引玉。因为作为单篇论文发表，其中叙事不免有些重复的地方。现在重加补订，全部发表，希望能从此促进西周史这个领域研究的进一步发展，更希望得到批评指正。

本书在编著过程中，特别承蒙好友王孝廉教授和吴继文先生的关心，又蒙日本同学高木智见先生提供有关资料，更蒙上海博物馆提供所藏西周时代文物的照片，特此向诸位先生和马承源馆长表示感谢。

杨 宽

一九九八年一月

第一编

西周开国史

第一章　绪　论

一　西周文献的来历

（一）周人对开国君王的推崇

西周初期文王、武王、周公伐灭殷商、东征平定叛乱制服东夷，从而创建开国的大业，历来为周人所推崇而歌颂。《孟子·滕文公下》在叙述“周公相武王诛纣、伐奄三年讨其君……灭国者五十”之后，就引《尚书》称赞说：“丕显哉，文王谟（文王显赫的谋略）！丕承哉，武王烈（武王伟大的功勋），佑启我后人（帮助启发我们后人），咸以正无缺（都能正确而无缺失）。”说明周人认为文王、武王开国的成就对后世影响极大。《左传·襄公二十九年》记载吴国公子季札来到鲁国“请观于周乐”，乐工就奏音乐而歌唱，唱了差不多包括今本《诗经》全部诗歌（只有《鲁颂》、《商颂》不在内），再加上舞蹈。当乐工跳起《大武》（表演周武王克商的）舞时，季札称赞说：“美哉！周之盛也，其若此乎！”当乐工跳起《韶濩》（表演商汤克夏的）舞时，季札称赞说：“圣人之弘也，而犹有惭德(惭愧的感觉)，圣人之难也。”春秋时代人们已把商周两代的开国君王看作圣人了。

(二) 儒家对西周政治文化的推崇

儒家沿袭前人对文王、武王推崇的传统，对西周开国时期的政治文化极为推崇。孔子说：“周监于二代，郁郁乎文哉！吾从周”(《论语·八佾》)。这是说周代继承夏、商二代的政治文化，发展得更为丰富多彩，因此主张政治文化必须依据周代的制度。孔子把周文王看作西周丰富多彩的政治文化的代表，又把自己作为继承文王的代表。当孔子在匡(今河南长垣西南)被人拘禁的时候，他就说：“文王既没，文不在兹乎？天之将丧斯文也，后死者不得与于斯文也；天之未丧斯文也，匡人其如予何?”(《论语·子罕》)这是说周文王死了之后，政治文化不是就在我这里吗？如果天将要消失这样的文化，那么我也不能掌握这个文化了。如果天不要消失这个文化，那匡人又能将我怎样呢？说明孔子十分自信他是西周政治文化的代表人物。孔子又说：“甚矣吾衰也，久矣吾不复梦见周公。”(《论语·述而》)孔子把周公看作西周政治文化的主要代表，他就是周公的继承者，因而做梦也要见到周公。孔子十分自信，如果有人用他，由他执政，很快就能成功。他说：“苟有用我者，期月而已可也，三年有成。”(《论语·子路》)他又说：“夫召我者，而岂徒哉？如有用我者，吾其为东周乎?”(《论语·阳货》)这是说有人召我去，难道是徒然白白召我去的？假如有人用我执政，西周的政治文化就可以在东方推广开来。孔子的政治主张，主要就是要后世君王以周文王、武王、周公作榜样，从而把西周开国时期的政治文化继续发扬光大。

孟子继承孔子的政治主张，有进一步的发展。孟子把孔子看作杰出的圣人，说："圣人之于民，亦类也。出于其类，拔乎其萃。自生民以来，未有盛于孔子也。"（《孟子·公孙丑上》）孟子在《孟子》的最后一章（即《尽心下》第三十八章），提出了一个"圣人"的传统，从尧舜至于汤，从汤至于文王，从文王至于孔子，这个"圣人"传统是一脉相承的，而且是一代高过一代，到孔子是最"盛"的。孟子接着又说："由孔子而来至于今，百有余岁，去圣人之世若此其未远也，近圣人之居若此其甚也，然而无有乎尔，则亦无有乎尔。"这是说孔子之后到孟子那时，只有一百多年，离开圣人之世不远，距离孔子的家乡也很近，竟然没有继承者。这是孟子自以为孔子的继承者，没有直说，孔子是鲁人，在今山东曲阜，孟子是邹人，在今山东邹县，确是很近。孟子虽然鼓吹"尧舜之道"，而实际主张的还是效法周文王，曾说："师文王，大国五年，小国七年，必为政于天下矣。"（《孟子·离娄上》）

荀子继承孔子的政治主张，有更进一步的发展。荀子认为学者有"士"、"君子"和"圣人"之分，圣人是"道之管（枢要）也"。儒有"俗儒"、"雅儒"、"大儒"之分，"用俗儒，则万乘之国存；用雅儒，则千乘之国安；用大儒，则百里之地久而后三年（言久到三年），天下为一，诸侯为臣；用万乘之国，则举错而定，一朝而伯"。荀子把武王、周公和孔子都推崇为"大儒"，认为周公继承武王而居天子之位，教导成王，待成王成人而即天子位，就是"大儒之效"。又认为武王伐纣，到汜水泛滥，到怀城而城崩坏，到共头而山头坍倒，攻到牧野，"纣卒易乡"（"乡"读作"向"，"易乡"是说回头倒戈），"遂乘殷人而诛纣"，这样"箠棰暴国，齐一天下"，就是"大儒之征"（《荀子·儒效》）。荀子为了吹捧"大儒"的成效，把武王伐纣经过说得神乎其神，说是由于殷人倒戈而轻易得胜的。

(三)代表西周政治文化的"诗书礼乐"成为儒家经典

《诗》、《书》和礼、乐,是代表西周主要的政治文化的。《诗》、《书》和礼、乐原是密切相关的。所谓《诗》,原是用音乐伴奏的歌辞,《诗》有所谓"风"、"雅"、"颂"。"风"是指不同国家或地区、不同风格的乐曲,"雅"是指西周王畿的乐歌,"雅"通作"夏",周人自称为"夏"。"颂"是统治者用于祭祀和其他重大典礼的乐歌。"雅"和"颂"的乐曲,由于用途不同,声调不同,所用乐器也有不同,如琴有雅琴和颂琴之分。当时所有招待宾客、举行宴会和重要典礼,都要由乐工奏乐和歌唱,所唱乐歌和所用乐器是有等级的。例如一般招待宾客,有瑟伴奏的"升歌",还有"笙奏"、"间歌"和"合乐"。如果是天子、诸侯、卿大夫之间的飨礼,就要用"金奏",就是用钟鼓演奏的乐曲。所谓《书》原是指公文和档案,包括会盟的盟誓、出兵时当众的宣誓、分封诸侯的册命、任命官职的册命、历史事件的记录、君臣重要的言论以及对臣下的诰诫和赏赐等,都是当时重要的历史文献。

儒家既然推崇西周的政治文化,想要推广发扬,当然就会重视西周的《诗》、《书》和礼乐。《论语·述而》说:"子所雅言,《诗》、《书》、执礼,皆雅言也。"孔子说:"兴于《诗》,立于礼,成于乐"(《论语·泰伯》),"吾自卫反鲁然后乐正,雅颂各得其所"(《论语·子罕》)。孟子常引用《诗》、《书》来鼓吹效法先王,推行"仁政"和实行"王道"。荀子更著有《劝学》说:"其数则始于诵经,终乎读礼;其义则始乎为士,终乎为圣人。"又说:"《礼》之敬文也,《乐》之中和也,《诗》、《书》之博也,《春秋》之微也,在天地之间者毕矣。"荀子提倡"诵经",所谓"经"就是《礼》、《乐》、《诗》、《书》、《春秋》。荀子又在《儒效》中指出:"圣人也者,道之管也。天下之道管是矣,百王之道一是矣,故《诗》、《书》、

《礼》、《乐》之归是矣。《诗》言是，其志也；《书》言是，其事也；《礼》言是，其行也；《乐》言是，其和也；《春秋》言是，其微也。”荀子这样推崇《诗》《书》《礼》《乐》《春秋》，开始称之为“经”，对后世影响深远。

我们必须指出，先秦诸子，从墨子起，都引用古代文献来作为自己政治理论的根据。墨子引用的《书》，主要是有关禹、汤、仲虺、周武王等人的文献，用作墨家理论的依据。儒家也自有其选读《书》的政治标准。战国时代的《书》中原有《武成》一篇，记载了武王克商的战争经过，其中有大量的杀伤。这一点和儒家推崇武王为圣人的主张不合，因此孟子就说：“尽信《书》则不如无《书》，吾于《武成》取二三策而已矣，仁人无敌于天下，以至仁伐至不仁，而何其血之流杵也。”（《孟子·尽心下》）孟子因为《武成》载武王克商弄得“血流漂杵”，不符合“以至仁伐至不仁”的原则，就主张毁去《武成》，当时古《书》是写在竹木简策上的，因此他主张只“取二三策”。他这个毁灭《武成》的主张，对后来儒家有深远影响。汉景帝时从壁中发现了一批写在竹简上的《古文尚书》十六篇，其中就有《武成》，这是个古书的重要发现，因为内容不合儒家的政治标准，没有人传授和作注解，到东汉初年《武成》先亡佚，其余十五篇到永嘉之乱也全失去了。

现存的西周文献，主要是儒家所传的《尚书》中的《周书》和《诗经》中的西周作品，因而有其儒家的局限性。

二　现有西周史料的特点

（一）《尚书》中的《周书》

《尚书》是指上古之书，今本是西汉初年秦博士伏胜所传，共二十九篇，实际只有二十八篇，其中《泰誓》一篇是出于后人伪托补入的。武王所作《太誓》,《墨子》、《孟子》、《左传》、《国语》等书都曾引用,和这伪托补入的《泰誓》完全不同。其中有“誓”三篇。《牧誓》是武王在牧野誓师时所作,今本《牧誓》已非原本,当是战国时人述古之作。《费誓》是西周初年鲁侯伯禽讨伐淮夷徐戎,在费誓师所作。《洪范》记武王克商后箕子所陈建国方略。《金縢》记周公把武王病时所作祝辞藏于“金縢”(用金质绳索封缄)的匮中,后来被成王发现,感悟了周公的忠诚。《大诰》是武王死后管、蔡叛国,周公东征所发布的文告。《康诰》是分封康叔时周公的训词,《酒诰》是周公诰诫康叔戒酒,《梓材》是周公诰诫康叔推行“明德”的政策,《召诰》是成王营建洛邑时召公所作训词,《洛诰》记周公还政成王后决定留守洛邑辅佐成王治理国家的事。《多士》是周公向殷遗贵族教训的文告。《无逸》是周公诰诫成王吸取殷商灭亡的教训。《君奭》是周公对召公的诰诫。《多方》是周公代表成王诰诫多方的贵族。《立政》是周公还政成王后对成王的教导。

汉景帝时,鲁恭王从孔子住宅壁中发现了《古文尚书》,比伏胜《今文尚书》多十六篇(《汉纪·成帝纪》引刘向说和刘歆《移太常博士书》),有人称之为“百篇《尚书》”,并且有“百篇之序”(《论衡·正说》和《佚文》)。《汉书·艺文志》著录有《尚书古文经》四十六卷。这是因为《古文尚书》比《今文尚书》多十六篇,二十九加十六共四十五,再加上《书序》一卷,共四十六卷。《古文尚书》已失传,《书序》还存在,也还有些史料价值。如《书序》说:“武王伐殷,往伐,归兽(“兽”读作“狩”),识其政事,作《武成》。”这和《逸周书·世俘解》所说武王克商献俘之后,“武王狩,禽虎二十二”相合。

(二)《诗经》中的《周颂》、《大雅》、《小雅》和《豳风》

《诗经》中《大雅》的《皇矣》、《生民》、《緜》、《公刘》、《荡》、《文王》、

《文王有声》、《大明》、《思齐》,《周颂》的《我将》、《武》、《赉》、《般》、《酌》、《桓》,是歌颂周人早期历史和文王、武王开国历史的。《小雅》的《出车》、《六月》、《采薇》、《采芑》、《渐渐之石》,《大雅》的《江汉》、《棫朴》、《常武》等篇,是描写有关王朝征伐四方严允、荆蛮(楚)、淮夷、徐戎的事。《大雅·韩奕》是谓周王册封韩侯和韩侯入觐的事。《大雅·崧高》是讲周宣王命令召伯帮助申伯经营土地的事。《大雅·桑柔》据说是周厉王臣子芮良夫指责周王和执政大臣以及揭露当时政治黑暗腐败造成人民灾难的。《大雅·召旻》是讲天灾人祸严重,“今也日蹙国百里”(如今每天丧失国土百里),即将要亡国。《周颂》的《噫嘻》、《臣工》、《载芟》、《良耜》,《小雅》的《信南山》、《甫田》、《大田》、《楚茨》都是述及农业生产的,《豳风》的《七月》还讲到了农夫的苦难生活。

(三)《逸周书》、《国语》、《周易》

《逸周书》具有《周书》的逸篇性质,其中有多篇确是西周的历史文件。其中《世俘解》当是和《武成》同一来源的不同篇章,《克殷解》也是一篇可信的记载,《商誓解》是周武王克商后对殷贵族的一篇讲话,是现存武王讲话中最完整的一篇。《度邑解》记载武王要建设东都洛邑,是事实,后来周公东征胜利后营建洛邑,就是执行武王的遗嘱。《作雒解》所讲营建洛邑的规模布局,也是重要的。《皇门解》所记周公会见“群门”(大宗族长)的讲话,《祭公解》所记祭公谋父临终前对穆王的劝戒,《芮良夫解》所记芮良夫对厉王的进谏,基本上是可信的。我认为《逸周书》原是战国时代兵家所编辑,因此编入有不少后世兵家的著作。

《国语》的《周语上》前十章,记载有西周后期穆王、恭王、厉王、宣王、幽王时的衰败史迹。《国语·郑语》的前一章，记有幽王时史官史伯谈论“王室将卑，戎狄必昌”，西周将亡，秦、晋、齐、楚将轮流兴起的形势。

《周易》是周人用来“筮占”的经典，所有卦辞、爻辞中不仅包含有哲学思想，还述及周初的国家大事。原本当作于西周初期。

（四）《古本竹书纪年》、《世本》、《穆天子传》

《竹书纪年》原是晋代汲县魏墓中出土竹简的魏国编年史，述及夏、商、西周、春秋时事。原书宋代散失，今本《竹书纪年》出于后人重编，已非原本。清代雷学淇、朱右曾曾辑录宋代以前人所引的，称为《古本竹书纪年》，近代王国维曾编辑成《古本竹书纪年辑校》，近年方诗铭、王修龄更重辑成《古本竹书纪年辑证》，其中有西周武王以来的编年大事记载，所记大事不多，都很重要。

《世本》是先秦贵族的世系记载，成书大约在战国末年，其中有西周时代的记载。原本宋代已散失，清代有多种辑本。一九五七年商务印书馆合编成《世本八种》，其中以雷学淇、茆泮林两种辑本较佳。

《穆天子传》，又称《周王游行记》，原为晋代汲县魏墓出土竹简的一种，记载周穆王西游昆仑见到西王母的神话传说，其中讲到穆王的大臣毛班，称为毛公，见于穆王时代的铜器班簋铭文中，说明此书有真实的史料价值。我认为作者是战国初期的，内容采自一个从西周以来留存到战国的游牧部族河宗氏的祖先神话传说。原始游牧部族所传的祖先历史，本来是和神话传说分不开的。因此，《穆天子传》中既有真实历史的记载，同时又有神话传说的成分。

（五）《史记》、《汉书》和《后汉书》

司马迁所撰《史记》中，《周本纪》前半篇记载有西周大事，此外

《秦本纪》、《三代世表》、《十二诸侯年表》、《吴太伯世家》、《齐太公世家》、《鲁周公世家》、《燕召公世家》、《宋微子世家》、《晋世家》、《楚世家》、《郑世家》、《赵世家》、《魏世家》等都述及西周史事。《礼书》、《乐书》、《律书》、《历书》、《天官书》、《封禅书》、《平准书》中亦有述及西周史事的。班固所著《汉书》中,《诸侯王表》、《百官公卿表》、《古今人表》、《郊祀志》、《五行志》、《艺文志》、《西南夷传》、《匈奴传》有述及西周史事的。范晔所著《后汉书》的《西羌传》中也记有西周史事。

(六)西周金文

西周铜器铭文(金文)是十分重要的西周史料,首次作系统整理而加以考释的,有一九三四年郭沫若所著《两周金文辞大系》,上编所载西周金文共一百六十二器。其次是陈梦家所著《西周铜器断代》,刊登于《考古学报》第九册、第十册(一九五五年)和一九五六年第一至第四册,到懿王、夷王铜器为止,共九十八器,因陈梦家被错划为"右派"而中断著作。第三是日本白川静《金文通释》,前三卷共考释西周金文一百九十八器。第四是唐兰《西周青铜器铭文分代史征》,共著录西周金文二百九十器,考释到穆王为止,共一百七十六器,穆王以后一百十一器,仅著录金文,因去世而未完成考释。第五是马承源主撰的《商周青铜器铭文选》,卷三所载西周部分共五百十二器。西周有铭铜器总数约有两千件。

(七)儒家所传礼书

《周礼》按天地四时分设六卿,分掌六典,以天官冢宰为六卿之首而执政,显然出于儒家的理想安排,这是经过儒家改造的理想政典。但是其中也还记载着真实的西周制度,例如《周礼》所说"国"中设六卿、"野"中分六遂的制度,该是真实的。《费誓》与《鲁世家》所说西周初年“鲁人三郊三遂”，就是推行周朝的这种乡遂制度。《仪礼》传为周公制作，实际成书当在战国时。《礼记》是儒家讲礼的选集。所有这些礼书著作年代虽迟，但是由于“礼”的本身有很顽固的保守性，所谓“礼也者，反本修古，不忘其初者也”(《礼记·礼器》)。古代的典章制度常常贯串在各种礼仪的举行中，因而所谓礼制，实际上包括所有典章制度在内，值得我们重视，我们可以由此探索西周的典章制度。

三 西周的年代问题

中国历史的明确纪年，起于西周共和元年(公元前八四一年)。《史记》所载西周诸王，只有文王、武王、周公以及穆王、厉王有在位年数。《帝王世纪》以后所记西周各王年数，并不可信。

(一) 武王克商年代

对武王克商的年代，从来有多种不同的推算。《尚书·吕刑》载：“惟吕命，王享国百年。”《晋书·束皙传》依据《古本竹书纪年》说：“自周受命至穆王百年，非穆王寿百岁也。”雷学淇《竹书纪年义证》说：“谓武王在位十七年，成王三十七年，康王二十六年，昭王十九年，至穆王元年，共享国百年。”这是依据《今本竹书纪年》的。《古本竹书纪年》只记昭王十九年“丧六师于汉”，就是“昭王南征而不复”，昭王确是在位十九年。武王、成王、康王的年世，《古本竹书纪年》没有记载。《古本竹书纪年》曾述及“自武王灭殷以至幽王，凡二百五十七年”(《周本纪》集解及《通鉴外纪》所引)。查幽王十一年被犬戎所杀，即是公元前七七一年，周平王于公元前七七〇年即位东迁，据此可推算得武王克商在公元前一〇二七年。陈梦家《西周年代考》即采用此说。在陈以前，雷海宗、丁山和瑞典高本汉都已有这样的主张。

武王牧野之战克商，在周文王受命十一年二月五日甲子，《逸周书·世俘解》的记载是明确的。《汉书·律历志》引《武成》所说："粤若来三月既死霸，粤五日甲子咸刘商王纣。""三月"当为"二月"之误。《国语·周语下》所说："王以二月癸亥夜陈，未毕而雨。"《汉书·律历志》解释说："庚申，二月朔也，四日癸亥，至牧野夜陈。"《国语》韦昭注："二月，周二月。四日癸亥，至牧野之日。"这是甲子前夕夜陈。至于文王受命十一年的干支，汉代以来有种种不同的记载和推算。其中较为流行的一说，就是依据《三统历》推算为公元前一一二二年，这只是一种推测。《国语·周语下》记伶州鸠说："昔武王伐殷，岁在鹑火。"《荀子·儒效》和《淮南子·兵略训》都说："武王伐纣，东面而迎岁，至汜而水，至共头而坠。"(《淮南子·兵略训》)接着还说："彗星出而授殷人其柄。"天文学家张钰哲《哈雷彗星的轨道演变的趋势和它的古代历史》(一九七八年六月《天文学报》十九卷一期)，断定这是公元前一〇五七年到公元前一〇五六年哈雷彗星回归过近日点的一次记录。一九八一年九月中荀在太原召开的中国古文字研究会第四届年会上，美国倪德卫和班大为所提出的论文，依据"岁在鹑火"推定为牧野之战在公元前一〇四六到公元前一〇四五年间，与张钰哲之说相差一个木星周期十二年。《淮南子》彗星出之说不知是否有确实依据，所有这些推算都只是一种推测，不能成为定论。

（二）西周诸王的在位年数

西周先后共有十四个王在位，即武王、周公、成王、康王、昭王、穆王、共王、懿王、孝王、夷王、厉王、共和(共伯和)、宣王、幽王。据《史记·周本纪》，武王克殷后二年而崩。周公行政七年(即摄政称王)。穆王立五十五年崩。厉王三十四年不听召公进谏，又三年出奔。共和十四年，宣王立四十六年崩，幽王十一年为犬戎所杀。其中武王在位三年，周公在位七年，穆王在位五十五年，厉王在位三十七年，宣王在位四十六年，幽王在位十一年，是明确的。《古本竹书纪年》所载昭王在位十九年，也是明确的。至于成王、康王、共王、懿王、孝王、夷王的在位年数，不见于先秦文献，只见于《帝王世纪》以及《文献通考》、《通鉴外纪》等书，大体相同，仅稍有出入。刘歆《世经》已说："自昭王以下亡年数"，郑玄《诗谱序》也说："夷、厉以上岁数不明，太史公年表自共和始。"《太平御览》卷八五引《帝王世纪》仍说："周自恭王至夷王四世年纪不明。"据此可知《帝王世纪》等书所载共王以下的年数，乃出于后人推算而定，并无确切的史料依据。

从来对铜器铭文的断代研究，采用两种方法，一种是依据金文内容，结合器型、花纹、文字形体的逐渐变化的具体情况，对金文作出断代的判断，或者挑选出变化过程中具有阶段性的标准器作比较研究而作出判断。另一种是依据金文中纪年而又有月份、月相和干支的，依据历法推断金文的年代。吴其昌《金文历朔疏证》和日本新城新藏《中国上古金文中的历日》以及《金文历日适合表》，所用的就是后一种方法。问题是西周的历法不能考定，没有确切资料足以制定西周的历法，单纯地从金文中的纪年而又有月份、月相和干支的记载来作判断，失误必多，因此上述两种著作有很多错误。同时器型和花纹的变化很是缓慢，有的还长期沿用。例如著名的班簋，郭沫若定为成王时，陈梦家也有同样看法，但是于省吾、杨树达都以为在穆王时，毛班、毛公见于《穆天子传》。陈梦家反对于、杨之说，认为此器兽面纹"不能晚于成康"，不顾形制花纹"是所不取"。其实，还是于、杨之说为是。我们认为要做好铜器的断代工作，必须从多方面考虑才是。

目前对西周金文的分期断代还有些困难，因为厉王以前西周诸王的在位年数缺乏明确的记载，同时学者们对西周诸王在位年数，有不同的判断。章鸿钊《中国古历析疑》，仍然采用《文献通考》上所载西周诸王在位年数。陈梦家《西周年代考》、荣孟源《试谈西周纪年》（《中华文史论丛》一九八〇年第一辑）、刘启益《西周纪年铜器与武王至厉王的在位年数》（《文史》第十三辑）和马承源《西周金文和周历研究》（《上海博物馆集刊》），对西周诸王在位年数，都有不同的考订，目前还不能作出正确的判断。参见“厉王以前西周诸王在位年数表”。

厉王以前西周诸王在位年数表

	《史记·周本纪》	《太平御览》引《史记》	《帝王世纪》	《文献通考》	吴其昌	新城新藏	章鸿钊	陈梦家	荣孟源	刘启益	马承源
武王	3		7	7	7	3	3	3	3	2	3
周公	7		7		7	7	7		7	7	
成王			30	37	30	30	30	20	32	17	32
康王			26	26	26	26	26	38	29	26	38
昭王			51	51	51	24	23	19	19	19	19
穆王	55	55	50	55	55	55	55	20	54	41	45
共王			20	12	12	12	16	20	16	19	27
懿王		25	20	25	25	25	17	10	16	24	17
孝王		15		15	15	15	15	10	11	13	26
夷王			16	16	16	12	7	30	12	29	30
厉王	37	37		37	37	16	15	16	30	37	37
共和	14										
宣王	46										
幽王	11										

第二章　周的起源和兴起

一　反映周族起源的始祖后稷传说

（一）周族早期的世系传说

周族比起夏族、商族来，是一个后起的姬姓部族。相传从始祖后稷起，到周文王，只有十五代。《国语·周语下》记载太子晋说："自后稷之始基靖民，十五王而文（王）始平之，十八王而康王克安之。"又载卫彪傒说："后稷勤周，十有五世而兴。"根据《史记·周本纪》和《世本》（《尚书·酒诰》正义、《史记·周本纪》的索隐和集解所引），十五王的世系有如下表：

（1）后稷（名弃）——（2）不窋——（3）鞠（《世本》作鞠陶）——（4）公刘——（5）庆节——（6）皇仆——（7）差弗——（8）毁隃（"世本"作伪榆）——（9）公非（《世本》作公非辟方）——（10）高圉（《世本》作高圉侯侔）——（11）亚圉（《世本》作亚圉云都）——（12）公叔祖类（《世本》作祖绀诸盩）——（13）公亶父（《世本》作太王亶父）┬太伯
├虞仲
└（14）季历（王季、公季）——（15）文王

《史记》所载十五王的名字，《世本》的记载有些不同。公非，世本作公非辟方；高圉，《世本》作高圉侯侔；亚圉，《世本》作亚圉云都。皇甫谧《帝王世纪》（徐宗元辑本）以为辟方、侯侔、云都是公非、高圉、亚圉的字。但是《汉书·古今人表》第六等却说："辟方，公非子"；"夷竢，高圉子"①；"云都，亚圉弟"。如果班固著《汉书》另有依据，就比《史记》多三个王，成为十八王。

《史记·周本纪》说："后稷之兴，在陶唐、虞、夏之际。"这是根据《尚书·尧典》和《尚书·皋陶谟》的。《尧典》和《皋陶谟》都是春秋战国时代的作品，都以"曰若稽古"开头，是依据古史传说的拟作，并非实录。《国语·鲁语上》记载展禽（即柳下惠）的话："昔烈山氏之有天下也，其子曰柱，能殖百谷百蔬；夏之兴也，周弃继之，故祀以为稷。"《礼记·祭法》载有相同的语句，只是"夏之兴也"作"夏之衰也"。"兴"字当是"衰"字之误②。《左传·昭公二十九年》记载周太史蔡墨的话也相同，只是说："周弃亦为稷，自商以来祀之。"太史是掌管历史记载和图籍的，蔡墨的话，该有依据。后稷该是商代周族人的祖先，把他说到夏代衰世，甚至说到虞、夏之际，都不免是增饰之辞。

如果后稷在虞、夏之际，经历十五个或十八个王怎能到殷、周之际呢？根据《古本竹书纪年》，夏代从禹到桀，经历十四世，十七个王，共四百七十年；商代从汤到纣，经历十七世，三十一个王，共四百九十六年。这个商代的年数，恐怕还不足。孟子说："由汤至于文王五百有余岁"（《孟子·尽心下》）。《左传·宣公三年》记周大夫王孙满对

---

① 颜师古注："竢与俟同。"梁玉绳《古今人表考》认为即是侯侔。

② 《尚书·汤誓》正义引《国语》这段话，认为"兴当衰字之误"，是正确的。"夏之衰也"和《左传》所说"自商以来祀之"相合。

楚庄王说:“桀有昏德,鼎迁于商,载祀六百。”夏商二代共有三十一世,四十八个王,至少在一千年以上。如果后稷在虞、夏之际,到文王,要经历夏商二代,只经历十五个或十八个王,就差得太多了。过去早有人对此表示怀疑,或者另外提出解释。一种解释,认为后稷之后世系有脱落,从后稷到公刘不是四代而是十多代。例如汉初娄敬对汉高祖说:“周之先,自后稷尧封之邰,积德累善十有余世,公刘避桀居豳。”(《史记·刘敬列传》、《汉书·娄敬传》)另一种解释,认为后稷原是官名,是指在虞夏世代担任后稷官职的周的祖先,不是指一个人。《国语·周语上》记载祭公谋父说:“昔我先王世后稷以服事虞、夏,及夏之衰也,弃稷不务,我先王不窋用失其官,而自窜于戎狄之间。”三国时谯周因此说:“按《国语》云,世后稷以服事虞、夏,言世稷官,是失其代数也。若以不窋亲弃之子,至文王千余岁,唯十四代,实亦不合事情。”(《史记·周本纪》索隐引)。其实这两种解释都没有可靠依据。周太子晋明确说从后稷到文王“十五王”,到康王才“十八王”,不可能从后稷到公刘就有十多世。所谓“世后稷以服事虞、夏”,也不可信。后稷原是稷神的称谓,不是官名。西周时代确曾以后稷为农官之长,该是由于推崇后稷的缘故。稷神的称为“后稷”,犹如土地之神的称为“后土”,“后”原是对地下神祇的尊称,如同“帝”原是天上最高之神的尊称一样。古书上常常以“后帝”连称,或者把上帝称为“上天后”①。后稷作为虞、夏之际的官名,是后起的古史传说;把后稷以后说成世代做后稷之官,更是后起之说。

---

① 《墨子·兼爱下》引《汤诰》:“惟予小子履敢用玄牡告于上天后。”《论语·尧曰》“上天后”作“皇皇后帝”。《楚辞·天问》讲到羿时说:“何献蒸肉之膏而后帝不若。”后帝亦指上帝。“后帝不若”,与甲骨卜辞“帝弗若”意义相同。

(二)《山海经》的后稷神话

《山海经》中保存有不少关于后稷的神话：

有西周之国，姬姓，食谷。有人方耕，名曰叔均。帝俊生后稷，稷降以百谷。稷之弟曰台玺，生叔均。叔均是代其父及稷播百谷，始作耕。有赤国妻氏，有双山。(《大荒西经》)

后稷是播百谷。稷之孙曰叔均，始作耕(“耕”字上原衍“牛”字)①。大比赤阴(当有误字)，是始为国。禹鲧是始布土，均定九州。(《海内经》)

有系昆之山者……有人衣青衣，名曰黄帝女魃。蚩尤作兵伐黄帝，黄帝乃令应龙攻之冀州之野。应龙畜(蓄)水，蚩尤请风伯、雨师，纵大风雨。黄帝乃下天女魃，雨止，遂杀蚩尤。魃不得复上，所居不雨。叔均言之帝，后置之赤水之北。叔均乃为田祖。魃时亡之(郝懿行云：亡谓善逃逸也)。所欲逐之者，令曰：神北行！先除水道，决通沟渎。(《大荒北经》)

《山海经》所保存的这些后稷神话，比较复杂，有不同的来源，但也反映了周人把后稷作为农神的一些实际情况。所说“帝俊生后稷”，前人对《山海经》的帝俊，或者解释为帝喾，或者解释为帝舜，其实就是殷墟卜辞的高祖夋，原来出于上帝的神话(参看拙作《舜与帝俊帝喾大皞》，收入拙作《中国上古史导论》，刊于《古史辨》第七册上编)。所说“稷降以百谷”，把百谷的种子说成是由稷从天下降下来的，当然是神话，也正是因为他是稷神。

---

① 《海内经》“始作牛耕”的“牛”字当为衍文。《大荒西经》作“始作耕”，无“牛”字，《太平御览》卷八二二引《山海经》亦无“牛”字，此时尚不可能使用牛耕。

《大荒西经》说稷传位给其弟台玺，台玺传位给其子叔均，叔均继承了稷和台玺的播种百谷的职司，并且“始作耕”。台玺的台，郭璞注：“音胎。”“台”即“邰”字，即后稷及其母姜嫄所在的有邰氏。《路史·发挥四·周世考》：“后稷封台，故其后有台玺，有叔均。既有台玺、叔均，则知稷之后世多矣，不窋不得为稷子明矣。”“邰”一作“斄”或“漦”，在今陕西武功西南。《路史·后纪·高辛纪》说：有邰氏姜嫄生弃，“虞帝乃国之漦，号后稷，勤百谷而山死。取(娶)姞人，是生漦玺，世济其德。漦生叔均，是代其父及稷播谷，是为田祖”。《路史》“台玺”作“漦玺”，以漦作为邑名，是有根据的。《汉书·地理志》右扶风有斄县，自注：“周后稷所封。”颜注：“读与邰同，音胎。”可知后稷传位给其弟台玺，台玺仍以邰为氏。后稷传位给其弟的继承法，和商的兄终弟及之制相同，反映了周族父系氏族制阶段初期的一些情况。

值得注意的是，《大荒北经》所说叔均“乃为田祖”的神话。这是说黄帝用能够“蓄水”的应龙进攻蚩尤，蚩尤用能够“纵大风雨”的风伯、雨师来反击，于是黄帝又从天上请下天女魃来制止，才把蚩尤杀死。可是魃下来之后不能再回到天上，她所住的地方就不下雨，闹旱灾。叔均因此报告上帝，把魃迁到赤水以北地方，从此叔均就成为“田祖”，他驱逐闹旱灾的魃，开通了水道。所谓“田祖”，就是周人所崇拜的稷神。《诗经·小雅·甫田》和《大田》都讲到了周人对田祖的崇拜：

琴瑟击鼓，以御(祭祀)田祖，以祈甘雨，以介(祈求)我稷黍，以穀(养活)我士女。(《甫田》)

去其螟(吃禾心的青虫)螣(吃禾叶的青虫)，及其蟊(吃禾根的虫)贼(吃禾节的虫)，无害我田穉(嫩禾)。田祖有神，秉畀炎火(谓把害虫捉来交付火烧死)。(《大田》)

《甫田》讲的是祭祀田祖，祈求甘雨，从而求得丰收。《大田》讲的是除去虫害，要依靠田祖之神，把害虫烧死。正因为田祖是稷神，要通过祭祀田祖来祈求丰年和除去虫害。《周礼·春官·籥章》："凡国祈年于田祖，歈豳雅，击土鼓，以乐田畯。"豳是周的祖先公刘迁居之地，在今陕西旬邑西南。这里所说的豳，即是《籥章》文中所说的"豳籥"和"豳诗"，豳籥是指豳地用苇制作的吹奏乐器，豳诗是豳地的诗歌。"雅"即"夏"，周人自称其所居地区为夏，是指周原有的乐章和诗歌。这样吹奏周人故土的音乐、打击瓦制的鼓，来向田祖祈求丰年，该就是周人传统的礼俗。周人所崇拜的田祖，当然就是后稷以及叔均。这从《山海经》所讲后稷及叔均的神话，可以证明。

《山海经》讲的是神话，是由于周人把后稷、台玺、叔均作为稷神而产生的神话。但是不能否认，这些神话反映了周族在原始社会阶段的一些史实。后稷等三人，该是周族从母系氏族制转变为父系氏族制的初期，积极领导族众从事发展农业生产的领袖人物，曾经对周族的发展作出很大的贡献。

（三）后稷是周族尊为稷神的祖先

从来从事农业生产的部族或国家，都要以社神和稷神作为重要的崇拜对象。因为社神是土地之神，稷神是百谷之神。"人非土不立，非谷不食"，"故封土立社，示有土也；稷，五谷之长，故立稷而祭之也"（《白虎通·社稷》）。这种礼俗起源很早，流传时间很长。这种被尊为社神、稷神的崇拜对象，往往都是那些部族中有功于平治水土或农业生产的祖先。上面我们引述蔡墨等人的话，说烈山氏之子名柱，因"能殖百谷百蔬"而被尊为稷神，接着后稷也因同样原因而被祀以为稷神，应该是可信的。

西周时代著作的《尚书·吕刑》，保存有比较原始的神话传说。它讲到了刑罚的起源：古时蚩尤作乱，延及平民，苗民由此作“五虐之刑”，杀戮无辜人民。被冤杀者控诉到上帝那里，上帝嗅到刑杀的腥臭，哀怜人民，于是灭绝苗民的种族，“乃命三后，恤功于民：伯夷降典，折民惟刑；禹平水土，主名山川；稷降播种，农殖嘉谷。三后成功，惟殷于民。”这里以伯夷、禹、稷作为“三后”而“恤功于民”，禹是姒姓夏族的始祖，稷是姬姓周族的始祖，伯夷是姜姓之族的始祖。《国语·郑语》说：“姜，伯夷之后也。”《吕刑》之所以把伯夷和禹、稷并列为三后，因为这是姜姓吕国君主奉命制作的有关刑法的文告。《国语·郑语》记载周的史伯说：“夫成天地之大功者，其子孙未尝不章（彰）”，曾列举虞幕、夏禹、商契、周弃为例，并说：“周弃能播殖百谷蔬，以衣食民人者也。”《史记·殷本纪》引《汤诰》又称禹、皋陶、后稷为“三公”，认为三公“久劳于外，其有功于民，民乃有安”；“三公咸有功于民，故后有立”。后稷的功劳就是“降播种，农殖百谷”。这种看法，在古代贵族中十分普遍。大家认为各族始祖之所以能够建国立业，就是由于他们“有功于民”。因此当时贵族对始祖举行的祭祀典礼，具有报答性质。

周代有禘、郊、祖、宗、报五种重要祭礼，“禘”祭的是帝喾，“郊”祭的是后稷，“祖”祭的是文王，“宗”祭的是武王，“报”祭的是高圉、大王（公亶父）。展禽说：“凡禘、郊、祖、宗、报，此五者国之典祀也，加之以社稷山川之神，皆有功烈于民者也。”他还指出，后稷之所以会被周族作为“郊”祭之神，因为“稷勤百谷而山死”，如同冥之所以会被商族作为“郊”祭之神，因为“冥勤其官而水死”一样（《国语·鲁语上》）。正因为后稷“勤百谷而山死”，“有功烈于民”，才会被作为稷神而用“郊”

祭。“郊”和“禘”是差不多的大祭，所以展禽说：“周人禘喾而郊稷，祖文王而宗武王。”“禘”祭要“用牲”于宗庙，剌鼎载：“王啻（禘），用牡（用牡即用牲）于大室，啻（禘）邵（昭）王。”“郊”祭要“用牲”于南郊。《尚书·召诰》记载营建洛邑时“用牲于郊，牛二”。《逸周书·作雒解》作：“乃设丘兆于南郊，以祀上帝，配以后稷。”这样以后稷配合上帝祭祀，就是《礼记·大传》所说：“王者禘其祖之所自出，以其祖配之。”郑注：“谓郊祀天也。”

（四）周族相传的后稷神话

周族既然把后稷这个祖先作为稷神来祭祀，当然会有一套稷神的神话。《诗经·大雅·生民》描写的，就是他们自古相传的后稷神话。诗共八章，前五章讲的是天生后稷的神话：

> 厥初生民，时维姜嫄。生民如何？克禋克祀，以弗（通作“祓”）无子。履帝武敏（通作“拇”）歆，攸介攸止，载震（通作“娠”）载夙，载生载育，时维后稷。
>
> 诞弥厥月，先生如达，不坼不副，无菑（灾）无害。以赫厥灵，上帝不（能作“丕”）宁，不（丕）康禋祀，居然生子。
>
> 诞寘之隘巷，牛羊腓（通作“庇”）字之；诞寘之平林，会伐平林；诞寘之寒冰，鸟覆翼之。鸟乃去矣，后稷呱矣。实覃实讦，厥声载路。
>
> 诞实匍匐，克岐克嶷，以就口食。蓺之荏菽，荏菽旆旆，禾役（通作“颖”）穟穟，麻麦幪幪，瓜瓞唪唪。诞后稷之穑，有相之道。茀厥丰草，种之黄茂。实方实苞，实种实褎，实发实秀，实坚实好，实颖实栗，即有邰家室。

这首诗之所以叫“生民”，就是说周族人民出于上帝和姜嫄所生。因为周族的始祖后稷，就是上帝和姜嫄所生的。据说姜嫄原来没有儿子，祭祀上帝，祈求除去“无子”的灾难（以弗无子）。她到野外踏到了上帝足迹的大拇指而感到喜悦（履帝武敏歆），马上就怀孕而很早长育（载震载夙），这样就生了后稷。怀胎满月，分娩很顺利，没有什么破裂（不坼不副），也没有什么灾害（无菑无害）。这是上帝神灵显现的结果（以赫厥灵），上帝因而大为安乐（上帝丕宁）。这是上帝安乐地接受姜嫄祭祀的结果（丕康禋祀），这样就安然生下儿子后稷（居然生子）①，接着婴孩被放置到狭隘的小巷，路过的牛羊就保护养育他；再被放置到树林里，恰巧遇到很多来伐木的人照料他；又被放置到河中寒冷的冰面上，又有飞鸟用翅膀来覆盖他。鸟一飞去，他就呱呱地泣叫，哭声长而宏亮（实覃实訏），一直传播到大路上（厥声载路）。他长到能够爬行，已有智慧（克岐克嶷），能够自己找寻东西吃。长大之后，就会播种荏菽（大豆）、禾（小米）、麻、麦、瓜瓞（小瓜），都很茂盛，得到丰收。他种庄稼，很有一套帮助庄稼成长的方法（有相之道），除去田中杂草（茀厥丰草），使谷苗长得美茂（种之黄茂），吐芽又含苞

---

① 《生民》：“以赫厥灵，上帝不宁，不康禋祀，居然生子。”《毛传》：“赫，显也。不宁，宁也。不康，康也。”郑笺：“康宁，皆安也。姜嫄以赫然显著之征，其有神灵审矣。此乃天帝之气也，心犹不安之。又不安徒以禋祀而无人道，居默然自生子，惧时人不信也。”正义引马融云：“上帝大安其祭祀而与之子。”毛氏读“不”为“丕”，解释“不宁”为“宁”，“不康”为“康”。马融也读“不”为“丕”，把“不康禋祀”，解释为“大安其祭祀”。只有郑玄仍然释为“不安”，为的要说明姜嫄把后稷抛弃的缘故，但是与诗意不合。胡承珙《毛诗后笺》说：“以赫厥灵云云，乃诗人美大后稷之生而非述姜嫄欲弃之意，故传以不宁、不康与他诗不显、不时、不警、不盈者同义。疏引马融云：上帝大安其祭祀而与之子，此则不康之不为巫，其意与毛同，与笺直训为不安者异矣。”又说：“笺以上帝为天帝之气，以不宁为姜嫄不安，一句之中，语气隔断，无此文理。又居有安义，故居然犹言安然，王肃亦云无疾而生子是也。笺以居为居处，然为默然，亦割裂不成文义。”陈奂《诗毛氏传疏》也说：“此承上章言姜嫄克禋祀上帝，而上帝亦将安乐其禋祀，居然生子，谓生后稷也。”

(实方实苞),长得茁壮而渐高(实种实褎),茎长而谷花开(实发实秀),秆子坚而穗子结得好(实坚实好),穗子垂长而谷粒饱满坚实(实颖实栗)。于是他就在有邰建立家室(即有邰家室)。

《生民》前五章所讲后稷神话,描写姜嫄如何得到上帝神灵保佑而生下后稷,后稷生下以后又如何得到上帝神灵保佑而成长,又如何播种百谷得到丰收,因而在有邰成家立业。《史记·周本纪》有关后稷出生的情节,就是依据这诗篇而叙述的,所说姜嫄到野外见到巨人足迹,忻然践了就怀孕,“巨人”就是上帝。至于《周本纪》所说:姜嫄“生子以为不祥弃之”,后来她又“以为神,遂收养长之,初欲弃之,因名为弃”。这就不见于《生民》。从《生民》来看,姜嫄生下后稷的过程,得到上帝神灵的充分保佑,生来顺利安全,因而上帝也很安乐,没有什么“不祥”,而且所生胎儿也没有什么特异。至于放置到隘巷、平林、寒冰,正是用来显示他的灵异,并不是“以为不祥弃之”。“弃之”之说出于后人误解。《生民》之诗也没有说后稷名“弃”,“弃”之名该是由于误解而来。这种误解,春秋战国之际当已产生,所以周弃之名已见于《左传》和《国语》①。

后稷是“勤百谷而山死”而被尊为稷神的,原来他只有“后稷”这

---

① 胡承珙《毛诗后笺》说:“《传》曰:天生后稷异之于人,欲以显其灵,帝承天意而异之于天下。盖以后稷之生不异,不应见弃,弃必有异。今欲求其何以异,则典籍无征。毛公师传甚远,所言即为典要。而襄公二十六年《左传》追述宋平公夫人初生以异见弃,云宋芮司徒生女子,赤而毛,弃之堤下,共姬之妾取以入,名之曰弃。其事得为《毛传》作一旁证。”胡氏已经看到“后稷之生不异,不应见弃”,但是为了维护《毛传》,还是曲解为“典要”。顾颉刚《尚书研究讲义》戊种之四,也引《左传·襄公二十六年》这些记载,认为“后稷之名得无取于此乎?”并且说:“后稷者,姜嫄克禋克祀以弗无子,上帝无灾无害以赫其灵而生者也,如之何弃之?隘巷、寒冰云云,乃显其灵迹耳,不可谓之弃也。故后稷得名为弃,必战国时人不明此段神话意义之后,拘牵《生民篇》文字而创立者耳。”

个稷神的称谓。“弃”这个名字，显然是后人增添的。周族之所以尊后稷为始祖，不仅是由于他“勤百谷”而成为农耕技术的开创者，而且还把他看作举行上帝祭礼的创始者。农业固然是周族向来重视的大事，祭祀同样是周的贵族生活中的大事。《生民》的后三章，就是讲由于上天降下多种粮食嘉种（诞降嘉种）使得丰收，于是后稷创始祭祀（以归肇祀）；他又把米粮蒸得热气上腾（烝之浮浮），把香蒿涂上脂肪作祭品，又把牡羊用烈火焚烧（载燔载烈），使气味上腾，以求来年丰收（以兴嗣岁）。最后说：终于使香气上升，为上帝所领受（其香始升，上帝居歆，胡臭亶时），因此后稷创始的祭祀上帝之礼，直到当时庶民还享受其福（后稷肇祀，庶无罪悔，以迄于今）。据说孔子曾经称赞："后稷之祀，易富（通作“福”）也，其辞恭，其欲俭，其禄及子孙。《诗》曰：后稷兆祀，庶无罪悔，以迄于今”（《礼记·表记》）。“庶无罪悔”就是说使得庶民没有罪过而享受福禄。

西周时代著作的《生民》诗篇，所讲的后稷神话，清楚地说明了周族所以要把后稷作为稷神、同时作为始祖来崇拜的原因。因为鲁国贵族是周公后裔，故有着同样的神话和礼俗。鲁僖公时写作的《诗经·鲁颂·閟宫》，概括地讲到后稷神话，也说后稷是姜嫄“上帝是依，无灾无害”而生，也歌颂后稷播种百谷的功劳，还说他“奄有下国，俾民稼穑”，“奄有下土，缵禹之绪”。这个说法也还比较原始，只说他据有天下，继承了禹的事业，并没有说他担任虞、夏的后稷之官。

因为周人推崇后稷，重视农业，后稷就成为西周时代主管农业的官名。古史传说里把后稷作为虞、夏或商的农官，应该在西周把后稷用作官名之后。《尚书·舜典》把弃和禹、契、皋陶、垂、益、伯夷、夔、龙，并列为臣，弃的官职是后稷。《尚书·益稷》又把稷和禹、益、皋陶、夔并列为臣，稷的功劳是“播（播种食物），奏庶艰食、鲜食（“艰”通作“馆”，是说给庶民熟食生食）”。《孟子·滕文公上》也把后稷和益、禹、契、皋陶并列为舜臣，说：“后稷教民稼穑，树艺五谷，五谷熟而民人育。”这样把姬姓周族始祖后稷，和姒姓夏族始祖禹，子姓商族始祖契，姜姓之族始祖伯夷，嬴姓之族始祖益，偃姓之族始祖皋陶，同样作为舜的大臣，各居要职，济济一堂，是符合当时周人的政治要求的，也是符合周王朝以姬姓贵族为主、联合诸多异姓贵族进行联合统治的需要的。

（五）后稷神话反映的周族原始社会情况

相传姜嫄是帝喾元妃，是有邰氏之女，见《世本》、《史记·周本纪》等。从后稷神话来看，后稷是姜嫄踏了上帝足迹而感生。姜嫄作为帝喾之妃，是后起的传说。鲁国有单独祭祀姜嫄的宗庙，叫做“閟宫”。《诗经·鲁颂·閟宫》：“閟宫有侐（清静），实实枚枚。赫赫姜嫄，其德不回（邪辟）。”《毛传》：“閟，闭也。先妣姜嫄之庙，在周常闭而无事。”为什么周、鲁要特设宗庙来祭祀姜嫄呢？因为姜嫄是周族的先妣。《周礼·春官·大司乐》列举祭祀用的乐舞，先是祭天神、地示、四望、山川，其次是享先妣，再次是享先祖。先妣在祭礼中的地位，在天神、地示、四望、山川等自然界的神祇之下，而在先祖之上，地位尊于先祖。郑玄注：“先妣，姜嫄也。姜嫄履大人迹，感神灵而生后稷，是周之先母也。周立庙自后稷为始祖，姜嫄无所妃（配），是以特立庙而祭之，谓之閟宫。閟，神之。”周族所以这样为姜嫄单独设庙祭祀，把先妣看得尊于先祖，因为依据后稷神话，先祖是由先妣所生。周族这个先妣生先祖的神话传说，祭祀上先妣尊于先祖的礼制，反映了周族在以先祖为主的社会以前，曾经历尊重先妣为主的社会，即母系氏族制阶段。

姜嫄是有邰氏之女，《说文》说邰是“周弃外家国”。但是《生民》又说后稷“即有邰家室”。因此《史记·周本纪》说舜“封弃于邰”。相传邰即汉代右扶风斄县(《汉书·地理志》)，在今陕西武功、扶风间，后稷这样在娘家的氏族建立“家室”，而且相传后稷所娶元妃是姞氏而不是姜氏。《左传·宣公三年》记石癸说：“吾闻姬、姞耦，其子孙必蕃。姞，吉人也，后稷之元妃也。”当时西北地区有姞姓的部族和国家分布，例如后来被周文王灭亡的密须(一作密)，就是姞姓，在今甘肃灵台西①。这种情况，反映了后稷所处的时代，正从母系氏族制阶段过渡到父系氏族制阶段。

从后稷传说，还可以使我们看到，周族很早就是个重视农业生产的部族。虽然它比夏族、商族后起，它之所以能够后来居上，就是由于重视发展农业的结果。正由于它重视农业生产，是沿袭后稷以来的传统，所以西周的农官之长就叫后稷，在职官中居有重要地位，并且有着一系列比较完整的组织。周宣王即位“不籍千亩”，虢文公因此进谏，大谈籍礼的重要性。他认为，民之大事在农，上帝的祭品，人民的蕃殖，大事的供应，国家的财用，都要依靠农业，“是故稷为天官”(《国语·周语上》，“天”原误作“大”，从汪远孙改正)。籍礼举行前，立春前九天，要由太史把天时和土壤变化情况通知给稷，再由稷报告国王(即天子)。等到籍礼开始举行，要由“后稷监之，膳夫、农正陈籍

---

① 《潜夫论·志氏姓》：“姞氏女为后稷妃，繁育周先。姞氏封于燕。……姞氏之别，有阚、尹、蔡、光、鲁、雍、断、密须氏。”秦嘉谟《世本辑补》引“光”作“先”，谓与侁、姺同；又以为“蔡”乃“燕”字之误，“鲁”乃“偪”字之误。密须一作密，见《诗经·大雅·皇矣》。

礼”。等到仪式完毕，由庶民在“籍田”上集体劳动，要由“后稷省功，太史监之”。“省功”就是视察耕作成绩。最后由稷“遍诫百姓，纪农协功”；还要由各级官吏分批出动巡查，“农师一之，农正再之，后稷三之，司空四之，司徒五之，太保六之，太师七之，太史八之，宗伯九之，王则大徇”(《国语·周语上》)。韦注：“农师，上士也。农正，后稷之佐，田畯也，故次农师。后稷，农官之君也，故次农正。”可知当时农官有三等，后稷是农官之长，其次农正(即田大夫)，再次农师。最基层的农官叫农师，该是比较懂得农业技术的。西周所以会有这样有组织的农官系统，该是继承了后稷以来重视农业的优良传统。

后稷重视发展农业的措施，对后世的影响是深远的，直到战国时代，人们还把后稷作为最高明的农业生产者的代表。例如《韩非子·喻老》说：“故冬耕之稼，后稷不能羡也；丰年大禾，则臧获不能恶也。以一人之力，则后稷不足；随自然，则臧获有余。”《吕氏春秋》保存有四篇农家著作，即《上农》、《任地》、《辩土》、《审时》。《任地》一开头就以后稷名义提出了十大问题，所讲的农耕技术就是答复这十个问题的，当是来源于一部假托后稷著作的农书。

二 创建国家、振兴周族的公刘时代

(一) 从后稷到公刘的过渡阶段

后稷神话反映了周族的原始社会情况，那时正从母系氏族制转变为父系氏族制，同时周族的经济生活开始以农业生产为主。这时正当商代前期，它比中原地区先进的夏、商等族，还是落后的，还是要被看作戎狄的。《国语·周语上》说：周的祖先世代做虞、夏后稷的官，等到夏代衰落，不窋失去官职“自窜于戎狄之间”，不过是后来周的贵族粉饰的话。

周族始祖实际上有两个，就是先妣姜嫄和始祖后稷。周人对这两人都有特别的隆重的祭典。姬姓的周族和姜姓之族世代联姻，太王(公亶父)之妻是太姜，迁居到周原时，是"爰及姜女"的(《诗经·大雅·緜》及《毛传》)；武王之后是邑姜(《左传·昭公元年》)。周昭王时的令簋、作册瞏卣等，都述及很有权力的"王姜"。在原始社会末期，姬姜两姓该属于同一个部落联盟，直到西周时代，两姓贵族的关系还十分密切。姜姓贵族原来出身于羌族。姜姓的始祖相传是伯夷，而《山海经·海内经》说："伯夷父生西岳，西岳生先龙，先龙是始生氐羌。"姜姓又以四岳为其祖先，这个西岳该是四岳之一。《后汉书·西羌传》说："西羌之本，出自三苗，姜姓之别也。"姜姓之族原来就住在靠近羌族的地区。《国语·晋语四》说："炎帝以姜水成"，"炎帝为姜"。根据《水经·渭水注》，岐水东经姜氏城，南为姜水，姜水东注雍水。姜水是雍水的支流，雍水又是渭水的支流。姜氏城在今陕西扶风东。《古本竹书纪年》载周宣王三十八年"戎人灭姜侯之邑"。雷学淇以为姜侯之邑可能就是姜氏城(《竹书纪年义证》卷二六)。姜氏城正当后稷所居的邰(今陕西武功西南)的西北，太王迁居的周原(今陕西岐山东北)的东南。可知姬、姜两姓居地原是紧密相邻的，都在渭水上游的渭水以北地区。这一带当时就是戎狄之区。

上面讲过，《山海经·大荒西经》说后稷传位给其弟台玺，台玺传给其子叔均，都继承后稷播百谷的事业。《山海经·海内经》又说叔均"是始为国"。后稷是周族从母系制转变为父系制后的第一代祖先，这样相传两代就创建国家，也还是个疑问。叔均之后的世系不明，而《世本》和《史记》所说后稷生不窋，当然不可信。因此叔均与不窋之间的世系脱节。《左传·文公二年》说:“子虽齐圣,不先父食久矣。故禹不先鲧,汤不先契,文(王)武(王)不先不窋。”这样以不窋与商的始祖契相提并论,竟然把不窋看作周的始祖了。可能在周的早期世系传说中,不窋以前的人物多富有神话色彩,因此有人就从不窋算起。《括地志》(《史记·周本纪》正义引)说:“不窋故城在庆州弘化县南三里,即不窋在戎狄所居之地也。”唐代弘化县在今甘肃庆阳县。这个地方在邰以北(略偏西)四百多里,恐怕不窋不会迁得那么远,该是后人因不窋有自窜戎狄之说而附会上去的。相传不窋之子名鞠,鞠之子就是公刘。关于鞠的事迹无可查考。从后稷神话来看,后稷是父系氏族社会的开始时期。从公刘的事迹来看,公刘时代正是创建国家的时期。究竟怎样从后稷时期过渡到公刘时代的历史,在文献上无从查考。

(二)公刘迁都到豳

公刘时期惟一的大事就是迁都到豳。《诗经·大雅·公刘》就是描写和歌颂这件大事的诗篇。《毛传》说公刘原来居邰,是从邰迁到豳的。此说应有依据。看来从后稷到公刘之间没有迁移过,《山海经》说后稷传位给其弟台玺,《路史》又作斄玺,斄即漦,“邰”“漦”音同通用,说明后稷之后仍留于邰。

为什么这时公刘要迁都到豳呢?从来有三种不同说法。第一种说法认为由于扩展农业生产。《史记·周本纪》说:“公刘虽在戎狄之间,复修后稷之业,多耕种,行地宜”,因而迁移。第二种说法认为由于自己“变于西戎”而迁移。《史记·匈奴列传》说:“夏道衰而公刘失其稷官,变于西戎,邑于豳。”第三种说法认为是由于避乱、避难而迁移。《史记·刘敬列传》记娄敬说:“公刘避桀居豳。”《毛传》又说:

“公刘居于邰，而遭夏人乱，迫逐公刘，公刘乃避中国之难，遂平西戎，而迁其民邑于豳焉。”这三种说法中，第二种是不可信的。这是把相传不窋失去稷官而窜于戎狄之说附会到了公刘身上来。第三种说法更加不可信，从《公刘》这首诗的内容来看，没有一点像避乱、避难的样子。只有第一种说法是可取的。《公刘》开头说，公刘迁移是由于“匪居匪康”。“匪”通“非”，“居”和“康”都是安居的意思。郑笺：“不以所居为居，不以所安为安。”朱熹《诗集传》：“不敢宁居。”就是说，公刘是为了振作有为，不敢安居晏息而迁移。他的迁都的行动，是积极的，是为了发展农业生产，振兴周族，巩固和扩大这个新建的国家。所以《周本纪》对此作出结论说：“周道之兴自此始，故诗人歌乐思其德。”

《公刘》的诗共六章，其第一章描写出发前的准备情况：

> 笃公刘，匪（非）居匪（非）康，迺埸迺疆，迺积迺仓；迺裹糇粮，于橐于囊，思辑用光。弓矢斯张，干戈戚扬，爰方启行。

这是说，公刘不敢安居晏息，整治好原来的田地疆界，把粮食积储起来进仓；又把粮食装成大大小小的粮袋，大家和谐而感到光明；于是把弓箭张开，把干（盾）、戈、戚（斧）举起，就开始出发。孟子曾经引用这段话，说“公刘好货”，还说：“故居者有积仓，行者有裹囊也，然后可以爰方启行”（《孟子·梁惠王下》）。《史记·周本纪》也说：“行者有资，居者有蓄积，民赖其庆，百姓怀之，多徙而保归焉。”的确，公刘这次迁都，不同于那些受逼迫或灾难的国家的“迁国”，并没有把原地的居民全部迁走，是留一部分而迁走一部分，按计划进行的。他的“迺埸迺疆，迺积迺仓”，整治好田疆，积储好粮仓，不仅是为了使“居者有积仓”，更是为了便于居者继续耕作。他的“迺裹糇粮，于橐于囊，思辑用光”，不仅是为了使“行者有裹囊”，更是为了便于行者开垦新地而扩大生产。孟子所说“公刘好货”，是说公刘爱护和善于管理财货，这是有利于人民的，所以他借此劝齐宣王说：“王如好货，与百姓同之，于王何有？”从这里可以看到，当时农业生产已有发展，收获的粮食已有不少积蓄，这为迁移和建设新的国都准备好了物质条件。

从《公刘》这首诗，我们还可以看到当选定一个新的国都，是有许多必要条件的。首先周围要有肥美的平原，适宜于发展农业生产，可以就近解决国都居民以及官署的供应问题。因此《公刘》的第二章，讲的就是考察和选定肥美平原的情景：

> 笃公刘，于胥斯原，既庶既繁，既顺（通作“巡”）迺宣，而无永叹。陟则在𪩘，复降在原。何以舟（通作“周”）之？维玉及瑶，鞞琫容刀。

这是说，公刘考察这个平原①，草木长得丰满而又茂盛，巡视得很周到，不会再感到懊悔而叹息。既登上小山去瞭望，又走下平原去观察。他带着嵌有美玉和宝石的带子，佩着刀鞘（鞞）上有玉质装饰（琫）的刀子，到处走动。说明他通过周密的考察，终于选定这大块肥美的平原作建造新的国都的地方。

选定一个新的国都，仅仅找到大块肥美平原便于发展农业生产还不够，还必须从地理形势上找到适宜建筑京师的地点。因此《公刘》的第三章，讲的就是考察和选定建筑京师地点的情况：

---

① 《毛传》：“胥，相也。”是考察的意思。谭戒甫《先周族与周族的迁徙及其社会发展》（《文史》第六辑）认为“于胥斯原”和下文“于京斯依”、“于豳斯馆”句法相同，胥该与京、豳同样是地名，可备一说。

笃公刘，逝彼百泉，瞻彼溥原，迺涉南冈，乃觏于京。京师之野，于时处处，于时庐旅，于时言言，于时语语。

这是说，公刘既看到许多奔流的水泉，又望到广阔的原野，更登上南向的高冈，再视察一大片高地，这就是可以建筑京师的地点。于是这个京师的地点，就成为众人安居之处，众人聚集谈论之所。

在选定京师地点而定居之后，首先要建立政治上的统治秩序。古代贵族用来建立统治秩序的方法，主要就是通过宴会中尊敬族长和宾客的礼节。《礼记·礼运》说："夫礼之初，始诸饮食。"乡饮酒礼和飨礼就是由此而发展形成的。乡饮酒礼讲究"少长以齿"（《礼记·乡饮酒义》），"所以明长幼之序也"（《礼记·射义》、《礼记·经解》）。因为通过宴会的仪式和礼节，可以达到分别贵贱、长幼等次的目的，这样就可以起到维护统治秩序的作用。《公刘》的第四章，就是讲通过族众的宴会来达到巩固统治秩序的目的：

笃公刘，于京斯依。跄跄济济，俾筵俾几。既登乃依，乃造其曹，执豕于牢，酌之用匏。食之饮之，君之宗之。

过去经学家对"于京斯依"的"依"字，不得其解。郑笺："公刘之居于此京，依而筑宫室，其既成也，与群臣士大夫饮酒以落之。"郑玄把"依"解释为"依而筑宫室"，未免牵强。《毛传》又解释"既登乃依"的"依"为"依几"。我们认为，"依"当读作"殷"，古时"殷""依"声同通用。例如《尚书·康诰》："殪戎殷"，《中庸》作"壹戎衣"。郑注："齐人言殷声如衣。"按礼书记载，四方诸侯会集京师朝见天子，叫做"殷见"或"殷同"；诸侯会集京畿朝见天子，叫做"殷国"（参见金鹗《会同考》，《求古录礼说》卷十三）。各国派遣卿一起聘问天子，叫做"殷覜"。《周礼·春官·大宗伯》："殷见曰同"，"殷覜曰视"。郑注："殷犹众也。”《广雅·释诂》:“殷,众也。”所以称为“殷见”、“殷同”、“殷覭”,“殷”都是众人会集的意思。西周金文中,不见有“殷见”、“殷同”、“殷覭”的称谓,只见有“殷”或“㡥”。例如传卣:“王……令师田父殷成周。”士上盉(另有尊与卣铭文相同):“王令士上眔(逮)史黄㡥于成周。”殷见之礼,据彝文,乃大合内外臣工而会见之,《尚书·康诰》所谓“四方民大和会,侯、甸、男、邦、采、卫百工播民和见士于周”。《公刘》所说的“依”,即指“四方民大和会”,就是所有迁到豳的贵族的大和会。

《公刘》这一章“于京斯依”,和第六章“于豳斯馆”文例相同。“馆”指居住的宫室,“依”当读如“㡥”,指族众集会的厅堂。“既登乃依”的“依”,当读作“殷”,是指举行族众会见并参与宴会之礼。这一章说,在京师建筑的集会厅堂里,族众来到很多(跄跄济济),陈设有许多席位和几,等到公刘登上厅堂就举行“殷见之礼”,请众人按席次就位(乃造其曹),于是捉来了猪准备作为食品,用剖开的葫芦作酌酒之器,通过饮食的礼节(食之饮之),达到了推崇公刘为君长兼宗族长的效果(君之宗之)。

新建国都是需要对整个布局作出适当的安排的。《公刘》第五章,是讲怎样选定军队营地、耕作田地以及居住地区:

> 笃公刘,既溥(通作“铺”)既长(通作“张”),既景(通作“影”)迺冈,相其阴阳,观其流泉,其军三单。度其隰原,彻田为粮;度其夕阳,豳居允荒。

这是说,公刘对国都的布局很是铺张,在高冈上用测量日影的方法确定方向,既观察其阴面,又观察其阳面,还考察流动的泉水,在这里驻屯了三支军队(其军三单)。还丈量低湿之地和平原之地,开垦田亩生产粮食（彻田为粮）。同时还丈量了西部地区（度其夕阳），说明豳这个地方可以建筑居处的面积是很宽敞的（豳居允荒）。“荒”是宽敞之意。

接着，《公刘》第六章就讲对豳的居处的如何建设：

> 笃公刘，于豳斯馆。涉渭为乱，取厉（通作“砺”）取锻（一作“碫”）。止基迺理，爰众爰有。夹其皇涧，遡其过涧，止旅迺密，芮（通作“汭”）鞫之即。

这是说，公刘在新都建筑居住用的房舍，从渭水中流横渡（涉渭为乱），取得了石材和金属材料（取厉取锻），于是就成为定居的地方（止基迺理），从此人多、财物也多（爰众爰有），这个地方正好被“皇涧”夹着，逆流而上还有过涧（夹其皇涧，遡其过涧），众人住在这里很安定（止旅迺密），都就水流曲折处和水边居住（芮鞫之即）。

（三）公刘时代所创建的国家的特点

首先值得注意的是，在周族早期世系中，公刘第一个称“公”，后来有公非、公叔祖类、公亶父。公叔祖类，《世本》又称太公祖绀诸盩。或者说“公”是爵名（伪古文《尚书·武成》孔传），或者说“公”是号（《公刘》正义引王肃说）。从后来季历称王季、或称公季来看，“公”和“王”应该同样是称号。公刘之称“公”，该是当时周族人对国君的尊称。从公刘第一个称“公”来看，周族创建国家当在公刘时代。

关于公刘所处的时代，有人说与夏桀同时，这个说法不可信。上面我们已经分析，“公刘避桀居豳”之说出于附会。从公刘到文王的世系只有十一世或十三世来看，应该已在商代中期了。相传公刘所迁的豳，在汉代右扶风栒邑县，见《汉书·地理志》，即今陕西彬县西北、泾水以东地方①。《公刘》说:“于豳斯馆,涉渭为乱”,“乱”是横流而渡,这是说为了在豳营建宫室,需要磨刀石块(石厉)和坚硬大石块(碫),要横渡渭水去取得。《周本纪》又说:“自漆沮度(渡)渭取材。”因为豳并不靠近渭水,要从漆水、沮水通到渭水,才能渡渭取材。朱熹《诗集传》说:“涉渭取材,而为舟以来往。”其实不必用船,用结成的筏子来运送更是方便。建筑材料用水道运送,是一个进步的方法,可以减轻不少艰苦的劳役。

公刘不仅是周族所建立的国家的第一个国君,而且是第一个有计划地营建国都的人。选择营建国都的地点是比较周密的,既要有肥美的广大平原,又要有奔流不息的水源,还要有向阳的高冈,更要有适宜建筑都邑的高地。都邑的建筑必须靠近河流和许多小溪,因为农业生产和人民生活都必须有充分的水源供应,但是又必须防备水灾的破坏和损害,因此必须有大块的向阳的高地。公刘把豳选定为国都,基本上是符合上述的要求的,既讲到“于胥斯原”,“复降在原”,“瞻彼溥原”;又谈到“逝彼百泉”,“观其流泉”,“夹其皇涧,遡其过涧”,“芮(汭)鞫之即”;又说到“迺陟南冈”,“既景(影)迺冈”,更述

① 豳一作邠,古通用。《孟子·梁惠王下》:“昔王大王居邠。”《汉书·地理志》右扶风栒邑“有豳乡,《诗》豳国,公刘所都”。《郑志》答张逸问(《诗经·大雅·緜》正义引):“豳地今为栒邑县,在广山北,沮水西,北有泾水,从此西南行,正东乃得周,故言东西云。”晋代栒邑并入漆县,徐广、杜预因此都说豳在漆县东北。唐代又为新平县,《括地志》:“豳州新平县,即汉漆县也,《诗》豳国,公刘所邑之地也。”同上:“豳州三水县西三十里有豳原,周先公刘所都之地也,豳城在此原上,因公刘为名”(贺次君辑本)。三水即今旬邑,豳在今旬邑西南。《说文》:“邠,周太王国,在右扶风美阳。”又“豳”字下:“美阳亭即豳也。民俗以夜市,有豳山。”美阳在今扶风东。齐思和《西周地理考》(收入《中国史探研》)根据“涉渭为乱”,以为豳地滨渭,《说文》以为在汉代右扶风美阳,即今扶风东,最可信据,其实不确。汉的漦县即邰,美阳在漦以北不过二十多里,如果公刘从漦迁美阳,不可能出现《公刘》所说的场面。

及“乃覯于京”，“于京斯依”，“京师之野”。“京”就是大块向阳的高地，适宜营建国都的地点。《尔雅·释丘》：“绝高谓之京。”《诗经·鄘风·定之方中》：“景山与京”，《毛传》：“京，高丘也。”卜辞和金文高字作“”，像高地上半地穴式的建筑结构，下端“”像中有立柱的地穴，上端“”像地穴上出入有土阶、并有屋顶覆盖的形状。

周人把国都称为“京”或“京师”，就是起源于公刘时代。“京”就是像高地上造有半地穴式建筑。为什么又称“京师”呢？“京师”在金文写作“京𠂤”。“𠂤”的原意是土堆，“堆”就是“𠂤”的后起之字，有屯聚的意思。因此“𠂤”字被用作屯聚军队的地点的称呼，又被用作军队的单位名称，甚至被用作军官的称号。如殷代甲骨卜辞称军队经常驻屯的地点叫“某𠂤”，称一些军官叫“𠂤某”，还说到“王作三𠂤”（《殷契粹编》第五九七片），就是说商王编制了三个“𠂤”的军队。西周金文也常把驻屯军队地点称“某𠂤”，如“成𠂤”（小臣单觯）、“牧𠂤”（小臣謎簋）之类，西周的军队则有“殷八𠂤”、“成周八𠂤”、“西六𠂤”。“六𠂤”在文献里就称为“六师”（如《诗经·大雅·常武》等）。因此，“京𠂤”或“京师”这个名称，肯定也是由于长期驻屯军队而得名。春秋铜器晋邦盨：“王命鄴（唐）公（指晋的始祖唐叔虞），冂宅京𠂤。”晋姜鼎：“譖覃京𠂤，辪（乂）我万民。”所说“京𠂤”，都是指晋的国都。《尚书·洛诰》：“予惟乙卯，朝至于洛师。”西周初期把新建的洛邑称为“洛师”，因为洛邑是驻屯军队的东都。

《公刘》把新建国都称为“京师”，同样是因为驻屯军队而得名。《公刘》说“其军三单”。前人对这个“单”字有不同说法。《毛传》：“三单，相袭也。”这是读“单”为“嬗”或“禅”，说是更番征调（俞樾《达斋诗说》、章炳麟《文始》）；郑玄笺解释说：“适满三军之数，单者，无羡卒也。”这是读“单”为“殚”，解释为“尽”。清代学者还有种种说法，都很牵强，没有讲通。“单”在这里用作军队的单位名称是很明显的。我们认为“单”当读“埠”，与“堆”音近，是“自”的假借字。①“其军三单”就是“其军三自”，如同殷代“王作三自”一样。“其军三单”是和上文“既景迺冈，相其阴阳；观其流泉”相连成文，说明驻屯大军的营地也曾经选择，是在郊外有高冈和流泉的地方。既是为了便于防卫，又是为了便于生活。

公刘对于这个新都的建设是经过考察和周密考虑的。在国都中还建筑有族众集体活动用的厅堂，叫做“依”。这种厅堂的起源很早，在原始氏族制的村落中，中部就造有一所较大屋子，供集体活动之用。这种厅堂也就是后来所谓明堂或辟雍的起源，既成为贵族集体行礼、集会、聚餐、练武、奏乐的地方，又成为贵族弟子学习的处所，兼有礼堂、会议室、俱乐部和学校性质。所有族众在这里的活动都有其政治目的。《公刘》说得很清楚，“食之饮之”的目的就在于“君之宗之”，是为了尊敬君长和宗族长，团结宗族和巩固统治秩序。《毛传》解释“君之宗之”说：“为之君，为之大宗也。”这时公刘既为一国的君长，又为一族的宗子，君长和宗子是合一的，这是古代贵族宗法制度的特点，周族从开始建立国家起，君统和宗族就是合一的。一国的君长，确是一国的大宗。国君与所属大臣，既有君臣关系，又有宗法关系。国内同姓贵族的小宗，应该从属于国君的大宗。

---

① 《说文》：“自，小自也，象形。”段玉裁《注》认为“魁”、“追”都是“自”的假借字，“堆”是“自”的俗字，“堆”行而“自”废，“敦”、“墩”都是“自”的音转。郭沫若也认为“堆”是“自”的后起字，“追”、“魁”为“自”的假借字，又音转为“敦”，借用“屯”字，“自”作为师戍所在处，当即屯聚之屯（《两周金文辞大系考释》第三页）。

国都的布局是经过丈量而规划的。《公刘》说:“度其隰原,彻田为粮;度其夕阳,豳居允荒。”《毛传》:“山西曰夕阳。”《尔雅·释山》同。郑笺:“夕阳者,豳之所处也。”陈奂根据这点,认为“夕阳建国,则豳居在豳山之西”(《诗毛氏传疏》)。我们认为邑不可能造在一座大山的西面。如果造在大山西面,没有朝阳而只有夕阳,对起居生活就很不合适。这里所说的夕阳,该只指作为京师的大块高地的西部地区。这样把主要宫室造在京师的西部,是比较合理的。先秦国都的布局,多数是坐西朝东的,把主要宫殿建筑放在西部,可能就起源于公刘时代。

公刘时代,是周族开始振兴的时期。这时创建了国家机构,有计划地选定和营建了新的国都,对国都的布局作了适当的安排,在郊外,对平原和低地加以开垦,在高冈一带驻屯了三支军队。在京都,建设了招待族众集会饮食的厅堂,并在西区建造了许多宫室。说明当时新建的国都已具有相当规模。当然,所建筑的厅堂和宫室还很简陋。多数宫室可能是窑洞式的和半地穴式的,直到公刘以后九世(或十一世)的公亶父,在迁到周原以前,还是“陶复(寝)陶穴”呢。看来厅堂也不过是用树木架起的草棚而已。

三 建都周原而逐渐强大的公亶父时代

(一) 商王武丁时期的殷、周关系

从公刘迁豳,到公亶父迁周,中间经历八世或十世,史书上只有世次而没有事迹的记载。在殷墟的第一期武丁时代卜辞中(其中有武丁时贞人充的卜辞),述及到商与周的关系,其中较多的是商对周的征伐:

贞令旃从仓侯璞(戣)周(《殷虚书契前编》卷七,页三一,片四)。

癸未卜……一令……族璞(戣)周,叶(协)王事(同上书卷四,页三二,片一)。

贞令多子族罘(逮)犬侯璞(戣)周,叶(协)王……(同上书卷三,页七,片七)。

己卯卜,允贞,令多子族从犬侯璞(戣)周,叶(协)王事(《殷虚书契续编》卷五,页二,片二)。

……氐(致)多……仓侯……璞(戣)周,叶(协)王……(《殷契卜辞》片六四一)。

贞叀[illegible]令从璞(戣)周(《殷虚书契后编》卷下,页三七,片四)。

上列卜辞中的"璞"字,原作"[illegible]",郭沫若释"寇",缺乏根据。今从唐兰之说,认为像在山脚下采掘玉石的形状,即"璞"之本字,读为"戣",征伐之意(《殷虚文字记》第四五至四七页)。从上列卜辞,可知武丁多次征伐周国,或者命令多子族带同犬侯前往征伐,或者命令某一将领随从仓侯征伐,曾动用相当多的兵力。犬侯和仓侯的所在地,当离周不远。

值得注意的是,武丁卜辞中还有关心周国的记载:

贞[illegible](毌)弗𢦏周,十二月(《铁云藏龟》页二六,片一)。

癸卯卜,其克𢦏周(《殷契拾掇》第二编,片一六四)。

"𢦏"是伤害之意,"毌"是一个方国,这是贞问毌国会不会伤害周国。说明商对周又十分关心。卜辞还有贞卜周国有没有灾祸的:

周方弗其有祸(《殷虚文字缀合》片一八一)。

周方弗亡(无)祸(同上)。

周侯今姓(晴)亡(无)祸(《殷虚文字甲编》片四三六)。

这样把周国称为周方或周侯而占卜有无灾祸,说明周已成为与商朝有密切关系的属国。更有占卜周国贡纳巫和美女的:

贞周氐(致)巫(《殷虚文字乙编》片七八〇一)。

丁子卜,㱿贞,周氐(致)嫀(同上书片七三一二)。

“氐”是致送的意思。商代方国贡纳给商王的东西,主要是各国的特产,有贡纳动物的如龟、犬、马、牛、鹿、象之类,也有贡纳贝、珏、鬯(香酒)、舟的,又有贡纳俘虏或奴隶如羌、奚等。惟有周国贡献的最为特别,是巫和嫀,嫀是美女①。周国这样以巫和美女贡献,是投合商王迷信及荒淫的爱好的,目的在于使得商王更加昏庸腐化。后来殷王纣囚禁周文王,周的大臣闳夭等人就曾用贡献“有莘氏美女、骊戎文马”的办法求得释放的。

卜辞中还有命令周的行动的:

勿令周往于[illegible](《殷虚书契续编》卷三,页二八,片三)。

辛卯卜贞,令周从行止,八月(《龟甲兽骨文字》卷一,页二六,片十六)。

十分明显,周在商代武丁时期已被征服,成为商的顺从的属国了。

但是这个周国,是否就是姬姓的周国呢?徐中舒《周原甲骨初论》(收入《古文字研究论文集》,《四川大学学报丛刊》第十辑)认为“这个周族就应是姜族所建的女国——母系社会的姜嫄国,因为姬姓

① 参看于省吾:《从甲骨文看商代社会性质》,东北人民大学《人文科学学报》一九五七年第二、三期。

自邠迁居周原，尚在此时一百余年之后。这个周族当然不是姬族，而是和他们世为婚姻的有郃氏家室。自公亶父迁居周原以后，姬姜世为婚姻，相互促进，姜族女国由母系转为父系，姬姓农业由粗耕进入精耕，于是这两个来源不同的氏族，就逐渐融合为一个新兴的周民族”。的确，公亶父迁居周原是在武丁以后第五个王（共三世）武乙时，据皇甫谧说，是“邑于周地，故始改国曰周”的（《史记·周本纪》集解引）。但是要说这个周国是有郃氏。是姜姓女国，也有问题。据《山海经》，后稷传位给台玺、叔均，已是父姓系统。据《世本》和《史记》，不窋以后都是父子相传；而不窋之孙公刘已从郃迁都到豳，早已创建国家，设有军队，怎么可能到武丁时期还存在母系社会的姜嫄女国呢？

从武丁多次调动相当多的兵力征伐周国来看，当时周国已较强大，当即姬姓的周国，不可能另外有个周国。卜辞把周君称为周侯，又称周国为周方，曾命令周的行动，并多方关心它有否伤害和祸害，它又贡纳巫和美女，可知周确已成为武丁所属的封国。“周”的国号，可能就是武丁给予的。商朝之所以称呼它为“周”，因为周族自从后稷以后世代重视农业，农业要比其他部族和方国进步。“周”字卜辞作“囲”、“田”，金文作“囲”“畐”、“畐”，像在一大块方整而有田界的农田中农作物很茂盛的样子。“周”原是一个发达的农业区的美称。金文或者从“口”，和“君”、“商”字从“口”一样，表示国家政令之所出。

周在商王武丁时期得到这样一个美称作为国号，是名副其实的。从公刘到公亶父之间的许多周的君主，虽然史书上缺乏史实记载，但是他们都继承后稷事业而加以发展，是可以肯定的。《国语·鲁语上》记展禽说：“上甲微能帅契者也，商人报焉；高圉、大王能帅稷者也，周人报焉。”这样以周的高圉、公亶父和商的上甲微相提并论，可知高圉也有和公亶父差不多的功绩，只是记载失传了。《左传·昭公七年》记载周景王派郕简公到卫国，吊卫襄公之丧，追赐命辞说：“叔父（指襄公）陟恪（升天之意），在我先王之左右，以佐事上帝，余敢忘高圉、亚圉。”可知在周景王的心目中，他的先王中，高圉和亚圉同样是重要的贤君，都是周的创业者。

我们认为“周”的国号早在建都豳的时候已经存在。后来公亶父迁都到岐山之南，称为周原，是沿用旧称。迁移新都而用旧名，这在古代是常见的事。

（二）公亶父迁都的原因

公亶父如同公刘、公非、公叔祖类一样，以“公”为尊称。《史记》称为“古公亶父”是不对的，《诗经》四字一句，前加“古”字，是“昔”的意思（崔述《丰镐考信录》卷一）。称他为太王，是出于文王称王以后的追称。

关于迁都的原因，据孟子说，由于狄人侵扰，服事以皮币、犬马、珠玉，都不得免。又说：“太王事獯鬻”（《孟子·梁惠王下》）。《史记·周本纪》根据《孟子》，就说公亶父是为了避开薰育而迁到岐下的。但是，《后汉书·西羌传》又说是由于“犬戎寇边”而避于岐下的。从《诗经》来看，当以《后汉书》之说为是。《后汉书》记载殷周之际，周与西方部族的关系，都依据《竹书纪年》，可能这点也是有依据的。《诗经》虽然没有直接讲到公亶父迁都原因，却讲到迁都之后取得了制服混夷或串夷的成效。《诗经·大雅·緜》：“混夷駾矣，维其喙矣。”“駾”是急促奔逃之意，“喙”通“瘃”，是疲劳病困之意，就是说混夷因此奔逃而疲困了。《说文》于“駾”字下，引作“昆夷駾矣”；于“呬”

字下，又引作“犬夷呬矣。”可知混夷即是昆夷，又是畎夷、犬夷。犬夷当即犬戎。犬戎和獯鬻是两个不同部族。孟子是把昆夷和獯鬻区别开来的。《孟子·梁惠王下》：“惟仁者为能以大事小，是故汤事葛，文王事昆夷。惟智者为能以小事大，故太王事獯鬻，勾践事吴。”昆夷和獯鬻二族显然有大小的不同。孟子又两次说到：“昔者大王去邠，狄人侵之。”这个“狄人”显然是指獯鬻，獯鬻属于北方的狄族。当时侵扰周族的戎狄不止一族，昆夷和獯鬻是其中主要的，文王时都曾来侵扰，太王时也是一样。孟子说“文王事昆夷”、“太王事獯鬻”，只是各举一例。孟子说獯鬻对周族的侵扰，应该也有依据。

据《诗经》来看，当时侵扰周族的还有串夷。《诗经·大雅·皇矣》：“串夷载路。”郑笺：“串夷即混夷，西戎国名也。”“路”通“露”，败坏之意。过去经学家都说“串”读如“患”和“混”是一音之转，“串”和“犬”也是一音之转。从上节所引殷墟卜辞来看，过去经学家这个“串夷”即“混夷”之说，并不正确。卜辞中有“中”国，“中”即“毌”字。《说文》：“毌，穿物持之也，从一横𠀃。”段玉裁以为“毌”和“贯”是古今字，“今贯行而毌废矣”。卜辞曾占卜“毌弗𢦏周”，贞问毌国会不会伤害周国，足见毌国常侵扰周国。叶玉森《殷契钩沉》认为中古毌字，串乃后起字，毌国即是《皇矣》的串夷。我们认为这个论断是正确的。“串”古读作“患”，即是“贯”字或“惯”字①。

丁山《殷商氏族方国志》（《甲骨文所见氏族及其制度》附录）有

---

①　《经典释文》：“串一本作患，或云郑音患。”李黼《毛诗绅义》：“案《尔雅·释诂》云：串、贯，习也。《释文》贯作惯，云：本又作贯，又作遦。《玉篇》串，云或作惯、遦，是串即惯字，通作贯也。”雷浚《说文外编》：“《大雅》：串夷载路，《毛传》：串，习也。《说文》无串字，部首毌，穿物持之也，从一横贯象宝货之形。俗作串者，即毌字横书之，非有二字也。”

"犬侯、亚犬"条，认为商王武丁命令多子族一起"戳周"的犬侯，即是《史记·匈奴列传》所说："周西伯昌伐畎夷氏"的畎夷氏，亦即《尚书大传》"文王受命四年伐犬夷"的犬夷，是东夷，与犬戎之为西戎不同。我们认为戎、夷是可以通称的，如果犬侯是犬夷的话，决不可能是东夷。东夷远在东方，怎能来"戳周"呢？当时文王的力量也不可能越过商朝控制的中原而伐东夷。卜辞中的犬侯可能即是犬戎的一支，曾经一度成为商的属国。等到商朝国力衰落，就不听命商朝而单独侵略周国了。

《后汉书·西羌传》说："及殷室中衰，诸夷皆叛……及武乙暴虐，犬戎寇边，周古公逾梁山而避于岐下。"由于殷朝的国力衰落，失去控制大局的力量，再加上暴虐的统治，引起四方部族向中原侵扰。"犬戎寇边"只是"诸夷皆叛"的结果之一。殷室中衰，固然失去控制四夷的力量，同时也失去统治属国的力量。周国一方面遭到了戎狄侵扰的祸害，另一方面却摆脱了殷朝不少的压力，因此就可以在不断和戎狄部族的战斗之中，逐渐扩大统治地区，逐渐强大起来。这种新形势，就是从公亶父迁都岐阳以后开始的。《诗经·鲁颂·閟宫》："后稷之孙，实维大王。居岐之阳，实始翦商。"这样把公亶父在迁都以后，在对戎狄斗争中取得的胜利，看作"翦商"的开始，不是没有道理的。

（三）公亶父迁都岐阳周原

公亶父迁都的岐阳，确实位置已调查清楚。《汉书·地理志》右扶风美阳，"《禹贡》岐山在其西北，中水乡，周太王所邑"。据《水经·渭水注》，"城在岐山之阳而近西"。中水乡在周原以北，与周城并非一地。根据考古调查，周的都城在今陕西岐山东北六十里，东到下樊、召陈二村，西到董家、凤雏村，是宫室的分布区。在凤雏村东南的云塘村，南到齐镇、齐家村，发现有西周的制骨、冶铜、制陶作坊及平民居住遗址。在凤雏村西南发掘出一座早周宫室建筑遗址，出土了文王时代前后的卜甲卜骨。在以东四里的召陈村，又发掘一座西周中期的宫室建筑遗址。在凤雏村的西南不到十里有村名“宫里”，过去早有人指出这一带该即岐周的宫殿所在。

《诗经·大雅·緜》第一、二章描写公亶父从豳迁到岐下的经过：

緜緜瓜瓞，民之初生。自土（通作“杜”）沮（通作“徂”）漆。古公亶父，陶复（通作“覆”）陶穴，未有家室。

古公亶父，来朝走马，率西水浒，至于岐下。爰及姜女，聿来胥宇。

这是说，周族初期生下的子孙如同瓜瓞（小瓜）那样连绵不绝。公亶父带领了周族从杜水前往漆水。原来他们住的都是窑洞（覆）或地穴，没有建成地上的房屋。公亶父早晨带着奔驰的马出发，沿着西边的水流南下，直到岐山之下。于是亶父之妻（姜女）一起来了，来考察建造宫室的地点。

杜水在汉代杜阳（今陕西麟游西北）的东北。《汉书·地理志》右扶风杜阳，“杜水南入渭，《诗》曰自杜”。《孟子·梁惠王下》又说大王“去邠，逾梁山，邑于岐山之下居焉”。《史记·周本纪》又说公亶父“遂去豳，渡漆沮，逾梁山，止于岐下”。梁山即今陕西乾县西北五里的唐高宗、武则天陵墓所在乾陵。这次周族的迁都路线，从豳（今旬邑西南）出发，渡过泾水，向西南行，越过乾县的梁山，过杜水，沿漆水南下，再向西折，沿今渭河西行，定居到今扶风北、岐山东北六十里的京当、法门、黄堆等地区。这一带土地肥沃，适宜于发展农业。岐山山脉又是天然的防御屏障，可以防备戎狄的侵扰。①

《緜》的第三、四章描写怎样决定地点和初步开辟的情况：

周原膴膴，堇荼如饴。爰始爰谋，爰契我龟。曰止曰时（通作“跱”），筑室于兹。

迺慰迺止，迺左迺右；迺疆迺理，迺宣（通作“畎”）迺亩。自西徂东，周爰执事。

这是说，周原这块地方十分肥沃，种了苦菜也会长成饴糖（麦芽糖）那样甜，于是就开始谋划，在龟甲上钻刻而占卜，占辞（用卜兆而定的吉凶之辞）说：在此定居，在此建筑居室（曰止曰跱）。占卜的结果使大家安心住下（迺慰迺止），从左方和右方开辟（迺左迺右），修起田界和治理土田，开筑田沟和垄亩。这样从西到东，人人都在工作（周爰执事）。从这里，我们可以看到，这样迁都的大事，在根据地理条件选定之后，还得要用龟甲占卜，根据卜兆来决定。用龟甲来占卜之风还曾长期流行，因此在这里能够发掘到大批甲骨卜辞。在决定定居下来之后，就要紧张地展开垦辟的工作，首先是农耕田亩的安排和开垦，因为这是生活上首要的事。

《緜》的第五、六章就描写建设都城的情况：

乃召司空，乃召司徒，俾立室家。其绳则直，缩版以载（通作“栽”），作庙翼翼。

捄之陾陾，度之薨薨，筑之登登，削屡（通作“偻”）冯冯（通作“凭”），百堵皆兴，鼛鼓弗胜。

这是说，命令管理工程的司空和管理土地、征发力役的司徒，去指挥监督建筑房屋的工程。施工前，要拉绳作为直线的标准，要立上木柱

① 参阅陈全方：《早周都城岐邑初探》，刊《文物》一九七九年第十期。

和捆束长板，筑成夹层板墙，以便填土筑成土墙。首先要建筑的是整齐的宗庙。筑土墙时，先要把土装到筐里，再把土填入筑成的夹层板墙中间，要把填入的土筑得很坚实，筑成之后还要把土墙上隆起突起之点削平。这样有许多土墙同时动土，劳动的响声很大，使得助兴的鼛（大鼓）鼓的声音也听不清。值得注意的是，这时已经同时兴建宗庙和室家，而且宗庙要建筑得很是整齐。当时的建筑，最费力的工程，就是用板筑的技术，大量建筑土墙。

《緜》的第七、八章描写宫门、神社、大道的修筑：

迺立皋门，皋门有伉。迺立应门，应门将将。迺立冢土（通作“社”），戎丑攸行。

肆不殄厥愠，亦不陨厥问。柞棫拔矣，行道兑矣。混夷駾矣，维其喙（通作“瘃”）矣。

这是说，建筑宫室的外门（皋门），造得很高大；建筑宫室的正门（应门），造得很堂皇；还建筑有祭祀社神的大祭台，这样就能把侵犯的戎狄吓得逃走（“戎丑”是对戎狄的蔑称）。既要警惕敌人，不能抛弃对敌人的愤恨；也要讲究友好，不能取消友人前来聘问。柞（一种常绿灌木或小乔木）、棫（一种丛生小木）统统拔掉，行走的大道都已开通。从此混夷吓得奔逃，感到疲困。这样通过两道宫门、社神祭台以及大道的修筑，用来加强对敌人的防御。

《诗经·大雅·皇矣》第二章是描写公亶父迁到岐阳以后的开辟情况：

作（通作“柞”）之屏之，其菑其翳（通作“殪”）。脩（修）之平之，其灌其栵。启之辟之，其柽其椐。攘之剔之，其檿其柘。帝迁明德，串夷载路（通作“露”）。天立厥配，受命既固。

这里一连四句排偶的字句，都是讲用各式方法来清除地面上各种枯木和树木的。“作”通“柞”，砍伐树木之意。“屏”，除去。“菑”，直立的枯木，“翳”通“殪”，倒在地上的枯木。“灌”，灌木丛。“栵”，斩而复生的小木。“柽”，木名，即河柳。“椐”，多肿节的“灵寿木”。“檿”，山桑。“柘”，黄桑。这一连四句，说明公亶父迁都到岐阳，曾经进行艰巨的开荒工作。

（四）公亶父时代的政治设施

从上述迁都的情况来看，公亶父时代的政治设施比公刘时代又前进了很大一步。《史记·周本纪》说：“古公（指公亶父）乃贬戎狄之俗，而营筑城郭室屋，而邑别居之。”《緜》只说建立室家，建筑宗庙，没有具体说到营筑城郭。魏源《诗古微》认为《緜》“六章捄之陾陾以下，皆筑城垣之事。城之雉堞，由堵而起，故曰百堵皆兴。若仅家室之墙，上章已言缩板矣。城垣有卫，而朝仪始可立，故七章言皋门、应门、冢土社稷也。岂有迁都不及建城之理乎？”我们认为魏源的推测是有见解的，但是不宜以后世的情况来作比附。既然所筑的宫殿，有皋门和应门两道宫门，肯定整个宫殿建筑四周是有围墙的。所说“百堵皆兴”，只是指宫殿的围墙，不必是整个城的城墙。从文献记载以及目前考古调查的结果来看，还不能说当时已有城墙的建筑。当时建筑宫墙和两道宫门，兴建“冢土”（大社），开通通路，都是为了便于对戎狄的防卫和进攻，同时也还有壮大声势和摆出威严的作用。

周代天子、诸侯的宫室，都有三门和三朝的制度。天子有皋门、应门、路门，与此相应，有外朝、治朝、燕朝。公亶父时，只有皋门和应门，朱熹推论说：“太王之时，未有制度，特作二门，其名如此，及周有天下，遂尊以为天子之门，而诸侯不得立焉”（《诗集传》）。皋门是一种高大的门，可能门上有高楼，《緜》："皋门有伉。"《毛传》："伉，高貌。"《经典释文》引《韩诗》作"阌，盛貌。"《玉篇》"阌"字下及张衡《西京赋》都作"高门有阌"，都是依据《韩诗》。《毛传》以皋门为郭门，郑笺则以为宫之外门。当以郑玄之说为是，这时未必建有城郭。应门是宫殿的正门。《尔雅·释宫》："正门谓之应门。"《毛传》同。郑玄注《考工记》、《尚书大传》都说应门是朝门。从《尚书·顾命》"王出在应门之内，大保率西方诸侯入应门左，毕公率东方诸侯入应门右"来看，郑玄之说可信。《緜》："应门将将。"《毛传》："将将，严正也。"《西京赋》注又引作"嶈嶈"。《广韵》："嶈，山高貌。"应门也该有一座或一对高建筑。

公亶父在岐阳建设国都的布局，对此后周代有深远影响。不但王宫有皋门和应门的制度，是这时创始的；而且国都中设置宗庙和社稷的制度，也是从这时开始的。《緜》："迺立冢土，戎丑攸行。"《毛传》："冢，大。戎，大。丑，众也。冢土，大社也。起大事，动大众，必先有事于社而后出，谓之宜。"这样解释"戎丑攸行"，牵强附会。《诗经》中所有"丑"字，或者用来指俘虏，如"执讯获丑"（《诗经·小雅·出车》），或者用来指猎得的野兽，如"升彼大阜，从其群丑"（《诗经·小雅·吉日》）。"戎丑"不可能指一般的"大众"，应该是对戎狄的蔑称。这两句诗是说建立大社之后，吓得戎狄都逃走了。建立大社怎么能使戎狄逃走呢？因为社神是主管杀戮罪人的。《尚书·甘誓》："用命，赏于祖；弗用命，戮于社。"《墨子·明鬼下》根据《齐春秋》记载说：齐庄公有两个臣子"讼三年而狱不断"，后来"盟齐之神社"，有罪者被羊角触死。《左传·昭公十年》："（季）平子伐莒，取郠，献俘，始用人于亳社。"因为社神掌管刑戮，战争胜利后举行献俘典礼，杀死俘虏的献祭典礼也要在神社举行。所谓“始用人于亳社”，实际上是恢复使用了原始的礼俗。《左传·哀公七年》“伐邾……以邾子益(即邾隐公)来，献于亳社。”这也是战胜以后在神社举行杀人献俘典礼。根据《逸周书·世俘解》，武王克商后举行献俘典礼，也是杀死不少俘虏的殷“恶臣”、“小子”、“家君”来献祭的，既“告于周庙”，“告于天、于稷(后稷)”，还“誓于社”。十分明显，公亶父在新都建造宗庙的同时，还修筑大社，就是准备战胜戎狄之后，举行杀死俘虏来献祭的献俘典礼的。这在当时周的贵族迷信神力的指导思想下，就认为可以起吓跑“戎丑”的作用。

商代已经对社神祭祀，“社”只写作“土”，与《緜》所说“冢土”相同。商代已有对亳社的祭祀。《殷契萃编》第二〇片：“于亳土(社)御。”“御”是一种祭祀。亳原是商的国都名称。亳社该设于商的国都。商代已有对社的杀人献祭，曾用羌作为“人牲”。在江苏铜山丘湾，还发现了商代杀人祭祀的遗迹，用十二个人、两个人头连同十二头狗，祭祀以立石的标志为社主①。朱熹《诗集传》说：“大社亦大王所立，而后因以为天子之制也。”其实周人在国都立社，还是继承了商代的礼俗。《墨子·明鬼下》说：“且惟昔者虞夏、商、周三代之圣王，其始建国营都日，必择国之正坛，置以为宗庙；必择木之修茂者，立以为菆(通作“丛”)社(原误作“位”，从王念孙《读书杂志》校正)。”这一说法是正确的。公亶父正是在“其始建国营都日”，同时设置宗庙和丛社的。当然，这时周人在新都中建设宗庙与丛社，不仅是为了举行

① 参见南京博物院：《江苏铜山丘湾古遗址的发掘》，刊《考古》一九七三年第二期；俞伟超：《铜山丘湾商代社祀遗迹的推定》，刊《考古》一九七三年第五期；王宇信、陈绍棣：《关于江苏铜山丘湾商代祭祀遗址》，刊《文物》一九七三年第十二期。

献俘典礼，为了准备战胜侵犯的戎狄，更重要的是为了政治上的需要，用来作为统治人民和团结贵族的一种手段。这个设施对此后历代统治者是有深远影响的。

当公亶父迁都的时候，随着事业发展的需要，政治组织显然比以前健全了。《史记·周本纪》说公亶父"作五官有司"。从《緜》讲到"乃召司空，乃召司徒，俾立室家"来看，该是有依据的。古代有"五官有司"，《礼记·曲礼下》："天子之五官曰：司徒、司马、司空、司士、司寇，典司五众。"这个"五官有司"之制是有远古来源的。相传少皞氏之后郯子说："祝鸠氏，司徒也；鴡鸠氏，司马也；鳲鸠氏，司空也；爽鸠氏，司寇也；鹘鸠氏；司事也。五鸠，鸠民者也。"杜注："鸠，聚也。"郯子所说"五鸠鸠民"，就是《曲礼》所说五官"典司五众"。《曲礼》的"司士"，即是郯子所说"司事"。古"士"与"事"音同通用。郯子所谈的官制确是有远古来源的，所以孔子会说："吾闻之，天子失官，学在四夷，犹信。"但是公亶父时，除了已设司空（即司工）、司徒（即司土）之外，是否还设有司马、司寇、司事，尚没有史料可以证实。

四　考古发现的"周人克商"前的先周青铜文化

（一）六种类型的早期青铜文化

考古工作者为了探索西周文化的渊源，曾注意到考查周人发祥地关中地区周人克商以前的文化遗存，历年来曾发现下列六种类型的早期青铜文化遗存，我们认为其中只有两种是周人克商以前的遗存，现在分别辨明如下：

（1）关中东部的商文化遗存。主要遗址集中在关中东部华县、西安、蓝田、铜川、耀县一带，以华县南沙村和西安老牛坡的发现为代表。出土陶器有鬲、盆、簋、罐等，出土铜器有刀、钺、鼎、爵、斝、觚等，纹饰有饕餮纹、联珠纹、云雷纹、弦纹等。很明显这是商文化遗存，不是周人克商以前的遗存。

(2) 黑豆嘴类型遗存。这是以陕西淳化黑豆嘴墓葬出土物为代表，出土铜器有刀、戈、钺、斧、削、镜、鼎、鬲、爵等，纹饰有饕餮纹、云雷纹等，特殊的出土物有金饰如月牙形金片，武器和工具有长条形翘尖刀、銎式斧，这是和陕北、晋西的所谓“光社文化”晚期遗存，属于同一文化系统。但是这种类型文化，在陕西只有淳化一地发现，这种特殊出土物在西周文化中，不见有什么影响的痕迹，因此这种类型遗存，也不可能是周人克商以前的遗存。

(3) 郑家坡类型遗存。这以陕西武功郑家坡出土物为代表，曾在二千平方米遗址中，发掘出房基十七座、灰坑和窖穴十八处、陶窑两处。陶器有弧形联裆锥足形的鬲、高领袋足鬲以及罐、豆、簋、钵、尊等。发掘简报以为这是周人克商以前文化遗址，因只见一地，还不能加以肯定。

(4) 龙口类型遗存。发现于陕西凤县龙口村嘉陵江边，有上下两层文化，下层为仰韶文化，上层出土的陶鬲与西周早期的形制相似，特殊的出土物有马鞍形口的双耳罐和尖底罐。马鞍形口双耳罐是寺洼文化中最典型的器形，尖底器多见于四川早期蜀文化遗址中。这种特殊器形的陶器的影响不见于西周文化中，因此这种类型文化也不能认为是周人克商以前的文化。

(5) 斗鸡台瓦鬲墓类型遗存。这是一九三四到一九三五年间北平研究院史学研究会在陕西宝鸡斗鸡台瓦鬲墓中首先发现的，后来在凤翔、岐山、扶风、彬县、长武等县都有发现，分布地区在沿渭河流域两岸，西起宝鸡，东到长安附近，北到泾水、汧水流域，出土陶器的主要特征是高领袋足鬲，常有圆肩或折肩陶罐一起出土，也还有甑、簋、尊、盂之类陶器，随葬青铜礼器有高领袋足鬲、简化饕餮纹甗、夔纹方格乳钉纹簋等。

值得注意的是，这种类型文化的墓葬常与西周时代墓葬在同一地点发现，或者以西周墓葬为主，或者以这种类型文化的墓葬为主，说明两者有连带关系。这类文化遗存也还发现在居住遗址中，例如长武碾子坡的居住遗址中，发现有房屋遗迹的平地穴或深土窖式穴，这和长安沣西的西周早期遗址相同。还发现一处窖藏，出土有铜鼎、铜簋等礼器，形制与墓中出土的相同。同时陶窑的结构，由窑室、窑箅和火膛组成，形制也和西周早期的陶窑相同。同时出土的生产工具，主要是石器类的斧、锛、凿、刀、铲，也有少量青铜工具。这种类型文化的分布地区在关中西部沿渭河流域，所有居住遗址、陶窑形制和出土的铜器、陶器，都和西周早期相同，很明显这是周人发祥地的文化遗存，确是周人克商以前的“先周文化”。

(6) 刘家“姜戎墓”类型遗存。一九八一年陕西周原考古队在周原地区扶风刘家村南，发现和清理了二十座“姜戎墓”，墓口都开在西周晚期文化层之下，并被西周早期和中期墓葬所打破。其中有四墓形制已毁坏，其余十六墓中有十五墓是洞室墓，出土有高领袋足、分裆较高的鬲，折肩单耳或双耳的罐，陶器出土时其上都有扁平石块盖着。出土的青铜器只有铜管、双联小铜泡和小铜钻等，形制和西北地区青铜文化的同类器物相似，不见青铜礼器。这种类型文化分布于宝鸡以西、扶风以北地区，与斗鸡台类型文化交叉存在而略微偏西。扶风以北正是姜氏城所在的地方。很明显，在周人克商以前，姜戎正与周人联合居住在这个地区。

（二）瓦鬲墓的四个时期

斗鸡台瓦鬲墓类型是先周文化，但是这种瓦鬲墓延续的时间较长，邹衡《论先周文化》（《夏商周考古学论文集》第七篇），曾把这种瓦鬲墓划分为四期：

第一期相当于商代廪辛到乙辛的早期，陶器的组合，主要是分裆或联裆的陶鬲，配合有圆肩或折肩的陶罐。“分裆”是指三足所接的裆是三分的，“联裆”是指三足接裆处是相联的。所出铜器的组合，耀县丁家沟一墓出土有鼎、爵、尊、觚、觯；岐山贺家村出土有鼎、簋、卣、斝、瓿、罍等。玉石骨器，斗鸡台一墓出土有骨刀、蚌饰、贝等，另一墓有绿松石饰、贝等。墓中都没有腰坑和殉狗。

第二期相当于商代乙辛的早期和晚期，陶器组合仍然是分裆或联裆的陶鬲，配合有圆肩或折肩的陶罐；所出铜器，泾阳高家堡一墓有鼎、簋、卣、爵、甗、尊、盉、盘、戈等，长安马王村一墓有鼎、簋、卣、爵、甗、觚、觯、戈、矛等，宝鸡峪泉一墓有鼎、簋、卣、觯及兵器、车马器。都出现有腰坑，或有殉狗。马王村发现一座椭圆形房基，东壁近底有小烧龛，内有鬲、甗、甕、罐、盆、尊、簋等陶片，但无豆片。

第三期正当西周前期成王到昭王时，在长安沣西发现有半穴式住址、窖穴以及制骨、铸铜作坊遗址，在岐山凤雏村发现了宫殿式大面积夯土建筑遗址，当为宗庙的基址。沣西的小型墓，墓底一般大于墓口，不少墓都有腰坑和殉狗，有的棺椁俱备，有的有棺无椁；有一批中型或中小型墓有人殉，少则一两人，多则有四人。陶器组合，早期用鬲、簋、罐，较晚用鬲、簋、豆、罐。分裆鬲和联裆鬲仍然共存。主要铜器有鼎和簋，鼎多浅腹和瘦长足，有的下腹外胀而有弦纹，觚、爵、角等酒器流行，斝少见。分裆的罐形盉开始出现，卣盖大多作圈足型。铜戈多有一穿至二穿。

第四期正当西周中期穆王时，小型墓变化不大，中型墓出现夫、妻、妾合葬墓。腰坑和殉狗的葬俗仍存在，中型墓常有人殉。陶器组合以鬲、簋、豆、罐为定式，铜器组合出现了与簋相配合的列鼎，开始流行八件为一组的编钟。铜器的纹饰有很大变化，商、周以来流行的饕餮纹、夔纹渐少见，变形的夔纹、鸟纹、窃曲纹、瓦纹、弦纹、重环纹、环带纹、垂鳞纹比较流行。

上述四期瓦鬲墓中，第一、二两期是周人克商以前的“先周文化”。

（三）先周青铜文化吸取了先进的商文化和其他文化而发展

从斗鸡台瓦鬲墓的文化遗存看来，周人的“先周文化”，高领袋足的分裆或联裆陶鬲，是代表他们文化的器物。陶鬲和陶鼎原是同类的原始烹饪器。《尔雅·释器》说：“鼎，款足者谓之鬲。”“款足”就是指鬲有三个空足，空足可以使鬲中盛的水下注到足中，便于用火加热把食物烧熟。先周文化的陶器组合，是鬲和圆肩或折肩的陶罐，这是主要的食物容器。斗鸡台遗存中作为青铜礼器的高领袋足鬲，当是从高领袋足的陶鬲发展而来的。

先周文化只有陶鬲而没有陶鼎，可知周人的铜鼎是从商文化中学来的，这种铜鼎正是商代式样，与殷墟的铜鼎形制相同。周人的主要青铜礼器如鼎、甗、罍、簋、觚、爵、斝、尊、觯、卣、瓿、盘等，都是商代流行的式样，可知周人的青铜文化，主要是继承了商代的文化，并有进一步的发展和新的创造。例如青铜兵器如戈、矛、镞等，都是沿用商代的形制而略有改进，戈的末端显著地往下弯曲，矛作叶形而较商代略长。同时就创造了一种戈矛相结合的武器，叫做“戣”，这就是后来“戟”的先驱形式。戟在春秋、战国时代很流行，见于《左传》宣公二年、襄公十年和二十三年以及《墨子·非攻中》。“戣”这种武器流行于西周初期和中期。《尚书·顾命》讲到四方守卫人员手执武器作为仪仗的，就有“刘”、“钺”、“戣”、“瞿”、“锐”等五种。像“十”字形的“戣”，宝鸡峪泉的先周文化的墓中已有出土。

邹衡《论先周文化》把先周文化中的青铜器分为三大类，第一类商式铜器如鼎、甗、簋、觚、爵、斝、尊、觯、卣、瓿、盘等，说明先周青铜文化主要来源是商文化；第二类商周混合式铜器如方座簋、圈足罍，铜兵器如戈、矛、镞；第三类周式铜器如罐形盉、广折肩罐，铜兵器如凸刃銎内戈、戣，车马器如歧形当卢，说明先周文化在接受商文化的技术基础上发展了非常发达的青铜铸造工业。所谓商周混合式铜器，实质上就是先周文化吸取了先进的商文化而得到进一步的发展。其中混合式和周式固然是周人所铸造，所有商式铜器也该是周人自铸。到商周之际，周人的青铜文化就由学习模仿发展成具有西周自己风格的体系了。例如形制方面有的加上方座，有的加上圈足，如著名的大丰簋（即天亡簋）和利簋都加上方座而形制比较庄严了。

邹衡认为先周文化的联裆陶鬲和分裆陶鬲有不同的来源，联裆鬲来自东方的山西地区的光社文化，以太原北郊光社遗址为代表，东不越太行山，西包括陕西东北地区在内。分裆鬲的老家在甘肃洮河、大夏河一带，就是辛店文化和寺洼文化，正是氐羌民族的所在地区。邹衡特别指出，商周之际的青铜器上铭文有个族徽“”，就是分裆鬲的象形字，这族所铸铜器曾经见于著录的有一百件左右，其记明出土地点有十八器，有出土于陕西扶风、岐山、长安，山西灵石，河南洛阳、安阳，说明此族由陕西而到山西，克商后有迁到河南的。制作时代大多相当于先周文化时期，少数约在穆王以前至西周初年。姜和羌原本一族，所谓“姜”姓就是羌族中比较先进的一支，姜姓的羌族和姬姓的周族联姻而成为同盟，从而取得克商的成就。

五　周原遗址所发现的西周文化遗迹

周原遗址横跨陕西岐山、扶风两县的北部，北以岐山为界，东到扶风黄堆乡上樊村，西到岐山祝家庄的岐阳堡，南到扶风法门乡，东西宽约三公里，南北长约五公里，面积约有十五平方公里。遗址范围内，文化遗迹分布密集，主要的有下列十项。

（一）宗庙建筑遗址

岐山京当乡凤雏村西南发现有宗庙建筑遗址，南北长约四十五点二米，东西宽约三十二点五米，面积共约一千四百六十九平方米。整个院落分为三进，左右对称，以影壁、门道和后院的过廊为中轴线。影壁古称为“屏”或“树”。《尔雅·释宫》所谓“屏谓之树”。第一进是门道和两侧的东西门房，门道南北长六米，宽三米，门房南北长六米，东西宽八米。门房古称为“塾”，《尔雅·释宫》所谓“门侧之堂谓之塾”。第一进之后有庭院，南北深约十二米，东西宽十八点五米，古称为“中廷”，就是金文所载册命礼中常见的“入门，立中廷”。第二进，中间为大殿，这是宗庙的主体建筑，古称为“堂”，南北长约九米，东西宽约十二米，建筑面积约一百零五平方米。大殿前有西、中、东三台阶，中阶的位置在往东偏离中轴线约一米处。西阶古称为宾阶，东阶古称为阼阶。大殿的前廊有擎檐柱，廊基宽约一米多。大殿西半部有四个窖藏，窖内残存有鸡骨、猪骨和碎陶片。第二进之后，有过廊

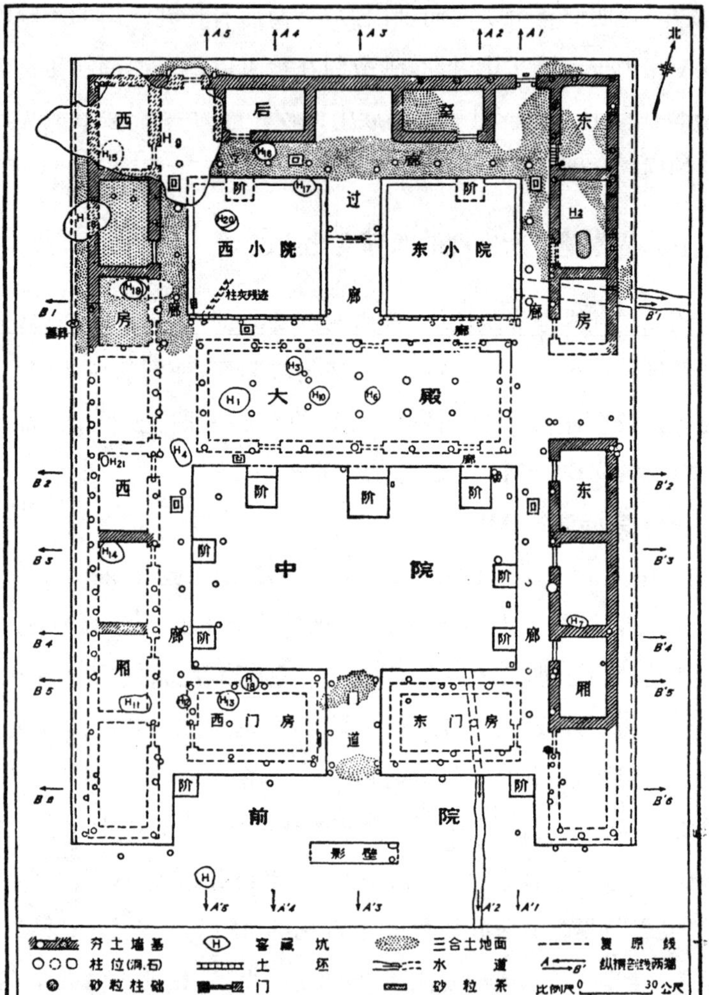

图一 西周宗庙建筑遗址平面图

遗址在陕西岐山京当乡凤雏村，一九七六年进行发掘和清理。(采自陈全方《周原与周文化》)

和东西两侧对称的小院，过廊南北长七点三五米，宽三米，东西两小院略呈正方形，南北长七点八五米，东西宽八点一米。第三进有平列的“室”五间，通宽二十三米，进深三点一米。整个院落的两侧有东西厢房八门，左右对称排列，通长四十三点四米，宽七点二米。《尔雅·释宫》说：“室有东西厢曰庙，无东西厢有室曰寝。”可知这座三进的建筑是宗庙。在西厢的第二室内出土有大量占卜用甲骨，当是庙中的所谓“龟室”。《周礼·龟人》称“凡取龟用秋时，攻龟用春时，各以其物入于龟室”。《史记·龟策列传》说：“至周室之卜官，常宝藏蓍龟。”这座三进的宗庙建筑于西周早期，遗址中出土的木柱炭灰，经进行碳-14 化学鉴定，其年代为公元前 1095±90 年，距今约三千一百年。其中所出土的器物，绝大部分属于西周中期偏晚，有少数属于西周早期，可知这座宗庙使用时间较长，直到西周中期以后才废弃。

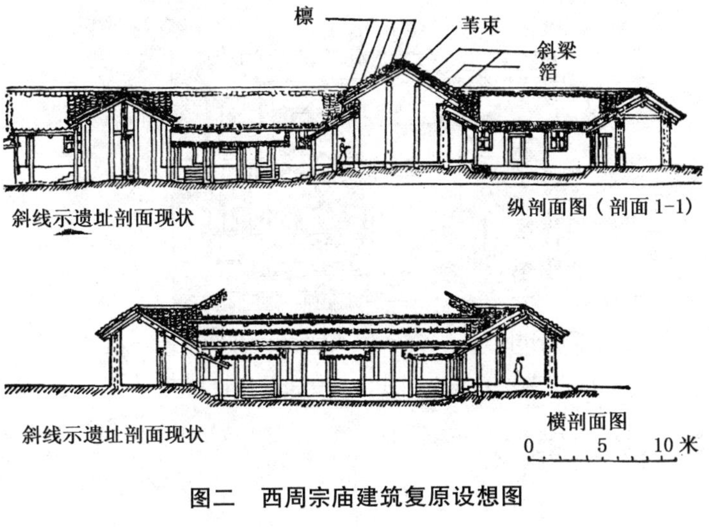

图二 西周宗庙建筑复原设想图

（采自陈全方《周原与周文化》）

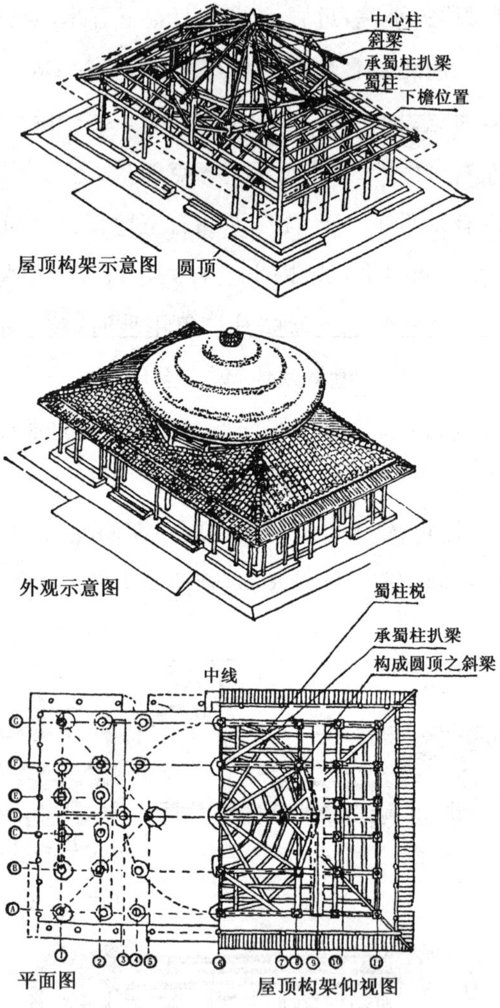

图三　西周圆顶厅堂建筑复原设想图

建筑遗址在陕西扶风法门乡召陈村，共十三处，这是编号“F3”遗址的一座建筑复原设想图。（采自陈全方《周原与周文化》）

（二）宫室建筑群遗址

扶风法门乡召陈村发现有大型宫室建筑遗址，共十五处，其中下层基址两处，上层基址十三处。这十三处基址分布在甲乙两个区域内。甲区在前，乙区在后而稍偏东。甲区有基址十处，东西分为三排，间距约八米。乙区有基址三处。编号“F5”的台基系夯土筑成，东西三十二米，南北残存七点五米，从其柱础的排列，可知有东西八间，总面宽二十八米。“F8”在“F5”以北十六米处，台基东西约宽二十二点五米，南北约长十点四米，东西有七间，南北有三间，总面宽近二十一米，总进深九米。“F3”在甲区最东边，保存较完整，台基用夯土筑成，东西长二十四米，南北宽十五米，东西有六间，总面宽二十二米，南北五间，进深十三点五米。

这种高台建筑，台基全由夯土筑成。墙分三种，一是夯土墙，二是土坯墙，三是木骨草泥墙。草泥墙是用草拌着泥建成，墙皮抹有二厘米厚的细砂、粘土掺合物，再抹有薄的白灰面。柱础也有三种，既有整块的础石，又有用大块河卵石分层铺筑的柱础，更有夯土的柱础。柱础都较粗大而且筑得很深，为了承重和防水。所使用的瓦，可分早、中、晚三期，早期的瓦火候低，有红褐、灰、黄灰三种，中期有板瓦、筒瓦，可分大、中、小三型，中期既有大型筒瓦，又有带瓦当的小型筒瓦。晚期有大、中、小三种瓦当，大型瓦当饰有重环纹，中型瓦当有三周弦纹和重环纹，小型瓦当是素面的。

（三）周原大量出土西周青铜器

从西汉以来，周原地区常有铜器出土。清代以来更有不少著名的铜器从周原出土。道光年间（一八二一至一八五〇年）岐山礼村（今属京当乡），出土了著名的大盂鼎和小盂鼎，光绪十六年（一八九〇年）扶风任村出土了大克鼎和小克鼎。道光末年岐山又出土西周金文中字数最多的毛公鼎。大盂鼎初为左宗棠所有,后来左宗棠送给当官为尚书的潘祖荫,藏于苏州潘家。一九五一年潘家后裔潘达于女士把藏在苏州家中的大盂鼎和大克鼎捐献给了上海博物馆,成为上海博物馆的藏品,中国历史博物馆成立,又由上海博物馆把大盂鼎转送给中国历史博物馆陈列。小盂鼎不幸已遗失,不知下落。

估计从清代以来,周原一带所出土西周青铜器达千件以上。周原铜器大多出于窖藏,既有零星小窖,更有集中大窖。窖藏是同一家族所埋藏。一八九〇年扶风任村一窖出土大克鼎等一百二十多件。一九三三年扶风上康村一窖出土函皇父鼎等一百多件。一九四〇年扶风任村另一窖出土梁其钟、禹鼎等一百多件。一九六〇年扶风齐家村一窖出土友父簋等三十九件。一九六一年长安张家坡一窖出土孟簋、师旋簋等五十三件。一九七五年岐山董家村一窖出土卫鼎、㑀匜等三十七件。一九七六年扶风庄白家村出土微氏家族铜器墙盘等一百零三件。从此可知周都岐邑当在今岐山京当、扶风黄堆和法门三个地区的交界范围内。西到祝家庄岐阳堡,东到扶风黄堆乡上樊村、法门的齐村,北到岐山脚下,南到扶风法门的康家庄、李村等。

(四)宗庙遗址中出土大量占卜甲骨

一九七七年七至八月,一九七九年五月先后发掘宗庙遗址西厢房第二号房基,从两窖中发掘出卜甲一万六千三百七十一片和卜骨六百七十八片,其中有字卜甲共二百九十二片。卜甲普遍凿有方孔,卜骨只钻圆孔。有字甲骨二百九十二片,共计有字九百零三个,合文十二个,有一片一字的,有一片数字的,最多有三十多字,可分为卜祭、卜告、卜年、卜出入、卜田猎、地名、人名、官名、月相、杂卜等十类。多数为文王、武王、成王时,也有穆王时,其中有七片述及殷、周关系,从此可知在武王克商以前,周确是商的属国,曾祭祀宗主国的祖先。卜辞中述及“楚子”和“楚白(伯)”,述及“密”、“微”等国,还有“伐蜀”、“克蜀”、“征巢”的记载,述及“鼆”(黎)、“毕”、“宬”等地,“河”、“洛”“淲”(滮)、“渭”等水。又有“祠自蒿于周”的记载,“蒿”当即“镐京”之“镐”。记时有春秋两季,与殷墟卜辞相同。记月相有“既吉”、“既魄”、“既死魄”,这是和西周金文相同的。

一九七六年和一九七九年周原考古队在都城遗址发掘出土的西周甲骨文,字细小如粟,笔画细如发,要用放大镜才能看清,字体有圆笔、直笔、粗笔、细笔之分,中型的字,长二点五至五毫米,宽一点八至四毫米,充分体现了刻者运刀刚劲流利的特点,其中象形字惟妙惟肖,说明当时已经出现了“微雕”的技艺。

(五)着色丝绸的发现

岐山贺家村的三个西周墓中曾发现丝织品残迹,一为白色,每平方厘米经二十五根,纬三十根。另一为黄土色,每平方厘米经纬各三十根。还有一为红色,每平方厘米经纬分别是二十二根和二十六根。经鉴定,认为属于家蚕吐丝,并在精练过程中,加入了钙的物质。《考工记》所说用楝木的灰、蜃蛤的粉和水调和,用来练帛,西周时代已经这样做了。红色是因为涂上了丹砂。

(六)多种颜色彩绘的漆器

岐山贺家村和齐家村一带一百多座西周墓葬和车马坑中,发现了大量漆器、漆片残迹,包括棺椁上的漆皮、木器上和车马饰上的漆皮。漆器彩绘包括红、黄、蓝、白、黑五种基本颜色和各种复色,所用颜料有朱砂、石黄、雄黄、红土、白土等矿物和蓝、靛等植物。

(七)原始瓷器

岐山凤雏村宗庙遗址中出土有瓷豆和瓷罍,贺家村的西周早期墓中也出土有瓷豆。瓷豆的口沿外敞，连着粗矮的柄足，成为矮的喇叭形。暗灰色胎而外施黄灰色薄釉。瓷罍仅存碎片，经复原，广肩，鼓腹，平底，肩部有二系，拍印方格纹。

（八）玉雕的头部和颈项挂饰

凤雏村宗庙遗址出土有玉佩、玉珠、玉管等，玉佩左右刻有一对夔凤纹。岐山贺家村西周墓中出土有玉鱼、玉串饰、玉贝等，玉鱼头部有小圆孔，刻有眼、鳍、尾。扶风齐家村西周墓中，死者面上覆盖有玉鸟、玉鱼、玉鱺等十七件小玉器，都有孔可以串带，作为头部颈项的挂饰。

（九）料器（琉璃器）用作饰物

中国很早就发明了琉璃（即玻璃）的制作技术，它的发明可能与青铜冶炼技术的进步有关。一九七二年河南洛阳庄淳沟西周早期墓中发现一粒穿孔白色料珠。一九七五年陕西宝鸡茹家庄西周墓中发现了上千粒西周早、中期的料管和料珠。这种料器的外貌特征和化学成分都和西方古代玻璃有区别，经化验，这是一种低熔点的含有铅、钡的玻璃，和西方的钠钙玻璃不同。质地轻脆易碎，不耐高温，因而不适宜做饮食器皿，只适宜作项链上的管和珠、剑饰、礼器的环璧、陈设用的瓶盒等。扶风云塘西周墓中出土琉璃串饰，由七十七粒白色料珠和绿色料管串贯而成，放在人骨架的颈部。

（十）供装饰用的金箔

中国很早发明冶铸锻炼黄金的技术，安阳殷墟出土有商代金箔。凤雏村宗庙遗址中出土了三片金箔，薄而有纹饰。西周墓中常有包金的铜矛、车饰出土。

以上十项文化遗迹，详见陈全方《周原与周文化》一书（上海人民出版社一九八八年版）。

第三章　周的开拓和克商

一　季历对山西地区的开拓

（一）太伯、仲雍迁虞

太王（公亶父）有三个儿子，即是长子太伯、次子仲雍和幼子季历。西周有两个封国都是仲雍的后裔，即在北方的虞（国都在今山西平陆北）和南方的吴（国都在今江苏无锡东）。“虞”字从“吴”，古“虞”、“吴”读音相同，实为一字的分化。相传太王因季历生子名昌（即周文王），“有圣瑞”，要传位给季历及昌，太伯、仲雍因而出奔“荆蛮”，断发文身，自号勾吴（即是吴国）。太伯死后，传给仲雍，仲雍传季简，季简传叔达，叔达传周章。等到武王克商，就封周章于吴，另封周章之弟虞仲于虞（见《史记·吴世家》）。这个传说尽管春秋时代已经存在①，但是，不符合事实。事实上，

---

① 《左传·哀公七年》记载季康子使子贡对答吴太宰嚭说：“太伯端委以治周礼，仲雍嗣之，断发文身，赢（裸）以为饰。”说明春秋末年已经把太伯、仲雍作为吴国的始祖。《左传·闵公元年》记晋大夫士蔿说：“大（太）子（指太子申生）不得立矣。……不如逃之，无使罪至。为吴大伯不亦可乎？犹有令名，与其及也。”此处作“吴大伯”而不作“虞大伯”，则春秋初期已有人认为太伯为吴之始祖。实际上，当太王时，周的势力决不可能到达吴国，必须待周公东征以后，周的支族才有可能封到吴国。

太伯、仲雍是虞的始祖，所以仲雍又称虞仲。《左传·僖公五年》记载晋献公第二次假道虞国进伐虢国，虞国大夫宫之奇向虞君进谏，讲到虞的开国历史，就说："大伯、虞仲，大王之昭也，大伯不从(《史记·晋世家》"不从"作"亡去")，是以不嗣。"足以证明虞的始祖是太伯、仲雍。至于吴国，应该是虞的分支。宜侯夨簋所说康王时虞侯夨分封到宜的事，该即吴国的始祖。

从当时商、周关系以及周对戎狄部族的战斗形势来看，太王传位给幼子季历，而让长子太伯、次子仲雍统率部分周族迁到今山西平陆以北，创建虞国，是一项很重要的战略措施。从虞国既可以向北开拓，向东又可以进入商朝京畿地区，向南越过黄河可以进入洛水流域，这样，就可以成为周向东方开拓的重要据点。《诗经·大雅·皇矣》："帝作邦作对，自大伯、王季。惟此王季，因心则友，则友其兄，则笃其庆。"过去经学家对"作邦作对"，不得其解，把"对"解释为"配"，说是"配天"。崔述见到太伯、王季连称，又以为"似太伯已尝君周而后让之王季也者"(《丰镐考信录》卷八)。其实，所谓"帝作邦作对，自太伯、王季"，就是说上帝建立了一对邦国，这一对邦国创始于太伯、王季。也就是说太伯从周分出去建立的虞，和季历继承君位的周国，成为配对互助的国家。①下文特别指出季历能够发挥兄弟友爱的精神，也就是说能够与太伯合作，因而能够扩展他的喜庆的事。下文接着说："载锡之光，受禄无丧，奄有四方。"就是说喜庆的事是，上帝赐

① 《文选·典引》李善注引《竹书纪年》："武乙即位，周王季命为殷牧师。"当是引用错误。郑玄《诗谱·周南召南谱》："商王帝乙之初，命其(指太王)子王季为西伯。"更是不足信。《孔丛子·居卫》："殷王帝乙之时，王季以功，九命为伯。"乃作伪者抄袭郑玄之误。

给季历光荣，季历受到的福禄没有丧失，从而包有四方。说明季历之所以能够开拓领土，是由于与太伯合作的结果。

（二）季历对鬼方的征服

周的开拓领土是从季历开始的。季历开拓的取得成功，由于下列三个原因：

第一，由于与太伯所建的虞国友好合作，以虞国作为向山西地区开拓的重要据点。

第二，由于和中原任姓的挚国通婚，从而争取商朝所属的任姓诸侯为盟国。《诗经·大雅·大明》："挚仲氏任，自彼殷商，来嫁于周，曰嫔于京；乃及王季，维德之行。大任有身，生此文王。"挚仲是任姓挚国之君的次女，挚原是殷商所属诸侯，所以说"自彼殷商"。京就是周的京师①。"曰嫔于京"就是说挚仲嫁到了周京。文王就是挚仲所生。挚仲就是大任。后来就是因为大任的关系，任姓的挚国和畴国都成为周的诸侯。当是武王、成王统一中原以后所加封的。《国语·周语》中记富辰曰："昔挚、畴之国也由大任（韦注：挚、畴二国任姓，奚仲、仲虺之后。大任，王季之妃，文王之母也）。"挚在今河南汝南附近，畴在今河南鲁山东南②。两国相距不远。周这样和挚国通婚，便

---

① 《毛传》："京，大也。"郑玄笺："京，周国之地，小别名也。"这是经学家因为京师是天子之居，这时季历还是诸侯，不应该有京之称，作出这样的曲解。其实商代国都并没有京师之称。把国都称为京师起于周人，公刘已称其国都为京师。

② 《路史·国名纪》以为挚在平舆，平舆有挚亭。这是根据《说文》的，只是《说文》作"鞶"，说："汝南平舆有鞶亭。"《续汉书·郡国志》汝南郡平舆，刘昭注也说："有挚亭，见《说文》。"汪孙远《国语发正》也说："盖古挚国地，挚鞶古通用。"在今河南汝南附近。"畴"一作"鄹"，《国语·郑语》记史伯说："若克二邑，邬、弊、补、舟、依、鄹、历、华，君之土也。"郑玄《诗谱》"鄹"作"畴"。朱右曾《诗地理征》以为即春秋郑之犨，在今河南鲁山东南五十里。今按此说可从。《说文》有"雠"字，"读若畴"，可证从"雠"字与从"寿"之字，古音读相同。

利了周向中原地区的开拓。

第三，由于周利用商朝国力衰落，"诸夷皆叛"的时机，在奉命为商朝抵御戎狄的战斗中，不断壮大自己的力量，在今山西地区有所开拓。这种开拓的策略，是自太王开始的。

当殷周之际，西北方面有个经常侵扰中原的方国叫鬼方，大概就是赤狄的一支①。商王武丁时，对鬼方征讨了三年才制服。《易·既济》九三："高宗伐鬼方，三年克之。"足见其力量很强大。《古本竹书纪年》载："武乙三十五年周王季伐西落鬼戎，俘二十翟王"（《后汉书·西羌传》注引）。所俘的翟王多到二十个，说明其部落之多。季历这次征伐鬼方得胜的事，《易·爻辞》也述及。《易·未济》九四："震用伐鬼方，三年有赏于大国。"这条记载，过去许多人误以为就是"高宗伐鬼方"的事，其实不然。徐中舒说："震有震惊震恐之意。此虽不著何人伐鬼方，但下文云有赏于大国，大国则指殷人言。易卦《爻辞》既多记殷周之事，周初文献凡周人自称则曰小邦周（见《大诰》），而称殷人则曰大国殷、大邦殷（并见《召诰》）。……此谓周伐鬼方而殷人赏之，以小邦而伐大国之敌，故有震惊震恐之意。"并且说：《古本竹书纪年》所载王季伐西落鬼戎，"疑此与《易·爻辞》所记震用伐鬼方者，当为一事"（《殷周之际史迹之检讨》，刊一九三九年《历史语言研究所集刊》第七本第二分册）。这个论断很是正确。但是，他认为鬼方即是畎戎、犬戎，"本据在今山西，

---

① 王国维《鬼方昆夷玁狁考》（《观堂集林》卷十三）以为鬼方、混夷、串夷、犬夷、獯鬻、严允、匈奴胡，都是一个部族的不同称谓。这一说法，只从读音相近来考虑，未必可信。混夷、犬夷当即犬戎，与獯鬻、严允不同，鬼方又与严允、犬戎非一族。鬼方当为后来的赤狄。《大戴礼记·帝系》说："陆终氏娶于鬼方氏之妹，谓之女隤氏。""隤"，《世本》作"嬇"，"嬇"即赤狄之姓"隗"。王国维以为《左传·定公四年》所载成王时分封唐叔，分给怀姓九宗，怀姓亦即隗姓，甚是。殷、周及春秋时赤狄部落侵扰的地区主要在今山西一带。

但陕西泾洛之间亦为其屡代出没之地”，季历战胜鬼方就在渭水流域，并不恰当。这时周在今山西已建立有虞国作为前进基地，当时季历主要用力开拓的地点都在今山西地区。

根据已发表的考古资料，在沿黄河的山西、陕西北部地区，有一种殷商青铜文化，分布在今山西永和、石楼、保德等县和陕西清涧、绥德等县，青铜容器大多与殷墟出土的相同，但有少数青铜容器、兵器、装饰品具有北方部族文化的风格，特别是蛇首刀、羊首勺、马首刀、铃首刀等等。有人认为这就是鬼方的文化，有人认为是殷商一个方国的文化。我们认为，这是殷商的一个方国的文化，其文化程度已与中原差不多，只略有北方部族的风格。鬼方的主要根据地原来尚在其西北，在今河套以北地区。当殷周之际，由于商朝国力衰退，鬼方就乘机进入今山西北部地区，如同原来在今山东、江苏北部沿海的东夷，因“武乙衰敝”，“遂分迁淮岱，渐居中土”一样。这时季历征伐鬼方，正是为商朝抵御鬼方的入侵。所谓“震用伐鬼方”，是说用雷霆的威势来征伐鬼方。所谓“三年有赏于大国”，就是经过三年的战争，得到了商王武乙的赏赐。说明周人战胜鬼方，是经过长期的努力的。

《古本竹书纪年》说武乙三十五年季历大胜鬼方，俘得二十个翟王。按《易·爻辞》的记载，是经过三年战争而取得最后胜利的，那么，季历开始征伐鬼方当在武乙三十三年。《古本竹书纪年》又记载：武乙“三十四年周王季历来朝，武乙赐地三十里、玉十瑴、马八疋”（《太平御览》卷八三引）。这年季历去朝见商王武乙，正当他出师征伐鬼方一年之后，该是已经得到初步的胜利，因而得到了武乙的赏赐。

（三）季历对山西地区戎狄进一步征讨

季历继征服鬼方之后，进一步征讨山西地区的戎狄。《古本竹书纪年》载："太丁(当作"文丁")二年周人伐燕京之戎,周师大败"(《后汉书·西羌传》注引)。徐文靖以为燕京之戎即在《淮南子·墬形训》"汾出燕京"的燕京山,亦即《水经·汾水注》所说汾水所出的管涔山,燕京山即是管涔山的异名。《元和郡县志》说在岚州静乐县北(《竹书纪年统笺》卷六)。这是正确的。《尔雅·释地》:"燕有昭余祁。"郭注:"今太原邬陵县北九泽是也。"《水经·汾水注》以为昭余祁即祁县以西的邬泽。据此可知,从今山西静乐周围,南下沿汾水两岸,直到祁县以西邬县以北,二百多里都是燕京戎所在地区。燕京戎可以单称为燕,当是一个逐水草而居的游牧部族①。雷学淇认为"燕京之山当殷末政衰为戎所据"(《竹书纪年义证》卷十四)。这一战役,周师被打得大败,说明燕京戎很强大。

季历征伐燕京戎虽受挫折,还是继续征伐在今山西地区的戎狄。《古本竹书纪年》:"太丁(当作"文丁")四年周人伐余无之戎,克之"(《后汉书·西羌传》注引)。徐文靖以为即春秋时徐吾及无皋二戎,此说只有一半是对的。春秋时并没有无皋之戎。《左传·成公元年》:"遂伐茅戎,三月癸未败绩于徐吾氏。"杜注:"徐吾氏,茅戎之别也。"《路史·国名纪己·周世侯伯》以为徐吾氏即在屯留西北三十里的故汉馀吾城,此说可从。《汉书·地理志》上党郡余吾,《通典》"余吾"作"徐吾"。在今山西屯留西北余吾镇。古"徐""馀"声同通用。这个余无戎,古时亦单称为"徐",如同燕京戎之可以单称为"燕"一

① 《吕氏春秋·有始览》:"燕之大昭。"高注:"大昭,今太原郡是也。"《淮南子·墬形训》:"燕之昭余。"高注:"昭余,今太原郡是,古者属燕也。"前人不知道这个燕是指燕京戎,往往误以为北燕。邵晋涵《尔雅正义》说:"知太原汾水之出燕京,则可知太原之属于燕,知燕之得有太原,则无疑于燕之有昭余祁矣。"其实北燕远在今北京一带,怎么可能占有太原呢?

样。《国语·郑语》记载西周末年史伯说："当成周者，北有卫、燕、狄、鲜虞、潞、洛、泉、徐、蒲。"韦注："潞、洛、泉、徐、蒲，皆赤狄隗姓也。"这里的"潞"即潞氏，"洛"即皋落氏，与"潞"、"洛"同属赤狄的"徐"，当即徐吾氏，亦即余无戎。燕即指燕京戎。当时季历在今山西地区征伐的，无论是鬼方、燕京戎、余无戎等等，都是隗姓赤狄的部族。

（四）季历受命为牧师及其被杀

《古本竹书纪年》记载文丁四年周人克余无戎之后，"周王季命为殷牧师"（《后汉书·西羌传》注引）。《后汉书·西羌传》也据此说："周人克余无之戎，于是太丁（当作"文丁"）命季历为牧师。"牧师是怎样的官职呢？当是对诸侯之长的一种称呼。《周礼·春官·大宗伯》："七命赐国，八命作牧，九命作伯。"所谓七命、八命、九命，是后人增饰之词，但是"牧"与"伯"是高于诸侯的一种称呼，应该是可信的。

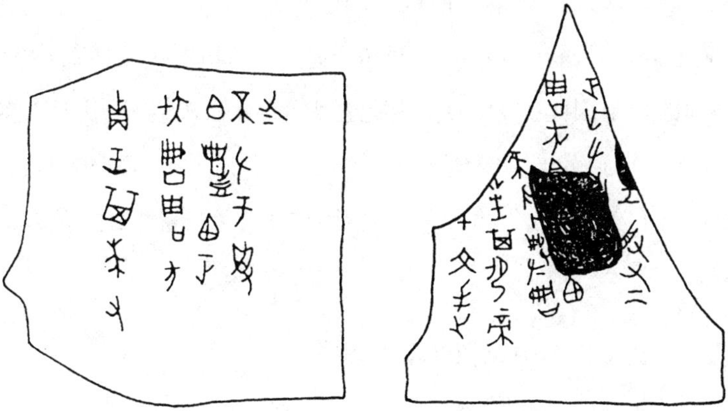

（1）（H11：84）5：1　　（2）（H11：82）5：1

图四　周原甲骨卜辞

（采自陈全方《周原与周文化》）

《左传·哀公十三年》记子服景伯说:“王合诸侯,则伯帅侯牧以见于王。”杜注:“侯牧,方伯。”可知牧是与方伯差不多的职位。《帝王世纪》也说:“王季于帝乙殷王时,赐九命为西长”(《诗经·周南·召南谱》正义引)。后来文王称为西伯,同样出于商王的任命。

季历在被任命为牧师之后,仍继续征伐戎狄之族。《古本竹书纪年》:“太丁(当作“文丁”)七年周人伐始呼之戎,克之。十一年周人伐翳徒之戎,捷其三大夫”(《后汉书·西羌传》注引)。捷是擒获的意思。《说文》:“捷,猎也,军获得也。”始呼之戎和翳徒之戎的所在地,不清楚,有人认为在滹沱河流域,也该在今山西地区。

季历这样在今山西地区征伐戎狄,开拓土地,就使商王朝感到威胁。因此,季历终于被文丁杀死了。《古本竹书纪年》:“文丁杀季历”(《晋书·束皙传》、《史通·疑古》、《史通·杂说上》引)。季历可能是被文丁囚禁起来害死的。所以《吕氏春秋·首时》说:“王季历困而死,文王苦之。”季历虽然因为开拓土地,与商朝发生矛盾而被害死,但是周的领土因此扩大,力量因此强大了。《吕氏春秋》高诱注解释“困而死”是“勤劳国事以至薨没”,不确。《史记·龟策列传》称纣“杀太子历,囚文王昌”。“太子”二字当为“季”字之讹,“纣”乃“文丁”之误。

二　文王进军中原和准备克商

(一)周文王时代的殷周关系

季历被商王文丁杀害以后,由其长子昌即位,即周文王。这时周仍为殷的属国,但矛盾和冲突更为尖锐。《古本竹书纪年》载:帝乙

“二年周人伐商”(《太平御览》卷八三引)。这个周人就是周文王,曾被商王命为西伯。据《史记·殷本纪》,殷王纣时,西伯、九侯(一作鬼侯)、鄂侯为三公。九侯有好女献给纣,因为九侯之女“不意淫”,被纣杀死,九侯也被处醢刑,鄂侯力争,也被处脯刑。西伯听到叹息,被崇侯虎报告纣,纣囚西伯于羑里。西伯之臣闳夭求得美女、奇物、良马进献,才被赦免。西伯献洛西之地,请除炮烙之刑,纣乃“赐弓矢斧钺,使得征伐为西伯”。西伯就是西方诸侯之长。

西伯确是出于商王所册命。周原出土甲骨中有两片讲到册命周方伯的事:

贞:王其桒又(祐)太甲,𠭁周方白(伯),□叀(惟)足不(丕)𠂇(佐)于受又(有)又(祐)。

……□文武……王其邵(昭)帝(禘)……天……典𠭁周方白(伯),叀(惟)足亡(无)𠂇(左)……王受又(有)又(祐)。

两片甲骨都是祭祀的卜辞。《说文》:“𠭁,告也。”“典𠭁”就是册命的意思。“𠭁周方伯”和“典𠭁周方伯”,都是指殷王册命周方伯的事。按照周代礼制,接受册命,一般都要到发布册命的天子的宗庙中举行;祭祀宗庙,只祭祀自己宗族的祖先。所谓“鬼神非其族类,不歆其祀”(《左传·僖公三十一年》)。可能殷礼与周礼不同,异姓诸侯都设有祭祀天子的祖先的宗庙,如同西汉王朝郡国都设有天子宗庙一样。上一片卜辞,是周王求祐于商王祖先太甲,希望接受商王新的册命“周方伯”,能够更加充分得到保佑。下一片卜辞,是周王举行合祭的禘礼,祭祀商的文武帝,希望接受商王新的册命“周方伯”,没有祸害,得到保佑。从这里还可以看出,当时的殷周关系,比较特殊,一方面周王已自称为王，另一方面还接受商王册命的“方伯”称号①。殷王纣的册命周文王为方伯，和文丁的册命季历为牧师，情况已不同。文丁册命季历为牧师，是要利用周来抵御和征服对殷反叛的戎狄部族。纣册命文王为方伯，是要进一步利用周来征服那些反叛殷王朝的方国，使得那些叛国追随周而重新服从。而周文王就是利用这个时机，不断扩充自己的力量，开拓土地。

周原甲骨中还有两片讲到祭祀商王祖先的，说明当时周还是商的属国：

癸巳，彝文武帝乙宗。贞，王其邲(昭)□成唐(汤)，鼒□艮(服)二女(母)，其彝：血羊三、豚三、亩(惟)又(有)足。

彝文武必，贞，王翌日乙酉其桒爯(偁)疒，□武丁丰……卯……ナ(佐)王。

殷代对武乙、文丁、帝乙三世，都有“文武”的称号。“彝”是祭祀名称，因用彝器来祭祀而得名。“宗”是宗庙，“必”也是祭神的宫室。殷墟

① 近人对于“㫚周方伯”，解释很分歧。徐中舒、严一萍都认为是受命为周方伯。徐中舒说：“㫚周方伯即文王往殷王宗庙中拜受殷王新命为周方伯之事。”见所著《周原甲骨初论》，刊于四川大学学报丛刊《古文字研究论文集》(一九八二年五月出版)。严一萍说：“㫚为周方伯，是此片所贞系周文王尚未为方伯之时。”见所著《周原甲骨》，刊于《中国文字》新一期(一九八〇年三月香港出版)。李学勤、王宇信又认为王是商王，㫚，告也，“所云册告周方伯于太甲，究为何故没有说明”。见所著《周原卜辞选释》，刊于《古文字研究》第四辑(中华书局一九八〇年二月版)。日本学者伊藤道治又说：“这个㫚字，根据卜辞通例，是祭祀时把人作为牺牲之礼，不一定杀死。”王玉哲从其说，认为“这是以周方伯作为牺牲”。见所著《陕西周原所出甲骨文的来源试探》，刊于《社会科学战线》一九八二年第一期。徐锡台认为下一片是“告诉周方伯无乖戾的灾祸”，见所著《周原出土卜辞选释》，刊于《考古与文物》一九八二年第三期。我们认为把周原甲骨上的“王”解释成商王，甚至说这批甲骨是殷商末年掌占卜的卜人投奔周人时携带去的，不合情理。这批甲骨，字如粟米，笔画细如发，凿多方孔，有独特风格。记时方法和人名、官名都有周的特色，是周的卜辞是无疑的。

卜辞也有讲到“文武丁必”的(《甲骨文字释林·释必》)。上一片讲周文王到商王祖先帝乙的宗庙举行“彝”祭，祠祀成汤及其二母(指成汤配偶)，祭祀用的彝器中，盛有雄羊的血的三件，盛有猪血的也三件。下一片讲周文王到商王文丁的神宫举行彝祭，到明日乙酉再往神宫拜谢举旗的事。《尔雅·释言》：“偁，举也。”“偁旂”是说举行举旗的大典。这面旗也该是商王所颁赐的，所以要到商王祖先的神宫中去祭祀并拜谢。

从周原甲骨来看，周文王十分恭敬地服事殷王纣，包括恭敬祭祀在内。在文献上也有这样的传说。《吕氏春秋·顺民》：“文王处岐事纣，冤侮雅逊，朝夕必时，上贡必适，祭祀必敬，纣喜，命文王称西伯，赐之千里之地。文王载拜稽首而辞，曰愿为民请炮烙之刑。”所说纣“赐之千里之地”，不免夸大其词，但是文王“上贡必适，祭祀必敬”，确是事实。正因为如此，文王取得了纣的信任，被册命为“西伯”。殷王纣册命“西伯”的目的，就是要周替他征服叛国使之服事于殷。周文王就利用这个时机，打着为殷征服叛国的旗号，有计划地四出征伐。《左传·襄公四年》记载韩献子说：“文王帅殷之叛国以事纣，唯知时也。”的确，文王很是“知时”，他就是利用纣要他“帅殷之叛国以事纣”的要求，东征西讨，使得周的力量越来越强大，势力范围越来越广阔。《诗经·小雅·四牡》的毛传也说：“文王率诸侯，抚叛国，而朝聘乎纣。”文王之所以能够成为周的开国君王，能够奠定后来武王克商的基础，就是在于能够充分利用这个合适的克商的时机。《论语·泰伯》：“三分天下有其二，以服事殷，周之德其可谓至德也已矣”(《吕氏春秋·古乐》高注引《论语》，“三分天下”句上有“文王为西伯”句)。这样说文王势力到达“三分天下有其二”，不免是夸大之辞，但是到文王晚年，周的力量确实已较强大，还是服事殷而等待时机，确是事实。这并不是如孔子所说的因为文王有“至德”，该是如韩献子所说的由于文王“知时”。《逸周书·程典解》说：“文王合六州之众，奉勤于商。”并非事实。《逸周书·程典解》是战国以后作品，因为当时已有天下分九州之说，按三分天下有其二计算，就说是“合六州之众”了。

（二）文王团结诸侯和用兵西方

文王对待诸侯首先采取团结的政策。他为虞、芮排解争端，起了很好团结诸侯的作用。至于他对外用兵的次序，《尚书大序》说是：一年质虞、芮，二年伐于，三年伐密须，四年伐畎夷，同年被纣囚禁，五年被释，克耆（即黎），六年伐崇，同年称王。《史记·周本纪》则不同，以为所有这些事都在被囚释放以后，先是解决虞、芮争端，明年伐犬戎（即畎夷），明年伐密须，明年败耆国，明年伐邘，明年伐崇侯虎，徙都丰，明年西伯崩。从地理形势来看，当以《史记》之说为是。犬戎、密须都在西边，而耆、邘、崇都在中原，先伐西边是为了解除后顾之忧，然后进军中原，为了扩大自己在中原的力量，准备克商。

关于虞、芮两国之间的争端，《尚书大传》和《诗经·大雅·緜》毛传都说是争田。因久不能决，想请文王解决，双方进入周境，见民俗相让，于是让其所争之田为闲田而退。《史记·周本纪》则说两国“有狱不能决”，没有说争田。按虞国是太伯、仲雍所建立，在今山西平陆以北。芮也是姬姓之国，见《世本》（《左传·桓公三年》正义引），金文作“内”，有内公鬲等西周铜器可以证明。这也是周人在西方重要据点之一，周景王说：“魏、骀（即郃）、芮、岐、毕，吾西土也”(《左传·昭公九年》)。《汉书·地理志》载左冯翊临晋县有芮乡,“故芮国”,在今陕西大荔以东、朝邑以南三十里,正当北洛水和渭水的交会点,又是渭水向东和河水(黄河)交接地区,即渭汭所在,可能“芮”古作“内”,即得名于渭汭。从地理形势来看,这里正是从渭水流域进入中原河水(黄河)流域的交通枢纽所在,是从周到虞的必经之路,它的建国时代不详,至少季历在位时期已经存在。季历所以能够在今山西地区不断战胜戎狄部落,扩大领地,就是由于芮国控制着这个交通枢纽和虞国成为前进的基地。所以到文王时,虞芮之间发生争端,就成为文王首先要解决的问题。两国所发生的争端,或者说“有狱不能决”(《周本纪》),或者说“争田”(《尚书大传》及《诗经·大雅·緜》毛传),都不可信,《诗经·大雅·緜》只是说:“虞芮质厥成,文王蹶其生(姓)。予曰有疏附,予曰有先后,予曰有奔奏,予曰有御侮。”“质”即所谓“听买卖以质剂”的“质”,“虞芮质厥成”,是说两国结好的书契终于制成,就是《尚书大传》所说“文王受命一年断虞芮之质”。“蹶”,《尔雅·释诂》说“动也”,是感动之意。“生”读作“姓”,是指贵族。“疏”读作“胥”,是相辅之意。“附”谓“归附”,“奏”读作“走”。这是说,因此文王的行动感动了贵族,许多人都来归附,先后来到,奔走前来,归来了许多捍卫国家之臣。

文王所伐的犬戎或畎夷,便是《诗经·大雅·緜》讲到的混夷。在公亶父迁居岐阳时,已经为患。这时文王先伐犬戎,是为了解除后顾之忧,是很明显的。至于对密须的讨伐,是由于密须的侵扰。《诗经·大雅·皇矣》有这方面的叙述:

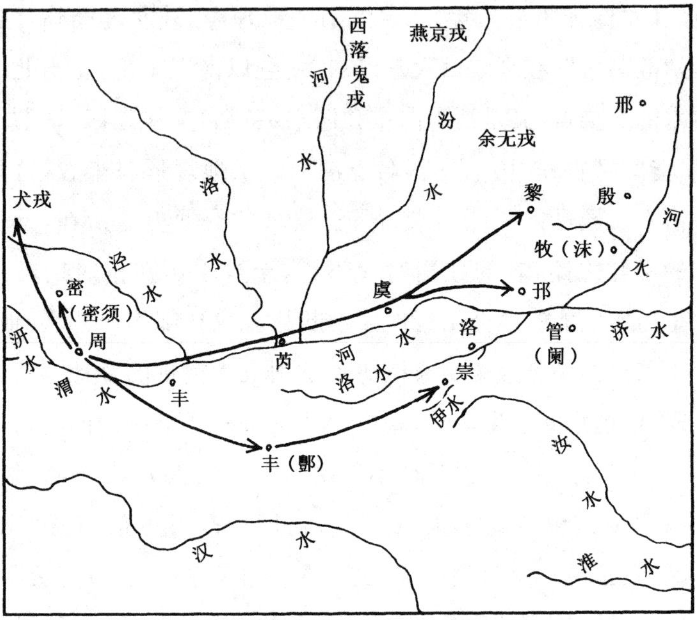

图五　文王用兵示意图

密人不恭，敢距大邦，侵阮徂共。王赫斯怒，爰整其旅，以按徂旅，以笃于周祜，以对于天下。

依其在京，侵自阮疆，陟我高冈。无矢我陵，我陵我阿；无饮我泉，我泉我池。度其鲜原，居岐之阳，在渭之将，万邦之方，下民之王。

密即密须，是姞姓之国，见《世本》(《通志·氏族略》引)。建国地点在汉代安定郡阴密县(《汉书·地理志》)，在今甘肃灵台西五十里的百里镇。密人不但敢于抗拒周，并侵入到阮、共两国。两国确切地点不详，有人推定阮在汉代安定郡爰得县，在今陕西泾川东南；共即泾州共池，在今泾川北(朱右曾《诗地理征》)。密人不但侵入阮、共两国，而且从阮的疆域入侵到周，登上了周的高冈。上面两章的诗，上半章都是讲密人的入侵，下半章都讲周人出兵反击所取得的胜利。这是文王首次遇到的大战役，取得了重大胜利。因此文王把这一战役中俘得的密须的战鼓和战车，用作举行大蒐礼（通过狩猎方式来进行军事演习、检阅军队的典礼）上的仪仗；成王分封唐叔于晋国时，还用来作为分赏的礼器，要唐叔用来“匡有戎狄”。《左传·昭公十五年》记载周景王说：“密须之鼓与其大路，文（王）所以大蒐也。阙巩之甲，武（王）所以克商也，唐叔受之，以处参虚，匡有戎狄。”

（三）文王向中原出击

文王灭密以后，解除后顾之忧，便转而东向征伐，首次征服的目标是黎。黎一作𪓐（见《说文》）、耆（见《尚书大传》和《史记·周本纪》）、饥（见《史记·殷本纪》）。其地望，《说文》说在上党东北，《续汉书·郡国志》：上党郡壶关有黎亭，“故黎国”。在今山西长治附近。文王对黎的征服，使殷的贵族非常震恐，《尚书·西伯戡黎》就是记载这件事的。据说西伯（即文王）征服黎国后，殷贵族祖伊惶恐，奔告殷王纣，认为殷朝的天命快要终止，并不是祖先不保佑后代，而是王的胡作非为而自绝于天，而且人民几乎没有不希望殷王朝丧亡的。祖伊说：

> 惟王淫戏（《史记·殷本纪》作“淫虐”）用自绝。故天弃我，不有康食（《殷本纪》作“安食”），不虞（通作“娱”）天性，不迪率典（是说不用典法）。今我民罔弗欲丧，曰：天曷不降威（“威”指责罚），大命（即指天命）不挚（《殷本纪》“挚”作“至”），今王其如台（即如何、奈何）。

从祖伊这段话，可知殷贵族中已有人认识到，由于殷王纣的胡作非为，殷朝将要灭亡，人民正希望它灭亡。

文王之所以能够在山西地区一下子征服黎国，这是继承了前一代季历在这一带开拓的结果。从在今山西长治的黎，到殷王朝的京畿地区是不远的，只是中间隔有太行山脉。祖伊之所以感到殷朝快将灭亡，因为周的锋芒快要插入殷的心脏地带了。文王在征服黎国之后，就进攻邘。邘一作于、盂。《韩非子·难二》："文王侵盂、克莒、举酆。"这个盂，就在商王经常狩猎区之内，在今河南沁阳西北二十多里的邘部。《韩非子》所说文王所克的莒，不知在今何地。同时所举的酆，不可能就是后来文王建都之处。《路史·国名纪己·商世侯伯》认为可能是后来楚地，杜预所说"析县南有丰乡"。这一推断比较可信，当在今陕西山阳。后来成为文王一个儿子的封国。文王一个儿子封于酆，也不可能就是文王建都之地。

（四）文王克崇

文王在东方最费力进攻的，就是崇侯虎所在崇国。皇甫谧说："崇国盖在丰、镐之间，《诗》云：既伐于、崇，作邑于丰，是国之地也"（《史记·周本纪》正义引）。其实，这是对《诗》的误解。《诗经·大雅·文王有声》：

> 文王受命，有此武功，既伐于、崇，作邑于丰。文王烝哉！①

---

① 《诗经·大雅·文王有声》："既伐于、崇，作邑于丰。"俞樾《群经平议》卷十一以为"两句初非对文，于崇之于，当作邘，亦国名也"。引《尚书大传》和《史记》为证，其说可信。《孟子·滕文公下》引《太誓》曰："我武维扬，侵于之疆，取则于残，杀伐用张，于汤有光。"陈梦家《尚书通论》以为两个"于"字即是邘。杨伯峻《孟子译注》从其说。《太誓》是武王伐纣之誓，并非文王伐邘之誓，怎么可能说："我武维扬，侵邘之疆"呢？《孟子》赵岐注："侵于之疆，侵纣之疆界；则取于残贼者，以张杀伐之功也。"俞樾《群经平议》卷三二，以为"之与其同，侵于之疆者，侵于其疆也。"我们认为陈说不可信。陈梦家以为古《泰誓》有文王伐邘本，更不可信。

这篇诗的作者歌颂文王功绩，列举伐于、崇和作丰邑两件大事，并不是说丰邑就筑在原来崇地。陈奂《诗毛氏传疏》曾指出这点，认为“伐崇、邑丰，《文王有声》篇画（划）然两事，崇、丰为异地明矣”，还以为这个崇即《左传・宣公元年》晋国赵穿率师所伐的崇。这个论断是正确的。《太平御览》卷三九五引《六韬》说：“文王闻杀崇侯虎，归至酆”，就认为崇与丰为两地。俞樾以为赵穿所伐的崇，即是虞、夏之际的崇伯鲧之国，鲧所居的崇即今河南嵩县，《山海经・中山经》谓青要山禹父之所化，《水经注》谓青要山在新安县，今嵩县正在新安之南（《俞楼杂纂》卷二八“崇”条）。我们认为，殷周之际的崇国应即在今嵩县附近。《尚书大传》引《诗》作“既伐于密”，《经典释文》引《左传・宣公元年》亦作“密”。“密”或“崇”，原是指嵩山。《国语・周语上》：“昔夏之兴也，融（指祝融）降于崇。”韦注：“崇，崇高山也。夏居阳城，崇高所近。”崇高，《汉书・郊祀志》及《地理志》皆作“密高”。王念孙以为“古无‘嵩’字，以‘崇’为之，故《说文》有‘崇’无‘嵩’”（《读书杂志》卷四）。

《诗经・大雅・皇矣》有歌颂文王伐崇的诗句：

> 帝谓文王，询尔仇（读作“俦”）方，同尔弟兄，以尔钩援，与尔临衝，以伐崇墉。临衝闲闲，崇墉言言，执讯连连，攸馘安安，是类是祃，是致是附，四方以无侮。临衝茀茀，崇墉仡仡，是伐是肆（通作“袭”），是绝是忽，四方以无拂。

当时崇是东方强国，凭借嵩山一带利于防守的形势，筑有高大的城墙。《皇矣》说：“崇墉言言”、“崇墉仡仡”。“仡仡”同“屹屹”。“言言”、“仡仡”，都是形容崇国城墙的高大。因此文王要攻克崇国，要打一场激烈而费力的攻城战。文王为了取得胜利，事先曾经问询友邦（询尔仇方），组织好兄弟国家的力量（同尔弟兄），准备好攻城的武器和工具。“钩”是有钩的武器，“援”是有援（兵器上的横刃）的兵器，“临”是居高临下以攻城的车，“衝”是从旁冲破城墙的车。《诗经》中“临衝闲闲”和“临衝茀茀”以下诗句，都是描写攻城战斗的胜利的。“闲闲”是形容两种战车开动的情景，“茀茀”是形容两种战车的坚强有力。“讯”是指捉到的活口，“馘”是指斩得的敌人首级①，“执讯连连”是说捉到俘虏连结起来很多，“攸馘安安”是说斩得的首级也很多，都是描写战胜的情况。“是伐是肆，是绝是忽”，就是说通过征伐，取得了灭绝敌人的战果。《尔雅·释诂》：“忽，灭尽也。”

古代贵族是很迷信鬼神的，他们把胜利的战果归功于天神的赐予，把文王对于这次战争的规划说成出于上帝的指示，所以说：“帝谓文王”。正因为如此，他们每次出师之前和取得胜利以后，都要祭祀鬼神。《礼记·王制》：“天子将出师，类乎上帝，宜乎社，造乎祢，祃于所征之地。”“类”通作“禷”，《说文》：“禷，以事类祭天神。”禷是指因特殊事件而举行祭祀，不是一般定期的祭典②。《说文》：“祃，师行所止，恐有慢其神，下而祀之曰祃。”“祃”，《周礼》作“貉”（见《春官·肆师》及《甸祝》，《夏官·大司马》），“祃”和“貉”音同通用。《周礼》是说

① 《说文》：“聝，军战断耳也。……聝或从首。”《诗经·大雅·皇矣》毛传：“馘，获也。不服者杀而献其左耳曰馘。”金文作“聝”，从“爪”，或声。但是西周金文中，讲到战争胜利，每以“折首执讯”连言，如虢季子白盘、不㝬簋、兮甲盘、师寰簋等。可见原始办法是“折首”。割耳断手当是后起的减省办法。以猎取敌人的头来纪功，当出于一种原始的风俗。战国时，秦还应用，该是沿袭戎狄之俗。

② 《礼记·王制》正义引《五经异义》说：“今尚书夏侯、欧阳说，禷，祭天名也。以禷祭天者，以事类祭之。以事类祭之何？天位在南方，就南郊祭之是也。古尚书说，非时祭天谓之禷，言以事类告也。肆禷于上帝，时舜告摄，非常祭也。许君谨按：《周礼》郊天无言禷者，知禷非常祭，从古尚书说。”段玉裁《说文解字注》：“按郊天不言禷，而肆师‘类造上帝’，《王制》‘天子将出征，类于上帝，皆主军旅言。凡经传言禷者，皆谓因事为兆，依郊礼而为之。”

在定期举行田猎方式的军事演习时，要“表貉”（在校场的立表处举行貉祭）。祃祭是在战场或练兵的校场对战神的祭祀。《皇矣》所说的“是类是祃”，就是文王在攻克崇城以后举行的祭礼，是报谢天神和战神的。所以《尔雅・释天》解释说：“是禷是祃，师祭也。”

《皇矣》说：“是致是附”。“附”通“拊”或“抚”（从马瑞辰《毛诗传笺通释》之说），是说攻克崇国后，招致崇人投降而加以安抚。文王是用强大的武力，把崇城攻破，打杀许多敌人，活捉不少俘虏，最后招降了全部崇人。因为后来贵族把文王看作圣人，就有文王使崇不战而降的传说。例如《左传・襄公三十一年》记卫国北宫文子说：“文王伐崇，再驾而降为臣，蛮夷帅服，可谓畏之。”《左传・僖公十九年》记宋国子鱼说：“文王闻崇德乱而伐之，军三旬而召降，退修教而复伐之，因垒而降。”都不是事实。同样的，《吕氏春秋・用民》所说：“密须之民自缚其主而与文王”，也不是事实。文王对西方密的反击和对东方崇的进攻，是两大激烈的战争。

文王在黄河以北攻克了黎和邘，由此进攻商朝建都的殷（今河南安阳西北）、沫（即朝歌，今河南淇县），都不过二百多里，但是要从周调动大军沿渭水向东，渡过黄河，沿黄河北岸进军商的京畿，在地理形势上很是困难。等到文王在黄河以南攻克了崇，消灭了这个为殷王朝防守的坚固堡垒，就便于周在黄河南岸建立桥头堡，准备调动大军在盟津一带飞渡黄河去进攻商的京畿了。可以说，克崇以后，文王克商的战略步骤已经基本完成，克商的大计快要实现了。只因文王在克崇之后一年便去世，没有能够实现这个大计，要等待武王去继续完成文王的志愿了。所以《逸周书・祭公解》说：“皇天改大殷之命，维文王受之，维武王大克之，咸茂厥功。”

（五）文王创建周朝的政治设施

文王在运调军队东征西讨、准备克商的同时，也采取种种政治设施，为创建周王朝作好准备。

文王统治的时期很长，足足有五十年光景。在这五十年中，他勤于处理各项政务，讲究团结贵族和“国人”的工作。《尚书·无逸》记载周公说：

> 文王卑服，即康功田功①；徽柔懿恭，怀保小民，惠鲜鳏寡②。自朝至于日中昃，不遑暇食，用咸和万民。文王不敢盘于游田，以庶邦惟正（通作“政”）之供（通作“恭”③）。文王受命惟中身，厥享国五十年。

这是说文王安排好关于安居之事和田作之事；又能够关怀小民，照顾

① 过去对“文王卑服，即康功田功”有种种不同解释。伪《孔传》：“文王节俭，卑其衣服，以就其安人之功，以就其田功，以知稼穑之艰难。”孙星衍从马融本“卑”作“俾”，解释为“使”，从《广雅·释诂》解释“服”为“事”，又读“康”为“康”，认为这是说文王使就治安居之功、田作之功（《尚书今古文注疏》）。俞樾读“俾”为“比”，认为“卑服”是比叙其事（《群经平议》卷六）。孙诒让以为“俾”当从《尔雅·释诂》解释为“从”，是说“文王从先王之德而奉行之，即康功田功也”（《尚书骈枝》）。章炳麟以为“服”是“备”的假借，“康”当从《尔雅·释宫》“五达谓之康”的解释，认为“康功”指平易道路，“田功”是服田力穑，“前者职在司空，后者职在农官，文王皆亲莅之，故曰卑服”（《古文尚书拾遗定本》）。杨筠如从俞樾说，并读“康”为“荒”，“荒功与田功对文，盖谓山泽荒地”（《尚书覈诂》）。郭沫若读“康”为“糠”，认为“文王这位氏族酋长还在种田风谷”（《奴隶制时代》）。我们认为文王时代早已建立国家，不可能自己还在种田风谷。“卑服”当以俞樾之说为是，“康功”当以孙星衍之说为是。

② “惠鲜鳏寡”的“鲜”字，过去有各种不同看法。伪《孔传》解释为“鲜乏之人”。段玉裁根据《汉书·谷永传》及汉石经（见《隶释》），以为“鲜”乃“于”字之误。王鸣盛以为“鲜”当训“善”（《尚书后案》），孙星衍同。章炳麟以为“不以寿终为鲜”（《古文尚书拾遗定本》）。我们认为当以王鸣盛之说为是，“惠鲜”即惠善之意。

③ “惟正之供”，《国语·楚语上》左史倚相引作“唯政之恭”，可知“正”与“政”通，“供”与“恭”通，是说恭敬于政务。

寡单的人；从早上忙到日中、日偏斜，没有空暇吃饭，为的是做好协和万民的工作。他又不敢乐于游逸田猎，为了做好许多友邦的联合工作而恭敬于政务。《墨子·兼爱中》有一段话是和《无逸》所说相同的："昔者文王治西土……不为大国侮小国，不为众庶侮鳏寡，不为暴势夺穑人黍稷狗彘……是以老而无子者有所得终其寿，连（通作"离"）独无兄弟者有所杂（通作"集"）于生人之间，少失其父母者有所放依而长。"《无逸》所说"即康功田功"，就是"不为暴势夺穑人黍稷狗彘"；所谓"惠鲜鳏寡"，就是"不为众庶侮鳏寡"；所谓"以庶邦惟政之恭"，就是"不为大国侮小国"。文王十分勤奋地做好政治工作，总的目标就是团结好周围的小国，团结和照顾好所有贵族和"国人"。这里所说"小民"和"万民"，是指统治阶级的下层"国人"而言。

当时团结在文王周围的有才能的贵族确实不少。《尚书·君奭》记载周公说：

> 惟文王尚克修和我有夏；亦惟有若虢叔，有若闳夭，有若散宜生，有若泰颠，有若南宫括。

《国语·晋语四》记载胥臣对答晋文公的话，说得更加全面：

> 文王……事王不怒（韦注："王谓王季"），孝友二虢（韦注："二虢，文王弟虢仲、虢叔"），而惠慈二蔡（韦注："三君云：二蔡，文王子。管叔初亦为蔡"），刑于大姒（韦注："刑，法也。大姒，文王妃"），比于诸弟（韦注："比，亲也。诸弟，同宗之弟"）。……及其即位也，询于八虞（韦注："贾、唐曰：八虞，周八士，皆在虞官，伯达、伯括、仲突、仲忽、叔夜、叔夏、季随、季騧"）而咨于二虢，度于闳夭而谋于南宫（韦注："南宫，南宫适"），诹于蔡、原而访于

> 辛、尹(韦注:“蔡,蔡公;原,原公;辛,辛甲,尹,尹佚,皆周太史”),重之以周、邵、毕、荣(韦注:“周,周文公;邵,邵康公;毕,毕公;荣,荣公”),亿宁百神,而柔和万民。

文王大臣中最重要的是二虢,即虢仲、虢叔,都是文王之弟,也是执政的卿士。《左传·僖公五年》记载虞大夫宫之奇说:“虢仲、虢叔,王季之穆也;为文王卿士,勋在王室,藏在盟府。”虢仲、虢叔只见于文王时,郑玄认为虢叔到武王时已死去。《君奭》先说文王有虢叔等五位大臣,再说:“武王惟兹四人尚迪有禄”。正义引郑玄说:“至武王时虢叔等有死者,余四人也。”从《墨子·尚贤下》、《逸周书》、《史记》列举武王的大臣来看,的确不见虢叔。同时在《左传·僖公二十四年》周大夫富辰所列举的周公所分封的诸侯中,也不见有虢。因此,虢的受封该在文王时。后来虢有西虢、北虢、东虢之分。其始封之地当在西虢,在今陕西宝鸡西的虢镇。

《君奭》所说文王的五位大臣,除虢叔以外,都是周以外的贵族投奔来的。《史记·周本纪》说:“太颠、闳夭、散宜生、鬻子、辛甲大夫之徒,皆往归之。”《墨子·尚贤上》说:“文王举闳夭、泰颠于置罔之中,授之政,西土服。”墨子所说举于罝网之中,未必可信,但是他们原来不是出身于周的贵族,该是事实。《大戴礼记·帝系》说尧取于散宜氏之子,散宜生当是散宜氏的贵族。

《晋语四》列举的文王大臣,把“八虞”放在“二虢”、闳夭、南宫之前,韦昭注以为是“周八士皆在虞官”,并不可信。如果是虞官(掌管山泽的官),怎么可能列在“二虢”之前呢?我们认为,“八虞”即是八个虞国的兄弟,如同“二虢”是两个虢国的兄弟一样。虞国原是太王之子太伯、仲雍之国,“八虞”该是太伯、仲雍之子或孙,因而在姬姓贵族的行辈中要比“二虢”为高。《晋语四》在“二虢”、闳夭、南宫以下，所列举的蔡公、原公、周公、毕公，都是文王之子，召公出于周的支族，荣公亦出于姬姓贵族。他们的受封都该在武王时，这样用封邑为称号，该出于后人追记。

《君奭》所载周公的话，对于文王重用的虢叔等五位大臣是极力称许的，说他们都是有“德”之人。文王之所以能够用“德”“降于国人”，闻于上帝，“受有殷命”（接受取代殷朝的天命），都是出于五位大臣的“彝（经常）教文王”；武王之所以能够奉“天威”，取得杀敌的胜利，都是由于“四人昭武王惟冒（通作‘勖’），丕单称德”，就是说由于四人对武王的帮助和勉励，大大地推广了“德”。“昭”是助的意思，“勖”是勉的意思。“单”是大的意思，“称”是举行的意思。说明当时文王从自己族中和别族中选拔和重用所谓有“德”之人，对推翻殷朝，建立周朝起了积极作用。

文王也还接受和重用了一批前来投奔的殷的贵族知识分子。例如《晋语四》提到的辛甲就是其中之一。《汉书·艺文志》道家著录有《辛甲》二十九篇（当出于后人编辑），原注：“纣臣，七十五谏而去，周封之。”刘向《别录》也有同样说法（《史记·周本纪》集解引）。辛甲从殷出奔到周以后，就被任用为太史（《左传·襄公四年》）。从此重用殷的贵族知识分子做史官，就成为周朝初年的政策。正因为如此，殷的史官有载其图法归周的。《吕氏春秋·先识览》：“殷内史向挚见纣之愈乱迷惑也，于是载其图法出亡之周，武王大说（悦）以告诸侯。”文王和武王由于选拔重用和接收前来投奔的有“德”有“才”的人，使得朝廷上人才济济，对此后取得克殷的胜利从而创建新王朝，确是发挥了很大的作用。

从文王开始，周已经建立了一套以卿士为首的官制，政权机构比较健全了。同时对开拓的领土也很注意治理。周原甲骨中就有文王亲自到新攻克的密国的记载：

今秋，王西克往宓。

王其往宓山，□。

于宓。

宓由(斯)城。

“宓”即“密”字。金文作“宻”（趞鼎）。文王亲自前往密国，说明他对于新攻克地区的重视。

文王在位有五十年之久。《君奭》说：“文王受命惟中身，厥享国五十年。”《吕氏春秋·制乐》说得更清楚：“文王即位八年而地动，地动之后四十三年，凡文王立（通“莅”）国五十一年而终”（《韩诗外传》卷三第三章同）。文王这样勤于创建新王朝的事业，在位年数又这样久，因此周王朝开国的基础，可以说全是由文王奠定的，所以后来武王就很快取得了克殷的成果。郑玄解释“受命”是“受殷王嗣位之命”，“中身”是谓中年（《诗经·大雅·文王》正义引）。其实，郑玄对“受命”作了曲解。周公的所谓“受命”，是指取代殷朝的天命，决不是指即位时“受殷王嗣位之命”，《君奭》中已说得很明白。《康诰》也说：“天乃大命文王，殪戎殷，诞受厥命。”盂鼎亦说：“不（丕）显玟（文）王，受天有大令（命）。”《史记·周本纪》说得很清楚：“盖受命之年称王而断虞、芮之讼，后十年而崩（“十”当为“七”）。”由于前人误解《君奭》所说“受命”是即位之命，以为文王中年即位，加上在位五十年，于是有享年九十七之说（《礼记·文王世子》）。有些经学家根据享年九十七之说，就说文王九十岁以后才东征西讨而称王，这肯定不符合事实。

（六）文王迁都于丰

文王在灭崇之后就迁都到丰。《史记·周本纪》说在伐崇的同一年，“作丰邑，自岐下而徙都丰，明年西伯崩”。丰在今陕西西安西南沣河中游西岸。《说文》：“酆，周文王所都。在京兆杜陵西南。”郑玄说：“丰邑在丰水之西”（《诗经·大雅·文王有声》笺）。皇甫谧说：“丰在京兆鄠县东，丰水之西”（《诗经·周南·召南谱》正义引）。又说：“丰、镐皆在长安之西南。”经考古调查，丰在今客省庄、马王村、西王村一带，东以沣河为界，西至灵沼河，北至客省庄、张家坡，南到新旺村、冯村，遗址总面积约十二平方公里。《诗经·大雅·文王有声》对“作邑于丰”有所描写，讲到“筑城伊淢，作丰伊匹”，“王公伊濯，维丰之垣”。淢，《韩诗》作“洫”，就是城沟。说明丰邑的建筑，不但筑有城墙，还筑有与城墙相配合的城沟，更筑有许多墙垣。

这时文王沿着渭水向东，把国都迁移到丰，不外两个原因：一是便于从这里出发，调动大军，攻灭殷朝；二是这里处于渭水中游，在地理形势上更适合于作为国都。

三　武王克商

（一）武王继承和发展了文王的基业

《诗经·周颂·武》是周人歌颂武王克殷的《大武》乐章之一：

> 於皇武王，无竞维烈。允文文王，克开厥后。嗣武受之，胜殷遏刘，耆定尔功。

“克开厥后”，是说文王能够为其子孙开创基业。“嗣武受之”，是说继嗣的武王接受了文王的基业。遏、禁止。刘，杀戮。“胜殷遏刘”，是说武王战胜殷国从而制止了大屠杀。“耆定尔功”是说成就了武王的功业。“尔”指武王。

周人《大武》乐章以为武王继嗣了文王开创的基业而取得克殷的胜利，是符合历史实际情况的。武王之所以能够全面继承文王的基业，很重要的一点，就是继续使用文王选拔重用的大臣执政。前面已经谈到，根据《君奭》所记周公的话，文王选拔重用虢叔、闳夭、散宜生、泰颠、南宫括等五个有“德”之人执政，到武王时，虢叔已死，“惟兹四人尚迪禄”（四人尚犹继续任职而有禄），因而能够“咸刘厥敌”，敌就是指殷。《墨子·尚贤中》也有同样的说法：“武王有闳夭、泰颠、南宫括、散宜生而天下和，庶民阜，是以近者安之，远者归之。”武王继续使用文王选拔的原班人马执政，就保持了政策的连续性。同时武王没有改元，继续以文王受命称王之年为元年，文王称王七年而死，武王仍以即位后的一年称为八年。这无非表示继嗣文王“受命”的基业而毫无改变。

古本《大誓》记武王说：“余有乱臣十人，同心同德”（《左传·昭公二十四年》记苌弘引）。《左传·襄公二十八年》记叔孙穆子说：“武王有乱臣十人”，就是依据古本《大誓》的。前人解释“乱”是“治”的意思，“乱臣”就是“治臣”。其实“乱”是“𤔲”字之误。“𤔲”即“司”字（西周金文多数如此），因而有“治”的意思。《论语·泰伯》：“舜有五人而天下治，武王曰予有乱十人。孔子曰：才难，不其然乎！唐虞之际于斯为盛，有妇人焉，九人而已。”东汉马融、郑玄的注，都说十人是周公旦、召公奭、太公望、毕公、荣公、太颠、闳夭、散宜生、南宫适及文母（即文王妃太姒，马融之注见《论语》注引，郑玄之注见《论语》疏引）。这个说法可能出于推断，十人之中所以要列入文母，是依据孔子所说“有妇人焉，九人而已”的。当时治臣十人，依据《君奭》来看，应该以闳夭、散宜生、泰颠、南宫适四人比较重要。马融、郑玄之说，把周公、召公放在首要地位，是依据成王时代的情况来推定的，并不正确。

(二) 在盟津先后会盟和誓师

盟津一作孟津，在今河南孟县西南十多里，黄河北岸。西周春秋时，附近有邑名盟，原为苏国之邑，后为郑国所有。杜预说："盟，河内郡河阳县南孟津也。在洛阳城北，都道所凑，古今为津，武王渡之，近代呼为武济"(《尚书·禹贡》正义、《史记·夏本纪》正义引)。《水经·河水注》又说盟津在河南的鉤陈垒。清代学者如阎若璩等人，都说盟津原在河北，到东汉以后才迁到河南。其实津是个渡口，应包括河北和河南两方面的渡口。武王曾统率大军于九年(即武王即位后二年)在此与诸侯结盟，于十一年在此与诸侯誓师渡河北伐。

《史记·周本纪》载："九年武王上祭于毕，东观兵至于盟津，为文王木主，载以车中军。"所说上祭于毕，集解引马融曰："毕，文王墓地名也。"此说不确。古无墓祭的礼制，"上祭"即是"禴祭"，祭的是天神，这是沿用文王"禴祭于毕"的礼俗①。《史记》此后有关这方面的

---

① 《古本竹书纪年》："纣六祀，周文王初禴于毕"(《通鉴前纪》卷五引)。王国维《古本竹书纪年辑校》："《唐书·历志》：纣六年，周文王初禴于毕，虽不著所出，当本《纪年》。"据此，周文王已"初禴于毕"，可知武王上祭于毕，当即指禴祭，并非祭周文王之墓。《易·既济》九五："东邻杀牛，不如西邻之禴祭，实受其福。"过去注释者认为东邻指殷王纣，西邻指周文王，这是可信的。雷学淇《竹书纪年义证》："按班固《通幽赋》云：东厶虐而歼仁，应劭注：东厶谓纣。颜注：厶古邻字。是西汉时有此解。《礼·坊记》引此爻辞，郑玄注：东邻谓纣国中也，西邻谓文王国中也。"所谓"西邻之禴"，即指"周文王初禴于毕"。禴有春祭、夏祭、薄祭三义，此处是用薄祭之义。《周易》王弼注："牛，祭之盛者也。禴，祭之薄者也。祭祀之盛，莫盛修德，故沼沚之毛，蘋蘩之菜，可羞于鬼神。"西周初年的禴祭，不是指祭宗庙而是指祭天神。《汉书·郊祀志》载杜邺说王商曰："东邻杀牛，不如西邻瀹祭，言奉天之道贵以诚质，大得民心也。""瀹祭"即是"禴祭"，可知"禴祭"是"奉天"之祭，既然周文王初禴于毕，后来周武王上祭于毕，该是沿袭周文王祭天神的礼制，决非祭周文王之墓。

记载，都是依据西汉发现的《泰誓》，并不可信。但是用木主载车中之说，不见别书所引西汉《泰誓》，可能另有所据。这样先祭天神，又载文王木主而行军，无非表示要继续完成文王已经接受的克殷的天命。这次武王“东观兵至于盟津”，有两个重要目的，一是带有演习性质，熟悉路程和地形，并预先作好布置，以便此后大军渡河北伐。二是约定与诸侯在此会盟，以便约定日期，今后在此会合誓师，共同渡河北伐。西汉《泰誓》所说“诸侯不期而会盟津者八百诸侯”，不免是夸辞。既不能“不期而会”，也不可能有这样多的八百诸侯。但是武王在此与诸侯会盟，当是事实。《水经·河水注》说：“河南有鉤陈垒，世传武王八百诸侯所会处，《尚书》（按指西汉《泰誓》）所谓不期同时也，河水于斯有盟津之目。”盟津应该就是由于武王在此大会诸侯结盟而得名。《逸周书·商誓解》既讲到“予惟甲子，克致天子之大罚”，就是指此后三年（即十二年）于甲子日克殷之事，同时又说：“昔我盟津，帝休，辨商其有何国”（末句当有错字）。就是指这一年会盟于盟津的事。童书业指出“此文实为孟津原名盟津之铁证，以此处之盟系动词”（《盟津补证》，刊于《中国古代地理考证论文集》）。这是正确的。《楚辞·天问》述及此事说：“会鼂争盟，何践吾期？苍鸟群飞，孰使萃之？”“鼂”通“朝”，“会朝”就是朝会之意。所说“何践吾期”，很清楚地说明这次武王观兵至于盟津，是约期会盟性质。西汉《泰誓》所说“不期而会”，当然不足信。至于西汉《泰誓》和《史记》所说：武王渡河中流有白鱼跃入王舟中，被武王取来作为祭品，又有火从上天飞到武王住屋，化为赤乌等等。分明是战国以后五行相克学说流行以后的作品。商为金德，其色尚白，而周为火德，其色尚赤，因而把捉到飞来的白鱼和飞来天火化为赤乌作为周克殷的祥瑞。

这时殷贵族内部有见识的人企图挽救殷的灭亡，纷纷向纣反复进谏。结果比干被杀，箕子被囚，微子等人出奔到周。微子出奔前，看到殷将灭亡，曾向太师、少师（乐师）请教。微子指出殷贵族淫荒于酒，作奸犯法，不守法度，对于罪犯又放纵不捉，“小民方兴，相为敌雠，今殷其沦丧”。太师也指出：有人偷吃祭祀天地鬼神的牺牲祭品也不受处罚；贵族又加重赋敛，造成许多仇敌而不肯休止，“商其沦丧，我罔为臣仆（我们不能做亡国后的奴仆）”。因而劝微子出走，并说自己也准备出走（《尚书·微子》）。说明当时殷贵族内部已经分崩离析，纣已陷于众叛亲离的地步。周武王认为伐商的时机已到，于十一年（武王即位后四年）率戎车三百乘，虎贲三千人①，甲士四万五千人向东伐纣。渡过盟津，并在那里誓师。这次誓师之辞，先秦古书上称为《大誓》或《太誓》，是说规模很大的誓师。或者称为《大明》，“明”和“盟”同音通用。因为这次誓师是会合许多诸侯一起举行的，还具有结盟的性质，所以又可以称为《大盟》②。

---

① 《风俗通义·正失》解释虎贲说：“言猛怒如虎之奔赴也。”《汉官仪》（《后汉书·顺帝纪》注、《太平御览》卷二四一引）的解释相同。《续汉书·百官志》虎贲中郎将注：“虎贲旧作虎奔，言如虎之奔也。”王引之认为“虎贲有为宿卫之臣者，《夏官·虎贲氏》掌先后王而趋以卒伍，《立政》缀衣虎贲；《顾命》虎贲百人是也。有为士卒武勇者之称者，《孟子·尽心篇》：武王之伐殷也，革车三百两，虎贲三千人，《楚策》秦虎贲之士百余万是也。虎贲是士卒，故云三千，云百余万。……盖一车十人，古人有此兵制。闵二年《左传》齐侯使公子无亏帅车三百乘，甲士三千人以戍曹。车一乘，卒十人”（见《周礼正义》引）。江声《尚书集注音疏》说同。《韩非子·初见秦》和《战国策·秦策一》说：“武王将素甲三千。”素甲三千即是虎贲三千。

② 《墨子·非命上》及《非命中》都引有《太誓》“纣夷处，不肯事上帝”等等的话，而《天志中》引用同样的字句作《大明》。孙诒让《墨子间诂》：“《非命》上中下并作‘大誓’，明确为讹字。盖誓省为折，明即隶古折字之讹”。按孙说非是。“明”非讹字，盟从“明”声，“明”、“盟”同音通假。

（三）进军牧野的时间和路线

关于武王进军牧野的时间，史书上的记载很是分歧，以《汉书·律历志》所引《古文尚书·武成》的记载较为原始：

> 惟一月壬辰旁死霸，若翌日癸巳，武王迺朝步自周，于征伐纣。粤若来二月既死霸，越五日甲子，咸刘商王纣（《逸周书·世俘解》作“维一月丙辰旁生魄，若翼日丁巳”，有错误）。

根据王国维的考定，“既死霸”是二十三日，旁死霸为二十五日。一月癸巳，是壬辰旁死霸的翌日，即二十六日，武王从周兴师伐纣。二月甲子，是既死霸之后五日，乃二十七日，武王率军到达牧野（《观堂集林》卷一《生霸死霸考》）。《书序》说：“惟十有一年武王伐殷，一月戊午师渡孟津，作《泰誓》三篇。”比《武成》早一个月。《史记·齐世家》说：“武王十一年正月甲子，誓师于牧野伐商纣。”同样比《武成》早一个月。所以会有一月之差，该是汉人依据当时的正朔观念以及流行的殷正、周正之说，认为周未克殷以前，当依殷正，殷正较周正早一月，因而提前一月。《史记·周本纪》说：“十一年十二月师毕渡盟津，二月甲子昧爽武王朝至于商郊牧野。”显然有错误。从渡盟津到牧野，应该不过一旬，不该相隔两月之久①。

---

① 王国维《周开国年表》（《观堂别集》卷一）云：“案《史记》系月与《武成》及《书序》不同。师渡盟津，《书序》系之一月，《武成》言惟一月壬辰旁死霸，则戊午为一月之二十八日。惟《史记》系之十二月，殊不可解。疑十二两字乃一字之误。若史公意，果为十一年十二月，则下月甲子上，当书十二年或明年，以清眉目。又二月又当改为一月，以十二月有戊午，则甲子不得在二月故也。十二两字明出后世传写之误。”今按王说不确。此文写作年代当早于《生霸死霸考》，仍从刘歆之说，以一月壬辰为初二，因定戊午为一月二十八日，谓《周本纪》十二月乃一月之误。我们认为，如果司马迁在《周本纪》也如《齐世家》一样采用所谓“殷正”的话，可能原文是作“一月”或“正月”的。如果这样，“二月甲子昧爽”的“二月”，当为衍文，原文应作：“十一年正月师毕渡盟津，甲子昧爽武王朝至于商郊牧野。”

武王于一月二十六日癸巳，从周的国都出发，经历二十五天，到二月二十一日戊午在盟津渡河。从盟津誓师后出发，又经历六天，到二十七日甲子，到达牧野前线，当天决战就取得决定性胜利。从盟津到牧野，约有三百里以上路程，采取急行军，平均每天行军五十多里。当时这一带交通条件是比较好的，从殷墟卜辞来看，这一带正好是殷王经常的狩猎区，殷王常常驾驶马车到盟津以北、太行山南麓从事狩猎活动。因此用四匹马驾驶的战车，每天进军五十多里是可以做到的。

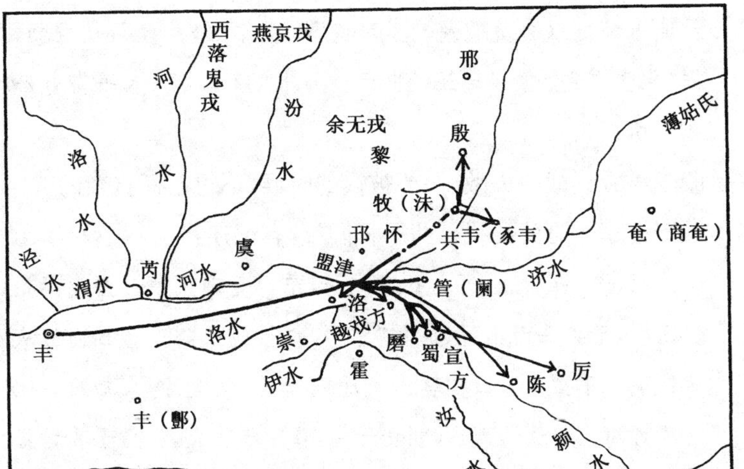

图六　武王克商示意图

武王统率的锐兵，所以能够在甲子这天展开决战，因为在前一天癸亥夜晚，赶到牧野后，连夜已布置好了阵势。《国语·周语下》记载伶州鸠说："王以二月癸亥夜陈，未毕而雨。"夜晚虽然天气不好，布阵未毕而雨，还是作好了布置的。牧野一战是在甲子这天，古书记载是一致的。《尚书·牧誓》就说是在甲子昧爽誓师的。牧野之战，周师在甲子一天内取得全胜，古书记载也是一致的。《吕氏春秋·首时》说：武王"立（通作"莅"）十二年而成甲子之事"。《吕氏春秋·贵因》说：武王"故选车三百，虎贲三千，朝（早）要甲子之期而纣为禽（擒）"。《吕氏春秋·简选》又说："武王虎贲三千人，简车三百乘，以要甲子之事于牧野而纣为禽。"这个战役在甲子这天，从清晨开始，到黄昏就取得全胜，迫使殷王纣自杀。《逸周书·世俘解》说：

> 商王纣于商郊，时甲子夕，商王取天智（指高级美玉）、王琰及庶玉环身以自焚（"及庶玉环身"原误作"琏身厚"，从顾颉刚依据《北堂书钞》卷一三五、《史记·周本纪》正义、《太平御览》卷七一八所引校正）。

这是殷王纣看到战斗失败、快要被擒的时候，不得已而自焚的。

关于进军牧野的路线，《荀子·儒效》有记述：

> 武王之诛纣也，行之日以兵忌，东面而迎太岁。至汜而泛，至怀而坏，至共头而山隧（通作"坠"），霍叔惧曰："出三日而五灾至，无乃不可乎？"周公曰："刳比干而囚箕子，飞廉、恶来知政，夫又恶有不可焉。"遂选马而进，朝食于戚，暮宿于百泉，厌旦于牧之野。

汜（音祀），卢文弨、汪中校改作"氾"（音凡），以为即河南的氾水。按氾水有南氾、东氾、西氾之别，都不是从盟津渡河必经之地。我们认为，"汜"字不误，"汜"不是地名。《尔雅·释丘》："穷渎，汜。"郭注："水鱼所通者。"当因积水而泛滥。怀后来为苏国之邑，见《左传·隐公十一年》，在今河南武陟西南。怀在盟津东北二百多里。共后来成为共伯封国。见《左传·隐公元年》，在今河南辉县，共又在怀东北二百多里。百泉在今辉县北十里。戚地不详，亦当在辉县附近。据《韩诗外传》卷三第十三章："武王伐纣于邢丘……乃修武勒兵于宁，更名邢丘曰怀、宁曰修武。"宁在今河南获嘉，正当怀、共之间，是从怀到共必经之地。牧野为地区名，牧一作坶，《说文》："坶，朝歌南七十里。"《水经·清水注》："自朝歌以南，南暨清水，土地平衍，据皋跨泽，悉坶野矣。"清水即今卫河上游，朝歌即今淇县，旧称朝歌镇。牧野的范围，从今淇县以南，到卫河以北地方。今淇县距卫河，距离在二十里到六十里之间。根据荀子所述，可知武王率军渡过今孟县西南的盟津之后，向东北行，经泛滥的"汜"到今武陟西南的怀，再东北行到今获嘉的宁，又东北行到今辉县的共，一度食宿于戚和百泉，两地都该在共的附近。更由此东北行而进入牧野。

牧野在西周金文作牧自，为"殷八自"的驻屯之地，小臣谜簋记载伯懋父（即康叔之子康伯髦）统率"殷八自"出征东夷胜利归来，"复归才（在）牧自"。看来牧野原是殷守卫国都军队的驻屯地，因而成为武王主要的进攻目标。

（四）牧野之战的胜利

武王所统率的进攻牧野的精锐部队，只有戎车三百乘，虎贲三千人。《孟子·尽心下》和前引《吕氏春秋》以及《史记·周本纪》所说，都是一致的（《书序》作"戎车三百两，虎贲三百人"，"三百人"是"三千人"之误）。"贲"是"奔"的假借字。虎贲原是指勇猛而奔走快速的甲士。周初兵制，一车甲士十人，所以戎车三百乘，虎贲三千人。当时武王的战略是，先用精锐部队向牧野突击，一举击溃殷的国都守军，攻占朝歌，杀死殷王纣，使殷朝政权瓦解，然后分兵多路，消灭殷朝驻屯别处的军队以及其所属方国的抵抗力量。《吕氏春秋·古乐》说：

“武王即位，以六师伐殷，六师未至，以锐兵克之于牧野。”武王确是以锐兵取得了决定性的战果。

但是从《尚书·牧誓》来看，参与这次牧野决战的，除了周的锐兵之外，还有不少西南部族的军队，即所谓“西土之人”，有庸、蜀、羌、髳、微、卢、彭、濮等八国。也即《古本竹书纪年》所说“周武王率西夷诸侯，伐殷”（《水经·清水注》引）。庸、蜀、羌、卢、濮五国，春秋以后尚存。庸在汉代汉中郡上庸县，在今湖北竹溪东南。蜀的北境达汉中，很便于和周联合。羌主要分布在今甘肃南部。卢在春秋时又称卢戎，在汉代南郡中卢县，在今湖北襄樊西南。濮在春秋时称为百濮，分布在今重庆、湖北之间。彭，王夫之以为即在《左传·桓公十二年》所说的彭水流域（《尚书稗疏》），在今湖北房县西南，微，王国维以为即眉，古“眉”、“微”声近通用，眉即汉代右扶风郿县，在今陕西眉县东（《观堂集林》卷十，《散氏盘跋》）。髳，顾颉刚以为即《左传·成公元年》的茅戎，在今山西南边（《史林杂识》初编第三篇“牧誓八国”）。以上关于彭、微、髳三国的所在，都只是一种推测。

随从武王统率军队到达牧野的，有一些联盟的国君，还有军官和将领：司徒、司马、司空、亚旅、师氏、千夫长、百夫长等，见于《尚书·牧誓》。百夫长和千夫长是百夫之长和千夫之长。师氏是高于千夫长的将领，当是一𠂤（即师）之长。𨟭鼎：“以师氏眔有司……伐䚄。”录𢦚卣：“女（汝）其以成周师氏戍于㶣𠂤。”都足以证明师氏是统军作战的长官。司徒、司马、司空、亚旅，王鸣盛认为“自为军中有职掌之人”（《尚书后案》）。司马是掌管军政和军赋的官，当然可以在军中有职掌。司徒原作司土，是掌管土地的官；司空原作司工，是掌管工程的官，他们为什么也在军中有职司呢？因为当时军队都是从“国人”

的乡邑中征发编制而成，军队编制是和乡邑编制密切结合的，平时为乡邑掌管土地、工程的官，到战时，仍在军中有职掌。舀壶：“更(赓)乃祖考作冢司土于成周八𠂤。”说明西周的六𠂤、八𠂤中确实设有司土等官，这该与当时开始推行的乡遂制度有关。司土、司马、司工，合称为“参(三)有司”(盠尊)，也可通称为有司。𡨦鼎所说“以师氏眔有司”，这个有司即指“三有司”。制作利簋的利，职为“又(有)事(司)”，当即参与牧野之战的“三有司”之一，因而甲子之日牧野战胜后，到辛未，武王在管论功行赏，他得到了“金”(即铜)的赏赐。

在前线直接指挥这个战役的最高将领，就是吕尚。他名望，字尚父，任太师之职。亦称师尚父、师望。太师是师氏之长，即最高统帅。《诗经·大雅·大明》记载有师尚父帮助武王在牧野战胜的事迹。

> 牧野洋洋(洋洋是广大貌)，檀车煌煌(煌煌是明亮貌)，驷騵彭彭(彭彭是强壮有力貌)。维师尚父，时维鹰扬(鹰扬谓如鹰之飞扬)，凉彼武王(凉谓辅助)，肆(通作“袭”)伐大商，会朝清明(早晨清明之时)。

吕尚，姜姓。当时周和姜姓之族世代联姻，进攻牧野的三千虎贲中，想必有不少姜姓的勇敢善战的甲士。这个战役之所以能够很快取胜，吕尚及其所属姜姓的甲士该是起了重要作用的。

在作战前，武王在牧野会集周的将领士卒和西方各族长官士卒，发表誓师之辞，即《尚书·牧誓》。《牧誓》又一次列举殷王受的罪状：“今商王受(即纣)惟妇言是用；昏(通作“泯”或“蔑”)弃厥肆祀(祭祀)弗答(谓不报答鬼神恩德)，昏(通作“泯”或“蔑”)弃厥(《史记》作“其家国”)遗王父母弟不迪(《史记》“迪”作“用”)；乃惟四方之多罪逋逃，是崇是长，是信是使，是以大夫、卿士，俾暴虐于百姓，以奸宄于商邑。”这是说，殷王纣听从妇人之言（妇人指妲己），废弃祭祀，不用王的亲属，而信用从四方因罪而逃来的人，用以为大夫、卿士，因而对百姓（指贵族）暴虐，在商邑作奸捣乱。这和《太誓》列举纣的罪状，“谓敬不可行，谓祭无益，谓暴无伤”，基本相同，只是着重指出了纣听信妇人和信用逃来之人。

先秦古书上所引《太誓》，指出纣的重要罪状是：“纣夷处，不肯事上帝鬼神”（《墨子·非命上》引），又说：“上帝不常，九有以亡；上帝不顺，祝降其丧，惟我有周，受之大帝”（《墨子·非命下》引）。武王克商之后对殷贵族的讲话，即《逸周书·商誓解》，武王自称奉上帝之命伐商，全篇十一次讲到上帝，一次单称帝。虽然全篇“上帝”和“天”字并用，但是重要的字句都用上帝，口口声声自称奉上帝之命，讨伐多罪的“一夫”，就是纣。

牧野之战的战斗经过，《逸周书·克殷解》有简单的描写：

> 周车三百五十乘陈于牧野，帝辛（即纣）从。武王使尚父（即吕尚）与伯夫（即百夫长）致师（谓单车挑战）。王既誓（宣誓，即《书尚·牧誓》），以虎贲、戎车驰商师，商师大崩。商辛奔内，登于鹿台之上，屏遮而自燔于火。

这里说，作战前，先使吕尚和百夫长“致师”。“致师”是单车驰近敌方“致其必战之志”，这在春秋时还很流行①，可能起源很早。这里又

---

① “致师”是“致其必战之志”，《周礼·夏官·环人》：“掌致师”。郑注：“致师者，致必战之志。”使用的方式颇为不同。《左传·宣公十二年》：“楚许伯御乐伯，摄叔为右，以致晋师。许伯曰：‘我闻致师者，御靡旌摩垒而还’（杜注：靡旌，驱疾也。摩，近也）。乐伯曰：‘我闻致师者，左射以菆（杜注：左，车左也。菆，矢之善者），代御执辔，御下，两马、掉鞅而还’（杜注：两，饰也。掉，正也。示间暇）。摄叔曰：‘吾闻致师者，右入垒，折馘、执俘而还。’皆行所闻而复。”又载：“晋魏锜求公族，未得而怒，欲败晋师。请致师，弗许。”“赵旃求卿不得，且怒于失楚之致师者，请挑战，弗许。”“挑战”与“致师”相类似，但又有区别。“致师”只是向敌方表示必战之意，“挑战”则发动小规模进攻。

说，开战时，只是“以虎贲、戎车驰商师”，该是事实。这时武王统率到牧野的军队，主力就是戎车三百两，虎贲三千人。《韩非子・初见秦》和《战国策・秦策一》都说：“武王将素甲三千（《战国策》“三千”下有“领”字），战一日，破纣之国，禽其身，据其地而有其民。”“素甲三千”就是“虎贲三千人”，“战一日”就是甲子日从早到晚打了一天。当然，在这场大战中，除了“戎车三百两，虎贲三千人”作为主力以外，也还有西方八国之师，看来数量也是不多的。《史记・周本纪》说周的方面诸侯来会的有车四千乘，而商的方面发兵七十万抵拒，都不免是夸大之辞。《韩非子・初见秦》和《战国策・秦策一》说纣“将率天下甲兵百万”，“以与周武王为难”，同样是夸张的说法。商在牧野的军队人数，确是大大超过周的军队。《诗经・大雅・大明》说：“殷商之旅，其会（“会”通“旝”，旌旗）如林，矢于牧野。”但是不可能多到几十万到百万，这是战国时人用当时战争情况附会的产物。

殷之所以兵多而不堪一击，首先是由于殷贵族生活奢侈腐化，沉迷酒色，政治腐败，重用所谓“暴德”、“逸德”的人，对人民十分暴虐，国内矛盾十分尖锐，以致军队在战场上倒戈而拥戴周武王。《国语・周语上》记祭公谋父说：“商王帝辛，大恶于民，庶民不忍，欣戴武王，以致戎于商牧。”《墨子・明鬼下》也说，牧野之战，殷人“众畔皆走（“皆”原误作“百”，从王引之改正），武王逐奔入宫”。这时殷的军队早已丧失斗志，确是如武王《太誓》所说“纣有亿兆夷人，亦有离德”（《左传・昭公二十四年》引）。

其次是由于殷朝长期对四方夷戎部族的掠夺，和四方夷戎部族之间的矛盾日益尖锐。不仅这时西方八国随从武王伐商，参与牧野之战；而且西北戎狄早已进据中原，东方夷族也早已“分迁淮岱，渐居中土”(《后汉书·东夷传》),使得殷的统治地盘缩小很多,只有黄河以北的京畿和黄河以南的“南国”,因而军事力量大为削弱。特别是和强大的东夷连年战争,力量消耗很大。所以春秋时人说:“纣克东夷而殒其身”(《左传·昭公十一年》叔向语),“纣之百克而卒无后”(《左传·宣公十二年》记栾武子语)。同时,殷和周围方国之间也存在严重矛盾。殷不仅成为不少方国有罪的贵族逃避之所,还成为逃亡奴隶的会集之地。因此这些方国的国君都要讨伐殷王纣。春秋时楚国芋尹(官名)无宇就指出:“昔武王数纣之罪,以告诸侯曰:‘纣为天下逋逃主,萃渊薮’,故夫致死焉(杜注:“人欲致死讨纣”)。”周就是利用这个矛盾,号召诸侯联合讨殷的。

周之所以能够这样在牧野一举得胜,主要由于姬、姜两姓贵族的联盟,领导集团的“同心同德”,西方诸侯的合作,武王选定了有利于克商的时机,制定了适当的战略步骤,周的军队的斗志昂扬,作战英勇。

武王统率的精锐部队,虽然牧野一战,在一天内就很快取得了胜利,但是在京畿的其他地方还是经过激烈的战斗的。据《史记·秦本纪》记载,商代末年嬴姓的一支迁到了西方,其领袖叫中潏,“在西戎,保西垂。生蜚廉。蜚廉生恶来。恶来有力,蜚廉善走,父子俱以材力事殷纣。周武王之伐纣,并杀恶来。是时,蜚廉为纣使北方(“使”原误作“石”,从《水经注》所引改正),还无所报,为坛霍太山,而报,得石棺,铭曰:‘帝令处父(索隐:处父,蜚廉别号),不与殷乱,赐尔石棺以华氏。’死,遂葬于霍太山。”《秦本纪》这段话,该采自嬴姓之族的神话传说,所说蜚廉得到上帝所赐石棺而得“不与殷乱”,是嬴姓之族相传他们祖先得到神灵保佑的说法。事实上,蜚廉和恶来同样是被武王杀死的。《孟子·滕文公下》说:“周公相武王诛纣,伐奄三年讨其君,驱飞廉于海隅而戮之。”所谓“伐奄三年讨其君”，是周公东征的事。所谓“驱飞廉于海隅而戮之”，是武王的事。这个飞廉，就是《秦本纪》所说善走的蜚廉，“蜚”、“飞”古声同通用。当是飞廉向东撤退，周师乘胜追击，直追到海边才杀死的。可以想见，杀死有力的恶来和善走的飞廉，是经过激烈战斗的。

（五）对殷的南国诸侯的平定

武王在牧野之战取胜后，虽然占有京畿，迫使殷王纣自杀，推翻了殷的中央政权，但是，还没有取得平定殷的全境的胜利。在京畿以北和以东还有殷贵族的兵力需要消灭，特别是在黄河以南的南国，殷在这里经过六百年经营，有根深蒂固的势力，分布有许多方国，有些地方驻有重兵，因此继牧野之战以后，向南国诸侯的进攻，就成为当时战斗的重点。根据《礼记·乐记》，周人描写歌颂克商过程的《大武》舞曲分作“六成”，也就是六场：

> 且夫《武》始而北出，再成而灭商，三成而南，四成而南国是疆，五成而分（《史记·乐书》“分”下多一“陕”字），周公左，召公右，六成复缀，以崇天子。

《大武》第一章描写的是“始而北出”，就是从盟津渡河北上进军。第二章描写的是“灭商”，就是牧野之战的胜利和占有商邑。第三章描写的是“南”，就是南下进军。第四章描写的是“南国是疆”，就是向南方分路进军征讨和消灭殷的抵抗力量，从而占有南国的封疆。《逸周书·世俘解》有较详记载。

武王攻克商都后，即命吕望追击殷将方来。陈汉章以为即《史记·秦本纪》所说武王所杀的恶来（《周书后案》卷上）。同时分兵四路南下，进军目标是殷的南国诸侯。当时周的大军未全渡河北上，前锋的精锐部队已克商于牧野。《吕氏春秋·古乐》所谓“六师未至，以锐兵克之于牧野”。同时为了巩固作战的后方，周当有军队留守在黄河以南的管、祭一带地方，因此很方便地就分四路南下进军。

第一路，由吕他统率，伐殷的属国越戏方。越戏方即在春秋时郑国的戏，在今河南巩县东南①。这一路到壬申（三月初六日）回来报告胜利而献馘、俘。

第二路，由侯来统率，伐殷将靡集于陈。陈当即后来封给妫满的陈，在今河南淮阳。这一路到辛巳（三月十五日）回来报告胜利而献馘、俘。

第三路，甲申（三月十八日），百弇奉命统率虎贲伐卫，胜利后回来报告而献馘俘。这个卫，当即豕韦的韦，在今河南滑县南②。因为那里原是豕韦之国，兵力较强，所以要用虎贲誓师之后，再去征伐。

第四路，庚子（四月初四日），陈本奉命伐磿，百韦奉命伐宣方，新荒奉命伐蜀。磿、宣方、蜀，当是相互邻近的地点。磿即历，亦即栎，春秋时为郑地，在今河南禹县③。宣方可能即是春秋时郑地宛，在今河南长葛东北。蜀即战国时魏地濁泽（一作涿泽），在今新郑西南，禹

---

① 《路史·国名纪己·商世侯伯》以为戏方即在春秋时郑国的戏，见《左传·襄公九年》。其说可从。《水经·河水注》谓汜水出浮戏山。《元和郡县志》谓汜水出县东南三十二里浮戏山。越戏当即在浮戏山下，在今河南巩县东南。

② 这个卫，不可能是指后来卫的国都。卫建都朝歌，牧野之战早已被周占有。潘振《周书解义》：“卫，邑名，在朝歌之东。”“卫”与“韦”同音通用，当即豕韦之韦。豕韦亦可单称韦，见《诗经·商颂·长发》。《国语·郑语》记史伯说：“大彭、豕韦为商伯矣。”《左传·哀公二十四年》记范宣子说“昔匄之祖……在商为豕韦氏”。可知豕韦到商代尚存。在今河南滑县南。

③ 卢文弨云：“案黄歇说秦云：割濮，磿之北，磿近濮，在商畿内可知。”按卢说不确。“磿”即春秋时郑地历，或作栎。《国语·郑语》记史伯曰：“若克二邑，邬、弊、补、丹、依、畴、历、华，君之土也。”“历”一作“栎”，《史记·郑世家》：“厉公出居边邑栎。”索隐：“按栎音历，即郑初得十邑之历也。”在今河南禹县。

县东北①。这一路是四路中的重点，该是南方有不少殷所属诸侯正集结在蜀、磨、宣方一带，准备联合抵抗南下的周师，所以武王同时要派三员大将一起进讨。乙巳（四月初九日），陈本、新荒回来报告联合作战的胜利战果，计生擒霍侯、艾侯、佚侯及小臣四十六人，并俘得战车八百零三辆。百韦也回来报告擒得宣方之君，并俘得战车三十辆。战果所以会如此之大，俘得的诸侯和战车如此之多，就是扑灭了这股诸侯联合军的缘故。霍侯所在的霍，当即《左传·哀公四年》所言"袭梁及霍"的霍，在今河南临汝东南②，在蜀、磨以西一百四十里左右。艾侯、佚侯所在不详。后来百韦又奉命伐厉，该是进一步讨伐反抗的诸侯，厉即《春秋·僖公十五年》齐、曹两国所伐的厉，在今河南鹿县东③，又在蜀、磨、宣方的东南三百多里。

上述四路的将领为吕他、侯来、百弇、陈本、百韦、新荒，共六人。《世俘解》谈到举行献俘典礼，"伐右厥甲小子则（原误作"鼎"）大师，

① 沈延国《逸周书集释》引沈祖緜曰："《后汉书·郡国志》，颍川郡长社县有蜀城、蜀津，注：《史记》云：'魏惠王元年韩、赵合军伐魏蜀泽。'疑即蜀地。"按沈说是。《史记·魏世家》作濁泽，《赵世家》、《六国年表》作涿泽，集解引徐广曰：长社有濁泽。在今河南禹县东北。宣方应与磨、蜀二地相近，亦当在今禹县附近，疑即在春秋时郑地之宛。宣从"亘"声，与"宛"声近。《左传·襄公二十四年》有郑人宛射犬，食邑于宛。即《水经·濮水注》所说濮水自长社故城又东南径宛亭的宛亭。在今河南长葛东北。

② 《世本》："霍国，真姓后"（《史记·三代世表》索隐引）。张澍《世本集粹补注》："霍，侯爵，武王禽之，今汝之梁县有故霍国，非晋霍也。"张说是。《左传·哀公四年》：楚人"袭梁及霍"，杜注："梁南有霍阳山。"《续汉书·郡国志》同。霍阳山见《水经·汝水注》，在今河南临汝东南。

③ 陈逢衡《逸周书补注》谓即《汉书·地理志》南阳郡随县之厉乡，不确。沈延国《逸周书集释》引沈祖緜说，以为在老子出生之苦县厉乡，甚是。春秋时有两个厉国。《春秋·僖公十五年》："齐师、曹师伐厉。"王夫之《春秋稗疏》谓此不同于随县北之厉乡，即老子出生之苦县厉乡。认为当时齐曹之师不可能一举越江汉之北而向随。按王说是。此时齐移救徐之师伐厉，不可能远达随县以北。当在今河南鹿县东。

伐厥四十夫家君则(原误作“鼎”)师”。“伐”是杀人以祭,见于殷墟卜辞。“甲小子”当指殷贵族。“家君”疑是“冢君”之误,指殷所属方国之君。这是说举行杀人献祭的典礼,杀殷贵族(甲小子)由大师主持,杀殷所属方国之君则由师(即师氏)主持。大师,即是太公望。太公望主要征伐殷的京畿,殷贵族由他俘得,故杀献由他主持。师氏即指上述讨伐南方的方国的六个将领,霍侯、艾侯、佚侯及小臣四十六人以及宣方之君,都是由他们俘得,故杀献由他们主持。由此可知,这六个将领都是师氏之职,就是当时周的六师的长官。值得注意的是,武王统率的克殷大军,大师吕望是吕氏,六师的长官之一吕他亦是吕氏,说明周的六师中,姜姓的吕氏之族占有一定的比重。

周在季历时期对山西地区有所开拓,到文王时期在黄河以北占有黎和邘,在黄河以南攻克了崇。到武王时期在黄河以北攻占了商的京畿,在黄河以南又消灭了商所属诸侯,于是克商的目的全部达到。

(六)胜利的战果

《逸周书·世俘解》对战果有总的统计:

> 武王遂征四方,凡憝国九十有九国,馘磿(原误作“魔”,从卢文弨校改)亿有七万(“七”原误作“十”,从章炳麟《蓟汉昌言》校改)七千七百七十有九,俘人三亿万有二百三十。凡服国六百五十有二。

“憝”与“敦”同,“敦”是“伐”的意思①。“亿”在古代是十万。这是说,

① 敦即金文之𦎫,王国维《不嬰敦考释》:“𦎫戟皆迫也,伐也。𦎫者,敦之异文。《诗·鲁颂》敦商之旅,笺云:敦,治也,武王克殷而治殷之臣民。其实,敦商之旅犹《商颂》云裒荆之旅,郑君训裒为俘是也。宗周钟云:王𦎫伐其至,寡子卣云:以𦎫不淑,皆𦎫之训也。戟,与虢季子白盘博伐之博、宗周钟𤔲伐之𤔲同义。《诗·常武》铺敦淮渍,铺敦即𦎫戟之倒文矣。”杨树达《诗敦商之旅克咸厥功解》(收入《积微居小学述林》卷六)谓:“敦者,伐也”,并云:“《逸周书·世俘解》云:憝国九十有九国,憝与敦同,敦国谓伐国也。”所作解释都很确当。

共征伐九十九个诸侯,得馘首十七万七千多,俘虏三十万多。另外降服的有六百五十二国。说明牧野之战胜利后,对于殷所属诸侯的战斗还是很激烈。这些数字出于夸大,并不确实。

《世俘解》还有武王在殷郊狩猎所获野兽的统计:

> 武王狩,禽(擒)虎二十有二,猫(小虎)二、麋(原误作"麈",从顾颉刚引石声汉之说校改)五千二百三十五,犀十有二,氂(牦牛)七百二十有一,熊百五十一,罴百一十八,豕(野猪)三百五十二,貉(似狐之兽)一有八,麈(原误作"尘",从卢文弨校正)十有六,麝五十,麋(四不像)三十,鹿三千五百有八。

古代用狩猎方式来演习作战,称为"振旅"或"大蒐"。殷墟卜辞中就有"贞其振旅,往弋于盂"(《殷虚书契续编》卷三,页二三,片七)的。殷代有战后狩猎的(《甲骨文字释林·释战后狩猎》)。上所记载的也是战后进行大规模狩猎。但其中有犀、氂,这在当时北方的自然条件下,不允许大量野生,该是从殷王苑囿中搜捕而得。当时殷王苑囿中养有很多珍禽异兽。《史记·殷本纪》说:纣"益收狗马奇物充仞宫室,益广沙丘苑台,多取野兽蜚(飞)鸟置其中"。同时依据卜辞记载,在殷京畿西南太行山南麓,殷王有个特定的狩猎区。武王所率军队,战后狩猎,该即在原来殷王的苑囿和狩猎区中进行,所以狩猎所得数量很多。但数字不免夸大。

《书序》说:"武王伐殷,征伐归兽,识其政事,作《武成》。"《史记·周本纪》作:"乃罢兵西归,行狩,记政事,作《武成》。""狩"和"兽"古通用。孔广森认为《世俘解》"此一节颇与归兽事相类,意《武成》、《世俘》文多大同"(《经学卮言·尚书·武成序》)。其说可信。在大战胜利之后,进行大规模狩猎,擒获许多野兽而归,既是"振旅"性质,更有庆功的作用。

殷贵族重视贝玉，《尚书·盘庚中》："兹予有乱政（"政"读作"正"，指官长）同位，具乃贝玉。"这是说殷有乱臣在官位，贪具贝玉。武王在克商中所俘财宝，主要是玉，《世俘解》说甲子之夕商纣把许多宝玉缝在身上自焚，武王使千人求之，"得宝玉万四千，佩玉亿有八万"。这是夸大的数字。

（七）歌颂武王克商的《大武》舞曲

《大武》舞曲是西周的大舞，有歌有舞，共分"六成"，就是六场。据《礼记·乐记》所载《大武》"六成"的表演，结合《左传·宣公十二年》楚庄王引用的歌辞和《礼记·祭统》所说"舞莫重于《武宿夜》"，可知《大武》"六成"的歌辞，就是《周颂》中的《我将》、《武》、《赉》、《般》、《酌》、《桓》六篇（参见王国维《周大武乐章考》和高亨《周颂考释》）。这个舞曲武王以创作者出现，歌辞中的"我"即武王自称，实际上出于武王命令周公所作（《吕氏春秋·古乐》）。

第一场表演武王统率大军北征，歌辞是《周颂》的《我将》。说是要"日靖四方"、"我其夙夜，畏天之威，于时（是）保之"。就是说，要天天谋求平定四方，我早晚从事，畏敬上天之威，从而保护天下。

第二场表演武王克商，歌辞是《周颂》的《武》篇。说是"嗣武受之，胜殷遏刘，耆定尔功"。就是说，武王继承接受了文王的事业，战胜殷商，遏止了商纣杀害人民，从而奠定其功。

第三场表演武王征伐南国，歌辞是《周颂》的《赉》篇。说是"敷（普）时绎（怿）思，我徂维求定，时周之命"。就是说，为了普天之下大家喜悦，我前往征伐以求太平，使大家承受周的命令。

第四场表演从此使周朝疆域太平，歌辞是《周颂》的《般》篇。说是“於皇时周，陟其高山，嶞山乔岳，允犹翕河。敷（普）天之下，裒时之对，时周之命”。就是说，辉煌的周朝，既有高山峻岭，又有泉水会流于黄河。普天之下，大家聚集起来对答武王，从而接受周的命令。

第五场表演武王使用周公、召公分别指挥作战，歌辞是《周颂》的《酌》篇。说是“於铄王师……是用大介，我龙（宠）受（授）之。蹻蹻王之造（曹），载用有嗣（司），实维尔公允师”。就是说，辉煌的王师，可用以取得大胜，我宠荣地把“王师”授给周召二公，因而勇敢的王的士兵，所用的“有司”（指将领），都成为二公出色的战士。

第六场表演定王得胜回朝，歌辞是《周颂》的《桓》篇。说是“绥万邦，屡丰年，天命匪（非）解（懈）。桓桓武王，保有厥士，于以四方，克定厥家。”就是说，武王保卫了国土，平定了四方，安定了家室，从而使得万邦协和、屡有丰年。

六场《大武》舞曲，表现了武王克商的经过及其伟大成果。

当春秋时代邲之战，楚庄王在谈论中引用了《大武》舞曲，作出结论说：“夫《武》，禁暴、戢兵、保大、定功、安民、和众、丰财者也。”这概括地指出了《大武》舞曲的主要宗旨。当鲁襄公二十九年，吴国公子季札到鲁国访问，“请观于周乐”，当乐工表演《大武》舞时，季札称赞道：“美哉！周之盛也，其若此乎！”（《左传》）说明《大武》舞曲的场面，确实十分美妙而生动，表现出了武王克商的盛况。

（八）武王称号的来历

武王就是因为有克商的武功，得来了武王的称号。《武》篇说：“於皇武王，无竞维烈。”《执竞》篇又说：“执竞武王，无竞维烈。”就是说武王功绩之大，天下不能竞争。《桓》篇又说：“桓桓武王，保有厥土……”“桓桓”是形容武王的威武。

附录:假定的武王克商日程表

一月癸巳(二十六日) 武王自周兴师。

二月戊午(二十一日) 周师渡盟津,武王作《太誓》。

二月癸亥(二十六日) 夜,周师布阵于牧野。

二月甲子(二十七日) 早,武王在牧野作《牧誓》,与殷师战,当即得胜。昏,周占有商都,殷王纣自焚死,俘殷臣一百人。

三月丁卯(初一日) 吕望奉命战胜殷臣方来,归来献俘。

三月戊辰(初五日) 武王在牧野祭祀文王,宣布政令。

三月壬申(初六日) 吕他奉命战胜越戏方,归来献俘。

三月辛巳(十五日) 侯来奉命战胜殷臣靡集于陈,归来献俘。

三月甲申(十八日) 百弇奉命率虎贲战胜卫(即韦),归来献俘。

四月庚子(初四日) 武王命令陈本伐磨,百韦伐宣方,新荒伐蜀。

四月乙巳(初九日) 陈本、新荒战胜磨、蜀归来,向武王报告擒获霍侯、艾侯、佚侯、小臣等四十六人等。百韦战胜宣方归来,向武王报告擒获宣方之君等。百韦又奉命伐厉,后又归来献俘。

四月辛亥(十五日)到乙卯(十九日) 武王在牧野筑室,向祖先举行献捷礼。

六月庚戌(十二日)(?) 武王在周庙向祖先举行献殷馘俘礼。

六月辛亥(十五日)(?) 武王祭祀天位。

六月乙卯(十九日)(?) 武王在周庙举行献殷属国的馘俘礼。

按:以上武王克商日程表,是依据王国维《生霸死霸考》(《观堂集林》卷一)排定的。六月的三个日子,从顾颉刚之说,认为《世俘解》记"四月"燎于周庙是"六月"之误。所有这些说法,都只是一种推测,还不能作为定论。

第四章　周朝的创建和东征的胜利

一　武王的建国措施和建都丰镐的政治设施

（一）克商后在牧野举行的告捷礼

古代贵族十分重视祭祀，以为“国之大事，在祀与戎”（《左传·成公十三年》记刘子语）。出师之前常常要祭祀天神或祖先，胜利之后也要向天神和祖先献祭告捷。据《逸周书·世俘解》记载，武王克商之后，就在牧野举行告捷礼，接连举行了五天①：

> 辛亥（四月十五日），荐（献祭）俘（所俘）殷王鼎。武王乃翼（敬），矢（陈设）珪、矢宪（一篇法令），告天宗（泛指天神）、上帝。

① 《世俘解》既说武王从辛亥到乙卯在牧野举行告捷礼，献祭上帝与烈祖，当在四月内。又说四月庚戌武王在周庙举行献殷俘礼，次日辛亥祭祀天位。不可能在同一月的辛亥在牧野和在周庙同时参与祭礼。过去刘歆引用古文尚书《武成》相类的记载，有闰月的说法，但是在殷、周之际还不可能在岁中置闰，一般都只在岁末置闰。顾颉刚说：“窃意篆文‘四’作‘’，‘六，作‘’，其形甚近，或‘四月’为‘六月’之讹文，亦未可知。”目前尚无其他史料可以校正，不易解决这个矛盾，暂时只能认为“四月”是“六月”之误。

王不革(原误作“格”,从卢文弨校正)服(不革服谓不改易显祖服装),格(到)于庙,秉(执)黄钺(“黄钺”二字原脱,从朱右曾校增),语治庶国(向祖先报告统治许多邦国的情况)。籥人(奏乐之官)九终(奏乐章九节)。王烈祖(意即显祖),自太王、太伯、王季、虞公(即仲雍)、文王、邑考(即武王之兄伯邑考),以列升(把神主按次序升登到一定的位置),维告殷罪(向祖先报告殷的罪状)。籥人造(进);王秉黄钺,正国伯(“国伯”谓诸侯之长,“正国伯”谓确定诸侯之长的席位)。

壬子(四月十六日),王服衮衣(衮衣为天子之服),矢琰,格庙。籥人造;王秉黄钺,正邦君(确定诸侯的席位)。

癸丑(四月十七日),荐俘殷士百人(用所俘殷贵族一百人作为牺牲献祭)。籥人造;王矢琰,秉黄钺,执戈。王入,奏庸(通作“镛”,大钟),大享一终(奏大享的乐章一节),王拜手稽首。王定,奏庸(通作“镛”),大享三终。

甲寅(四月十八日),谒戎殷于牧野(“戎”原误作“我”,从卢文弨校正,谓报告用兵伐殷于牧野情况)。王佩赤、白旂(指赤色、白色军旗)。籥人奏《武》(宣扬武功的乐章)。王入,进《万》(挥舞盾一类兵器的舞蹈),献《明明》三终(三节)。

乙卯(四月十九日),籥人奏《崇禹生开》(崇禹即崇伯鲧之子禹,开即禹子启),三终,王定。

一连五天的祭祀典礼,前两天是礼的开始,末一天是礼的结尾,主要礼节是在第三、第四两天举行。值得注意的有下列四点:

第一,武王出兵时带着祖先的神主(木主)载在车中,随军而行,直到牧野,战胜之后,就临时建造“牧室”,举行告捷之礼。《礼记·大传》:“牧之野,武王之大事也。既事而退,柴于上帝,祈于社,设奠于牧室。”郑玄注:“牧室,牧野之室也。”这在春秋时代还有相同的事例。公元前五九七年(周定王十年)邲之战,楚胜晋,楚大夫潘党建议收集晋军尸体建筑“京观”(高丘),使子孙“无忘武功”,楚庄王没有接受这个建议,举出武王克商之后制作《颂》和《武》为例,主张“为先君宫(楚君祖先之庙),告成事(报告战胜)”(《左传·宣公十二年》),楚庄王这样在前线作“先君宫,告成事”而还,该就是效法武王的。

第二,祭祀的祖先有太王、太伯、王季(季历)、虞公(仲雍)、文王、伯邑考等六人,不分嫡庶和直系、旁系,也不分立为国君者或未立而早死者。太伯、仲雍、季历同为太王之子,季历继承君位,而太伯、仲雍另外建立虞国;伯邑考与武王同为文王之子,伯邑考未立而早死。这种祭祖的制度,和商代完全相同。王国维认为武王用的就是殷礼,“盖周公未制礼以前,殷礼固如斯矣”(《殷卜辞中所见先公先王考》)。

第三,癸丑之日举行大享之礼,这是当时隆重的祭典,杀所俘殷王士一百人作为牺牲。这种杀人祭献之礼,也和殷贵族用“人牲”祭祀祖先相同。在殷墟的殷王陵东区曾发现一片大规模杀人祭祀后的埋葬坑。一九七六年发现了二百五十座这样的坑,其中一百九十一座中被杀害者的骨架多到一千一百七十八具。据研究,这一带就是商代王室的杀人祭祀场的遗址。被杀的都是战俘。殷墟卜辞中也常见用羌人与牛、羊一起祭祀祖先的例子。

第四,这时武王尚未宣布建立周朝,但是从所用礼制和所穿服装来看,已具天下之君的地位。他在“大享”之前,先“正国伯”,再“正邦君”,实际上已成为凌驾于“国伯”和“邦君”之上的“王”了。

上章所引《世俘解》说:“戊辰,王遂祡,循追祀文王。时(是)日王立政。吕他命伐越戏方。”说明武王在发布讨伐殷的南国诸侯命令之前，已在发布作为天下之王的政令。孔晁注：“是日立王政，布天下。”《世俘解》开头说：“维四月乙未日，武王成辟四方，通殷命有国。”“成辟”就是说成为天下之君。“乙未日”不合古代文例，有人认为这三句出于后人所加。

（二）在殷都举行社祭和告诫殷贵族

武王克殷后，曾到殷都举行社祭，见于《逸周书・克殷解》（《史记・周本纪》和《齐世家》曾引用）：

翼（翌）日，除道，修社及商纣宫。及期，百夫（即百夫长）荷素质之旗（《史记》作“罕旗”）于王前。叔振（即曹叔振铎）奏（进）拜假（“假”通作“嘉”，“拜嘉”谓祝贺嘉礼），又陈常车（孔注：常车，威仪车也）。周公把大钺，毕公把小钺（“毕公”原误作“召公”，今从《周本纪》改正。《玉海》卷一五一作“原公”），以夹王（孔注：二公夹卫王也）。散宜生、泰颠、闳夭皆执轻吕（剑名），以奏王（《周本纪》“奏”作“卫”，刘师培谓“奏”即“夹”讹）。王入，即位于社、大卒之左，群臣毕从（《史记》作“既入，立于社南，大卒之左右毕从”。按“位”与“立”通用，当读为“莅”。大卒谓军士，“之”训“至”。朱右曾云：“王立于社南而屯卒于其西以卫也”）。毛叔郑奉明水（明水是用鉴在月下取得的露水），卫叔封傅礼（《周本纪》作“卫康叔封布兹”，《齐世家》作“卫康封布采席”，《周本纪》集解引徐广云：“兹者籍席之名。”“傅”通“敷”，义即“布”。刘师培谓：“礼疑丰讹，即《尚书・顾命》丰席，《顾命》言丰席画纯，正与《齐世家》采席合”），召公奭赞采（《周本纪》正义：“赞，佐也。采，币也”），师尚父牵牲（祭祀用牺牲）。尹逸筴曰（尹逸即史佚，“筴”古“策”字）：“殷末孙受（纣）德，迷先成汤之明，侮灭神祇，不祀，昏暴商邑百姓，其章显闻于昊天上帝。”（《周本纪》作“天皇上帝”，刘师培校作“皇天上帝”）武王再拜稽首：“膺受大命，革殷，受天明命。”武王又再拜稽首，乃出（“膺受大命”以下十六字原脱，从卢文弨引梁玉绳说，据《史记》、《文选》李善注及此书孔注校补）。

在殷都举行这样隆重的社祭，无非对殷贵族表明“革殷”是出于天命。

武王在殷都除举行社祭外，还曾召集原来殷的各等贵族加以告诫，见于《逸周书·商誓解》。告诫的对象，包括“冢邦君”（属国之君）、“旧官人”（原来殷的官僚）、“太史友”、“小史友”（上“友”字原误作“比”，下“友”字原误作“昔”，从孙诒让校正）及百官、里君、献民等（太史友、小史友指史官所属官员，里君指一里之长，献民指贵族）。

《商誓解》反复告诫殷贵族，内容主要有下列三点：

第一，周作为“小国”而克商，是出于天命，指出殷王纣违反商先哲王（指先前殷的贤君），特别是违反汤的传统政策，“昏忧（通作“泯扰”）天下，弗显上帝，昏虐百姓，弃（“弃”原误作“奉”，从丁宗洛校改）天之命，上帝弗显，乃命朕文考（指文王）曰：‘殪商之多罪’，今纣弃成汤之典，肆上帝命我小国曰‘革商国’”。就是说“殪商”和“革商”都是上帝命令。

第二，把殷王纣称为“一夫”，即“独夫”，把所有殷贵族和纣区别开来，分别对待。宣称殷贵族无罪，只须听从周的命令，就可安居。例如说：“昔在西土我其有言，胥告商之百姓无罪，其维一夫”，“尔百姓、里君、君子，其周即命”，“不令尔百姓无告”，“尔百姓其亦有安处”。所说百姓，就是指殷贵族而言。

第三,告诫殷贵族听从天命和周的命令。如不作乱,就可得到保护,如不听命而作乱,就要用刑杀灭。例如说:“在彼宜在天命,弗反侧兴乱(“弗”字原脱,“反”字原误作“及”,从丁宗洛校补)。其斯弗用朕命,尔冢邦君、商庶百姓,予则肆刘灭之(“肆”字原脱,从孙诒让补,刘灭谓杀灭)。”这是武王为首的周贵族,在灭商以后,对数量众多的殷贵族,采用安抚和刑罚兼施的政策,用来防止殷贵族的叛乱。

值得注意的是,告诫的对象,包括冢邦君、旧官人、史官、百官、里君和一般贵族,其中特别提到大小史官所属官员。

(三)在宗周“天室”举行的献俘礼

武王在六月凯旋镐京(即宗周),就选定日期到“天室”举行规模很大的献俘礼。《世俘解》对此有较详的记载:

> 维四月既旁生魄(“四月”当是“六月”之误),越六日庚戌,武王朝(早)至于周庙(“至”下原有“燎”字,涉下文而衍,今删)。武王降自车(此句上原有“维予冲子绥文”六字,从陈逢衡校删)。乃俾(使)史佚繇书(“繇”通“籀”,繇书谓读册书)于天室(“室”原误作“号”,今从《吕氏春秋·古乐》改正)。武王乃废于纣共恶臣百人(“共”原误作“矢”,“臣”下原衍“人”字,今从顾颉刚校正),伐右厥甲小子则大师(“则”原误作“鼎”,今改正),伐厥四十夫家君则师(“家君”疑是“冢君”之误,“则”原误作“鼎”,今改正),司徒、司马初厥于郊(通作“校”)号(疑“室”字之误)。乃夹于南门(“乃”上原衍“武王”二字,从朱右曾校删),用俘皆施(通作“弛”)佩衣(“衣”下原衍“衣”字,从沈延国校删),先馘入。武王在祀,大师负商王纣县(同“悬”)首白旂,妻二首赤旂,乃以先馘入,燎于周庙。

这个献俘礼，主要有下列四个特点：

第一，献俘礼举行于宗周的“天室”，“天室”即是明堂。《吕氏春秋·古乐》说：武王“以锐兵克之于牧野，归乃荐俘馘于京太室”。《世俘解》的“天室”即是“京太室”。武王时制作的大丰簋说：“王祀于天室”，又说：“衣祀王不（丕）显考文王，事喜（饎）上帝。”这个以文王配合上帝祭祀的天室，即是明堂。蔡邕《明堂论》说：“所谓京太室即周庙也。”因为周人以后稷配天，以祖先配合上帝一起祭祀，“天室”亦称“周庙”。《世俘解》下文“告于周庙曰：古朕闻文考修商人典，以斩纣身告于天、于稷”，可为明证。其实周的宗庙和明堂是有区别的。《礼记·乐记》记载武王克殷后“祀乎明堂而民知孝”，郑玄注：“文王之庙为明堂制。”其实并不是文王之庙为明堂制，只是把祖先配合上帝一起祭祀于明堂。《史记·封禅书》说：“天子曰明堂、辟雍，诸侯曰泮宫。周公既相成王，郊祀后稷以配天，宗祀文王于明堂以配上帝。”《淮南子·齐俗训》也说：周公“克殷残商，祀文王于明堂。”《礼记·祭法》说：周人“祖文王而宗武王”，郑玄注：“祭五帝五神于明堂曰祖。”所有这些记述都有一定的依据。《逸周书·度邑解》记载武王克殷后，对周公说：“旦，予克致天之明命，定天保，依天室。”“依”和“衣”通用。“依天室”就是说举行殷见礼于天室。天室既然是明堂，明堂即是辟雍，在诸侯国又称泮宫，亦即太学。按周礼，这里确是举行献俘礼的礼堂。《礼记·王制》说：“出征执有罪反，释奠于学，以讯馘告。”“以讯馘告”就是献俘礼。到春秋时，讲究周礼的鲁国还在泮宫举行献俘礼。《诗经·鲁颂·泮水》描写鲁侯征服淮夷之后，“在泮献馘”，“在泮献囚”，“在泮献功”。

第二，举行献俘礼时，要杀死一批重要俘虏献祭。主持杀俘者是有等级的，杀的方式也有“废”、“伐”两等。先由武王主持“废”纣的共同作恶之臣一百人。“废”是杀灭之意，《尔雅·释言》：“替，废也；替，灭也。”郭注：“亦为灭绝。”其次由大师（即太公望）主持“伐”甲小子（指殷贵族），再其次由师（即师氏）主持“伐”冢君（即诸侯）四十夫。“伐”是杀头之意，甲骨文“伐”字像以戈杀头之状。后来由“司徒、司马初厥于郊（校）号（“号”疑“室”字之误）”，就是由司徒、司马于校室杀死一批战俘，“初”字从“刀”从“衣”，裁剪之意，就是按照武王、大师、师氏指定的杀死方式，由司徒、司马指挥从属官吏具体执行。当时辟雍中有校室，亦即“宣榭”，“榭”一作“射”，又作“序”或“豫”，是厅堂式的建筑，用于讲武、比射等等。当举行献俘礼时，司徒、司马就率领所属官吏在此按照指示杀死战俘。

第三，献俘礼上献祭的，既有战场上杀死而割下来的敌人的头，即所谓“馘”；又有准备当场杀死的各等战俘，即所谓“俘”。“馘”和“俘”都先要陈列在宗庙南门夹道的两旁。《世俘解》说：“乃夹于南门，用俘皆施（通作“弛”）佩衣，先馘入。”“用俘”的“用”字是有特定意义的，是指杀人用作牺牲。这到春秋时“用”字还有这个意义。例如宋襄公使邾文公杀死鄫君祭祀社神，说是“用鄫于次睢之社”（《左传·僖公十九年》）。又如楚灵王灭蔡后，杀死隐太子祭祀山神，说是“用隐太子于冈山”（《左传·昭公十一年》）。所谓“用俘”就是准备杀死用以献祭的战俘。所以要“皆弛佩衣”。就是表示即将杀戮。

第四，献俘礼上献祭的重要的“馘”，要挂在军旗上，掮着送进庙来。《世俘解》说，当武王开始主持献祭典礼时，太师太公望就掮着挂有商王纣的头的白旗，还掮着挂有纣两个妻子的头的赤旗，先于一般的“馘”进入庙中。当时指挥作战的军旗是有等级规定的，大白最贵，小白次之，赤旗又次之，其他色彩之旗更次之①。当时战场上惯例（即所谓军礼），斩得敌人首领的首级，是要挂悬在军旗上，用来表示胜利的。《墨子·明鬼下》说：武王“与殷人战于牧之野，王手（原误作“乎”，从孙诒让校改）禽费中（仲）、恶来，众畔百（皆）走，武王逐奔入宫，万年梓株，折纣而系之赤环，载之白旗。”所谓“万年梓株”，当是指一种很长的旗杆。《逸周书·克殷解》又说武王在牧野之战胜利后，到商王纣居处，先射箭三发而后下车，“而击之以轻吕（剑名），斩之以玄钺，折县（悬）诸大白”；又同样的到二女（二妻）居处，“斩之以玄钺，县诸小白”。这种用军旗挂着敌人首级的献祭方式，西周曾长期沿用。例如小盂鼎记载盂向康王献俘，“盂以多旂佩䰠方”，就是说盂掮着多面旗子佩挂有鬼方首领的头。又如敔簋记载敔向荣伯献俘，“长榤（榜，通作“枋”）戠（载）首百”，就是长旗杆上载有一百个敌人的首级。这和《墨子》所说“万年梓株”“载之白旗”，情况是相类的。

《世俘解》又说庚戌在宗庙举行献殷俘礼以后，次日又祭祀天位；隔五天乙卯，又在周庙举行献“庶国馘”之礼。“庶国馘”是指伐南方的越戏方、宣方等国所得馘俘。最后又告于周庙，祭祀百神和水土之

---

① 《逸周书·克殷解》谓牧野之战，“武王乃手大白以麾诸侯”，又说斩殷王纣后“折县诸大白”，斩二女后“县诸小白”。可知大白最贵，小白次之。周初分封诸侯，分赏车、旗等仪仗，只有少白。《左传·定公四年》载：“分康叔以大路、少帛、綪茷、旃旌、大吕”。少帛即小白。详王引之《经义述闻》卷十九“少帛”条。康叔为周公之弟，在同时所封诸侯中辈分最高也只分得小白。可知诸侯所用军旗中最贵是小白，次于天子用大白一等。齐桓公名小白，也是以诸侯的军旗为名。綪是大赤色，綪茷是大赤旗。春秋时吴国尚沿用这种礼制，吴王夫差北上与晋争霸，王亲自统率中军，“王亲秉钺，载白旗以中阵而立”。左军赤旟，右军玄旗。见《国语·吴语》。《周礼·春官·巾车》谓王车有五路，革路“建大白，以即戎，以封四方”。革路即是用皮革制成的车，“以即戎”谓用于军事，其旗大白，这确是周制。至于《礼记·明堂位》说：“殷之大白，周之大赤”，是后起之说，已与五行之说有关。

神，誓于社。据说“用牛于天，于稷五百有四，用小牲羊、犬、豕于百神、水土社二千七百有一”。

上述在牧野举行的告捷礼和在国都举行的献俘礼，不仅用来庆祝克商的胜利，更是为了表示周的“革殷”出于天命，因此具有开国大典的性质。不仅举行的礼仪隆重，而且祭祀的场面也极铺张。所用礼制，有周人传统的，例如以后稷配天的祭祀，所用白旗、赤旗和服饰，所奏《武》、《万》、《明明》、《崇禹生开》等乐章，都该是周人的传统。但当时周礼尚未完全确立，其中不免有沿用殷礼的地方。宗庙中祖先神主的排列，没有嫡庶之分，兄弟辈同时列入祭典，显然是沿袭殷礼的。大规模杀人献祭的方式，大量用牲的方式，都是沿用殷的礼俗。如果单就《世俘解》来看，用牛五百多头，用小牲二千七百多头，似乎不免夸张。但是，我们以殷墟卜辞作比较，就感到不足怪了。殷王每次祭祀祖先，用牲从几头、十几头到几十头、几百头不等，甚至有用“千牛”的(《殷虚文字乙编》5085＋5157＋5227＋5393片)。

(四) 迁都到镐及其政治设施

武王迁都到镐，是一件大事，从此西周时代长期作为国都。《诗经·大雅·文王有声》对这事有歌颂：

> 镐京辟廱(同雍)，自西自东，自南自北，无思不服。皇王烝(美好)哉！
>
> 考卜维王，宅是镐京。维龟正之，武王成之。武王烝哉！
>
> 丰水有芑，武王岂不仕(事)，诒厥孙谋，以燕(安定)翼(保护)子。武王烝哉！

上列三章的诗，第一章强调镐京所设辟雍的政治作用，因为辟雍是举行重要典礼和宣布政令的地方，能够使得东西南北四方都服从周朝统治。第二章说明武王迁都镐京，是依据大龟占卜的吉兆选定和建成的，无非表示迁都符合天意。第三章讲武王建都于镐的事，是给子孙留下了好的谋划，能够起安定和保护子孙的作用。

镐，周原甲骨和西周金文作“蒿”。因为周王居于蒿，到岐周或成周去举行祭祀，甲骨、金文中都有“自蒿”出发的记载。如周原甲骨：“祠自蒿于周（指岐周）。”德方鼎：“隹（唯）三月，王才（在）成周，征武王福，自蒿。”

自来记载，都认为镐京在沣水以东的滈池附近，汉武帝开昆明池，兼并滈池，镐京故址即在昆明池以北，一部分已被昆明池所破坏。《水经·渭水注》：“渭水又东北与鄗水合，水上承鄗池于昆明北，周武王之所都也……自汉武帝穿昆明池于是地，基构沦褫，今无可究。”《三辅黄图》：“镐池在昆明池之北，即周之故都也。”经考古调查，昆明池的北界在上泉北村和南丰镐村之间的土堤（所谓干龙岭）的南侧。镐池位置应在这条土堤之南。镐京遗址应在今沣河中游东岸，北到洛水村，南到斗门镇，东至昆明池故址，西至鄗水故道①。

镐京和丰邑相距很近，虽有沣水之隔，相去不过二十五里。自从武王建立镐京以后，丰邑仍继续使用，西周早、中期诸工和大臣常有居于丰邑而处理国事的。例如康王时代的玉戈铭：“六月丙申王在丰，令大保省南国”（《陶斋古玉图》第八四页著录），小臣宅簋：“惟五月壬辰同公在丰，公使宅事伯懋父。”该是武王克商后，创建周朝，感到原来文王所建的丰邑不敷应用，因而向东开拓，另建镐京。镐京在

---

① 参看胡谦盈：《丰镐地区诸水道的踏察——兼论周都丰镐位置》，《考古》一九六三年第四期。

西周时有宗周之称，或者简称为周。

西周金文记王所在地，以周为最多，其次要数莽京与莽，再次是成周，即洛邑。据士上盉："王大禴于宗周，徣(出)饔(馆)莽京年。"可知莽京就在宗周附近。麦尊记载井(邢)侯于二月朝见王于宗周，次日他就和王在莽京举行酌祀，可知莽京就在宗周。莽京有宗庙的大室，弭叔簋："王在莽，各(格)于大室。"还有寝，麦尊："王以侯内(入)于寝。"这个寝当为宫内之寝。又有宫名泾宫、上宫等，史懋壶："王在莽京泾宫"。僩匜："王在莽上宫"。更有辟雍，见麦尊，又称学宫，见静簋。更有大池，可以乘舟而射擒大龚，见麦尊；又可以渔，见遹簋。这个大池，当在辟雍之中。《诗经 · 大雅 · 文王有声》说"镐京辟雍"，而麦尊和静簋都说辟雍(学宫)在莽京。方濬益以为莽京在距镐京几十里范围内。我认为当在镐京的东郊。《礼记 · 王制》说："大学在郊，天子曰辟雍。"麦尊说邢侯"见于宗周"，就是来到宗周朝见周王，而周王正在莽京"酌祀"，次日周王到辟雍举行"王乘于舟，为大丰"的礼仪，邢侯乘着赤旂舟随从，可知莽京即在镐京附近，当为镐京东郊的一个地点。这种建筑，四周有水环绕。《诗经 · 大雅 · 灵台》毛传："水旋丘如璧，曰辟雍。""辟"与"璧"本为一字。辟雍的所以称辟，表明其形状像圆形的璧。"雍"和"邕"音同通用，《说文》："邕，邑四方有水，自邕成池者。""雍"字，甲骨文、金文从巛，从㠯，从隹。从巛，像四周环绕有水；从㠯，像水中高地上有宫室建筑；从隹，像有鸟集居其上。《韩诗说》说辟雍"圆如璧，壅之以水"，"立明堂于中"，"盖以茅"(《诗经 · 大雅 · 灵台》正义引《五经异义》)。辟雍中高地上的建筑，所以叫做明堂，因为它四周无壁，外户不闭，很是明亮。《淮南子 · 主术训》说："明堂之制，有盖而无四方。"《吕氏春秋 · 慎大览》更说："武王胜殷……故周明堂外户不闭，示天下不藏也。”这些说法都是有依据的。汉武帝时济南人公玉带献《黄帝时明堂图》，“中有一殿，四面无壁，以茅盖，通水圜官垣，为复道，上有楼，从西南入，命曰昆仑，天子从之入，以拜祠上帝焉”（《史记·封禅书》）。“命曰昆仑”云云，因为古神话中昆仑山具有上天的天梯性质。整个明堂的形制，基本符合周的礼制。

这种辟雍的形制，起源于原始氏族制后期村落中的大型公共建筑。原始村落的布局，周围都开凿有沟渠环绕，用于防卫；沟渠以内，四周分布有氏族成员所住的许多小屋，中间有厅堂式的大型房屋供公共活动之用。明堂即起源于这种大型房屋；辟雍的周围环绕有水，即起源于环绕原始村落的沟渠。阮元说：“古人无多宫室，故祭天、祭祖、军礼、学礼、布月令、行政、朝诸侯、望星象，皆在乎是。故明堂、太庙、大学、灵台、灵沼，皆同一地，就事殊名”（《问字堂集·赠言》）。这个推断是可信的。到文王、武王时，虽然早已有宗庙的设置，辟雍也还是举行祭祀、集体行礼、宣布政令以及宴会、练武、奏乐的地方。《诗经·大雅·灵台》有描写在辟雍作乐的情况：

> 虡（悬编钟、编磬的木架）、业（悬鼓的木架）维枞（悬大钟木架），贲（借作“鼖”，大鼓）、鼓维镛（大钟）。於论（通作“伦”，排列）鼓钟，於乐辟雍。於论鼓钟，於乐辟雍。鼍鼓（用鳄鱼皮蒙的鼓）逢逢（鼓声），矇瞍（瞎眼乐师）奏公（通作“颂”）。

武王时制作的大丰簋，更有叙述在天室祭祀的情况：

> 乙亥，王又（有）大丰，王凡（通作“汎”）三方。王祀于天室，降，天亡又（佑）王。衣祀于王不（丕）显考文王，事喜（通作“饎”）帝。

图七　大丰簋及铭文

一名天亡簋、朕簋或聃簋。传清道光年间陕西岐山出土。通高二十四点二厘米，口径二十一厘米，座边长十八点五厘米，内底有铭文七十七字。现藏中国历史博物馆。

前面已经讲到，这个“天室”即是明堂，亦即辟雍。在这里以文王配合上帝举行祭礼。这里的“大丰”，孙诒让释为“大礼”（《古籀余论》卷三），并不确切。郭沫若读作“大封”（《两周金文辞大系考释》上编），也不合适，“大封”是分封诸侯之礼，与铭文内容不合。日本赤塚忠读作“大醴”，也不妥当。铭文中并无举行飨礼的内容。康王或昭王时制作的麦尊也谈到大丰之礼：

> 王令（命）辟井（邢）侯，出矿，侯于井。雩（粤）若二月，侯见于宗周，亡述（尤）。迨（会）王客（格）莽京酌祀。雩（粤）若翌日，才（在）璧（辟）雝（雍），王乘于舟，为大丰，王射大龏（鸿），禽（擒）。侯乘于赤旂舟，从死（尸），咸。之日，王以侯内（入）于寝（寝）。

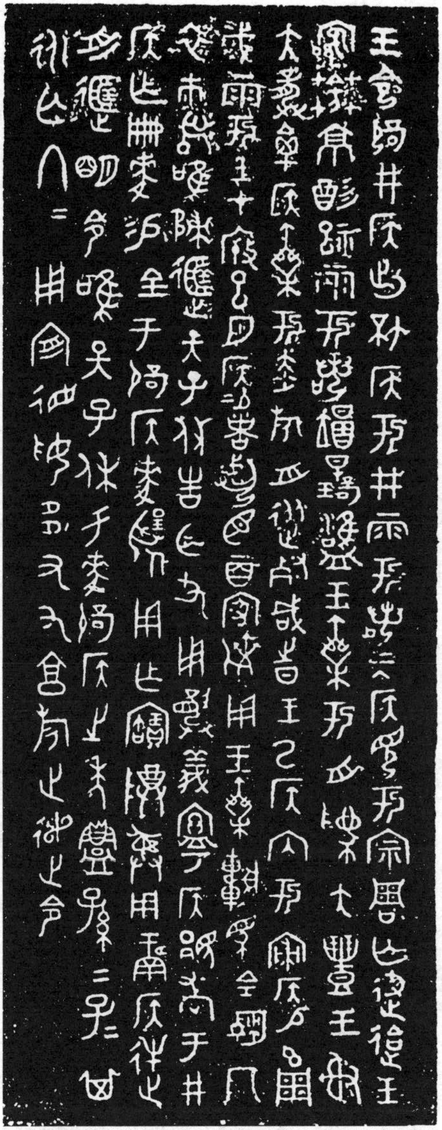

图八　麦尊铭文

由此可知，大丰礼的举行，先要在辟雍的大池中，由王乘舟，亲自射中水生鸟类（鸿），把它擒住。随从王行礼的邢侯也要乘赤旗的舟，一起行动，然后一同进入宗庙的寝中。这种乘舟的礼节，后世还有流传。《礼记·月令》季春之月：

> 命舟牧覆舟，五覆五反，乃告舟备具于天子焉。天子始乘舟，荐鲔于寝庙，乃为麦祈实。

所谓“天子始乘舟”，就是王乘舟射擒水生动物。所谓“荐鲔于寝庙”，就是王把亲自擒得的鲔献于宗庙的寝中。所谓“乃为麦祈实”，就是祈求麦的丰收。可见大丰礼不是为别的，正是祈求大丰收。大丰簋开头就说：“王又（有）大丰，王凡（汎）三方。”闻一多解释为王泛舟于辟雍之水的三方（《大丰簋考释》，收入《古典新义》下册），是正确的。泛舟于辟雍之水，就是为了射擒水生动物，以便献祭而祈求丰年。

二 武王推行分封制和设置“三监”

（一）武王分封的异姓诸侯

《书序》说：“武王既胜殷，邦诸侯，班宗彝，作《分器》。”《史记·周本纪》也说：“封诸侯，班赐宗彝，作《分殷之器物》。”“邦诸侯”即是“封诸侯”。古“邦”、“封”一字。武王所封诸侯有两种，一种是先代和功臣之后，另一种是亲属。

武王所封的先代之后，有所谓“三恪”。“恪”是“敬”意，“三恪”无非表示对先代君王的尊敬。“三恪”之一，是虞舜的后代，古书上有明确记载。武王时，虞的阏父担任周的陶正（掌制作陶器的官）。武王嘉奖他制作器物对人有利，并且是“神明”（指虞舜）的后代，把元女（长女）大姬配给他的儿子满，称为胡公，封于陈，“以备三恪”（《左传·襄公二十五年》记子产语)。陈在今河南淮阳。《史记·陈杞世家》也说陈的始祖胡公满,是虞舜之后,为武王克殷后所封。

"三恪"中的另外二恪,说法不一。《左传》杜注:"周得天下,封夏、殷二王后,又封舜后,谓之恪。并二王后为三国。其礼转降,示敬而已,故曰三恪。"这是主张以虞、夏、殷三代之后为"三恪"。而《古春秋左氏说》(《礼记·郊特牲》正义引)又说:"周封黄帝、尧、舜之后为三恪。"这一说法是依据《礼记·乐记》的。《乐记》说:"武王克殷及商("及"原误作"反",从郑注改正),未及下车,而封黄帝之后于蓟,封帝尧之后于祝,封帝后之后于陈。下车而封夏后氏之后于杞;投殷之后于宋。"《吕氏春秋·慎大览》有类似的叙述,只是把黄帝和帝尧的封邑对调,作"封黄帝之后于铸,封帝尧之后于黎"。"蓟"和"黎"声相近,"铸"和"祝"是一声之转。《乐记》郑注:"祝或为铸。"当以《吕氏春秋》之说为是。铸国到春秋时尚存。铸公簠载:"铸公作孟妊车母媵簠。"孟妊车母是铸公之女,孟车母是她的"字",妊是她的姓,即是任姓。而《世本》(《左传·隐公十一年》正义引)、《潜夫论·志氏姓》都说:"祝,任姓。"任姓为黄帝之后。《左传·襄公二十三年》:"臧宣叔娶于铸。"杜注:"铸国,济北蛇丘县所治。"在今山东肥城南。"尧后"所封的黎,在何处不详。杞的始祖为东楼公,是夏禹之后,确也是武王克殷后所封,见《史记·陈杞世家》。建都于雍丘,《汉书·地理志》:陈留郡雍丘,"故杞国也,周武王封禹后东楼公"。在今河南杞县(春秋前东迁)。《周本纪》有和《乐记》相同的记载,但是多出"褒封神农之后于焦"之说,集解以《汉书·地理志》弘农陕县的焦城来解释,不确。这个焦国是姬姓,并非神农之后。《通典》以为在亳州焦县,焦在春秋时为陈邑,即汉代沛郡谯县,在今安徽亳县。如此说来,武王所封先代之后不止三个。

武王这样分封先代之后为诸侯，称为“三恪”，用来表示对先代君王的尊敬，用来团结有势力的异姓贵族，从而巩固周朝的统治基础。其政治目的，就是《论语·尧曰》所说的：“兴灭国，继绝世，举逸民，天下之民归心焉。”

同时武王还分封了一批有功的异姓贵族，使他们能够进一步为巩固周朝的统治而出力。《左传·成公十一年》记载刘康公、单襄公说：“昔周克商，使诸侯抚封，苏忿生以温为司寇，与檀伯达封于河。”苏，金文作“稣”，己姓，金文作“妃”。《国语·郑语》：“己姓，昆吾、苏、顾、温、董。”苏忿生在武王时担任司寇，到成王时继续任此职，掌管刑狱大权。《尚书·立政》的结尾，记载周公说：

> 太史、司寇苏公，式敬尔由狱，以长我王国。兹式有慎，以列用中罚。

这是周公要担任太史、司寇的苏公，郑重使用刑狱，使得王朝的统治能够延长；要谨慎使用，要用中平的刑罚。苏忿生掌握着刑罚大权，对周朝的统治关系重大。因此他得到封国，正当黄河中游的北岸，有所谓“苏忿生之田”十三个邑（《左传·隐公十一年》），在今河南济源、孟县、温县、沁阳、武陟、修武、获嘉一带，正当原商代王畿的西南部分，是从盟津通往原商都的必经之地，是十分重要的战略要地。檀伯的封邑也该在这个地区，靠近黄河。

至于对待敌对的殷贵族，虽然也有给封地的，情况就完全不同了。当时原商朝王畿以内，殷贵族的势力还很强大，特别是殷贵族的基层“士”一级的人数众多，很难统治。武王对此采用了一面加以安抚笼络，一面加强监督控制的方法。加强监督控制的方法，就是设置“三监”。关于这点留待下面细谈。安抚笼络的方法，也有多种。首先把原来商代王畿分割成几个部分，西南部分（即黄河北岸太行山东南的“河内”地区）作为司寇苏忿生的封国；中部和东南部分作为“三监”的封国；只留下北部继续作为殷王纣之子武庚（即禄父）的封国，“俾守商祀”，用作安抚笼络殷贵族的手段。同时对殷的高级贵族中比较有诚意投降的人，就采取宽容优待的措施，使保持原有的封邑，武王对待微子启就是采用这一措施。当时微子启“面缚衔璧（杜注：“缚手于后，唯见其面，以璧为贽，手缚故衔之”），大夫衰绖（穿丧服），士舆榇（抬棺材）”，向武王投降，“武王亲释其缚，受其璧而祓之（除凶之礼），焚其榇，礼而命之，使复其所”（《左传·僖公六年》）。“使复其所”，就是使回归原来的封邑微。《路史·国名纪丁》引京相璠曰：“微子国，东平寿张西北三十里有微乡。”在今山东梁山西北。

《乐记》说武王在分封黄帝、尧、舜、夏后氏之后的同时，“投殷之后于宋”。郑注：“投，举徙之辞也。时武王封纣子武庚于殷墟。所徙者微子也，后周公更封而大之。”《吕氏春秋·慎大览》和《乐记》相同，也说：武王“立成汤之后于宋以奉桑林。”《吕氏春秋·诚廉》又说：武王“又使保召公就微子开（即微子启）于共头之下，而与之盟曰：世为长侯，守殷常祀，相奉桑林，宜私孟诸。”按桑林在宋都商丘附近。宋有桑林之门，见《左传·昭公二十一年》。《韩诗外传》卷三第十三章也有和《乐记》相同的记载，说武王“封殷之后于宋”。《荀子·成相》说：“纣卒易乡启（启指微子启）乃下，武王善之，封之于宋。”《潜夫论·志氏姓》也说：“微子开，武王封之宋。”可知微子启在投降周以后，武王先命他复位，再徙封到宋国。武王这样把投降的重要的殷贵族微子徙封到宋，使帮助统治商在黄河以南的旧都周围地区，这也是安抚笼络殷贵族的重要措施。《书序》说：“成王既黜殷命，杀武庚，命微子启代殷后，作

《微子之命》。"这是说成王平定武庚叛乱后，为了安抚殷贵族，改命微子启代为殷之后，奉其先祀。并不是说成王才封微子启于宋。《史记》于本纪、世家多处说封宋在成王时，乃出于对《书序》的误解。

（二）武王分封的同姓亲属

武王分封同姓亲属，主要是为了对新占有的原来殷的王畿以及方国加强统治，控制战略要地，防止殷贵族的叛乱和四周夷戎的侵扰。

武王首先分封给重要封国的，就是同母所生的几个弟弟。据《史记·管蔡世家》，武王有同母兄弟十人，除了长兄伯邑考早死以外，其余八人都是武王之弟，行辈次序是：管叔鲜、周公旦、蔡叔度、曹叔振铎、成叔武、霍叔处、康叔封、冉季载，其中只有"康叔封、冉季载皆少，未得封"，其余六人都有封国。前人对上述武王的同母弟八人，有怀疑曹叔振铎不应在内的，有认为毛叔郑应在内的，都证据不足，不可信从①。武王另有异母弟八人，分封在毛、郜、雍、滕、毕、原、酆、郇，

① 《左传·定公四年》记祝佗说："武王之母弟八人，周公为太宰，康叔为司寇，聃季为司空，五叔无官，岂尚年哉？曹，文之昭也；晋，武之穆也。曹为伯甸，非尚年也。"杜注："五叔，管叔鲜、蔡叔度、成叔武、霍叔处、毛叔聃（"聃"当作"郑"）。"杜注又于"曹，文之昭也"说："文王子，与周公异母。"据此，杜预以为曹叔振铎不是武王同母弟而为异母弟，毛叔郑为同母弟。《左传·僖公二十四年》记富辰说："管、蔡、郕、霍、鲁、卫、毛、聃、郜、雍、曹、滕、毕、原、酆、郇，文之昭也。"这以"毛"列入文王子的前八名，"曹"列入后八名，可能就是杜预的依据。日本竹添光鸿《左氏会笺》就有前八名为武王母弟，后八名为文王庶子之说。日本林泰辅《周公与其时代》一书即采用杜预之说（钱穆译其第一编《周公事迹》，题为《周公》，作为《国学小丛书》之一，由商务印书馆出版）。《左传·定公四年》记述康叔受封时，"聃季授土，陶叔授民"。杜注："陶叔，司徒。"雷学淇《竹书纪年义证》于"曹伯夷薨"下云："叔之封近定陶，故《左传》又谓之陶叔。"如果雷说确实，陶叔即是曹叔，则曹叔确实不在"五叔无官"之内。杜注于"聃季授土"下注云："聃季，周公弟，司空"，而在"陶叔授民"下只注："陶叔，司徒"，亦未指明其为周公异母弟，可知杜预亦不以为陶叔即曹叔。事实上杜预之说并无依据，不可信从。《史记·管蔡世家》也说："余五叔皆就国，无为天子吏者。"索隐曰："五叔，管叔、蔡叔、成叔、曹叔、霍叔。"与杜预之说又不同。

见《左传·僖公二十四年》。

大体说来，武王分封的同姓亲属，身居朝廷要职的，封邑都在王畿以内，而且都在周的祖先早就开发的地区。《史记·周本纪》说："武王即位，太公望为师，周公旦为辅，召公、毕公之徒，左右王师，修文王绪业。"周公的封邑周城，和太王建都的周邑有别。《左传·隐公六年》杜注："周采邑，扶风雍县东北有周城。"《括地志》(《史记·鲁世家》正义、《诗地理考》引)："周公城在岐州岐山县北九里。"可知周公封邑在今岐山北，在太王建都周邑之西。召公的封邑就在周公封邑的西南。《左传·僖公二十四年》杜注："召，采邑，扶风雍县东南。"《春秋释例》："邵，扶风雍县东南有邵亭。"邵亭见于《水经·渭水注》。《括地志》(《诗地理考》引)："邵亭故城在岐州岐山县西南十里。"可知召公封邑在今岐山西南。毕公即毕公高，也是周文王之子，是后来魏国的远祖，在朝廷担任要职(康王时任作册)，所以封邑也在畿内。当时有两个地名毕，一在丰邑西三十里，在今西安西南，为文王、武王的葬地。一在今咸阳东北，即毕公封邑，见《元和郡县图志》万年县和咸阳县下。

还有荣伯，文王时已在朝廷任职，《国语·晋语四》谈到文王之臣，以"周、邵、毕、荣"并称，成王时仍担任要职。《书序》说："成王既伐东夷，肃慎来贺，王俾荣伯作《贿肃慎之命》。"《史记·周本纪》同。集解引马融说："荣伯，周同姓，畿内诸侯为卿大夫也。"他的受封也该在武王时。郭沫若根据卯簋所说荣氏之臣卯及其先祖，既"司荣公室"，又"司莽宫莽人"，认为其封邑当离国都不远，推定在今陕西户县西(《金文丛考·周公簋释文》)。

另有文王之子毛叔郑，也该受封于此时。武王克殷后，在殷都举行社祭，毛叔郑曾和卫叔封、召公奭、师尚父一起参与(《逸周书·克殷解》)。宋代刘敞得毛伯敦盖于扶风(《路史·国名纪戊》)。清代道光末年毛公鼎出土于岐山(陈介祺《毛公鼎拓本题记》)。毛邑当即在今岐山、扶风间。

武王的几个弟弟都分封在十分重要的战略要地。武王分封三叔，《史记·管蔡世家》所说在武王克殷之后、设置三监的同时，管叔封于管，“管”一作“关”，《墨子·耕柱》和《墨子·公孟》都称管叔为关叔。管在今河南郑州，商代早期就在这里建有大城。金文作“𫓷”或“阑”，见于利簋、宰椃角、阑监弘鼎等，是商代的别都所在，设有宗庙和大室。至今大城遗址尚在。这是商在大河以南的重镇，“关”可能因此得名。蔡叔所封的蔡，原来应该在祭，“祭”、“蔡”古音同，通用。祭在今河南荥阳西北(从朱右曾《周书集训校释》之说)，正在管的西北，在敖山以南，靠近大河，是十分重要的战略要地，后来周公之子就封在这里。如果武王不在此建立前进的桥头堡，盟津(在管、祭之西)就不可能成为大会诸侯的地方。武王把管叔、蔡叔分封于管、祭，是很重要的一个战略步骤。等到灭商以后，武王还常到管坐镇，对管叔、蔡叔有所指示。《逸周书·大匡解》说：“惟十有三祀，王在管，管叔自作殷之监。”《逸周书·文政解》又说：“惟十有三祀，王在管，管蔡开宗循……”霍叔所封的霍可能也离管、祭不远。《左传·哀公四年》：楚人“袭梁及霍”。杜注“梁南有霍阳山”。《续汉书·郡国志》说梁县有霍阳山。在今河南临汝西南，可能霍叔封于此地，后来蔡叔后裔封于蔡，在今河南上蔡西；霍叔后裔封于霍，在今山西霍县西南；当是周公平定三监叛乱之后，徙往较远之地所致。武王弟曹叔振铎所封的曹，在今山东定陶。《汉书·地理志》济阴郡定陶，“故曹国，周武王弟叔振铎所封”。地在济水之南,是个很重要的交通要地。成叔武所封的成,在今山东菏泽东北。《元和郡县图志》谓濮州雷泽县本汉成阳县,古郕伯国,即在曹国东北。这里也是东方重要的战略要地。据说商汤灭夏的决战,就是在这里进行的。《吕氏春秋·简选》说:“殷汤良车七十乘,必死六千人,以戊子战于郕,遂禽推移、大牺,登自鸣条,乃入巢门,遂有夏。”商夏戊子郕之战,如同周殷甲子牧野之战同样重要。郕即是成叔武所封的成。霍叔处原来的封邑不详。霍国在今山西霍县西南,霍太山以西地区,是西周时代在今山西地区最北的封国,当是周公平定武庚和“三监”叛乱后迁封过去的,如同蔡叔度之子胡封于上蔡(在今河南上蔡西南)一样。

根据《左传·僖公二十四年》富辰的话,文王之子还有分封于郜、雍、滕、原、酆、郇的。郜在今山东武成东南。《左传·桓公二年》杜注:“济阴城武县东南有北郜城。”其地在曹国东南。也该是武王时所封。雍在今河南焦作西南。《左传·僖公二十四年》杜注:“雍国在河内山阳县西。”《水经·清水注》引京相璠之说相同。在今焦作西南十五里府城村西北二百米处,山区的平原中发现一个正方形古城,始建于商周之际(《文物参考资料》一九五八年第四期《焦作市发现一座古城》),当即雍城。这里正当过去殷王的狩猎区内,为殷王狩猎时经常路过的城邑。其地正当武王封给苏忿生的苏国之北。也该封于武王时。滕在今山东滕县西南,当是周公东征胜利后所封。原在今河南济源西北。《括地志》(《史记·赵世家》正义引):“故原城在怀州济源西北二里。”杨守敬《水经注疏》:“在今县(济源)西北四里,俗呼为原村,遗迹犹存。”其地亦在苏国之北。也该是武王时所封。酆,《杜注》:“酆国在始平鄠县东。”不确。文王之子所封的酆,不可能就是文王所建都的丰以及附近地区。《路史·国名纪己》解释《韩非子》所说文王所举酆国，有一说，以为即楚国之丰邑，即《左传·哀公四年》"司马起丰、析与狄戎"的丰，其说可从。即《续汉书·郡国志》南阳郡析县丰乡城。在今陕西山阳。郇，原为郇瑕氏之地。《左传·成公六年》杜注："郇瑕，古国名。河东解县西北有郇城。"服虔之说同。《括地志》谓故郇城在猗氏县西南四里（以上见《诗地理考》卷二引）。《清嘉庆一统志》谓："《县志》：城高二丈许，四垣八门，遗址宛然"（见《蒲州府·古迹·郇城》）。在今山西临猗南。郇瑕氏之地有盐池，是盐的重要产地，很是富饶。《左传·成公六年》："晋人谋去故绛，诸大夫皆曰：必居郇瑕氏之地，沃饶而近盬。""盬"就是盐池。周朝所以要把郇瑕氏之地作为文王之子的封国，也该是由于这里"沃饶而近盬"的缘故。

（三）三监的设置

前面已经谈到，武王克殷以后，殷贵族在原来王畿的势力还很强大，为了加以安抚笼络，从王畿分割出一部分地区作为王子禄父（即武庚）的封国，同时设置"三监"加以监督控制。这种安抚和监督兼施的方法，到春秋战国时还有采用的。例如春秋初期郑庄公攻克许国，许庄公奔卫。"郑伯使许大夫百里奉许叔以居许东偏（杜注：许叔，许庄公之弟）"，对百里说："吾子其奉许叔以抚柔此民也，吾将使获（指公孙获）也佐吾子。""乃使公孙获处许西偏"（《左传·隐公十一年》）。又如战国中期秦惠王灭亡蜀国，杀死蜀王，因为"戎伯尚强"（《华阳国志》卷三《蜀志》），一方面分封蜀王后裔，"贬蜀王更号为侯"，作为秦的属国；另一方面又"使陈庄相蜀"，并"以张若为蜀守"，运用政治力量和军事力量从旁加以监督，防止发生叛乱。

关于武王设置三监的事，因为缺乏原始史料，出于后世传说，就不免有分歧的说法。但是经过我们的比较和分析，还能够看出个眉目来。

关于武王设置三监的传说，有下列四种：

第一种说法，把商代王畿分为“殷”和“东”两部，在继续分封王子禄父（即武庚）“俾守商祀”的同时，封管叔于东，封蔡叔、霍叔于殷，“俾监殷臣”，见于《逸周书·作雒解》。

第二种说法，把商代王畿分为邶、鄘、卫三部，封武庚于邶，管叔于鄘，蔡叔于卫，“以监殷民，谓之三监”。见于《汉书·地理志》。

第三种说法，在继续分封武庚于殷的京师的同时，分商代王畿为邶、鄘、卫三部，使管叔、蔡叔、霍叔为三监。“自纣城以北谓之邶，南谓之鄘，东谓之卫”。见郑玄《诗谱》。

第四种说法，认为“自殷都以东为卫，管叔监之；殷都以西为鄘，蔡叔监之；殷都以北为邶，霍叔监之，是谓三监”。见皇甫谧《帝王世纪》（《史记·周本纪》正义引）。

这四种说法各不相同。《逸周书》只把商代王畿分成殷、东二部，其余三说都分成邶、鄘、卫三部；《汉书》认为武庚是三监之一，三监是武庚、管叔、蔡叔而没有霍叔，而其余二说都说三监是三叔而没有武庚。《汉书》说武庚封于邶，而《帝王世纪》又说霍叔封于邶；《汉书》说管叔封于鄘，而《帝王世纪》又说蔡叔封于鄘；《汉书》说蔡叔封于卫，而《帝王世纪》又说管叔封于卫。《逸周书》又说管叔封于东，蔡叔、霍叔封于殷。《诗谱》又没有明确标明三叔封国所在。《诗谱》和《帝王世纪》都说邶在北方，卫在东方，但是《诗谱》定鄘在南方，《帝王世纪》又说在西方。王肃、服虔也说鄘在“纣都之西”(《诗谱》正义引)。

为了便于分明起见,我们把武庚和三叔封国不同之说,列表如下:

封君 / 封国 / 书名	管叔	蔡叔	霍叔	武庚
《逸周书》	东	殷		
《汉书》	鄘	卫		邶
《帝王世纪》	卫	鄘	邶	

清代有不少学者对此作过探索,提出了各种不同看法。王引之从《汉书》之说,肯定三监是武庚、管叔、蔡叔而没有霍叔。他认为先秦古书如《左传·定公四年》、《吕氏春秋·开春论》等,都只谈到管、蔡叛乱,《史记》的本纪、世家也都这样;《逸周书》有霍叔而称为“三叔”,是出于后人依据伪《古文尚书》增改(《经义述闻》卷三“三监”条)。崔述《丰镐考信录》也有同样的主张,只是没有谈到《逸周书》。

我们认为,王氏此说不足以作为定论。《逸周书·作雒解》既说:“建管叔于东,蔡叔、霍叔于殷”,又在叙述叛乱发生和平定的过程中两次提到“三叔”。而且先秦古书也有提到霍叔的,如《商君书·赏刑》说:“昔者周公旦杀管叔,流霍叔,曰犯禁者也。”而且把武庚连同管叔、蔡叔一起作为“三监”,“以监殷民”,显然和当时政治斗争的形势不合。当时武王之所以要设置三监,应该如《逸周书》所说“俾监殷臣”,和封武庚而“俾守商祀”,性质根本不同。《尚书·多方》记载成王告诫殷和方国的“多士”,还说:“今尔奔走,臣我监五祀”,明白指出这些殷贵族曾经臣服于周朝的“监”有五年①。武庚应该包括在被监督的“殷臣”之内，是被监督的对象，怎么可能列为三监之一而“以监殷民”呢？

陈启源《毛诗稽古编》又有不同看法，他赞同《帝王世纪》霍叔为邶监之说和《逸周书》孔晁注的解释。孔晁说王子禄父“封以郑，祭成汤”（“郑”字当是“鄁”字之误，或者是“鄁鄘”二字的脱误）；又解释“东”和“殷”说：“东谓卫，殷，鄁、鄘。霍叔相禄父也。”陈氏根据孔氏之说，认为“盖二叔监之于外，以戢其羽翼；霍叔监之于内，以定其腹心。当日制殷方略，想应如此。厥后周公诛三监，霍叔罪独轻者，良以谋叛之事武庚主之”。这一说法曾为清代多数学者赞同。孙诒让《邶鄘卫考》（收入《周书斠补》和《籀庼述林》）也采用此说，认为管叔、蔡叔为正监，霍叔相武庚别为副监，史料上三监说法的分歧，是由于“诸儒各以意为去取”。

近人刘师培《周书补正》又反对孔晁的解释而另立新说。认为“殷卫本即一字”，引用《吕氏春秋》中多次讲到的“郼”即是“殷”为证，并且指出《逸周书·作雒解》所说周公平定三监之乱以后，“俾康叔宇于殷、俾中旄父宇于东”，就是说封康叔于卫；《逸周书·作雒解》讲到周公出

---

① 《尚书·多方》：“今尔奔走，臣我监五祀。”江声《尚书集注音疏》说：“武王命三叔监殷，殷民皆臣服于兹十年矣。言五祀者，本其未叛时言也。”又说：“武王克殷而封武庚，命三叔监之，越五年而武王崩，其明年周公居东，居东二年而反，居摄时，当克殷以来八年也。此时居摄三年，计封武庚、立三监至此，历十年矣。”我们认为这个计算是错误的。武王克殷二年而卒，并无五年。武王死后，周公即摄政称王，并无“明年居东，居东二年而反”的事。周公摄政三年成王践奄，践奄归来，即作《多方》。因此从立三监到此，正好五年。王国维《周开国年表》（《观堂别集》卷一）把周公摄政一年列于成王三年（即文王受命十六祀），也缺乏依据。皮锡瑞《今文尚书疏证》以为《多方》作于周公归政成王后一二年，监是周公居摄四年“建侯卫”，即封康叔事，到此适得五祀，亦不确。

师，“临卫政（征）殷”，殷卫并言，足证其为一地。刘氏还把《汉书》和《逸周书》三监之说作比较，认为武庚别封于邶，蔡叔封于卫，管叔所封的鄘即是《逸周书》所说的东，而《逸周书》所说的殷应包括邶和卫。

近人王国维更另创新说，他有《北伯鼎跋》一文（《观堂集林》卷十八），认为西周铜器有“北伯”和“北子”的器，即邶国制作；北伯器数种光绪庚寅（一八九〇年）出土于河北涞水张家洼，可以证明“邶”即是“燕”；而“鄘”与“奄”声相近，“鄘”即是“奄”。“北伯”和“北子”的铜器确是邶国制作，清代学者许印林（《攈古录金文》引）、方濬益（著《缀遗斋彝器款识考释》）早有此说，但是我们认为不能因为北伯之器出土于河北涞水，就武断说“邶”即是“燕”。因为光绪年间河北涞水出土“北伯”之器，并非出于科学发掘，不能证明这些铜器即出土于北伯墓中，铜器可以因种种原因远迁。一九六一年湖北江陵万城曾出土“北子”三器，为江陵文化馆征集所得，也该由于特殊原因而远迁到楚的。武王设置三监的目的在于加强控制商代原来王畿，当时周的势力，北既不可能远到燕地，东也不可能远到奄地。奄在今山东曲阜，曾一度为商的国都（盘庚迁殷以前的国都），这时为嬴姓的奄国所在，在周公平定武庚、三监和徐、奄等国的叛乱之前，周朝还不可能在那里建立新的封国。但是王氏把鄘定在东方，这和刘师培主张“鄘”即是“东”之说相合。①

---

① 陈梦家《西周铜器断代》（一）（《考古学报》第九册），信从王国维邶即是燕之说，又推定鄘即宋，卫即殷，认为武王灭纣后，分殷国为三，即邶、鄘、殷，及成王、周公讨平三监、武庚叛乱后，邶入于燕，鄘封微子开为宋，殷封康叔封为卫。按陈氏推定鄘即宋的证据薄弱，并不可信。《左传·昭公二十一年》：“六月庚午宋城旧鄘及桑林之门而守之。”杜注：“旧鄘，故城也。桑林，城门名。”陈氏谓：“旧鄘之鄘，应是鄘国。”又说：“古音宋鄘相近。”按旧鄘的鄘，并非国名或地名，是指一般的城墙。“鄘”与“墉”通。《经典释文》：“鄘，本或作墉。”这和鄘国毫无关系。

在卫、邶、鄘三国中，卫的地望是明确的。后来康叔就封于卫。刘师培以为卫即是郼，沿用旧称，是毫无疑问的。“卫”和“郼”，都是从“韦”得声，都和“殷”声同通用①。周人把商代国都“殷”的周围地区的封国称“卫”，确是沿用原来名称。

“北”或“邶”的得名，因在殷旧都之北，也是没有疑问的。《说文》说：“邶，故商邑，自河内朝歌以北是也。”《诗谱》说：“自纣城以北谓之邶。”《续汉书·郡国志》说：河内郡朝歌，“北有邶国”。商代在国都殷以北，确实有一块较大的直属统治区。《史记·殷本纪》说商王祖乙建都于邢，《世本》和《书序》都作耿，“耿”与“邢”音同通用，就在今河北邢台②。这一带有规模较大的早商文化遗址。我们认为，这时邶的封域虽然不能像王国维所说到达燕地，至少应该包括邢一带在内。这时把武庚别封于邶，而派霍叔相禄父，是可能的，目的就在于把武庚排挤到较远的北方去，免得威胁中原地区。《逸周书》说周公“降辟三叔”之后，“王子禄父北奔，管叔经而卒，乃囚蔡叔于郭凌”。武庚的“北奔”，也可以作为他封国在邶的旁证。

卫、邶、鄘三国中，地望有争论的，只有鄘国。前面已经谈到，鄘

① 《尚书·康诰》：“殪戎殷。”《礼记·中庸》作“壹戎衣”。郑注：“齐人言殷声如衣。”《吕氏春秋·慎大览》：“亲郼如夏”，高注：“郼读如衣，今兖州人谓殷氏皆曰衣。”刘师培有《殷韦同字考》（《左盦外集》卷七），认为“盖由韦转殷，复由殷转韦，卫乃韦字之异文”。

② 《通典》卷一七八“钜鹿郡邢州”条，谓“祖乙迁于邢，即此地。”近年在此地发现早商文化遗址，可以证明《通典》之说可信。王国维《说耿》（《观堂集林》卷十二），因《书序》有“祖乙圮于耿”之说，从段玉裁《古文尚书撰异》之说，推定在今河南温县东之邢丘，谓其地正滨大河，故祖乙圮于此也。今按王说不确。邢台旧时常有山洪暴发，冲决为患，直到清代乾隆年间还为此筑堤防，见《清一统志》顺德府沙底河下释文。祖乙圮于邢，当为山洪所圮，不必为大河所圮。“耿”与“邢”音近通用。

有东、西、南三说。看来不外乎在殷的东南地区或西南地区。因为殷的东南和西南,原来商代都有一大块直属统治地区。在殷的东南,有河亶甲建都的相,在今河南内黄东南。在相的东南,更有祖乙从邢迁去的国都庇,当即春秋时鲁西的毗或比,在今山东范县、郓城县境①。在殷的西南有商王广大的狩猎地区,有雍、盂、召、向、鄂(噩)、宁、凡等城,也是个商代直属的重要地区。陈逢衡《逸周书补注》引吴庆恩说,认为《逸周书》所说"东",指鲁、卫间地,地在大河以东,秦汉的东郡便是沿用旧称。如果此说确实,按照刘师培"东"即"鄘"之说,鄘就应在殷的东南地区。但是,如果以王肃、服虔、皇甫谧所说鄘在西方和郑玄所说鄘在南方结合起来看,鄘就应在殷的西南方向。关于这个问题,古文献上没有明确资料可以论定。今本《诗经》所分的邶、鄘、卫三风,原本都是卫诗,"皆卫国之事,而山川土风亦无不同"(惠周惕《诗说》),可能出于《毛诗》的划分,不足以用来分辨三国的地望②。最近日本学者白川静著《诗经研究·通论篇》,根据殷墟卜辞所讲的"鄘"这个地名,和郑、雀、甾有关系,推定鄘在殷王畿的西南地区(见原著第一〇〇至一〇一页)。关于鄘的地望还有待于作进一步

① 《古本竹书纪年》:"祖乙滕即位,是为中宗,居庇。"按祖乙自邢迁庇,当即春秋时鲁西之毗。《春秋·哀公五年》:"春城毗"。《公羊传》作"比",《释文》:"比本又作芘,亦作庇。"《左传》杜注:"备晋也",未释地。高士奇《春秋地名考略》谓即祖乙所都之庇,其说可从。

② 《邶风》、《鄘风》和《卫风》,都谈到河水、淇水,所有地名也都在卫国。《鄘风·桑中》提到沬,沬即《尚书·酒诰》的妹邦,即是朝歌。《鄘风·载驰》、《邶风·击鼓》和《邶风·泉水》都谈到漕,在今河南滑县东。《左传·襄公三十一年》记北宫文子引《卫诗》:"威仪棣棣,不可选也",见于今本《邶风·柏舟》。可知邶、鄘、卫三风,原来都是卫诗。今本分为三风,当出于后人以意划分。《汉书·艺文志》载"《诗经》二十八卷,鲁、齐、韩三家",又载"《毛诗故训传》三十卷"。王先谦认为毛作诗传,析邶、鄘、卫风为三卷,故为三十卷。

的探索。

从目前所有文献和考古资料，我们还不可能把这个问题全部分辨清楚。但是我们已经可以看到，武王所推行的以三监为主的分封制，目的在于把新征服的商朝王畿分割开来，以便对原来有统治势力的殷贵族加以安抚和监督，从而消除他们的顽强反抗，巩固对这个重要地区的统治。事实上这个办法并没有取得预期的成效。等到武王去世，成王年幼，周公掌握政权，周朝贵族内部发生争夺王位的斗争，管叔和蔡叔就利用他们的权力和军事力量，转而联合武庚和东方的方国部族发动叛乱，而武庚和徐、奄等国以及淮夷的许多部落又图谋推翻周朝而恢复商朝的统治。周公通过艰苦的努力，经过三年的东征，才把这场大叛乱平定。周公这次东征虽然取得了胜利，但是商朝统治的基层势力，特别是各地贵族基层“士”的一级的社会势力还顽固地存在着。原来周武王推行的设置三监的分封制，既没有取得预期的镇服“殷臣”的成效，相反地，到一定时机，可以成为发动大叛乱的根源。因此如何进一步加强控制原来商代王畿以及许多强有力的方国，如何消除殷和方国“士”一级社会势力的顽强反抗，还是周公必须解决的突出问题。

武王设置“三监”，对于监督原来殷贵族曾经起一定的作用。《尚书·多方》说：“今尔奔走，臣我监五祀，惟有胥伯、小大多正，罔不克臬。”“胥伯”是指殷贵族中原有的官长，“小大多正”也是指殷贵族中的大小官吏。这是说，殷贵族曾经服从我的三监的监督五年，所有官长和大小官吏无不遵守周的法纪。

（四）对四方部族或方国采用安抚兼征服的政策

《书序》所记武王时代篇目中有《旅巢命》，说：“巢伯来朝，芮伯作

《旅巢命》。""旅"通"鲁",有嘉勉之意①。巢伯是南方的方国,原为群舒之一。《水经·沔水注》说:"巢,群舒国也。"郑玄说:"巢伯,殷之诸侯,闻武王克商,慕义而来朝"(《周礼·象胥》序官正义、《礼记·王制》正义引)。周原甲骨又有"征巢"的记载。此后巢国有时臣服于周,有时周出兵讨伐。其地当在今安徽寿县东南②。

《书序》所记武王时代篇目中还有《旅獒》,说:"西旅献獒,太保作《旅獒》。"伪《孔传》解释为"西戎远国贡大犬",当然不确。"獒",马融作"豪",郑玄读"獒"作"豪",都解释为酋豪(马说见《经典释文》、郑说见正义引)。但是郑玄解释"献獒"为"国人遣其酋豪之长来献见于周",还不免牵强。"獒"即是"敖",当时有一些方国称君长为敖的。乖伯簋有"王命益公征眉敖"以及"眉敖至见"的记载。春秋时楚也还称早夭的国君为敖。章炳麟读"旅"为"卢",以为西旅即西卢,即《尚书·牧誓》所说八国之一,獒谓君上,"西旅献獒"是说"西卢之獒不共王命,而其民缚之以献",犹《吕氏春秋·用民》所谓"夙沙之民自攻其君,而归神农,密须之民自缚其主,而与文王"(《膏兰室札记》卷三《西

① 孙星衍《尚书今古文注疏》引《广雅·释诂》:"旅,客也",《晋语》:"礼宾旅远国",谓"以客礼待之,故称曰旅"。按《书序》云:"周公既得命禾,旅灭子之命,作《嘉禾》。"《周本纪》作"鲁天子之命",《鲁世家》作"嘉天子命"。"鲁"与"旅"古音近通用。《说文》:"𣥠,古文旅,古文以为鲁卫之鲁。""鲁"、"旅"与"嘉"意义相同,有嘉勉之意。

② 班簋载:"王令(命)毛白(伯)更(赓)虢城公服,甹王立(位),作四方望,秉緐(繁)、蜀、巢。"䧅贮簋载:"惟巢来钕,王令(命)东宫追以六自之年。"春秋时巢国尚在。春秋时有两个地名巢或居巢,一个在今安徽桐城以南,为春秋时期巢国所在,先为楚灭,后又为吴所取。另一个是楚的边邑,原为蔡邑,在今安徽寿县以南,原为西周巢国的旧都,又称为郥或郥阳。《左传·昭公二十三年》:"楚太子建之母在郥,召吴而启之。"《史记·楚世家》作"太子建母在居巢,开吴"。《史记·吴世家》又说:王僚八年伐楚,"迎楚故太子建母于居巢以归"。可知郥或郥阳又称居巢。当在今安徽寿县南。寿县三义集曾发现东汉居巢刘君墓,出土有窆石及石羊题字。

旅献獒》,收入《章太炎全集》第一册)。按"西旅"这个名称,见于小盂鼎。小盂鼎记述盂在周庙向康王献俘典礼,讲到"令盂,以厥馘入门,献西旅"。陈梦家以为西旅是宗庙的南门以内大廷西侧的通道,旅是行道之意。并引用《礼记·郊特牲》"台门而旅树",注:"旅,道也,树所以蔽行道",作为证据。而且认为《书序》所说"西旅献獒"的"西旅",即是小盂鼎所说献馘的西旅(《西周铜器断代》(四),《考古学报》一九六五年第二期)。我们认为,当以陈氏之说为是。所谓西旅献獒,就是战胜南方某个方国以后在周庙举行献俘礼,把所俘的君长在西旅进献。如同克殷以后举行献俘礼一样,用来夸耀征服某个方国的功绩。

三　周公摄政称王和"三监"、武庚、东夷叛乱

(一) 周公辅佐武王

周公旦,又称周文公(《国语·周语上》及《鲁语上》),是武王、管叔之弟,在武王诸弟中是最有才能的。武王时,周公已掌大权。《左传·定公四年》载卫大夫祝佗说:"武王之母弟八人,周公为大宰。"《史记·周本纪》又说:"武王即位,太公望为师,周公旦为辅。"所谓"为辅",该即指太宰之职。《鲁世家》也说:"及武王即位,旦(指周公)常辅翼武王,用事居多。"还说武王第一次出师到盟津,"周公辅行";后二年伐纣到牧野,"周公佐武王"。据《荀子·儒效》说:进军牧野时,到汜而水有泛滥,到怀而城有崩坏,到共头而山有崩倒,霍叔为此恐惧,发出"无乃不可乎"的疑问,周公说:"(殷王纣)刳比干而囚箕子,飞廉、恶来知政(知政谓当政),夫又恶有不可焉",于是继续前进。可知牧野之战,周公确曾参与其谋。武王设置三监,周公也曾参谋。

齐大夫陈贾问孟子："（周公）使管叔监殷，管叔以殷畔（叛）也，有诸？"孟子答道："然。"陈贾又问："周公知其将畔而使之与？"孟子又答："不知也。"（《孟子·公孙丑下》）可知使管叔为监，周公也曾参与决策。

据《逸周书·度邑解》记载，武王克殷以后，回到周都，睡不着觉，周公就去慰问，武王以"未定天保"为忧。武王希望"克致天之明命，定天保，依天室"。"保"、"堡"古通用。"天保"即是天都之意，"定天保"是说确定顺从天意的国都。"天室"是指祭祀天神的明堂。"依"与"殷"通。"依天室"是说在新都建筑明堂举行殷祭。武王要把这个重任付托周公办理，于是有传位于周公的意思。《度邑解》载：

> 王□□传于后（"王"下缺二字，朱右曾补"欲旦"二字，孙诒让补"命旦"二字）。王曰："旦，汝维朕达弟，予有使汝，汝播食，不遑暇食……汝维幼子大有知（陈逢衡谓"大有知"言多才多艺）。……维天不嘉，于降来省（"省"通作"眚"，谓疾病），汝其可瘳于兹（瘳谓医好）。乃今我兄弟相后（"相后"犹言"相及"，谓兄终弟及），我筮龟其何所即（谓已作决定，不必用筮龟占卜），今用建庶建（孙诒让谓"用建"疑当作"用逮"，朱右曾谓"不传子而传弟，故曰庶建"）。"叔旦恐，泣涕共（拱）手。

这里，武王认为周公既勤于政务（不遑暇食），又多才多艺（大有知），因而要依兄终弟及的继承法，传位于周公。但周公惶恐而不敢接受。《度邑解》又载：

> 王曰：呜呼！旦，我图（图谋）夷（平定）兹殷。其惟依天室（谓在明堂举行殷礼），其有宪命（"宪命"谓"法令"），求兹无远（谓宣布法令，可以在此不远离天意）；天有求绎，相我不难（谓如果天有什么寻求，在此也不难得到天对我的帮助）。自雒（洛）汭

延于伊汭(洛汭谓洛水入河之处,在今河南巩县北;伊汭谓伊水入洛之处,在今偃师县西南),居易(平坦)无固(无险固),其有夏之居(周自称为"有夏")。我南望过于三涂(三涂山在今河南嵩县南),我北望过于岳鄙(岳指太行山,鄙指近岳都邑),瞻过于有河宛(河指黄河,宛谓弯曲处),瞻延于伊、雒,无远天室?其名兹曰度邑。

武王这样选定洛汭、伊汭之间建设新都,目的在于加强对东方地区的统治,平定殷贵族的动乱。这时武王已有把殷贵族迁移到这一带的计划,"居易无固"是为了便于对殷贵族监督控制,"依天室"是为了在此宣布法令,用法令来加强对殷贵族的管理统治。后来武王去世,周公的摄政称王以及兴建洛邑、迁移殷贵族,可以说,执行了武王的遗志。《史记·周本纪》采用《度邑解》这段话,结尾说:"营周居于雒邑而后去。""营"是规划的意思,说明武王已有在洛邑建设都城的规划。《周本纪》没有引用我们上面所引《度邑解》所讲武王要传位于周公的话,可能因为兄终弟及不符合宗法制度,为司马迁所不取。其实当殷、周之际,周的嫡长子继承制尚未确立,而殷的兄弟相及之制早有成法,当时成王幼弱,还不足以应付刚克殷之后政治斗争形势十分复杂的局面,采用兄终弟及之制,在政治上对于新建立的周朝是比较合适的。

(二)周公摄政称王

武王克殷后二年便去世。《尚书·金縢》说:"既克商二年,王有疾,弗豫。""既克商二年"是克商之后二年。《史记·周本纪》把"武王病"及"崩"也都记在克殷后二年。《封禅书》也说:"武王克殷二年,天下未宁而崩。"《逸周书·明堂解》说:"既克纣六年而武王崩",是武王总共在位六年之误。《礼记·文王世子》谓“武王九十三而终”。不确，当如《古本竹书纪年》为“年五十四”①。

武王死后，成王年幼，周公深恐诸侯因此叛周，就自己“践阼代成王，摄行政当国”(《鲁世家》)，就是摄政称王。《礼记·明堂位》说：“武王崩，成王幼，周公践天子之位以治天下，六年朝诸侯于明堂，制礼作乐，颁度量而天下大服。”《礼记·文王世子》也说：“周公相，践阼而治。”周公于摄政七年，将归政于成王，所作《洛诰》，记载成王曾当面称赞周公“惇宗将礼，称秩元祀，咸秩无文。”还说：“四方迪乱未定，于宗礼亦未克敉公功。”说明此时周公制礼，尚未完全成功，因而要请周公继续留守成周，担任“四辅”(四方辅佐)的职司。《洛诰》结尾载：“惟周公诞保文武受命，惟七年。”这是说周公正努力完成文王和武王所给予的使命，当第七年。

《荀子·儒效》说：

> 大儒之效：武王崩，成王幼，周公屏成王而及武王以属天下，恶天下之倍(背)周也。履天子之籍，听天下之断，偃然如固有之，而天下不称贪焉；杀管叔，虚殷国，而天下不称戾焉。……教诲开导成王，使谕于道，而能揜迹于文、武。周公归周，反籍于成王。……是以周公屏成王而及武王以属天下，恶天下之离周也。

① 《真诰》卷十五注引《竹书纪年》云：“(武王)年四十五。”《路史·发挥四》、《通鉴前编》卷六引《竹书纪年》：“武王年五十四。”朱右曾《汲冢纪年存真》、王国维《古本竹书纪年辑校》都作“五十四”。王国维《周开国年表》说：“至武王之年，则明见于《史记》。《史记》载：武王克殷至于周，自夜不寐，告周公曰：‘惟天不飨殷，自发未生，于今六十年，麋鹿在牧，蜚鸿满野。’《逸周书·度邑解》具有其文。此篇渊懿古奥，类宗周以前之书，与《文王世子》等秦汉间之书，文体大异，自为实录。据此则克殷之前六十年武王尚未生，又二年而崩，年当近六十。”又说：“《路史》引真本《竹书纪年》谓武王崩年五十四，事较近之。”

成王冠，成人，周公归周反籍焉，明不灭（通作“蔑”）主之义也。……故以枝代主而非越也，以弟诛兄而非暴也，君臣易位而非不顺也。

所谓“及武王而属天下”，“及”是指兄终弟及，《公羊传·昭公三十二年》说：“兄死弟继曰及”，是说继承兄的王位而继续治天下。“籍”，刘师培以为是“阼”的通假，并且举《淮南子·氾论训》及其注为证（《左盦外集》卷七《释籍》）。《淮南子·氾论训》也说：“武王崩，成王幼少，周公继文王之业，履天子之籍。”高注：“籍或作阼。”《史记·鲁世家》又说：“武王既崩，成王少在强（襁）葆（褓）之中，周公恐天下闻武王崩而畔，周公乃践阼，代成王摄行政当国。”所说“成王少在襁褓之中”，不确。当时成王的年龄，古书上无确切记载，有六岁、十岁、十三岁三种说法，都不可靠。多数人信从十三岁之说，其实十三岁之说也是出于后人推测。因为后人相信成王二十岁行冠礼而周公归政之说，以此推定为十三岁。我们认为，周公归政成王不必在二十岁。《荀子·大略》说：“古者天子诸侯十九而冠，冠而听治，其教至也。”这是后来礼制的规定。周公摄政三年成王亲自参与伐奄的战争，这时成王必然已经成年，那么当周公摄政之初，成王虽未成年，也应有十七八岁。

周公的摄政，确是周朝的紧急措施。因为当时周克殷才两年，殷贵族的势力还很强大，同时东方有许多夷族的方国还不属于周的统治范围，很容易出现“闻武王崩而畔”的局面。年幼的成王难以控制这个局面。这时周公出来摄政，而且称王，是十分必要的。不称王，不足以号令诸侯以及周的所有贵族。从《尚书·大诰》、《尚书·康诰》来看，周公因三监及武庚叛乱而东征，东征胜利之后分封诸侯，周公都是称“王”而用“王命”的。《大诰》是周公东征的动员令，开头就是“王若曰”。郑玄说：“王谓摄也。周公居摄，命大事，则权代王也”（《尚书·大诰》正义引）。实际上，周公不仅是“权代王”，当时周公“践天子之位”，就是掌握着天子的权力。《大诰》的王，无疑是周公。《大诰》说“不可不成乃文考图功”（按《大诰》中“文”字都误作“宁”，古“文”、“宁”形近而误），这样称文王为“文考”，显然是周公的话。《康诰》的王，也无疑是周公。《康诰》既说：“周公咸勤，乃洪大诰治”，接着就是“王若曰：孟侯，朕其弟，小子封，惟乃丕显考文王”。又说：“乃寡兄勖，肆女（汝）小子封在兹东土。”这样把康叔封称为“弟”，把武王称为“寡兄”，只能出于周公之口。关于这点，清代研究《尚书》的经学家早已看到，但仍固守郑玄之说，以为只是“命大事则权代王”。例如钱塘说：“凡公摄政七年，称王者三而已，皆系天下之安危，征武庚，命微子，封康叔是也。三者皆殷遗，称王亦殷法也，殷弟继兄，则遂为王。公假以靖殷遗之变，殷遗靖，天下莫敢动矣”（《溉亭述古录》）。的确，周公称王，不仅由于摄政，也还沿用殷法，所谓兄终弟及，《荀子》就说“周公屏成王而及武王属天下。”王国维说：“是故大王之立王季也，文王之舍伯邑考而立武王也，周公之继武王而摄政称王也，自殷制言之，皆正也”（《殷周制度论》，《观堂集林》卷十）。

从《大诰》、《康诰》、《酒诰》等文来看，周公摄政称“王”，以“王命”东征，以“王命”分封诸侯，是无疑的。然而，春秋时人不见有称周公摄政称王的，只说周公“相王室”。例如《左传·定公四年》记祝佗说：“昔武王克商，成王定之，选建明德，以蕃屏周。故周公相王室，以尹天下，于周为睦。”其实，明明是周公“定之”，而要说“成王定之”；明明是周公称王“以尹天下”，而要说“周公相王室，以尹天下”，这是他们为周公讳言，因为这样摄政称王而用“王命”，是不符合当时的宗法制和周礼的。《孟子·滕文公下》说:“周公相武王诛纣,伐奄三年讨其君。”崔述《论语余说》说:“周公相武王诛纣一句,伐奄三年讨其君一句,伐奄乃成王事,不得上承相武王言之。”其实,伐奄乃周公本人事,孟子这样混通来说,也不免为周公讳言。直到战国末年荀子出来,用他“一天下”的政治主张,认为周公摄政称王是以天下为重,讲出了“以枝代主而非越”的大道理,断言这样的事“非圣人莫之能为,夫是之谓大儒之效”(《荀子·儒效》)。于是周公摄政称王,成为“大儒之效”,就名正言顺,秦汉之际就有不少著作也这样说了。

还值得注意的是《书序》对《大诰》、《康诰》、《君奭》等篇的解释。明明《大诰》是周公称王下令东征,而《书序》说:“武王崩,三监及淮夷叛,周公相成王,将黜殷,作《大诰》。”明明《康诰》是周公称王分封康叔而告诫,而《书序》说:“成王既伐管叔、蔡叔,以殷余民封康叔,作《康诰》、《酒诰》、《梓材》。”《史记·燕世家》说:“成王既幼,周公摄政,当国践阼,召公疑之,作《君奭》”;而《书序》说:“召公为保,周公为师,相成王为左右,召公不说(悦),周公作《君奭》。”《书序》全部隐讳周公摄政称王的事,把周公摄政期间所办的事,一律归于成王,或者说“周公相成王”,说明《书序》作者存在着浓厚的宗法礼制思想。

(三)三监、武庚及东夷的叛乱

这场叛乱,主要是由管叔、蔡叔发动的。《尚书·金縢》:“武王既丧,管叔及其群弟乃流言于国曰:公将不利于孺子。”管叔是带头煽动叛乱的。《左传·定公四年》又说:“管、蔡启商,惎间王室。”杜注:“惎,毒也。管叔、蔡叔开道纣子禄父,以毒乱王室。”王引之认为:“惎,谋也;间,犯也。谓谋犯王室也”(《经义述闻》卷十九)。武庚的叛乱是出于管叔、蔡叔的开导启发。同时东夷的叛乱也是出于管叔、蔡叔的招诱。《后汉书·东夷传》说:"管、蔡畔周,乃招诱夷狄。周公征之,遂定东夷。"也还有东夷族的奄君、蒲姑君煽动武庚叛乱的传说。《尚书大传》说:"奄君、蒲姑谓禄父曰:武王既死矣,今王尚幼矣,周公见疑矣,此百世之一时也("一"字原脱,今补正),请举事。"

管叔主谋发动叛乱,具有争夺王位的性质。因为他是武王之弟,周公之兄,武王死后,成王年幼,按殷兄终弟及的继承法,该由他继承王位的。《逸周书·作雒解》载:

> (武)王既归,乃岁,十二月崩镐。周公立相天子("相"疑"阼"字之误),三叔及殷、东、徐、奄及熊盈以略("略"是起兵进犯之意)。……二年又作师旅,……凡所征熊盈族十有七国。

三叔,指三监、殷和东,指原来商代王畿的两部分。徐和奄,是东夷族嬴姓的两个方国。《左传·昭公元年》:"周有徐、奄。"杜注:"二国皆嬴姓。"正义:"《世本》文也。"《史记·秦本纪》称嬴姓"其后分封,以国为姓",有徐氏、运奄氏等。运奄氏即是奄氏。熊盈族,前人解释多有错误。朱右曾以为徐国盈姓,奄国熊姓,"熊盈谓徐奄之同姓国"(《逸周书集训校释》)。奄国,古书上无熊姓之说,和徐同为嬴姓,亦即盈姓。雷学淇又解"熊盈"说:"《吕览》亦谓公之践商,至于江南。熊即楚人之氏,则周公尝伐楚可知。"陈梦家解释令簋"惟王于伐楚白(伯)",也引《逸周书》这段话,说:"熊族之国,楚是其一"(《西周铜器断代》(二),《考古学报》第十册)。我们认为,把"熊盈"之"熊"解释为楚国,是错误的。楚国是芈姓。芈,金文作"嬭"。熊是楚君的氏。古代姓和氏有区别。如果要指两族的话,应该说"芈盈",不该说"熊盈"。"熊""盈"两字原为一声之转。"熊盈"当即指嬴姓之族,长言之，称为“熊盈”，短言之，只称为“盈”。刘师培说得对：“熊者，盈字之转音也，如《左传·宣公八年》夫人嬴氏，《公》(《公羊传》)、《穀》(《穀梁传》)作熊氏，则熊盈均与嬴同。《作雒解》所言熊盈族十有七国，即《世本》、《潜夫论》所载嬴姓诸国也”(《左盦集》卷五《偃姓即嬴姓说》)。唐兰也有相同见解，认为“熊盈应当是一个氏族的名称，徐、奄等民族方音如此，正像吴的称为攻盧、勾吴之类”(《古文字研究》第二册《论周昭王时代的青铜器铭刻》)。所谓熊盈族就是指嬴姓的东夷和淮夷。淮夷嬴姓，见于《世本》(《路史·国名纪乙》少昊后嬴姓国“淮夷”条引)。

据《书序》，当时和三监一起叛乱的是淮夷。前面已经引用，它解释《大诰》著作的原因是：“武王崩，三监及淮夷叛。”奄就是淮夷中主要的方国。它又说：“成王东伐淮夷，遂践(刬)奄，作《成王政(征)》。”淮夷也或称为东夷。它又说：“成王既伐东夷，肃慎来贺，王俾荣伯作《贿肃慎之命》。”《史记》和《书序》同样认为和三监、武庚一起反叛的是淮夷。例如说：“召公为保，周公为师，东伐淮夷，残奄，迁其君薄姑”(《周本纪》)。“及周成王少时，管、蔡作乱，淮夷畔周”(《齐世家》)。“管、蔡、武庚果率淮夷而反。……宁淮夷东土，二年而毕定”(《鲁世家》)。

所谓东夷或淮夷，其所有的部族或方国确是不少的。《逸周书》说熊盈族十七国，而《吕氏春秋》又说东夷八国。《吕氏春秋·察微》说：

> 故智士贤者相与积心愁虑以求之，犹尚有管叔、蔡叔之事与东夷八国不听之谋(高注：“东夷八国，附从二叔，不听王命，周公居摄三年伐奄，八国之中最大”)。

而孟子又说武王、周公一共灭国五十。《孟子·滕文公下》说：

> 周公相武王诛纣，伐奄三年讨其君，驱飞廉于海隅而戮之，灭国者五十，驱虎豹犀象而远之，天下大悦。

所谓"灭国者五十"，当是包括武王、周公所灭之国在内。林春溥在《武王克殷日纪》之后，附有《灭国五十考》（收入《竹柏山房丛书》），出于勉强凑合。当时参与叛乱而被周公讨伐的东夷之国，可考的，有奄、薄姑、丰、徐等国。

奄，金文作"婪"，读作"盖"。"奄"、"盖"声同通用，亦称"商奄"或"商盖"，是东夷中的大国。《左传·昭公九年》记周大夫詹桓伯说："及武王克商，蒲姑、商奄，吾东土也。"商奄即指原来奄国所在地。《左传·定公四年》所说分封鲁公"因商奄之民"，商奄之民亦指原来奄国之民。《韩非子·说林上》载："周公旦已胜殷，将攻商盖，辛公甲（即太史辛甲）曰：'大难攻，小易服，不如服众以劫大。'乃攻九夷而商盖乃服。"商盖即商奄，亦指奄国。《墨子·耕柱》载周公旦"东处于商盖"。孙诒让说："商奄即奄，单言之曰奄，累言之曰商奄"（《墨子间诂》卷十一）。这是正确的。奄的国都即汉代曲阜的奄里，在今山东曲阜东[①]。

薄姑，一作蒲姑，金文作"尃古"。《汉书·地理志》说："至周成王时，薄姑氏与四国共作乱，成王灭之，以封师尚父。"薄姑亦是东夷中的大国，其地在晋代乐安国博昌西北，亦即临淄西北五十里，靠近济

---

① 汪中《周公居东证》（《述学·内篇二》）："按《汉书·艺文志》'礼古经者出鲁淹中'，苏林曰：'里名也。'《楚元王传》：'少时尝与鲁穆生、白生、申公俱受《诗》于浮邱伯'，服虔曰：'白生，鲁国奄里人。'《续汉书》注引《皇览》曰：'奄里，伯公冢在城内祥舍中，民传言鲁五德奄里，伯公葬其宅也。'《说文》：'郁，周公所诛，郁国在鲁。'《括地志》：'兖州曲阜县奄里，即奄国之地也。'淹、郁、奄，古今字尔。"《说文》段注、顾栋高《春秋大事表》等，都定奄在今曲阜东二里。

水。在今山东博兴东南①。

丰，见于金文。塱方鼎："惟周公于伐东尸(夷)，丰白(伯)、尃古(薄姑)，咸𢦏(终于平天下)。"丰伯当与薄姑相近。谭戒甫以为即商代的逢公(《国语·周语下》)，亦称有逢伯陵(《左传·昭公二十年》)。"丰"、"逢"声韵相同(《西周𡏳鼎铭研究》，《考古》一九六三年第十二期)。其说可从。在今山东益都西北②。

徐也是东夷中的大国。西周、春秋间在今江苏泗洪县南。《汉书·地理志》临淮郡徐县，"故国，盈姓"。《括地志》谓"在泗州徐城县北三十里"(《史记·周本纪》正义引)。但是殷周之际，徐国应与奄国靠近，不该远在淮水流域。《说文》："郐，邾下邑地。从邑，余声。鲁东有郐城"(段玉裁注："城当为戎，许书之例未有言城者")。郐戎即是徐戎。《说文》谓徐戎在鲁东，这是有根据的。《书序》说："鲁侯伯禽宅曲阜，徐戎并兴，东郊不开，作《费誓》。"段玉裁说："经言徐戎，谓戎之在徐者，在鲁东切近，击柝相闻，故曰东郊不开"(《古文尚书撰异》)。其地即战国时代的徐州，在今山东滕县东南③。当是西周初期，在周的不断征讨中，

---

① 《续汉书·郡国志》安国博昌有薄姑城。《春秋释例》："蒲姑，乐安博昌县西北有蒲姑城。"《水经·济水注》说："薄姑去齐城(临淄)六十里。"又说："济水又径薄姑城北……薄姑故城在临淄县西北五十里，近济水。"《续山东考古录》博兴县下云："薄姑国城在东南十五里，今柳桥。"

② 《齐乘》："逢山在临朐西十里，逢伯陵始封于逢。"《清一统志》："逢山在临朐县西二十五里，殷诸侯逢伯陵之国。"在今益都西北。

③ 《史记·鲁世家》："(顷公)十九年楚伐我，取徐州。"集解引徐广曰："徐州在鲁东，今薛县。"索隐："《说文》：'郐，邾之下邑，在鲁东。'又《郡国志》曰：'鲁国薛县，六国时曰徐州。'又《纪年》云：'梁惠王三十一年下邳迁于薛，故名曰徐州。'则徐与郐，并音舒也。"《说文》段注："玉裁谓楚所取之徐州即郐地，疑非薛。齐湣王三年已封田婴于薛，不能至鲁顷公十九年鲁尚有薛也。"今按段说不确。战国时薛又称徐州，确实在齐湣王三年已成为靖郭君的封邑，但是到五国联合攻齐时，徐州(即薛)被鲁乘机占有。《吕氏春秋·首时》说："齐以东帝困于天下而鲁取徐州。"所以到鲁顷公十九年楚又取鲁的徐州。《说文》的郐，与徐州，薛，都是一地，在今山东滕县南，微山县西北。

徐戎被迫南迁，才迁到今江苏泗洪县南的。

《诗经·豳风·破斧》："周公东征，四国是皇。"《毛传》："四国，管、蔡、商奄也。皇，匡也。"《诗经》所说"四国"常常是指多数国家，《毛传》实指为管、蔡、商奄三国，不确切。王先谦说："诗言四国，犹《鸤鸠》篇'正是四国'之比，非有实指"(《诗三家义集疏》)，是合理的。

(四)东夷族的强大

东夷族会参与三监、武庚的叛乱，不是偶然的。因为他们在殷代后期已很强大，并逐渐从沿海地区进据中原。

今辽宁、河北、山东、江苏北部沿海地区，原来都是东夷族分布的地方。《禹贡》说：冀州有"鸟夷"(今本"鸟"误作"岛"，从《史记·夏本纪》、《汉书·地理志》及孔颖达正义改正)，青州有莱夷，徐州有淮夷，扬州又有鸟夷。鸟夷当是崇拜鸟的图腾的氏族部落。淮夷的"淮"，从"隹"，"隹"即鸟类，也该是鸟夷的一支。原来分布不限于淮水流域，直到今山东中部。淮夷，嬴姓，亦即盈姓，亦称熊盈族。在今山东郯城北的郯国，也是嬴姓，相传为少昊氏之后，"以鸟名官"(《左传·昭公十七年》)。在今山东博兴东南的薄姑氏，薄姑就是鸟名。薄姑氏以前，居住在同一地区的爽鸠氏(《左传·昭公二十年》)，爽鸠也是鸟名，相传为太昊之后，"实司太昊与有济(指济水之神)之祀"的风姓之族(如后来的任、宿、须句、颛臾等国)。风姓即是凤姓，甲骨卜辞假"凤"为"风"。秦和赵，都是嬴姓，原来也是东夷。嬴姓的祖先，相传是大业，是"玄鸟陨卵，女修吞之"而生。大业之子大费，即伯益(一作伯翳)，职司调驯鸟兽。他的儿子大廉又称鸟俗氏。大廉玄孙孟戏、中衍，又是鸟身人言(《史记·秦本纪》)。看来古代东夷，多数是鸟夷的分支。

所有这些东夷，都以游牧、狩猎为其经济生活的主要内容。《禹贡》说："莱夷作牧。"《史记·夏本纪》作"莱夷为牧"。说明莱夷原以游牧为生。《禹贡》所说扬州"鸟夷卉服"，郑玄解释说："此州下湿故衣草服"(孔颖达正义引)。《禹贡》所说冀州"鸟夷皮服"，解释者认为东北寒冷故衣皮服。其实，他们穿卉服、皮服，不穿纺织品，主要还是由于他们经济生产落后，以游牧、狩猎为生的缘故。原是东夷的秦和赵二族，本来也以游牧、狩猎为生，长久保持着善于畜牧的传统。赵的祖先造父以善御著称，秦的祖先非子也以善于养马和畜牧著称。《禹贡》说"淮夷蠙珠暨鱼"，以水产为其特产，但也还从事畜牧。直到西周后期也还如此。师寰簋说："正(征)淮尸(夷)，毆孚(俘)士女牛羊，孚吉金。"虽然他们已开采铜矿，使用铜器，有"吉金"被俘，但也还有大量"牛羊"和"士女"一起被周所俘。

到商代后期，由于商的腐败衰落，东夷就乘机侵入中原，一时声势很大。《后汉书·东夷传》说："至于仲丁，蓝夷作寇。自是或服或畔，三百余年。武乙衰敝，东夷寖盛，遂分迁淮岱，渐居中土。"《后汉书》这段话，是依据《古本竹书纪年》等书的。这时东夷族确实已经"分迁淮岱，渐居中土"。东夷中强大的一支叫奄或商奄，建都于今曲阜，这里曾是盘庚迁殷之前的国都奄。《古本竹书纪年》说南庚自庇迁于奄，阳甲居奄，盘庚自奄迁于殷。商朝曾经三代建都于奄，可是到商代后期，奄却成为东夷族中称为奄的一支的主要根据地了。后来分封给吕尚的齐国都临淄周围，原来是商的封国有逢伯陵之地，但是到商代晚期，也已成为东夷族中称为薄姑的一支的主要根据地了。同时东夷族的丰伯也在这个区域。《左传·昭公二十年》记晏婴说：

“昔爽鸠氏始居此地（指齐地），季荝因之，有逢伯陵因之，蒲姑氏因之，而后太公因之。”《汉书・地理志》也说：齐地“少昊之世有爽鸠氏，虞夏时有季荝，汤时有逢公伯陵，殷末有蒲姑氏”。从今泰山以东，济水以南，直到淮水流域，尽是东夷分布的区域。

商代从仲丁以后，不断和侵入中原的东夷发生战斗。《古本竹书纪年》：“仲丁即位，征于蓝夷”（《后汉书・东夷传》注、《太平御览》卷七八〇引）；河亶甲又“征蓝夷，再征班方”（《太平御览》卷八三引）。到帝乙、帝辛（即殷王纣）时期，商和东夷的战争更为激烈。殷墟卜辞有十年和十五年两次大举征伐人方（或释作尸方，即夷方）的占卜记录。十年那一次，在战胜人方的同时，还击溃了林方。郭沫若认为帝乙所征的林方就是蓝夷，古“林”“蓝”音读相同（《驳说儒》，收入《青铜时代》）。这是一个推测。纣也曾大举攻克东夷。《左传・昭公十一年》载叔向说：“纣克东夷而殒其身。”商王朝在攻克东夷的过程中曾消耗了大量的人力和物力。

商代末年商朝虽然曾经多次攻克东夷，但是并没有把东夷征服。到周灭商而建立新王朝，东夷暂时取观望态度。等到周武王克商后二年去世，管叔、蔡叔起来和周公争夺王位，发动大规模的叛乱，“招诱夷狄”，东夷一些首领如奄、薄姑之君就认为这是百世之一时，参与叛乱了。因此，这时周公所处的局势是十分严重的，既有兄弟管叔、蔡叔争夺王位的叛乱，又有殷贵族图谋复国的叛乱，更有东夷侵入中原的叛乱。作为三监的管叔、蔡叔是拥有相当实力的，原来的殷贵族又保持着很大势力，东夷族更是部族、方国众多而力量强大。这三股力量纠合在一起，同时向周公猛扑，对周公及其周围的人的威胁是很大的。这时周公面临着严重的考验，是退避呢，还是反攻呢？所有周公退避、出走之说，都是不足信的。这时周公采用的办法是，把所能团结的力量组织起来，然后对这三股敌对力量有计划地各个击破。

四　周公东征的胜利

（一）周公作《大诰》兴师东征

《尚书·大诰》是周公东征的动员报告。从《大诰》来看，当三监、武庚及东夷发动叛乱以后，周公就用文王遗留下来的大龟占卜，问上帝兴师东征是否吉利，得到了吉利的卜兆。《大诰》说：

> 予（周公自称）不敢闭于天降威（闭谓拒绝），用文王遗我大宝龟（“文”原误作“宁”，从吴大澂校正），绍天明（“绍”通作“昭”，谓阐明天意），即命曰（以下为“命龟”之辞，即告龟以所卜事）：“有大艰于西土（“大艰”谓大难），西土人亦不静（西土人指管、蔡，“静”通作“靖”，“不静”谓不安定），越兹蠢（“蠢”谓骚动）。殷小腆（“腆”谓丰厚，是说武庚力量少有积储），诞敢纪其叙（“叙”通“绪”，谓敢于重振其原来统绪）。天降威，知我国有疵（谓知道周国内有病），民不康，曰予复（说要恢复殷朝），反鄙我周邦（反而要把周作为边鄙的属国），今春今翌日（翌祭之日），民献有十夫（谓有治臣十人），予翼（谓辅佐我），以于敉文武图功（“于”谓往，敉谓完成，“文”原误作“宁”，文武谓文王、武王，“图功”谓大功。），我有大事休（“大事”指东征的军事，休谓嘉美，此问东征是否嘉美）？”朕卜并吉（谓占卜得吉兆）。

从周公这段“命龟”之辞，可以看出当时面临的局势十分严重。首先是西土（指周朝）出现了“大艰”的局面，因为西土人管叔、蔡叔发动叛乱，同时殷人乘机复辟，敢于重振其原来统绪，要恢复殷朝，仍然把周作为边鄙的属国，因为殷人知道周有内乱，人民很不安定。这就是说，不但周与殷贵族之间有严重冲突，而且周贵族内部又有深刻矛盾。当周公宣布占卜吉利，准备兴师东征之际，诸侯及其官僚、贵族还强调困难很大，不敢出征，要求违反占卜的结果。《大诰》继续说：

> 肆予告我友邦君（指诸侯）、越尹氏（指诸侯所属的官长）、庶士（指众多的官员）、御事，曰："予得吉卜，予维以尔庶邦于伐殷逋播臣（"庶邦"谓诸侯之国，"于"谓往，"逋播臣"谓逃叛之臣）。尔庶邦君、越庶士、御事罔不反曰（"罔不"谓无不）："艰大！民不静（"静"通作"靖"），亦惟王宫、邦君室（谓参与叛乱的都是王室和诸侯宗室之人），越予小子考翼（谓有自己父亲一辈的人），不可征，王害不违卜（"害"即"曷"，谓何不）？"

从这些诸侯及其官僚、贵族对答周公的话，可知他们因为两个原因不敢出征，一是人民不安定，二是参与叛乱的都是王室、诸侯宗室以及自己的父一辈亲属。当周公动员诸侯及其所属出发东征的时候，诸侯及其所属居然一起公开出来表示反对。当时贵族是十分重视占卜的结果的，周公以占卜得到吉兆来号召，而诸侯及其所属居然要求违反占卜的结果。这说明当时周贵族的内部，人心已经动摇，这对周公准备东征是十分不利的。周公之所以要作《大诰》，进一步说服所有反对东征的贵族，原因就在这里。

周公用什么道理来说服所有反对东征的贵族呢？主要有下列三点：

(1) 必须听从上帝之命，听从占卜结果。认为过去文王听从天命，兴起了我们"小邦周"；文王按占卜行事，所以会接受天命。现在上天又来援助我们，我们也应按占卜行事来成就这个伟大的基业。《大诰》说："已！予惟小子不敢替上帝命（"替"原误作"替"，从三体石经改正，"替"是不信之意），天休于文王（"文"原误作"宁"，今改正），兴我小邦周；文王惟卜用，克绥受兹命（"绥"谓继承）。今天其相民（"相"谓援助），矧亦惟卜用。呜呼！天明畏，弼我丕丕基（"弼"谓辅助，"丕丕"谓伟大，基谓基业）。"

（2）必须顺从天意，在文王勤劳建成的基础上，继续完成文王的大业。《大诰》反复说："尔知文王若勤哉！""予不敢不极卒文王图事（"图事"谓大事）！""予害（曷）其不于前文人图功攸终（"图功"谓"大功"，"攸终"谓到底）！"予害（曷）敢不于前文人攸受休毕（"毕"也是"终"的意思）！""肆予害（曷）敢不越卬敉文王大命（"卬"谓我，"敉"谓完成）！"

（3）当前有明哲之臣辅助我，可以保证取得胜利，完成文王的功业。《大诰》分析遭难的主要原因是："弗造哲，迪民康，矧曰其有能格知天命！"就是说：遭难是由于没有得到明哲之臣帮助，使人民安乐，又不能够知道天命。周公在命龟之辞中说道："民献有十夫，予翼。"无非表示他今天已经得到了明哲之臣为助手。《大诰》末段又说："呜呼！肆哉，尔庶邦君、越尔御事，爽邦由哲，亦惟十人迪知上帝命。"就是与上文呼应，说明他有十个明哲之臣作为得力助手，可以保证取得胜利。这和武王在《太誓》中说："予有乱十人，同心同德"，意思是一样的。

（二）东征经三年而取胜

周公东征的战略，先控制大局，制止叛乱，然后各个击破，全面平定，先后用了三年时间。《尚书大传》说："周公摄政，一年救乱，二年克殷，三年践奄。”第一年只是制止了叛乱，第二年才克殷而平定三监和武庚之乱，第三年继续东征，才灭亡东夷奄国。《史记·鲁世家》也说：“周公乃奉成王命，兴师东伐，作《大诰》，遂诛管叔，杀武庚，放蔡叔……宁淮夷东土，二年而毕定，诸侯咸服。”所谓“二年而毕定”，是对《尚书·金縢》“居东二年，则罪人斯得”的解释。其实周公东征首尾就有三年之久。《孟子·滕文公下》说：“伐奄三年而讨其君。”这是连首尾三年而言。

关于周公东征前后的事，《尚书·金縢》有这样的记载：

> 武王既丧，管叔及其群弟乃流言于国曰：“公将不利于孺子。”周公乃告二公曰：“我之弗辟，我无以告我先王。”周公居东二年，则罪人斯得。

从汉代起，经学家对这段记载有不同的解释，意见很是分歧。司马迁读“辟”为“避”，解释“我之弗辟，我无以告我先王”说：“我之所以弗辟（正义：音避）而摄行政者，恐天下畔周无以告我先王”（《史记·鲁世家》）。郑玄也读“辟”为“避”，连同“居东”解释为“避之居东都”，并且解释“罪人斯得”为“居东二年成王收捕周公之属党”（《礼记·文王世子》正义引）。郑玄又说周公“以谦让为德”，“居东者出处东国，待罪以须君之察己”（《诗经·豳风》正义引）①。而许慎另外有解释，《说

---

① 从当时政治形势来看，周公既然摄政称王，不可能一听到管蔡流言，就避居待罪。如果像郑玄所说，周公避居东国二年之久，三监发动的叛乱，就将乘虚而入，直到不可收拾。郑玄之说，王肃说他“横造”。我们认为，郑玄之说并非出于他一个人的杜撰，在郑玄以前，早有人对此发生误解，因而有种种避居或出奔的传说。例如《墨子·耕柱》：“周公旦非关叔（即管叔），辞三公，东处于商盖。”《史记·鲁世家》及《蒙恬传》都有“周公奔楚”之说。《左传·昭公七年》记载梓慎的话，也还有“襄公之适楚也，梦周公祖而行”之说。俞正燮《周公奔楚义》（《癸巳类稿》卷一），曾据此证明周公确有适楚之事。其实，所有周公这种避居或出奔传说，都由误解而来。

文》引古文“辟”作“擘”，解释为“法”，谓以法治之。伪《孔传》从其说，说：“辟，法也。告召公、太公，言不以法法三叔，则我无以成周道告我先王。”王肃谓“居东”是“东征镇抚之”，“罪人”指“管、蔡与商奄”(《尚书·金縢》正义引)。伪《孔传》也说：“周公既告二公，遂东征之，二年之中，罪人斯得。”我们认为，应以许慎、王肃之说为是。伪《孔传》采用其说，是正确的。“居东二年”是说周公兴师东征，亲自出居东国指挥作战了二年。所以不说东征二年而说“居东二年”，无非表示“罪人斯得”是周公坐镇东国亲自指挥作战的结果。所谓“罪人斯得”，就是处死或流放管叔、蔡叔、武庚。

对三监和武庚叛乱的平定，对管叔、武庚等“罪人”的处置，确是在周公亲自兴师东征的第二年。这在《逸周书·作雒解》上有明确的记载：

> 周公、召公内弭父兄，外抚诸侯，元年夏六月，葬武王于毕。二年又作师旅，临卫政(征)殷，殷大震溃，降辟三叔(“辟”谓用法处罚)，王子禄父北奔，管叔经而卒，乃囚蔡叔于郭凌。凡所征熊盈族十有七国，俘维九邑。俘殷献民，迁于九里(“里”原误作“毕”，从王念孙校正。孔注：“九里，成周之地”)。

《作雒解》“辟三叔”的“辟”，和《金縢》“我之弗辟”的“辟”，用意相同，都是说依法判刑。关于对三监和武庚的刑罚，古书记载有出入。《作雒解》说“王子禄父北奔”，而《史记》说“杀武庚”，可能武庚先北奔，后被追捕杀死。《作雒解》说“管叔经而卒”，其他书上都说“杀管叔”。《作雒解》说蔡叔被囚，其他书上都说蔡叔被流放。《左传·昭公元年》和《定公四年》都说：“杀管叔而蔡蔡叔。”杜注：“蔡，放也。”这个“蔡”字，即是《说文》的“𣜩”字，古音同通用。这和《史记》所说“放蔡叔”相合。关于霍叔的刑罚，只有《商君书·赏刑》说：“杀管叔，流霍叔。”

《尚书·金縢》这篇富于神怪色彩的文献，前人对它的真实性有怀疑，甚至认为是“伪书”。我们认为，还是值得重视的。《金縢》在“周公居东二年，则罪人斯得”之后，接着说周公做了一首《鸱鸮》的诗送给成王，“王亦未敢诮公”。这年秋天大雷大风，“禾尽偃”，闹灾荒，成王和大夫从金縢(匮名)中发现了武王病时周公祷告的简册，简册上有周公要以自身代替武王死去的话，才使成王大为感动而悔悟。《金縢》的记载以及所载简册，不免有后人增饰和修改之处，例如所说成王感悟以后，“天乃雨反风，禾则尽起”，“岁则大熟”，显然不是史官的实录。但是所记整个事件的经过，还是可信的。当时贵族本来十分迷信。迷信色彩很浓，正是真实的情况①。由此可见，原来由于管叔等人流言而造成成王对周公的误会，等到周公东征第二年“罪人斯得”、成王发现周公祷告简册以后，就完全消除了。所以到东征第三年，成王就亲自出来参与东征的活动，亲自参与“践奄”的重大战役。

上文引《尚书大传》讲到周公摄政“三年践奄”，“践奄”是东征三年中的重大战役，成王确曾亲自参与。《书序》说：“成王东伐淮夷，遂践奄，作《成王政》(《经典释文》：“政”，马本作“征”)。成王既践奄，将迁其君于蒲姑，周公告召公，作《将蒲姑》。”从《多方》开头说：“惟五月

---

① 宋人程颐、清代王夫之等人都怀疑《金縢》，以为非圣人之言。袁枚《金縢辨》(收入《小仓山房文集》)更认为是“伪书”。他们都用“圣人”的标准来看周公，认为周公不该有“以身代死”的事，“以身代死，古无此法”。我们认为周初贵族很是迷信，这样讲究迷信，反而足以证明确是事实。自从儒家推崇周公为圣人以后，不可能出现这样的作品。《史记·鲁世家》把成王发现周公祷书记在周公还政成王以后，又把成王开金縢“得周公所自以为功代武王之说”，记在周公死后，都和《金縢》不合，并不可信。

丁亥，王来自奄，至于宗周”来看，成王确曾亲自到奄。《书序》也说：“成王归自奄，在宗周，诰庶邦，作《多方》。”可是，《史记》上把“践奄”的事记载在“周公反政成王”之后。该是司马迁看到成王亲自参与这个战役，就误认为是成王亲政以后的事。《周本纪》把“诛武庚、管叔，放蔡叔”记在周公摄政当国时；而把“伐淮夷、残奄，迁其君薄姑”记在“周公反政成王”以后；这样把周公东征三年内的两件大事割裂开来，显然不合历史实际。今本《书序》对篇目的排列，也把《成王政》、《将蒲姑》列在《康诰》、《召诰》、《洛诰》、《多士》、《无逸》、《君奭》、《蔡仲之命》以后，《多方》以前。郑玄曾对此提出疑问说：“此伐淮夷与践奄，是摄政三年伐管蔡时事，其编篇于此，未闻。”（《书序》正义引）而伪《孔传》却另创新说，以为“践奄”先后有两次，先是周公东征，再是成王亲征。伪《孔传》说：“成王即政，淮夷奄国又叛，王亲征之，遂来奄而徙之，以其数反覆。”这一说法，被一些经学家所接受。例如皮锡瑞说：“《孔传》成王亲征之说甚合经义，郑君（指郑玄）偶有不照”（《今文尚书疏证》），反而认为郑玄所说践奄在周公摄政三年是错误。其实，怎么可能发生周公与成王先后两次“践奄”的事呢？明明是司马迁的“偶有不照”，并不是郑玄的“偶有不照”。

“践奄”的“践”，是有特定意义的，决不可能先后有两次“践奄”。《尚书大传》解释《成王政》说：“遂践奄。践之者，籍之也。籍之谓杀其身，执其家，猪其宫。”段玉裁说：“必篇中有此语，伏生记忆释之，非释《书序》也”（《古文尚书撰异》）。伏生读“践”为“籍”，郑玄又读“践”为“翦”。郑玄云：“践读曰翦，翦，灭也。凡此诸叛国，皆周公谋之，成王临事乃往，事毕则归”（《书序》正义引）。郑玄又说：“奄国在淮夷之旁，周公居摄之时亦叛，王与周公征之，三年灭之。自此而归”（《诗

经·豳风》正义引)。郑玄此说是有根据的。我们可以西周金文为证。禽簋载:

> 王伐禁侯,周公某(谋),禽祝。禽又敐祝,王易(锡)金百寽。禽用乍(作)宝彝。

禁侯即盖侯,亦即奄侯。王乃成王。伐奄之役,成王确实前往。"某"读为"谋",主谋之意,足证郑玄所说"皆周公谋之,成王临事乃往"之说,确实可据。禽即伯禽,祝谓祝祷于社神。古时出兵,要祭社祝祷。《左传·闵公二年》:"帅师者,受命于庙,受脤于社。"脤,《说文》作祳,云:"祭肉,盛之以蜃。故谓之祳。"这是一种比较原始的祭祀仪式。伯禽因为主持这种祭祀而受赐。𨙨劫尊:"王征禁,易(锡)𨙨劫贝朋。"𨙨劫当是从征的人员,因功而受赐。

伐薄姑之役,当在灭奄以后,路程比奄要远,深入到东夷所住地区,成王没有参与,由周公主持。𡊁方鼎载:

> 惟周公于征伐东尸(夷),丰白(伯)、尃古(薄姑)咸𢦏。公归,禦于周庙。戊辰,酓(饮)秦酓(饮),公赏𡊁贝百朋,用乍(作)尊鼎。

"于征伐",谓前往征伐。"咸𢦏",谓终于击败。《说文》:"𢦏,伤也。"这也是周公东征大胜的战役,周公归来就祭祀于周庙,向祖先告捷,还会合将士饮酒,论功行赏。

伐奄和伐薄姑、丰伯,是周公征伐东夷的两大战役。其他的小战役尚不少。据前引《韩非子·说林上》记载,周公采用辛甲的建议,是先"服众"然后"劫大"的,该是在这两大战役之前,周公早已征服东夷的许多小国和部落,使奄、薄姑等大国陷于孤立,于是一举加以破灭。《逸周书·作雒解》说"凡征熊盈族十有七国,俘维九邑",所谓"十有七国”是指东夷的大小方国，所谓“九邑”当指东夷的许多部落。九未必是九个，当是多数之意。

东夷中有不少是游牧、狩猎的部族，周公这次大举东征，曾经深入到东夷的游牧、狩猎地区，不但征服了这些东夷部族，而且赶跑了许多野兽。《孟子·滕文公下》所谓：“灭国者五十，驱虎豹犀象而远之，天下大悦。”所谓“灭国者五十”，是包括武王、周公先后攻灭之国而说的；所谓“驱虎豹犀象而远之”，是指周公这次东征而言的。《吕氏春秋·古乐》又说：

> 成王立，殷民反。王命周公践伐之。商人服象，为虐于东夷，周公遂以师逐之，至于江南。乃为《三象》，以嘉其德。

高诱注：“践，往。”这个解释不确切。“践”即“践奄”之“践”。所谓“践伐”是指大规模的杀伐。周公统率的大军在大规模杀伐东夷的过程中，迫使许多野兽群大迁移，特别是象群的大迁移。商人确是服象的，但是这里说“商人服象，为虐于东夷”，是诬蔑的话。象是合群生活的，如果受到冲击，往往要整个群的迁移。

周公东征，先后三年之久，有些战役是很激烈的，战士是极其艰苦的。《诗经·豳风·破斧》的诗篇，就是参与东征的战士回归后所作：

> 既破我斧，又缺我斨。周公东征，四国是皇（“皇”借作“匡”）。哀我人斯，亦孔之将（“孔”谓甚，“将”借作“壮”）。
>
> 既破我斧，又缺我锜。周公东征，四国是吪（“吪”通作“化”，谓顺服）。哀我人斯，亦孔之嘉。
>
> 既破我斧，又缺我銶。周公东征，四国是遒（“遒”谓平定）。哀我人斯，亦孔之休（“休”谓幸运）。

这个战士做这首诗，既歌颂了周公东征的胜利，征服平定了许多叛乱的国家；又庆幸自己还能活着，还很强壮；又讲到战斗用的兵器都有破有缺，说明战斗很是激烈，取得胜利是艰难的。值得注意的是，他使用的兵器不是戈、矛、弓、矢，而是斧、斨、锜、銶。斧是椭銎的斧头，斨是方銎的斧头。锜，《说文》云："钼鍘也"，是一种有齿的金属工具。銶，《经典释文》："《韩诗》云：凿属也。一解云今之独头斧。"总之，也是一种手工用的工具。《管子・轻重乙》说："必有一斤、一锯、一釭、一钻、一凿、一銶、一轲，然后成为车。"为什么要用斧头一类工具作为主要战斗武器呢？很可能，与深入到山林地区作战有关。

（三）东征胜利的重要意义

周公东征的巨大胜利，对周王朝的创建和巩固，是有重大的作用的。武王虽然已经克殷，但是实际上，除了周原有的西土以外，只占有殷原来的京畿以及南国，包括今河南的北部、中部，河北东南角，山西南边以及山东东边。因为殷代晚期，国力衰落，夷狄纷纷内迁，西北的戎狄进扰中原，东方的夷族"分迁淮岱，渐居中土"，殷的直属领地已缩小很多。而四周的夷狄部族和方国势力一时大有扩展，使得殷减弱了力量，这也是殷灭亡的原因之一。周克殷之后，新建的周朝继承了这个局面。同时，周以"小国"攻克殷的"大邦"，一下子不容易控制"大邦"的局势，加上周的克殷，在京畿一战而胜，原来京畿殷贵族的势力仍保持着，根深蒂固。武王不得已而采用安抚和监督相结合的政策，继续分封殷的王子武庚为属国，并设置三监，但是，无法消除殷贵族的顽强的抵抗力量。武王克殷之后二年便去世，所谓"天下未宁而崩"，而成王年幼，三监、武庚、东夷联合起来发动叛乱，确实造成了周的“大艰”局面。经过周公三年的东征，取得巨大胜利，就使“大艰”局面转化为大好形势。经过周公第二次“克殷”，对殷贵族的控制力量就大大加强了。经过周公攻克东夷许多方国和部落，就把东部原来东夷居住地区归入周的直辖领地。可以说，周公东征的胜利，才使周朝基本上完成了统一的大业，才奠定了创建周朝的基础。

第五章　东都成周的营建和中央政权的创设

一　迁移殷贵族到洛邑

(一) 周公推行迁移殷贵族的政策

原来武王设置三监，目的在于监督“殷臣”，防止殷贵族的叛乱，但是没有取得预期的效果，相反地，到一定时机，三监就与殷贵族一起发动叛乱了。周公在平定三监和武庚的叛乱之后，就接受这个教训，决定改变对殷及多方贵族就地监督的办法，把他们集中迁移到一定的地点，以便加强监督、管理和利用。因此，大规模地强迫迁移殷贵族以及多方的贵族，就成为周公巩固周朝统治的一项重要措施。

周公把殷贵族迁到洛邑一带，是在平定三监和武庚叛乱之后就进行的，并不是在建筑成周大城以后才进行的。关于这点，《逸周书·作雒解》讲得很明确。《作雒解》说周公在击溃殷的叛乱之后，在征熊盈族十七国的同时,“俘殷献民迁于九里”。孔晁注:“九里,成周之地。”①九里在今河南偃师东南,嵩山西北,在成周的东南。洛阳以东,汉魏故城的东北,相传又是殷贵族迁移地区。《东观汉记·鲍永传》说:“赐洛阳上商里宅”(清代武英殿刊本卷十四)。《后汉书·鲍永传》也说:“赐永洛阳商里宅”。李注:《东汉记》曰:赐洛阳上商里宅。陆机《洛阳记》曰:上商里在洛阳东北,本殷顽人所居,故曰上商里宅也。”说明成周的东北郊外,也是殷贵族徙居之地。

一九五二年洛阳东郊进行考古发掘,在摆驾路口、下瑶村西区和东大寺区,都发现了殷人墓葬。一共发掘了二十座墓葬,多数是中型墓,都被盗掘过,遗物大部被盗。从其出土陶器(如鬲、豆、罍、瓿、盂等)器型来看,与河南安阳大司空村的晚期殷墓、洛阳西郊及陕西长安普渡村的早期周墓出土的相同。可以断定为西周早期的墓葬。从其墓形、椁顶的画幔、墓底的腰坑埋有犬骨以及出土铜弓饰、铜铲、铅戈等物来看,是沿袭殷的礼俗的。但是,墓室作覆斗形,墓道方折作曲尺形、两旁有耳室,墓室倒向(墓室在南而墓道在北),是殷墟墓葬中所不见的,是迁居洛邑的殷人墓的特点。下瑶村西区的一五九号

① 《四部丛刊》影印明嘉靖本作“九里”,别本都误作“九毕”。王念孙《读书杂志》据《玉海》卷十五所引,校改为“九里”。《韩非子·说林上》:“魏惠王为臼里之盟”,《战国策·魏策三》“臼里”作“九里”。“臼”、“九”音同通用。魏惠王作九里之盟,率诸侯朝天子于盟津,九里当与盟津相近。《水经·嵩洛水注》谓白桐涧水出嵩麓桐溪,北流经九山东,山际有九山庙。《巩县志》卷四称:“据府志,九山今名白云山,在巩县南七十里,有旧山庙坡,盖九旧音转也。”“九”、“旧”音转,如同“九”、“臼”音转,九里当在九山下,在今河南偃师东南,嵩山西北,正当成周东南。孔晁谓“九里成周之地”,甚是。《中国历史地图集》中西周地图中的九里,就是根据这点的。程恩泽《国策地名考》依据《括地志》王城“在洛州河南县北九里苑内东北隅”(《周本纪》正义引),谓九里苑沿用九里之名。刘师培《周书补正》亦有相同之说。按此说出于误解。《括地志》谓王城在河南县以北九里的苑内东北隅。唐代此苑名神都苑,无九里苑之称。

墓，出土有铜铲一件和铅戈（残）四件。铜铲与安阳大司空村殷墓出土的形式全同，惟较小而铜质不精，不能实用。铅戈也属殷的形式，但是不可实用的明器。这些墓中显然缺乏觚、爵之类酒器的随葬品，陶器中也没有酒器式样。因此推定这些墓葬属于迁到洛阳的“殷顽民”的。①

《汉书·地理志》沿用《公羊传》之说，以为周的王城即汉的河南县，周的成周即汉的洛阳，成周是“周公迁殷民”之处。这一说法是错误的。成周是周的东都的名称，王城只是成周城西边的宫城，因有周王所居王宫而得名。王城与成周不该相距四五十里。在周公未主持营建成周大城以前，此地早有洛邑存在。依据《逸周书·度邑解》，武王早就有在此营建东都的计划，《史记·周本纪》还说：武王“营周居于洛邑而后去”。当时洛邑又称洛师。《召诰》谓三月乙卯“周公朝（早）至于洛”，《洛诰》又记周公说：“予惟乙卯朝至于洛师”。洛邑之所以又称洛师，当是由于周朝于此驻屯大军的缘故。周公在这里主持营建新邑，主要依靠迁来的殷贵族的力量。《召诰》说周公曾“用书命（即册命）庶殷”“厥既命殷庶，庶殷丕作”。“庶殷”即指殷贵族。说明在成周未营建以前，“庶殷”早已被迁到洛邑的郊外地区，包括《逸周书·作雒解》所说的九里在内。

周公在摄政第三年平定东夷，特别是“践奄”以后，加紧进行迁移殷贵族及多方贵族的工作。《书序》说：“成王既践奄，将迁其君于蒲姑，周公告召公，作《将蒲姑》。”《史记·周本纪》也说：“东伐淮夷，残奄，迁其君薄姑。”说明当时迁移殷及多方贵族的地点有多处，洛邑只

① 郭宝钧、林寿晋：《一九五二年秋季洛阳东郊发掘报告》，《考古学报》第九册。

是比较集中之处。正因为当时大量迁移殷及多方贵族，成王和周公从“践奄”回来，在镐京作《多方》，着重对被迁多方贵族诰诫。《书序》说：“成王归自奄，在宗周，诰庶邦，作《多方》。”所谓“多方”，主要是指殷所属许多方国诸侯及其贵族。《多方》开头说：“周公曰：王若曰：猷告尔四国多方，惟尔殷侯尹民。”“殷侯”指殷之诸侯。“尹民”可能是“尹氏”之误，指一般官长。《召诰》载：“越七日甲子，周公乃朝（早）用书命庶殷：侯、甸、男、邦伯。厥既命殷庶，庶殷丕作。”说明当时被迁居到洛邑，参与兴建成周大城的“庶殷”，其首领，就是各种等级的殷的诸侯，包括“侯、甸、男、邦伯”等级称谓。《尚书·酒诰》中追述到殷的贵族，有所谓“外服”和“内服”：“越在外服：侯、甸、男、卫、邦伯；越在内服：百僚庶尹，惟亚惟服，宗工；越百姓、里君（“君”原误作“居”，从王国维改正）。”所谓“外服”，是指分封在外的各种等级的诸侯。所谓“内服”，是指在京畿任职的各种官员。大盂鼎载：“惟殷边侯田（甸），雩（与）殷正百辟，率肄于酒。”所谓“殷边”即指殷的“外服”，“侯田（甸）”也指殷的诸侯；所谓“殷正百辟”，就是泛指殷的“内服”的百官。从此可知，当时迁移到洛邑的殷贵族中包括许多“外服”的贵族，就是分封在外的诸侯及其所属的贵族。

迁移到洛邑的殷贵族，也包括一部分殷的“内服”的贵族，在人数比例上，恐怕只占少数。《多士》一篇，先后有两段诰命，每一段诰命之首都有“王若曰”或“王曰”。第一段诰命是“猷告尔四国多方，惟尔殷侯尹民”，明确指“四国多方”的殷贵族；第二段诰命是“猷告尔有方多士，暨殷多士”，把“有方多士”放在“殷多士”的前面。“有方多士”是指殷所封方国的贵族，也就是“外服”的贵族；“殷多士”是指“内服”的贵族。所谓“多士”，是对贵族的泛称，包括各等贵族在内。

周公迁移殷贵族的地点，主要有两方面：一方面就是上面所说的，把他们集中迁移到洛邑；另一方面，就是分批配给主要的姬姓贵族的封君，让封君带往远处的封国去。关于这点留待后面讲分封制的时候再说。周公推行这种政策的目的，不仅是为了防止殷贵族发动叛乱，削除殷贵族在原住址的势力，减少他们对周朝的威胁，而且是为了利用殷贵族，作为加强周朝在东方以及分封出去的封君的统治力量。

（二）告诫迁居洛邑的殷贵族的《多方》和《多士》

周公迁移殷贵族到洛邑的政策，我们可以从周公用“王命”诰诫殷贵族的《多方》和《多士》中看到。《多方》作于周公摄政三年，是成王和周公“践奄”之后，回到宗周（镐京），对迁移的四国（指四方）多方（指诸侯）及殷贵族发出的诰诫。《多士》则作于周公归政之后一年，周公奉命留守成周、主持东都政务以后，在成周对殷贵族用王命发出的诰诫，具有重申前命的性质。《多士》谈到“昔朕来自奄，予大降尔四国民命”，就是指前三年发布的《多方》。《多士》又说：“予惟不尔杀，惟时（是）命有申（申谓重申）。”很明白地指出这点。所以《多士》和《多方》的内容基本相同，有不少重复的训话。《书序》和《周本纪》都把《多士》的著作列在《多方》之前。《书序》说：“成周既成，迁殷顽民，周公以王命诰，作《多士》。”事实上，成周未建成以前，早就迁殷贵族到这一带地方，建成以后又有更多的殷贵族被迁来。郑玄说：“成王元年三月，周公自王城初往成周之邑，用成王命，告殷之众士以抚安之”（孔颖达《正义》所引）。郑氏以为周公归政成王后一年，成王曾改元，所以说成王元年。伪《孔传》说：“周公致政明年三月，始于新邑洛，用王命告商王之众士。”与郑玄说相同。看来郑玄所说当时周公从王城“初往成周之邑”不确。《多士》开头说：“惟三月周公初于（往也）新邑洛，用告商王士”，结合《洛诰》来看，周公摄政五年成周建成，举行庆功的“殷见之礼”。在这年年底，成王回归镐京，准备即王位，周公该回到镐京参与成王即位典礼。到三月周公初次往成周，开始主持东都政务，为了安抚迁居到成周四郊的殷贵族，重复宣布周王朝对待殷贵族的安抚政策。

周公所反复宣布的对待殷贵族的政策，对西周初年巩固统治和发展社会经济以及完成全国的统一，都是起着重大作用的。从《多方》和《多士》两篇内容来看，当时对待殷贵族的政策，主要有下列四点：

(1) 为了从思想上安定殷贵族，宣称周之代殷，出于天命，并提出了一套贵族的“革命”理论，“革命”是指天命的变革。

《多方》和《多士》都把周之代殷，和殷之代夏，相提并论。《多方》把王朝的君王称为“民主”（谓民之主），认为作为“民主”是由天命的，是由天选定的。因为夏的“大淫昏”和“甲（狎）于内乱”，“乃胥（胥谓相互）惟虐于民”，天就更求新的“民主”来代替（“天惟时求民主”），降天命给成汤，伐灭夏桀，由成汤“简代夏作民主”。同样的，因为“商后王（指纣）逸厥逸（逸谓荒淫），图（谋也）厥其政不蠲烝（不清明）”，天给予五年的等待，终于由夏（周自称为夏）的子孙作“民主”①。五年

① 《多方》说：“天惟五年须暇之子孙，诞作民主。”“暇”当为“夏”字之误。《诗经·大雅·皇矣》：“上帝耆之”，郑笺：“天须假此：国养之至老”，正义引《多方》云：“天惟五年须夏之子孙”，注云：“夏之言假，天觊纣能改，故待假其终至五年，欲使传子孙。五年者，文王八年至十三年也。”《诗经·周颂·武》：“耆定尔功”，郑笺：“不汲汲诛纣，须暇五年。”正义引《多方》及注相同。段玉裁《古文尚书撰异》据此断定《多方》原作“天惟五年须夏之子孙”，今本“夏”作“暇”，是“浅人所改”。当时周人自称为夏，这是说天给予五年的等待，终于由夏的子孙作“民主”。

是指文王七年去世，到十一年（即武王四年）灭商，首尾五年。

《多方》提出了贵族的“民主”理论，认为作为“民主”的君王出于天命选定，而天选定的“民主”是要变革的，主要看君王的行为如何。《多方》说：“惟圣罔念作狂，惟狂克念作圣。”圣人和狂人是可以相互转化的，圣人不恭敬从事可以变为狂人，狂人能恭敬从事就变成圣人。原来因为是圣人而由天授命作“民主”的，变成狂人就得改换“民主”了。

《多士》又提出了贵族的“革命”理论，认为夏“大淫泆有辞（有辞谓有罪状）”，天就命令“成汤革夏”；而且“殷革夏命”，载在殷的典册，“惟殷先人有册有典，殷革夏命”。同样的，周革殷命，出于“我有周佑命（佑命谓助行天命），将（将谓奉行）天明威”，“非我小国敢弋（弋谓夺取）殷命”；就是把殷贵族从东迁居到西（指迁居洛邑），也是出于天命。《多士》说：“予惟时（是）其迁居西尔，非我一人奉德不康宁（不康宁谓使你们不安定），时（是）惟天命。”

（2）为了从经济上安定殷贵族，宣称给予永久的住宅和田地，勉励他们努力经营，保持长久的事业。

《多方》说：“今尔尚宅（居住）尔宅，畋（耕治）尔田，尔曷（何）不惠（顺从）王熙（光大）天之命。”又说：“尔乃自时（是）洛邑，尚永力（努力）畋尔田，天惟畀矜（怜悯）尔，我有周（指周朝）惟其大介（善也）赉（赏赐）尔。”前一段是说，有了宅田，应该顺从王命和天命；后一段是说，努力经营田地，将得到天的爱怜和周朝的奖赏。说明当时周朝对迁到洛邑的殷贵族都分配有田宅，从而争取他们服从和效劳。《多士》最后有一大段讲到这点：

今朕作大邑于兹洛（指建成成周大城），予惟四方罔攸宾

> （“宾”通“摈”，“罔攸宾”是说不会有所摈弃）。亦惟尔多士（指殷贵族），攸服奔走（服役而效劳），臣（臣服）我多逊（顺从）。尔乃尚有尔土（指得有土地），尔乃尚宁幹止（安于事业与居处）。……今尔惟时（是）宅尔邑，继尔居，尔厥（其）有幹（事业）有年（丰收）于兹洛，尔小子（子孙）乃兴（兴旺），从尔迁。

这一段诰诫的话，说明成周大城建成以后，不会对殷贵族摈弃的，只要殷贵族能够服役而效劳，可以继续居住，得有土地，保有事业而得到丰收。

(3) 为了在政治上安定殷贵族，宣称如果努力经营田地，勤于事业，可以选拔到朝廷担任官职。

《多士》说：“今尔又曰：夏迪（进也）简（选择）在王庭，有服（官职）在百僚（官署）。予一人惟听用德（谓只用有德之人），予敢求尔于天邑商（“天邑商”即大邑商，指商的京畿）。”说明当时一些被迁的殷贵族对周朝表示不满，认为过去殷灭夏之后，夏贵族还有被进选到殷的王廷任职的，也有任职于许多官署的。现在成王给予答复，表示只能选用有德之人，将从商京畿的贵族中选拔。《多方》还明确指出：“尔惟克勤乃事”（能勤于职守），“穆穆（恭敬地）在乃位”，“尚永力畋尔田，天惟畀矜尔，我有周惟其大介赉尔，迪简在王庭，尚尔事有服在大僚。”这是说，殷贵族如果能够勤劳而忠于职守，努力经营田地，就可得周朝的嘉奖，选拔到王廷任官职，在大官署中担任工作。这是安抚和利用殷贵族来加强周朝统治的政策手段。

(4) 为了防止殷贵族不听命，宣布对不听命的，将要判处刑罚，或流放远处。

《多方》说：“乃有不用我降尔命（指不服从下达的命令的），我乃其大罚殛之(殛谓诛杀)。非我有周秉德不康宁(谓不是我们周朝不使你们安宁),乃惟尔自速辜(谓是你们自己招来祸害)。”又说:“尔乃惟逸(放荡)惟颇(歪邪),大远王命,则惟尔多方探(自取)天之威,我则致天之罚,离逖(远徙)尔土。”前一段是说不服从命令将要诛杀,这是自己招罪。后一段是说不听王命,将要处罚,剥夺土地,流放远处。《多士》所说,没有像《多方》那么严厉,也还说:“尔不克敬,尔不啻(不但)不有尔土,予亦致天之罚于尔躬。”这是说,不恭敬从事,不但不给田宅,还要处罚。

从上述四点看来,当时周朝对待殷贵族,采用了迁移、集中管理和安抚、使用相结合的政策。

(三)对殷贵族的管理和使用

周朝建设东都成周,由周公坐镇,加强了对东方地区的统治和管理,同时也加强了对迁到洛邑附近的殷贵族的监督和管理。《书序》说:“周公既没,命君陈分正东郊成周,作《君陈》。”郑玄信从成周在王城之东五十里之说,说“东郊成周”是指“成周在近郊五十里”(《周礼·地官·载师》正义引),是错误的。君陈是周公的次子(《坊记》郑注),伯禽封于鲁,由君陈“世守采地”(郑玄《诗谱》),也就是说世袭了周公的封爵。君陈的“君”是尊称,犹如召公奭又称君奭。周公死后,成王重视对成周东郊所住殷贵族的管理工作,所以继续命令君陈在成周“分正东郊”。伪《孔传》解释“分正东郊”说:“命君陈分居正东郊成周之邑里官司。”成周东郊正是殷贵族集中居住之地,“分正”当是分设长官加强管理的意思。《礼记·坊记》引《君陈》说:“尔有嘉谋嘉猷(猷,道也),入告尔君于内,女(汝)乃顺之于外,曰:此谋此猷惟我君之德,于是乎惟良显哉。”这是成王命令君陈,加强对成周东郊的官长的教导，要做到“善则称君，过则称己，则民作忠”（《礼记·坊记》）。

《书序》又说：“康王命作册毕公分居里成周郊，作《毕命》”（《史记·周本纪》相同，惟“作册”作“作策”，《书序》原脱“公”字，从《周本纪》校补）。毕公即毕公高，文王之子，封于毕（今陕西咸阳东北），这时任太史之职，作册原是史官之名。伪《孔传》解释“分居里成周郊”说：“分别民之居里，异其善恶，成定东周郊境，使有保护。”这样把“成周郊”解释为“成定东周郊境”，显然不妥。“成周郊”即指成周的郊区，也当指殷贵族集中居住之处。“分居里”当指编制殷贵族分别居住的乡里的簿册，以便加强管理。当时已有按里登记居民的制度。《国语·周语上》记载仲山父谏周宣王的话，讲到“司民协孤终”，韦昭注：“司民掌登万民之数，自生齿以上皆书于版。”如果此说确实，司民当是太史寮所属官员。

西周时代王朝的国都和诸侯的国都，都有征收军赋、征发兵役的制度。王朝的军队有三支，即“西六𠂤”、“成周八𠂤”和“殷八𠂤”。“西六𠂤”屯驻于西都丰镐，“殷八𠂤”屯驻于牧𠂤（即牧野附近的牧邑），“成周八𠂤”屯驻于成周，亦称“成𠂤”。“成周八𠂤”的骨干，当然是周贵族。周在克殷以后，就在洛邑驻屯有军队，所以洛邑又称洛师。成周八𠂤的大多数甲士，当是就地征发迁居洛邑的殷贵族编成。前引《多士》，勉励殷的“多士”能服役“奔走”。充当“成周八𠂤”的甲士，重要任务就是需要他们服役“奔走”。当时“成周八𠂤”的甲士的编制，如同其他国都的军队编制一样，是和郊区的乡里编制密切结合的。前引《多方》和《多士》，讲到迁居洛邑的殷贵族都是分配有田宅的，都是要“畋尔田”的，这种分配田地以及耕作的工作是由司土的官掌管的。因此“成周八𠂤”中，就设有“冢司土”的官。曶壶载：“王乎

(呼)尹氏(史官)册命曶曰:更(赓)乃祖考作,冢司土于成周八𠂤。”

前引《多方》和《多士》,周朝表示要从殷贵族中选拔人才到朝廷任职,而且要选到“大僚”任职。的确,西周初年曾选拔一些殷贵族中知识分子到周的太史寮任职。例如制作令簋的作册夨令,和制作作册大方鼎的作册大,是父子关系,这些铜器铭文的末尾都有“鸟册”图像作为族徽。他们是殷贵族,世代担任“作册”之职。又如一九七六年陕西扶风庄白家村出土窖藏微氏家族铜器,许多器铭有“𦉢”族徽,其中史墙盘记述到他们原是殷贵族,武王克殷以后,烈祖来见武王,武王命令周公把他收留于周(岐周),此后世代在周朝担任官职。史墙盘记述:“雩(粤)武王既伐殷,𢼸(微)史(使)剌(烈)祖迺(乃)来见武王,武王则令(命)周公舍㝢(宇)于周卑处。”𤼈钟有铭文大体相同,只是“于周卑处”作“以五十颂处”。唐兰以为“颂”与“通”同音通用,《司马法》:“井十为通”,“颂”即十井之地,五十颂即五百井,也即五百方里(唐兰《略论西周微史家族窖藏铜器群的重要意义》,《文物》一九七八年第三期)。我们认为这个解释未必确切,周朝收容投靠的亡国之臣,固然有“畋尔田”、“宅尔邑”的优待,但不可能分配给面积如此大的土地。

重用投奔来的殷贵族中知识分子,是周朝从文王以来的一贯政策。文王任用殷臣辛甲为太史,武王接纳殷内史向挚,就是显著的例子(见第一编第三章第二节)。《诗经·大雅·文王》说:

> 穆穆(仪表端庄)文王,於(叹词)缉熙(奋发前进)敬止(语词)。假(大也)哉天命,有商(商朝)孙子。商之孙子,其丽(数目)不亿(十万为亿)。上帝既命(谓上帝既命文王),侯(乃)于周服(服从于周)。

侯服于周，天命靡常（靡常谓无常）。殷士（士谓“多士”）肤敏（黾勉努力），祼（灌酒于神前）将（献上祭品）于京（镐京）。厥作祼将，常服黼（绣有黑白相间花纹的礼服）冔（礼帽）。王之荩（进用）臣（指被进用为周臣的殷贵族），无念尔祖（要求殷贵族不再思念其祖先）。

无念尔祖，聿（惟）修厥德。永言（读为“焉”）配命（合于天命），自求多福。殷之未丧师（未丧师是指未失败，即国家兴盛时期），克（能）配上帝，宜鉴于殷（谓应以殷朝灭亡为鉴戒），骏（大也）命不易（谓天命不可改易）。

这是一首祭祀文王的诗，一方面歌颂文王的得到代替殷朝的天命，得到“济济多士”的帮助，称赞“多士”是“维周之桢”（骨干）；另一方面如上文所引，诰诫已经成为“王之荩臣”的“殷士”，要求他们勉力祭祀于周朝的宗庙，不再思念自己的祖先，要以殷朝灭亡为鉴戒，认识到天命不可改易，遵照天命而臣服于周。由此可知，西周初期镐京朝廷里所使用的殷贵族的数量是不少的，周朝一方面使用他们，一方面对他们还颇有戒心。

二　东都成周的营建及其政治设施

（一）东都成周的营建

武王克殷后，为了统治东方地区，防止殷贵族的叛乱，就有在洛邑创建新都的计划，并且把这件事嘱托于周公。等到周公平定三监和武庚叛乱之后，更加认识到加强东方统治的重要性，因此成王和周公都要遵照武王的遗愿，开始在伊、洛地区大规模营建新邑，作为东都，称为成周。

东都成周的兴建,《尚书大传》说在周公摄政第五年,而《史记·周本纪》说在“周公行政七年”,《鲁世家》也说在“成王七年”。成王七年即是周公行政七年。《史记》定在周公行政七年,是根据《洛诰》末二句“惟周公诞保文武受命,惟七年”的。《尚书》有《召诰》和《洛诰》两篇,是记述关于营建洛邑的事的。司马迁、刘歆认为两篇都作于周公摄政七年,而郑玄以为《召诰》作于周公摄政五年(《周礼·地官·大司徒》正义引)。皮锡瑞认为从两篇内容来看,“文势相接,不得以为相隔二年”,但是“营洛大事非一时所能办,《大传》言其始,《史记》要其终,两说可互相明”。也就是说,从五年开始,到七年完成(《今文尚书考证》卷十七)。我们认为,当以《尚书大传》为是,成周兴建于周公摄政五年。《史记》所说在周公行政七年或成王七年,是出于对《洛诰》末二句的误解。

殷、周贵族的纪年,很不统一。有以君王嗣位之年开始计算的,也有以某一特大事件发生之年开始计算的,更有以当年发生的大事作纪年标志的。西周初期纪年,以文王受命(接受克殷的天命)称王之年开始计算,这到武王和成王初年还沿用,所以武王克殷在武王即位之后四年,而《书序》和《史记》都说在十一年(文王受命称王之后十一年)。武王克殷之后,或者用“既克商”纪年。例如武王六年“访问箕子”,《尚书·洪范》称“惟十有三祀”,即文王受命称王之后十三年;《史记·周本纪》又说:“武王既克殷后二年,问箕子殷所以亡”。同年武王发病而死,《尚书·金縢》又称“既克商二年王有疾弗豫”。商代末年艅鼎:“惟王来正(征)人方,惟王廿有五祀。”上一句是用“征人方”这件大事作为纪年标志,下一句是指商王即位年数。《尚书·洛诰》末二句:“惟周公诞保文武受命,惟七年。”王国维《洛诰解》(《观堂集林》卷一)以𫹌鼎纪年作对比,认为"上纪事,下纪年",就是上一句是用当年大事作为纪年标志,下一句是用某一特大事件发生之年开始计数的。王氏依据上文,认为"惟周公诞保文武受命"是指周公"留洛邑、监东土之事",是正确的。上文记载成王命令周公留守成周,主持此后东都政务,"监我士、师、工(指文武百官),诞保文武受民(保安好文王、武王所受于天的人民)"。而周公的对答,一开头就说:"王命予来承保乃文祖受命民。"可知"惟周公诞保文武命",确指受命留守成周主持政务的事。王国维《周开国年表》认为"惟七年"是用"既克商"纪年,"是岁为文王受命之十八祀,武王克商后之七年,成王嗣位,于兹五岁"。很是确切。这年是周公摄政五年,也是成王五年,从"既克商"起算则为"惟七年"。

根据《召诰》记载,这年二月乙未(二十一日),成王从宗周(镐京)到丰,派遣太保召公先于周公前往洛邑"相宅"(勘察建都基地)。三月戊申(初五)召公在早晨到洛邑"卜宅"(占卜建都基地是否吉利),得到吉兆便开始"经营",庚戌(初七)召公"乃以庶殷攻位于洛汭",就是使用许多殷贵族在洛水入黄河处营建地基,经过五天,到甲寅(十一日)地基建成。次日乙卯(十二日)周公到洛邑,全面观察新邑经营的规模。过三天,到丁巳(十四日),举行郊祭(祭天神),用牛两头;次日戊午(十五日)在新邑举行社祭(祭地神),用牛、羊、猪各一头。又过七天,到甲子(二十一日)周公召集殷贵族的各级领袖(侯、甸、男、邦伯),用"书命"(写在简册上的命令)分配劳役,"厥既命殷庶,庶殷丕(大也)作"。后来成王来到新邑,太保召公便以监护者的身份,对少年的成王作了长篇教导。《召诰》的内容,就是记载这长篇教导的。从教导内容来看,这时成王来到新邑,开始升登王位,亲理政务。召公对成王说:"王来绍上帝,自服于土中。""土中"就是"中土",指成周居于四方的中心。"绍"当解释为"助"①,"自服"是亲自服政的意思。这是说成王来到成周,是帮助上帝进行治理,亲自服政于四方的中心。召公又说:"王乃初服……知(语词)今我初服,宅新邑,肆惟王其疾敬德。""初服"是说成王开始亲政②,"宅新邑"是成王居于新邑开始亲政。

一九六三年陕西宝鸡出土的何尊有这方面的记述:

> 惟王初鄹,宅于成周,复亩(禀)珷(武)王丰福(丰福是祭名),自天(天指天室)才(在)四月丙戌,王诰宗小子于京室曰:昔才(在)尔,考公氏克逨玟(文)王受兹〔大令(命)〕,惟珷(武)王既克大邑商,则廷告于天曰:余其宅兹中或(国),自之辥(乂)民。……惟王五祀。

近人考释把"惟王初鄹宅于成周"读作一句,将"鄹宅"二字连读,不确。"鄹"当用作"迁",原义为升登,"初迁"是说开始升登王位③。

---

① 孙诒让《尚书骈枝》说:"绍当训为助。《孟子·梁惠王篇》引《书》云:天降下民,作之君,作之师,惟曰其助上帝,绍上帝即助上帝也。……孔及蔡传并训绍为继,望文为释,失其指矣。"此说是。

② "服"指执行政务。《诗经·大雅·荡》:"曾是在位,曾是在服。"《毛传》:"服,服政事也。""在位"与"在服"意义相近。《酒诰》所说"内服"和"外服",《多方》所说"有服在大僚",毛公鼎载"才(在)乃服",都是这个意思。《召诰》说:"王乃初服。"又说:"知我初服,宅新邑。"孙星衍《尚书今古文注疏》说:"知或语词,《说文》云:知,词也。案《说文》㑛,亦词也。"俞樾《群经平议》卷六赞许孙氏之说,认为《召诰》所用知字皆语词,"盖语词而释以实义,宜其皆不可通也"。

③ "鄹"字在《说文》为地名。另有"䙴"字在"舁"部,说:"䙴,升高也。从舁囟声。"另有"迁"字,是"䙴"的异文,说:"迁,䙴或从卩。"段玉裁于"䙴"字下解释说:"升之言登也,此与辵部迁、拪音义同";又于"迁"字下解释说:"卩谓所登之阶级也。""迁"字原义亦是升登。《说文》:"迁,登也。从辵䙴声。拪,古文迁,从手西。"此处"迁"字是说升登阼阶,和文献上所说"践阼"、"践天子位"的"践",音义俱近。"践"也有升登之义。《礼记·中庸》郑玄注:"践犹升也。"《史记·秦始皇本纪》索隐引崔浩和《汉书·陈胜项籍传赞》颜注引晋灼,都说:"践,登也。"

“惟王初鄹，宅于成周”，和《召诰》所说“王乃初服”，“宅新邑”，意义相同。只是因为两者的地位不同，用词有差别。《召诰》因为出于太保召公之口，用“初服”比较适宜。召公用“天命”来教导成王，“服”字有奉天命服政之意。召公引用夏殷二代的历史来证明他的“天命”理论，说：“我不敢知曰：有夏服天命，惟有历年；我不敢知曰：不其延，惟不敬厥德，乃早坠厥命。”这是说夏代原来能够“服天命”，即按天命服政，因而历年长久；后来因为不敬重“德”，就很快丧失从上天接受来的“命”。至于何尊，是“宗小子”因为成王诰辞中有嘉奖其父亲的话，并赏给贝三十朋，为父亲所作的祭器。成王的诰辞是在来到成周升登王位之后发布的，因而何尊说“惟王初鄹”，是合于作者身份的。

何尊记载“惟王初鄹，宅于成周”，在“惟王五祀”，与《尚书大传》所说“营成周”在周公摄政五年相合，和王国维解释《洛诰》“惟七年”是既克商七年、即成王五年也相合。王国维的解释原来只是一种合理的推断，现在由于何尊出土而得到证实。《洛诰》第一段记载周公向成王报告营建洛邑经过，说：“予惟乙卯朝（早）至于洛师”，就是《召诰》所说三月乙卯“周公朝至于洛”。为什么周公只说乙卯这个日子而不讲月份呢？王国维《洛诰解》说：“日而不月者，成王至洛与周公相见，时在五月乙卯以前故也”（《周开国年表》同）。这一推断，现在也由于何尊出土而得到证实。何尊说：“才（在）四月丙戌，王诰宗小子于京室。”顺着《召诰》所记月日来推算，四月丙戌是十三日。成王来到洛邑是在四月丙戌之前，成王和周公、召公的相见当即在四月丙戌前后。

何尊的记述，与文献记载完全符合。所说“惟王五祀”，即是成王五年，也即周公摄政五年。所说成王诰宗子于京室曰：“惟珷（武）王既克大邑商，则廷告于天曰：余其兹宅中国，自之辪民。”“中国”即是《召诰》所说“自服于土中”的“土中”，就是指天下四方的中心。这时在洛邑大规模建设东都，确是继承了武王的遗志，实行了武王“廷告于天”的遗嘱。《逸周书·度邑解》，就是记述武王克殷之后，要在伊洛地区建都，并把这件大事托付周公的。《史记·周本纪》也说：“成王使召公复营洛邑，如武王之意。”何尊载：“复禀珷（武）王丰福，自天。”这是说，成王来到成周升登王位之后，就到天室对武王举行福祭。“福”是祈求赐福的祭祠，用牲肉和酒献祭，酒肉要归君主吃喝，叫做“归福”。春秋时代晋国还沿用这种礼制。“福”原是“胙肉”之意，见《国语·晋语二》。天室就是明堂。成王之所以要到天室祭祀武王，因为在成周建筑天室就是武王的遗志。天室可以用来宣布法令，宣称这些法令符合天意，用来加强对殷贵族的管理统治。天室该是成周大规模建设中最早完成的建筑，所以成王刚来成周，就可以在此祭祀武王了。

东都成周大规模的营建，是西周初期政治上的一件大事。同时分设东西两都以加强对东西两部的统治，是我国古代政治历史上的创举。这对于创建强大的周朝，是具有重大作用的。

更有一点需要加以辨明的，就是由于何尊的发现，有人解释何尊铭文，认为成王确曾迁都成周。何尊开头说：“隹（惟）王初鄠，宅于成周。”唐兰《{{IMG}}尊铭文解释》（《文物》一九七六年第一期）和《西周青铜器铭文分代史征》把“隹（惟）王初鄠宅于成周”连读为一句，认为“鄠宅于成周”，就是“周初的成王确实迁都成周”。并且认为《周本纪赞》太史公曰：“学者皆称‘周伐纣居洛邑’，综其实不然。武王营之，成王使召公卜居，居九鼎焉，而周复都丰镐，至犬戎败幽王，周乃东徙于洛邑”,综其实是错的。何尊记武王告天的话说“余其宅兹中国,自之乂民”,正说明武王的决策,到周公摄政五年,才实现这个决策,经营成周。①

我们认为司马迁所说没有错误,武王主张营建洛邑为东都,同时设置东西两都,是为了加强对中原地区以及对四方管理和统治。这是中国历史上伟大的创举,对于加强全国的统一起着重要作用,因为全国面积广大,僻居西方的国都是不便于管理中原和东北南三方的政务的。司马迁说武王、成王营建洛邑“居九鼎焉”,就是说把洛邑建成国都,“九鼎”原是国都的象征,至于说“周复都丰镐”,丰镐原是周的国都所在。当时把洛邑称为“成周”、丰镐称为“宗周”,就是由于两都同时设置的缘故。

(二)召公为营建成周而对成王的教导

周公摄政五年开始营建成周,成王来到成周开始亲政,即何尊所说“惟王初鄠,宅于成周”,召公就召集周公和殷贵族中首领在一起,当面向成王讲明今后在这里治理的方针政策,实际上就是以长老身份对成王进行教导。《尚书·召诰》就是当时史官记录下来的召公所作的教导。因为召公发表这篇教导时,周公和殷贵族中一些首领都在座,所以开头说:“拜手稽首,旅(陈也)王(指成王)若公(指周公),

① 唐兰《𬀩尊铭文解释》(《文物》一九七六年第一期)把铭文“惟王初鄠宅于成周”连读,认为成王迁都成周,成王是在洛邑建成之后,在这个新建“大邑”亲政,因而改元,称为“元祀”。此器作于成王亲政后五年。马承源《何尊铭文初释》(见同上《文物》)以为“鄠”即“堙”之本字,堆土造城之意,否认有迁都成周的事。此器作于成王五年,即周公摄政五年,与《尚书大传》所说摄政五年“营成周”相符。张政烺《何尊铭文解释补遗》(见同上《文物》)认为“鄠”与“省”音近通假,“省宅”即《召诰》、《洛诰》所说召公、周公的“相宅”。

诰告庶殷(指殷贵族首领),越乃御事(指所有官吏,“越”下原衍“自”字,从《诗经·大雅·思齐》郑笺所引校删)。”

召公对成王的教导,主要是要成王以夏、殷二代历史为鉴戒,希望能够“疾(迅速)敬德”,能够按照上天的“成命”,在中土“治民”。召公说:

> 王来绍上帝(谓帮助上帝治理),自(亲自)服(服政)于土中(犹言中土)。旦(周公名)曰:其作大邑,其自时(是)配皇天,毖祀(犹言祷告)于上下,其自时(是)中乂(乂,治也。中乂谓治理中土),王厥有成命,治民今休(休谓取得美好成绩)。

因为当时周公在座,召公用周公的话,指出了营建成周的政治目的,在于按照上帝“成命”在中土治理好小民。怎样治理好小民呢?召公认为必须使小民协和,“其丕(大也)能諴(和也)于小民”。还以为不能过分使用小民的劳力,也不能过分用杀罚的手段来治理,“其惟王勿以小民淫用(淫用谓过分使用)非彝(谓不按常法)①,亦敢(承上文谓勿敢)殄(绝灭)戮(杀罚)用乂(治理)民。若有功(谓顺以导之则有功),其惟王位在德元(谓居于德的首位),小民乃惟刑(通“型”,效法)

---

① 《召诰》:“其惟王勿以小民淫用非彝”,有三种不同读法和解释:(1) 伪《孔传》作一句读,解释说:“勿用小民过用非常,欲其重民秉常。”江声《尚书集注音疏》有同样解释:“勿以小民过用非常,戒毋扰民。”(2) 焦循《尚书补疏》则读“淫”字为句(实际是顿号),主张训“淫”为“过”,“用非彝”冒上“勿”字,“勿用小民淫为重民,勿用非彝为秉常”。(3) 王引之《经义述闻》和孙星衍《尚书今古文注疏》,都把这句连下文“亦敢殄戮用乂民若有功”连读。王引之解释说:“不以小民非彝而殄戮之者,先教化而后刑罚也,用此治民,乃能有功。”孙星衍说:“言王勿以小民有过为非法者,敢尽罪以治民,惟顺叙则有功也。”我们认为当以江声之说为是,江声解释“亦敢殄戮用乂民”说:“亦是承上之词,上句言勿,下句言亦,则是蒙上勿字而言亦也。”“亦勿敢用殄戮以治民,戒毋虐民也。”王先谦《尚书孔传参正》从其说,甚是。

用于天下，越王显（于王有光显）”。这样主张不过分使用“小民”和杀罚“小民”，就是提倡用“德”来治理，从而使得“小民”效法，把“德”推行于天下。

召公在强调用“德”治民的同时，还主张重用老成人。他说：“今冲子（谓童子，指成王）嗣（嗣位），则无遗寿耇（勿遗弃老成人），曰其（指老成人）稽（稽考）我古人之德，矧曰其有能稽谋自天。”这是因为成王年轻继位，召公特别为此指出，必须不遗弃老成人，因为老成人既能懂得古人之德，又能懂得天命。召公也还主张做好使用殷贵族中办事人员的工作，也就是使用好从殷贵族中选拔出来的官吏。他说：“王先服（使用）殷御事，比介（使靠拢）于我有周御事，节性（使节制其本性）惟日其迈（天天能上进）。”这是主张对殷贵族采取争取靠拢和促使逐步转变其立场的政策。因为洛邑有大量殷贵族迁居，为了巩固周朝的统治，扩展周朝统治力量，必须做好对殷贵族的使用和安排工作。

这时召公有必要对成王进行这样认真的教导。因为周朝刚刚建成，全国刚刚统一，叛乱的殷贵族及东夷的势力刚刚平服，广大人民在前一个时期受到殷朝及其诸侯迫害的创伤还很沉重，成王年轻即位，缺乏历史知识和统治经验，这真是周朝开国以来重要的关键时刻，召公以太保的职位，以周族中长老的地位，对周的兴亡负有重任，对成王负有教导和辅助的责任。但是，召公对于成王毕竟是臣下，以臣下教导君上，只能强调天命了。何况，当时贵族在思想上确实很相信“天命”的。召公既用天命来解释夏代和殷代的所以灭亡，也用天命来解释周朝之所以能够兴起和完成统一以及建都中土。认为主要关键就在于是否能够用“德”。因此说：“知今我初服，宅新邑，肆惟王其疾敬德，王其德之用，祈天永命(祈求天给以长命)。”

(三) 成周建成后的庆功典礼

《尚书·召诰》是成周开始营建以后，成王来到成周升登君位时，召公对成王的教导，着重阐明在东都的施政方针和策略。《尚书·洛诰》是在周公摄政五年成周建成以后，要举行庆功改元典礼时，周公和成王的对话。对话共分三段：第一段周公追叙营建成周的经过以及请成王前来成周定计等事，成王表示赞赏。第二段周公说明举行庆功典礼和祭礼的意义及其作用，成王极称赞周公的功劳。第三段成王表示要退回镐京即君位，命令周公留守成周治理，周公表示接受。最后叙述对文王、武王的祭礼，由成王命令作册逸宣布“王命周公后(指此后治理成周)”的册命。

《洛诰》第二段记周公对成王曰：

> 王，肇(开始)称(举行)殷礼(殷见之礼)，祀于新邑，咸秩(都有条理秩序)无文(“文”读作“紊”，无紊谓不紊乱)。予齐(整齐)百工(即百官)，伻(使)从王于周(成周)。予惟曰：庶有事(事谓祀事)。今王即命曰：记功(记建成成周之功)宗(宗庙)，以功作元祀(因功举行大祭祀)。惟命曰：汝受命笃(大)弼(辅佐)，丕(大)视(示)功载(事)，乃汝其悉自教(效)工(功)。

“殷礼”是内外群臣大会合、朝见君王之礼。①《周礼·春官·大宗

① 王国维《洛诰解》(《观堂集林》卷一)把“殷礼”解释为“祀天改元之礼，殷先王即位时举之”，为周沿用；又把“元祀”解释为“因祀天而改元，因谓是年曰元祀矣”。都很牵强。“元祀”仍应解释为大祀，“以功作元祀”谓因功而举行大祭祀。王国维解释《洛诰》末句“惟七年”说：“是岁既作元祀，犹称七年，因元祀二字前已两见，不烦复举，故变文云惟七年，明今之元祀即前之七年也。”不免是曲解。或者认为成王于次年改元，亦无依据。

伯》:“以宾礼亲邦国……时见曰会,殷见曰同。”这种殷见礼是周族传统的礼制,或者称为“依”。《诗经·大雅·公刘》说:“于京斯依,跄跄济济。”《逸周书·度邑解》记武王说:“予克致天之明命,定天保,依天室。”所谓“于京斯依”,就是在京都举行殷见礼。所谓“依天室”,就是在天室举行殷见礼。古“依”、“殷”音同通用。这时举行殷见礼,具有庆功大会的性质。同时“祀于新邑”,是配合庆功大会,记功劳于宗庙。即所说“记功宗,以功作元祀”。古代有策勋礼,要把功劳写在简策上送进宗庙保存。这到春秋时还沿用。例如鲁襄公十三年“公至自晋,孟献子书劳于庙,礼也”(《左传》)。周公说:“予齐百工,伻从王于周”,正因为是殷见之礼,要使百官集中到成周。这种庆功的殷见礼,主要是庆祝成周大邑的建成,实质上就是庆祝周朝一统大业的成功。同时借此机会,要大臣和诸侯会集在一起献功,从而加强全国的团结和一统。《尚书大传》引《洛诰》“乃女(汝)其悉自教工”作“悉自学功”,解释说:“悉,尽也。学,效也。传曰:当其效功也。于卜洛邑,营成周,改正朔,立宗庙,序祭祀,易牺牲,制礼作乐,一统天下,合和四海,而致诸侯,皆莫不依绅端冕,以奉祭祀者。其下莫不自悉以奉其上者,莫不自悉以奉其祭祀,此之谓也。尽其天下诸侯之志,而效天下诸侯之功也。”这就是解释庆功和献功的殷见之礼的。周公强调“肇称殷礼,祀于新邑,咸秩无文(紊)”,其目的就在于“一统天下,合和四海,而致诸侯”,并且使诸侯通过参加殷见之礼,参与献祭之礼,能够尽其志而效其功;从中也还可以观察他们是否诚心拥护周朝。《洛诰》记周公对成王说:

女(汝)其敬识(辨别)百辟(诸侯)享(参与献祭之礼),亦识其有不享(辨别某些诸侯并不诚心献祭)。享多仪(献祭应以礼仪为重),仪不及物(礼仪的分量赶不上贡物多的),惟曰不享(就是不诚心献祭),惟不役志于享,凡民惟曰不享,惟事其爽侮(这样对于王事就会发生差错和轻慢)。

这就是通过诸侯献祭之礼,观察他们对于朝廷的态度,从而辨别出哪些诸侯是不可信任的,防止他们发生差错和出现轻慢的行为。

(四)周公留守成周和主持东都政务

《洛诰》第三段记载成王对周公说:

> 公,予小子其退(谓自己将从成周退走),即辟于周(将回宗周即君位),命公后(命令周公留守成周主持以后政务)。四方迪(通"犹")乱,未定于宗礼(还不能按照宗周的礼制使天下大定),亦未克敉(读作"弥",终也)公功(也没有能够完成你周公的功业),迪(进也)将(主持)其后(必须进一步主持此地以后的政务),监我士、师、工(监督好我所属的文武百官),诞保文武受民(保安好文王、武王所受于天的人民),乱(当作"嗣")为四辅(任为君王统治四方的辅佐)。

郑玄把"命公后"解释为分封周公之子伯禽,不确。周公于摄政三年"践奄","践奄"之后,就把伯禽封于鲁,"因商奄之民"。这时伯禽早已分封,不需要等到成周建成后再分封。而且成王所说的话,都在嘱咐和勉励周公今后在成周进一步加强治理,没有半点分封周公后代的意思。蔡沈《集传》认为这是"成王留周公治洛也","犹后世留守、留后之义"。所说"犹后世留守、留后之义",未必正确,但是说是"成王留周公治洛",很是恰当。"命公后"的"后",就是"迪将其后"的"后"。下文说:"王命作册逸(即史佚)祝册,惟告周公其后","王命周公后,作册逸诰"。就是成王命令史官把他的口头的决定写成公文,用“册命”的方式授给周公今后治理东都的大权。成王给予周公监督百官、“保民”以及“司为四辅”的大权，就是统治东都的大权。因为东都是“中国”或“土中”，正当天下的中心，负有统治四方的重任。接着成王再对周公说：

公定(你周公留下吧)！予往已(我要回去了)！公功肃将祗欢(“肃”通“速”，公的功业行将为人敬悦)，公无困我(“我”原误作“哉”，从《汉书·元后传》、《续汉书·祭祀志》刘注引《东观书》所引改正。谓公不要使我为难)，我惟无斁(我不会厌倦)，其康事(“康”通“赓”，希望你继续从事)，公勿替刑(“替”谓废弃，“刑”通“型”，法则)，四方其世享。

这是成王进一步说明他的意愿，要求周公留在成周，继续从事治理四方的政务，只要不废弃原有的法则，子孙可以世袭这个为“四辅”的职位，所以说“四方其世享”①。后来果然这样，周公的后代世袭着这个治理成周的职务。令彝：“王令周公子明保尹三事四方，受卿事寮”，“明公朝至于成周”。《书序》也说：“周公既没，命君陈分正东郊成周，作《君陈》。”

(五) 成王和成周称号的确立

西周前期诸王都在活着的时候有尊称。文王、武王、成王，原来都是生号。关于这点，在先秦和汉初都是明确的。《诗经·周颂·昊天有成命》，朱熹认为“此诗多道成王之德，疑祀成王之诗也”。是正

---

①　伪《孔传》解释“四方其世享”说：“四方其世世享公之德。”不符合原意。上文“其康(赓)事”，此句“其世享”，都是对周公期望之词。“赓事”谓赓续从事，“世享”谓世世享有禄位。“四方其世享”是谓世世享有治理四方的禄位。这个“享”字，和《无逸》所说“肆中宗之享国七十有五年”的“享”，用意相同。

确的，全诗一章七句：

> 昊天有成命，二后受之（《毛传》：二后，文、武也）。成王不敢康，夙夜基命宥密（贾谊《新书》引作“谧”），於缉熙，单（《国语》引作“亶”）厥心，肆其靖之。

《国语·周语下》记载晋大夫叔向对周大夫单靖公所说的话，有解释这章诗的内容：“是道成王之德也。成王能明文昭，能定武烈者也。夫道成命者，而称昊天，翼其上也。二后受之，让于德也。成王不敢康，敬百姓也。夙夜，恭也。基，始也。命，信也。宥，宽也。密，宁也。缉，明也。熙，广也。亶，厚也。肆，固也。靖，和也。其始也，翼上德让，而敬百姓。其中也，恭俭信宽，帅归于宁。其终也，广厚其心，以固和之。始于德让，中于信宽，终于固和，故曰成。”贾谊《新书·礼容语下》也有相同的记载，也有对这章诗的解释，但解释不同：“谧者，宁也，亿也。命者，制令也。基者，经也，势也。夙，早也。康，安也。后，王也。二后，文王、武王。成王者，武王之子，文王之孙也。文王有大德而功未就，武王有大功而治未成。及成王承嗣，仁以临民，故称‘昊天’焉。不敢怠安，早兴夜寐，以继文王之业。布文陈纪，经制度，设牺牲，使四海之内懿然葆德，各遵其道，故曰‘有成’。承顺武王之功，奉扬文王之德，九州之民，四荒之国，歌谣文、武之烈，累九译而请朝，致贡职以供祀，故曰‘二后受之’。方是时也，天地调和，神民顺亿，鬼不厉祟，民不谤怨，故曰‘宥谧’。成王质仁圣哲，能明其先，能承其亲，不敢惰懈，以安天下，以敬民人。”

上述两段对《昊天有成命》的解释，虽有不同，但是，认为这首诗是歌颂成王之德，是一致的；认为成王是继承文王、武王的事业而得到成功，完成了昊天的“成命”，也是一致的。《国语》说：“成王能明文昭，能定武烈者也。夫道成命者，而称昊天，翼其上也。”“文昭”是指文王的“德”，“武烈”是指武王的“德”，而“道成命”就是成王的“德”。《新书》说：“文王有大德而功未就，武王有大功而治未成”，及成王承嗣而“有成”。说明成王之所以称“成”，就是由于他完成了文王、武王“未就”、“未成”的功业。《新书》所说：“布文陈纪，经制度，设牺牲，使四海之内懿然葆德，各遵其道，故曰‘有成’。”也就是《尚书大传》所说的“改正朔，立宗庙，序祭祀，易牺牲，制礼作乐，一统天下”。《吕氏春秋·下贤》说：“文王造之而未遂，武王遂之而未成，周公旦抱少主而成之，故曰成王。”这就明确地指出了成王所以称“成”的原因。

《尚书·酒诰》开头，无论今文尚书三家（欧阳、大小夏侯）和古文尚书三家（马融、郑玄、王肃），都作“成王曰”（只有伪《孔传》删去“成”字）。马融所引解释“成王”的三种说法之一：“或曰：以成王为少，成二圣之功，生号曰成王。”郑玄说：“成王所言成道之王”（《尚书·酒诰》正义引）。都是有依据的。段玉裁根据《尚书·顾命》云：“翌日乙丑成王崩”；《史记·鲁世家》说：“周公在丰，病将没，曰：必葬我成周，以明吾不敢离成王”（《尚书大传》作：“吾死必葬于成周，示天下臣于成王”），证明成王确是“生称”，“如汤生称武王之比”（《古文尚书撰异》）。魏源也根据《国语》、《新书》、《吕氏春秋》、《史记》等书，证明成王是“生时尊号”，“周人及西汉初人皆知之”（《书古微》卷十）。

成王之所以称“成”，确实取义于周朝开国大业之完成。也就是昊天“成命”的完成。《召诰》记召公引周公的话说：“其自时（是）中乂，王厥有成命，治民今休。”这是说成王奉行上帝的“成命”，治民取得了美好的成果。《召诰》记召公最后对成王说：“王末（终也）有成命，王亦显。”这是说成王终于完成上帝的“成命”，因而成王也很光显。周朝统一全国、统治四方开国大业，是周公东征胜利、建成东都成周之后才完成的，从此成王开始成为统治四方的新的开国之君。所以《洛诰》记周公对成王说："予乃胤保（指保天命），大相东土（指准备营建成周），其基（始也）作民明辟（"明辟"即明君）。"周公在对答成王要他留在成周主持统治四方政务时又说："孺子（指成王）来相宅，其大惇典殷献民（指管理殷贵族），乱（当作"嗣"）为四方新辟（成为统治四方的新君），作周恭先（作为后代恭谨的周朝君王的先导）。曰：其自时（是）中乂（治理中土），万邦（诸侯）咸休（都有很好的治理），惟王有成绩。"正因为"王有成绩"，所以推尊称为"成王"。

成周之所以称"成"，和成王之所以称"成"，意义是一样的。郑玄说："居摄七年天下太平而此邑成，乃名曰成周"（《公羊传·宣公十六年》疏引）。这个解释不够确切。何休说："名曰成周者，周道始成，王所都也"（《水经·谷水注》引）。"成周"是和"宗周"对称的。"宗周"是因为天子是天下的大宗而得名。"成周"是因为建成四方统治的中心而得名。自从成周建成以后，西都宗周的京畿和东都成周的京畿就沟通连结起来，有所谓"邦畿千里"之说，成为周朝中央政权相互连结的两个统治中心。

第二编

西周时代的土地制度、农业生产和手工业生产

第一章　井田制的生产方式和村社组织

原始的农村公社，是原始氏族公社制度的产物。它的变质形态，曾长期留存，直到商品交换关系得到较大的发展，使它瓦解为止。农村公社牢固地留存，是古代东方各国社会制度中最突出的特征。至于古代西方各国，本身的这种制度虽早已瓦解，但因为在奴隶社会晚期有“蛮族”的入侵，又广泛地传布了这种村社制度。到中世纪前期，在整个封建化的过程中，除了封建占有土地制的发展，奴隶的逐步转化，是其主要内容以外，村社的隶属于领主或大地主，村社的分化与村社农民的农奴化，也成为封建化的主要内容的一部分。而且在村社分化瓦解以后，它的残余形态对整个封建社会的历史还有深远的影响。

中国古代社会中有没有村社组织呢？如果有，它的发生、变化、解体的过程怎样呢？它和中国古代历史发展的关系怎样呢？这个问题在目前我国史学界，在看法上存在很大的分歧。有的在研究我国古代史时根本没有谈到这个问题，有的根本否认中国古代有村社组织的存在，有的大谈村社但没有提出多少具体而确切的资料，缺乏具体的内容，因而也不能令人满意，有的认为井田制就是村社的制度，有的认为井田制不是村社制度，而是榨取奴隶劳力的工作单位和赏赐奴隶管理者的报酬单位。这个问题还牵涉到中国古代社会属于何种类型及其特点的问题。

我认为井田制确是古代村社的土地制度。这里将先论证井田制是古代村社的制度，继而具体地论述井田制的产生和实行地区、井田制中的定期平均分配份地的制度、在井田制基础上的村社组织以及村社中的公共生活，以便具体地说明我国古代村社发生、变化的过程，以求解决这个古代历史上的重要问题。

一　井田制是古代村社的土地制度

我国古代的井田制，确是村社的制度。因为我国古代历史上，确实存在过这种整齐划分田地而有一定亩积的制度，也确实存在过按家平均分配份地的制度。

《国语·鲁语下》记述孔子论古时征军赋说："其岁收，田一井，出稯禾、秉刍、缶米，不过是也。"很明显的，古时曾以"井"作为田的计算单位，并作为征收军赋的计算单位。《国语·郑语》记述周幽王时史伯说："故王者居九畡之田，收经入以食兆民。"《国语·楚语下》记述观射父也说："天子之田九畡，以食兆民，王取经入焉，以食万官。"他们所说的畡、兆、经、万，都是数字，《太平御览》卷七五〇引《风俗通》说："十亿谓之兆，十兆谓之经，十经谓之垓。"俞樾在《群经平议》中解释说："民之数曰兆，而田之数曰畡，正一夫百亩之制。田之数曰畡，而王所取之数曰经，正什而取一之制。"孙诒让在《籀庼述林》卷三有一篇“国语九畡义”，对此更有详细的解说。当然，上述史伯和观射父的话，是泛泛之论，并不是真的在“王畿千里”之内，有畡田、兆民、经入、万官，但是，一定确实存在过“一夫百亩之制”，史伯和观射父才会这样说的。

我们再看战国的史料。尽管战国时代井田制度早已破坏，但是战国早期的李悝、战国中期的孟子和战国后期的荀子，他们谈到农户耕田，总说是百亩。李悝说：“今一夫挟五口，治田百亩”（《汉书·食货志》），孟子又常说：“五亩之宅”，“百亩之田”，“八口之家”（《孟子·梁惠王》等），荀子又曾说：“家五亩宅，百亩田”（《荀子·大略》），几乎是众口一辞。《吕氏春秋·乐成》记述魏襄王时的邺令史起说：“魏氏之行田也以百亩，邺独二百亩，是田恶也。”可知当时魏国一般农民的耕作亩积都是百亩，只因邺的田坏，实行着二田制，才一夫二百亩。《周礼·大司徒》曾说：“不易之地家百亩，一易之地家二百亩，再易之地家三百亩”，《周礼·遂人》也说：“上地夫一廛、田百亩、莱五十亩”，“中地夫一廛、田百亩、莱百亩”，“下地夫一廛、田百亩、莱二百亩”。这也是由于田有上下，有的实行着年年耕作制，有的实行着三田制、二田制，有的实行着三年轮耕制，所以配合了不同数目的休耕田（即莱田），而基本也是“家百亩”。直到西汉初期，晁错还是说：“今农夫五口之家……其能耕者不过百亩”（见《汉书·食货志》）。这种战国时代农田“家百亩”的情况，应该是过去井田制度平均分配份地的遗存。因为战国时代这种遗存还多存在，所以大家还是在这样说。到西汉初期，情况就不同，这种遗存已大多破坏，所以晁错就说：“其能耕者不过百亩”，没有说得像李悝、孟子、荀子那样肯定了。如果说古代没有井田制度，这种现象就不好解释。

《孟子》谈井田制度，一则说："周人百亩而彻"，再则说：田一井中"八家皆私百亩"。"百亩"该是西周以来井田制中份地的标准面积，也就是当时村社中分配份地的标准面积。古时所谓"亩"，是指高畦，所谓"垄上曰亩，垄中曰甽"。古时"六尺为步，步百为亩"，是指一条六尺宽、六百尺长的高畦；"百亩之田"，就是把一百条高畦并列着，正好是整整四方的一块田。根据洛阳金村出土战国铜尺和商鞅量来推算，当时一尺合今零点二三公尺，六尺为步，步百为亩，百亩合今三十一点二亩，大概这样大的面积，正适合当时生产力条件下一家农户耕作。

井田制度是古代村社制的土地制度，是很明显的，不可能作其他的解释。在古代村社中，主要耕地属于集体"占有"，有集体耕作的耕地，也有平均分配给各户使用的份地，集体耕作的收入原先是用来支付公共费用的。井田制度正是如此。《孟子·滕文公上》说：

> 方里而井，井九百亩，其中为公田，八家皆私百亩，同养公田，公事毕然后敢治私事。

井田制度确是由于田亩划分成方方整整的井字形而得名的①，但是不必如孟子所说那样中间一块"公田"，四周八块"私田"，如此整齐划一。至于井田制有"公田"和"私田"之分，当是事实。"公田"也称"籍田"或"耡"，就是集体耕作的耕地，"私田"就是平均分配给各户的份地，这正是村社的土地制度。

在古代村社中，分配给各户的份地，是按劳动力平均分配的，有

---

① 《释名·释州国》说："周制九夫为井，其制似井字也。"《周礼·小司徒》郑注也说："其制似井之字，因取名焉。"

按一定年龄的还受制度。井田制度正是如此。《汉书·食货志》记述井田的还受制度说：

民年二十受田，六十归田；七十以上，上所养也；十岁以下，上所长也；十一以上，上所强也。

农民户一人已受田（“一”字从王念孙校补），其家众男为馀夫，亦以口受田如比。

《公羊传·宣公十五年》何休注又说：

圣人制井田之法而口分之，一夫一妇受田百亩，以养父母妻子，五口为一家……多于五口名曰馀夫，馀夫以率受田二十五亩。……男年六十、女年五十无子者，官衣食之。

这样在井田制度之下，以结婚的一夫一妇为分配份地的对象，二十岁受田①，六十岁还田，以二十到六十岁作为分得份地和出一户负担的时期，这正是村社中还受份地的制度②，不可能作其他的解释。

这是我们要谈的第一点，说明我国春秋时代以前确实存在整齐划分田地而有一定亩积的井田制度，并且确实存在平均分配“百亩”份地的制度。在井田制度中，既有集体耕作的“公田”，又有平均分配

---

① 应劭《风俗通义》引《春秋井田记》说：“人年三十，受田百亩，以食五口，五口为一户，父母妻子也”（《全后汉文》卷三七）。《礼记·内则》说：“三十而有室，始理男事”，郑注：“男事，受田给政役也。”《国语·鲁语》韦注又说：“三十者受田百亩，二十者受田五十亩，六十还田。”陈奂、孙诒让都据此认为年二十受馀夫之田，年三十受正夫之田。事实上，古代民间结婚年龄较早，并不如《礼记》、《周礼》等书所说，一般到二十岁都已经结婚。《墨子·节用上》说：“昔者圣王为法曰：丈夫年二十，毋敢不处家，女子年十五，毋敢不事人。”《韩非子·外储说右下》载齐桓公下令于民曰：“丈夫二十而室，妇人十五而嫁。”

② 云南西双版纳傣族地区，在民主改革前，保留村社制度，每个农民从十五岁到结婚前为学习负担时期，应分得二分之一到四分之一份地；结婚后到五十岁为正式负担时期，分得一份份地，出一户负担；五十以后为卸却负担时期，退还份地。井田的还受制度正与此相类。

给各户的“私田”（份地），“私田”又有按一定年龄的还受制度，这无疑是古代村社的土地制度。

二 井田制的实行地区

接着要讨论到：这种古代村社性质的井田制为什么要划成方方整整？实行在哪些地方？我们的答案是：是和统一治理和管理水利灌溉的需要有一定的关系，实行在河流灌溉的平原地区。

在古代盛行河流灌溉农业的国家，统一治理和管理水利，是全部经济和社会生活中头等重要任务。在最初原始氏族公社制度下，这种水利灌溉是由各个公社自行治理和管理的。随着生产力的增长，国家权力的产生，这种水利灌溉工程就由国家来统一管理。在我国古代也是如此，无论王畿和诸侯的封国，最初都设在有河流灌溉的肥沃地区，例如周的王畿在渭水流域，晋的封国在汾水流域，齐的封国在济水流域，鲁的封国在泗水洙水流域，汉阳诸姬在汉水流域。在这样河流灌溉的肥沃地区，必须要经常治理和管理水利，如果放松或停止治理和管理，肥沃之地就会被淹没或者变成沼地。在当时生产力较低的水平下，由各户单独治理和管理水利灌溉是不可能的。井田制所以要划得方整，首先是由于统一治理和管理水利灌溉的需要。春秋战国之际齐国的著作《考工记》，就曾详细谈到井田制度中水利灌溉的结构，大小沟渠有浍、洫、沟、遂、畎等。虽然各地的井田不一定都有这样的规模，但是这样统一的排水系统是必须的。①

---

① 程瑶田《沟洫疆理小记》的“井田沟洫名义记”说：“郑氏注《小司徒》云，沟洫为除水害，余亦以为备潦非备旱也。……若以备旱，则宜潴之，不宜沟之；宜蓄之，不宜泄之。”

自从西周时代起，田亩就有“东亩”、“南亩”之分，《诗经·周颂》的《载芟》、《良耜》，《小雅》的《大田》、《甫田》，都曾说到“南亩”，《信南山》还说：“我疆我理，南东其亩。”所谓“南亩”是行列南向的亩，“东亩”是行列东向的亩①。这时所以要把田亩分别开垦成“南亩”和“东亩”，是为了适应地势和河流。《考工记》在讲到井田的沟渠时说：“凡沟必因水势，防必因地势”，又说：“凡沟逆地防，谓之不行；水属不理孙，谓之不行。”这是说：开沟渠如果不顺地的脉理，水就不能流畅，水的灌注如果不顺地理，水也不能流畅。为了使得水利灌溉适合地势和水势，就必须对一个地区沟渠的开凿和田亩的开垦，作统一的安排，分别开垦成“南亩”和“东亩”。这种情况到春秋时代还是如此。《韩非子·外储说右上》、《吕氏春秋·简选》、《商君书·赏刑》都曾说：晋文公在战胜卫国后，曾“东卫其亩”。《左传》载公元前五八九年（鲁成公二年）鞌之战，齐国大败，齐派宾媚人（即国佐）向晋求和，晋国以“使齐之封内尽东其亩”作为讲和条件。宾媚人为此质问说：

> 先王疆理天下，物土之宜而布其利，故诗曰：我疆我理，南东其亩。今吾子疆理诸侯，而曰尽东其亩而已，唯吾子戎车是利，无顾土宜，其无乃非先王之命也乎？

由此可见，古时为了“物土之宜而布其利”，把田亩开垦成“东亩”和

① 胡承珙《毛诗后笺》说：“古人制田始于一亩，行水始于一甽。姑以一亩之甽言之，甽顺水势，亩顺甽势。甽纵则亩纵，甽横则亩横，此自然之理也。南北曰纵，东西曰横。甽自北而注南为纵，则亩之长亦随甽而南，曰南亩。甽自西而注东，亩之长亦随甽而东，曰东亩。”程瑶田《沟洫疆理小记》的“阡陌考”说：“天下之川皆东流，故川横则浍纵，洫又横，沟又纵，遂又横，遂横者，其甽必纵，而亩陈于东，是故东亩者天下之大势也。”又说：“天下之川，大势虽皆东流而河东之川独南流，河为川之最大者，而或南流，则其亩必南陈而为南亩矣。”

“南亩”，而这种“东亩”、“南亩”的安排，即所谓“疆理天下”的事，是由国家统一办理的。到春秋时代，郑国子产还曾使“田有封洫，庐井有伍”。因为山川和田邑有着密切关系，所以在古时分封大块土地时，往往连山川一起分封。《鲁颂·閟宫》说：“乃命鲁公，俾侯于东，锡之山川，土田附庸。”宜侯夨簋铭又说：“易（锡）土：厥川三百□，厥□（邑）百又廿，厥宅邑卅（三十）又五。”都把“川”放在首要的地位。

这种方整的井田制既是由于统一水利灌溉需要而设立的，所以一般只实行在有水利灌溉的平原地区。同时，山林沼泽地带是不可能划分得这样整齐的。

《汉书·食货志》说：“此谓平土可以为法者也，若山林薮泽原陵淳卤之地各以肥硗多少为差。”这个说法是有根据的。《国语·齐语》记述管仲说：“陵阜陆墐井田畴均，则民不憾”，这里把“井田”和“陵阜陆墐”区别开来讲，就足以证明井田不设在“陵阜陆墐”之地。《左传》记述公元前五四八年（鲁襄公二十五年）楚国司马蒍掩为了“量入修赋”，“书土田，度山林，鸠薮泽，辨京陵，表淳卤，数疆潦，规偃（堰）猪（潴），町原防，牧隰皋，井衍沃”。其中只有“衍沃”之地采用“井”的统计方法，其余山林薮泽之地，则分别采用了度、鸠、辨、表、数、规、町、牧等统计方法。很清楚地可以看到，只有水利灌溉的平原地区，即所谓“衍沃”之地，才实行井田制。《周礼·小司徒》说：“乃经土地而井牧其田野”，也以“井”“牧”连言，除了“井”的划分方法之外，也还有“牧”的计算方法。

这种情况不是我国古代独有的现象，在日耳曼的马克（或译作马尔克）也有同样的情况，在山林沼泽地带不可能划分成井田，在那些地方的村社就采用了不规则的划分方法，也就不可能实行定期平均分配份地的制度，因而村社成员的份地首先成为世袭财产。

这是我们要谈的第二点，说明中国古代和其他古代盛行河流灌溉农业的国家一样，在便于水利灌溉的平原地区，长期保存着村社组织，实行着井田制。同时由于地形的限制，在山林沼泽地区便没有实行井田制。

三　井田制中的定期平均分配份地制度

上面我们既然说井田制度是古代村社的制度，那么，它是怎样平均分配份地的呢？这种定期分配份地的情况，我们从古代的月令一类的书中还可以看到它的踪迹。因为古代月令一类的书，是陆续增订而成的，在这些“老皇历”上会留下很古老的陈迹。

《孟子》说：“夫仁政必自经界始，经界不正，井田不均，穀禄不平。”孟子这段话，虽然由于他把井田制作为“仁政”，想推行这种“仁政”而说的，但是，不是毫无根据的。当古代实行井田制时，为了定期平均分配份地，的确需要很整齐地划分份地的经界。《礼记·月令》和《吕氏春秋·孟春纪》说：

> 王命布农事，命田舍东郊，皆修封疆，审端经（径）术……田事既饬，先定准直，农乃不惑。

《月令》是春秋战国间增订成的①，它说在正月修正田地的封疆经术，目的为了使农民“不惑”，这该是一种传统的老规矩。王念孙认为这就是管仲所说的“井田畴均则民不憾”（见《经义述闻》卷二〇），应该是对的。比《月令》说得简单的《大戴礼记·夏小正》，至少是春秋时

① 详拙作《月令考》，《齐鲁学报》第二期，一九四一年七月出版。

代的月令,它说:正月“农率均田”,郑玄曾把这句话来作《月令》这节的注解,也应该是对的。所谓“农率均田”,这是说农民相率进行均田。过去注释《夏小正》的人,因为不了解这点,有的把“均田”解作“除田”,是讲不通的,“均”从来没有“除”的意义,有的读“均”为“筠”,认为“均田”就是“耘田”,但是“筠”是草根之义,而且正月也不是耕田之时。从《夏小正》正月要“农率均田”看来,我国早期的村社如同各国早期的村社一样,每年要把份地重新分配一次的。

我国古代的井田,因为要定期平均分配,所以有一定的疆界划分,这种疆界也就是孟子所说的“经界”。大概一大块井田的四周都是有“封疆”的,也或简称为“疆”。在井田之内是有“阡陌”来划分的,这种“阡陌”也或称为“畔”,又或称为“径术”。细分起来,又有径、畛、涂、道等名称。《周礼·遂人》说:“凡治野,夫间有遂,遂上有径,十夫有沟,沟上有畛,百夫有洫,洫上有涂。”程瑶田《沟洫疆理小记》有“阡陌考”,认为“阡陌之名,从遂人百亩千亩百夫千夫生义”,他引《风俗通》“南北曰阡,东西曰陌”解释说:

> 遂上有径,当百亩之间,故谓之陌,其径东西行,故曰东西曰陌也;遂上之径东西行,则沟上之畛必南北行,畛当千亩之间,故谓之阡,故曰南北曰阡也。

这个解释很是正确,“阡陌”是用来划分千亩和百亩的。这样用阡陌来划分,就是为了便于平均分配份地。

古时为了便于平均分配份地,所以田亩划分得很整齐划一。所谓井田,就是外有封疆内有阡陌的田。古人为了维持这种井田制,从来就很注意封疆阡陌的修理和整顿。《尚书·梓材》说:“惟曰若稽田,既勤敷菑,惟其陈(田)修,为厥疆畎(甽)。”这里把“若稽田”和“若作室家”相提并论，“稽田”当是计划开垦田地的意思。这是说：在计划开垦田地时，既要勤于开垦，更要注意修治疆界沟洫。《国语·周语上》记虢文公的话，也说：“民用莫不震动，恪恭于农，修其疆畔，日服其镈，不解（懈）于时。”也把“修其疆畔”作为耕耘前重要的事。《月令》说孟春之月、春耕之前，要“修封疆，审端经术”，在当时是有此必要的。《左传·襄公二十五年》记述子产说：“政如农功……行无越思，如农之有畔，其过鲜矣。”这里也把“农之有畔”看成“农功”中最重要的事。封疆阡陌是划分井田的主要结构，所以在商鞅变法时，为了废除井田，就“为田开阡陌封疆”了。

《荀子·王霸》说：

> 《传》曰：农分田而耕，贾分货而贩，百工分事而劝，士大夫分职而听，建国诸侯分土而守。

这里荀子所引的《传》，该是一种古书，所说的“农分田而耕”，该就是指井田制平均分配田地而言的。《荀子·王霸》又说：

> 人主者以官人为能者也，匹夫以自能为能者也。人主得使人为之，匹夫则无所移之。百亩一守，事业穷，无所移也。

这里所说的“百亩一守”，就是说农夫“分田而耕”，一夫只有百亩之守。在井田制度“分田而耕”的情况下，每人平均分配份地百亩，即所谓“百亩一守”。

我们前面说过，我国古代村社的井田制度，有着定期平均分配份地的办法。这种办法，古时叫做“换土易居”，或者叫做“趄田易居”。《说文解字》解释“趄”字说：“趄田易居也。”《公羊传·宣公十五年》何休注说：

> 是故圣人制井田之法而口分之，一夫一妇受田百亩……司

> 空谨别田之善恶，分为三品，上田岁一垦，中田二岁一垦，下田三岁一垦，肥饶不能独乐，垸埆不得独居，故三年一换土易居，财均力平。

何休这个说法，得到了近年山东临沂银雀山出土竹简《田法》的证实。《田法》称："三年壹更赋田"，"赋"是授与之意，"一更赋田"就是说要一律更换授与的田亩①。何休所说"三年一换土易居"，就是古代村社中定期分配份地的制度。何休所说"谨别田之善恶，分为三品"，就是以土壤的自然差别和经济差别为标准，把土地分为三等的品级，上田是年年垦耕的，中田是二年轮流垦耕和休耕的，下田是三年中垦耕一年而轮流休耕二年的。所谓"肥饶不能独乐，垸埆不能独居"，就是为了使大家能够平均垦耕品级不同的田地，平均大家劳动生产的条件。日耳曼人的马克公社，为了平均分配耕地，最初是一年重新分配一次，接着改为三年、六年、九年或十二年分配一次。中国古代的村社也正是如此，起初是每年要"均田"，接着就"三年一换土易居"了②。

这是我们要谈的第三点，说明中国古代村社性质的井田制度，和古代各国的村社一样有定期平均分配更换份地的制度，起初是一年分配更换一次，接着是三年分配更换一次。为了要平均分配份地，井田有着平均划分田地的封疆阡陌的结构。原始村社中实行定期平均

① 竹简《田法》见于银雀山汉墓竹简整理小组《银雀山竹书守法、守令等十三篇》，刊《文物》一九八五年第四期。

② 《汉书·地理志》颜注引张晏说："周制三年一易田，以同美恶。商鞅始割裂田地，开立阡陌，令民各有常制。"又引孟康说："三年爰土易居，古制也。末世浸废。商鞅相秦，复立爰田……爰自在其田，不复易居也。"都认为商鞅实行"爰自在其田"的"爰田"制之前，有"三年爰土易居"的制度。

分配更换份地的制度，是为了劳逸平均，使所得生产品均匀。后来隶属于国君和贵族的村社，也还实行定期平均分配更换份地的制度，主要的是为了确保对贵族提供力役，均分对贵族的力役。井田制度正是如此，所以《汉书·食货志》论述井田制度的作用说："力役生产可得而平也。"

四　井田制基础上的古代村社组织

接下来，我们想讨论一下我国古代井田制基础上的村社组织。究竟在井田制下多少家合成一井呢？孟子说：八家共一井，《考工记》又说："九夫为井，井间广四尺深四尺谓之沟"，而《周礼·遂人》又说，"十夫有沟。"我们认为十家一井之说，比较符合实际情况。因为古代村社是由氏族公社、家庭公社变化来的，原来氏族组织是十进制的。春秋战国间各国编制户籍，以伍什为单位，例如郑国子产曾使"田有封洫，庐井有伍"，秦国在公元前三七五年"为户籍相伍"，也该是按照村社的老习惯的。春秋时代有所谓十室之邑、百室之邑、千室之邑，也是以十进计算的。金鹗《求古录礼说》卷九《邑考》说：

> 《孟子》云：乡里同井，出入相友，守望相助，疾病相扶持，则百姓亲睦。此可见一井亦可为邑矣。《论语》谓十室之邑，即一井之邑。

这个说法很有见识，所谓"十室之邑"，该是当时最普遍的小村社。"邑"是古人居住地的通名，大的都市可以称为邑，小的村社也可称为邑。古时最小的居住单位叫里，贵族所居的都邑古时也有称为"里"的，有所谓"里君"。令彝、史颂簋、《尚书·酒诰》和《逸周书·商誓解》都曾提到"里君"（《酒诰》和《商誓》篇今本已误作"里居"），这种

“里君”和“诸尹”、“百官”、“百姓”(贵族)连称,当是贵族所居“里”的官长。但是,“里”原来应该是农民居住单位的名称,所以从田从土。西周金文中,除了有赏赐“田”和“邑”的记载之外,也还有赏赐“里”的。大簋盖铭说:

王乎(呼)吴师召大,易(锡)趞睽里,王令(命)善(膳)夫豖曰(谓)趞睽曰:“余既易(锡)大乃里。”……睽令豖曰(谓)天子:“余弗敢歡(婪)”,豖以(与)睽颁(履)大易(锡)里。

图九 大簋盖铭文

这是记述周王把原来属于�嬰的“里”,改赏给大的经过。古书上也常以“田里”连称,例如《左传·襄公三十年》记述郑国大夫“丰卷奔晋”,后来又“反其田里及其入焉”。《国语·鲁语下》记述孔子说:“赋里以入”,《墨子·尚同》也以“里”为“乡”以下的居民的单位。《尔雅·释言》说:“里,邑也”,“里”该就是小邑,也就是“十室之邑”。“里”的作为长度和面积的单位,该也是由此而起的。孟子说:“乡里同井”,又说:“方里而井”,因为一“里”是“十室之邑”,“十室之邑”有一井之田,因而把一井之田的长度面积也称为“里”了。

古书上还有把这种“邑”和“里”称为“社”和“书社”的,这是由于“里”或“邑”中设有“社”或“书社”的关系。《战国策·齐策五》说:“通都、小县、置社有市之邑”,可为明证。大概我国古代村社的大小是不一致的,最普遍的是十家,也还有百家的,千家是极少数的,单位名称在各个地区也是不同的,有称邑和里的,有称社或书社的,也有称乡的,又有称聚的,商鞅变法时就曾把乡、邑、聚合并成县。自从春秋战国间有县制的设立,就逐渐把这些乡里的组织统一起来。

最初村社中管理公务的领导,该是选举出来的。《公羊传·宣公十五年》何休注记述井田制度时说:“选其耆老有高德者名曰父老,其有辩护伉健者为里正。”秦汉时代的乡官,有三老“掌教化”,啬夫“职听讼,收赋税”,游缴“缴巡禁贼盗”。所有这些乡官,究其原始,该是由村社中选举出来的,后来才成为国君和贵族选派的。《汉书·高帝纪》记二年二月诏说:“举民年五十以上有修行能帅众为善,置以为三老。”《东观汉记》说秦彭做山阳太守,“择民能率众者,以为乡三老”。《汉书·文帝纪》记十二年诏说:“三老,众民之师。”原来村社中三老,确是“众民之师”,“年五十以上有修行能帅众为善”的。到西汉末年农民大起义时，樊崇起兵于莒，还“自号三老”。这“三老”和“啬夫”等乡官，有着很古的渊源，例如《左传·昭公三年》记述晏婴说：由于当时齐国赋税的严重，“民参(三)其力，二入于公而衣食其一，公聚朽蠹而三老冻馁”。又如《左传·昭公十七年》引《夏书》说：“辰不集于房(日食)，瞽(乐师)奏鼓，啬夫驰，庶人走。”原来在原始的农村公社中，这些三老和啬夫等，是村社的领袖。

原始村社中的长老，负有领导、组织和监督社内成员劳动的责任。我们在古人有关井田制的论述中，也还可以见到一些这种情况。《仪礼经传通解》卷九引《尚书大传》说：

> 上老平明坐于右塾，庶老坐于左塾，馀子毕出，然后皆归，夕亦如之，馀子皆入。父之齿随行，兄之齿雁行，朋友不相逾，轻任并，重任分，颁白者不提携，出入皆如之。

《白虎通》卷六《论庠序之学》部分也有相类的叙述。这些虽出于后人的传述，应该不是凭空虚构的。《公羊传·宣公十五年》何休注在论述井田制时也说：

> 民春夏出田，秋冬入保城郭。田作之时，父老及里正旦开门，坐塾上，晏出后时者不得出，莫(暮)不持樵者不得入。五谷毕入，民皆居宅，里正趋缉绩，男女同巷，相从夜绩，至于夜中，故女功一月得四十五日作，从十月尽正月止。

《汉书·食货志》也有相同的说法，惟“男女同巷”作“妇人同巷”。这时村落的周围是有泥墙保卫着的，称为“保”或“都”，所以《月令》说：孟夏之月“命农勉作，毋休于都”，又常说：“四鄙入保”。在“保”或“都”的两头有门，叫做“闾”，在“闾”旁有个门房，叫做“塾”。在农忙季节，父老和里正就坐在“塾”里，监督人们早出晚归。何休注和《食货志》都说在里正的监督下，在夜长的冬天，妇女“相从夜绩，至于夜中”，一天要做十八小时工作。

这时“籍田”或“公田”上集体劳动所得，已被贵族侵占，因而贵族对这种集体劳动监督严厉。“籍礼”就是贵族在“籍田”上进行集体劳动的仪式和制度。孟子在论述井田制中说：八家“同养公田，公事毕，然后敢治私事”。所谓“公事”即指集体劳动。《周礼》记述里宰的职司：

> 掌比其邑之众寡，与其六畜兵器，治其政令，以岁时合耦于锄，以治稼穑，趋其耕耨，行其秩叙，以待有司之政令，而征敛其财赋。

这个里宰已是国家的属吏，也还要“以岁时合耦于锄，以治稼穑，趋其耕耨”，负责协作耕耨的组织工作和监督工作。所谓“锄”，郑玄认为是“里宰治处也，若今街弹之室，于此合耦，使相佐助，因放以为名”。其实“锄”就是孟子所说“同养公田”的“公田”，也是孟子所说“惟助为有公田”的“公田”。因为在“公田”的被监督的集体耕作叫“助”，这种“公田”就叫做“助”或“锄”；犹如在“公田”的被监督的集体耕作叫“籍”，“公田”又叫做“籍田”或“籍”。“合耦于锄”，就是说：集体耕作于“公田”。这种乡官监督和组织农业劳动的习惯到汉代还流行，叫做“弹劝”。《水经注》卷二九载：平氏县故城内有南阳都乡正卫弹劝碑，《水经注》卷三一又载：鲁阳故城内有南阳都乡正卫碑，王应麟《困学纪闻》卷四认为《水经注》的“卫”字都是“街”字之误。《金石录》卷十八又载昆阳城中有中平二年正月都乡正街弹劝碑。惠士奇《礼说》卷五解释“南阳都乡正街弹劝碑”说：

> 弹劝者，既弹之又劝之也。洪氏《隶释》载其文亦云：“县令

> 愍繇役之苦”，而其颂有“劝导有功”及“耕于耦，梵梵黍稷”之语，则知弹劝不独平繇，且合耦矣。

还有酸枣令刘熊碑说：“愍念烝民，劳苦不均，为作正弹，造设门更”（《隶释》卷五、《全后汉文》卷一〇六）。所谓“弹劝”，是对农民的工作加以组织和监督，以免“劳苦不均”，也就是《逸周书》所谓“兴弹”。《逸周书·大聚解》说：

> 发令以国为邑，以邑为乡，以乡为闾，祸灾相恤，资（助）丧比（合）服（事），五户为伍，以首为长，十夫为什，以年为长，合闾立教，以威为长，合旅同亲，以敬为长，饮食相约，兴弹相庸，耦耕俱耘。

这里所说的，大概也是根据古代村社的协作情况。所谓“兴弹相庸，耦耕俱耘”，也就是《周礼》所说“合耦于锄”。

这是我们所要谈的第四点，说明中国原始的村社和各国的村社组织一样，有长老作为他们的领导，负责组织和监督劳动生产以及其他公务，在成员之间有着相互协作的习惯。等到村社隶属于国君和贵族，长老就成为国君和贵族的属吏，虽然外表上仍具有村社代表的身份，负有督促成员生产和互助之责，实质上已代表贵族来统治，成为贵族派在乡里中的直接监督者和统治者。

五　古代村社的公共生活

接着我们要讨论的是：在古代村社组织中有怎样的公共生活。孟子在论井田制时说：“设为庠序学校以教之，庠者养也，校者教也，序者射也。”实际上，这里所谓庠、序、校是古代村社中的公共建筑，是村社成员公共集会和活动的场所，兼有会议室、学校、礼堂、俱乐部的性质。因为村社的父老经常在这里主持一切，受人尊敬和供养，所以有的称为庠。又因为这里是村社群众习射之所，也或称为序。孟子说："序者射也。"《周礼·州长》又说："春秋以礼会民而射于州序。""序"古时也或作"豫"作"榭"，《乡射礼》郑玄注说："今言豫者，谓州学也，读如成周宣榭灾之榭，《周礼》作序。"同时又是村社中父老教育子弟的场所，《公羊传》何休注说："中里为校室……十月事讫，父老教于校室。"

这种称为庠、序、校的公共建筑，因为是群众活动场所，是建筑成厅堂式样的，是"歇前无壁"的，是建筑在土堆成的平台上的。《尔雅·释宫》说："阇谓之台，有木者谓之榭。"又说："无东西厢有室曰寝，无室曰榭。"《左传·宣公十六年》杜预注也说："宣榭，讲武屋，谓屋歇前。"《乡射礼》郑玄注说："序，无室，可以深也。"当时国君和贵族建筑的榭或序，要讲究些，至于村社中的序，该是十分简陋的，只是建筑在土台上的一个四周无壁的大茅草棚而已。《史记·封禅书》记述汉武帝时济南人公玉带所献的明堂图，"中有一殿，四面无壁，以茅盖，通水圜宫垣"，实际上就是村社中"序"的建筑式样，可能所谓明堂也是由此发展而成的。

吕思勉先生在《燕石续札》中有"乡校"一条，引述过去"滇西之俗"说：

> 村必有庙，庙皆有公仓，众出谷以实之。庙门左右，必有小门，时曰茶铺，众所集会之所也。议公事，选举乡保长，摊筹经费，办理小学皆于此。婚丧祝寿等事亦于此行之。故是庙也……村之议会也，公所也，学校也，礼堂也，殡仪馆也，而亦即其俱乐部也。

吕先生认为“此正古之学校”。我们认为这确是古代村社中序、庠、校的遗存。《左传·襄公三十一年》记述郑国“乡校”情况说：

郑人游于乡校，以论执政。然明谓子产曰：毁乡校如何？子产曰：何为？夫人朝夕退而游焉，以议执政之善否。其所善者，吾则行之；其所恶者，吾则改之。是吾师也，若之何毁之？

吕先生解释说：“惟仅冬日教学，余时皆如议会公所，亦如俱乐部，故人得朝夕游其间也。”可见这种序、庠、校的制度，到春秋时在中原地区还是很流行的。当时除了村社中有这种序、庠、校的制度以外，国都中贵族和近郊“国人”所居的乡里，也设有序、庠、校，更有小学和大学（称为辟雍、泮宫），是贵族成员公共集会和活动的场所，也是贵族子弟学习的学校。这时郑国的“乡校”，该属于“国人”的学校性质。

这时村社中最热闹的群众集会是祭社。社就是土地之神，后世的城隍庙、土地庙就是由此演变出来的。因为他们认为土地原是社神所有的，《说文解字》所谓“社，地主也”，所以每年仲春季节要祭社，《月令》说：仲春之月“择元日，命民社”。在当时，因为土地层层的占有，从天子、诸侯、卿大夫到国人，也都有“社”。祭社的目的，是为了祈求甘雨和丰年。《小雅·甫田》说：“以我齐明，与我牺羊，以社以方。我田既臧，农夫之庆，琴瑟击鼓，以御田祖，以祈甘雨，以介我稷黍，以穀我士女。”“社”也或称为“田祖”和“祖”，在宋又称为“桑林”。《墨子·明鬼下》说：“燕之有祖，当齐之社稷，宋之桑林，楚之云梦，此男女所属而观也。”

这时“社”设置在树林中，是一个土坛，土坛上陈列着石块或木块作为“社主”。祭社时男女齐集，杀牛杀羊祭祀，奏乐歌舞。既有群众性的文娱活动，也是男女交际的场所。民间有许多动听的音乐，美妙的舞蹈，生动的诗歌，都在这里表演。这种情况到汉代也还流行，《淮南子·精神训》说："今夫穷鄙之社也，叩盆拊瓴，相和而歌，自以为乐矣。"在祭社的礼节完毕以后，群众也就聚餐一顿，《史记·陈丞相世家》说："里中社，（陈）平为宰，分肉食甚均，父老曰：善，陈孺子之为宰。"当聚餐时，是由主管宰杀牺牲的社宰来平均分配给大家吃的。

其次的群众集会是腊祭。腊祭是在收获以后，对各种鬼神的酬谢和庆祝丰收。腊祭原在十月，后来改在十二月，也或称为"蜡祭"。《月令》说：孟冬之月"腊先祖五祀，劳农以休息之"。《礼记·郊特牲》说："蜡也者索也，岁十二月合聚万物而索飨之也。蜡之祭也，主先啬（农神）而祭司啬也，祭百神以报啬也……息田夫也。"腊祭时也非常热闹，"一国之人皆若狂"，这样的"百日之蜡，一日之泽"，即终年辛勤，一日得到休息娱乐，孔子认为符合于"一张一弛，文武之道也"（《礼记·杂记下》）。腊祭时也杀牛杀羊，《韩非子·外储说右上》记述秦昭王时因王病愈而"杀牛赛祷"，公孙衍说："非社腊之时也，奚自杀牛而祠社？"可知祭社祭腊是同样要杀牛祭祀的。《史记·秦始皇本纪》记述"三十一年十二月更名腊为嘉平，赐黔首里米六石二羊"。所谓"赐黔首里米六石二羊"，也是为村社祭腊之用。在祭腊完毕后，也同样要在村社的公共建筑——"序"里聚餐，聚餐要按年龄大小来排席次。《周礼·党正》说："国索鬼神而祭祀，则以礼属民而饮酒于序，以正齿位。"除了祭社祭腊以外，其他的祭祀还有"尝新"等。这种酒会热闹得很，男女老少的农民都一起在欢乐，还有"六博"、"投壶"等娱乐，《史记·滑稽列传》记淳于髡说："若乃州闾之会，男女杂坐，行酒稽留，六博投壶，相引为曹，握手无罚，目眙不禁，前有堕珥，后有遗簪，髡窃乐此，饮可八斗而醉二参（三）。"战国初期李悝计算农民生活，一家五口，百亩岁收一百五十石，除去什一之税十五石和口粮九十石，余下四十五石，每石三十钱，共一千三百五十钱，其中“社闾尝新春秋之祠用钱三百”，可知这时村社的祭祀，已成为农民很沉重的负担。

这是我们要谈的第五点，说明中国原始的村社中有着公共集会和活动的场所，兼有会议室、学校、礼堂、俱乐部的性质。祭社和祭腊是当时最热闹的群众性活动。后来，村社隶属于国家和贵族，原来共同耕作的收入已被全部掠夺去，祭社、祭腊等群众活动的习惯虽还保存着，但其费用已成为村社成员的沉重负担。

六 “公田”(即大田)上的集体生产

《豳风·七月》是西周早期讲究农田作业时令的诗篇，《夏小正》(收入《大戴礼记》)是春秋时代讲究农作时令的著作，《月令》是战国时代讲究农作时令的著作，三者一脉相承，由此可以看到从西周到春秋战国时代农作的发展和变化。

《七月》说：“三之日(正月)于耜”，《夏小正》说：正月“农纬厥耒”，“初服于公田”，并且解释说：“古者先服公田而后服其田也。”《管子·乘马》也说：“正月令农始作，服于公田。”《孟子·滕文公上》又说：“唯助有公田”，“公事毕然后敢治私事”。西周时代农民确是要先服于公田，集体耕耘于公田。《夏小正》所说“古者”即指西周而言。《管子》和《孟子》所说都是有事实根据的。《七月》所说正月“于耜”，该是包括先服公田而后服私田的。

《七月》说：“四之日(二月)举趾”，“趾”字，《汉书·食货志》引作“止”，《毛传》解释“举趾”为“举足而耕”。《夏小正》说：“二月往耰黍”，“耰”是松碎土块、平整土地的农具，“往耰黍”是说前往所种黍稷的农田除草、松土和平整土地。于省吾《诗经新证》读“趾”或“止”为“兹”，认为就是“兹其”，即今所谓锄头，可知“举趾”当是用锄头除草、松土，就是耘田。也该是先服于公田而后服私田的。

《七月》说：“蚕月条桑，取彼斧斨，以伐远扬，猗彼女桑。”《七月》把三月称为“蚕月”，因为这是养蚕的月份，“条桑”是说挑选桑叶，“以伐远扬”是说砍取长而高的桑枝，“猗彼女桑”是说摘取嫩的桑叶。《夏小正》说：三月“摄桑，桑摄而记之，急桑也。”“摄桑”就是整修而摄取桑叶。由此可见西周时代农民已经普遍地种桑和养蚕。

西周时代所说“大田”，或称“甫田”，原是井田制中农民集体耕作的“公田”，这样集体耕作“公田”，当时称为“籍法”或“助法”，因而又称为“籍田”。这时仍沿用“公田”的名称，如《小雅・大田》说：“雨我公田，遂及我私”，“公田”就是指集体耕作的“大田”，“私”指分配给每家农夫的份地。井田制中的“公田”，一般有“千亩”，也有几个“千亩”的，因此这种大田有“千亩”之称，例如所谓周宣王“不籍千亩”，就是说周宣王废止“籍礼”，不再在大田举行“籍礼”。《小雅・甫田》说：“倬彼甫田，岁取十千”，“十千”是指十个“千亩”之田，这是贵族歌颂占有许多大田，并非实数。

《诗经》上所载西周贵族歌颂大田上农民集体耕作的诗歌，有《小雅》的《大田》、《甫田》和《周颂》的《臣工》、《噫嘻》、《载芟》、《良耜》等篇。例如《噫嘻》说：“噫嘻成王，既昭假尔，率时(是)农夫，播厥百谷，骏发尔私，终三十里，亦服尔耕，十千维耦。”这是歌颂成千的农民在三十里广阔的大田上，集体配耦而耕作，场面很大。“十千维耦”是形容成千农民配耦而耕作，并非实数。《载芟》说：“载芟载柞，其耕泽泽。千耦其耘，徂隰徂畛。”“载芟载柞”是说除草砍小树，砍得土地松开，“千耦其耘”，这是说成千农民同时在耘田，并非实数。《良耜》说：“获之挃挃，积之栗栗，其崇如墉，其比如栉，以开百室，百室盈止。”《甫田》又说：“曾孙之稼，如茨如梁；曾孙之庾，如坻如京，乃求千斯仓，乃求万斯箱，黍稷稻粱。”都是描写农民集体为贵族收获，堆积得有“百室”、“千仓”、“万箱”，这也是形容收获数量很多，并非实数。

《甫田》这首诗说：“曾孙来止，以其妇子，馌彼南亩，田畯至喜。攘其左右，尝其旨否。禾易长亩，终善且有，曾孙不怒，农夫克敏。”这是说：在农夫集体耕作的“大田”上，贵族带了妇女孩子，送饭到田头，使得监督农夫耕作的田官很高兴，把送来的饭让给他左右的随员吃，尝尝滋味美吗，田亩的庄稼长得枝叶茂盛，既很美好而且丰满，贵族见了很称许，说是农夫干得好而且快。《大田》这首诗同样有着“曾孙来止”等四句。值得注意的是，《豳风·七月》上，说“三之日于耜，四之日举趾”之后，又说：“同我妇子，馌彼南亩，田畯至喜。”可见农夫在“大田”上集体生产，不论是集体耕作、集体耘田、集体收获，都是在“田畯”监督下进行的。《甫田》说是曾孙“以其妇子，馌彼南亩，田畯至喜”，而《七月》却说“同我妇子，馌彼南亩，田畯至喜”。《甫田》所说“曾孙”是指贵族，“以其妇子”是说贵族带来的妇子，而《七月》所说“同我妇子”，是指农夫自己的妇子。据此可见，当时送饭到农夫耕作的田头的，一般是农夫自己的妇子，贵族带妇子来送饭是一种笼络的手段。

我们要特别指出的是，《七月》这首诗所说的“我农夫”、“我妇子”，这个“我”是我们而言。如说：“一之日于貉，取彼狐狸，为公子裘；二之日其同，载缵武功，言私其豵，献豜于公。”“同”是说集合，可知是集体参与的。又如说:“三之日于耜,四之日举趾,同我妇子,馌彼南亩,田畯至喜。”“于耜”和“举趾”是说集体耕耘,“田畯”所监督的当然是集体耕耘,不可能是个别的农夫耕耘由田官监督进行的。又如说:“十月纳禾稼,黍、稷、重、穋、禾、麻、菽、麦。嗟我农夫,我稼既同,上入执宫功。”这样大规模地收取各种粮食作物的收成,像《良耜》和《甫田》所说那样收集成“百室”、“千仓”、“万箱”的,当然是集体收获的结果。

西周王朝设有司土(徒)的官职,主管“籍田”,设有田畯监督“籍田”上集体生产。天子在春季开始时节要举行“籍礼”,作为集体耕作的开始,𢦏簋载:“王曰:令女(汝)作司土(徒),官司籍田。”令鼎载“王大籍农于淇田”,就是周王在淇田举行“大籍农”之礼。《国语·周语上》记载周宣王“不籍千亩”,虢文公进谏,讲到“三时务农而一时讲武,故征则有威,守则有财”。宣王不听,据说因此宣王三十九年“战于千亩,王师败绩于姜氏之戎”。可知这时农民除耕种“籍田”以外,还要讲武,参与军事训练,为贵族“征”、“守”服役。《豳风·七月》所讲到的农夫也要参与军事训练,讲究武功,参与狩猎。《七月》说:“二之日(即夏历十二月)其同(一起集合打猎),载缵武功,言私其豵,献豜于公。”猎得野兽,自己留小的,大的要献给贵族。十月秋收之后,农闲季节,“嗟我农夫,我稼既同,上入执宫功”。这是说我的农作物既已收齐,就要到贵族那里从事修筑宫室的工作。“十月涤场”(农事收场结束)以后还要“朋酒斯飨,曰杀羔羊,跻彼公堂,称彼兕觥(用牛角制的酒杯祝寿),万寿无疆。”说明当时农夫不仅要在“大田”上集体生产,还要集体为贵族服务劳役。

《诗经》的《周颂》和《小雅》上所载西周贵族歌颂“大田”上集体生

产的诗篇如此之多，足见当时确实实行着井田制的生产方式，井田的“公田”上确实存在着“十千维耦”、“千耦其耘”的集体耕耘的大场面。“公田”上集体生产的收成还是比较丰盛的，结果都被贵族所占有，成为贵族“百室”、“千仓”、“万箱”的收获，成为西周时代二百七八十年王朝维持富强的经济基础。到西周后期，由于贵族的残暴贪污，农民不肯尽力于公田，于是周宣王就“不籍千亩”了，同时西周的农业生产也衰落了。

这是西周时代井田制生产方式中“公田”上农民集体生产情况，这是我们所谈井田制的第六点，是很重要的一个特点。

七 《豳风·七月》所见西周的农业生产和农夫生活

“豳”同“邠”，在今陕西旬邑西南，原为周族发源地之一，公刘由邰迁居于此，《诗经·大雅·公刘》所谓“于豳斯馆”。《豳风·七月》旧说以为周公摄政时所作，追述先祖事迹，用以告诫成王的。从内容看来，当是西周初期描写豳地农业生产和农夫生活的作品。三十年代徐中舒作《豳风说》一文(《历史语言研究所集刊》第六本第四分册)，认为诗中述及农桑，非豳地所宜有，述及稻亦非雍州所宜种植，而且西周时此地多次沦为戎狄之乡，不可能有如此农业生产，因而以为这是春秋时代鲁人用“豳乐”来歌颂鲁地生产的作品。徐氏此说看来证据不足，此地受戎狄侵扰是在西周中期以后，西周前期豳地当有兴盛的农业。西周王畿原来确有农桑之业，《诗经·大雅·桑柔》曾谈到“桑柔”，《诗经·大雅·瞻卬》更谈到“蚕织”。西周亡后此地为秦所有，《秦风·东邻》和《黄鸟》也都谈到了“桑”。

《豳风·七月》述及月份，采用两种方式，一种明确指明月份，如七月、八月等；另一种则称为“一之日”、“二之日”、“三之日”、“四之日”，相当于“周正”的正月、二月、三月、四月，这种记述比较特殊。现列“豳历”和“周正”、“夏正”的比较表如下：

豳风	一之日	二之日	三之日	四之日	蚕月	四月	五月	六月	七月	八月	九月	十月
周正	正月	二月	三月	四月	五月	六月	七月	八月	九月	十月	十一月	十二月
夏正	十一月	十二月	正月	二月	三月	四月	五月	六月	七月	八月	九月	十月

从《七月》这首诗歌，可知西周时代已有不少物候的知识和气象的认识，并有根据时令进行农业生产的知识，都是农夫长期从生产实践中累积起来的经验，可以说这是此后《夏小正》和《月令》一类作品的先导。

《七月》载：“三之日于耜”，《夏小正》说：“正月农纬厥耒，初服于公田”，《月令》说：孟春之月“天子亲载耒耜……王命布农事，命田舍东郊”。这是春耕的开始。《七月》载：“四之日举趾，同我妇子，馌彼南亩，田畯至喜。”“馌”是说给耕作者送饭到田头，“田畯”是在“公田”上监督耕作的田官，说送饭为了讨田官的欢喜，由此可见耕作是在监督下进行的。《七月》又载“四之日其蚤（早），献羔祭韭”，《月令》说仲春之月“天子乃献羔开冰，先荐寝庙”。原来所献的羔是用来祭祀天子的寝庙的。《七月》载：“八月载绩，载玄载黄，我朱孔阳，为公子裳。”“绩”就是“织”，这是说八月织布，既有玄色，又有黄色，更有鲜明的红色，用来做公子的衣裳。《七月》又载：“一之日（正月）于貉，取彼狐狸，为公子裘。二之日其同，载缵武功，言私其豵，献豜于公。”这是说正月出去打猎，取得貉和狐狸，用来做公子的裘。二月会合起来，继续打猎，为的是操练武功，猎得野兽，小的归己，大的要献给贵族的“公”。古人是以打猎来操练作战的武功。《七月》又载：“九月肃霜，十月涤场。朋酒斯飨，曰杀羔羊，跻彼公堂，称彼兕觥，万寿无疆。”这是说九月下霜，十月打扫场地，一年农事结束，于是要举行酒会招待朋友，要杀羔羊，登上贵族的“公堂”，举起兕牛角制成的大酒杯，向贵族的“公”恭祝万寿无疆。《七月》又载：“春日载阳，有鸣仓庚，女执懿筐，遵彼微行，爰求柔桑。春日迟迟，采蘩祁祁。女心伤悲，殆及公子同归。”这是说二月春天阳光照耀，仓庚（黄莺）在叫，养蚕的女子手执竹筐，从小路行走，找寻柔嫩的桑叶，采集白蒿（蘩），结果使得这女子伤心的是，被迫跟公子一同归去了。《七月》又载：“九月叔苴，采荼薪樗，食我农夫。”“苴”是麻所结的实，即所谓“麻子”，古时称为“苴”或“蕡”。古时以“麻”作为“五谷”或“六谷”之一。《月令》把“麦、菽、稷、麻、黍”，作为五谷，又说：孟秋、仲秋之月“食麻与犬”。“麻”是五谷中最粗的粮食，这时被用来和荼（苦荼）一起，用樗（臭椿）作燃料，烧来作为农夫的主要食品。《七月》又载：“十月纳禾稼，黍、稷、重、穋、禾、麻、菽、麦。嗟我农夫，我稼既同，上入执宫功。昼尔于茅，宵尔索绹，亟其乘屋，其始播百谷。”其中“我稼既同”一句很重要，郑玄笺云：“既同言已聚也。”孔颖达疏云：“我之稼穑既已积聚矣。”自古相传的解释是正确的。这是说到十月所有粮食作物都有收成，包括黍（糜子）、稷（谷子）、重（高粱）、穋（早稻）、麻（即苴），菽（大豆）、麦，可叹的是，农夫自己的庄稼刚收齐，就要到贵族家中做修建宫室的劳动，白天采取茅草，夜晚要用手搓绳索，还要迅速登上房屋加以修缮，等到新年开始就准备播种百谷了。

《七月》说：“四月秀葽”（一种蔬名），“六月食郁（梨的一种）及薁（李的一种）”，七月亨（烹）葵（冬葵）及菽（豆），八月剥枣，十月获稻。”又说：“七月食瓜，八月断壶（借为“瓠”，即葫芦），九月叔苴。”说明这时农夫已能按照时令收获各类食物，提供人们生活上的需要。《七月》还说："二之日（二日）凿冰冲冲，三之日（三月）纳之凌阴（冰窖）。"这是说要在春天凿冰和藏冰，以便贵族夏天需用。

《七月》说："五月鸣蜩（即蝉鸣）"，"五月斯螽（蚱蜢）动股（用股跳跄），六月莎鸡（纺织娘）振羽（两翼鼓动而发音），七月在野，八月在宇，九月在户，十月蟋蟀入我床下。"这是说蟋蟀七月在野外，八月在屋檐下，九月进门户，十月钻到床底下过冬。蟋蟀是随天气的渐冷，不断地转移躲藏，终于钻入我的床下过冬。这是农夫从长期生产和生活中累积的经验，所得到的每月"物候"的知识。

据此可知，当时农夫除集体耕作贵族的"公田"以外，还有对贵族主人随时贡献和服役的责任。贡献实物包括农妇纺织品和农夫的猎得物，服役则包括修屋、搓绳、取冰等贵族家中的杂务。但是农夫有妻儿和自己的家室，各自有其经营，耕种所分配的份地（私田），以所获的粮食和蔬菜作为收入，以维持一家人的生活。

第二章　西周金文所见贵族私有土地制度

一　天子和公卿对臣下的赏田

西周金文中所见到的有关土地的事，主要有两种，一是天子和公卿对臣下赏赐田地，二是田地的转让交换以及作赔偿之用。

当时天子赏赐土地，范围大的称为“土”，也或称为“采”，其次是“邑”，再其次是“里”和“田”。康王时的宜侯夨簋载：“易（锡）土：厥川（甽）三百□，厥□百又廿，厥宅邑卅（三十）又五，厥□百又卌（四十）。”这是“土”中包括甽、宅邑等。昭王时的召卣载：“赏毕土方五十里”，毕为地名，在今陕西咸阳北。当时有以地名与“土”连称的习惯。昭王时的作册旂尊、作册旂方彝和作册旂觥都载：“令作册旂兄（贶）望土于相侯。”望当为地名。

昭王时的趞尊，和趞卣载：“易（锡）趞采曰䢼。”这是称“采”而地名䢼。“采”是当时天子分封诸侯的一个等级。《尚书·康诰》说：“周公初基作新大邑于东国雒，四方民大和会：侯、甸、男、邦、采、卫。”《礼记·礼运》说:“大夫有采以处其子孙。”

厉王时的鬲从盨,详细记载了先后赏赐许多邑的名称,结句说:“凡复友(贿)复友(贿)鬲从田十又三邑。”这是以邑来作为赏赐田地的单位的。

夷王时的十二年大篕盖载:“易(锡)趞嬰里”,这是说赏赐以原属于趞嬰的“里”。这是以“里”为单位来赏赐的。

孝王时的大克鼎载:“易(锡)女(汝)田于埜,易女田于渒,易女井(邢)家𩰫田于𨜽以(与)其臣妾,易女田于康,易女田于匽,易女田于陴原,易女田于寒山。”这是一起赏赐埜、渒、𨜽、康、匽、陴原、寒山等七处的“田”,其中只有𨜽一处原是“井(邢)家𩰫田”,连同原有附属的邢家臣妾一起转赏给了善(膳)夫克。由此可见其余六处的“田”是不连带有臣妾的。大克鼎下文还载有:“易(锡)女(汝)井(邢)、诜、𩰫人䚄,易女井(邢)人奔于量。”这是说赏给了原属于邢家的诜人和𩰫人,还赏给了原属于邢家而奔于量的人。看来邢家原是一个诸侯,不知何故被周天子没收了田地以及所属许多地方的奴隶,这时又转赏给善夫克了。

厉王时的敔篕记载敔击退南淮夷的入侵,取得大胜,周王在成周太庙接受敔“告禽(擒)”的献俘礼,王使尹氏赏给圭瓒以及“贝五十朋”,“于敜五十田,于早五十田”。贝是以“朋”来作为计数单位的,地是以“田”作计数单位的。这个“田”当有一定面积,当指百亩之田。

贤篕载:“隹(唯)九月初吉庚午,公叔初见于卫,贤从。公命吏晦(贿)贤百亩𥹩,用作宝彝。”“百亩”下一字不识,当为百亩田所生产的食物,可知当时已以“百亩”田作为生产单位,可见古文献以“百亩”田为分配生产者的单位,是真实的。

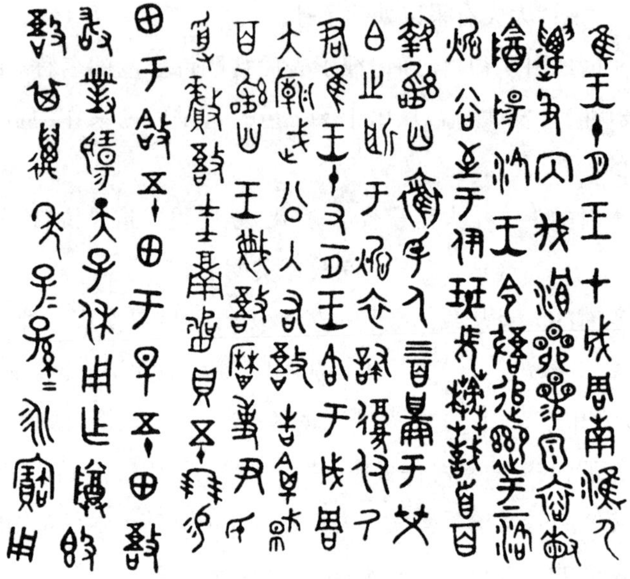

图十　敔簋铭文

根据大簋盖记载，天子有权把原来赏赐给臣下的“里”收回，改赏给别人。周王为了把原属趞睽的“里”改赏给大，命令善(膳)夫豖告知趞睽，经趞睽同意后，由豖把这个“里”交给大。

据恭王时的师永盂记载，周王赏赐田地，要经过执政大臣传达“王命”。这次赏赐给师永“田阴阳洛疆”以及“师俗父田”，先由执政大臣益公入宫接受天子之命，出来传达给井(邢)伯、荣伯、尹氏、师俗父、遣中(仲)付诸实施。接着益公命令郑司徒函父等六人付给永这块田。尹氏即太史。西周王朝的大臣有公、伯两级的爵位。益公是当时朝廷最高的大臣，邢伯、荣伯、尹氏是次一等的朝廷大臣，师俗父和遣仲所以要传到，因为这次所赏赐给师永的田中就有“师俗父田”等在内。

这时不仅天子赏赐田地要用册命，公卿赏赐臣下田地，也还要用册命礼的仪式。据宣王时的不嬰簋盖记载，当时虢季子白奉命讨伐严允（玁狁），得胜回来举行“献禽（擒）”的献俘礼，他因而命令不嬰迅速追击，不嬰经过激烈战斗，擒获和杀敌很多。于是虢季子白发表册命加以赞扬，赏赐弓矢和“臣五家、田十田”。懿王时的卯簋盖记载了荣伯对属臣卯的册命之辞，也举行了册命礼，由荣季作为“右”者，伴同卯立于中廷，听荣伯的册命，赏给瓒璋、宗彝、马牛以及“一田”。

图十一　不嬰簋盖铭文

二　田地开始交易和用作赔偿

古时“田里不粥(鬻)”(《礼记·王制》),是不能买卖的,也是不能随意相互交换的,田地必须是天子授予的。从西周金文看来,恭王时开始发生重大变化,田地可以论定价格进行交易了,但必须要经过法定的手续,订立契约,得到官方认可。值得我们注意的有裘卫制作诸器的铭文。

图十二　卫盉及铭文

一九七五年陕西岐山董家村出土。通高二十九厘米,口径二十点二厘米,重七点一千克,盖内有铭文一百三十二字。现藏岐山县博物馆。

恭王三年制作的卫盉载：

> 矩白(伯)庶人取堇(瑾)章(璋)于裘卫，才(裁)八十朋，厥贮，其舍田十田。矩或(又)取赤虎(琥)两、麀𠦪(韨)两，𠦪韐一，才(裁)廿朋，其舍田三田。

这是说矩伯的庶人从裘卫取得瑾璋，裁定的价值是贝八十朋，裘卫以这样的价值从矩伯交换得“田十田”。矩伯又取得赤琥等物，裁定的价值是贝二十朋，裘卫又交换得“田三田”。据此可知这时“田十田”的价格八十朋，“田三田”的价格二十朋，每“田”的价格约八朋或七朋。

卫盉接着又载：“裘卫乃彘(矢)告于白(伯)邑父、荣白(伯)定白(伯)、𫍙白(伯)、单白(伯)。”伯邑父等五人都是执政大臣。接着就由五位执政大臣命令行政官员司土(徒)、司马、司工(空)等人“受(授)田”。说明这个交换经过了政府的认可，手续十分隆重。

恭王五年制作的五祀卫鼎载：

> 惟正月初吉庚戌；卫以邦君厉告于井(邢)白(伯)、白(伯)邑父、定白(伯)、𫍙白(伯)、白(伯)俗父，曰厉曰：“余执龏(恭)王恤(恤)工(功)，于邵(昭)大室东逆(朔)营二川。”曰：“余舍女(汝)田五田。”正乃讯厉曰：“女(汝)贮田不(否)?”厉乃许曰：“余审贮田五田。”井(邢)白(伯)、白(伯)邑父、定白(伯)、𫍙白(伯)、白(伯)俗父乃顜，事(使)厉誓。乃令参(三)有司司土(徒)邑人趙、司马𩚰人邦、司工(空)隆矩、内史友寺刍，帅(率)眉(堳)裘卫厉田四田。乃舍寓(宇)于厥邑厥逆逆(朔)疆眔厉田，厥东疆眔散田，厥南疆眔散田、眔政父田，厥西疆眔厉田。邦君厉眔付裘卫田。厉叔子夙、厉有司醽季、庆癸……卫小子逆其，卿(飨)𫓧。卫用作朕文考宝鼎，卫其万年永宝用。惟王五祀。

这是说裘卫和邦君厉报告井(邢)伯、伯邑父等执政大臣，厉为了执行恭王的“恤功”，要在“昭大室”东北面治理两条河流，自愿拿出“田五田”来和裘卫交换。官员因而问厉田的价值是否相当，厉表示许可，认为确实价值相当，因此井(邢)伯等执政大臣认为可以成交，叫邦君厉立誓，命令司土(徒)等官员勘定了厉“田四田”的四面疆界，最后由邦君厉付给裘卫田。可知这时田地交换必须经执政大臣认可和勘定田界。

恭王九年制作的九年卫鼎载：

惟九年正月既死霸庚辰，王才(在)周驹宫，各(格)庙。眉敖者肤卓吏(使)见于王，王大黹。矩取眚(省)车較桒(幩)、……舍矩姜帛三两，乃舍裘卫林孴里。䖒！厥惟颜林。我舍颜陈大马两，舍颜娰虡(媵)咨(绞)，舍颜有司寿商圝裘、盠(貉)冟(幎)。矩乃眔濋粦令寿商眔啻曰：“顜湄(堳)，付裘卫林孴里。”则(质)乃成，封四封，颜小子具(俱)叀(惟)封。

图十三　九年卫鼎铭文

这段金文从“矩取”以下，讲到裘卫用“帛三两”，从矩和妻子矩姜交换取得了林晋里，因为林晋里主要有颜林（颜氏林园），是颜陈和妻子颜姒所有，裘卫又以大马两匹交给颜陈，以女服装交给颜姒，以裘、幎等物送给颜氏有司寿商，从而交换取得了颜林。矩因而和濋粦命令寿商和啻“覯堳”（勘定田界），付给裘卫林晋里，于是“则乃成，封四封”。“则”当读作“质剂”的“质”，就是说交易的书契于是写成，并且四边筑起封土作为田界标帜。

恭王时制作的倗生簋（或称格伯簋）载：

> 惟正月初吉癸子（巳），王才（在）成周。格白（伯）取良马乘于倗生，厥贮卅田，则（质）析。格白（伯）遱，殴妊彶（及）佮从格白（伯）厈（按）彶（及）甸：殷谷杜木、邍谷旅桑，涉东门。厥书史戠武立盄成壆，铸保簋，用典格白（伯）田。其万年子子孙孙永宝用。

这篇铭文中，“格白（伯）遱”一句难解。“遱”字不见于字书，或者认为当读作“蔑”，有轻慢之意。从下文“殴妊彶（及）佮厥从格白（伯）厈（按）彶（及）甸”来看，格伯是在别人伴同下察看巡行田的疆界的。殴妊是殴氏家中的妊姓妇女。因为倗生和格伯“卅田”的交易，早已订立书契，经剖析而各执一份，即是铭文所谓“则（质）析”。看来殴妊及佮就是曾经参与这个契约的订立者，为此有责任促使格伯守约而完成交易。

铭文末尾载：“厥书史戠武立盄成壆，铸保（宝）簋，用典格白（伯）田”。其中“盄”字和“壆”字，都不见于字书。“盄”也或释作“盄”。看来“书史戠武”就是原来书写契约的书史，散氏盘所载铭文原是矢国和散国所订立边界契约，末尾说：“厥左执缨，史正中（仲）农。”所谓“左执缨”就是左执券，史正仲农就是那个契约的书写者。这个书史戠武不但书写了原来交易的契约，而且在完成田地交易之后，进一步主持“铸保（宝）簋”，用来作为主管这块“格白（伯）田”的依据。《周礼·秋官·司寇》的司约“掌邦国及万民之约剂”，具有官方的代表性质。《周礼》又说：“凡大约剂书于宗彝”。这里所说书史戠武“铸保簋”，就具有这种性质。

图十四　倗生簋及铭文（器铭）

一名格伯簋。高三十一厘米，口径二十一点九厘米，重八点九千克。传世共三器，各器铭文皆不完整，三器相合，应为八十三字。现藏上海博物馆。（上海博物馆提供）

这里特别要指出，倗生簋所谓“则析”，“则”不是虚词，“则”当读作质剂的“质”，“质”就是买卖的书契。《周礼·天官·小宰》：“以官府之八成经邦治”，“四曰听称责以傅别”，“六曰听取予以书契，七曰听卖买以质剂”。所谓“傅别”、“书契”和“质剂”，都是双方协定的文书，经剖析而各执一份的。郑玄注引郑司农说：“傅，著约束于文书。

别，别为两，两家各得一也。”《礼记·曲礼上》说：“献粟者操右契”，“献田宅者操书致”。王引之《经义述闻》说：“致读为质剂之质。”《左传·文公六年》：“由质要”，杜注：“质要，书契也。”散氏盘所载“左执缨”，“缨”就是质要的“要”。战国时代风俗，三晋和秦以右契为贵。《商君书·定分》说：“即以左券予吏之问法令者，主法令之吏，谨藏其右券木柙。”《战国策·韩策三》或谓韩公仲曰：“操右契而为公责德于秦。”楚人以左契为贵，《老子》第七十九章云：“圣人执左契而不以责于人。”散氏盘所载“左执缨”，也是以左缨为贵。

同时要指出，随着土地交易的发生和发展，土地也被用于赔偿。懿王时制作的曶鼎铭文末段讲到由于荒年，匡季的“众厥臣廿夫寇曶禾十秭(二千秉)”。“臣”是奴隶，“众”也是低级的家臣，这是说匡季的“众”和“臣”二十人抢取了曶的禾二千秉。曶把这件事告到了东宫，东宫判决“求乃人，乃弗得，女(汝)匡罚大”，就是要匡季把抢掠的人负责交出来，如果弗得，就要大罚。匡季于是“用五田”，用“众一夫”和“臣”三人来赔偿，并且说：“余无卣(由)具寇足〔秭〕，不出鞭余。”这是说我无从具备抢来的足数的秭，如果我有而不交出，甘愿受鞭刑。曶又告到东宫，东宫判决：“赏(偿)曶十秭，遗十秭，为廿秭。来岁弗赏(偿)，则付卌(四十)秭。”就是说既要赔偿十秭，还加罚十秭，共要赔偿廿秭，如果来年不赔偿，要付四十秭。于是匡季又“用田二又臣〔二夫〕”加赔，总共由匡季付给曶“田七田，人五夫”结案。

三　田地四面封疆的建设

上述记载有关田地交易的金文，既有交易的书契性质，又有田地所有权的凭证性质，因此都很注意到田地的“封疆”的勘定和加筑。

如五祀卫鼎，记载邦君厉同意拿出“田五田”来和裘卫交换和立誓之后，执政大臣就命令勘定四面疆界，勘定朔疆（即北疆）和“厉田”交界，东疆和散田交界，南疆和散田、政父田交界，西疆和厉田交界。又如九年卫鼎记载裘卫从矩取交换取得林晉里，又从颜陈夫妇交换取得里中的颜林，最后由矩取等人命令颜氏属吏寿商等人勘定田界，然后写成交易的书契，并在四边筑起封土。又如倗生簋记载倗生从格伯交换取得“卅田”，在订立契约、剖析而各执一份后，由于格伯有轻慢之意，于是由殹妊等人伴同格伯巡察田的封疆，从“殷谷杜木、邍谷旅桑，涉东门”。杨树达《格伯簋跋》指出“杜木”、“旅桑”，“以树木表田界，所谓封树也”。杨树达《散氏盘跋》还认为散氏盘铭文，在叙述田地封疆所经历的地点，讲到“至于边柳”，“封于敽城楮木”，“此盖所谓封树也”（杨树达《积微居金文说》）。

《周礼·地官·封人》载：“封人掌诏王之社壝，为畿封而树之。凡封国设其社稷之壝，封其四疆，造封邑之封域者亦如之。”郑玄注：“壝谓坛及堳埒也。畿上有封，若今时界矣。”正义云：“若今时界矣者，汉时界上有封树，故举以言之。”这是说周代王国四边有封疆，诸侯的封国也是“封其四疆”，封邑的封域也是如此，都是利用天然的山地、高岗、河流、谷地再加上新建的封土和新种的树林连结而成。古代都城的建设也是如此，都城都以小城和大郭结合而成，小城有城墙的建筑，大郭就是利用原有山川加工连结而成。清代学者焦循《群经宫室图》在“城图六”下所作说明，认为西周东都成周，“郛方七十里，南系于洛水，北因于郏山（邙山）”（《逸周书·作雒解》），就是依据洛水和邙山加工连结而成。他并依据《左传》证明春秋时代郑国都城新郑，郭郛也是“依水而成”，虽然设有“梏柣之门”和“纯门”等郭门，“郭非四面有垣如城然也”。其实规模较大的农田，其封疆也是利用天然的河流、谷地再加道路、封土、树木而结成的。倗生簋所说：“殷谷杜木、邍谷旅桑，涉东门”，就是这样的结构。所谓“涉东门”，东门当是城邑外郭的门。四川青川出土的战国时代的秦木牍《为田律》载：“封高四尺，大称其高，埒高尺，下厚二尺。”当沿用西周以来的封疆制度的。

从散氏盘由夨国交付给散国的眉田和井邑田来看，有称为“一封”、“二封”和“三封”的“封疆”的路线的，这个所谓“封”就不是指一个封土堆。散氏盘载：

眉，自濡涉以南，至于大沽，一封。以涉，二封。至于边柳，复涉濡，陟雩𠭰（徂）𦅫䧢以西，封于敝城楮木，封于刍逨，封于刍衜。内（入）陟刍，登于厂湶，封割桥、䧢陵、刚桥，封于䍗（单）道，封于原道，封于周道。以东，封于𩏂东彊（疆），右还，封于眉道。以南，封于𦊰逨道。以西，至于堆莫眉（堳）。

所谓“一封”，当是第一道封锁线，“二封”当是指第二道封锁线。叙述封锁线经历的地方，有称为“涉”的，是越过河流的；有称为“陟”或“登”的，是升登高岗或高地的，说明所谓封疆是利用河流和高地再加封土、树林连结而成。所说“封于敝城楮木”，是说在这个地方利用楮木的树林来封锁的。所说封于什么“道”的，如单道、原道等，是说利用加高所筑道路来堵塞的。散氏盘又载：

井（邢）邑田，自根木道左至于井邑封。道以东，一封；还，以西一封。陟刚（岗）三封。降以南，封于同道。陟州刚（岗），登桥，降棫，二封。

很明显，这块田是利用道路和高岗来建设封疆的。

这种贵族私有的土地，当是井田制以外贵族所占有的田地。

第三章　论西周时代的农业生产

一　西周的农业生产工具

西周主要的耕具是耒和耜，其中以耜比较流行，在《诗经》的西周诗篇里曾再三提到。西周主要的耨的工具是耨和镈，在近人论述西周史的著作里，《诗经·周颂·臣工》"庤乃钱镈"这句话是被引用得烂熟的。但是，耒、耜、耨、钱、镈等，究竟是怎样的农具，却至今还分辨得不够清楚。

现在，我们先来谈耒和耜。

我们现在分辨不清楚耒和耜这两种耕具，是不足怪的，因为汉代以来，许多经学家和注释家把我们的头脑弄糊涂了。自从汉代学者京房认为耒是耜上的"句木"，耜是耒下的"耓"①，许多注释家都误认为耒和耜从来就是一件耕具上的两部分。其实，耒和耜是两种结构

① 《周易·系辞传》释文引京房说。

不同的耕具，到春秋战国间还是如此，我们只要细读一下《考工记》就可以分清的。在清代学者中，已有些人能辨明耒和耜，最著的有徐灏、邹汉勋两人。徐灏在其所著《说文解字注笺》中，曾根据《考工记》和《说文解字》，断定“耒之初制，盖其末为歧头”，而“耜”是和“臿”相同的“伐地起土之器”。邹汉勋在其所著《读书偶识》卷十中，曾对历来耕具名称加以分析，断定“古之耒制”是“曲柄枝刃耕器”，而耜是直柄的“单刃耕器”①。徐邹两氏的论断，我们认为基本上是正确的，使得汉代以来对耒和耜的误解得到了纠正。

徐中舒的《耒耜考》，从甲骨文、金文“耒”“㠯”（耜的初字，即“以”字）等字形来考察，认为“耒下歧头，耜下一刃，耒为仿效树枝式的农具，耜为仿效木棒式的农具”②，结论和徐、邹两氏相同。徐中舒认为耒是木制的曲柄的农具，下端有歧出而锐利的木叉，用以刺地，木叉之上贯一小横木，是耕田时足踏处。这是正确的。耒下的尖锐锋利部分，《考工记》称它为“庛”，郑玄注说：“庛读为棘刺之刺”，庛就是用来刺的。所以《考工记》说：“坚地欲直庛，柔地欲句庛。”徐中舒又认为耜是在耒的下端，安装半圆形锐利金属“犁错”或石蚌类刀铲③。那就并不正确。

木耒的遗迹，在考古发掘中已有发现。在庙底沟早期龙山文化的窑穴和殷墟的窖穴壁上，都发现了耒所遗留下来的劳动痕迹，耒确是歧头的木叉，两“庛”（刺）间宽四到八厘米，“庛”径有四到七厘米，

① 《读书偶识》一书，收入《邹叔子遗书》和《皇清经解续编》。

② 见一九三〇年出版的《历史语言研究所集刊》第二本第一分册。

③ 徐中舒：《试论周代田制及其社会性质》，《四川大学学报》一九五五年第二期；《耒耜考》。

这和古文献的记载很符合①。

从甲骨文、金文中耜字的初字“目”的字形来看，耜确是圆头半叶式的农具，但是象形字毕竟不是图画，不可能画得十分逼真。据我们的考察，耜该是和现在的铲差不多的工具，它原来是曲柄带有长方形平版和方刃或弧形的刃的。

《考工记》说：

> 匠人为沟洫，耜广五寸，二耜为耦，一耦之伐，广尺深尺，谓之甽。②

这里所谓“伐”，就是把土块发掘起来，所谓甽，就是田中垄亩间的小沟。这是说：耜的锋刃广五寸，一伐能掘去方五寸的土块，两个耜相并着同时去伐，就能掘去“广尺深尺”的土，掘成“广尺深尺”的沟。耜这工具，能够按照它锋刃的宽度，把土一方块一方块掘起来，很分明的，是如同铲一样的“伐地起土之器”。《吕氏春秋·任地》说：

> 六尺之耜，所以成亩也；其博八寸，所以成圳（甽）也。

高诱注说：“耜六尺，其刃广八寸。”《吕氏春秋》所说耜的锋刃，已比《考工记》加宽。《考工记》所说的耜，锋刃“广五寸”，要两耜同伐，才能掘成“广尺深尺”的“甽”；而《吕氏春秋》所说的耜，锋刃“博八寸”，只要一耜之伐，就能掘成八寸广深的“甽”了。这可能是由于《吕氏春秋》的著作年代较晚，那时耜的锋刃已较宽，但它还和《考工记》一样，认为耜是掘成“甽”的工具。

在《说文解字》中，“耜”写作“梠”，说：“梠，臿也。”臿和耜是异名

---

① 《庙底沟与三里桥》发掘报告第二三页，《考古》一九六一年第二期第六七页。

② 《说文解字》也说：“耦，耕广五寸为伐，二伐为耦。”

同实的，同样是铲一样的“伐地起土之器”。《说文解字》说：“坺，坺土也，一臿土谓之坺。”这里所说“一臿土”的“坺”，也就是《考工记》所说的“伐”。孙诒让《周礼正义》说：“伐即坺之借字，其字又通作发，俗作垡。”耜是“为沟洫”的主要工具，同样的，臿也是开掘沟渠的主要工具。《汉书·沟洫志》记载白渠完成后，人民有歌称颂说：“举臿为云，决渠为雨。”颜师古注说：“臿，锹也，所以开渠者也。”①臿，也或作“插”，也或作“锸”，《释名·释用器》说：“锸，插也，插地起土也。”臿原来是耜的别名，曾经长久流传，在元代王祯《农书》上，还是把它作为“起土具”的，从王祯《农书》上所画臿的图形来看，它是和铲相同的。

根据上面的论证，耜并不是什么特别的古农具，它是铲一样的“伐地起土之器”，可以无疑的。

《诗经》里曾再三提到耜，或者说“有略其耜”（《周颂·载芟》），或者说“畟畟良耜”（《周颂·良耜》）。过去注释家们有认为“略”、“畟畟”是形容耜的锐利的，有认为“略”是解释为“刀剑刃”的“挈”的假借字的，但是我们仅凭这些形容字，还是不能断定西周的耜是否有金属锋刃的。清代学者倪倬在其所著《农雅》第四篇《释器》中说：

> 案《易·系辞传》，惟言“斲木为耜”，不言用金……然《周颂·臣工》“庤乃钱镈”，传：“钱，铫也”，已用金……铫，耜属，则耜用金，其昉于周欤？

这是个非常值得重视的见解。

过去的注释家们，因为古书上常见耒耜连文，误认为耒耜是一

---

① 《淮南子·精神训》说：“今夫繇（徭）者，揭鑁臿，负笼土。”高诱注说：“臿，铧也。”这里以臿笼并称，犹如《孟子·滕文公上》以虆梩连称。这类例子很多，不列举。

器。又因为《诗经·周颂·臣工》钱镈连称，又误认为钱和镈是同类，同样是耨的工具。后世的农书也以误传误，例如王祯《农书》说："钱与镈同类，薅器也，非锹属也。"其实恰恰相反，钱不是耨器而是锹属，也就是一种带有金属锋刃的耜。《诗经·周颂·臣工》说："庤乃钱镈，奄观铚艾"，是把所有重要的农具都列举了，钱是有金属锋刃的耕具，镈是有金属锋刃的耨具，铚是有金属锋刃的收获工具。

我们认为钱确是带有金属锋刃的耜，有下列三点理由：

第一，前面我们说过，耜和臿是异名同实的，而在古代的字书上，钱和铫、锸又是异名同实的。《说文解字》说："钱，铫也，古田器。""铫"古或作"斛"，《尔雅·释器》说："斛谓之疀"，郭璞注说："皆古鍫锸字。"臿和疀，原是一声之转①。《说文解字》说"梠"的或体作"梩"，而《方言》说"臿"有斛、铧、铈、畚、梟、梩等不同名称②。我们从耜、臿、钱、铫等名称的关系来看，可知钱和耜是同类的。

第二，钱的所以称钱，该是由于它能刬削的缘故。《释名·释用器》曾说："锸……或曰销，销，削也，能有所穿削也。"实际上，钱就是后世所谓刬，也就是铲。玄应《一切经音义》卷九说："铲今作刬，刬削之也。"③王祯《农书》虽然分钱、臿、铲为三种农具，但是从他所画的三种农具的图形来看，形制是基本相同的，并不是三种不同的农具。

第三，《国语·周语下》说：周景王二十三年"铸大钱"。至少到春

① 《说文解字》也说："疀，斛也，古田器也。"又说："斛……一曰利也，《尔雅》曰斛谓之疀，古田器也。

② 《方言》卷五说："臿，燕之东北、朝鲜洌水之间谓之斛，宋魏之间谓之铧，或谓之铈，江淮南楚之间谓之臿，沅湘之间谓之畚，赵魏之间谓之梟，东齐谓之梩。"

③ 玄应《一切经音义》卷十四又说："刬古文铲，初简反，《说文》：'铲，平铁也'，今方刃施柄者也。"

秋后期，称为“钱”的货币已经铸造和流通。这种称为“钱”的货币，显然是从农具中的“钱”演变来的。现在我们所见到的春秋战国时代各式货币中，只有流行于周和三晋等中原地区的“布”币，是铲的形式的，该就是从农具中的“钱”演变来的①。一九五三年秋在安阳大司空村曾发掘到一把殷代的青铜铲，从其形制来看，没有任何理由可以否认它是农具的。可知钱这类农具已有很长的源流了。耜既是铲一样的农具，钱也是铲一样的农具，而钱字又从金，那么，无可置疑的，钱是一种带有金属锋刃的耜。也惟有因为钱是耜一类的有金属锋刃的耕具，所以人们才会重视它，作为交易的媒介物，逐渐成为一种货币形式。

由此可见，西周农业的耕作工具，除了遗址出土的石铲、蚌铲、骨铲之外，还有木制的耜，更有带有金属锋刃的耜叫“钱”。

上面我们谈了钱，接着就谈镈。

镈是一种耨具，《诗经》交代得很清楚，《周颂·良耜》说：“其镈斯赵（削），以薅荼蓼。”中国原始的耨具是蚌器②，到西周时代还在应用，但是这时出现了有金属锋刃的镈，该是农具上的一大进步。镈是一种短柄宽刃的小锄头，《吕氏春秋·任地》说：“耨柄尺，此其度也；博六寸，所以间稼也。”这种短柄宽刃的小锄头，是农夫伛偻着身体拿

---

①　徐中舒《耒耜考》因为“耒下歧头”，布币中“方足布”下边开衿，就误认为布币是从耒演变来的。实际上，“方足布”下边开衿，根本不同于耒的树枝式的歧头。虽然春秋战国时代各个地区所流行的布币，有着各种不同形式，有所谓方足布、圆足布、尖足布等，但基本形式还是铲。其形式之所以会有些不同，该是从各个地区各种式样的“钱”演变来的。其下边锋刃所以会有方足、圆足、尖足等凸出部分，无非为了便于刺入土中。

②　《淮南子·氾论训》说：“古者剡耜而耕，摩蜃而耨。”“辱”是“耨”的初字，像手执蜃。甲骨文“农”字从林从辰，金文“农”字从田从辰，也或从农从田，都像用蜃进行农作情况。

来除去田间的杂草的①。它是用句曲的树枝制成的，所以也或称为“句欘”②。

镈用于耨耘，运用的时间较长，因而镈在金属农具中数量是较多的。《考工记》把金属农具称为“镈器”，在“攻金之工”中有“段氏(锻氏)为镈器”，又说：“粤(越)之无镈也，非无镈也，夫人而能为镈也。”金属农具所以会总称“镈器”，该是由于镈最流行的缘故③。

西周时代已有钱、镈、銍等带有金属锋刃的农具，是很显然的。究竟这些农具所带的金属锋刃，是铁制的呢？还是青铜制的呢？现在我们还不能确切断定西周时代已有铁农具，因为无论在考古发掘中，在古文献中，都还没有铁农具存在的真凭实据。如果这时农具的锋刃是青铜制的，青铜比较贵重，当然不可能像冶铁技术发展后铁农具那样普遍。但是我们要知道，古代农具的金属锋刃和后世农具很不相同，仅仅在锋刃的边缘上有一条金属包着，这种情况直到战国秦汉间铁农具相当普遍流行时，还大都如此。古人使用的带有金属锋刃的农具，除了锋刃边缘上镶有一条金属锋刃外，农具整个是用坚韧的木材制成的。他们不但讲究挑选木材，还讲究斩伐的季节。《周礼·地官·山虞》说：“凡服(车箱)、耜，斩季材，以时入之。”据郑玄

① 《诗经·毛传》说：“镈，鎒也。”《国语·周语上》韦昭注说：“镈，锄属。”《释名·释用器》说：“耨，似锄，妪薅禾也。”

② 《尔雅·释器》说：“斪斸谓之定。”《考工记》郑玄注引作“句欘”。《广雅·释器》篇又说：“定谓之耨。”而《说文解字》说：“欘……一曰斤柄，性自曲者。”孙诒让《周礼正义》说：“《说文·斤部》云：斪斸，斫也，与木部欘字义同字异，案斫木之斤，斫地之钼(锄)，其柄形同句曲，故并有句欘之称。”

③ 春秋战国时代由“钱”演变成的“布”币，它之所以称为“布”，也该是“镈”转变来的。布与镈，古音是相同的。

注,“季材”就是“穉(稚)材”,就是生长年龄较轻的木材,要在仲冬、仲夏等季节斩伐,为的是“尚坚刃(韧)”。钱这样和铲相同的耕具,下部长方形的平版连同柄都是木制的,只有平版下边的锋刃边缘是有金属镶包着的。像安阳大司空村出土的殷代青铜铲那样,整个平版连同锋刃全是青铜制的,是不多的,所以我们很少发现。镈这样和锄相同的耨具,是用句曲的树枝制成的,也只有锋刃边缘是有金属镶包的。由于古代农具只是在锋刃边缘上有一条金属镶包着,所需的青铜是很少量的,那么,我们说西周时代的农具中已有相当数量的有青铜锋刃的农具,如钱、镈、铚之类存在,应该是没有什么问题的。如果说,钱、镈之类带有金属锋刃的农具,在西周春秋间还是希罕之品,如何可能成为交易的媒介物,到春秋战国间出现大量由农具的“钱”转变来的各式铜币呢?

二 西周农田的垦耕

上面我们谈得很清楚,西周时代的耕具是歧头有刺的“耒”和铲一样的“耜”,而耜的应用比较广。他们究竟用怎样的方法来垦耕田地的呢?这种垦耕方法,后世也还有流传应用的。江永《周礼疑义举要》说:

> 询之行中州者,谓亲见耕地之法,以足助手,蹴耜入土,乃按其柄,向外挑拨,每一发则人却行而后也。

这个流传在中州的“耕地之法”,就是古人的垦耕方法。《考工记》说:耒的庛,有直庛和句庛两种,“坚地欲直庛,柔地欲句庛,直庛则利推,句庛则利发”。耒和耜的垦耕方法,不外乎推和发。推就是把锋刃刺入土中向前推,发就是把锋刃刺入土中后,把着柄,向外挑拨,把土发掘起来。“钱”的所以又称为“铫”，或者由于这个缘故。《国语·周语上》记述虢文公的话，谈到“籍礼”，说：“王耕一发”（今本“发”作“坺”，此从汪远孙《国语明道本考异》校正），而《礼记·月令》和《吕氏春秋·孟春纪》记述“天子亲载耒耜”，“躬耕帝籍田”，说：“天子三推。”高诱注说：“天子三推谓一发也。”大概为了深耕起见，一般要三“推”而后一“发”。因为仅靠手来“推”和“发”（特别是推），不够有力，经常需要脚来帮助，靠脚踏在耒和耜上“推”和“发”，《豳风·七月》说“三之日于耜，四之日举趾”。《毛传》：“于耜，修耒耜也”；又解释“举趾”说“民无不举足而耕也”。所以这种垦耕方法，有人称为“跖耒而耕”（《淮南子·主术训》、《盐铁论·未通》），也或称为“蹠（跖）耒躬耕”（《盐铁论·取下》）。这样的“跖耒而耕”，是一块块土依次掘的，耕的人需要掘一块，退一步，和犁耕向前推动的方法不同，所以《淮南子·缪称训》说：“织者日以进，耕者日以却。”高诱注说：“却谓耕者却行。”当然，这样的垦耕方法是很费力的，《淮南子·主术训》说：“一人跖耒而耕，不过十亩。”所以古人采用了两人合作的方法，叫做“耦耕”。《诗经·周颂·噫嘻》说：“亦服尔耕，十千维耦。”①“耦耕”究竟有些什么作用呢？程瑶田在《沟洫疆理小记》中有一篇“耦耕义述”，他解释说：“必二人并二耜而耦耕之，合力同奋，刺土得势，土乃迸发，以终长亩不难也。”的确，这种采用“合力同奋”的“耦耕”方法，能够使得

---

① “耦耕”还见于《论语·微子》、《礼记·月令》、《吕氏春秋·季冬纪》、《考工记》等。《论语·微子》说：“长沮、桀溺耦而耕，使子路问津焉……问于桀溺……耰而不辍。”似乎有的耦耕时还包括耰的操作。程瑶田《耦耕释义》说：“桀溺之耰，摩田覆种也，不必耦，亦与长沮并呼之曰耦而耕，以是知呼农夫相助治田，并可曰耦，并可曰耦耕也。”日本学者天野元之助《春秋战国时代的农业及其社会构造》（《松山商大论集》七卷三号）又认为“耦耕”就是二人同时进行的耕作业和耰作业的密切配合。

“刺土得势”，达到“土乃迸发”的效果，大大提高了垦耕的工作效率①。这种“耦耕”方法后世也还有流传应用的。宋代有一种“踏犁”，据说用人力踏着“踏犁”来耕，“凡四五人，力可比牛一具”（《宋史·食货志》）。当时在今广西一带，也还有用“踏犁”来“耦耕”的，周去非《岭外代答》卷四《风土门》说：“广人荆棘费锄之地，三人二踏犁，夹掘一穴，方可五尺，宿根巨梗无不翻举，甚易为功。”由此可知，用脚踏的耕具，采用“耦耕”的方法，“夹掘一穴”，确乎能够发挥较大的垦耕效率。

西周时代虽然没有发明牛耕和犁耕，但是由于西周所统治的主要地区是黄土地带，土壤比较松，容易垦耕，在使用脚踏的有金属锋刃的耕具和采用“耦耕”方法之后，农田的垦耕还是得到一定程度的发展的。在西周初期，周人曾对黄土地带有特别浓厚的偏爱。关于这一点，李亚农在《西周与东周》一书已提出了极其宝贵的见解。周人所以特别偏爱黄土地带，是和他们的垦耕技术分不开的。

西周时代的农田，有所谓“菑田”、“新田”、“畬田”。《诗经·周颂·臣工》说：

> 嗟嗟保介，维莫（暮）之春，亦又（有）何求？如何新畬？

《小雅·采芑》说：

> 薄言采芑，于彼新田，于此菑田。……
>
> 薄言采芑，于彼新田，于此中乡。

① 近人有不同意程瑶田解释的，认为两耜同时推，比两耜分别先后推，并不能提高刺土能力。而且耜广五寸，两耜并耕，在一尺之地容不下两人的脚，不便操作。我们认为，在两人“合力同奋”之下，在同时“推”之后，又同时“发”，毕竟容易把土块翻起。

《尔雅·释地》说："田一岁曰菑，二岁曰新田，三岁曰畬。"①近人有把这三种田，解释为欧洲中世纪所流行的"二田制"、"三田制"的。首先提出这个解释的是刘师培。刘氏在《古政原始论》卷五"田制原始论"中②，曾作这样的解释：

（1）"菑田"就是《周礼·大司徒》的"再易之地家三百亩"，也就是《周礼·遂人》的"下地……田百亩，莱（休耕地）二百亩"。"菑为反草，盖此弃新畴复垦旧畴之义也。旧畴既芜，故只能三岁一耕，地力始苏"。"一岁曰菑，即言三岁之中仅有一岁可耕也"。

（2）"新田"就是《周礼·大司徒》的"一易之地家二百亩"，也就是《周礼·遂人》的"中地……田百亩，莱百亩"。新田"即取新旧相错之义，亦取每岁更新之义"。"二岁曰新田，即言三岁之中仅有二岁可耕也"。

（3）"畬田"就是《周礼·大司徒》的"不易之地家百亩"，也就是《周礼·遂人》的"上地……田百亩，莱五十亩"。"盖畬训为舒，即地力渐舒之义，地力既舒，即能每岁耕种"。"三岁曰畬，即言三岁之中每岁皆可耕也"。

刘师培这个解释，是极其牵强的，只是把《尔雅》的解释，牵强地和《周礼》上的说法附会了起来。徐中舒在《试论周代田制及其社会性质》一文中，也同样地把"菑田"、"新田"、"畬田"和《周礼·遂人》的"上地……田百亩，莱五十亩"相牵合。他比刘氏更进一步，认为这三种田就是村公社的三田制。徐中舒说：

---

① 《礼记·坊记》篇郑玄注说："一岁曰菑，二岁曰畬，三岁曰新田。"《周易》释文引虞翻说同。

② 《刘申叔遗书》第十九册。

根据欧洲村公社的三田制，我们假定西周村公社全部可耕之地也是分为三个相等的部分，其中菑为休耕的田，新为休耕后新耕的田，畬为休耕后连续耕种的田。……这是村公社可耕的三个部分相等的田，第一年如此。第二年仍耕这三部分田，不过其中菑、新、畬已转为新、畬、菑。同例，第三年又转为畬、菑、新。如图：

第一年	菑	新	畬
	↓	↓	↓
第二年	新	畬	菑
	↓	↓	↓
第三年	畬	菑	新

这就是《尔雅·释地》"田一岁曰菑，二岁曰新田，三岁曰畬"的正解。……这种三田制，在中国古代，是与一年耕百亩休百亩、耕百亩休二百亩的二田制、复田制，同称为爰田。……爰、辕、趄、换四字，古代音同、义同，故相通用。

徐中舒在这段解释之后，曾引《公羊传·宣公十五年》何休注和《周礼·遂人》来作证。我们认为《周礼·遂人》所说的"上地"——"田百亩，莱五十亩"，每年休耕三分之一，确是三田制；所说的"中地"——"田百亩，莱百亩"，每年休耕二分之一，确是二田制；但是《周礼》是春秋、战国间的著作，如果我们没有其他确切的证据，就不能根据《周礼》来论定西周已有三田制。把西周的菑田、新田、畬田解释为三田制，只是一种推测，这种推测是缺乏确切的根据的。

我们认为，菑田、新田、畬田的正确解释，应该是三种垦耕不同年数的农田。菑字从艸从田，巛（古灾字）声，《说文解字》说："菑，不耕田也。"（孙星衍、陈鳣、王念孙校改"不"为"才"，段玉裁校改"不"为

“反”)。菑字的原义,无非是开垦时“杀草”和“反草”的意思①。徐灏《说文解字注笺》说:“菑者初垦辟之谓也,田久汙莱,必先除其草木,然后可耕。田之灾杀草木谓之菑。”这个说法,我们认为是正确的。《周易·无妄》说:“不耕获,不菑畬,则利有攸往。”(《礼记·坊记》引作“不耕获,不菑畬,凶”。)王弼注解释“不耕获,不菑畬”是:“不耕而获,不菑而畬”,可知田地必须经过“菑”的阶段才能达到“畬”的阶段,如果要“不菑而畬”,就如同想“不耕而获”一样。《尚书·大诰》说:“厥父菑,厥子乃弗肯播,矧肯获?”这是说,他的父亲用了“菑”的功夫,而他的儿子不肯去好好播种,怎么能够有收获?可知“菑”是指播种前的除草垦耕等作业。《尚书·梓材》说:“惟曰若稽田,既勤敷菑,惟其陈修,为厥疆畎(畖)。”这是说,治理国家犹如种田,既经勤劳地展开“菑”的功夫,就当开展田亩的修治工作,筑好田四周的疆界,掘好田亩间的“畖”(小沟)。从这里,也可知“菑”是指修治田地的“疆”、“畖”前的初步开垦工作。《淮南子·本经训》说:“菑榛秽,聚埒亩,芟野菼(王引之校改“菼”作“莽”),长苗秀。”这里的“埒亩”,就是《尚书·梓材》所谓“疆畎”,埒是指疆界,亩是指亩畖。这是说,垦耕除去荒野的草木,筑聚成疆界和田亩,在播种后除去田亩间的野草,使苗得生长。根据上面这些史料,很清楚地可以看到,“菑”是指垦荒工作,“菑田”就是初开垦的荒田。古时开垦荒田,因为技术水平低,不是当年就能播种的,所以《尚书·大诰》会说:“厥父菑,厥子乃弗肯播,矧肯获?”因为在第一年垦荒工作完成后,还得要有修治“疆畎”的

① 《诗经·采芑》正义引孙炎说:“菑,始灾杀其草木也。”《诗经·皇矣》释文引韩诗说:“反革曰菑。”《周易·无妄》释文引董遇说:“菑,反草也。”《尔雅·释地》郭璞注说:“今江东呼初耕地反草曰菑。”

功夫，才能播种[①]。所以《尔雅》说："田一岁曰菑。"

"菑"是第一年刚开垦的田，"新"该是经过一年开垦后，到第二年已经能够种植的新田。新田是对旧田而言的，《诗经·采芑》正义引孙炎说："新田，新成柔田也。"当春秋时代晋楚两国在城濮大战前，晋文公想从"舆人"的歌诵中探听士气，听到"舆人"歌诵道："原田每每（草茂盛貌），舍其旧而新是谋。"（《左传·僖公二十八年》）因为这时流行着抛荒或休耕制度，旧田耕了一定的时期，肥力衰退，就要"舍其旧而新是谋"的。因为菑田是第一年开垦的荒田，新田是第二年已能种植的新田，上面都不免有野菜丛生，所以《诗经·采芑》说菑田、新田都有芑菜可采。至于畬田，那是经过三年治理的田，《说文解字》说："畬，三岁治田也。"《诗经》正义引孙炎说："畬，和也，田舒缓也。"《周易》释文引董遇说："悉耨曰畬。"都是这个意思。因为新田是第二年已能种植的新田，畬田是第三年耕种的旧田，所以《诗经·周颂·臣工》要唤使"保介"（管田的官）在暮春时节对新田、畬田如何注意了。

菑田、新田、畬田是三种垦耕不同年数的田，这是从古文献上可以清楚地看出的。从这里，可知西周对荒地的开垦，是有一定程度的发展的。所谓菑田、新田，可能也包括重新垦耕的休耕地在内，这时定期的休耕制度可能已有了。[②]

---

① 这种情况到后世还是如此。《齐民要术》卷一《耕田》说："凡开荒山泽田，皆七月芟艾之，草干即放火，至春而开，其林木大者劁杀之，叶死不扇，便任耕种。三岁后，根枯茎朽，以火烧之。耕荒毕，以铁齿镉榛而遍杷之，漫掷黍穄，劳（即耰——笔者）亦再遍，明年乃中为谷田。"

② 在欧洲，三田制是在第九世纪文献中才出现的，到十至十一世纪才逐渐流行，到十二至十三世纪还不能完全排斥二田制和休耕制。三田制是欧洲中世纪中期逐渐流行的，不是西周时代的耕作技术和施肥技术所可能产生的。

三　西周农业生产技术

在中国古代史上，周是个以擅长农业生产著称的部族。在周族的祖先传说中，他们的始祖后稷就是个天才的农业生产者。据说，后稷生下来不久，就能种植荍（豆）、禾、麻、麦、瓜等各种农作物，他在成人以后，就能教导人民农业生产，使得农作物生长得很美好。《诗经·大雅·生民》，就是歌颂这位有农业天才的始祖后稷的。直到战国时代，讲究农业技术的农家，还是把神农和后稷作为他们这个学派的始祖的。《吕氏春秋》中有《上农》、《任地》、《辩土》、《审时》四篇，是根据农家的书编写成的，《任地》篇一开始，就用"后稷曰"提出了十个问题，《任地》、《辩土》、《审时》三篇谈的，无非在解答这些问题。到汉代，杰出的农书《氾胜之书》中，也还有所谓"后稷法"。虽然这些农家所说的"后稷法"，不真是后稷所创造的，但其中必有不少是从周人的农业生产的经验上发展起来的。

西周时代的农业生产技术，确比殷商时代有了进步，主要表现在下列三点：

第一，对农田中"亩"、"甽"结构的治理和对水利灌溉的讲究。

《尚书·梓材》曾说："为厥疆畎（甽）"，《尚书·大诰》又说："若穑夫，予曷敢不终朕亩。"可知在西周的农田中已有"亩"和"甽"的结构。"亩"原是农田间一条条的高畦，"甽"原是"亩"和"亩"间的小沟，"亩"是用来种植农作物的行列的，"甽"是用来洗土排水的。如果土中含有多量的盐碱质，雨水下来就可从"亩"里溶解一些盐碱质，渗流入"甽"中，通过沟洫流入河中，达到洗土排水的作用①。《诗经》里曾提

① 参看夏纬瑛《吕氏春秋上农等四篇校释》的《后记》第四节"亩甽作用"。

到“南东其亩”，还曾多次谈到“南亩”。《小雅·信南山》说：“我疆我理，南东其亩。”①《小雅·甫田》说“今适南亩”，“馌彼南亩”，《小雅·大田》、《周颂·载芟》和《良耜》都说“俶载南亩”。《周颂》是西周时代的著作，看来“南亩”是西周对“亩”的最普通的称谓，这是个值得我们注意的问题。为什么周人要把“亩”称为“南亩”呢？我们读了《左传·成公二年》所载宾媚人（即国佐）的话，就可以揭开这个谜。公元前五八九年，鞌之战，齐国大败，齐派宾媚人向晋国贿赂求和，晋国以“使齐之封内尽东其亩”作为讲和的条件之一。宾媚人为此质问道：

> 先王疆理天下，物土之宜而布其利，故诗曰：“我疆我理，南东其亩。”今吾子疆理诸侯，而曰尽东其亩而已，唯吾子戎车是利，无顾土宜，其无乃非先王之命也乎？②

从这一席话，可知“亩”有“南亩”和“东亩”之分，直到春秋时代还是如此。“南亩”当指行列南向的亩，“东亩”当指行列东向的亩，是“疆理天下，物土之宜”而设置的。周人在农田的垦耕治理中，即所谓“疆”、“理”中，能够随着地理形势，修筑适宜的南向或东向的“亩”、“甽”行列，使得农田尽量利用地利，发展农业生产，即所谓“物土之宜而布其利”，我们不能不认为这是农业技术上的一大进步③。直到战国时代

---

① 《诗经·齐风·南山》说：“蓺麻如之何？衡从其亩。”所谓“衡从其亩”就是“南东其亩”。因为亩的行列南向或东向，就是衡（横）或从（纵）。

② 《左传》杜预注，解释“作齐之封内尽东其亩”说：“使垄亩东西行。”齐国在晋国的东面，晋出兵攻齐，兵车需要向东行，在东向的亩的行列奔驰比较方便，所以齐向晋求和时，晋为了此后兵车的便利，要迫使齐国“尽东其亩”。

③ 程瑶田《沟洫疆理小记》的“畎浍异同考”说：“画其经界之谓疆，分其地理之谓理……理之以成亩，所以为甽也。亩有东、南，故甽有纵、横，顺其地理以分之而已矣，故《左传》宾媚人曰：……所谓土宜者，东南之宜，所谓物而布之者，相其地理之顺以分画之云尔，此古人为甽之道也。”

的农家，他们在农业技术上首先注意的，还是“亩”和“甽”的安排。《吕氏春秋·辩土》说：“故畮（亩）欲广以平，圳欲小以深，下得阴，上得阳，然后咸生。”

西周时代在农田中创造了整齐的“亩”、“甽”行列，不但起了洗土排水作用，而且还可利用水流来灌溉农田。《小雅·白华》说：“滮池北流，浸彼稻田。”滮池是滮水之源，在西周京都丰镐附近，已被利用来灌溉稻田。西周在北方地区确已开始种稻，稻田是一定要有适当的水利灌溉的。

第二，对垦耕和耨耘技术已相当讲究，而且达到了相当水平。

西周后期对于垦耕，已很重视适当垦耕的时节。《国语·周语上》记述虢文公的话说：

> 古者太史顺时覛土，阳瘅愤（偾）盈，土气震发，农祥晨正，日月底于天庙，土乃脉发。先时九日，太史告稷曰：“自今至于初吉，阳气俱蒸，土膏其动，弗震弗渝，脉其满眚，谷乃不殖。”稷以告王曰：“史帅阳官以命我司事曰：距今九日，土其俱动，王其祗祓，监农不易。”

这是虢文公所说的天子举行籍田典礼前的例行公事。首先要管天文历法的官“太史”去“顺时覛土”（顺着时节观察土壤），到立春前九天，就得去报告管农事的官“稷”，报告“稷”说：从今到初吉，“阳气俱蒸（地里的阳气都上升了），土膏其动（土壤中的脂膏要流动了）”，如果“弗震弗渝”（不去翻动它疏通它，就是说不去垦耕翻土），那就要“脉其满眚（土壤的脉络就要塞住患病），谷乃不殖（种下的谷子就不能繁殖）”。接着，“稷”去报告天子，要请天子“监农不易”（毫不怠慢地去监督农事）。他们这样的重视春耕，是有道理的。因为在立春时节，土壤中的水分和温度开始上升,即所谓“土气震发”和“阳气俱蒸”,土壤的结构也开始松动,即所谓“土乃脉发”,同时土壤中的肥力也开始发生作用,即所谓“土膏其动”。如果不赶上时令去垦耕,便不能使土壤的结构和解,也就没有可供农作物生长的水分和肥力,结果就会“脉其满眚,谷乃不殖”。特别是在周人统治的西北地区,降雨量少,分布又不调匀,因此保持土壤中的水分和肥力,就成为旱地农作业中头等的重要任务。这种重视春耕的道理,该是周人在实践中得来的。后世农家对这一点还是很看重的,例如《汜胜之书》说:“春冻解,地气始通,土一和解……此时耕,一而当五,名曰膏泽”(见《齐民要术》卷一《耕田》篇引)。

《周颂·载芟》说:“载芟载柞,其耕泽泽。”郑玄解释说:“土气蒸达而和,耕之则泽泽然解散。”“泽泽”是形容土壤和解的,也或作“释释”,《尔雅·释训》说:“释释,耕也”(“释释”今本改作“郝郝”,此从《诗经正义》引)。《诗经正义》引舍人注说:“释释犹藿藿,解散之意。”这里,诗人用“泽泽”来形容所耕的土壤结构和解,该是由于当时人们重视垦耕土壤和解的缘故。

前面我们已谈过,西周已有金属锋刃的耨具叫镈。他们在作物播种前,先要做好整地工作和除草。《大雅·生民》说:“茀厥丰草,种之黄茂。”郑笺:“后稷教民除治茂草,使种黍稷,黍稷生则茂好。”他们在苗生长后,对除草更为重视。

《周颂·载芟》说:“厌厌其苗,绵绵其麃。”“麃”或作“穮”,《尔雅·释训》说:“绵绵,穮也。”穮也就是耨,《说文解字》说:“穮,槈鉏(锄)田也。”“绵绵其麃”是说连续不断地耨耘,《诗经正义》引郭璞《尔雅注》说:“芸不息也。”这是正确的。《国语·周语上》记述虢文公的话，也说："日服其镈，不解（懈）于时，财用不乏，民用和同。"所谓"日服其镈"，也是说逐日不断地耨耘。当苗生长的时候，遮蔽地面的力量不强，蒸发量大，就需要连续不断地去耨耘，一方面是为了除去苗间杂草，免得杂草吸去土壤中的水分和肥力，影响到苗的生长，一方面也可切断毛管上升水的运动。这一点在北方雨量较少的地区特别显得重要。《左传》载赵文子说："譬如农夫，是穮是蓘，虽有饥馑，必有丰年"（《左传·昭公元年》）。《左传》又载周任说："为国家者，见恶如农夫之务去草焉，芟夷蕴崇之，绝其本根，勿使能殖"（《左传·隐公六年》）。春秋时代农民如此讲究耨耘，该是继承西周的传统的农业生产技术而有所发展的。

《周颂·良耜》说："其镈斯赵（"削"的假借字，锋利之意），以薅荼蓼，荼蓼朽止，黍稷茂止。"这里不仅说明镈的功用在于耨除田亩间荼蓼等野草，而且把"荼蓼朽止"和"黍稷茂止"联系了起来，所以宋代以来，有许多学者认为这时已懂得用"绿肥"了①。

第三，农作物品种的增加和防治虫害的措施。

西周时代由于较多地应用带有青铜锋刃的耕具和耨具，由于垦耕和耨耘技术的讲究，由于对"亩"、"畎"结构的治理和对水利灌溉的讲究，还由于讲究选择优良品种，农作物品种有了显著的增加，从而农业生产也有了提高。

西周的粮食作物，品种已不少，有"百谷"的称谓，《周颂·噫嘻》

---

① 宋代以来，有不少学者认为西周时代已懂得用"绿肥"。宋代陈旉在所著《农书》卷上的《薅耘之宜》篇说："诗云：'以薅荼蓼，荼蓼朽止，黍稷茂止'，记礼者曰：'仲夏之月，利以杀草，可以粪田畴，可以美土疆。'今农夫不知有此，乃以其耘除之草，抛弃他处，而不知和泥渥浊，深埋稻苗根下，沤罨既久，即草腐烂，而泥土肥美，嘉谷蕃茂矣。"

就有“播厥百谷”的话。根据《诗经》来看，这时主要粮食作物的品种，已有黍、稷或禾、来或麦、牟（大麦）、麻（麻子）、荏菽（大豆）、稻、稌（粘稻）、粱、穈（赤粱粟）、芑（白粱粟）、秠（黑黍的变种）、秬（黑黍）等种①。这里特别值得我们注意的，是荏菽和稻、粱。

据《大雅·生民》，周人的始祖后稷已开始种荏菽，说：“蓺之荏菽，荏菽旆旆。”荏菽虽未必是后稷所栽培出来的种，但是，无可置疑的，是周人开始作为粮食作物而栽培的。自从西周以后，菽已成为中国人民的主要粮食的一种，成为“五谷”或“六谷”之一，这就应该肯定为周人在农业生产上的一个重要贡献。

稻的生长，需要适当的水利灌溉，所以自古以来长江流域是产稻的中心。但是在北方如果有适当的水利灌溉，也同样可以种稻。据战国时代著作的《周礼·职方》，除了扬州、荆州“宜稻”以外，豫州、青州、兖州、幽州、并州也都兼“宜稻”。据《鲁颂·閟宫》，后稷已开始教人民种稻，说后稷“奄有下国，俾民稼穑。有稷有黍，有稻有秬。”北方稻的种植，虽不必是后稷所推广的，但是西周时代在北方地区已种稻，确是事实。《小雅·白华》说“滮池北流，浸彼稻田”，滮池在今陕西西安西北。《豳风·七月》说“十月获稻”，豳在今陕西旬邑西、邠县北。《周颂·丰年》说“丰年多黍多稌”，稌就是稻中粘性的糯稻。在西周的金文中，如史免簠铭文已经以“稻粱”连称。史免簠载：“史免作旅簠，从王征行，用盛稻粱。”说明当时把粱和稻同样看作珍贵的食粮。西周时代北方能够推广稻的种植，这该是周人讲求水利灌溉的结果。

① 见齐思和：《毛诗谷名考》，《燕京学报》第三十六期。

梁是稷的一种优良品种，大穗，长芒，粒扁长。《史记·太史公自序》索隐引《三仓》说："梁，好粟也。"《汉书·食货志》颜师古注也说："梁，好粟也，即今粱米。"李时珍《本草纲目》说："粱者，良也，谷之良者也。"因为梁是较为珍贵的精良的食粮，古人常常把它和稻、肉、膏相提并论，以"稻粱"或"粱肉"、"膏粱"连称。胡道静在《我国古代农艺史上的几个问题》一文中，有"粱为周氏族所植粟之优良品种说"①，我们认为是正确的。

西周后期不断发生自然灾害，人们已很注意到虫灾的为害严重。《大雅·桑柔》说："天降丧乱，灭我立王；降此蟊贼，稼穑卒痒。"《大雅·瞻卬》又说："蟊贼蟊疾，靡有夷届。"他们已能分别各种为害不同的害虫，根据其食作物植株的不同部分而定名，《小雅·大田》毛传说："食心曰螟，食叶曰螣，食根曰蟊，食节曰贼。"《尔雅·释虫》也说："食苗心，螟；食叶，蟘；食节，贼；食根，蟊"（姚际恒《诗经通论》疑贼不是虫名）。当时对于除去害虫已有较明确的措施。《小雅·大田》说："去其螟螣，及其蟊贼，无害我田稺；田祖有神，秉畀炎火。"唐代开元时宰相姚崇认为"秉畀炎火"即是用火诱杀蝗虫，并曾采用这办法扑灭蝗灾。朱熹《诗集传》："姚崇遣使捕蝗，夜中设火，火边掘坑，且焚且瘗，盖古之遗法如此。"

四　结语

根据上面的论述，我们归结为下列四点：

（1）西周的"耜"是铲一样的耕具，"钱"是木制的带有金属锋刃

---

① 见《新建设》一九五四年第十二期。

的“耜”，“镈”是用句曲的树枝制的带有金属锋刃的“耨”（短柄宽刃小锄头）。这时带有金属锋刃的农具已较殷商时代流行。

（2）由于使用带有金属锋刃的耕具，由于黄土地带土壤较松，由于“耦耕”方法的采用，荒地已有一定程度的开垦。第一年初开垦的荒田叫“菑田”，第二年已能种植的田叫“新田”，第三年耕种的田叫“畬田”。

（3）西周的农业生产技术已有一定程度发展。在农田中已普遍按地理修筑有整齐的“亩”、“甽”行列，起着洗土排水和灌溉作用。在播种前，已很注意垦耕的时节。在苗生长后，已常使用镈进行耨耘。在垦耕和耨耘的技术方面，已有相当的水平。

（4）由于工具和技术的进步，由于生产经验的累积，使得农业生产有了提高，粮食作物的品种有了增加。大豆是西周开始作为粮食作物而栽培的，粱是西周时代栽培出来的稷的优良品种，稻在北方地区也已开始推广种植。

附录：关于西周农业生产工具和生产技术的讨论

为探索西周的生产力水平，我曾考察西周的农业生产工具和生产技术，写成《论西周时代的农业生产》一文①，提出了自己的看法，同时对徐中舒《试论周代田制及其社会性质》一文②中有关“周代生产力”部分有所商榷。接着徐中舒发表《论西周是封建社会——兼论

---

① 见《学术月刊》一九五七年第二期。今加修订收入本书作为第三章。

② 见《四川大学学报》一九五五年第二期，收入《中国的奴隶制与封建制分期问题论文选集》，三联书店一九五六年版。

殷代社会性质》一文①，其中有“西周的生产力、农具、农业技术和施肥问题”一节，对拙作又有所商榷。为了进一步弄清楚西周的生产力水平，我愿意再提出我的看法。

（一）关于西周的主要耕具——耒和耜

首先我们要谈的，就是中国古代的主要耕具是什么式样的？它们的作用究竟如何？

自从汉代以来，学者们对于耒和耜的结构，就有两种不同的说法。一种说法，认为耒和耜是一件耕具上的两部分，耒是耜上的弓形的曲柄，耜是耒下的木制或金属制的锋刃部分，即所谓“㭒”或“金”。《周易·系辞传》释文引京房说、《礼记·月令》郑玄注、《说文解字》“耒”和“枱”（即耜字的或体）的解说，都是如此。另一种说法，认为耜是和臿相同的工具，在《说文解字》中，“耜”又写作“相”②，说：“相，臿也。”《说文解字》说“相”或作“梩”，而《方言》卷五又说“臿”和“梩”是异名同实的，“江淮南楚之间谓之臿”，“东齐谓之梩”。有许多注释家也往往用“臿”来解释“耜”或“梩”的。例如《孟子·滕文公上》说：“盖归反虆梩而掩之。”赵岐注就说：“虆梩，笼臿之属，可以取土者也。”

在《说文解字》中，“枱”和“相”，都是“耜”的异体字，而许慎一面把“枱”解释为“耒耑”（《齐民要术》引作“耒耑木”），一面又把“相”解释为“臿”。那么，是不是许慎把“相”解释为“臿”，解释错了呢？不是

---

① 见《历史研究》一九五七年第五期。

② 徐铉校《说文解字》“相”字说：“今俗作耜。”《玉篇》在“相”下也说：“与耜同。”慧琳《一切经音义》卷八五也说：“［耜］又作相、铝三体。”“相”和“枱”本是一字，许慎误分为两字，古“目”（以）、“台”两字同声通用，金文常用“台”代“以”，古姓的“姒”，金文也或用“始”来代替。段玉裁《说文解字注》误认“相”、“枱”为两字，以为“枱”才是“耜”字，王筠《说文句读》已加反驳。

的。《庄子·天下》篇说："禹亲自操橐耜。"《释文》引崔课注说："耜，臿也。"而《韩非子·五蠹》正作禹"身执耒臿"，《淮南子·要略训》也正作"禹身执虆臿"。古书中每多以耒耜连称，也往往以耒臿连称，例如《盐铁论·国病》说："秉耒抱插，躬耕身织者寡。""插"就是"臿"，也是指"耜"。那么，"臿"是不是就是"耒耑"呢？我们认为也不是的。臿是另外一种工具，它是和铲差不多的。《方言》卷五曾说臿有斛、铧、韦、畚、桌、梩等不同名称，《释名》卷七曾说锸有销、铧等不同名称。《释名》卷七《释用器》说：

锸，插也，插地起土也。或曰销，销，削也。能有所穿削也。或曰铧，铧，刳也，刳地为坎也，其板曰叶，象木叶也。

原来锸有销、铧等名称，是由于"插地起土"、"有所穿削"、"刳地为坎"而得名的。很清楚的，它是和铲差不多的工具，王祯《农书》上把它画成铲的式样，是不错的。

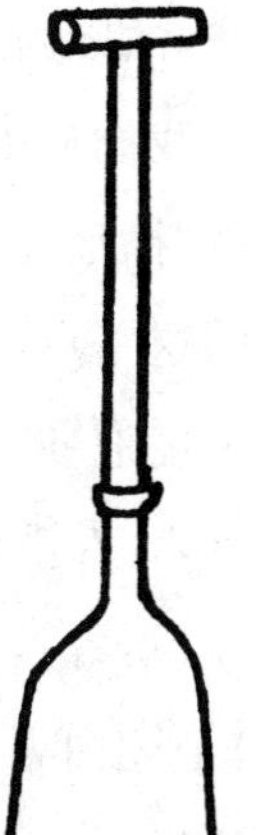

图十五 王祯《农书》上的臿

"臿"古或作"𩨗"，《尔雅·释器》说："斛谓之𩨗。"郭璞注："皆古锹锸字。"《说文解字》也说："𩨗，斛也，古田器也。""臿"和"𩨗"，是一声之转，"斛"就是"铫"，古同音通用。"臿"这名称是取义于"插"的，"铫"和"斛"的名称是取义于"挑"的，而"插"和"挑"在意义上是有相通之处的。这一点，钱绎在《方言笺疏》中解释得很好，他说：

斛之言挑也，《少牢馈食》下篇"二手执挑匕枋以挹湆"，郑注："挑谓之歃，读如或舂或抗之抗，字或作挑者，秦人语也。"案《尔雅》之斛，本是田器，而郑引以释挑匕者，盖斛所以插取土，挑

> 匕所以插取食，二者不同，而同为插取之义，故读从之。凡物异类而同名者，其命名之意多相近，犹《释器》“绚谓之救”，郭注：“罥名。”而郑注《周官·屦人》云：“绚谓之救，著于舄屦之头以为行戒。”盖绚所以拘持鸟兽，绚所以拘持屦头，二者不同，而同为拘持之义，故其训亦同也。

钱绎这个解说是合情合理的。臿的得名确是由于“插地起土”。用臿来“插地起土”，在把臿插入土中以后必须向外挑拨，斛和铫的得名，该就是由于“挑”吧！

臿之所以又称为铧，也不是没有道理的。《礼记·曲礼》：“为国君〔削瓜〕者华之。”郑注：“华，中裂之。”钱绎《方言笺疏》说：“中裂谓之华，故以臿入地使土中裂，即谓之铧矣。”

我们从臿、销、铫、铧等名称的“命名之意”来看，臿确是和铲差不多的“插地起土”的工具。我们从古书上谈到臿的地方，也同样可以证明这一点。所有古书，都是把臿作为开沟洫的工具的。例如《管子·度地》谈到治水，主张巡视民间的“备水之器”，曾说：“笼臿板筑各什六。”《淮南子·精神训》说：“今夫繇(徭)者，揭钁臿，负笼土。”高诱注说：“臿，铧也，青州谓之铧，有刃也，三辅谓之钑。”《汉书·沟洫志》记述白渠开凿完成后，人民歌颂道：“举臿为云，决渠为雨。”颜师古注说：“臿，鍫也，所以开渠者也。”在古书上，往往把臿和盛土之器笼、虆等连举，就是因为臿是“插地起土”之器。

臿是一种铲样的“插地起土”之器，它的刃部或称鐅。《说文解字》说：“鐅，河内谓臿头金也。”《方言》卷五郭璞注又说：“江东又呼鍫刃为鐅。”徐中舒为了否认耜是臿一类的农具，认为臿是犁刃，臿是犁馆形农具的通称。他说我不知道臿的“命名之故”，他对臿的“命名之故”另作了新的解说。他说：

> 至于锸（臿）和犁刃，也只是异名同实的东西。以金属锋刃戴于木制农具上，则称为犁冠。以木制柄插入金属锋刃中，则称为锸（臿）。锸就是具有犁铧形农具的通称，所以耜也可以称为锸，錾（或铫）也可以称为锸，芣（铧）也可以称为锸。

徐中舒认为臿不是由“插地起土”得名，而是“以木制柄插入金属锋刃”得名。据我们了解，古代“以木制柄插入金属锋刃”的工具还不止耜、铫、铧等几种，还有锄、斧、凿等，是否一概都可称为臿呢？如果说臿是犁刃，是犁铧形农具的通称，为什么古书上只把它当作治沟洫的工具呢？为什么古书上只是在谈到治沟洫的时候提到它呢？很显然，这个新解说是讲不通的。

耒和耜是两种不同结构的耕具，清代学者邹汉勋和徐灏已经指出这一点。徐灏在《说文解字注笺》中，认为许慎把“梠”解释为“臿”是对的。把“梠”的异体字“枱”解释为“耒耑”是不对的，我同意这个看法。我们认为耒和耜的基本区别，在于耒是尖刃的，耜是平刃的。耒下的尖刃，《考工记》称为“庛”，郑玄注说：“庛读为棘刺之刺。”庛就是尖刃，用来刺地的。《考工记》又说：“坚地欲直庛，柔地欲句庛，直庛则利推，句庛则利发。”因为地坚，直庛比较容易刺入，比较容易向前推，而句庛则便于把柔土句起，比较容易把土发掘起来。耒的尖刃是为了便于刺土，所以《庄子·胠箧》篇曾说：“耒耨之所刺。”日本奈良正仓院藏有一件“子日手辛锄”，柄弯曲作弓形，长一百五十三点五厘米，刃部作尖头平叶状，在刃部上面的柄上，贯有一小横木，是耕作时脚踏处。柄上有“东大寺子日献
天平宝字二年正月”题字。这是公元七五八年正月三日丙子日本天皇使用它“亲耕”以后，献给东大寺的①。我们认为这就是耒的遗制。它的结构，基本上和戴震《考工记图》和程瑶田《考工创物小记》根据《考工记》所画出的耒是相同的。徐中舒把“子日手辛锄”认为是耜的遗制，是有问题的。至于耜，它是有宽广的平刃的，所以《考工记》说：“耜广五寸。”《吕氏春秋·任地》说：“其博八寸。”耜的宽广的平刃，是为了便于插地翻土。《考工记》说：“匠人为沟洫，耜广五寸，二耜为耦，一耦之伐，广尺深尺，谓之甽。”因为耜有五寸宽广的平刃，一伐能翻起方五寸的土，两耜并伐就能翻起“广尺深尺”的土。如果用尖刃的工具去刺的话，即使刃的上部宽五寸，两耜并伐，怎能掘成“广尺深尺”的甽呢？要开掘“广尺深尺”的甽，所用的工具就必须是平刃的，至少是弧形的刃。

图十六 戴震《考工记图》的耒图

图十七 程瑶田《考工创物小记》的耒图

图十八 日本正仓院所藏的子日手辛锄

① 见日本出版的《正仓院御物图录》十四。

我在《论西周时代的农业生产》中说："钱就是后世所谓刬，也就是铲。"又说："镈是一种短柄宽刃的小锄头……它是用句曲的树枝制成的，所以也或称为句欘。"如今徐中舒也说："镈是指肩下博大之意。它是以曲木为柄，将肩部缚于曲柄的一端，如今之锄……镈与刬的分别，前者是曲柄，后者是直柄。"我们看，《吕氏春秋·任地》说："耨柄尺，此其度也，其博六寸（"博"字旧误作"耨"，此从谭戒甫《吕子遗谊》校正），所以间稼也。"这里所说的"耨"，就是"镈"，《吕氏春秋》说"其博六寸"，高诱注也说："刃广六寸。"镈这耨具，确是由于锋刃广博而得名的。《吕氏春秋》谈到耜，又说："其博八寸，所以成甽也。"高诱注也说："其刃广八寸。"我们又怎能否认耜有宽博的锋刃呢？

徐中舒说："耒耜是牛耕以前的主要农具，因为它要刺土深入，所以它的下端必须是尖锐而具有锋刃的。杨宽先生对于这样耕作实际上的需要完全没有理解，他就贸然肯定耜是直柄方刃如同铲一样的伐地起土之器……他这样的论断，实在太轻率。"实际上，我的论断是符合于耕作实际上的需要的，不是太轻率的。世界上的耕具，向来就有尖刃和平刃两种。就是在犁发明以后，平刃的犁和尖刃的犁也还是长期并存的。尖刃的犁，便于刺土深入，能够在坚硬的泥土上进行耕作，这不是平刃的犁所能胜任的。平刃的犁，便于把泥土翻动过来，而尖刃的犁是不可能把掀起的泥土从底里向上翻的。我们要知道，在耕作上把泥土翻动过来是很重要的，这样对于后来的收成关系很大的，所以这两种犁彼此间竞争了几千年之久，不分胜负。我国古代所以会出现两种耕具，一种尖刃的耒和一种平刃的耜，就是由于耕作实际上的需要。那么，西周时代为什么耜会比耒流行呢？因为西周所统治的主要地区，都是黄土地带，泥土比较松而肥，是容易用平刃的耕具把土翻起来的，采用平刃的耜来垦耕是比较有利的。

《周礼·秋官·薙氏》条说：

> 薙氏掌杀草，春始生而萌之，夏日至而夷之，秋绳而芟之，冬日至而耜之。

郑玄注说："耜之，以耜测冻土刬之。"这里谈的是四季"杀草"方法，所谓"萌之"就是除去其萌芽，所谓"夷之"就是把草削除，所谓"芟之"就是把草薙除，所谓"耜之"就是用耜来刬土除草。因为耜是平刃的，所以能够起"刬"的作用。

耜能起刬的作用，和刬（钱）是相同的。实际上，刬或钱就是一种带有金属锋刃的耜，这一点，在清代学者中已有人认识到。倪倬《农雅》第四篇《释器》，曾因为《诗经》毛传把"钱"解释为"铫"，而铫是耜属，认为"耜用金，其昉于周欤"？胡承珙《毛诗后笺》也说：

> 钱，《说文》用毛传训铫，云：古者田器。斗部斛下引《尔雅》"斛谓之疀"，古田器也。是铫斛同物，即今之铧錾，所用以耕者。①

我们断定钱是一种带有金属锋刃的耜，我在《论西周时代的农业生产》中，已举出三点理由来证明这一点，这里不再列举了。钱这种带有金属锋刃的农具，起源是很早的，它远在殷代已有。一九五三年安阳大司空村殷代遗址中曾出土一把铜铲，全长二十二点四五厘米，上部有长而大的方銎，刃部作长方形，因为使用关系，刃有卷起的痕迹。

① 陈启源《毛诗稽古编》也说："《尔雅》'斛谓之疀。'郭云：'皆古锹锸字。'……徐曰：'锹、錾、铫、斛、鏁，皆同一字。'……《方言》又有斛、铧、铧、臿、畚、梟、梩诸名……实与钱一器矣。"

方銎的长度约当长方形刃部的一半①。一九五二年在洛阳下瑶村第一五九号殷人墓葬中也发现一把铜铲，形式和大司空村出土的铜铲全同，只是比较小，全长十一点八厘米，铜质不精，不是实用物②。从两个不同地点发掘出来的两件殷代青铜铲，它们的形式结构完全相同，决不是偶然的巧合。这种铲在殷代一定曾经较长时间里在很多地区内应用，所以它已有较固定的形式了。从此可知钱这种农具，到西周时代会流行，是有渊源的。我们再从春秋战国时代所流行的作为货币的"钱"来看，其中流行于周和三晋等中原地区的布币，不论是所谓空首布、方足布、圆足布、尖足布，基本上都是铲的形式，该就是从农具中的钱演变来的。很清楚的，因为钱在西周春秋是主要的耕具，所以人们才会重视它，作为交易的媒介物，逐渐成为一种货币形式。如果说，钱只是一种辅助的农具，就很难理解为什么当时人们不用主要农具作交易媒介物，而要用辅助的农具来作为交易媒介物。

这种称为钱或刬的耕具，源流是很长的。直到犁广泛应用以后，也还有一种称为刬的耕具。王祯《农书》卷十三说：

> (刬)俗又名镑，《周礼》："薙氏掌杀草，冬日至而耜之。"郑玄谓："以耜测冻土而刬之。"其刃如锄而阔，上有深袴，插于犁底所置镵处。其犁轻小，用一牛，或人挽行，北方幽冀等处，遇有下地，经冬水涸，至春首浮冻稍苏，乃用此器，刬土而耕，草根既断，土脉亦通，宜春种麰麦。凡草莽汙泽之地，皆可用之。盖地既淤壤肥沃，不待深耕，仍火其积草而种，乃倍收。斯因地制器，刬土

① 见马得志等：《一九五三年安阳大司空村发掘报告》，《考古学报》第九期。

② 见郭宝钧、林寿晋：《一九五二年洛阳东郭发掘报告》，《考古学报》第九期。

> 除草，故名刬，兼体用而言也。诗云，制器相地宜，刬名良有义；起土与耜同，除荒过锄利。既能耕垦兼，仍取播殖易；面看功施何，春麦已交翠。

这种“起土与耜同”的称为刬的耕具，很明显，是由古代的“耜”和“钱”这种耕具演变来的。它的功用，也是和古代的“耜”和“钱”相同的。在西周所统治的黄土地带，土地肥松，耜和钱这种耕具是能够“刬土而耕”和“刬土除草”的，是“能耕垦兼”的。在当时，这种耜和钱的制作，也是相地制宜的。《诗经·周颂·良耜》说：“畟畟良耜，俶载南亩。”《载芟》说：“有略其耜，俶载南亩。”《小雅·大田》说：“以我覃耜，俶载南亩。”郑笺把“俶载”读做“炽菑”，孔颖达正义解释说：“谓耜之炽而入地以菑杀其草，故《方言》：‘入地曰炽，反草曰菑。’”如此说来，所谓“俶载”或“炽菑”，也正是“刬土而耕”和“刬土除草”之意。

在后世的耕具中，其实不但刬能够“刬土而耕”和“刬土除草”，所有平刃的犁都能“刬土而耕”和“刬土除草”的。后世称为刬的耕具，用牛拖着前进，或由人拉着前进，往往不能深耕。古代的耜和钱是脚踏的耕具，除了靠手把着柄向泥土中推以外，还可以靠脚踏在刃部的肩上或柄上所贯的小横木上用力向下推。如果用力向下多推一下，它还是比较能够深耕的。在后世，虽然已不用耜和钱作为耕具，但是人们在挖掘泥土时，还是用铲作为主要工具的。在耘耨时，也还用铲作为除草工具的①。

我们认为，古代耜的发展，有下列三个阶段：

---

①　钱（刬）原来起着“刬土而耕，草根既断，土脉亦通”的作用。自从耕具普遍用犁，刬（铲）还用于“刬地除草”，作为耘耨的工具。《齐民要术·耕田》引《纂文》说：“养苗之道，钽（锄）不如耨，耨不如刬；刬柄长三尺，刃广二寸，以刬地除草。”

第一阶段，耜的下部长方形的平版连同柄都是用木斫削成的，《周易·系辞传》所谓："神农氏作，斲木为耜，揉木为耒。"①

第二阶段，耜的下部长方形的平版连同柄仍都用木斫削而成，只是在长方形的平版下边边缘有金属锋刃镶包着的。

第三阶段，耜的下部长方形的平版连同锋刃全是金属制的，它的上边中间有銎，以便装上木柄，像安阳大司空村和洛阳下瑶村所出土的青铜铲便是这样，后世所流行的铲，也都如此。上述两种有金属锋刃的耜，也或称为钱。

上述三个阶段的耜的式样，在它的发展过程中是逐渐淘汰的，大概在冶铸青铜的技术发展以后，第二第三阶段的式样已逐渐出现，越到后来，第三阶段的式样就越占优势。在王祯《农书》卷十三，有一种铲样的农具叫做"枕"的，有木枕、铁刃木枕、铁枕三种。他说："枕，臿属，但其首方阔，柄无短拐，此与锹臿异也。"木枕是"剡木为首"的，柄和长方形平版全是木制的；铁刃木枕是在木枕的长方形平版下边加有一条铁刃的；铁枕是"煅铁为首"的，长方形平版连同锋刃全用铁制，上边有圆銎装柄。这三种枕，实际上代表着三种不同的发展阶段②。这三种枕在今天农村中也还有应用的，例如蒋若是在《洛阳古墓中的铁制生产工具》一文中，说汉墓中有一种铁的铲刃，"与今日农村常见之夹刃铁铣同型"，有注说："洛阳农村木铣前端，常加铁刃，俗称夹刃铣。"③

---

① 耜的平版连同柄，都需用木斫削而成，所以说："斲木为耜。"耒只需用曲木削尖，所以说："揉木为耒。"

② 后世铁农具应用普遍，因而铁刃木枕只用于"裁割田间塍埂"，木枕只用于"撩谷物"。

③ 见《考古通讯》一九五七年第二期。

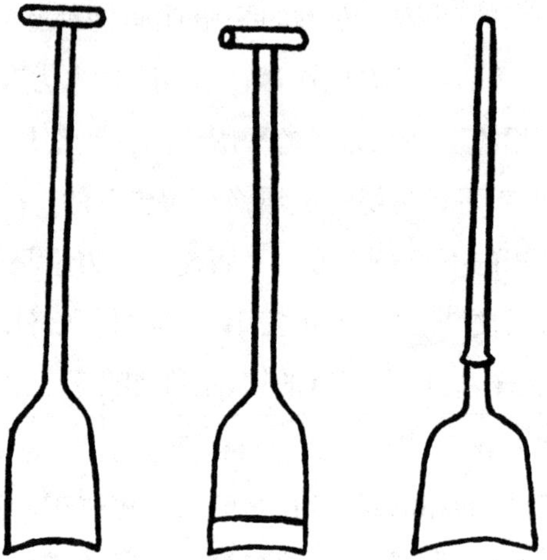

图十九 王祯《农书》上的三种枚：(1) 木枚 (2) 铁刃木枚 (3) 铁枚

我在《论西周时代的农业生产》中说："古代农具的金属锋刃和后世农具很不相同，仅仅在锋刃的边缘上有一条金属包着，这种情况直到战国秦汉间铁农具相当普遍流行时，还大都如此。"我所指的，就是上述第二阶段的形式，不但耜和钱曾有这种形式，许多工具都曾有这种形式。徐中舒批评我说："他不知这样的农具，就叫做犁镵。犁镵之义就是像犁之有冠（镵也可写作冠）；不但秦汉铁农具如此，即解放前农人所用犁铧头，也还是犁镵的遗制。"这个批评显然是不对的。我们以《辉县考古发掘报告》所载辉县出土的战国铁器为例，除了铁口犁（固围村二号墓）是犁镵以外，还有凹形铁口锄（固围村一号墓二号墓）、长方形铁口锄（固围村一号墓三号墓）、凹形斧刃（固围村一号墓）等，都是用长方形或凹形的铁刃包在工具的锋刃边缘上的。难道所有出土的战国秦汉时代工具上的长方形和凹形铁刃都一概可以称为犁镩么?①

耜和钱的形式,除了有上述三个阶段的演变以外,在各个地区长期的应用中,也还有各种不同的变化,有各种不同的式样出现。我们看,春秋战国时代从钱这种农具演变来的布币,它下边的锋刃,在各个地区就有"方足"、"圆足"、"尖足"等不同形式。它们的基本形式是铲,而其下边锋刃所以会有"方足"、"圆足"、"尖足"等凸出部分,无非为了便于插入土中。汉代还有一种称为"茉"的两刃臿,它和方足布不同,方足布只是在刃边开了方形的袴,而两刃臿已在一个柄上装有两个臿一样的刃部了。它虽有两个臿样的刃部,但每个刃部是长方形的,它的功用还是和臿相同的。

汉代武梁祠石刻上有神农和夏禹的画像,都是手执农具的。神农画像的题字是,"神农氏因宜教田,辟土种谷,以振万民"。所画的神农,身躯略为伛偻,眼向前看,双手斜把着农具的柄,正作"辟土"之状。这农具的柄略作弯形,下部有长方形的歧头双刃,锋刃是平头的,整个刃部的头略为向上翘起。夏禹画像的题字:"夏禹长于地理,脉("覛"的假借字,观察之意)泉知阴,随时设防,退(减退之意)为肉刑。"所画的夏禹,头戴三角形的笠,右手向上斜举着农具。这农具和神农手执的农具相似,只是形状比较短小,柄和刃部都是直的,并不弯曲。

武梁祠石刻上夏禹手执的农具,清代学者如王念孙、瞿中溶、叶

① 犁镩也或作犁冠,是指套在犁版上的锋刃部分,因为后世通行三角形尖刃的犁,所以《说文解字》说:"〔瑁〕似犁冠。"《尔雅·释乐》篇郭注说:"〔大磬〕形似犁镩。"尖刃的犁,我认为是由耒演变来的。林西县细石器文化遗址曾出土"石犁头",近人据此,有认为我国在新石器时代已用犁耕的,但这种尖刃的"石犁头",也可能不是犁的刃部而是一种大型的耒的刃部。

德炯等，都认为是两刃臿。王念孙《读书杂志》第十种《汉隶拾遗》“武梁石室画象三石”条说：

图二十　武梁祠石刻神农所执的农具

图二十一　武梁祠石刻夏禹所执的农具

所图禹象，其冠上锐下广如笠形，手执两刃臿。（原注：《说文》：“芣，两刃臿也。”《玉篇》胡瓜切，云：“今为铧。”俗语所谓铧锹是。）案《庄子·天下》篇引《墨子》云：“禹之湮洪水，决江河，亲自操橐耜，（原注：司马彪云：“橐，盛土器也。”崔谍云：“耜，插也。”插与臿同。）沐甚雨，栉疾风。”《淮南子·修务》篇云：“禹沐霪雨，栉扶风，决江疏河。”《要略》云：“天下大水，禹身执虆臿，以为民先。”（原注：今本臿讹作垂，辩见《淮南》。）此图头戴笠，手执臿，正所谓栉风沐雨，身执虆臿者也。

王念孙这个说法是很正确的。因为惟有把禹手执的农具解释为臿，才和文献相合。瞿中溶所著《武梁祠堂石刻画像考》，因为相信耒耜是一器，就认为石刻上神农和夏禹手执的农具，就是耒耜，也就是臿，而其刃部歧头已是汉代的形式。他说：

> 神农手下所用之形……正作辟土之状，惟据《考工记》文，下当广而不当分歧，则画者亦同二郑，（案二郑指郑众、郑玄，贾公彦《考工记疏》说："先郑（指郑众）云，耒下歧，后郑（指郑玄）上注亦云：今之耜歧头。"）据汉时所用之形图之，未能尽合于古也。（卷一）
>
> 案此图禹手执之器，较神农所持者，短而直，然下出两歧，形制略同。《庄子》言"亲操橐耜"，《韩非子》言"手执耒臿"，《淮南子》又作"畚臿"，盖亦耒耜之类，而汉时所谓臿之器正如此。（卷二）

瞿中溶认为石刻上神农和夏禹所执之器同样是梠或臿，而王先谦《释名疏证补》引叶德炯说，又认为神农手持的是耜，而夏禹手持的是臿。他说：

> 其图神农手持之器，柄曲而下翘，头岐而二，则此耜也。
>
> 图绘禹持之器，似神农手持之耜，柄直而头平，头亦两岐，即此锸也。耜为耒田之用，故头翘起，锸为锸地之用，故头宜平。《说文》芣下从木，乃会意，上从λλ，是像岐头之形。

我们认为瞿中溶和叶德炯的说法都对的。耜在古代农业耕作中，主要有两种功用：一种是《考工记》所谓"为沟洫"，石刻中禹手执的农具便是"为沟洫"的，一种是《诗经》所谓"俶载南亩"，就是在垄亩上进行"划土"的垦耕作业，石刻中的神农像正是手执耜作辟土之状。"为沟洫"的耜，主要的作用是挖土，需要直柄平刃。进行垦耕作业的耜，有的柄和刃部略作弯形，为了便于"划土而耕"和"划土除草"，但是它们基本的形式还是相同的。石刻上所刻神农和夏禹所执的农具，虽然已经是汉代的形式，是"歧头两金"的耜，是所谓两刃臿，但是它们都是长方形的平刃，基本形式还是相同的，它们既是耜，也是臿。孙诒让《周礼正义》说："《说文》木部云：'梠，臿也'，'茉，两刃臿也'，梠即耜正字。臿与耜形制略同，但臿柄直，耜檺曲，故许通训梠为臿也，汉时耜两金，盖与茉同。"这个解释是很正确的。

元代王祯《农书》记述有三种脚踏耕具，一种叫铎，"其金比犁镵小而加锐，其柄如耒，首如刃锋"。一种叫耩，和铎相似而是歧头的。一种叫长镵，也叫踏犁，"比之犁镵颇狭……柄长三尺余，后偃而曲，上有横木如拐，以两手按之，用足踏其镵柄后跟，其锋入土，乃捩柄以起垅也"。徐中舒认为："耩歧头，即耒之遗制，铎首如刃锋，即耜之遗制。"我们认为歧头与否，并不是耒和耜的根本区别。早期的耒大都歧头，后期的耒就不一定是歧头的，例如《考工记》所记述的耒的结构，

图二十二　王祯《农书》上的铎

图二十三　王祯《农书》上的长镵(踏犁)

图二十四　阮元在山东所见的耜

就不是歧头的。早期的耜固然大都是单刃的，但到汉代就很多是歧头的，即所谓两刃臿。实际上，这些留传在后世的尖刃的脚踏耕具，都应该是耒的遗制。阮福在《耒耜考》一文中[①]，记述他父亲阮元的话说：

> 曾在山东道中，见农间尚有耒耜之器，与古制小异。古之金前锐而后方，今之金盖长方形，复于接耜之处又横一小木。盖以手持耒首，而复以足踏小横木，合力前推，臿入土中，复仰耒首，则臿上仰而土甴起矣。此乃人耕，用力多而见功少，不若后世之牛耕，则用力少而见功多也。

在这文后面，还附有两张图，一张图是从戴震《考工记图》上摹绘来的，锋刃是尖的。一张图是阮元"就道中所见约略画之"，木柄略为弯曲，刃部完全是铲的形状，在刃部上端的木柄上贯有小横木。阮元认为这两种刃部不同的耕具，是古今异制。实际上，这不是古今异制，尖刃的是有庛（刺）的耒，具有铲形刃部的便是称为臿的耜。流传在山东地区的这种具有铲形刃部的脚踏耕具，我们认为就是古代耜的遗制，它的耕作方法，也就是古代耜的耕作方法。

（二）关于西周的农业生产技术

根据上面的论述，西周时代的主要耕具——耜是铲一样的耕具，而钱是带有金属锋刃的耜的别称，是无疑的。《诗经》曾再三提到耜，或者说"有略（挈）其耜"（《载芟》篇），或者说"覃耜"（《大田》篇），或者说"畟畟良耜"（《良耜》篇），都在形容耜的锋利，西周的耜该大都已有金属锋刃了。如今徐中舒一方面不全肯定西周的主要耕具有金属锋

---

① 该文收入严杰编《经义丛钞》，见《皇清经解》卷一三八四。

刃，说是“木制的耒和在耒的下端安装半圆形锐利金属犁馆或石蚌类刀铲形的耜”；一方面又说使用这样的耕具“在二人并力的耦耕下它是可以深耕的”。我们要知道，木耕具和带有石蚌类锋刃的耕具是最原始的耕具，使用这种原始耕具是无法深耕的。王祯《农书》曾说：脚踏的耕具称为“锋”的，“其金比犁鑱小而加锐”，“地若坚垎，锋而后耕，牛乃省力，又不乏刃”。徐中舒根据这一点来证明“耒耜就是可以深耕的农具”。其实从这一点，只能证明有金属的锐利锋刃的耒耜，才比较可以深耕。徐中舒又认为战国时代的铁农具“也只能作薅草壅本的辅助农具用，因为它是生铁铸成的，铁质松脆，容易折断，它还是不能代替耒耜，用以深耕的”。好像木石制的耕具反而要比铁耕具强得多，这也是不能令人信服的。

我们姑且不断定西周农具的锋刃是青铜制的或铁制的，但必然已有用金属制的了，因为西周农具有钱、镈、铚等名称，已足证明这一点。西周时代的农业生产技术，所以能够到达相当水平，这一点是很有关系的。

耜在西周春秋时代的农耕上有两种功用，即“为沟洫”和“俶载南亩”，我们前面已经说过。“为沟洫”和“俶载南亩”这两种工作，在当时农田的垦耕作业上是同样重要的，在播种之前，必须要随着地理形势，治理好沟洫，修筑好适宜的南向或东向的“亩”、“甽”行列，使得农田尽量利用地利，起洗土排水等作用。当时经过这样治理的农田，田亩行列南向的叫“南亩”，田亩行列东向的叫“东亩”。由于地理形势的关系，一般以“南亩”为多，因为“南亩”的行列对于农作有利。这种情况到春秋时代还是如此。公元前五八九年，鞌之战，齐国大败，派宾媚人向晋国贿赂求和，晋国为了此后兵车行动的便利，以“使齐之封尽东其亩”作为讲和的条件之一。当春秋时代，战胜的强国为了此后控制战败的弱国，为了此后出动兵车的便利，往往迫使弱国“尽东其亩”。晋文公在伐卫之后，就曾要求卫国把“南亩”一律改为“东亩”，《韩非子·外储说右上》说：“〔晋〕文公见民之可战也，于是遂兴兵伐原，克之；伐卫，东其亩。”《商君书·赏刑》和《吕氏春秋·简选》也都说：“晋文公……反郑之埤，东卫之亩。”高诱注说：“使卫耕者皆东亩，以遂晋兵也。”我们从这些历史事件中，可知古人对于农田中“亩”、“甽”结构的治理，对于“东亩”和“南亩”行列的筑修，原是很讲究的，除非为强国所征服，在强力的压迫下才被迫有所改变。因为这与农业生产的关系是很重大的。在中国古代的耕具中，耒尖刃，只适宜于耕松泥土，不适宜于划地翻土和开掘沟洫，只有耜既能“俶载南亩”，也便于“为沟洫”。耜的所以在西周时代较为流行，这该也是个缘故吧！《国语·周语中》记单襄公的话，说：“周制有之，曰：‘……民无悬耜，野无奥草，不夺民时，不蔑民功。’”所谓“民无悬耜”，是说农民尽力垦耕，没有把耜悬挂起来不用的，所谓“野无奥草”，是说农民尽力垦耕，使得田野里没有荒草。耜在西周时代所以能成为主要的垦耕工具，这是由于它便于在黄土地带开垦的缘故。

西周春秋时代对于农田的垦耕，普遍采用两人合作的方法，即所谓“耦耕”。《考工记》说：“匠人为沟洫，耜广五寸，二耜为耦，一耦之伐，广尺深尺，谓之甽。”从来学者大都根据这一点，认为二人并二耜而耕，叫做“耦耕”。也有认为二人拿二耜相对而耕，叫做“耦耕”的，例如《诗经·小雅·大田》孔颖达正义说：“计耦事者，以耕必二耜相对，共发一尺之地，故计而耦之也。”也有认为二人一前一后同时垦耕，叫做“耦耕”的，例如《考工记》贾公彦疏说：“二人虽共发一尺之地，未必并发，知者，孔子使子路问津于长沮，长沮不对，又问桀溺。若并头共发，不应别问桀溺，明前后不并可知。虽有前后，其畎自得一尺，不假要并也。”也有认为二人合作垦耕，一人耕，一人耰（椎碎土块），叫做“耦耕”的，有人根据《论语·微子》说：“长沮桀溺耦而耕。”又说：“桀溺耰而不辍。”就认为“耦耕”是二人同时进行耕作业和耰作业的密切配合①。徐中舒又认为二人共踏一耒或耜，叫做“耦耕”。徐中舒说：“古代耦耕，二人共踏一耒或耜，故耒或耜的柄之下端接近刺地的歧头处，或安装犁镩处，安装一小横木，左右并出，适为两人足踏之处。若后代不行耦耕，则此一小横木只向一方突出，供一人足踏即可。如王祯《农书》所绘长镵使用图，即系如此。宋周去非《岭外代答·风土门》记踏犁的形制云：‘……犁柄之中于其左边施短柄焉，此左脚所踏处也。……’踏犁只供一人使用，所以也只有左脚所踏处的左边施短柄。”各家对于“耦耕”的解释，说法如此纷纭，究竟以哪一种为对呢？古时又称“耦耕”为“合耦”或“比耦”②，是二人运用二耜合作垦耕，应该是没有问题的。两人是相并而垦耕，还是相对而垦耕，是看需要而进行的，目的无非在通过合作以提高垦耕的工作效率。二人运用二耜相并或相对而耕，的确能够达到程瑶田所说的“刺土得势，土乃迸发”的效果的③。至于徐中舒所说“耦耕”是“二人共踏一耒或耜”的说法，是不可能成立的。如果二人挤在一把耒或耜上踏，

---

① 见《农史研究集刊》第一册中《耦耕考》一文和日本出版的《松山商大论集》七卷三号中《春秋战国时代的农业及其社会构造》一文。

② 《周礼·地官·里宰》：“以岁时合耦于耡，以治稼穑。”《左传》昭公十六年：“庸次比耦，以艾杀此地，斩之蓬蒿藜藋而共处之。”“耦”而称为“合”或“比”，其为合作垦耕很明显。古时举行射礼，都选择两人配合成耦而射，亦称“比耦”。

③ 见程瑶田：《沟洫疆理小记》的“耦耕义述”。

提高垦耕工作效率是不大的，若是二人步伐不一致，还要互相牵制，影响垦耕的工作效率呢！从来所有脚踏的耕具，只能由一人来使用，就是由于这个原因。甲骨文中的“耤”字，就像一人执耒而耕的情况。徐中舒认为后代不行耦耕，因而脚踏耕具上脚踏的小横木只向一方凸出。其实，后代的脚踏耕具上所贯的小横木也有左右并出的，例如日本所藏的子日手辛锄、王祯《农书》上的锋、阮元在山东所见到的耜，都是如此。脚踏耕具上小横木的左右并出或只向一方凸出，只是制作上有些不同，并不是行“耦耕”或不行“耦耕”的关系。至于阮福《耒耜考》说：“今黔中爷头苗在古州耕田，全用人力，不用牛。其法一人在后推耒首，一人以绳系磬折之上肩，负其绳向前曳之，共为力。此即耦耕之遗欤?”这又误把人挽犁误解为“耦耕”了。其实人挽犁不但苗族有，直到近代在中原地区还有应用的①。

关于西周的农业生产技术，我在《论西周时代的农业生产》一文中，已曾加以分析。我们认为：西周时代由于使用带有金属锋刃的耕具，由于黄土地带土壤较松，由于“耦耕”方法的采用，荒地已有一定程度的开垦。当时在农田中已普遍按地理修筑有整齐的“亩”、“甽”行列，起着洗土排水和灌溉作用。在播种前，已很注意垦耕的时节，在苗生长后，已使用带有金属锋刃的镈进行耨耘，以保持土壤中的水力和肥力，同时也已懂得在耨耘中积“绿肥”来作肥料。由于工具和技术的进步，由于生产经验的累积，使得农业生产有了提高，粮食作

① 近来还有人误把挽犁作为耦耕的。其实耜与犁为两种不同的耕具，形制和操作方法完全不同，绝不能混为一谈的。近来更有人认为在耜的柄上系绳，一人把耜插入土中，另一人相向而立，用力拉绳发土，即是耦耕。这大概是由挽犁推想出来的。这样两人面对面共发一耜，根本违反力学原理，在实际耕垦中无法实行。

物的品种有了增加。总之,西周的农业生产是已经达到了相当的水平的。但是,我们不能同意徐中舒等认为西周已有三田制的说法,因为这个说法是缺乏确切的根据的。

西周的农田,有“菑”、“新”、“畬”等三种不同名称。徐中舒把这三种田的名称和《周礼·遂人》所说的“上地田百亩莱五十亩”牵合了起来,认为西周存在着每年休耕三分之一的三田制,“菑”、“新”、“畬”就是实行三田制下的三种田的名称。我曾经批评说:“《周礼》是战国时代的著作,如果我们没有其他确切证据,就不能根据《周礼》来论定西周已有三田制。”如今,徐中舒反批评说:

> 杨宽先生一面说不能根据《周礼》来论定西周已有三田制,但是他一面又引东汉孙炎和东汉以后的郭璞、董遇等对菑、新、畬的解释而加以总结说:“第一年开垦的荒田叫菑田,第二年开垦熟的田叫新田,三年后垦好的熟田叫畬田。”依杨先生的意思,菑、新、畬三种耕种不同的田,既不能利用年代相去最近的《周礼》加以论证,难道反可以利用东汉或东汉以后的年代相去更远的人的注释,给以确切的证明吗?

我认为这个反批评是不确当的。我引用东汉和东汉以后的注释来对这三种田加以解释,是与《尚书》的《梓材》、《大诰》,《诗经》的《臣工》、《采芑》上谈到“菑”和这三种田的西周文献结合起来的,我们要知道,东汉和东汉以后人的注释,有好些是有它的来历的,并不是凭空杜撰的,所以能够和《尚书》、《诗经》上的原意相合。我们是应该运用这些注释,来理解《尚书》、《诗经》的原意的。如果《周礼》上有足以阐释这三种田的文献,当然比运用东汉以后人的注释更确当些。但是《周礼·遂人》所谈的,并没有涉及这三种田,现在徐中舒凭空地把它比附上去，就显得牵强了。徐中舒又反批评说：

> 我们再看他对于菑、新、畬的新解是：新比菑好，畬比新更好，所以第一年叫荒田，第二年叫熟田，第三年叫垦好的熟田，那末，第四年应当是更好了。这完全是最进步的农业，就是现在最进步的耕作技术也不过如此。这比三田制耕种二年后就要休耕一年还不进步吗？这对于他说三田制不是西周时代所可能产生的，是怎样的矛盾。

这个反批评，是把我的原意误会了。我根据《尚书》、《诗经》上的西周文献结合了前人的注释，认为菑田是初开垦的荒田，因为技术水平低，不是当年就能播种的，到第二年经过修治，才成为能够种植的"新田"，到第三年才成为"畬田"。怎能根据这一点说"这完全是最进步的农业"？

"菑"本有开垦之义，"菑"或作"椔"，《广雅·释地》曾把"椔"和"垦"、"耕"作为同义字。王念孙《广雅疏证》解释说：

> 《考工记·轮人》"察其菑蚤不齵"。注云："菑谓辐入毂中者也。"辐入毂中谓之菑，犹耜入地中谓之菑。菑之言傳也，李奇注《汉书·蒯通传》云："东方人以物臿地中为傳。"是其义也。

耜就是臿，它的垦耕方法是"插地起土"。"插地"的垦耕方法叫"菑"，也叫"剚"或"傳"。《诗经·小雅·大田》篇"俶载南亩"，郑玄笺读"载"为"菑"，而《正义》引王肃注又说："俶，始也，载，事也，言用我利耜始发事于南亩也。"王肃把"载"解释为"事"，陈诗庭《读书证疑》卷四说："事当读为傳，与菑同。"因为"菑"和"傳"是指"插地"的垦耕方法，所以"菑"、"傳"又都有插立之义。陈诗庭《读书证疑》卷二又说：

> 《考工记·轮人》注："泰山平原所树立物为菑，声如胾。"《汉

书·郊祀志·瓠子歌》:"隤竹林兮楗石菑。"师古注:"石菑为臿石立之。"《杨赐传》注引《续汉书》:"轻车菑矛戟幢麾",谓插也。《史记·张耳陈馀传》"倳刃",徐广音倳为胾。……声在则义从之也。……郑《士虞礼》注:"胾,切肉也。"菑、倳声如胾。梠之入土,如刀之切肉。倳为插地,王肃训载为事,事当为剚。

我们"以声求义",菑字是开垦之义是无疑的。菑字从艸从田,巛(古灾字)声,从它的结构来看,也是开垦之义。所以菑字原为初垦辟的意思,所谓菑田就是第一年初开垦的荒田,而一般也还把臿作垦耕的意思来用。

《尚书·梓材》把"既勤敷菑"作为"为厥疆畎"前的一种工作,很明显是指修治农田的"亩"、"甽"行列前的初步开垦工作。《尚书·大诰》说:"厥父菑,厥子乃弗肯播,矧肯获?"可知菑是指垦荒,由于技术水平低,初开垦的田不是当年能播种的。《诗经·周颂·臣工》要唤使保介(管田的官)在暮春季节对新田畬田如何注意,而《小雅·采芑》又说在新田菑田采取芑菜。陈奂《诗毛氏传疏》说,

《说文》:"菑,不耕田也",不耕为菑,犹休不耕者为莱,菑与莱声相近也。郑笺读俶载为炽菑,初耕未能柔熟,必以利耜发田,与田一岁菑合。新谓耕二岁者,畬谓耕三岁者,《易》董遇注"悉耨曰畬",盖至三岁,悉可耕耨矣。此诗新畬,就耕田说;若《采芑》新菑,就休耕之田说;故有可采之芑。立文自有不同。

陈奂把"新田"一面解释为休耕田,一面又解释为耕田,显然难通。我们认为菑田是初垦的荒田,新田是刚垦熟而能种植的新田,所以上面都不免有野菜丛生。而新田和畬田又都是垦熟的田,所以要唤使保介在暮春如何注意了。

黄以周《儆季杂著》的《群经说》卷四有“释菑”篇，他把菑、新、畬三种田解释为三年轮种一次的“再易之田”。他说：

凡治田之法，先杀草而后耕，既耕而后耘。《诗》云：“载芟载柞，其耕泽泽，千耦其耘”，郑笺：“民治田业，将耕先始芟柞其草木，土气蒸达而和耕之，则泽泽然解散，于是耘除其根株。”此治田一定之叙，郑笺言之凿凿可据者也。然《诗》据不易之田而言，芟柞耕耘同在春月。若以再易之田而言，所谓芟柞艸木者，其一岁之菑田也，土和耕泽然解散者，其二岁之新田也。孙炎注《尔雅》云：“新田，新成柔田。”谓一岁土强檗不可耕，至二岁田始柔和新成矣。菑字从艸巛田会意，巛者灾也，以烧薙杀草为本义。孙炎注《尔雅》云“菑，始灾杀其草木”是也。以耕田反艸为后义，郑笺《良耜》，读俶载为炽菑，云“农以利善之耜炽菑南亩”是也。……《说文》：“菑，不耕田也。”……《书·梓材》曰：“若稽田，既勤敷菑，惟其陈修，为厥疆畎。”……畎以耕言，其事在敷菑后，则敷菑者布杀其艸，尚未及耕也。……《易·无妄》曰：“不耕获，不菑畬。”……耕获以一岁中之先后言，菑畬以数岁间之先后言。

黄以周把《诗经·载芟》所说的，认为是“不易之田”，是没有根据的。如果是“不易之田”，年年耕种，田上的小树木必已除去，就不必要“载芟（除草）载柞（除木）”。黄以周把菑、新、畬三种田解释为三年轮种一次的休耕制度，也是随便解释的，和徐中舒解释为三田制同样缺乏根据。如果我们脱离了西周文献，想凭菑、新、畬三个字的字义，来解释西周的耕作制度，它就可以解释为这样的耕作制度，也可以解释为那样的耕作制度。结果是辩来辩去，不能解决什么问题的。

徐中舒在旧作《井田制度探原》第七节①，曾说："盖菑为初耕，始灾杀草木而反其土。新田则新成之田较灾杀为进。畬则悉可耕耨，此为垦田之次第。据此，知周人耕地，随地力转徙，盖无三年不迁之田。此俗沿至春秋之世，犹无大改。《左传·僖公二十八年》载晋文公听舆人之诵曰：'原田每每，舍其旧而新是谋。'每每与朊朊同，谓肥美也。"徐中舒原先把菑、新、畬解释为"垦田之次第"是对的，但是把它解释为"随地力转徙"的原始农业，是估计太低了。原始农业使用斧、刀、锄等工具，在荒地上斫去草木，就地曝干，纵火焚烧，利用"火耕水耨"的方法来得到天然的肥料，在经过若干年后地力用尽时就抛荒，重新去开垦新田。这种农业耕作方法，称为锄耕农业，也称为砍烧农业。根据我们对西周农业生产技术的分析，显然已超过这个阶段。西周人的耕耘技术已达到相当的水平，已懂得怎样保持和利用土壤中的肥力，并已懂得使用绿肥。如今徐中舒又把这菑、新、畬解释为三田制，是未免估计得太高了。三田制在欧洲是九世纪的文献里才出现的，到十世纪和十一世纪才逐渐推广，成为当时农业技术发展的主要标志之一，但是到十二世纪和十三世纪还不能完全排斥二田制，有些地方甚至还是休耕制。我曾说："三田制是欧洲中世纪中期逐渐流行的，不是西周时代的耕作技术和施肥技术所可能产生的。"徐中舒说这完全是我个人的成见，是没有一点根据的。事实上，这是有根据的。欧洲在十到十一世纪已普遍使用犁耕，大都用六匹至八匹牛拖着附有车轮的重犁进行深耕，也有视土壤的性质，用一对牛拖着轻犁进行较浅的耕作的。总之，这时农业技术已有相当进步，

① 见《中国文化研究汇刊》第四卷上册，一九四四年九月成都出版。

已在农田里进行深耕细作，已更多地关心于土地的施肥。尽管西周所统治的地区是黄土地带，土质较为松肥，但是西周人只使用着铲一样的耜，完全靠人力来进行耕作，在施肥技术上也只是靠耘耨中积一些“绿肥”，无论如何是赶不上欧洲十世纪和十一世纪的技术水平的。固然，战国时代的农田已多数是长期耕种而不休闲的，但也还有三田制、二田制和三年轮种一次的休耕制度存在。战国时代所以能够产生这样的耕作制度，完全是由于当时生产关系的转变、农民生产积极性的较为提高和农业技术的进步。战国时代虽然还有使用耒耜作耕具的，但是牛耕和犁耕已较普遍，铁口犁已普遍应用，已采用“深耕易耨”的耕作技术，施肥技术也较前进步，水利灌溉事业也有大发展。我们决不能因为战国时代已有较进步的耕作制度，就推断西周时代也是如此。在西周，定期的休耕制度可能已有，但究竟是怎样的一种定期休耕制度，还需要进一步的探索。

（原刊《历史研究》一九五七年第十期）

第四章 “籍礼”新 探

“籍”是西周、春秋时代贵族对农业生产者的一种主要使用办法。要探明这种使用办法的起源和性质，必须对“籍礼”作一番探索。“籍礼”原来不仅是一种统治者亲耕的仪式，更重要的，它就是维护“籍”这种使用办法的制度。“籍”这种使用办法，就是贯串在“籍礼”的举行中的。

一 “籍礼”的具体礼节及其性质

根据《国语・周语上》的记载，当周宣王即位时，忽然废止“籍礼”，即所谓“不籍千亩”，大臣虢文公为此大加劝谏，在劝谏中详细叙述了“籍礼”的仪式及其作用。据他说，“籍礼”的仪式，有下列五个礼节：

(1) 行礼前的准备：在立春前九天，由太史观察天时和土壤的变化，把情况报告给稷（掌管农业的官），由稷再报告国王，说：“距今九日，土其俱动，王其祗袯，监农不易。”随后，由国王派司徒通告公卿、百吏、庶民，做好行礼的准备。由司空在“籍田”上设坛，命令农大夫准备好农具。在立春前五天，由瞽（乐师）报告有“协风”来到，国王和百官分别到所斋之处，斋戒三天。

(2) 举行“飨礼”：到举行“籍礼”的日期，由郁人（官名）把鬯（香酒）陈列出来，牺人把醴（甜酒）陈列出来，于是“王裸鬯（灌香酒），飨醴乃行，百吏庶民毕从”。“飨礼”是一种高级的乡饮酒礼，目的在于分别贵贱、长幼的等次，整顿好行礼的秩序，以为举行“籍礼”的序幕。

(3) 正式举行“籍礼”：举行时，由后稷（官名）负责监督，膳夫、农正负责布置，太史作为王的引导。主要礼节是：“王耕一坺，班三之，庶人终于千亩。”“王耕一坺”，就是王执耒耜耕田，掘起一坺土块；“班三之”，就是公卿百吏依次增加三倍，如公耕三坺，卿耕九坺等；“庶人终于千亩”，就是由庶人把这块“籍田”一直耕作到终了。当“庶人终于千亩”时，公卿百官要严加监督和检查，所谓“后稷省功，太史监之；司徒省民，太师监之”。“后稷省功”就是由后稷视察耕作成绩，“司徒省民”就是由司徒监督庶民劳动。“司徒”在西周金文中多作“司土”，原是掌管土地的官。这时国王所有土地中，“籍田”是主要的一部分，因而“籍田”就成为“司土”所掌管的主要田地，如𢦚鼎载：“女（汝）作司土，官司耤田。”这种“籍田”的耕作，是征发庶人来担当的，因而这项征发和监督庶人耕作的任务，主要也要由“司土”担任，“司土”因而又称作“司徒”。

(4) 礼毕后的宴会：由宰夫负责布置，膳宰加以监督，膳夫作为王的引导。主要礼节是：“王歆太牢，班尝之，庶人终食。”就是先由王闻一下太牢（三牲）的香味，再由公卿百官依次“尝”一下滋味，最后由庶人全部吃完。令鼎载：“王大耤农于淇田，餳，王射，有司眔（暨）师氏小子鄉(合)射。"所谓"王大耤农于淇田",就是说国王在淇田举行"籍礼";餳,杨树达说:"当读为觞,《吕氏春秋·达郁》篇云:觞,飨也"(《积微居金文说》卷一),就是指"籍礼"完毕后的宴会。"王射"云云,又是在宴会之后举行"大射礼"。

(5) 广泛的巡查和监督庶人耕作:在"籍田"举行"籍礼"完毕后,"稷则遍诫百姓,纪农协功,曰:'阴阳分布,震雷出滞,土不备垦,辟在司寇。'乃命其旅(众)曰:徇(巡行)"。这是说:要在广大地区普遍通告贵族,去监督庶人耕作,如果土地有未开垦好的,就应由司寇严加判罪处罚。司寇原是当时负责镇压人民反抗、搜捕"盗贼"和掌管刑狱的官,这时他的主要任务在于责罚那些"土不备垦"的庶人,可见当时贵族监督庶人耕作的严厉。不仅如此,各级官员还要分批不断出动巡查,所谓"农师一之,农正再之,后稷三之,司空四之,司徒五之,太保六之,太师七之,太史八之,宗伯九之。王则大徇"(韦注:"大徇,帅公卿大夫亲行农也")。这样由低级到高级,一级级官吏出动巡查,一而再,再而三,三而九,最后由天子亲率大臣出来大巡查。当时贵族监督庶人耕作的严厉,于此又可见①。

上述这种"籍礼",不但在开始春耕时要举行,在耨耘、收获时也

---

① 《礼记·月令》孟春之月,也载有这种"籍礼":"是月也,天子乃以元日祈谷于上帝,乃择元辰,天子亲载耒耜,措之于参、保介之御间,帅三公九卿诸侯大夫躬耕帝籍。天子三推,三公五推(陈昌齐、王念孙谓"三"字涉上而衍),卿诸侯九推。反,执爵于太寝,三公九卿诸侯大夫皆御,命曰劳酒。"《吕氏春秋·孟春纪》略同,惟"于参"作"参于","卿诸侯九推"作"卿诸侯大夫九推"。这和《国语·周语上》虢文公所谈"籍礼"不同的是:这里不是"王耕一坺,班三之",而是"天子三推,公五推,卿诸侯九推";这里在礼毕后不采用当场举行宴会的办法,而是采用回到太寝"劳酒"的办法。这可能因为《月令》的著作年代较迟,它所记的已是春秋、战国间的"籍礼",所以和虢文公所谈西周的"籍礼"不同。

要举行，只是举行的仪式略有不同。《国语·周语上》载虢文公说：“耨获时如之。”仲山父也说：“王治农于籍”，“耨获亦于籍”（韦注：“言王亦于籍考课之”）。当时贵族就是运用“籍礼”对庶人的各种农业劳动进行监督，从监督春耕，而监督耕耘，直到监督收获，没有放松其中任何一个环节。当时贵族监督庶人耕作的严厉，于此更可见。

“籍礼”具有监督庶人从事无偿劳动的性质，十分明显。当开始作行礼的准备、稷把行礼日期报告国王时，就说：“王其祗祓，监农不易”，明确地指出行“籍礼”的目的在于“监农不易”。王引之解释说：“易当读为慢易之易，易者轻也……监农不易者，民之大事在农，监之不敢轻慢也”（《经义述闻》卷二〇）。虢文公谈“籍礼”时，确曾说过“民之大事在农”，又曾说“王事唯农是务”，好像当时“籍礼”的举行，确是为了“民之大事在农”，其实这完全是幌子，我们只要从他们对庶人的监督如此严厉，就可明白。所谓“监农不易”，就是要对庶人的农业劳动严加监督，丝毫不得放松。当“籍礼”举行时，“王耕一坺，班三之”，所谓“亲耕”完全是象征性的仪式，贵族们如此象征性地耕一坺或几坺，却要“庶人终于千亩”，把“籍田”上全部艰苦的农业劳动自始至终地负担起来，十分明显，贵族就是要通过这样一种仪式，强制庶人进行无偿的劳动。而且在行礼完毕后，还要普遍通告贵族去监督庶人耕作，要司寇去责罚“土不备垦”的庶人；更要派出各级官吏四出巡查，天子也要亲率大臣出外大巡查。不仅在春耕时要如此进行监督，耨耘时，收获时，都要如此。不难看出，当时天子诸侯举行“籍礼”的实际目的，不仅在于强迫庶人在天子及诸侯的“籍田”上作无偿劳动，更重要的是要迫使庶人在所有贵族的田地上作无偿劳动。《吕氏春秋·上农》说：

是故天子亲率诸侯，耕帝籍田，大夫士皆有功业，是故当时之务，农不见于国，以教民尊地产也。

这时举行“籍礼”，说是为了“教民尊地产”，这只是幌子，其目的实际上是迫使庶人全到田野去劳动，使“农不见于国（都邑）”，努力于“当时之务”。

在西周、春秋间，不仅天子、诸侯有籍田，有这种称为“籍”的收入，所有贵族都是把“籍”作为其主要的一种收入的。《国语·鲁语下》载孔子说：“先王制土，籍田以力而砥其远迩”，认为按照周代的土地制度，是采用“籍”的办法来使用庶人的劳动力的。孔子又认为这种“籍”法是出于周公制定，如说：“若子季孙欲其法也，则有周公之籍矣（韦注：籍田之法，周公所制也）。”①《春秋》三传，也都认为在鲁宣公十五年“初税亩”之前，实行的是“籍”法：

初税亩，非礼也。谷出不过籍，以丰财也（《左传》）。

讥始履亩而税也……古者什一而籍（《公羊传》）。

古者什一，籍而不税。初税亩，非礼也（《榖梁传》）。

三传都采取顽固的立场，反对“初税亩”的改革，主张维持原来的“籍”法，认为“初税亩，非礼也”。“籍”确是西周、春秋间对庶人的一种主要使用办法，“籍礼”就是维护这种称为“籍”的办法的。

二 “籍田”和“籍礼”的来历

古时“籍田”上的收获，按礼是要用于祭祀的。《孟子·滕文公

---

① “籍”又或称“助”，孟之认为助法起于殷商时代，曾说：“殷人七十而助。”又认为周文王时已行助法，如说：“昔者文王之治岐也，耕者九一”（《孟子·梁惠王下》）。“耕者九一”就是指助法，孟子曾劝滕文公说：“请野九一而助”（《孟子·滕文公上》），可证。

下》说:“礼曰:诸侯耕助(籍),以供粢盛。”《礼记·祭统》也说:“是故天子亲耕于南郊,以共(供)齐(齍)盛”;“诸侯耕于东郊,亦以共齐盛”。据说天子诸侯所以亲耕,把亲耕的田上的收获用来祭祀,是以表示对鬼神和祖先的恭敬。如《礼记·祭义》说:

> 是故昔者天子为籍千亩,冕而朱纮,躬秉耒;诸侯为籍百亩,冕而青纮,躬秉耒,以事天地山川社稷先古(祖先),以为醴酪齐盛,于是乎取之,敬之至也。①

在《礼记·月令》和《吕氏春秋·孟春纪》所载的“籍礼”上,特别重视对上帝的祭祀。在行礼之前,由天子“以元日祈谷于上帝”,而且把“籍田”称为“帝籍”。行礼时,由天子“帅三公九卿诸侯大夫躬耕帝籍,天子三推,公五推,卿诸侯大夫九推”。为什么要叫“帝籍”呢?高诱注说:“天子籍田千亩,以供上帝之粢盛,故曰帝籍。”当时祭祀的不仅是上帝,又为什么独称“帝籍”呢?《周礼》贾公彦疏说:“籍田之谷,众神皆用,独言帝籍者,举尊言之。”“籍田”的收获,既然按礼是祭祀鬼神用的,因此收藏“籍田”收获的仓廪,或称为“神仓”。如《礼记·月令》和《吕氏春秋·季秋纪》说:“乃命冢宰藏帝籍之收于神仓。”高诱注说:“于仓受谷,以供上帝神祇之祀,故谓之神仓。”

春秋时代各国都设有“甸人”掌管“籍田”。《左传·成公十年》杜注:“甸人,主为公田者。”“甸人”在《周礼》称为“甸师”。《周礼·甸师》说:“甸师掌帅其属而耕耨王籍,以时入之,以共齍盛。”这里虽然把“籍田”称为“王籍”而不称为“帝籍”,依然认为其收获主要是供给祭祀的。春秋时鲁国收藏“籍田”收获的仓廪,虽然称为“御廪”而不

① 《礼记·乐记》也说:“耕藉,然后诸侯知所以敬。”

称“神仓”，名义上还是用于宗庙祭祀的。据说当时“籍田”上收获的粟，先要由甸人送纳到“三宫”，经过“三宫”舂成米，再送入“御廪”保藏。《穀梁传·桓公十四年》载：“天子亲耕以共粢盛……甸粟而内(纳)之三宫，三宫米(舂成米)而藏之御廪。”范宁注：“甸，甸师，掌田之官也。三宫，三夫人也。宗庙之礼，君亲割，夫人亲舂。”

“籍田”的收获，名义上除了供给祭祀以外，据说还要随时布施给穷困的农夫，用于救济方面。《国语·周语上》载虢文公说：

廪于籍东南，钟而藏之，而时布之于农。

俞樾认为这三句是错简，“于农”二字是衍文，三句应该接连在下文“民用莫不震动，恪恭于农”之上，“于农”二字涉下句“恪恭于农”而衍。他还提出理由说：“且王所籍田以奉齍盛，何以布之于农乎?”(《群经平议》卷二八)其实，俞樾这个校勘完全错了。最初“籍田”的收获，名义上除了“以奉齍盛”之外，确是还要“时布之于农”的。虢文公在下文中谈到“籍礼”的作用时，就曾说：“若是乃能媚于神而和于民矣，则享祀时至而布施优裕也。”“享祀时至”就是指“以奉齍盛”，“布施优裕”就是指“时布之于农”；“媚于神”是指“享祀时至”的效果，“和于民”是指“布施优裕”的效果。由虢文公看来，“籍礼”的举行，表示“王事唯农是务”，在“籍礼”举行后广泛的巡查和监督劳动，可使庶人“恪恭于农”和“不懈于时”，达到“财用不乏，民用和同”；“籍田”的收获用来享祀和布施，可以“享祀时至而布施优裕”，做到“媚于神而和于民”。

“籍田”的收获，其次的用途就是提供国君“尝新”之用。《左传·成公十年》载：“六月丙午晋侯欲麦(杜注：“周六月，今四月，麦始熟”)，使甸人献麦，馈人为之。”周正的六月，正是夏正的四月，这时麦刚熟，晋侯要甸人从“籍田”上收取新熟的麦来吃，就是“尝新”。《礼记·月令》和《吕氏春秋·孟夏纪》载有这种“尝新”之礼说：“农乃登（升）麦，天子乃以彘尝麦，先荐寝庙。”高诱注：“升，献。麦始熟，故言尝。”

这样把“籍田”上剥削所得，宣称用于祭祀、救济、尝新等，和他们宣称“籍礼”是表示“王事唯农是务”，“以教民尊地产”，同样是掩饰其剥削行为的一种欺骗手段。他们所以会采用这样的欺骗手段，是有其来历的。这个来历，和“籍礼”这种仪式的起源一样的古老，一直可以追溯到原始公社制末期。“籍礼”如同当时贵族所实行的许多“礼”一样，是由原始公社制末期的“礼”转变而来。

在原始公社末期的氏族聚落中，当他们以农业为主要生产时，所有集体耕作，都是由族长和长老带头进行的。在每种重要的农业劳动开始时，往往由族长主持一种仪式，以组织和鼓励成员的集体劳动。因为当时确是“民之大事在农”，而族长的主要任务确是“唯农是务”，有着“教民尊地产”的责任。我们以海南岛黎族在一九五〇年以前部分地区保存的“合亩”制为例。“合亩”在黎语中是“有血缘关系的集体”的意思，原先本是父系的血缘亲属组织，基本上统一经营土地，共同劳动，平均分配产品。每个“合亩”有个“亩头”，黎语叫“俄布笼”，意即“家长”，他们原是集体生产的领导者和组织者，同时又是富有生产经验和传统知识的人，负有传授经验和知识的责任。黎人的各种农业劳动，开始时都有一定的仪式和禁忌，“亩头”又是各种仪式的主持者，当耕田仪式举行时，“亩头”要先做几下象征性的挖土动作。由此，我们不难推想到，周天子在举行“籍礼”时要带头“耕一坺”，就是起源于这样的耕田仪式的。

在原始公社制末期，集体生产所得，除了部分留作公共开支以外，是平均分配的。黎族“合亩”的集体产品的分配也正如此，他们除了“留谷种”、“留公家聚餐的谷子”、“稻公稻母”、“留公家粮”以外，原是按户平均分配的。所谓“稻公稻母”，名义上作为祭祀用的，实际上已成“亩头”的剥削收入①。“留公家粮”是补助、救济用的，如补助亩众结婚、盖屋、救济缺粮户等。“留新禾”是作为“亩头”的“尝新”用的②。由此，我们不难推想到，我国古代贵族宣称“籍田”收获用于祭祀、救济、尝新等，作为掩饰其剥削行为的欺骗手段，确是有其来历的。

在原始公社制末期，随着经济不平衡的增长，生产资料私有制的产生，父系家庭公社崩溃，分化出了个体的家庭单位，形成了以个体生产为主的村社制度。从此不再采用集体耕作和平均分配的办法，只有公共开支的需要还是依靠集体耕作所得。在村社中，土地已分为两部分，一部分平均分配于各户，由各户独自耕作和收获；别一部分则仍由村社成员集体耕作，其收获储藏起来以供各种公共开支之用，包括祭祀、聚餐、救济、尝新等。也就是把过去集体生产所得，留作公共开支的部分，现在仍然由村社成员集体生产来解决。在村社的集体耕作地上，村社的首脑仍是集体生产的领导者和组织者，又是

① 黎族旧风俗，收获时由亩头到每块田捆取一两把稻子（多则六把），在捆扎处放一小团饭粒，表示给祖宗吃的，认为祖宗吃饱了才能帮助子孙看管稻谷，使来年稻谷丰收、牲畜兴旺和人口平安。他们把这种祭祀用的稻谷，称为“稻公稻母”；实际上，这种“稻公稻母”已被亩头收取去，成为亩头的一种剥削收入了。

② 黎族旧风俗，每年稻谷初熟时，由亩头妻子到田中割取一二十把稻子（每把约有净谷二斤八两），用来酿酒，煮饭，以供亩头夫妻一天的食用，作为“尝新”，余下的由亩众在次日同吃。

各种耕作仪式的主持者，既要带头从事耕作，又要带头执行仪式，如同过去的族长差不多。等到贵族所组成的国家出现，原来村社集体耕作的土地被贵族所侵占，原来集体生产的成果变为贵族的收入，原来在集体耕作地上举行的鼓励大家生产的仪式，这时也转变为监督劳动的仪式和制度了。我国古代的“籍田”，就是贵族所侵占的村社集体耕作的公有地，“籍”的剥削办法就是由此产生的。“籍礼”就是贵族把原来的鼓励耕作仪式，经过改造，使成为监督劳动的仪式和制度。但是他们为了掩饰其剥削行为，外表上仍以“村社”最高共同体的代表者身份出现，也还宣称“唯农是务”，“以教民尊地产”，甚至“籍田”的收获在名义上还作为祭祀、救济、尝新之用①。

我国古代的井田制度，本是一种变质的村社制度。井田制度也把土地分为两部分，一部分平均分配于各户耕作，即所谓“私田”；一部分是集体耕作的，即所谓“公田”；只是“公田”已被贵族侵占去，其生产物已成为贵族的剥削收入。这种剥削办法叫做“助”，也叫做“籍”。孟子解释井田制度说：“八家皆私百亩，同养公田，公事毕然后敢治私事。”又说：“惟助为有公田”，“助者籍也”（《孟子·滕文公上》）。指的就是这种情况。井田制度中有“公田”，不是孟子一家之言。《夏小正》记载：正月“农及雪泽，初服于公田”。《管子·乘马》也说：“正月令农始作，服于公田，农耕及雪泽，耕始焉，芸卒焉。”所谓“初服于公田”，“令农始作，服于公田”，当即孟子所说“公事毕然后敢治私事”。孟子既说“惟助为有公田”，又说“助者籍也”，所以“公田”

---

① 《续汉书·礼仪志》刘注引《周礼》干宝注说：“古之王者，贵为天子，富有四海，而必置藉田，盖其义有三焉：一曰以奉宗庙，亲致其孝也；二曰以训于百姓在勤，勤则不匮也；三曰闻于子孙，躬知稼穑之艰难，无违也。”

也叫“籍田”。《吕氏春秋·上农》引古农书《后稷》的话，把“天子亲率诸侯耕帝籍田”，和“后妃率九嫔蚕于郊，桑于公田”，相提并论，可知在这时，“籍田”和“公田”性质是相同的。这时贵族所有的“籍田”，所以又称为“公田”，就是因为它原来就是村社中的“公田”，还沿用着旧名称。

三　“籍”、“租”、“助”的变化

“籍”这种剥削办法的产生，由于贵族侵占原来村社中的“公田”，并迫使原来村社成员进行无偿的劳动。这个变化，我们从“籍”这个称谓的来源及其演变中，也可看到。

“籍田”和“籍礼”的“籍”，古时或作“藉”，原来应作“耤”。从来注释家对此有三种不同解释：

(1)“籍”是“耕”的意思。《后汉书·明帝纪》李注引《五经要义》说：“藉，蹈也。言亲自蹈履于田而耕之。”《续汉书·礼仪志》刘注引《月令》卢植注说：“藉，耕也。”《汉书·文帝纪》颜注引臣瓒说：“本以躬亲为义，不得以假借为称也。藉谓蹈藉也。”

(2)“藉”是“借”的意思。《说文解字》说：“耤，帝耤千亩也。古者使民如借，故谓之耤。”《诗经·周颂·载芟》郑玄注说：“籍之为言借也，借民力治之，故谓之籍田。”其他类似的解说很多，从略。

(3)“籍”是“典籍”的意思。《汉书·文帝纪》颜注引应劭说：“藉者，帝王典籍之常也。”

在上述三说中，除第三说出于牵强附会外，第一、第二两说都是有根据的。清代学者大都赞成第二说而反对第一说，其实第一说正是“耤”字的本义，甲骨文“耤”字正像一人执耒蹈着耕作的样子。

“耤”字本来是躬亲耕作的意思,“耤田”原是由领导带头而集体耕作的田,“耤礼”原是由领导带头而鼓励集体耕作的仪式。等到“耤田”被贵族侵占,“耤田”成为迫使庶人提供无偿劳动的田地,“耤礼”成为征发和监督庶人耕作的仪式,于是“耤”就有了“借民力治之”的意思。

“租”的名称的起源和变化,看来也和“籍田”收获的用途及其变化有关。在最早的文献上,“租”字仅写作“且”,与“祖”同字。如鬲攸从鼎载:“迺(乃)使攸卫牧誓曰:我弗其付鬲从其且(租),射(谢)分田邑,则殊(诛)。”这是说:经过诉讼,使得攸卫牧向鬲攸从宣誓说:如果我不付给鬲攸从田租,来酬谢分给田邑,情愿受到严重的处罚。为什么最早的田租会称为“且”(祖)呢？看来,“且”原来是指“籍田”上集体生产出来的粮食,主要是用来祭祀祖宗的,如同黎族旧时把共同生产出来的祭祖用的稻子,称为“稻公稻母”一样。后来为了区别于“祖”字,才应用有“禾”旁的“租”字。高翔麟《说文字通》引《长笺》说:“且古祖字,田赋以给宗庙,故从且。”高氏这个解说是正确的,“租”原是指“公田”上集体生产出来、供祭祖用的粮食,后来“公田”被贵族所侵占,“公田”上的收获成为贵族的剥削收入,贵族也还宣称这种收入是供祭祖用的,仍然称为“租”。再后来,贵族把这种剥削收入认为是应得的利益,于是“租”字的本义渐渐不为人所知道,而解释为租税了。但是,剥削阶级也还时常宣称租税收入主要用于祭祀,例如《墨子·贵义》就说:“今农夫入其税于大人,大人为酒醴粢盛,以祭上帝鬼神,岂曰贱人之所为而不享哉?”

“助”的称谓的起源和变化,看来也和“籍田”上的集体耕作有关。“助”字和“祖”字同从“且”,“助”字的原义,该是指“籍田”上协作劳动。“籍田”上的协作劳动,主要是为了提供祭祖用的粮食,因而称为

“助”。自从“籍田”被贵族侵占，贵族迫使村社成员进行无偿劳动，仍然称为“籍”或“助”，“助”就成为一种剥削办法的称谓。“助”字也或作“耡”，见于《周礼》和《说文解字》。

前面我们谈到，原来在村社制时期，村社中集体耕作的“公田”，其收获主要用于祭祀和救济的。进入古代社会之后，“公田”多数被贵族侵占。许多贵族夺取了原来“公田”上集体生产的收获，依然把用于祭祀作为幌子。或者夺取了原来“公田”上集体生产的收获，以救济为幌子，而实际上多用于放债。《周礼》上记载：

> 里宰……以岁时合耦于耡，以治稼穑，趋其耕耨……而征敛其财赋。
>
> 遂人……以兴耡利甿。
>
> 旅师……掌聚野之耡粟、屋粟、闲粟而用之，以质剂致民，平颁其兴积，施其惠，散其利，而均其政令。凡用粟，春颁而秋敛之。

这里“合耦于耡”、“兴耡”、“耡粟”的“耡”，杜子春读为“助”，解释为“相佐助”，郑玄又把“合耦于耡”的“耡”，解释为“里宰治处”。孙诒让《周礼正义》说：“谓里宰治处名耡者，亦兼取合耦相佐助之义，以里宰为亲民之官，合耦于民事尤重，故因以耡名其处。犹王侯亲耕之田，藉民力治之，即谓之籍也。”我们认为，“合耦于耡”的“耡”，当指贵族所侵占的“公田”，它之称为“耡”，犹如“籍田”的称为“籍”。这时“耡”田既被贵族侵占，里宰仍然按照老习惯，“以岁时合耦于耡”，其生产的粟，就称为“耡粟”，名义上还是用于救济的，实际上已成为借贷性质，要通过借贷手续来借给里民，所谓“以质剂（债券）致民”；而且明白规定：在春荒时借给，到秋收时收回，所谓“春颁而秋敛之”。这种借贷，虽说要“平颁其兴积，施其惠，散其利”，即所谓“以兴耡利甿”，江永解释说：“此粟补民不足，贷而无息，是惠利也，施之散之，农民皆蒙惠利也”（《周礼疑义举要·地官二》），但是这不免是空话，在古代社会中，代表贵族进行统治的地方官吏怎可能通过借贷来惠利人民呢？这种“合耦于耡”而生产的“耡粟”，操纵在地方官吏手中，只会成为剥削人民的一种手段。

四　结语

上面的分析，可以归结为下列四点：

（1）“籍田”或称“公田”，原是原始社会末期村社中集体耕作的公有地，其收获是用于祭祀、救济、尝新等公共开支的。由于国家的产生，这种公有地被贵族和国家官吏侵占，其生产物连同被掠夺，原来在这公有地上的劳动者变成被剥削者，要从事集体的无偿劳动。

（2）“籍”、“藉”原本作“耤”，本是躬亲耕作的意思，“耤田”原是指集体耕作的田；等到“耤田”被侵占，其生产物被作为剥削收入，“耤”便成为一种剥削办法，于是“耤”就有“借民力治之”的意思。“耤田”上的生产物，原来主要是供给祭祖用的，所以称为“且”（祖）或“租”；等到这种生产物被作为剥削收入，就成为租税的“租”了。“耤”又称为“助”，原是指“耤田”上的协作劳动，主要是为了提供祭祖的生产物，等到这种生产物被作为剥削收入，“助”便和“耤”一样成为一种剥削办法的称谓。

（3）“籍礼”原是村社中每逢某种农业劳动开始前，由首脑带头举行的集体耕作仪式，具有鼓励集体耕作的作用。等到“籍田”被侵占，其生产物被作为剥削收入，“籍”成为一种剥削办法，“籍礼”就被加以改造，变成贵族监督庶人从事无偿劳动的仪式和制度了。通过

“籍礼”的举行，对各种农业劳动进行着严厉的监督，并对贵族所有田地上所有农业劳动进行着严厉的监督，以确保“籍”这种剥削办法的执行。同时还利用这种仪式，掩饰其剥削行为，仍然虚伪地宣称其目的在于鼓励耕作，并虚伪地宣称其生产物仍然用于祭祀、救济、尝新等。

(4) 原来村社中集体耕作的公有地，有些被国家官吏侵占，其生产物名义上仍然用于救济，实际上已被用于放债了。

上述这种变化，并不是我国古代独有的现象。至于“籍礼”，不仅我国古代有，古代埃及也是有的。在埃及极古时代权杖的一个碎片上，就画有举行“籍礼”的仪式：国王头戴王冠，手拿着最古的农具——锄头，准备锄第一道垄沟。在国王面前低身鞠躬的人手里拿着篮子，他准备把其中的种子撒到国王犁出的第一道沟里。仪式是在水渠的岸上举行的。这和周天子在举行籍礼中亲执耒耜，“耕一拨”的情况，基本上是相同的。

根据本文的论证，“籍礼”是贵族用行“礼”的方式，在“籍田”上监督“庶人”进行无偿的农业劳动，以确保其称为“籍”的剥削制度的。当时贵族推行“礼”的目的，本来在于“安上治民”。《礼记·经解》引孔子曰：“安上治民，莫善于礼。”皮锡瑞《经学通论》卷三“论礼所以复性节情、经十七篇于人心世道大有关系”说：

> 据此可见古之圣人制为礼仪……非故以此为束缚天下之具。盖使人循循于规矩，习惯而成自然，嚣陵放肆之气，潜消于不觉。……后世不明此旨……不肖者无所检束，遂成犯上作乱之风。

其实，“礼”就是贵族用来束缚人民的工具，企图使人民遵循他们所制定的“规矩”，“习惯而成自然”，使反抗的斗志“潜消于不觉”，俯首听命，忍受种种严重的剥削和压迫，而不起来“犯上作乱”。当时贵族举行“籍礼”的目的就是如此。由此可见，古代贵族所制定的“礼”的功用，并不是“不下庶人”的。所谓“礼不下庶人”，只是指那些在贵族内部举行、用来巩固贵族组织的“礼”，不允许庶人参加而已。

这种“籍礼”的历史很是悠久，我国历代封建王朝的皇帝，都曾按照故事举行“籍礼”。因为当时早已不采用这种“籍”的剥削方法，其目的只是为了虚伪地表示对农业生产的关心而已。

第五章　西周时代的奴隶及其从事的生产

一　西周的奴隶

西周的奴隶，主要有三大类：

（1）第一类是单身奴隶，称为“人鬲”、“鬲”或“讯”，以“夫”或“人”计数，是战争中的俘虏。盂鼎记载有赏赐“人鬲自御至于庶人六百又五十又九夫”和“人鬲千又五十夫”，两共一千七百零九夫，令簋记载有赏赐“鬲百人”，他们以“夫”或“人”来计数，分明是单身奴隶。当时战争的俘虏也或称为“磿”，古时“磿”和“鬲”声同通用，可知“人鬲”和“鬲”确是通过战争俘虏来的奴隶。为什么他们被称为“鬲”或“磿”呢？因为他们是战争的俘虏，除了被强迫劳动外，不劳动时就要戴上手铐，用绳索牵着，和家畜一样被关在监牢里。“鬲”和“磿”，就是后来所谓“枥”。古时木制的手铐叫做“枥（櫪）撕”，把俘虏、囚犯戴上手铐也叫做“歷”或“磿”；古时建有木栏栅的屋子叫做“磿撕”，关有家畜、俘虏、奴隶的监牢也叫做“枥”，也即后来所谓“栏”，当时俘虏和奴隶的称为“磿”或“鬲”，该就是由于他们经常戴着手铐被关在牢中的缘故①。同时战争的俘虏也叫做“讯”，《诗经》和西周金文叙述战果时，常提到“执讯”②，就是捉到俘虏的意思。“讯”字金文作“𬨎”，像人被活捉后反手被缚的样子，吴大澂《说文古籀补》解释说：“古讯字从系从口，执敌而讯之也。”因为“𬨎”读“允”声，“允”和“卂”声近，后人又写作“讯”字。师询簋说赏赐有“尸（夷）允（当读作“讯”）三百人”，因为“讯”也是俘虏的单身汉，所以也以“人”计数。所谓“夷讯”，当是在征伐夷族战争中俘来的。

（2）第二类是婚配成家的奴隶，叫做“臣”，以“家”计数。该是俘虏时把他们全家俘来的，或者是为了减省养活奴隶费用和生育下一代奴隶，才把他们婚配成家的。当时周王和大贵族把“臣”赏给臣下，有“臣五家”、“臣十家”、“臣卅家”等，更有多到“臣二百家”的。有称“尸（夷）臣十家”的，因为他们原是被俘的夷族人或其后代。有称“者䢅臣二百家”的，“者䢅”当是一种夷戎部落名称③。

（3）第三类是把整个氏族或部族作为奴隶。井（邢）侯簋说：“易（赐）臣三品：州人、𠦪人、墉人。”所谓“臣三品”，当是西周所灭亡的三个氏族或部落，全部被当作了奴隶，“州人”等当是他们原来氏族或部落的名称。大克鼎记载赏赐有“井（邢）、遗、𦌚人”和“井（邢）人奔于㯱”，也该是这类奴隶。

---

①　详本章附录《释“臣”和“鬲”》。

②　见敔簋、师寰簋、虢季子白盘、不𡢁簋、兮甲盘及《大雅·文王》等。《小雅·出车》和《小雅·采芑》都说：“执讯获丑”，《大雅·常武》说：“仍执丑虏”，“丑”也是俘虏和奴隶的名称。

③　见不𡢁簋、令簋、耳尊、令尊、䢅簋等。“者䢅臣二百家”见麦尊，以叔夷钟所说“釐（莱）仆三百又五十家”比较，可知“者䢅”是夷族名称。

从上述情况看来，三类奴隶的主要来源是依靠掠夺和征服的战争，是无疑的。西周在战争中很重视捕捉俘虏，所有西周文献叙述到战功时，没有不谈到“执讯”和“俘人”的，因为西周重视战俘，还有献俘典礼。小盂鼎记载盂奉命征伐鬼方，第一次捉到“兽”（酋）二人、获得“聝”（战争中杀伤的俘虏）四千八百一十二人、俘得“人”（战胜后俘得敌国人民）一万三千零八十一人、马若干匹、车三十辆、牛三百五十五头、羊三十八头，第二次又捉到“嘼”一人、获得“聝”二百三十七人、俘得“人”若干人、马一百零四匹、车一百多辆，接着盂就献俘给周王，有一套献俘的典礼。敔簋也说敔奉命出击淮夷，结果“䟆（裁）首百，执讯卅，夺孚（俘）人四百”，接着就向周王“告禽（擒）：聝百、讯卅”。这种制度到春秋时代也还沿用，例如公元前五九四年和前五九三年晋国灭了赤翟的潞氏、甲氏、留吁，曾两度“献翟俘于周”。他们所以会如此重视战争中捕捉俘虏，并有隆重的献俘典礼，因为这是他们的奴隶的主要来源。上述三类奴隶，到春秋时代也都还存在。例如晋国在灭赤翟的潞氏后，曾赏给荀林父“翟臣千室”；齐国在灭莱夷后，也曾赏给叔夷“釐（即莱）仆三百又五家”。整个宗族被灭亡为奴隶的，在春秋时也不少，有不少卿大夫的宗族在火并中被灭亡后就降为奴隶，《国语・周语下》记述周太子晋的话，曾指出这种情况说：“人夷其宗庙，火焚其彝器，子孙为隶，不夷于民。”就晋国来看，到晋平公时，栾、郤、胥、原、狐、续、庆、伯八个宗族都已“降在皂隶”。

西周上述三类奴隶的数量是相当大的，例如盂在征伐鬼方的一次战争中就俘得一万三千零八十一人，这些人被俘后当然被作为奴隶了。又如周王赏给盂的“人鬲”，一次就有两批，共一千七百零九人。又如宜侯夨簋说：“易（赐）才（在）宜王人□有七生（姓），易（赐）奠七白（伯），厥

□□又五十夫，易(赐)宜庶人六百又□六夫。"这些以"夫"计的人，也该是"人鬲"一类的。这儿所谓"庶人"，即是盂鼎"人鬲自御至于庶人"的"庶人"，"庶人"和"王人"都是指他们被俘前的身份，因为这时已被俘来作为"人鬲"，所以用"夫"来计数。当时大贵族赏给臣下的"臣"的家数，以"十家"较多，有多到"二百家"的，可知此类成家的奴隶也不在少数。井(邢)侯簋和大克鼎都记述一次赏给的氏族或部族的奴隶有"三品"，可知这类奴隶也不少。现在我们所能看到的西周有关奴隶的资料，只是零星出土的铜器的铭文，是一鳞半爪的，已无法看到全貌，但已经可以清楚地看出，当时贵族占有奴隶的数量是相当大的。

当时奴隶主要是战争中掠夺来的，有相当大的数量，因而在交换中价格是很低廉的。据曶鼎记载，当时七块"田"和五个奴隶，只能抵偿"禾十秭"，就是收割下来的"禾"二千"秉"("秉"就是收割时连同禾梗在内的一把)。当时五个奴隶的身价，只值"金"一百"寽"，或者相当于一匹马和一束丝。那么，每个奴隶只值二十"寽"，古时一"寽"重半两，二十"寽"即相当于战国时魏的"当寽"布币二十枚①。同时以

---

① 关于寽的重量有两说，一说"百寽重三斤"，每寽重十一铢二十五分铢之十三，见《说文》和《周礼·职金》疏引古尚书说。一说"二十两为三寽"，每寽重六两大半两，见《说文》和《周礼·职金》疏引夏侯阳说。徐灏《说文解字注笺》认为：十一铢有奇为一寽，"其数奇零，非立名之法，疑当为十二铢"。"两之为两锊，即半两十二铢也。盖百锊凡三斤二两，一锊重十二铢，或举其成数三斤，故百分之而成十一铢有奇耳"。这个推断很有见解。作为货币重量单位的"寽"，确应重半两。战国时魏的布币即以寽为重量单位，而秦的圆钱作半两，半两即是一寽。《淮南子·天文训》说："十二铢而当半两，衡有左右，因倍之，故二十四铢为一两"。可知古代的衡(天平)确以十二铢为单位，亦即以寽为单位，"衡有左右，因倍之"，故两寽为一两。由于秦以两、铢为单位，废除了两、铢之间的寽，改称寽为半两，后人就不再清楚寽的重量了。战国时魏国有四种布币，都以寽为重量单位，其中"梁正尚金尚(当)寽"一种，比较重，可能铸造较早，最重的在十六、十七克左右。参见王毓铨《我国古代货币的起源和发展》第四章《布钱下》。

奴隶和马来比较，每个奴隶的身价只不过好马的四或五分之一。

根据上面的论述，可知西周的奴隶有三大类，有相当大的数量，主要来自掠夺和征服战争，在交换中价格很低廉。

二 西周的奴隶从事于农业、手工业和开发山泽等主要生产

我们说西周奴隶从事农业生产，有确切的证据。当时国王赏给臣下的土地，主要有两大类：一类叫做“土”、“采”、“邑”、“里”，“土”和“采”的范围大，可以包括若干“邑”和“里”，这类土地赏赐时是连同居民在内的，国王有时可以收回来改赏他人。这在西周金文中有明证。另一类土地叫做“田”，一般都以“田”为单位，称为“一田”、“十田”、“五十田”等。不但周王用来分赏臣下，大贵族也有用来分赏臣下的。分赏时“田”上都不附带有居民，偶或有连带“臣妾”的。这类“田”的性质不同于“邑”和“里”，贵族间可以转让、交换和作赔偿之用，其中比较大块的“田”，也有不以“田”作单位计数，而以封疆为界的。在这类可以转让、交换和作赔偿用的“田”上，同样不附带有居民。格伯簋记述格伯以良马四匹交换得“卅田”后，曾亲自踏查田的疆界，而不见点查耕作者。散氏盘铭文是矢国把“田”转交给散国的一件契约，契约上详细记载了这块“田”的封疆，记载了双方派员勘定疆界和点交经过，点交方面的田官还立了誓，除了点交“湿田、壮田”以外，还点交了“田器”（田上附属器物），又转交了“图”（“田”的地图），独没有谈到耕作的人。曶鼎记述匡季先用“五田”和四个奴隶来赔偿“禾十秭”，曶不答应，再次控告到东宫，接着匡季加赔了“二田”和奴隶“二夫”，共赔给“田七田、人五夫”了事。由此可见，这类“田”上不附着居民，转让时不附带有耕作者，用来抵偿时“田”和奴隶是要分别计数的。

这类不附带有耕作者的“田”，原来由谁耕作的呢？贵族在转让或交换中得到后使用谁耕作呢？无疑的，是使用奴隶耕作的。曶鼎记述匡季赔偿“禾十秭”时，用“田”和奴隶一起赔偿，不婴簋记述伯氏赏给他“臣五家，田十田”，以“臣”和“田”一起赏赐，该就是因为这类“田”是使用奴隶耕作的。大克鼎说：

> 易（赐）女（汝）田于埜，易（赐）女（汝）田于渒，易（赐）女（汝）井（邢）家𤔲田于𨚕，以（与）其臣妾，易（赐）女（汝）田于康，易（赐）女（汝）田于匽，易（赐）女（汝）田于𨻰原，易（赐）女（汝）田于寒山。……易（赐）女（汝）井（邢）、𨑼、𤔲人𦓤，易（赐）女（汝）井（邢）人奔于量。

这里值得注意的是：周王赏赐给克许多地方的“田”中，只有在𨚕的“邢家𤔲田”上是“与其臣妾”的。可知一般赏“田”上不附带有人，只有这块“田”上连带有“臣妾”，因而特为说明。为什么独有这块赏“田”上会连带有“臣妾”呢？看来是有特殊原因的，这块在𨚕的“𤔲田”原来属于“邢家”贵族的，这时不知为了怎样一件事，“邢家”贵族被灭亡了。这块田，原来“邢家”是使用“臣妾”耕作的，这时周王一起没收来了，因而赏给克的时候，独有这块田是“与其臣妾”的。更值得注意的是：周王在赏给克这么许多“田”的同时，赏给了克“井（邢）、𨑼、𤔲人”，这三批氏族或部族奴隶，该就是给克在许多“田”上充当农业奴隶的。其实，西周有大量农业奴隶是不足怪的，在西周之前的殷代，已使用俘虏来的羌人耕作，在甲骨文上有明文记载，在西周之后的春秋时代也还有农业奴隶，叫做“隶农”，《国语·晋语一》记述郭偃说：“其犹隶农也，虽获沃田而勤易之，将不克飨，为人而已。”

曶鼎记载曶与限交易五个奴隶的事：曶先用一匹马和一束丝向

限购买“五夫”，限失约；后来曶再用金百寽向限购买“五夫”，经过诉讼，才成交。据记载，在交易完成之后，“曶乃每于𠬝□(曰)：我其舍𩵦矢五秉，曰：弋尚卑处厥邑，田□(厥)田”。谭戒甫在《西周曶(曶)器铭文综合研究》(《中华文史论丛》第三辑)，读“每”为“谋”，解释说：“此曰下二句应是曶向𠬝谋议转求𩵦相助的语。弋尚，此读‘必当’，因‘必’本从弋声，‘当’本从尚声，故皆通用。卑，同俾，谓使五夫。处，居住。……上田是动字，谓耕种；下田是名词，谓土田。据此二语，可知曶买五夫是用来耕种田地的。”这也是西周时奴隶用于农业生产之一证。

西周的奴隶从事于手工业生产是很显著的。伊簋记述周王叫“命尹”(官名)命令伊掌管“康宫”的“王臣妾百工”，该即王所有的“臣妾百工”居住在“康宫”的，其中“百工”当为各种手工业奴隶。师毁簋记载伯龢父命令他掌管伯龢父家“西偏、东偏”的“仆御、百工、牧、臣妾”，该即伯龢父所有的“仆御、百工、牧、臣妾”居住在“西偏”和“东偏”的，其中“仆御”该是管理车马与驾御的家内奴隶，“牧”即从事畜牧的奴隶，“百工”即各种手工业奴隶。由此可见，在西周大贵族所有的奴隶中是有分工的，除了“臣妾”大多作为农业奴隶以外，还有称为“仆御”的家内奴隶，称为“牧”的畜牧奴隶，称为“百工”的手工业奴隶，是被集中在某些地方，派有专职官员来管理的。西周的各种主要手工业如冶铜、制造骨器和玉器、纺织等，都是使用奴隶劳动的，这在西周以前的殷代和以后的春秋时代都是如此。我们只要看西周制作的大铜器如盂鼎、大克鼎、散氏盘、虢季子白盘等，制作得那么雄伟和精致，就可想见当时冶铜手工业的作坊规模的巨大，其中使用的奴隶一定很多。

当时手工业奴隶中，也有婚配成家的，有个特殊名称叫做“贮”。“贮”原是积贮财富的意思①，也用来指实用的财物。颂鼎说：“王曰：颂，令(命)女(汝)官司成周贮廿家，监司新造贮，用宫御。”这是说：周王命令颂掌管居住在成周的“贮廿家”，监督管理新造出来的“贮”，以供王宫中应用。该是由于这种手工业奴隶是专门替贵族制造“贮”(实用财物)的，同时这种奴隶本身就是奴隶主贵族的财产，因而“贮”就成为他们的专门名称。

西周的奴隶也被大量使用于山林川泽的开发。从西周后期起，由于劳动工具的改进，劳动人民生产技能的提高，开发山林川泽的能力比以前增加，国王和大贵族都设置有场、林、虞、牧等官，圈占原来公共的山林川泽之地，迫使奴隶加以开发。周厉王任用荣夷公实行所谓“专利”，就是这种措施的进一步扩大，古人所谓“专利”向来是指山川之利的。同簋说：周王命令一个叫同的贵族，帮助吴大父管理场、林、虞、牧等官，“自淲东至于河，厥逆(朔)至于玄水”，所记的就是圈占山林川泽的事。这种圈占的山林川泽之地是迫使奴隶来开发的，到春秋时代各国还是如此，所谓“若夫山林川泽之实，器用之资，皂隶之事，官司之守”②。当时不仅周王设置有场、林、虞、牧等官，迫使奴隶从事山林川泽的开发，许多大贵族也是如此。例如散氏盘记述矢氏派出勘定“田”的疆界的十五个官吏中，就有“豆人”的“虞”和“录”(麓)以及“原人”的“虞”，他们都是掌管开发山林川泽的官。

我们列举了上述许多事实，可以清楚地看到西周有相当大量的

---

① 例如它簋(或称沈子簋)，说他用“贮积”来制作这铜器。

② 《左传·隐公五年》臧僖伯语。

奴隶，从事于农业、手工业和开发山林川泽等主要生产。

附录：释"臣"和"鬲"

西周金文中，常有赏赐"臣"和"鬲"的记载。解释清楚有关这方面的记载，将有助于我们对当时社会性质的认识。

"臣"在殷周时代，本来作为奴隶的称谓。《尚书·费誓》记述伯禽在费的誓辞，命令所属部队不准追逐逃亡的马牛和臣妾，也不准引诱偷窃人家的马牛和臣妾，很严厉地说："马牛其风，臣妾逋逋，勿敢越逐，祗复之，我商（赏）赉汝；乃越逐不复，汝则有常刑。无敢寇攘；逾垣墙，窃马牛，诱臣妾，汝则有常刑。"这样把"臣妾"和"牛马"相提并论，其为奴隶的性质，无可置疑。西周金文中的"臣妾"，同样是指奴隶，如大克鼎载："易（赐）女（汝）井（邢）家纍田于㽙，以（与）其臣妾。"这个连同田地一起赏赐的"臣妾"，当然是奴隶。西周金文中被用作赏赐物品的"臣"，属于奴隶性质，很是明显。

现在我们所要谈的，就是西周金文中常见赏赐"臣若干家"，这个"臣"的"家"应作如何解释。在西周、春秋文献中，"家"常被用来指贵族的宗族组织，也常被用来称呼贵族的政治组织，因为在宗法制度之下，贵族的政治组织是和宗族组织密切结合在一起的。这个"臣若干家"的"家"，是否也能解释为宗族呢？不能。在西周时代，天子只有在分封大块土地时，才会臣民整族的分赏。《左传·定公四年》记载周成王分封鲁、卫、晋等国，曾分赏给"殷民六族"、"殷民七族"、"怀姓九宗"作为"职事"的人。至于西周金文中有关"臣若干家"的赏赐，都是由于某种恩典或某种功劳而临时分赏的，其赏赐的规模比较小，是不能和分封土地时的赏赐相提并论的。例如矢令因为"尊俎于王姜”,王姜赏给他“贝十朋,臣十家,鬲百人”。又如令因为“王归自淇田”,与奋“先马走”,受到王的赏赐“臣十家”。又如不嬰因为对严允作战有功,受到伯氏赏给“弓一,矢束,臣五家,田十田”。如果把“臣若干家”解释为“臣若干族”的话,那么,矢令等人仅仅因为“尊俎”、“先马走”等,所受到的赏赐就相当于鲁卫受封时的赏赐,甚至还要超过,岂不是太不近情理了。当时各种物品的赏赐,应该是相互配称的。《左传·定公四年》载鲁国受封时,除了赏得“殷民六族”之外,还赏得“大路、大旗、夏后氏之璜、封父之繁弱(大弓名)”,“祝宗卜史,备物典策,宗司彝器”等,这是相互配称的。矢令除了赏得“臣十家”之外,只有“贝十朋”和“鬲百人”;不嬰除了赏得“臣五家”之外,只有普通的弓一把,矢一束和“田十田”。如果把“臣十家”和“臣五家”解释为“臣十族”和“臣五族”,就和其他的赏赐物品太不相称了。“田”在西周金文中是一个较小的面积单位,如曶鼎记载匡季用“田七田、人五夫”来赔偿“禾十秭”。如果“臣五家”是“臣五族”的话,这和“田十田”显得太不相称了。如果不嬰仅因一次战功,就分赏得“臣五族”,何以分赏得的“臣”如此其多?而同时分赏得用来生产的田只有“十田”,何以又如此其少?还有麦尊说:“侯易(锡)者娍臣二百家”,不管是把“臣二百家”赏给也好,交给管理也好,如果把“臣二百家”解释为“臣二百族”,这个数字就未免太大了。从种种方面来考察,这个“臣若干家”是不能解释为“臣若干族”的。

西周、春秋时代,贵族的组织是以宗族为主要单位的,因而贵族的所谓“家”是指宗族而言的。至于国都中的“国人”和在鄙野的劳动人民,则以小家庭为其基本单位的,则其所谓“家”应该是指小家庭而言的。例如《国语·齐语》记载管仲制定国都和鄙野的户口编制,在

“国”中以五家为轨，十轨为里；在“鄙”中以三十家为邑。这些“家”都该是指小家庭的。西周金文“臣若干家”的“臣”，既然是奴隶的性质，他们的“家”当然也只是小家庭。所谓“臣若干家”，正确的解释，应该就是成家的奴隶若干“户”。在西周金文中，“田”是田地中较小的单位面积，分赏时，有时很零碎，东“一田”，西“一田”，有时用整数来分赏，赏给“十田”或“五十田”，其中以“十田”较多。同样的，“臣”的“家”是指小家庭，是较小的单位，分赏时，也常用整数，有赏给“五家”、“十家”以至“二百家”的，其中以“十家”较多。

西周金文中，确也有把“臣”整个族来赏赐的。例如井（邢）侯簋说：“𫇭井（邢）侯服，易（锡）臣三品：州人、𠦪人、墉人。”所谓“臣三品”，就是指三个品种的“臣”，也就是指州人、𠦪人、墉人等三个部族的人。因为井侯簋所载，正是周天子赐封邢侯时的大赏赐。中方鼎说：“中，兹褱人入史（事），易（锡）于珷（武）王作臣，今兄（贶）畀女（汝）褱土，作乃采。”这里说：因为“褱人”的臣服于周武王，作为“臣”，周王把“褱土”赏给了中，作为中的采地。很明显，周天子把“褱土”赏给中作采地时，是连同作为“臣”的“褱人”在内的。这个“褱人”如同“州人、𠦪人、墉人”一样，是指整族的人。因为中方鼎所载，是赏给采地，也是个大赏赐。这样以整族的“臣”来赏赐的例子，在西周金文中不多见。

从西周金文看来，当时作为奴隶性质的“臣”，被用作赏赐或赔偿的物品时，多数是以“家”（小家庭）为单位的，也有以整个部族为单位的，同时也还有以“夫”为单位的。曶鼎载：“昔馑岁，匡众、厥臣廿夫，寇曶禾十秭。”又说：“匡稽首于曶：用五田，用众一夫曰益，用臣曰疐、曰朏、曰奠、曰用兹四夫。”这里把“臣”和“众”同样以“夫”来计数，而且同样用作赔偿物资，同样属于奴隶性质，但是，"臣"的身份要较"众"低一等。前引矢令簋说王姜赏赐"臣十家，鬲百人"，又把"臣"和"鬲"同样作为赏赐的物品，但是有"家"的"臣"，其身份要较"鬲"高一等。"臣"在西周金文中，除用作一般奴隶的称谓以外，也用来专指某一种奴隶，其身份要比"众"低一等，比"鬲"高一等。

上面解释西周金文中有关"臣"的记载完毕，接着解释有关"鬲"的记载。

"鬲"又称"人鬲"，大盂鼎载："易（锡）女（汝）邦司四白（伯），人鬲自驭（御）至于庶人六百又五十又九夫，易（锡）尸（夷）司王臣十又三白（伯），人鬲千又五十夫。"许多学者都认为"鬲"就是《逸周书·世俘解》的"磿"，《世俘解》说："武王遂征四方，凡憝（敦）国九十有九国，馘磿亿有七万七百七十有九，俘人三亿万有二百三十。"按古时"鬲"确与从"厤"之字音同通用，如《周书·大诰》："嗣无疆大歷服"，魏三体石经"歷"作"鬲"。

从来解释"磿"和"鬲"的学者，有两种不同的解释。一种认为"人鬲"即《尚书·大诰》的"民献"，如方濬益《缀遗斋彝器款识》卷二说："鬲疑献之省，《书·大诰》：民献有十夫，与此语合。"另一种，认为"磿"和"鬲"是俘馘的名册。孙诒让的《周书斠补》、《周礼正义》、《古籀余论》，就是如此主张。他引《周礼·地官·遂师》："抱磿"（郑注："磿者，適歷执绋者名也"），来证明"磿"是名册；又认为"磿"和"歷"同声假借，取其历历可数之意，并引《礼记·月令》："命宰歷卿大夫至于庶民土田之数"、《礼记·郊特牲》"简其车赋而歷其卒伍"作为佐证。因此认为《世俘解》的"馘磿"是"谓所执俘馘之名籍"，而大盂鼎的"鬲"也即《世俘解》的"磿"。

上述两种解释，我们认为都是不确切的。《尚书·大诰》说："民献有十夫，予翼，以于敉宁(应作"文")武图功。"又说："爽邦由哲，亦惟十人迪知上帝命。"《尚书大传》"民献"作"民仪"，《汉书·翟方进传》载王莽仿造的《大诰》作"民献仪"，注引孟康说："民之表仪为贤者。"所谓"民献有十夫"，很明显，是指周公最重要的十个助手，即十位大臣，犹如古本《泰誓》所说："予有乱(司)臣十人，同心同德"(《左传·昭公二十四年》引，杜注："武王言我治臣十人，虽少，同心也")。可知"民献"和西周金文中用作赏赐物品的"鬲"，性质根本不同，两者不容混为一谈的。至于《周礼·地官·遂师》"抱磿"的"磿"，性质上也和《逸周书·世俘解》"馘磿"的"磿"不同，也是不可混为一谈的。如果把"馘磿"作为"所执俘馘之名籍"解释，那么，武王攻伐九十九国，所得的将不是俘馘，而仅仅是俘馘的名册，这就很不近情理了。我们认为，《世俘解》所载武王攻伐所得"馘磿亿有七万七百七十有九"，就是指战争中所得俘虏，至于"俘人三亿万有二百三十"，那是战胜之后俘得的一般敌国人民，包括男女老少在内。犹如师寰簋记载师寰征伐淮夷，除了在战场上"折首执讯"之外，还曾"殴孚(俘)士女羊牛，孚(俘)吉金"。

关于"鬲"和"磿"的旧有解释既然都不确切，现在我想提出另一种解释。

西周金文的"鬲"和"人鬲"我们认为即是《尚书·梓材》的"歷人"。《尚书·梓材》说："肆往奸宄杀人歷人宥，肆亦见厥君事戕败人宥。"孙诒让《尚书骈枝》解释说："歷人谓搏执平民而歷其手(《说文》木部云：枥撕，柙指也。歷即枥之省)。《庄子·天地》篇云：罪人交臂歷指，《吕氏春秋·顺民》篇云：𠞰其手，𠞰亦歷之借字也(当从磿，传写误从磨）。”这个解释是比较可取的。《一切经音义》引《通俗文》也说：“考囚具谓之枥撕”。“人鬲”、“鬲”、“歷人”、“磿”的名义，该就是由“枥”得名的。殷墟曾出土三件陶俑，双手都是用手铐铐起来的，同时甲骨文“执”字正像俘虏被执后双手用手铐铐住的样子，甲骨文“圉”字又像双手铐住后被关住的样子。

枥撕原是指并列着的木条，在古时不仅用来作手铐，也还用来作为关闭俘虏和奴隶的栏栅，这种栏栅就被称为“枥撕”或“枥”。《墨子·备城门》说：“城四面四隅，皆为高枥撕（原误作“磨撕”，从王引之校正）。”洪颐煊认为“枥撕即栏槛”（《读书丛录》卷十三），这是正确的。这是指当时城上四角所建的高栏栅，是为了防御用的；但是在古时，这种栅栏的建置，多数是用来养家畜和关闭俘虏、奴隶的。《方言》卷五说：“枥，梁宋齐楚北燕之间或谓之樎，或谓之皂。”《方言》卷三又说：“苙，圂也。”“苙”、“枥”声同，猪圈叫做苙，犹如马栈叫做“枥”。《方言》郭注说：“皂隶之名于此乎出”，这个解说是正确的。皂隶之所以称为“皂”，就是因为被关在称为“皂”的栏栅里。由此可见，西周的俘虏和奴隶的所以称为“鬲”或“磿”，该是由于这种俘虏和奴隶，被称为“枥”的手铐铐起来，和被关在称为“枥”的栅栏中。“人鬲”和“鬲”正是一种这样被监禁着的俘虏和奴隶，他们都是单身汉，所以用“人”和“夫”来计数。

第六章　西周发达的手工业生产

一　青铜铸造工艺的高度发展

西周最主要的手工业，是青铜铸造业。它继承商代晚期高度的青铜铸造工艺而有了进一步的发展。周原地区窖穴中发现的大量西周青铜器，不仅数量多，而且有不少宗庙礼器和实用大器。例如，大盂鼎，高一百点八厘米，口径七十八点三厘米，重一百五十三点五千克。大克鼎，高九十三点一厘米，口径七十五点六厘米，重二百零一点五千克。这是西周青铜铸造工艺的代表作。

河南洛阳北窑村发现的青铜铸造遗址，就是西周王室的大型青铜铸造作坊，所出土的熔铜炉的残片，呈弧状长条形，内壁比外壁烧结严重，还留有木炭、铜颗粒和铜渣，可知当时熔铜炉使用木炭（木柴）作燃料，采用“内加热”方法熔化铸液，用以浇铸大小型各种铜器。熔铜炉有大、中、小三种类型。小型的使用打掉瓮口的陶瓮作坩埚，内壁抹炉衬，外壁涂草拌泥。中型的使用草拌泥做成锅形炉底和炉

图二十五　大盂鼎及铭文

传陕西郿县(今眉县)礼村出土。通高一百点八厘米,口径七十八点三厘米,重一百五十三点五千克,内壁有铭文二百九十一字。旧为潘祖荫所藏,一九五一年潘氏后人潘达于捐赠上海博物馆。现藏中国历史博物馆。

图二十六　大克鼎及铭文(局部)

清光绪十六年(一八九〇年)陕西扶风法门寺任村出土。高九十三点一厘米,口径七十五点六厘米,重二百零一点五千克,内壁有铭文二百九十字。一九五一年潘达于捐赠。现藏上海博物馆。(上海博物馆提供)

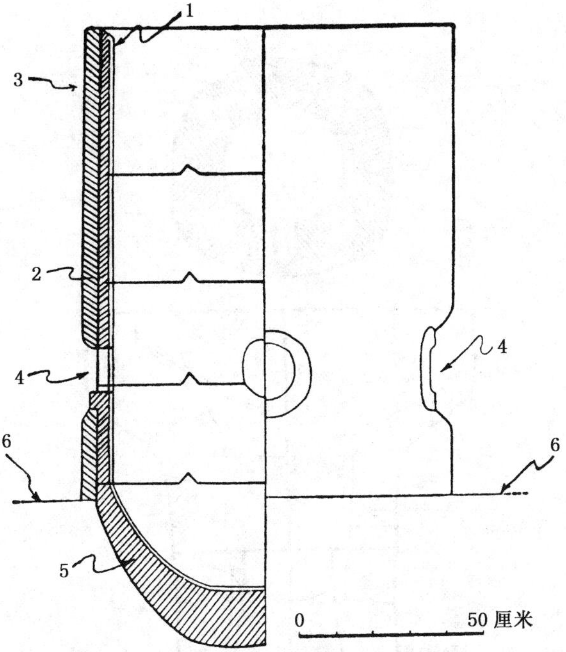

图二十七　大型竖式鼓风炉复原图

1. 炉衬　2. 炉壁层　3. 保护加固层　4. 鼓风口　5. 炉底　6. 地表

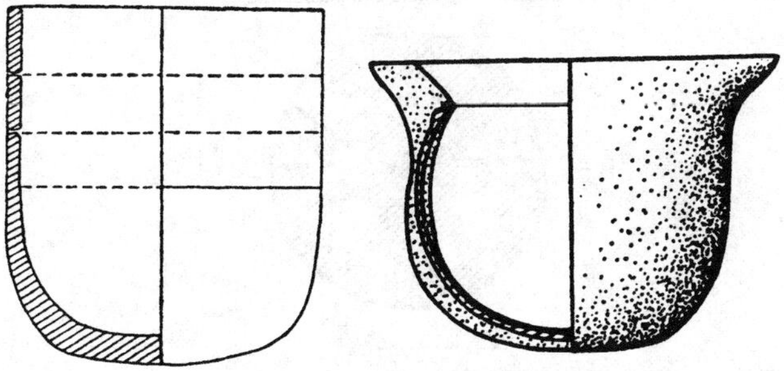

图二十八　熔炉复原图

左. 中型　右. 小型

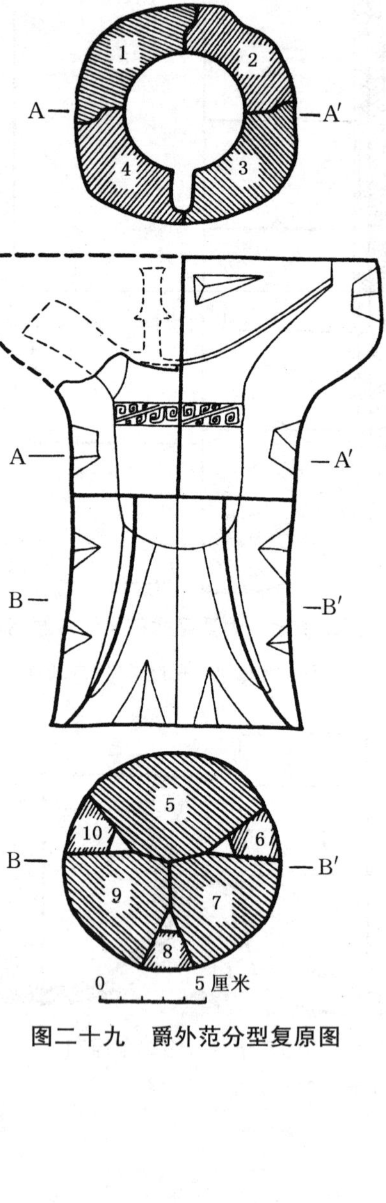

图二十九　爵外范分型复原图

围，垒成筒状炉身，内壁以细泥作炉衬。大型的先筑成圆饼形的炉底，再使用砂子、黏土加草拌成泥条，盘绕筑成炉圈，垒成竖式炉体，炉内壁抹上耐火的石英砂和黏土混成的炉衬。考古工作者在残存的大半个炉圈上发现三个鼓风口，可知这种炉全周共有两两相对的四个鼓风口，鼓风口的直径十三至十四厘米，当是使用牛皮做的皮囊（即所谓“橐”），从四面鼓风的。大熔炉的内径约一米左右，由于四面鼓风，炉温高达一千二百至一千二百五十度（依据出土耐火材料的熔点测定），因而可以一次熔解大量青铜铸液，用以浇铸像大盂鼎和大克鼎这样的大铜器。

西周青铜器所以能够铸造得如此精美，是由于他们所制作的陶范十分细致。范土是用石英砂和黏土构成，内含少量蚌壳粉，砂粒极细，目视不能辨识，火候甚高，结构紧密，只有在放大镜下才能见到密集的细小气孔。一般外壁层的范土中还可见蚌壳粉和植物微末（草秸谷壳之类）的痕迹。可见砂子、蚌壳粉和植物微末，都经过粉碎、筛析、混料等处理过程。同一块陶范上往往配用两种范土，外范的内壁层和内范的表层采用细腻而结构紧密的范土，表面光洁平滑，作用是保证铸件表面的光洁度，并增强铸液的流动性。内范的芯部和外范外壁层则选用砂粒较大、结构较松的范土，为了增加陶范的透气性。这是当时提高铸件质量、增加铸件成品率的重大措施，说明西周青铜铸造工艺已达到很高水平。

当时工匠在细致地配制好范土以后，就先制作“泥模”，用范土塑造出铸件的模型，并描绘、雕刻繁复的花纹或铭文，最后经烘烤而成陶质。西周的重大铜器，常常铸有长篇铭文，这是胜过商代铜器的，工匠在这方面是下了特殊功夫的，在这里就有不少无名的书法家和雕刻家。西周金文在铸造之前,先要在泥模上写好字,有意识地把文字作为艺术性的创作。例如大克鼎、颂壶等器的铭文,很明显可以看到在泥模上划成方格而写字的痕迹。从洛阳作坊遗址中出土的泥模和外范残块来看,所雕刻的花纹,布局合理,线条流畅,刻工精细,反映了当时绘画雕刻艺术已发展到相当高的水平。

当时描绘、雕镂花纹,已运用简单的绘图仪器。作坊遗址出土的车軎模,顶部的同心圆纹饰十分规整,同时在同心圆的圆心位置发现有针眼痕迹,可知已使用规整的圆规。而且在泥模的表面上划有“分型”的刻线,说明在制作外范和内范之前,已在泥模上进行合理的分型设计,规划铸器所需要的外范的片数。大体上如戈、矢之类造型简单的铸器采用双合范,而鼎、簋、卣、尊、爵等比较复杂的铸器采用多合范。

从作坊遗址出土的兽头泥模看来,当时浇铸复杂的铜器已采用附件的“先铸法”。不论羊头、牛头或象头的泥模,一般都是正面雕塑纹饰,背面内凹。这种现象表明当时已采用分铸法,先用这种泥模制型,铸出背面内凹的兽头铸件,然后再将此铸件嵌入整个铸器的外范,再用铜液浇铸,填满兽头铸件背面的凹面,使合铸成一体。这就是“分铸法”中的“先铸法”。

二 西周的铜镜和宗教信仰

中国铜镜最早见于黄河上游甘青地区的齐家文化,约在公元前二千年左右。中原地区所出土铜镜,最早是殷墟所出六面,圆板形,镜面平整或稍向外凸起,镜背有半环形桥状纽,周围有凸弦纹或短线组成的几何纹图案。同时甘肃、青海、内蒙古以及陕北、江西等地也有发现。

中原地区发现的西周铜镜，与商代不同，计有素面镜十多面，纹饰镜三面。素面镜多数圆板形，镜面平整或稍向外凸起，镜背有半环形桥状纽，也有镜面内凹而有半环形桥状纽，还有镜面平整而有鼻形纽。纹饰镜中，陕西扶风齐家村所出土的重环纹镜和河南三门峡市上村岭虢国墓地出土的虺龙纹镜，其风格和纹饰都是当时铜器所流行的，唯有上村岭虢国墓地出土的动物纹镜，镜背有两个半环形纽，周围有突起线描的双虎和鸟、鹿图案，这与西周铜器流行的纹饰风格有明显差别，却与长城沿线北方草原地区游牧部族的铜器风格非常接近，因此日本学者樋口隆唐认为"可能来自西伯利亚或内蒙古一带"，见所著《古镜》一书（一九七九年新潮社出版）。

值得注意的是，西周铜镜大多出土于墓中或墓地，如素面镜，陕西凤翔南指挥西村墓中发现三面，上村岭虢国墓中人骨胸部发现两面，北京昌平白浮村西周墓葬的墓主人头骨附近发现两面，陕西凤翔新庄河村、陕西扶风黄堆、扶风北吕、长安张家坡等地各发现一面。周原发现窖藏铜器近六十处，只有扶风刘家村和岐山王家嘴的窖穴曾分别出土一面铜镜。看来早期铜镜是随身佩带的神物，青海贵南朵马台齐家文化墓葬发现的铜镜，压在俯身葬的墓主人胸下。河南安阳大司空村出土的商代铜镜，发现在墓主人身下的腰坑附近，内蒙古宁城南山根石椁墓发现的铜镜，是和铜刀一起放置于墓主人的腰间，因而考古工作者推定早期铜镜除了照容之外，可能是胸前或腰间佩带之物。特别值得注意的是，辽宁沈阳郑家洼子发现战国时代墓葬，有大铜镜一面和小铜镜四面，大铜镜放于头上，小铜镜分别放在胸中、耻骨、两膝间和两胫间，可知古人确实把铜镜看作具有"护身"

的神效的。

所有这些纹饰镜都是凹面镜,就是"阳燧"的性质。《周礼·秋官》载:"以夫燧取明火于日,以鉴取明水于月。""夫遂"就是所谓"阳燧",就是用光亮的凹面镜在日光下聚光取火,以供祭祀之用。可知古人以为这种凹面镜有取水火于日月的特殊作用,因而具有"护身"的神效。

三 漆器工艺的艺术性的发展

漆器作为礼器和实用器皿,在西周时代的重要性仅次于青铜器。木胎漆器最早出现于新石器时代,六千年前浙江余姚河姆渡文化遗址中,曾出土朱红色漆碗。商代漆器有重要发展,已有碗、豆、盒、钵、盘、觚、罍、鼓等漆器,并有漆绘、雕花、镶嵌绿松石、贴金箔等技法。西周继承了商代工艺并有进一步的发展,增加了杯、俎、壶、彝等品种,增加了镶嵌蚌片和蚌泡的技法,漆绘图案不仅继承了商代晚期流行的雷纹、回纹、兽面纹、蕉叶纹,而且增多了凤鸟纹、圆涡纹以及多种几何纹图案。西周漆器流行朱、黑、褐三色的彩绘,湖北蕲春毛家嘴所出漆杯,在黑、棕色器表上,绘有红色回纹和雷纹的两条纹饰带,两条带之间绘有间隔的圆涡纹和几何形图案。北京房山琉璃河燕国墓中所出一大批漆器,种类有罍、觚、壶、簋、豆、杯、盘、俎、彝等,器表彩绘都是红地褐彩,或褐地红彩,黑漆的较少。多数兽面纹和几何纹图案,只有一件漆罍肩部所绘和毛家嘴漆杯彩绘十分相似。

西周漆器除彩绘的以外,还有雕花的,这是在木胎上雕出花纹图案而加以髹漆,在商代已有这种工艺,西周有了发展,琉璃河所出漆觚是此种工艺的精品。雕刻有三组变形的夔龙纹,刻纹均匀,深浅一致，转角圆滑，并且在夔龙纹的眼部，用椭圆形的绿松石镶嵌作为眼睛，同时整个器身贴有三道金箔，在下面两道金箔上，还镶嵌有三个间距相等的绿松石片，与朱漆、金箔相映而显得格外美观。这是施用雕花、贴金箔、镶嵌绿松石的技法于一件漆器上，可以说这是西周漆器工艺的代表作。

镶嵌蚌片的漆器，在沣西、浚县辛村、北京琉璃河都有发现。沣西张家坡六十年代出土的镶嵌蚌片漆器，仅以蚌片组成图案。琉璃河所出大多是蚌片和彩绘结合组成的图案，兽面纹往往以蚌片做成眉、目、鼻、口部分，在蚌片四周往往用彩绘勾画出轮廓，再填充几何纹图案作为陪衬。这种镶嵌蚌片的漆器工艺，是后来唐宋时期流行的“螺钿”工艺的萌芽。

概括说来，西周漆器工艺的工序，有制胎、髹漆、彩绘，或者雕花、镶嵌。体积较小的器物多用一块木料做成，复杂的先做器底、器身、器耳等各部分，然后粘接而成。髹漆表面平整光滑，颗粒均匀。彩绘的色彩对比鲜明，线条分明流畅，雕花使图案和形象有立体感，镶嵌使花纹图案更加显著而耀眼，说明西周的漆器工艺在商代的基础上有了进一步的发展，具有相当高的水平。

目前所发现西周时期的漆器，以漆豆为最多。同时所发现的青铜器，青铜豆极少。漆豆大多出土于大中型的西周墓葬中。豆是食器，可知这是西周贵族常用的食器。所有西周的漆器，碗、豆是食器，觚是酒器，其他都是盛食物或装酒之器。因为漆器比青铜器轻便而美观，逐渐成为贵族爱用的食器和酒器。我们以漆器和青铜器的食器和酒器相比较，漆器只是缺少鼎、爵、甗、鬲等三足器。因为这些三足器都是用来蒸煮或加热食物的，漆器不能用火来蒸煮或加热的。

既然漆器经常为贵族用作食器和酒器，可以代替青铜器使用，当然就可以代替青铜器作为宗庙的祭祀礼器，也就可以和青铜器一样作为陪葬的礼器了。因而西周墓葬常有同作为食器、酒器的漆器和青铜器同墓出土。值得注意的是，所有漆器罍、觚、壶、簋、豆、彝等器型，大多仿自青铜器，器表色彩鲜艳，并且有彩绘、雕花、贴金、镶嵌等工艺装饰，显得金碧辉煌，成为一种艺术品而兼实用器，这真是文化高度发展的一种表现。

西周漆木器工艺还有个突出的成就，就是在漆木器的主要使用部分或容易损坏部分，加以包铜或镶嵌青铜附件。例如八十年代陕西长安张家坡西周墓中出土有六件这样的漆器。一件铜足漆案，有长一百三十、宽四十、厚六点五厘米的案面，髹黑漆，略有红漆的线条和窃曲纹的纹饰，残存铜足，是兽足形，有前后肢的不同。一件有铭文的带盖漆簋，自铭为"旅盨"，因木胎朽毁，只剩下青铜的盖和圈足。三件镶铜漆木罍，仅存器口和器底的圆形铜扣，口直径二十一点五厘米，底直径二十厘米。一件铜扣漆木壶，仅存铜扣的残片。一件包铜漆木方盒，因外包铜片很薄成为碎片。八十年代山西洪洞永凝堡西周墓中所发现镶铜漆木壶，残存有盖、口、腹、圈足等青铜附件及部分木胎和漆皮。

四　原始瓷器和陶器的发展

西周原始瓷器在商代的基础上有了发展。在陕西宝鸡茹家庄、陕西岐山凤雏村、陕西长安张家坡、河南济阳庞家沟、北京房山琉璃河等地的西周墓中，都曾有这种瓷器或瓷片发现。一般质地坚硬，外表有青色或黄色的釉，有光泽，叩之有声，品质介于瓷器与陶器之间。张家坡出土的少量瓷片，经测定，烧成温度已达一千二百度左右，硬度可达莫氏硬标七，吸水性很弱，物质组成已接近瓷器。当时原始瓷器大多是豆和罍。

长安张家坡西周遗址中，曾发现西周晚期的七座椭圆形的陶窑，并有陶杵之类的工具发现。陶窑火膛就挖在地面以下，直径一点四五至一点六米，在窑身北边有一个向外突出的烟囱，和窑底通连，在南面对着烟囱有火门，门的两侧有门墙。大体上制陶技术，早期大多采用轮模合制，中晚期已逐渐使用快轮制法。

(1) 客省庄陶窑

(2) 张家坡陶窑

图三十　沣河西岸张家坡和客省庄发现的西周陶窑遗址

五　麻布、丝织及刺绣工艺

七十年代在陕西泾阳高家堡的早周墓葬中，一件戈秘上发现缠有麻布一层，是大麻纤维，平纹组合，密度每平方厘米，经有十三根，纬有十二根。在陕西岐山贺家村的西周墓中,在棺内西壁发现丝织品的残迹,每平方厘米,经纬分别是二十二根和二十六根,呈红色。经鉴定,这种丝织品已经用钙质的温水漂湅,并且已用表砂作颜料而染色。陕西宝鸡茹家庄的弶伯及其妾倪的墓中,弶伯之妻井(邢)姬墓中,也曾发现丝织品的印痕,大多是平纹的织品,其中引人注目的是,有一片是斜纹提花菱纹的图案组织,菱形的图案是用提花机织出来的。在妾倪的墓室内泥土的三层丝织品的印痕上,发现了刺绣的印痕,有很鲜艳的朱红和石黄两种颜色,同时在第一、二层丝织品上还附着发暗的褐色,在第三层丝织品上还附着棕色。刺绣采用的是"辫子股"绣的针法,第一针刺在花纹的开端,由底部向上起针,将绣线从左向右绕成一个圈形,然后形成"瓣子股"的第一环,依此循环往复,绣出图案,花纹主要用一条"瓣子股"勾勒轮廓。这是我们所见到的最早的染色刺绣。

(1) 斜纹提花组织

(2) 提花组织放大

图三十一 陕西宝鸡茹家庄西周墓中发现的提花菱纹丝织品图案印纹

六　琉璃器的炼制

琉璃是半透明的早期玻璃，近代称为料器。在西周早期，人们从当时发达的青铜冶炼过程中，发明了琉璃的炼制技术。当冶炼青铜的炉子温度到达一千零八十度的时候，使得孔雀石、锡矿石熔解，必然要排出非金属的玻璃质的矿渣，其中有硅化合物的丝条或块体，由于铜粒子的混入，结成浅蓝色或浅绿色的结晶体，可以作为装饰品。

西周时代流行用琉璃的管和珠串连起来，作为耳、颈、胸、腕、腿侧的装饰品，常常与玛瑙、玉石、蚌壳等彩色物组成串饰。例如宝鸡茹家庄強伯墓的项链，由四部分组成：(1)一个红玛瑙管珠下串三个琉璃管，共十组；(2)两个红玛瑙扁珠下串三个琉璃管，两边各六组；(3)三股小琉璃珠串，两边共六股，每股三十到四十多粒珠；(4)三股红玛瑙扁珠串插有琉璃管，正中是大型红玛瑙管。又如強伯之妾的串饰，上部红玛瑙珠六十六粒，两边系三股琉璃珠，每股十六粒左右，共六串。其下串四个红玛瑙扁珠和一个算盘珠形松石珠或红玛瑙管，共十组，中间是小型刻阳纹玉璧。強伯之妻的串饰之一，六股琉璃珠，每股三十到三十五粒，下系九个玉蚕。

七　制骨和制蚌工艺

西周时代还很流行使用骨器，陕西扶风云塘村曾发现大规模的西周中期制骨作坊，正介于凤雏村和召陈村两大宫室遗址之间。召陈村曾出土与云塘村出土相同的嵌绿松石的骨笄。作坊遗址中发现了石刀、石斧、石臼、砺石、铜刀、铜锯、铜钻等制骨的工具，还发现有骨笄、骨铲、骨凿、骨锯、骨刀、骨锥、骨针、蚌刀等制成品。同时出土了两万多斤废骨料和半制成品，绝大部分有锯、削、锉、磨等加工痕迹。其中牛骨占百分之八，马骨占百分之五，还有羊、猪、鹿、骆驼骨等。据此可知当时制骨的工序是，先选料，次锯割，再次削锉和磨光，或者加以雕嵌。产品以骨笄最多，占百分之九，其次是骨锥、骨针等。看来骨笄是发髻上常用的装饰品，是一般人民普遍使用的。

80FC(乙)T45③:2 出自召陈乙区遗址高 2.8 厘米

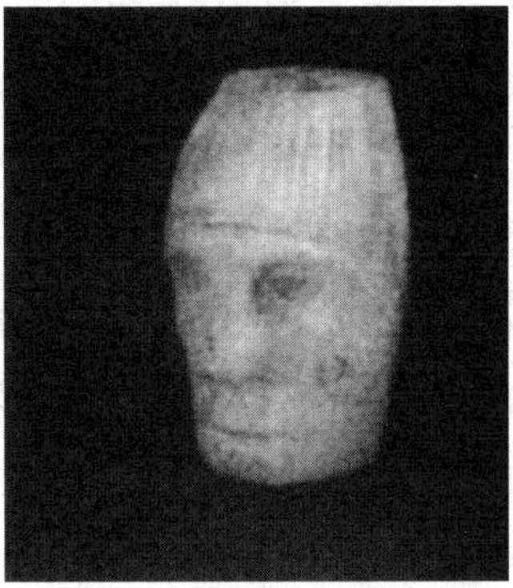

80FC(乙)T45③:6 出自召陈乙区遗址高 2.7 厘米

80FC(乙)T45③:2　　80FC(乙)T45③:6

图三十二　蚌雕白色人种头像

这两枚人头像出土于陕西扶风召陈村西周建筑遗址乙区的灰坑中。像系蚌雕。蚌的厚度为 1.5—2 厘米。1 号头像完整，2 号头像只存大半。1 号头像的头顶刻有一“巫”字。头像皆高鼻深目，显系白色人种。（采自陈全方《周原与周文化》）

这种制骨工场，看来也还制作蚌器。召陈建筑遗址灰坑中曾出土两个蚌雕人头像，厚度是一点五到二厘米，一号头像完整，二号头像只有大半，高鼻深目，是白色人种。一号头顶上刻有“巫”字。可能这是发笄上的装饰，说明这是个白色人种的“胡巫”，由西方东来。

第三编

西周王朝的政权机构、社会结构和重要制度

第一章　西周中央政权机构剖析

自从武王克商，周就建立统治四方的中央政权。等到周公东征胜利，营建东都成周，使宗周和成周的王畿连成一片，进一步形成统治四方的政治中心，中央政权机构就逐步健全。西周之所以能成为疆域辽阔的王朝，该与它拥有比较健全的中央政权机构有关，而且西周这种中央政权的组织形式，对此后政治制度有深远的影响。

一　太保、太师和长老监护制度的特点

西周初期的中央政权，十分明显，是以太保和太师作为首脑的。太保和太师掌握着朝廷的军政大权，并成为年少国君的监护者。

这种政治上的长老监护制度，是从贵族家内幼儿保育和监护的礼制发展起来的。原来贵族家内，不论对于男孩或女孩，同样有一套

保育和监护的礼制。① “保”原是指保姆,或者称为“阿”、“娿”、“姆”。《说文》解释“姆”、“娿”,都说“女师也”,又说娿“读若阿”。《礼记・内则》讲到保育孺子,必须从“诸母”和“可者”中选出“子师”、“慈母”、“保母”来负责。所谓“可者”,就是“阿”,也就是“娿”。“阿”从“可”声,“可”、“阿”同音通用。毫无疑问,“保”和“阿”的官职名称,就是从贵族家中保育人员的称谓发展来的。原来贵族家中这种保育人员,是族中的长老,由此发展形成的官职,也具有长老监护的性质。这种政治上的长老监护制度,商代已经产生。《诗经・商颂・长发》说:“实维阿衡,实左右商王。”《尚书・君奭》说:“在太甲,时则有若保衡。”“阿衡”即是“保衡”,“阿”即是“保”,原为教养监护的官,后来发展为国君的辅佐大臣。

“师”原为高级军官,亦称“师氏”。师氏在军队中是指挥作战的军官,同时又为军事训练的教官。师氏在宫廷内是守卫宫门以及保护君王的警卫队长,同时又是教导子弟的教官。《周礼・地官》有师氏和保氏的官职,师氏“掌以媺(美)诏王,以三德教国子”,统率所属“守王之门外”(郑注:门外,中门之外);保氏“掌谏王恶,而养国子以道”,“使其属守王闱”(郑注:闱,宫中之巷门)。《周礼》的说法,在一定程度上是有依据的。“师氏”和“保氏”的性质相同,只是保氏守于内,师氏守于外。因为保氏是从保育人员发展成的教养监护之官,师氏原是从警卫人员发展成的教养监护之官②。这就是太保和太师官

① 《诗经・周南・葛覃》:“言告师氏,言告言归。”《毛传》:“师,女师也。”《春秋・襄公三十年》:“宋灾,宋伯姬卒。”《左传》:“待姆也。”杜注:“姆,女师。”《公羊传》、《穀梁传》都说伯姬在火灾中因等待保母或母而死。“保”字,金文像抱子之形,原义为保养幼子。保母原由女子担任,西周时女子官职有称“保”的,见于保侃母簋、保彸母彝铭文。

② 参看本书第六编第二章《西周大学(辟雍)的特点及其起源》第四节“教师称‘师’的来历”。

职的起源。

西周初期太保和太师的官职，具有对太子和年少国君教养监护的责任，具有辅佐国君掌握政权的职责，是很明显的。《大戴礼记·保傅》和贾谊《新书·保傅》，都说成王有"三公"，"召公为太保，周公为太傅，太公为太师"。"三公"的称谓是后起的，但是当时确有"公"的称谓。[①]《尚书·金縢》讲到武王生病，二公要为武王的病占卜，而周公祈祷，请求以自身代替武王去死，等到武王死去，管叔和群弟散布流言，说周公"将不利于孺子（指年少的成王）"，周公于是告二公说："我之弗辟（辟谓以法治之），我无以告我先王。"成王因此怀疑周公。后来成王和大夫发现周公要以自身代武王死去的祝辞，二公及成王询问史官，得到证实，才使成王感悟。全文除周公以外，四次讲到"二公"。据《史记·鲁世家》，"二公"是太公望、召公奭。从《金縢》上下文看，武王末年，太公、召公都已执政，都已担任师保之职，因而有"公"的尊称。《左传·襄公十四年》记晋国的乐师师旷说：

> 天生民而立之君，使司牧之，勿失其性。有君而为之贰（杜注：贰，卿佐），使师保之，勿使过度。是故天子有公，诸侯有卿，卿置侧室……以相辅佐也。善则赏之（杜注：赏谓宣扬），过则匡之，患则救之，失则革之。自王以下，各有其父兄子弟以补察其政。

---

① 《周礼·地官》序官保氏下，贾公彦疏引《郑志》："赵商问：'案成王《周官》，立大师、大傅、大保，兹惟三公。即三公之号，自有师保之名。成王《周官》是周公摄政三年事。此《周礼》是周公摄政六年时，则三公自名师保，起之在前，何也？'郑答曰：'周公左，召公右，兼师保，初时然矣。'"按周公作《周官》，见于《书序》、《史记·周本纪》以及《鲁世家》。段玉裁《古文尚书撰异》依据上引《郑志》，断定《周官》是古文，"有立大师云云十一字，作伪者袭之"。孙诒让《周礼正义》也说："案《书·周官》，汉时今古文两家并亡，赵商所引，盖其残语之见之它书者，即伪古文所本也。"如果此说可信，西周初期已有三公之称。《史记·燕世家》也说："其在成王时，召公为三公。"但是，太傅之官不见于西周金文，因此尚难证实。

这段话，虽是春秋时代乐师说的，当是西周以来相传的说法。所说“各有其父兄子弟以补察其政”的制度，由来已久。我们把他所说“有君而为之贰，使师保之”和“是故天子有公”结合起来看，可知天子用来“补察其政”的父兄子弟，不是别人，就是“师保”，就是太师和太保，也就是称为“公”的辅佐大臣，这种政治上的长老监护制度，西周初期确曾认真实行。召公、周公和太公，确实都曾担任师、保之职而辅佐成王。

召公名奭，采邑在召（今陕西岐山西南），是周族中的长老。周初铜器有不少与太保召公有关的。大保方鼎、大保鸮卣、大保簋、史叔彝铭文都称“大保”，旅鼎、御正良爵铭文都称“公大保”，作册大方鼎铭文又称“皇天尹大保”。“公大保”当为尊称，因为召公称公，官为大保，连称为“公大保”。“皇天尹大保”更为尊称，“尹”是君长之意，犹如周公称召公为“君奭”或“君”，“皇天尹”是说由上天所命的君长。① 从金文来看，召公不仅以大保之职执政，还常奉命率军出征。大保簋铭文：“王伐录子耶”，“王降征令于大保”，这是说成王下征伐录子耶的命令给大保。旅鼎铭文：“惟公大保来伐反尸（夷）年”，这是以大保来征伐反叛的东夷这件大事用作纪年。从《尚书·召诰》中召公长篇教导成王的话来看，大保确是以长老、监护者的身份，对年少君王谆谆告诫的。直到成王病危，临终遗嘱，还是由大保召公带头受命。等到康王举行即位典礼，也由太保下令布置，并由太保为册命之主，授给康王介圭（大圭），作为授给遗命的信物，也就是传给王位的信物，见《尚书·顾命》。

---

① 于省吾：《双剑誃吉金文选》卷下一，引吴北江说：“皇天尹大保者，言太保乃天所命之尹，犹言天吏、天牧，谓召公之德格于皇天也。”

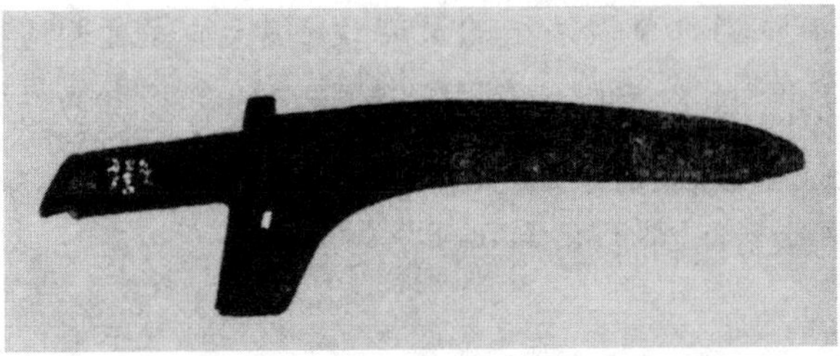

图三十三　太保戈　雕兽钺

戈、钺都是洛阳北窑庞家沟出土。戈长二十三厘米，宽九十九厘米，“内”上有铭文“太保”。钺长十五厘米，宽十点五厘米，两侧各有透雕一兽，一兽已残。

吕尚，姜姓，名望，字尚父。官为太师，称师尚父。后来成为诸侯齐国的始祖，因有太公之称。太师原是高级统帅的称谓。《诗经·大雅·大明》说：“维师尚父，时维鹰扬，凉彼武王，肆伐大商。”吕尚为太师，既为伐商的最高统帅，同时又于宫廷内负有“师保”的责任，成为辅佐大臣。《左传·襄公十四年》记载周灵王派刘定公“赐齐侯命”说：“昔伯舅大（太）公，右我先王，股肱周室，师保万民，世胙大师，以表东海。”所谓“师保万民”，就是说太师有“师保”的职责。因此在《尚书·金縢》中他和召公并称“二公”。他是因功高善战，被任为太师的。在当时重视宗法的贵族政权中，师保之职应由父兄辈出任的，所谓“自王以下，各有其父兄子弟以补察其政”。尽管姬、姜二姓长期联盟，互通婚姻，关系密切，但是吕尚毕竟是异姓，虽然官为太师，不可能和召公、周公同样受到重视。这在文献中是可以看得很清楚的。

周公名旦，采邑在周（今陕西岐山北），是武王之弟，原为太宰（《左传·定公四年》），曾助武王克商。武王死后，成王年少，一度由他摄政称王。等到平定三监和武庚叛乱，东征胜利，建成东都成周，就归政成王。成王命他留守成周，主持东都政务，任为“四辅”（《尚书·洛诰》）。伪《孔传》把“四辅”解释为“四维之辅”，孔颖达正义又解释为“四方辅助”。从上下文看，解释为“四方之辅”比较适当。因为成王任命周公为“四辅”的原由是“四方迪乱”，又说：“公勿替刑（型），四方其世享。”“四辅”不是官名。以“四辅”为官名是后起的传说。《帝王世纪》说“周公为冢宰摄政”，又说成王“始躬政事，以周公为太师”（《艺文类聚》卷十二引）。周公归政成王以后，成王命他留守成周，主持东都政务，官职当为太师。

文献上有“召公为保、周公为师”之说。《史记·周本纪》说：“召公为保，周公为师，伐淮夷，残奄。”《书序》又说：“召公为保，周公为师，相成王为左右，召公不说（悦），周公作《君奭》。”同时，文献上又有周召二公“分陕而治”之说。《礼记·乐记》记载描写武王克商的《大武》乐章，共有六成，“五成而分，周公左，召公右”。《史记·乐书》作“五成而分陕，周公左，召公右”。这样把周克商的结局说成周召二公“分陕而治”，是有依据的。《史记·燕世家》也说：“成王时，召公为三公，自陕以西，召公主之；自陕而东，周公主之。”

为了凑合“三公”之说，《公羊传·隐公五年》说：“自陕而东，周公主之；自陕而西，召公主之；一相处于内。”在周召二公“分陕而治”之说以外，附加“一相处于内”，显然是不正确的①。自从东都成周建成，周公归政成王，成王命令周公留守东都而主持成周政务，西都宗周的政务就由召公辅佐成王治理。当时西都和东都的王畿是通连的，东西长而南北短，有所谓“邦畿千里”，而以“陕”作为其分界线，“陕”指陕陌，在今河南三门峡市西南，正当东西都王畿的中心点。②所谓“分陕而治”，实际上就是召公为太保，周公为太师，以长老身份，分别成为西都和东都的辅佐大臣，仍然是长老监护制度的进一步的发展。

二　卿事寮和太史寮的职掌

从西周金文来看，西周中央政权有两大官署，即卿事寮和太史寮。毛公鼎铭文：

> 彶(及)兹卿事寮、大(太)史寮，于父即尹。命女(汝)䵼嗣(司)公族雩(与)参(三)有嗣(司)、小子、师氏、虎臣雩(与)朕褻事。

① 汉代又有二伯之说。《礼记·王制》：“属于天子之老二人，分天下为左右，曰二伯。”郑玄注即引《公羊传》来解释。《白虎通·封诸侯》引用《王制》，解释说：“所以分陕者，是国中也。”《白虎通·巡狩》又引《传》曰：“周公入为三公，出作二伯，中分天下，出黜降。”《风俗通义》卷一又说，召公“入据三公，出为二伯，自陕以西，召公主之”。二伯之说，当是因为不符合三公之说而添补的。

② 崔述《丰镐考信录》卷五认为，“分陕而治”的“陕”，是“郏”字之误，古称洛邑为郏或郏鄏，“洛邑天下之中，当于此分东西为均”。按崔说出于推想，没有根据。郏即是洛邑北面的邙山。东西两都的王畿的分界，当在东都以西，不应以邙山作为分界线。

在这样一系列官职中，卿事寮和太史寮居于首位，而且只有他们称“寮”，说明这是当时中央政权的两大官署。此外公族掌管公族的事，三有司即司土（司徒）、司马、司工（司空），师氏和虎臣是军官，槃事是国君的近臣。

金文的“卿事”，即是文献的“卿士”，古“士”、“事”音义俱近。《说文》：“士，事也。”卿事或卿士，或者用作卿的通称，如《尚书·洪范》说：“王省惟岁，卿士惟月，师尹惟日。”或者专指总领诸卿的执政大臣。如《诗经·小雅·十月之交》的“皇父卿士”，官职在司徒、太宰、膳夫、内史之上，当为执政大臣①。周厉王因任用“好专利”的荣夷公为卿士而被驱逐（《国语·周语上》）。周幽王因任用“谗谄巧从”的虢石父为卿士而政治败坏（《国语·郑语》）。执政大臣的称为卿士或卿事，是卿事寮长官的简称，其正式官职，西周初期即是太保或大师，西周中期以后为大师。《诗经·大雅·常武》说：

> 赫赫明明，王命卿士，南仲大祖，大师皇父：“整我六师，以修我戎；既敬既戒，惠此南国。”

“大祖”是说祖庙。这是说宣王册命卿士于南仲的祖庙。所说“大师皇父”，大师即是卿士，皇父即是南仲，他以南为氏，字仲皇父，可以简称南仲，也可称为皇父，他以大师之职为卿事寮的长官，《毛传》以为

① 《诗经·小雅·十月之交》说：“皇父卿士，番维司徒，家伯维宰，仲允膳夫，聚子内史，蹶维趣马，楀维师氏，艳妻煽方处。”这一批大臣，又见于《汉书·古今人表》下下等，计有皇父卿士、司徒皮（皮与番音同通用）、太宰家伯、膳夫中术（郑玄笺以为仲允之字）、内史掫子（掫与聚音同通用）、趣马蹶、师氏萬（萬与楀音同通用），列在幽王、褒姒、虢石父之后，申侯、平王之前，作为幽王时人。

南仲和皇父为两人，郑玄笺以为南仲是皇父的太祖，都不确①。

《诗经·小雅·节南山》说："赫赫师尹，民具尔瞻"；"赫赫师尹，不平谓何。""尹氏大师，维周之氐，秉国之均（钧），四方是维，天子是毗，俾民不迷。"从上下文看，这个"师尹"即是大师尹氏的简称。尹氏大师既是赫赫有声威，为人民所注视，又是周朝的柱石，掌握着国家的权柄，无疑是执政大臣。尹氏，王国维认为即指内史尹或作册尹，金文称内史之长为内史尹或作册尹，亦单称尹氏。他还引用《节南山》，作出论断说："百官之长皆曰尹，而内史尹、作册尹独单称尹氏者，以其位尊而地要也。尹氏之职，掌书王命及制禄命官，与大师同秉国政"（《观堂别集》卷一《书作册诗尹氏说》）。这一论断十分正确。太师和尹氏所以能够同秉国政，因为太师是卿事寮的官长，而尹氏是太史寮的官长。

《国语·周语上》记载宣王即位，不籍千亩，虢文公因此进谏，讲到籍礼举行的情况说：

> 及籍，后稷监之，膳夫、农正陈籍礼，太史赞王，王敬从之。王耕一坺，班三之，庶人终于千亩。其后稷省功，太史监之；司徒省民，太师监之。

① 《毛传》："王命南仲于大祖，皇父为大师。"此以大祖为太祖庙，甚是。但以南仲与皇父为两人，不确。不应同时对两人用同样的策命之辞。郑玄笺："南仲，文王时武臣也，宣王之命卿士为大将也，乃用其南仲为大祖者，今大师皇父是也。"此又以南仲为文王的武臣，是皇父的太祖，这是依据《诗经·小雅·出车》的毛传的。《诗经·小雅·出车》："王命南仲，往城于方"，"赫赫南仲，玁狁于襄。""赫赫南仲，薄伐西戎。"毛传："王，殷王也。南仲，文王之属。"其实，《出车》所叙写的，亦为宣王时事，《常武》和《出车》的南仲当为一人。《常武》说："王命卿士，南仲大祖，大师皇父：'整我六师，以修我戎；既敬既戒，惠此南国。'"这是说宣王册命卿士于南仲的祖庙，后四句是概括册命之辞。所谓"大师皇父"，是重复申说，大师即是卿士，皇父即是南仲，他以南为氏，字仲皇父，也可以简称南仲。这是当时称"字"的通例。参看第六编第八章《"冠礼"新探》第二节"字的来源及其意义"。南仲见于《汉书·古今人表》上下等，在召虎、方叔之后，正当宣王时。

举行籍礼要掌握时令和管理耕作，所以归太史寮主持，由“太史赞王”（韦注：赞，导也）。后稷、膳夫、农正等官，都该是太史寮所属的官吏。等到“庶人终于千亩”的时候，所以要“后稷省功，太史监之；司徒省民，太师监之”。因为耕作的技艺必须由农官监督，农官是属于太史寮的。同时人民的劳役的征发必须由司徒监察，司徒是属于卿事寮的。由此可知，司徒、司马、司空等“三有司”，都该是卿事寮的属官。

卿事寮的职掌，主管“三事”和“四方”，金文有明证。令彝铭文说：

> 惟八月，辰才（在）甲申，王令周公子明保，尹三事四方，受（授）卿事寮。丁亥，令夨告于周公宫。公令出同卿事寮。惟十月月吉癸未，明公朝（早）至于成周，出令：舍三事令，眔卿事寮、眔者（诸）尹、眔里君、眔百工；眔者（诸）侯，侯、田（甸）、男，舍四方令。

图三十四　令彝铭文（盖铭）

铭文开头讲成王命令周公之子明保主管“三事四方”，授给卿事寮。明保的“保”当是官职，即是太保。下文出于明保的臣下矢令的叙述，所以一连五处都称为“明公”，以“公”为尊称。明公就是以太保之职主管卿事寮。明公接受卿事寮而“尹三事四方”，说明卿事寮的职务就是主管“三事四方”。所谓“三事”，就是指王畿以内的三种政务。所谓“四方”，就是指王畿以外所分封的四方诸侯地区的政务。

“三事”这个称谓，见于《尚书·立政》和《诗经·小雅·雨无正》等。《尚书·立政》记周公说：

> 王左右常伯、常任、准人、缀衣、虎贲。
>
> 宅乃事，宅乃牧，宅乃准，兹惟后矣。
>
> 立政：任人、准夫，牧，作三事。
>
> 文王惟克厥宅心，乃克立兹常事司、牧人，以克俊有德。
>
> 继自今，我其立政，立事、准人、牧人。
>
> 自古商人，亦越我周文王立政，立事、牧夫、准人。

依据上下文看，“常伯”就是“牧”，他的政务是“牧”，是指王畿以内的地方官。郑玄解释说：“殷之州牧曰伯，虞夏及周曰牧”（《书疏》引）。伯或牧是对地方官的统称。“常任”就是“任人”，他的政务是“事”，是指王畿以内掌管军政大事的行政官。“准人”就是“准夫”，他的政务是“准”。伪《孔传》说：“准人平法，谓士官。”孙星衍又说：“‘准’字熹平石经作‘辟’，辟亦法也”（《尚书今古文注疏》）。

《诗经·小雅·雨无正》说：

> 正大夫离居，莫知我勚；三事大夫，莫肯夙夜；邦君诸侯，莫肯朝夕。

胡承珙认为“三事大夫”即是《尚书·立政》所说“作三事”，“任人是任事之官，准夫是平法之官，牧谓养民之官”，“三事大夫疑为在内卿大夫之总称，对下邦君句，为在外诸侯之统称”（《毛诗后笺》卷十九）。这是正确的。令彝铭文：“舍三事令，眔卿事寮、眔者（诸）尹、眔里君、眔百工。”诸尹、里君、百工，即是王畿以内官员的总称，就是“三事大夫”。诸尹相当于“任人”或“常任”，里君相当于“牧”或“常伯”，只是“百工”泛指各种官吏，和《立政》所谓“准人”有出入。《雨无正》所说“三事大夫”，是指王畿以内统治的官吏，即《尚书·酒诰》所谓“内服”；所说“邦君诸侯”，是指王畿以外统治四方的诸侯，即《尚书·酒诰》所谓“外服”。令彝铭文：“眔者（诸）侯，侯、田（甸）、男，舍四方令”，是倒装句法，就是说四方令发布到四方的诸侯，包括侯、甸、男在内①。这又和《雨无正》所说“邦君诸侯”相当。

卿事寮不仅主管王畿以内的“三事”，所属有“三事大夫”，而且主管王畿以外“四方”的事，四方的诸侯也由他们管理。《左传·定公四年》说：“周公相王室，以尹天下。”所谓“以尹天下”，就是管理四方诸侯。卿事寮可以说是周王的办公厅和参谋部，掌管着政治、军事、刑法等等。古代是兵刑不分的。卿事寮的长官，无论大师或大保都掌握军政大权，所以召公和周公都曾出征。周公还曾作《誓命》，主管刑罚，说“在九刑不忘（妄）”（《左传·文公十八年》）。

太史寮的官长是太史，掌管册命、制禄、图籍、记录历史、祭祀、占卜、礼制、时令、天文、历法、耕作等等。太史寮可以说是周王的秘书处和文化部，太史可以说是周王的秘书长，同时又是历史家、天文学家、宗教家。既是文职官员的领袖，又是神职官员的领袖。其地位仅

① 杨树达：《积微居金文说》卷一《夨令彝三跋》。

次于主管卿事寮的太师或太保。

《礼记·曲礼》讲到天子有“六大”和“五官”：

> 天子建天官，先六大，曰：大宰、大宗、大史、大祝、大士、大卜，典司六典。天子之五官，曰：司徒、司马、司空、司士、司寇，典司五众。

这些官制，虽然出于后人记述，但是它的来源比较原始。它把“六大”称为“天官”，看作神职，是有来历的。它把大史作为六大之一，其实大史就是“六大”之长，“六大”都该属于太史寮，而太史就是太史寮的官长。至于“天子之五官”，都是治民之官，该属于卿事寮。《左传·昭公十七年》记载郯子谈到少皞“以鸟名官”的传说，也是比较原始的：

> 凤鸟氏，历正也；玄鸟氏，司分者也；伯赵氏，司至者也；青鸟氏，司启者也；丹鸟氏，司闭者也。祝鸠氏，司徒也；鴡鸠氏，司马也；鳲鸠氏，司空也；爽鸠氏，司寇也；鹘鸠氏，司事也。五鸠，鸠民者也。

前面五种官，都是掌管天文历法的官，相当于“天官”。后面五种以鸠为名的官，相当于“天子之五官”，只是“司士”和“司事”有差别。其实，“士”和“事”音义俱近，“司事”就是“司士”。原始官职不外乎“天官”和治民之官两大系统，西周中央政权之所以分设太史寮和卿事寮两大官署，当即由此而发展形成。

要特别指出的是，西周设有“太宗”这个官，亦称“宗伯”，是主管宗族内部事务的最高长官。它和太保、太师、太史的地位相等。《国语·周语上》记载虢文公所说籍礼，讲到最后各级官吏出动巡查，“农师一之，农正再之，后稷三之，司空四之，司徒五之，太保六之，太师七之，太史八之，宗伯九之，王则大徇”。次序由低级逐步升到高级，直到王为止，可知宗伯与太保、太师、太史的地位是相等的，而且同样以

“太”为官名。《尚书·顾命》所载成王死后，康王即位典礼，是当时朝廷上最重大的册命礼，由太保、太史、大宗参与，“皆麻冕彤裳”，穿着同样的礼服，由太保执着“介圭”（大圭），上宗（即太宗）执着“瑁”，太史执着册命的“书”（简策），可知太宗的职位与太保、太史相同，既不属于卿事寮，也不属于太史寮。

三 宗周和成周分设卿事寮的问题

自从东都成周建成，成王命周公留守成周，主持东都政务以后，宗周和成周就都设有中央政权机构，都设有卿事寮。令彝铭文先说成王任命周公之子明保主管卿事寮，接着明公派夨到周公宫报告，周公命令明公“出同卿事寮”，“同”是说举行殷见礼，大会内外臣工（从郭沫若说），隔了两个月（从八月甲申到十月癸未），明公到成周就职，就发布“三事令”和“四方令”。说明在周公活着的时候，成王就命令周公之子明公到成周，接替周公的职务，接受卿事寮，周公当因年老而退休，回到丰了。就是《尚书大传》所说“三年之后周公老于丰”。根据这点，可知成周如同宗周一样设有卿事寮，主管“三事四方”。所谓召公和周公“分陕而治”，实质上就是两人分别以太保、太师之职，分管了宗周和成周的卿事寮。据令彝铭文，周公生前，曾由其子明公以太保的官职，接替他主管成周的卿事寮。《书序》又说：“周公既没，命君陈分正东郊成周，作《君陈》。”“分正”是说分别整顿，目的在于加强对成周东郊所住殷贵族的监督和管理，当时君陈当已主管成周的卿事寮。郑玄以为君陈是周公次子，是否即是令彝铭文所说的明保，尚无确证。君陈得尊称为“君”，其官职一定很高，当官为太师或太保，如同召公得尊称为君奭一样。

西周在成周设置执政大臣、专管成周卿事寮的时间可能不长。《史记·周本纪》说:“康王命作策毕公分居里成周郊,作《毕命》。”《书序》相同,“作策”作“作册”。“分居里”是说“分别民之居里”,目的也在加强对成周东郊所住殷贵族后裔的管理。郭沫若《周官质疑》(收入《金文丛考》),认为“作策、作册乃史官之通称”,又根据《尚书·顾命》所载成王死后,康王即位典礼,由“太史秉书”,仪式完毕后,“太保率西方诸侯入应门左,毕公率东方诸侯入应门右”,断定毕公当时担任太史之职,十分正确。这时成周的事,已命令宗周的太史来兼管了。

《尚书·顾命》记载成王死后,康王即位典礼:

> 王麻冕、黼裳,由宾阶(西阶)阶(升);卿事(指一般掌管政事的卿)、邦君(诸侯)麻冕、蚁(玄色)裳,入即位。太保、太史、太宗皆麻冕、彤(赤色)裳,大保承介圭(大圭),上宗(即太宗)奉同瑁(瑁是用来冒诸侯朝见所用圭的玉器),由阼阶(东阶)阶。太史秉书(书指先王遗命),由宾阶阶,御王册命。

在隆重的康王即位典礼上,太保以辅佐大臣成为举行册命礼之主;太宗因掌管宗族事务,成为傧。所以太保以大圭作为授给先王遗命的信物,太宗配合奉着瑁,从阼阶(东阶)升登。而太史手执先王遗命,从宾阶(西阶)升登。这样隆重的即位典礼,所以要由太保和太史主持,因为他们就是卿事寮和太史寮的长官,太保即是召公,主管宗周的卿事寮,太史即是毕公,主管宗周的太史寮,并兼管成周的事。行礼完毕后,太保所以要率西方诸侯入应门左,因为召公主管宗周卿事寮,西方诸侯正是他所管理;毕公所以要率东方诸侯入应门右,因为毕公以宗周太史寮的长官而兼管成周的事。《书序》说:“成王将崩,命召公毕公率诸侯相康王,作《顾命》。”这是有根据的。

《尚书·顾命》记载成王临终前,曾召见大臣,写成临终遗命。《顾命》说:

> 惟四月哉生魄,王不怿。甲子……乃同召太保奭、芮伯、彤伯、毕公、卫侯、毛公、师氏、虎臣、百尹、御事。

成王召见的六位大臣,郑玄以为即是六卿,“芮伯入为宗伯,毕公入为司马”(《诗经·卫风·淇奥》序疏引)。伪《孔传》以为召公领冢宰,芮伯领司徒,彤伯领宗伯,毕公领司马,卫侯领司寇,毛公领司空。他们都是以《周礼》的六官来比附,除了卫侯(康叔)为司寇有根据(《左传·定公四年》)以外,其他都是出于附会,而且毕公为太史,不可能是司马,彤伯姒姓(《尚书·顾命》正义引《世本》),不可能为宗伯。郭沫若《周官质疑》认为:“此六人乃六大之天官,知者,以下言近侍之臣有太史、太宗和太保同出也。”但是《顾命》所列六臣,能明确其在朝廷官职的,召公为太保,毕公为太史,卫侯为司寇,因此与《曲礼》天官“六大”相比,只有太史一人相合。而且《顾命》明确称召公为太保奭,“六大”中就没有太保。郭沫若解释说,“大率太保兼领大宰而为冢卿”。但是“兼领大宰”之说出于推想,并无确实根据。因此郭沫若所作进一步推论,认为“卿事寮当指此天官六大”,“六大均在王之左右”,是难以成立的。我们认为,《顾命》所说在王左右的六臣,应该包括以太保召公为首的卿事寮和太史毕公为首的太史寮中的重要大臣。

从成王临终、召见大臣、写成遗命以及康王即位典礼的情况看来,当时诸侯虽有西方、东方之分,而执政大臣已无西都、东都之别。太保召公以宗周卿事寮的长官统率西方诸侯,太史毕公以宗周太史寮的长官统率东方诸侯。东都成周的卿事寮已为宗周的执政大臣所兼管。看来这种宗周执政大臣兼管成周的制度,曾一直沿用到西周晚期。兮甲盘铭文记载周宣王命令兮甲“政(征)司成周四方责(积),至于南淮尸(夷)”,因为南淮夷是贡赋之臣,必须贡献币帛、积储,更要“进人”,即提供服役者。这样在成周对四方征收贡赋,是成周卿事寮主管的大事。周公营建东都成周的主要目的之一,就是为了便于向四方征收贡赋。所谓“此天下之中,四方入贡道里均”(《史记·周本纪》)。但是这个兮甲,不是别人,就是周宣王时的执政大臣尹吉甫,兮是氏,名甲,字伯吉父,尹是官名。①《诗经·小雅·六月》就是叙写尹吉甫奉宣王命令北伐严允而取得胜利的事迹。《六月》说:“文武吉甫,万邦为宪”,又说:“王于出征,以佐天子。”可知尹吉甫当为王的辅佐大臣,亦当官为太师。当时严允“整居焦穫,侵镐及方,至于泾阳”,已经使宗周感到十分危急。尹吉甫既奉命在宗周附近出征严允取得胜利,又奉命在成周主持征收四方贡赋,说明他同时兼管宗周和成周的军政大事。

从现有资料来看,周公建成东都成周以后,曾奉命留守成周,主管东都卿事寮;后来周公之子曾继承这个官职,“尹三事四方”。但是到成、康之际,成周的政务已由宗周的执政大臣兼管,此后便不见有执政大臣长期留守成周、主管东都政务的,这可能是周王为了便于集中权力而采取的措施。

四　西周中央政权机构的特点

西周的中央政权机构,以卿事寮和太史寮为首脑。西周初期由于沿用长老监护制度,卿事寮以太保或太师为其长官,太史寮以太史

---

① 王国维:《观堂别集》卷二《兮甲盘跋》。

为其长官。自从东都成周建成,成周曾与宗周同样设有卿事寮,由召公以太保之职主管宗周卿事寮,周公以太师之职主管成周卿事寮,实行“分陕而治”。后来周公之子曾继承周公主管成周卿事寮。但是到成、康之际,成周的政务,已由毕公以太史之职兼管,并统率和管理东方诸侯;宗周的政务,仍由召公以太保之职主管,并统率和管理西方诸侯。所以到成王临终、召见大臣、写成遗命的时候,到成王死后,举行康王即位典礼而接受遗命的时候,都是由太保召公和太史毕公主持,并带同大臣和东西方诸侯参与的。

西周中期以后,就不见有太保担任执政大臣的,但是太师仍然为卿事寮的长官,掌握军政大权。《诗经·大雅·常武》叙写宣王派大将统率大军征服南方的徐国,首先命令卿士南仲,即是大师皇父,“整我六师”,“惠此南国”;其次是,“王谓尹氏,命程伯休父”,“左右陈行,戒我师旅,率彼淮浦,省此徐土”。前面已经谈到,卿士南仲,即是大师皇父,因为皇父即是南仲,大师即是卿士,就是卿事寮的长官。大师掌握军政大权,是“六师”的统帅,因此要出动大军,必须首先由周王向大师发布动员令。程伯休父,就是派到南方去征服徐国的大将。要任命新的出征的大将,按照礼制,必须由周王指示太史举行册命礼。所谓“王谓尹氏”,尹氏即是太史,说明当时仍然以大师和太史作为卿事寮和太史寮的长官。过去一些注释者把“尹氏”解释为以尹为氏的大臣,是错误的。

前面也已经讲到,《诗经·小雅·节南山》所说“秉国之均”的“尹氏大师”,就是主管太史寮和卿事寮的执政大臣。《节南山》末章说:“家父作诵。”《诗序》说:“《节南山》,家父刺幽王也。”家父,《汉书·古今人表》作嘉父,在中上等,列在共伯和之后,说明直到西周晚期,仍以大师和太史为执政大臣。《诗经·小雅·十月之交》讲到“皇父卿士”，说：“抑此皇父，岂曰不时？胡为我作，不即我谋?”又说：“皇父孔圣，作都于向，择三有事，亶侯多藏。”所谓“作都于向”，就是在向(今河南济源南)建设自己的都邑。所谓“择三有事”，就是有权选拔人担任“三事大夫”。正因为他是主管“三事四方”的卿事寮长官。《诗序》说：“《十月之交》，刺幽王也。”①可知西周晚期的执政者仍然是卿事寮长官是无疑的，所以统称为卿士。其官职当为大师。

西周中央政权机构的特点是军政合一。卿事寮以大师为长官，大师就是军队的最高统帅。吕尚官为大师，就是伐商大军的统帅。善鼎铭文记载周王在大师庙中对善册命，命令他继续奉行先王之命，辅佐𩁹侯，监司豳的“师戍”。大师宫是善的祖庙，善的祖先官为大师，这时周王命令善继续奉行先王之命而监司“师戍”，说明大师主管军务。春秋初年，周天子的执政大臣统称“卿士”，不见有担任大师官职的，但是仍然为军队的统帅。桓王十三年率诸侯之师伐郑，王为中

① 《十月之交》在叙述一系列大臣之后说，“艳妻煽方处”。《毛传》把“艳妻”解释为幽王之后褒姒。《鲁诗》又作“阎妻”，以为厉王的内宠。《汉书・谷永传》记谷永对曰：“昔褒姒用国，宗周以丧；阎妻骄扇，日以不臧。”颜师古注：“阎，嬖宠之族也。……《鲁诗・小雅・十月之交》篇曰，‘此日而食，于何不臧’，又曰，‘阎妻扇方处’，言厉王无道，内宠炽盛，政化失理，故致灾异，日为之食，为不善也。”《汉书・外戚班倢伃传》记班倢伃作赋也说：“哀褒阎之为邮。”纬书“艳”又作“剡”。孔颖达正义引《中候》说：“剡者配姬以放贤。”《经典释文》引郑玄也说，“艳妻厉王后”。《后汉书・左雄传》记左雄上疏云：“幽厉昏乱，不自为政；褒艳用权，七子党进。”也以为艳妻为厉王后。《攈古录金文》卷三之一第六页引许印林说：“函皇父姓，与艳、剡、阎，皆同音通用……自当以函为正。”王国维又依据函皇父簋铭文说：“周娼犹言周姜，即函皇父之女归于周，而皇父为作媵器者，《十月之交》艳妻，《鲁诗》本作阎妻，皆此敦‘函’之假借字，函者其国或氏，娼者其姓，而幽王之后，则为姜为姒，均非娼，郑长于毛，即此可证”(《观堂集林》卷二三《玉豀生诗年谱会笺序》)。《十月之交》谈到“朔日辛卯，日有食之”。从来推算日食的，都推定在幽王六年(公元前七七六年)。于省吾《泽螺居诗经新证》卷上，把“艳”或“阎”、“剡”读作“焰”，把“妻”读作“齐”，“艳(焰)妻(齐)煽方炽”，是说“七子擅权，烜赫一时，言其气焰之盛而方兴也”。

军，虢公休林将右军，周公黑肩将左军。因为虢公为右卿士，周公为左卿士(《左传·桓公五年》)。

西周之所以会产生军政合一的中央政权机构，因为当时军队是征发“国人”编制而成的，“国人”的军队编制是和乡邑编制相结合的。正因为军队编制和乡邑编制相结合，统率军队的“师氏”，掌管“邑人”的官，“邑人”当为乡邑的长官；也还掌管“奠人”的官，“奠人”即是“甸人”。柞钟铭文记载“仲大师右柞”，柞得到周王赏赐的物品，又得到任命的职务，“司五邑甸人吏(事)”，因而“柞拜手，对扬仲大师休”。甸人相当于《周礼·天官》的甸师，掌王畿内统率农耕的事。正因为王畿以内，军队编制和乡邑编制相结合，大师还掌管任命乡邑甸人事。曶壶铭文记述，周王命令曶继承祖父和父亲的职司，“作冢司土于成周八自(师)”。司土即是司徒，掌管土地及征发徒役。军队中所以要设司土之官，也是由于军队编制是和乡邑编制相结合的缘故。南宫柳鼎铭文说：“王乎(呼)册尹册命柳，司六自(师)牧阳、大□、司羲、夷、阳佃史(事)。”所说佃事，即管理耕作之事。因为军队编制和乡邑编制相结合，所以“六师”设有管理耕作的官吏。

《尚书·牧誓》记载武王在牧野誓师说：

> 嗟我友邦冢君、御事、司徒、司马、司空、亚旅、师氏、千夫长、百夫人，及庸、蜀、羌、髳、微、卢、彭、濮人，称尔戈，比尔干，立尔矛，予其誓！

十分明显，武王誓师时所列举的全是到达牧野前线的各级军官。武王所统率是西南各族的联军，所以列举的军官以友邦冢君为首。御事相当于卿事。卿事或者泛指掌管政事的卿，或者专指总领诸卿的执政大臣，此处列在冢君之后，当指执政大臣。《尚书·大诰》：“肆哉尔庶邦君，越尔御事。”《尚书·酒诰》：“我西土棐徂邦君御事”。这些与“邦君”连称的“御事”，都是指执政之官。司徒、司马、司空，王鸣盛《尚书后案》说：“自是军中有职掌之人”，是正确的。这与舀壶铭文所说成周八师设有冢司土之官相合。正因为军队编制与乡里编制相结合，军中设有这些职掌土地、徭役、工程的治民之官。

《逸周书·世俘解》记载武王克殷以后举行献俘礼：

> 武王降自车，乃俾史佚繇（通“读”）书于天室（“室”原误作“号”，今改正）。武王乃废于纣共恶臣百人，伐右厥甲小子则大师，伐厥四十夫家君则师（两“则”字原都误作“鼎”，今改正，“家君”疑是“冢君”之误），司徒、司马初厥于郊室（“室”原误作“号”，今改正。上文除两个“室”字和两个“则”字改正以外，其余都从顾颉刚校正本，见《文史》第二辑）。

这里，史佚即《尚书·洛诰》的作册逸，是太史寮长官；大师即《世俘解》上文所说的太公望，是卿事寮长官。举行献俘礼时，先要由太史宣读献祭的文书，“繇”与“籀”、“读”同音同义。接着由武王、大师、师、司徒、司马依次杀俘献祭。武王杀灭随同纣一起作恶之臣一百人，“废”有杀灭之意。大师斩杀殷的高级贵族（甲小子），师氏斩杀殷的诸侯四十人。“伐”是杀头的意思。司徒、司马则另外在郊室杀死一批俘虏，“初”有裁剪之意①。正因为司徒、司马军中有职，从军出征有功，与大师、师氏同样参与献俘礼。

西周中央政权机构的另一个特点，就是史官居于重要地位，太史寮的重要性仅次于卿事寮，太史是仅次于太师的执政大臣。因为当

---

① 《尔雅·释言》：“替，废也；替，灭也。”郭注：“亦为灭绝。”“废”有杀灭之意。“伐”字甲骨文像以戈杀首之状。“初”字从“刀”从“衣”，有裁剪之意。

时贵族十分讲究礼制，用作巩固贵族内部组织和加强统治人民的重要手段，具有维护社会经济制度和政治制度的作用。当时贵族设有宗庙，作为举行族中重要礼节和政治上重大典礼的场所。所有国家大事，包括军事行动，君王都要以宗主的资格，按照礼制，到宗庙向祖先请示报告。君王要发布命令，包括作战的命令，都必须在宗庙发布。君王要授给臣下官职，对臣下有所赏赐，都必须在宗庙举行册命礼。所有种种仪式都要在宗庙举行，无非表示听命于祖先，尊敬祖先，并希望得到祖先的保佑，得到神力的帮助，其目的就在于借此巩固贵族团结，稳定君臣关系，统一贵族行动，从而加强政治上和军事上的统治力量。在宗庙向祖先请示报告，向臣下发布命令，授给臣下官职或赏给物品，都必须由史官起草和宣读文书，并作为档案保藏。每年秋冬之际，天子要向诸侯颁布历法，叫做“颁朔”；每月初一，要祭祀宗庙向祖先请示报告，叫做“告朔”或“朝庙”；每年元旦的“告朔”，叫做“朝正”。与此同时，要在宗庙决定一月的政令，以便在朝廷上颁布和执行，叫做“视朔”或“听朔”。所有这些“颁朔”、“告朔”、“视朔”之礼，都必须由太史主持①。因而作为太史寮长官的太史，就掌握着朝廷行政和用人的大权，成为仅次于太师的执政大臣。

---

① 《周礼・春官・大史》：“颁告朔于邦国。”《礼记・月令》季秋之月，“合诸侯，制百县，为来岁受朔日”。孙诒让《周礼正义》曾概括这种礼制说：“综校郑二礼及《论语》注义，则诸侯每月朔以特牲告庙，此经及《论语》谓之告朔，《春秋》谓之告月，贾疏谓：告者，使有司读祝以言之是也。既告朔，遂受天子所颁朔政而行之，《春秋》谓之视朔，《玉藻》谓之听朔，贾疏谓：视者，人君入庙视之；听者，听治一月政令是也。既听朔，复遍察诸庙，《春秋》谓之朝庙，《穀梁》庄十八年传谓之朝朔。其在岁首，则《左》襄二十九年传谓之朝正，孔疏引《释例》以为一岁之正是也。其天子则告朔、听朔于明堂，朝正于庙，与诸侯三事并行于庙异，其先告朔，次听朔，次朝庙，行事之节次则同。”按这些礼，春秋时代还举行，到春秋晚期才流于形式。《春秋・文公六年》：“闰月不告月，犹朝于庙。”《春秋・文公十六年》：“夏五月公四不视朔。”《左传・僖公五年》：“公既视朔。”《论语・八佾》：“子贡欲去告朔之饩羊。”

第二章　西周王朝公卿官爵制度的分析

西周王朝公卿的官爵制度，是个长期没有得到解决的复杂问题。古代礼书所述周代官制，因出于战国学者的编著，夹杂有儒家理想化和系统化的成分，不能全信；近人依据西周金文，探索西周官制，作出了一定成绩，但还没有得其要领。要解决这一重要问题，应该采用两种方法作深入的探索：一是依据可靠文献，结合西周金文，并以古代礼书作旁证，探讨西周官制的主要体系。二是重点地钻研西周金文册命礼中“右”者的官职及其与受命者的官职关系，从而有系统地探究当时朝廷大臣的组织及其统属体系。因为册命礼是当时册命官职的重要制度，“右”者是引导受命者的朝廷大臣，“右”者和受命者之间有着上下级的组织关系。

一　西周王朝的公爵和伯爵

依据可靠的文献资料并结合金文，我们推定西周中央政权有两大官署，即卿事寮和太史寮：卿事寮主管“三事四方”，即管理王畿以内三大政事和四方诸侯的政务；卿事寮的长官，早期是太保和太师，中期以后主要是太师，其属官主要是“三有司”，即司马、司土、司工。太史寮主管册命、制禄、祭祀、时令、图籍等，其长官即是太史，所属有后稷、膳夫、农正等官。太保、太师和太史，都称为“公”。这说明西周中央政权中，辅佐天子的执政大臣，确实有“公”的爵称。这种制度在西周初期已经实行。如召公官为太保，周公官为太师，毕公官为太史，他们都因有太保、太师、太史的官职而尊称为“公”。

西周金文中大臣称“公”的有两种：一种是活着的时候称“公”，一种是死后子孙称其谥号为“公”，如史官𤼈称其祖先为“高祖辛公、文祖乙公、皇考丁公”〔见𤼈钟（戊组）〕；师兑称其祖先为“皇祖城公”，“皇考釐公”（见元年、三年师兑簋）。这种礼制沿用到了春秋时代，《春秋》记载列国诸侯，有严格的公、侯、伯、子、男五等爵，但是叙述到葬的时候就一律称“公”。例如《春秋・桓公十一年》：“夏五月癸未郑伯寤生卒，秋七月葬郑庄公。”《春秋・僖公十七年》：“冬十有二月乙亥齐侯小白卒”，次年“八月丁亥葬齐桓公”。何休解释说：“公者五等之爵最尊，王者探臣子心，尊其君父使得称公，故《春秋》以臣子书葬者皆称公”（《公羊传・隐公元年》何休注）。范宁也解释说：“至于既葬，虽邾、许子男之君，皆称谥而言公，各顺臣子之辞”（《穀梁传・隐公三年》范宁注）。

西周金文中这类“称谥而言公”的例子数量较多，同时生称为“公”的也有近十人。我们从班簋看来，当时确实存在“公”、“伯”两等的官爵制度。班簋记载：“王令毛伯更（赓）虢城公服，甹（屏）王位，作四方亟”；接着“王令毛公以邦冢君……伐东国痟戎”；继而“王令吴（虞）伯曰：以乃自左比毛父；王令吕伯曰：以乃自右比毛父”。这里，周王接连发布了三道命令：第一道命令毛伯接替虢城公“屏王位，作四方亟”的职位，这个职位肯定是主管“三事四方”的执政大臣，即官为太师。第二道命令毛公统率“邦冢君”等，征伐东国的一个部族。郭沫若说：“上第一命称毛伯，此第二命称毛公，因毛伯代替了虢城公的职位，升了级。”①这一推断很正确，说明当时已存在“公”、“伯”两等的官爵制度，官升了级，爵也要跟着升级。第三道命令虞伯和吕伯统率所属军队作为毛公的左右翼一起作战，虞伯和吕伯就是第二道命令中所说的“邦冢君”，即畿内诸侯，爵位次于毛公一等，都是伯爵。

西周金文中，“公”用来作为执政大臣太保、太师、太史的爵称，十分明显。旅鼎：“惟公大保伐反尸（夷）年，才十又一月庚申，公才盩自，公易旅贝十朋。”“公大保”即是召公，称为公大保，是爵和官名的连称，下文只称“公”，只是爵称。作册魖卣：“惟公大史见服于宗周年，才二月既望乙亥，公大史咸见服于辟王，辨于多正。”“公大史”是和“公大保”一样以爵和官名连称。作册大方鼎“公朿铸武王成王异鼎，惟四月既生霸己丑，公赏作册大白马，大扬皇天尹大保休，用作且丁宝尊彝。”郭沫若、陈梦家都认为公朿即是召公奭。《说文》奭“读若郝”，朿“读若刺”，《广韵》昔部“刺，七迹切”，可证两字古音相同。“公朿”的“公”是爵称，“皇天尹大保”是对官职的尊称，是说“大保乃天命之尹”（从吴北江说）。这样崇高的尊称，当时只有召公才相称。

《诗经》上所称“召公”和“召伯”是有区别的，召公是指召公奭，召伯是指周宣王时的召伯虎。《诗经·大雅·江汉》：“文武受命，召公维翰。”召公分明是召公奭。《诗经·小雅·黍苗》：“肃肃谢功，召伯

① 郭沫若：《班簋的再发现》，《文物》一九七二年第九期。

营之;烈烈征师,召伯成之。"《诗经·大雅·崧高》:"于邑于谢,南国是式。王命召伯,定申国之宅。"这两处的召伯分明都是召伯虎。《诗经·召南·甘棠》讲到召伯住处有茂盛的甘棠,有人追念他的劳绩,说是"召伯所茇","召伯所憩","召伯所说"。王充以为这个召伯也是召伯虎,当有依据。《论衡·须颂》说:"宣王惠周,诗颂其行,召伯述职,周歌棠树。"高亨《诗经今注》采用此说,是正确的。《史记·燕世家》以为是召公奭,是错误的。郑笺说召公"作上公为二伯",以为周召二公分陕而治,因称"二伯",这是一种勉强的解释,并不可信。

西周金文中同样有"召公"和"召伯"的区别。太史友甗:"太史友作召公宝尊彝。"召公即召公奭,太史友是召公之子,被任命为太史。另有召伯父辛,是燕侯旨、伯害、龢三人的父亲。匽侯旨鼎:"匽侯旨作父辛尊。"害鼎:"惟九月既生霸辛酉,才匽,侯易害贝金,扬侯休,用作召伯父辛尊彝。"伯害盉:"伯害作召伯父辛尊彝。"陈梦家因为认定燕侯旨是召公奭的次子而就封于燕的,于是推定召伯父辛即是召公奭[①]。唐兰反对此说,认为"召公已经称公,不能改称伯,因此召伯不是召公奭,而应是召公之子","燕侯旨就不是召公之子而是召公之孙、召伯之子了"[②]。当以唐兰之说为是。召伯父辛当是从召分封到燕的第一代国君,如果是召公奭的话,召公官高功大,声势显赫,他的三个儿子怎么可能一致降级称"伯"而不称为"公"呢?害鼎铭文末尾有"大保"两字作为氏的称谓。看来伯害是召公之孙,当时他的氏族已失去太保的高位,才会用"大保"作为氏的称谓。这是合于孙子用

---

① 陈梦家:《西周铜器断代》(三),《考古学报》一九五六年第一期。
② 冯蒸:《关于西周初期太保氏的一件铜器》,《文物》一九七七年第六期。

祖父高官为氏的通例的。另佮卣(或作佮觶)“公赏佮,用作父辛彝”,日本学者白川静释“佮”为“朿”,认为即是公朿,也即召公奭,因而推定召伯父辛是召公奭之父①。看来也不恰当。“佮”和“朿”,字的结构不同,不能定为一字。这个“佮”如果是召公奭的话,他是被称为“皇天尹大保”的,怎么可能接受另外一个“公”的赏赐呢?怎么可能由于另外一个“公”的赏赐而特为铸造祭祀父亲的礼器呢?何况此器是光绪年间出土于山东黄县的,同出土的铜器有十件,未见有与召公相关的器铭。这个“佮”当是与召公一族无关的人,这个父辛肯定不是召伯父辛,也是另外一人。

成康之际,除召公官为太保,周公、太公官为太师,毕公官为太史以外,称公的还有毛公和苏公。这个毛公的官职不详,苏公官为太史。《尚书·立政》记“周公若曰:太史、司寇苏公,式敬尔由狱,以长我王国,兹式有慎,以列用中罚”。伪《孔传》以为太史和司寇苏公为两人,这是“顺其事并告太史”。此说不可从。这是周公册命苏公之辞,册命之辞是给册命的对象的,怎么可能“顺其事并告太史”呢?清代学者有的认为太史是藏书之官,苏公治狱要参考,因而向太史打招呼;有的认为太史是记言之官,要太史记录此言,因而向太史打招呼。这些解释都很勉强,不符合册命的礼制。惟一合理的解释,就是苏公身兼太史和司寇两职,正因为他官为太史,所以尊称为“公”。《左传·成公十一年》记刘子、单子曰:“昔周克商,使诸侯抚封,苏忿生以温为司寇,与檀伯达封于河。”苏忿生在武王时“以温为司寇”,到成王时当已升为太史,仍兼司寇之职,因而有公爵。

① 白川静:《金文通释》卷一上,第七〇页。

成康之际，朝廷大臣中，称“公”者以外，还有称“伯”者。《尚书·顾命》记述成王临终前，召见群臣，写临终遗命。《顾命》有“乃同诏太保奭、芮伯、彤伯、毕公、卫侯、毛公、师氏、虎臣、百尹、御事”句，其中列名的六位大臣，除大保奭、毕公、毛公称“公”外，还有卫侯称“侯”，芮伯、彤伯称“伯”。卫侯是从四方的诸侯进入为卿的，因而称“侯”；芮伯、彤伯是从畿内诸侯进入为卿的，因而称“伯”。芮是姬姓诸侯，在今陕西朝邑南，早在文王时已经存在，文王曾排解虞、芮两个诸侯之间的纠纷。《书序》说：“巢伯来朝，芮伯作《旅巢命》。”说明芮伯曾主管诸侯来朝之事。彤是姒姓诸侯，即《史记·夏本纪》所说禹后有彤城氏，在今陕西华县西南。成王时还有荣伯。《书序》说：“成王既伐东夷，肃慎来贺，王俾荣伯作《贿肃慎之命》。”《史记·周本纪》记载大体相同，惟“肃慎”作“息慎”，“俾”作“赐”。集解引马融说：“荣伯，周同姓，畿内诸侯，为卿大夫也。”荣伯这一支，早在文王时已存在。《国语·晋语四》记述胥臣对答晋文公的话，讲到文王，“及其即位也，询于八虞而咨于二虢，度于闳夭而谋于南宫，诹于蔡、原而访于辛、尹，重之以周、邵（召）、毕、荣”。文王时代的姬姓贵族，八虞（即虞仲一支）是文王的父一辈，二虢是文王的同一辈，蔡、原以及周、召、毕、荣，是文王的子一辈。郭沫若根据卯簋记载，卯及其先世，既“死（尸）司荣公室”，又“死（尸）司莽宫莽人”，推定荣的封邑当与丰京接壤，在今陕西户县西①。

成康之际，公卿的官爵制度当已确立。太保、太师、太史等执政

---

① 郭沫若：《周公簋释文》，见《金文丛考》的“器铭考释”部分，人民出版社一九五四年版。

大臣称“公”，其他朝廷大臣，由四方诸侯进入为卿的称“侯”，由畿内诸侯进入为卿的称“伯”，很是分明。太保、太师、太史等执政大臣，周王是随时可以调换的，因而官爵随时有升降。召公之后不见世袭为“公”的，周公之后也只见一代世袭为“公”（春秋时除外）。令彝记载八月甲申“王令周公子明保尹三事四方，受（授）卿事寮”；十月癸未“明公朝（早）至于成周”，发布“三事令”和“四方令”，就称“明公”。此后三处连称“明公”，最后作器者“作册令敢扬明公尹厥休”，又称为“明公尹”，“公”为爵称，“尹”指官职，“明”当为其采邑名，这与周、召为采邑相同。

昭王、穆王以后，继续推行这种公卿的官爵制度，执政大臣有祭公。祭公曾随昭王南征，一起跌落于汉水中丧身。《吕氏春秋·音初》说：“还反涉汉，梁败，王及祭公抎于汉中。”穆王时有祭公谋父，与前一个祭公当是同族。《左传·昭公十二年》记载楚左史倚相说：“昔穆王欲肆其心，周行天下，将皆必有车辙马迹焉，祭公谋父作《祈招》之诗，以止其心。”杜注：“谋父，周卿士。祈父，周司马，世掌甲兵之职，招其名。”《国语·周语上》：“穆王欲伐犬戎，祭公谋父谏曰：不可。”韦注：“祭，畿内之国，周公之后也，为王卿士；谋父，字也。”祭是周公之子在畿内的封国。《说文》：“郗，周邑也。”段玉裁注：“郗本西都畿内邑名。”所在今不可考。后来在东都王畿内有祭国，在今河南郑州东北。

共王、懿王、孝王、夷王时期的执政大臣，文献上缺乏记载，需要用金文来补充，留待下节讨论。厉王时，荣夷公“好专利”，被任为卿士（即执政者），芮良夫进谏，见《国语·周语上》。《逸周书·芮良夫解》说：“厉王失道，芮伯陈语，作《芮良夫》。”《诗经·大雅·桑柔》相传为芮良夫所作（《左传·文公元年》所引《芮良夫之诗》即是《桑柔》

第十三章)。《诗序》:“《桑柔》,芮伯刺厉王也。”可知芮良夫是伯爵,当是成康之际芮伯的后裔。荣夷公当是成康之际荣伯的后裔。《吕氏春秋·当染》:“周厉王染于虢公长父、荣夷终。”高注:“虢、荣,二卿士也。”(《墨子·所染》“虢公”误作“厉公”)《荀子·成相》说:“孰公长父之难,厉王流于彘。”杨注:“孰或作郭。”当以作“郭”为是。“郭”与“虢”,古同音通用。《战国策·秦策一》:“臣欲王之如郭君。”高注:“郭,古文言虢也。”

宣王的执政大臣有虢文公。《国语·周语上》:“宣王即位,不籍千亩,虢文公谏曰:不可。”贾逵以为虢文公是“文王弟虢仲之后,为王卿士”,韦昭又认为是虢叔之后。从出土虢国铜器铭文来看,虢文公当是虢季氏,出于虢仲之后①。据《诗经·大雅·常武》,宣王的执政大臣还有大师皇父,以南仲为氏,另有程伯休父官为司马。程伯封邑,当即《逸周书·大匡解》“唯周王宅程三年”之程,在今陕西咸阳东北。宣王的执政大臣更有尹吉甫,见《诗经·小雅·六月》,即是兮甲,字伯吉父,见兮甲盘。名将有召伯虎,见召伯虎簋和《诗经·小雅·黍苗》等。

周幽王的执政大臣有虢公鼓和祭公敦。《吕氏春秋·当染》:“幽王染于虢公鼓、祭公敦。”高注:“虢公、祭公,二卿士也。《传》曰:虢石父,谗谄巧佞之人也。”虢公鼓即是虢石父,鼓是名,石父是字。《国语·郑语》记史伯说:“夫虢石父,谗谄巧从之人也,而立以为卿士。”又说:“王心怒矣,虢公从矣,凡周存亡,不三稔矣。”虢公即指虢石父。

---

① 郭沫若:《三门峡出土铜器二三事》,《文物》一九五九年第一期。又《上村岭虢国墓地》,科学出版社一九五九年版,第五一页。按虢文公为虢季氏,名子钗,是北虢之君出任周的卿士,有虢文公子钗鼎和虢季氏子钗鬲可证。虢季氏子钗鬲出土于河南三门峡市上村岭虢国墓地。

另有畿内诸侯郑伯，于幽王八年为司徒。郑伯原来封邑在今陕西华县东北。《国语·郑语》说："桓公为司徒，甚得周众与东土之人。"又说："幽王八年而桓公为司徒，九年而王室始骚，十一年而毙。"郑桓公当是死后谥号，当时应称郑伯。郑东迁以后仍称郑伯，谥号才称为公。

二　西周金文册命礼中"右"者的分析

上一节我们依据文献，结合金文，探讨西周王臣的公爵和伯爵。这一节将对金文册命礼中的"右"者加以分析，从而探索西周王朝公卿的官爵制度。

西周金文中，很多记述册命礼，具体说明周王对受命者的任命、训戒和赏赐。册命的仪式，受命者居左，同时有导引者居右。这种导引者，古文献称"傧"或"摈"，金文称"右"，负责导引受命者入中门，立中廷，北向而接受册命。《周礼·大宗伯》："王命诸侯则傧。"《小宗伯》："赐卿大夫士则傧。"王国维说："古彝器记王册命诸臣事，必有右之者，器所谓右，即《大宗伯》所谓傧也"（《观堂集林》卷一《周书顾命考》）。但是从金文来看，作为"右"者都是公卿大臣，有称为"公"和"伯"的，有官为司马、司徒、司工、宰、公族的，其中只有公族这个官和宗伯的性质相当。《礼记·曲礼下》说：

> 五官之长曰伯（郑注："谓为三公者"），是职方（郑注："职，主也"），其摈于天子也，曰天子之吏。（郑注："摈者辞也。"正义："摈谓天子接宾之人也。若摈者，传辞于天子也。"）天子同姓谓之伯父，异姓谓之伯舅。自称于诸侯曰天子之老，于外曰公，于其国曰君。

《曲礼》这段话，虽然把"公"和"伯"混同了，没有把"公"、"伯"两等爵区别开来，但是所说"于外曰公，于其国曰君"，是正确的。例如召公又被称为君奭，周公之子有君陈。所说"其摈于天子也，曰天子之吏"，要比《周礼》正确，和金文符合。既然金文册命礼中"右"者，都是公卿大臣，即所谓"天子之吏"，这正是我们探索当时公卿的官爵制度的重要资料。

（一）西周金文册命礼中称为"公"的"右"者。

金文册命礼中作为"右"者而称"公"的，有下列八器：

器　名	王册命地点	右者	册命的职司
郃曶簋	王各于大室	康公	用嗣乃且考事，作司土。
盠方彝	王各于周庙	穆公	用司六自、王行，参有司：司土、司马、司工。
䵼　簋	王各于大室	穆公	令女作司土，官司籍田。
曶　壶	王各于成宫	井公	更（赓）乃且考，作冢司土于司成周八自。
南宫柳鼎	王才康宫	武公	司六自牧阳大□，司羲夷阳佃史。
师旋簋	王才減应，王各庙	迟公	备于大左，官司丰还（苑）左右师氏。
休　盘	王才周康宫	益公	（按休官为走马）
询　簋	王才射日宫	益公	今余令女啻（嫡）官司邑人，先虎臣，后庸，西门尸（夷）、秦尸（夷）……

有人认为，这些活着称"公"的可以解释为铭文追记前事，作器时这些人已死而有谥号。我认为这一解释是不能成立的。我们只要看所有这些受命者，所接受的册命的职司，都是职位很高的，相当于"卿"一级，就可知作为引导他们的"右"者，必须是"公"一级了。康公所引导的受命者，被册命"作司土"，这是王的司土，无疑是"卿"一级的高官。穆公所引导的两个受命者，一个是被册命"作司土，官司籍田"，这样管理王的籍田的司土，也必是"卿"一级的高官；另一个是被

册命“司六𠂤、王行，参(三)有司：司土、司马、司工”，职位更高了，而且兼职很多，下文还说：“䎽司六𠂤眔八𠂤䢅”。井(邢)公所引导的受命者，被册命为“作冢司土于司成周八𠂤”，这个“冢司土”即是大司徒，当然也是“卿”一级的高官。迟公所引导的受命者，原是师氏之职，这时加官为“大左(佐)”，官司丰京附近王领宫苑驻屯的左右师氏，无疑也是高官。武公所引导的受命者，被册命掌管六师的一系列职务，看来这些总管六师或八师重要政务的官，职位都较高，所以要由“公”一级大臣作为“右”者。益公引导的师询，是高级军官，不仅继承其父师酉的职司，继续官司邑人、虎臣及众多夷族部队，作为王宫的警卫队长，而且官位很高，周王命令他“惠雍我邦小大猷”，“率以乃友干吾王身”，和毛公鼎毛公受命，“虔夙夕惠我一人，雍我邦小大猷”，“以乃族干吾王身”，完全相同。益公另外导引的走马休，走马即趣马，职位也不低，所得到王所赏赐的“命服”级别很高。《诗经·小雅·十月之交》有“蹶维趣马”，被列为七个祸国殃民的大臣之一。

曶壶和曶鼎是一人制作，曶壶上的“右”者井(邢)公，当即曶鼎上的井(邢)叔。井公是他的爵称，井叔是他的字的简称。曶鼎铭说明作者在王所，接受了井叔的赏赐，井叔受理了作者和匡的诉讼，并由井叔作了判决。可知井叔确是职掌大权的执政大臣。金文册命礼中由井叔作“右”者，还有下列四器：

器　名	王册命地点	右者	册命的职司
免　觶	王才奠，王各大室	井叔	作司工。
免　簋	王才周，王各大庙	井叔	疋周师司歔。
弭叔(师汖)簋	王才菁，各于大室	井叔	用楚(胥)弭伯。
趩　觶	王才周，各大室	井叔	更厥且考服。

所有这些器，都属于一个时期。免觶和免簋当是一人制作，他被册命为司工（见免觶），又被册命为司土，掌管一定地区的林、虞，自当为卿一级的大臣。从弭叔（师宗）簋内容来看，弭叔即是师宗，当是高级军官。可知作为“右”者的井叔，当是井公无疑。

穆公生称见于穆公簋，穆公还见于尹姞鼎，作为活着的称呼。尹姞鼎：“穆公作尹姞宗室于繇林，惟六月既生霸乙卯，休天君弗望（忘）圣彝明弼辅先王，各（格）于尹姞宗室繇林。君蔑尹休厤，易玉五品，马四匹。”尹姞是穆公之妻，休天君是前王之后。这是说：穆公为其妻尹姞在繇林造了“宗室”，休天君因为穆公“事先王”有功，亲临尹姞的“宗室”，赏给玉和马。前王之后因为穆公有功于先王，亲自到穆公之妻的“宗室”去探望，并给赏赐，也可见穆公确是一位辅佐国王的执政大臣。

武公作为生称，还见于敔簋和禹鼎。敔簋记载作者奉令反击进犯的南淮夷得胜，颇有斩获，并夺回被俘周人四百，送到荣伯之所，归还原有之君，接着作者在成周大庙举行“告禽（擒）”典礼（即献俘礼），由武公为右者。足以说明武公的官爵高于荣伯一等；当着周王面在大庙举行隆重的献俘礼，必须由“公”一级作为统帅的“右”者。禹鼎记载禹奉武公之命，率“公戎车百乘，斯（厮）驭二百，徒千”，联合西六师、殷八师伐鄂，擒获鄂君御方。禹为统率西六师和殷八师的统帅，而要受命于武公，可知武公必为朝廷执政大臣。而且在铭文中，武公不仅称“公”，他的直属军队也称“公戎”，又称为“武公徒驭”，他属于“公”一级的执政大臣是无疑的。

益公作为生称，还见于乖伯簋和师永盂。乖伯簋：“王命益公征眉敖，益公至告。”益公原为朝廷重臣，奉命出征眉敖，归来要告于宗庙。《左传·桓公二年》：“凡公行，告于宗庙；反行，饮至，舍爵策勋焉，礼也。”《左传·桓公十六年》：“公至自伐郑，以饮至之礼也。”所谓

“益公至告”，当是“告于宗庙”而举行“饮至之礼”。师永盂记载“益公内即命于天子，公迺出厥命”，赏给师永一处田地以及“师俗父田”，继而“公出厥命”，由井（邢）伯、荣伯、尹氏，师俗父、遣中等五人参与其事，接着公又命令奠司徒函父等五人付给师永田地。益公先后发布三次命令，前二次是传达天子的命令，曾经传命井伯、荣伯等五人参与赏给师永田地的事。井伯、荣伯等五人当为朝廷大臣，而益公当是高一级的执政大臣。从此也可见，“公”一级的大臣高于“伯”一级。

总的说来，这些西周中后期称“公”的大臣，应该官为太师，如同西周初期的周公、明公，西周晚期的伯太师、仲太师，是掌握军政大权的执政大臣。同时在称“公”的执政大臣下，还有若干“卿”一级的朝廷大臣，多数由畿内诸侯进入朝廷充任，有“伯”的爵称。汉代经学的古文家，以为周朝大臣有三公六卿，虽然不免有理想化的成分，并经过整齐划一的编制，但是并非全部出于虚构，是有一定的史实作为依据的。

（二）西周金文册命礼中“司马、司徒、司工”作为“右”者。

金文册命礼中以司马为“右”者，有下列七器：

器　名	王册命地点	右　者	册命的职司
师㾓簋	王才周师司马宫	司马井伯	官司邑人、师氏。
师奎父鼎	王各大室	司马井伯	用司乃父官友。
走　簋	王才周，各大室	司马井伯	䎽匹□。
𣪕　簋	王才师司马宫大室	司马井伯	用备于五邑守堰。
师艅簋	王才周师录宫	司马共	䎽司□□。
师晨鼎	王才周师录宫	司马共	匹师俗，司邑人惟（与）小臣、善夫、守□、官犬，眔奠人、善夫、官守友。
谏　簋	王才周师录宫	司马共	䎽司王宥（囿）。
𤸫　盨	王才周师录宫	司马共	（按𤸫为史职）。

这些担任司马的“右”者，所导引的受命者，多数是师氏，而且册命礼多数在师某宫中举行，册命的职司也多数与师氏的军职有关。册命师奎父“用司乃父官友”，当即世袭其父的师氏之职，掌管其父的旧部。册命师瘨“官司邑人、师氏”，册命师晨“疋(辅佐)师俗，司邑人……罘奠(甸)人……”，因为当时军队编制是和乡邑编制相结合的。谏被册命兼管王囿，可能谏原为军职，王囿需要军队加以管理。只有㾓是史职，而在师录宫受到服饰的赏赐。师录宫该是司马共的祖庙，可能因为这时司马共权势显赫，部分史职人员也归他掌管。

司马是当时朝廷的重要大臣之一，掌管六师或八师，他在军事上的权力仅次于太师。《诗经·大雅·常武》描写周宣王调遣六师讨伐徐国，先在南仲的祖庙(当是太师皇父的祖庙)，册命太师皇父：“整我六师，以修我戎，既敬既戒，惠此南国”；然后又招呼尹氏(即太史)，册命程伯休父：“左右陈行，戒我师旅，率彼淮浦，省此徐土。”程伯休父就是官居司马，奉命率军前往讨伐徐国的。《毛传》：“程伯休父始命为大司马。”这是根据《国语·楚语》的。《楚语下》记观射父说：重黎后代，“其在周，程伯休父其后也，当宣王时，失其官守而为司马氏”。《史记·太史公自序》有相同的记载，说程伯休甫“失其守而为司马氏，司马氏世典周史”。就是说，程伯休父失去了司马的官职，子孙改称司马氏，改为世袭的史职。金文中的司马井伯和司马共的职司，该和这个司马程伯一样的。

金文册命礼中井伯作为右者，还有下列六器：

器　名	王册名地点	右者	册命的职司或赏赐
七年趞曹鼎	王才周般宫	井伯	易载市、冋黄、䜌。
利　鼎	王格于般宫	井伯	易赤⊖市、䜌旂，用事。

器　名	王册名地点	右者	册命的职司或赏赐
师虎簋	王才杜应，各于大室	井伯	更乃且考，啻（嫡）官司左右戏繁荆。
师毛父簋	王各于大室	井伯	易赤市。
豆闭簋	王各于师戏大室	井伯	用倂乃且考事，司窭俞邦君司马、弓矢。
羖　簋	王才师司马宫大室	井伯	用大备于五邑。

以上六器中，后面四器中“右”者井伯，很明显的就是司马井伯，受命者都是担任军职的师氏。师虎是世袭的师氏，被册命“官司左右戏繁荆”，戏是大将之旗，左右戏当是指军队的编制。师毛父亦是世袭的师氏。羖簋和前面表上的师瘨簋一样，册命礼在师司马宫举行，师司马宫当是井伯的宗庙。井（邢）伯是周公的后裔，是周公之子封在邢国（今河北邢台）的一支，留在畿内另有采邑而世代为王臣的。大概在共王、懿王、孝王时期，邢伯曾官为司马，邢叔曾官为太师，即曶壶所载的“井（邢）公”。邢伯时代较早，邢叔略迟。

特别值得重视的是，豆闭簋记载，王在师戏大室，由司马井伯作“右者”，册命豆闭继承其祖考职司，“司窭俞邦君司马”。“邦君”原是诸侯的意思。《尚书·大诰》、《酒诰》、《梓材》都曾述及“邦君”。这里的邦君该指畿内诸侯。五祀卫鼎：“卫以邦君厉告于井伯、伯邑父……”这个邦君就是畿内诸侯。豆闭簋所说“窭俞邦君司马”，窭俞当是邦国之名，邦君司马是邦君所属的司马。由此可知，当时王畿以内诸侯的司马，即使是世袭官职，还必须由周王重加册命，并由王的司马作为“右”者加以引导。《礼记·王制》：“大国三卿皆命于天子”，“次国三卿，二卿命于天子，一卿命于其君”。《王度记》：“子男三卿，

图三十五　师虎簋及铭文

高十五点二厘米，口径二十三点九厘米，底径二十五点六厘米，重四点七二千克，内底有铭文一百二十四字。现藏上海博物馆。（上海博物馆提供）

图三十六　豆闭簋铭文

一卿命于天子”(《白虎通·封公侯》引)①。春秋时天子号令不行，但是形式上诸侯的上卿仍由天子任命，称为“命卿”或“王之守臣”。看来这种制度，西周确曾实行，邦君的司马要由天子任命，就是“一卿命于天子”。司马、司徒、司工三卿中，司马掌兵权，最为重要，所以要由

① 《礼记·王制》:“小国二卿，皆命于其君。”郑注:“小国亦三卿，一卿命于天子，二卿命于其君，此文似误脱耳。”

周王任命，以便于调遣出征。班簋记载周王命令毛公以“邦冢君”征伐东国一个部族，就是调遣邦君的军队出征。

金文册命礼中还有以司徒、司工为“右”者：

器　名	王册命地点	右　　者	册命的职司
扬　簋	王才周康宫	司徒单伯	作司工，官司量田甸，眔司空、眔司茨、眔司寇、眔司工司。
无叀鼎	王各于周庙，述于图室	司徒南仲	官司□王遮侧虎臣。
此　鼎	王才周康宫徲(夷)宫	司土毛叔	旅邑人、善夫。
师颍簋	王才周康宫	司工液伯	才先王，既令女作司士，官司汸闾，今余惟肇緟乃令。

以上四件器铭，“右”者司徒和司工所引导的受命者，册命的职司有相互交叉的情况。扬簋的“右”者是司徒单伯，而受命者“作司工”，管理量田的甸等等；师颍簋的“右”者是司工液伯，而受命者“作司士”，管理某一地方。无叀鼎的“右”者司徒南仲，受命者又官司周王的一部分虎臣，虎臣相当于虎贲，就是勇猛的战士。此鼎的右者司土毛叔，受命者“旅邑人、善夫”。所以会产生这种交叉情况，由于司徒的官主管征发徒役，也兼管劳役和田地的耕作；司工的官主管土地，也兼管土木等建筑工程。这两种官职起源很早，公亶父迁都到周原，“乃召司空，乃召司徒，俾立室家”(《诗经·大雅·緜》)。成王时，“聃季为司空”，分封康叔于殷虚，“聃季授土，陶叔授民”(《左传·定公四年》，杜注：“聃季，周公弟，司空。陶叔，司徒”)。直到春秋时代，各诸侯国还都设司马主兵，司徒主民，司空主地。《左传·襄公二十五年》记载郑国攻破陈国，“子美(即子产)入，数俘而出，祝袚禳，司徒致民，司马致节，司空致地”(杜注：“节，兵符”)。

(三) 西周金文册命礼中“宰”、“公族”作为“右”者。

金文册命礼中“卿”一级大臣作为“右”者，除了三有司（司马、司徒、司工）以外，还有宰和公族。由宰作“右”者，有下列七器：

器　名	王册命地点	右者	册命的职司或赏赐
吴方彝	王才周成大室，旦各庙。	宰朏	司旃眔叔金。
望　簋	王才康宫新宫旦，王各大室。	宰倗父	死（尸）司毕王家。
蔡　簋	王才淢应，旦，王各大室。	宰曶	昔先王既令女作宰，司王家。今余惟缠景乃令，令女眔曶粗匹对各，死（尸）司王家内外，毋敢又不闻，司百工，出入姜氏令。
颂　壶	王才周康邵宫旦，王各大室。	宰弘	令女官司成周贮廿家，监司新寤（造）贮，用宫御。
害　簋	王才屖宫	宰屖父	官司尸仆、小射、底渔①。
寰　簋	王才周康穆宫	宰颓	册易玄衣黹屯、赤市……
师嫠簋	王才周，各于大室。	宰琱生	令女更乃且考，司小辅（镈），今余……令女司乃且旧官，小辅眔鼓钟。

吴方彝的作者吴，官为作册，司旃是加官。旃，从㫃从白，白亦声（从孙诒让《古籀拾遗》之说），即是大白之旗。大白是代表周王的军旗，用来指挥作战的。《逸周书・克殷解》记载牧野之战，“武王乃手大白以麾诸侯”，斩得纣的首级，“折县诸大白”。司旃这个官，当为太宰所统属，所以册命时由太宰为“右”者。师嫠簋作者师嫠的“师”，是乐师，既继承祖先“小辅（镈）”的官，这时加“鼓钟”的官。太宰不仅主管王的仪仗，还兼管举行仪式，所以乐师亦归太宰统属。太宰也还掌管王的起居和饮食，所以害簋所说“尸仆、小射、底渔”，这类掌管驾车

① 薛尚功：《历代钟鼎彝器款识法帖》卷十四；王俅：《啸堂集古录》卷下。

马、射猎、捕鱼的官,亦归太宰所属。

太宰本为王的家务总管,主管整个“王家”。“家”相当于后来的“室”,即王所有财产的单位,包括土地、奴隶和器物财用。《礼记·王制》:“冢宰制国用。”主管王家物资的出纳、保管和供应。因而“家”具有物资仓库性质;同时仓库还设有工场,加工制作供应物品。太宰还主管宫内事务,出纳王后的命令。《礼记·内则》:“后王命冢宰。”大宰所属有内宰、小宰以及分布在各地掌握管王家财产的宰。宰曶所引导的蔡,就是内宰,因而“尸司王家内外”,兼管“王家”的“百工”,还出纳王后姜氏的命令。宰倗父引导的望,即是师望,原为军职,这时命他“尸司毕王家”,就是主管毕地的王家财产。

宰弘引导的颂,即是史颂,原为史职,这时命他“官司成周贮廿家”,吴大澂以为“所司仓储之职也”[①],日本学者白川静进一步认为“家”有“屯仓”之义[②],其说可信。根据兮甲盘,成周是四方诸侯及服属夷戎进贡人力和物资的会集之所。就是《史记·周本纪》所谓“此天下之中,四方入贡道里均”。兮甲盘说:“其进人,其贮,毋敢不即餗(次)即岺(市),敢不用令(命),则即井(刑)廙(扑)伐。”所有诸侯和服属夷戎必须按规定把“贮”送到成周,这就是“成周贮”的来源。所说“监司新造贮”,就是监管新送到的积贮物资。“艁”即“造”字。《说文》:“古文造从舟。”《小尔雅·广诂》:“造,适也。造,进也。”“造”字从“辵”或从“舟”,原义为前进到达。《尚书·盘庚》“其有众咸造”句中之“造”,就是前进到达之意。所说“用宫御”,就是要把新送到的四

① 吴大澂:《愙斋集古录》第十册第十九页。
② 白川静:《金文通释》卷三上,第一六〇页。

方进贡物资供宫中应用。

所有金文上作为“右”者的宰，都是太宰，是很明显的。太宰确是西周王朝“卿”一级的高官，是内朝的长官。周公就曾做过太宰，而且以太宰之职摄政。《诗经·小雅·十月之交》有“家伯维宰”，次于“皇父卿士、番维司徒”之下（《汉书·古今人表》列入下下等，作“太宰家伯”），也足以证明太宰的职位仅次于司徒。

金文册命礼中还有以公族为“右”者：

器　名	王册命地点	右　者	册命的职司
牧　簋	王才周，才师汓父宫	公族口	昔先王既令女作司士，今余唯或（又）𡨦改，令女辟百寮。
师酉簋	王才吴，各吴大庙	公族□釐	司乃且啻（嫡）官邑人、虎臣、西门尸（夷）、㚤尸、秦尸……

公族原来的意义，是指整个同姓贵族而言，主要指族中群公子。例如中觶：“王大省公族于庚□旅”。另外用作官名，即掌管公族内部事务。《诗经·魏风·汾沮洳》：“殊异乎公族。”郑玄笺：“公族，主君同姓昭穆也。”《礼记·文王世子》：“周公践阼，庶子之正于公族者，教以孝弟睦友之爱，明父子之义，长幼之序。”可知公族的职掌，兼管公族子弟的教导。春秋时晋国设有公族大夫，晋悼公时荀家、荀会、栾黶为公族大夫，见《左传·成公十八年》和《国语·晋语七》，杜注：“公族大夫掌公族及卿大夫子弟之官。”西周时，公族为“卿”一级大官。番生簋：“王令䢅司公族、卿事、大史寮。”以公族与卿事寮、太史寮并提。毛公鼎：“䢅司公族雩（与）参（三）有司、小子、师氏、虎臣。”又以公族列于三有司之上，可见其地位之高。

牧簋的作者牧，在周的师汓父宫，被册命继续担任司士之职；同时周王训戒说:“雩乃讯庶右誊,毋敢不明不中不井(型)。”说明司士是掌刑之官。《左传·成公十八年》:“齐侯使士华免以戈杀国佐于内宫之朝。”士即内朝掌刑之官。周的司士该是贵族居住地区的掌刑官,所以要由公族作为“右”者。师酉簋的作者师酉,官为师氏,统率邑人、虎臣以及众多的夷族部队,即是《周礼·地官·师氏》所说:“使其属率四夷之隶,各以其兵服,守王之门外”,也就是王宫门外的警卫队长。后来其子师询世袭这个官职,同样统率邑人、虎臣以及众多的夷族部队,周王称其祖考是先王的“爪牙”,“用夹召其辟”,命令他“率以乃友,干吾王身”,就是要统率所属以保卫君王(见询簋和师询簋)。因为师酉是王宫的警卫队长,册命要由公族作为导引者;师询的地位又升高,册命时要由“公”一级大臣作为“右”者。

十分明显,西周金文册命礼中作为“右”者的“卿”一级大臣中,司马、司徒、司工是属于外朝的大臣;大宰、公族是属于内朝的大臣。

三 总论西周朝廷的公卿官爵制度

综合上二节的论述,可知西周朝廷确有公、卿两级的大臣,并有公、伯两等的爵位。

当时辅佐周王执政的大臣卿事寮的长官太保、太师和太史寮的长官太史,都是公爵,尊称为“公”。西周中期以后,太保不见有执政的,执政的主要是卿事寮的长官太师,因而亦称卿事或卿士。《诗经·大雅·常武》描写周宣王派遣六师出征徐国,首先册命南仲皇父于其祖庙。既说“王命卿士”,又说受命者是“大师皇父”,可见卿士即是太师,就是当时总管军政大权的执政大臣。《诗经·小雅·节南山》:“尹氏大师,维周之氐,秉国之均(钧),四方是维,天子是毗,俾民不继。”尹氏即太史。太师和太史被看作周朝的支柱,掌握着国家的权柄，无疑是辅助君王的执政大臣。《诗经·小雅·十月之交》讽刺当时祸国殃民的朝廷大臣，同时列举七人，也以“皇父卿士”为首位，地位在“番维司徒、家伯冢宰”之上。

西周担任太师之职、称为卿士的执政大臣，同时往往有两人。成王时，太公望和周公旦同时为太师。厉王的卿士有虢公长父和荣夷公，幽王的卿士有虢公鼓和祭公敦，《吕氏春秋·当染》高诱注都认为是“二卿士也”。直到春秋时代，周朝还沿用这种制度，经常设有左右二卿士执政，详见顾栋高《春秋王迹拾遗表》(《春秋大事表》卷二〇)。

金文册命礼中，亦有太师受册命的。大师虘簋载：

> 正月既望甲午，王才周师量宫，旦，王各大室，即立(位)，王乎师晨召大师虘入门，立中廷，王乎宰曶易大师虘虎裘。

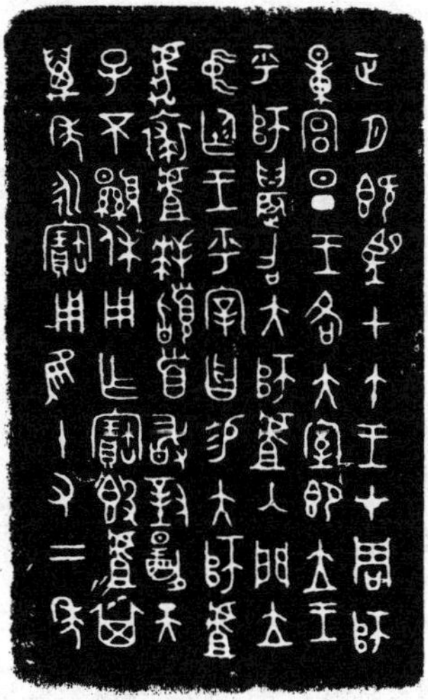

图三十七　大师虘簋及铭文(盖铭)

传一九四一年陕西西安出土。高十八点七厘米，口径二十一点四厘水，底径二十二点九厘米，重五点四四千克，盖器同铭，各铸七行七十字。现藏上海博物馆。(上海博物馆提供)

师量宫当是太师虘的祖庙，周王在这里举行册命太师的典礼，礼仪中没有"右"者，师晨只是奉王命的"召"者。这样隆重的册命礼中所以没有"右"者，该是因为太师居朝廷大臣的首位，找不到比他高一级的"右"者了。金文册命中也有太师作"右"者，西周末年的柞钟载：

惟王三年四月初吉甲寅，仲大师右柞，易載、朱黄、䜌，司五邑甸人事。柞拜手，对扬仲大师休，用作大鑵(林)钟。

这个册命的记载很是特别，不载王所到的册命地点，也不载王的即位仪式，只记太师作为"右"者。而且册命之后，受命者并不感谢王恩，却是感谢太师而作钟。周王根本已经不在受命者的眼中，说明当时正由太师专权，王不过是傀儡而已。比仲太师时代早的还有伯太师，情况也差不多。据师覩鼎记载，作者是伯太师的下属，受到王的册命赏赐之后，他首先"休伯大师肩嗣覩臣皇辟"，然后才说："天子亦弗諲(忘)公上父㝬(甫)德"。师覩的儿子师望①，所制作的师望鼎，就自称"大师小子师望"，杨树达以为"小子"是官属之意②，是不错的。师望自己说是"肇帅井(型)皇考，虔夙夜出纳王命"的，但是，竟不称自己为王臣，而自称为"大师小子"，说明当时太师的权势已凌驾国王之上。伯克壶记述："伯大师易克仆卅夫，伯克敢对扬天右王伯友。"伯克接受了伯太师赏赐的奴仆三十人，竟然将其称为"天右王伯"，这比成王时作册大称召公为"皇天尹大保"吹捧得更高了，可见这时太师地位之高。

日本学者白川静《西周史略》，认为"廷礼的右者由执政者担任，

---

① 李学勤：《西周中期青铜器的重要标识》，《中国历史博物馆馆刊》第一期，一九七九年出版。

② 杨树达：《积微居金文说》卷三，第八四至八五页。

似乎已成为当时原则”；而且“同系统者的任命有由其最高长官右者的惯例”，司土、司马、司工“都作为册命廷礼的右者，相当于六卿的王官”；还依据卫盉等认为“夷王时执政者可能以五名为准”①。这些看法都是正确的。我们依据上面综合研究的结果，认为西周王朝的主要执政者是“公”一级的太师和太史，而实际权力则掌握在太师手中，因为他既是军队的最高统帅，又是朝廷大臣的首脑。册命礼中称为“公”的“右”者主要是太师。册命礼中作为“右”者的司马、司土(或作司徒)、司工以及太宰、公族，都是“卿”一级的朝廷大臣，其官爵地位都在太师和太史之下。司马、司土和司工，大多由畿内诸侯进入朝廷担任，多数称伯，即是伯爵。金文中称“某伯”的，有的是伯爵，也有是伯仲之伯，是字的简称，很难分辨，但是这些朝廷大臣在册命礼中作“右”者而称“伯”的，肯定是爵称。当时公和卿的官职是可以由天子调换的，公与伯的爵位是随着官职升降的。但是属于军职和史职的官员，尽管官职有升降，往往担任官职的性质是不变的，是世袭的。大臣也有失失高官的，即所谓“官失其守”。“官失其守”的子孙常常以祖先的高官为氏。宣王时程伯休父的后裔称司马氏，就是个显著的例子。召公的后裔称太保氏，也该在这个族不做太保以后的一段时期。

金文中记载土地转让，往往有朝廷大臣参与其事。五年卫盉记载裘卫为了换取田地，报告伯邑父、荣伯、定伯、𬐇伯、单伯，由这五位大臣命令当地的三有司：司土、司马、司工等官吏办理。五祀卫鼎记

① 白川静：《金文通释》卷六，《西周史略》第四章第一节“廷礼册命与官制”，第八一至九一页。

载卫为了换得邦君厉的田，报告井（邢）伯、伯邑父、定伯、琼伯、伯俗父，这五位“正”就讯问厉，经厉同意，又使厉立誓，然后命令当地的三有司：司土、司马、司工等官吏踏查田地并“付田”。从这两次换取田地的过程中，可以看到在一定范围以内的土地转让，要经过朝廷的五位大臣的审查认可，有的还要办理立誓的手续，然后才能由五位大臣命令当地的三有司等官吏办理。五祀卫鼎称五位大臣为“正”，就是长官之意。从他们最后要命令当地三有司办理的情况来看，五位大臣中必定有朝廷的三有司在内。上一节已经谈到，十二年师永盂记载天子赏赐田地，先由益公传达赏赐命令，再由益公传达由井伯、荣伯、尹氏、师俗氏、遣中等五位大臣参与，然后由益公命令当地司徒等官“付田”。说明五位大臣之上还有高一级称“公”的执政官存在。

司土、司马、司工等“三有司”，确是西周朝廷的重要大臣，仅次于称“公”的太师或卿士。《尚书·牧誓》：“王曰：嗟！我友邦冢君、御事、司徒、司马、司空、亚旅、师氏、千夫长、百夫长。”三有司仅次于邦冢君和御事。《尚书·梓材》记王曰：“我有师师、司徒、司马、司空、尹旅。”把三有司列在“师师”之下，“师师”当即指太师、太史等执政大臣。春秋时代有些大的诸侯国还沿用这种官制，例如宋国六卿，以右师、左师为正卿，其次是司马、司徒、司城（即司空）、司寇；又如郑国大臣，以当国、为政为正卿，其次是司马、司空、司徒。鲁国到春秋后期，由于三桓专政，由季孙氏为司徒，是冢卿；叔孙氏为司马，孟孙氏为司空，是介卿。

司寇在西周初期也是重要的朝廷大臣。武王时，苏忿生“以温为司寇”；成王时，康叔又以卫侯而兼司寇。他们的封国都在原来殷的王畿以内，兼任司寇，该是着重用来对付殷遗民的。周公作《康诰》教训康叔，有长篇大论，主张“保民”而“慎罚”，采用“殷罚”的合理部分，就是因为康叔兼为司寇之职。周公作《立政》，最后教训苏公（即苏忿生）作司寇要慎罚。说明司寇在西周初期居有十分重要的地位。但是，西周中期以后金文册命礼中，未见有司寇作“右”者，也未见有人被册命为专职司寇的。庚季鼎（或释为南季鼎）记载伯俗父为右者，册命庚季“用左右俗父，司寇”。俗父即伯俗父，亦即师晨鼎的师俗父，可知“司寇”当为一种军职。若释为“司寇”，从字形来看，不确。扬簋记载册命扬“作司工”而兼任一系列职务，司寇亦是其兼职的一种。郭沫若说：“以司空而兼司寇，足证司寇之职本不重要，古有三事大夫，仅司徒、司马、司空而不及司寇也。”①可能西周中期以后，殷遗民已被制服，司寇就失去了重要性。据牧簋，另有司士作为刑狱之官，册命时由公族为“右”者，属于公族管辖，并非卿一级的大臣。

根据以上的综合研究，我们认为西周朝廷大臣确有公、卿两级。公一级的，早期有太保、太师、太史；后期有太师、太史，太师可能同时有两人。卿一级的，早期有司徒、司马、司工、司寇、太宰、公族，到中期以后，司寇的职位降低，只有五位大臣。散氏盘记载，由于矢国攻击散国，割让田地给散国，在交接田地的时候，矢国派出有司十五人，大体上都是和割让田地有关的官吏；而散国派出的有司，是代表国家来接受的大臣，计有司土、司马、司工、宰各一人，散人小子三人，襄的有司三人。所谓“散人小子”就是散的贵族子弟。在这里，散国所派出代表国家的大臣，就是司土、司马、司工、宰以及贵族子弟，和周朝“卿”一级大臣司徒、司马、司工、太宰、公族相比，正好相当。散是周

① 郭沫若：《周官质疑》，见《金文丛考》第六五页反面。

的畿内诸侯，它采用的官制，正是周朝的体系。

许慎《五经异义》引古《周礼》说："天子立三公，曰太师、太傅、太保。""冢宰、司徒、宗伯、司马、司寇、司空是为六卿之属"(《北堂书钞》卷五〇引)。这是汉代经学的古文家的说法，在古文经上是有依据的。《周礼·地官·序官》保氏下，贾公彦疏引《郑志》："赵商问：按成王《周官》'立大师、大傅、大保，兹惟三公'，即三公之号，自有师保之名。"《周官》是真《古文尚书》中的一篇，赵商所引十一个字，是其佚文，后来为晋人所造伪《古文尚书》所袭用。《周礼·地官·序官》说："乡老，二乡则公一人，乡大夫，每乡卿一人。"郑注："老，尊也。王置六卿，则公有三人也。"《周礼》一书就是以六卿为纲的，六卿是天官冢宰、地官司徒、春官宗伯、夏官司马、秋官司寇、冬官司空。这样按天地四时分设六卿，与阴阳五行说相符合，显然出于战国时代学者的巧为安排，补充了许多理想化的成分，经过了系统化的编制。但是应该看到，它确是以不少真实史料作为其素材的，因而我们不能全盘加以否定。

《周礼》所说的六卿，和我们综合可靠文献和金文所得到的结论相比，可以说骨干大体相同。司徒、司马、司工、司寇是相同的，太宰也即冢宰，只是公族和宗伯有些出入，但是基本性质是相同的，同样是掌管宗族内部以及君王的事务的。由此可见，当《周礼》一书编辑之际，确有不少真实的史料为其素材，并非全出"向壁虚造"。然而我们还是不能把它作为西周史料来引用，因为它已经过儒家的改造，加入了大量理想化和系统化的成分，成为一部代表儒家思想的著作。即以太宰一职为例，西周时，不过是王的家务官，主管王的财用。《礼记·王制》所说"冢宰制国用"，是不错的。《周礼》以太宰"掌建邦之六典，以佐王治邦国”，居于六卿的首位，由他总摄六卿，其余五卿，只主管一典，统治一个方面。这种以冢宰为首的六卿组织，不但不符合西周的制度，即使在春秋时代各诸侯国也未尝出现，该是出于战国时代儒家按理想所作的系统安排。这种由儒家加工改造编辑的痕迹，我们从《周礼》一书中还可以清楚地看到。例如所说太宰的职务范围很广，总管全国政治，“以八柄诏王驭群臣”，“以八统诏王驭万民”，但是天官冢宰所统属的许多职官，都是管理宫内饮食、医疗、保藏以及服侍君王和王后的事务官，可以从中看到冢宰原是君王的家务官性质，还很明显。正因为《周礼》在所述许多中下级官吏中还保存有真实的史料，在我们依据可靠文献和金文探讨西周官制以及其他政治制度的时候，还可以用作旁证。

第三章　维护贵族权势的重要官爵世袭制

一　重要官爵世袭必须重加册封

西周王朝实行重要官爵世袭制，但按礼必须由天子重加册封。伯晨鼎载："唯王八月辰才（在）丙午，王命䡅侯白（伯）晨曰：嗣乃且（祖）考，侯于䡅，易（锡）女（汝）秬鬯一卣，玄衮衣，幽夫、赤舄、驹车、画䡇爻（较）、虎帏、冟衮里幽，攸勒，旅五旅、彤䊷，旅弓旅矢，𢦏戈、虢（皋）胄。"这是对诸侯世袭即位重新加封的册命，所以赏赐的礼品级别很高。宜侯夨簋载："王令虞侯夨曰：繇！侯于宜，易（锡）𩰫鬯一卣，商瓚一、䊷弓一、彤矢百，旅弓十、旅矢千"，基本相同。《尚书·文侯之命》记天子赐晋文侯"彤弓一、彤矢百，卢弓一、卢矢百"。《左传·僖公二十八年》载："王命尹氏及王子虎、内史叔兴父策命晋侯（晋文公）为侯伯"，赏赐"彤弓一、彤矢百、玈弓矢千、秬鬯一卣"，都是相同的礼品。伯晨鼎铭文结尾说："用作朕文考濒公宫尊鼎。"可知这是伯晨继嗣其父濒公即位，周王重新加封。伯晨鼎的"彤䊷"，当是彤弓、彤矢的简写，应侯见工钟载："易（锡）彤一、矢百，马百匹。""彤一"即彤弓一，"矢百"即彤矢百。"旅"当是"卢"的通假。《尚书·文侯之命》记载周王赐予晋文侯"彤弓一、彤矢百，卢弓一、卢矢百"。"卢"和"黸"相通，黑色。《荀子·大略》说："天子雕弓，诸侯彤弓，大夫墨弓，礼也。"

不仅诸侯世袭按礼要由天子加封，卿大夫与近臣继嗣祖考的官职也要周王重加册命。如郚曶簋载王命"嗣乃且（祖）考事，作司土（徒）"，曶鼎载王命"女（汝）更（赓）乃且（祖）考司卜事"。辅师嫠簋载王命"更（赓）乃且（祖）考司辅"。曶壶又载王命"更（赓）乃且（祖）考乍（作）冢司土于成周八𠂤"。这类例子很多。

不仅王臣去世，王臣之子继承父职，常由周王重加册命；周王去世，新王继嗣即位以后，也要对旧臣重加册命。如：师虎簋载："惟元年六月既望甲戌……王乎（呼）内史吴曰：册令虎，王若曰：虎截（在）先王，既令乃取（祖）考事，啻（嫡）官司左右戏繁荆，今余惟帅井（型）先王令，令女（汝）更（赓）乃取（祖）考啻（嫡）官司左右戏繁荆。"郚曶簋、曶鼎、师酉簋、师询簋、师猷簋所载周王册命臣属官职都在元年，都很可能出于新王继位而重加册命。

师酉簋结尾作"用乍（作）朕文考乙白宄姬尊簋"，师询簋结尾作"用作文祖乙白同姬尊簋。"师酉簋载王命师酉"嗣乃且（祖）啻（嫡）官邑人、虎臣、西门尸（夷）"等，师询簋又载王命询"则乃且（祖）奠周邦，今余令女（汝）啻（嫡）官司邑人、先虎臣后庸、西门尸（夷）"等，可知师酉和师询是父子，师询是世袭师酉的官职，由周王重加册命。

师猷簋载："惟王元年正月初吉丁亥，白（伯）龢父若曰：师猷，乃且（祖）考又爵于我家，女（汝）右（有）隹小子，余令女（汝）死（尸）我家，𩡨司我西扁(㣽)东扁(㣽)仆驭、百工、牧、臣妾。”白(伯)龢父又称师龢父，师嫠簋载：“师龢父饺(胙)，嫠叔市巩(恭)告于王。”王因而册命师嫠“更(赓)乃且(祖)考司小辅。今余唯䜌京乃令，令女(汝)司乃且(祖)旧官小辅罘鼓钟”。这个师嫠也称辅师嫠，见于辅师嫠簋。可知师嫠所任官职是“辅师”，就是“镈师”，是乐官。师龢父所任官职当是大师之职，是当时的执政大臣。西周王朝到懿王时，“王室遂衰”(《史记·周本纪》)，到夷王时，大权就落到执政大臣伯龢父的手中，因此伯龢父也同周王一样，用册命礼来册命臣属继袭祖考的职司行事了。周王举行册命礼时，所发布的命令，称为“王若曰”，这时白(伯)龢父举行册命礼而发号施令，竟也称为“白(伯)龢父若曰”了。

西周长期实行重要官爵世袭制，最显著的例子就是虢季氏世代为师和微氏世代为史。

二 虢季氏世代为“师”

一九七四年十二月陕西扶风强家村发现窖藏青铜器七件，其中三件是虢季氏之器。师𩵦鼎称“休白(伯)大师肩𦣞(谌)𩵦臣皇辟，天子亦弗忘公上父㝬(甫)德，𩵦蔑历白(伯)大师”，这是说感谢伯大师使他继嗣天子之臣，天子也不忘其祖先公上父的大德，因而继续任命。师𩵦鼎结尾说：“𩵦敢对王休，用妥乍(祚)公上父尊于朕考享(虢)季易父𤔲宗。”“享”即“郭”，古“郭”、“虢”同音通用，《春秋·昭公元年》叔孙豹会晋、楚、齐等国之君于虢，《左传》作“虢”，《公羊》作“漷”，《穀梁》作“郭”。虢季易父是师𩵦之父，公上父是虢季易父之父。师臾钟载：“师臾肇乍(作)朕剌(烈)且(祖)虢季、㝁公、幽叔、朕皇考德叔大䵼钟。”即簋载：“即敢对扬天子丕显休，用乍(作)朕文考幽叔宝簋。”另有师望鼎载：“大师小子师望曰：丕显皇考宫公……用乍(作)朕皇考宫公尊鼎。”见于《窓斋集古录》等书，陈仁涛《金匮论古初集》著录。“小子”是谓“官属”(杨树达《积微居金文说》卷三)。从此可知这支虢季氏的世系是公上父—虢季易父—师訊(宫公)—师望(幽叔)—即(德叔)—师臾。

虢季氏当为西虢的一支。早年陕西凤翔出土虢季氏子组簋盖和城虢仲簋，现藏上海博物馆。清代道光年间宝鸡虢川司出土的虢季子白盘，现藏中国历史博物馆。一九五六年河南陕县上村岭虢国墓地出土虢季子铉鬲。这是北虢所在。一九七四年陕西扶风又出土窖藏的虢季氏之器一组。看来虢季氏一支原来在西虢，到西周晚期迁到北虢的。师訊鼎、师望鼎都是周恭王时制作，即簋是懿王时制作，师臾钟是孝王时制作，这四件铜器先后经历了恭王、懿王、孝王三代。今综合立为一表如下：

世代 出处	公上父	虢季易父	师訊	师望	即	师臾
师訊鼎	公上父	郭季易父	师訊			
师望鼎			宫公	师望		
即簋				幽叔	即	
师臾钟		虢季	宫公	幽叔	德叔	师臾

据师訊鼎，师訊是伯大师的下属，即所谓“小子”，师望鼎称大师小子师望，又说“望肇帅井(型)皇考，虔夙夜出内(纳)王命”，说明师望承袭父职。即簋记载周王命令“嗣琱(周)宫人虢旛，用事”，周王命令即主管“宫人”的事，也该是“师”的一种职务。《周礼·师氏》讲到“师氏掌以媺诏王，以三德教国子……以教国子弟，凡国之贵游子弟学焉”。“宫人”当指居于周王宫中的贵族而言。

三　微氏世代为“史”

一九七六年十二月陕西扶风庄白村发现一号窖藏，出土微氏铜器一百零三件，其中，旂觥、丰尊、墙盘、瘐钟一、瘐钟二的铭文中述及微氏的世代系统，今列举如下：

旂觥载：“惟五月，王才（在）庠（岸），戊子令乍（作）册旂兄（贶）望土于相侯，易（锡）金、易臣，扬王休。惟王十又九祀，用乍（作）父乙尊，其永宝。”末尾有族徽：“䶂”。这是周昭王十九年五月戊子，王在岸，命令“作册旂”把“望土”这片土地赠与相侯，因而得到赏金和奴隶，用以制作祭父乙的尊。另有尊和方彝，与觥同铭。

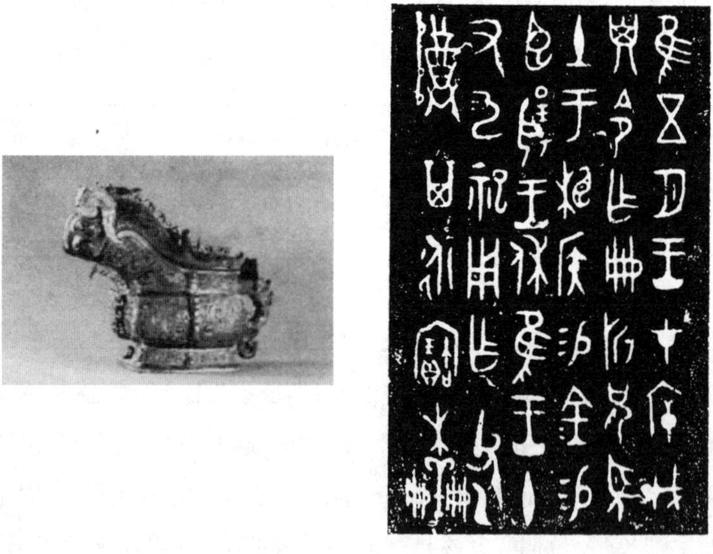

图三十八　旂觥及铭文

一九七六年陕西扶风庄白家村出土。通高二十八点七厘米，长三十八厘米，腹深十二点五厘米，重六点七千克。盖器同铭，各铸四十字。现藏宝鸡中国青铜器博物馆。

丰尊载："惟六月既生霸，乙卯王才(在)成周，令丰寏(殷)大矩，大矩易(锡)丰金、贝，用作父辛宝尊彝。"末尾也有相同的族徽。这是说某年六月乙卯王在成周命令丰见大矩，大矩赏赐金和贝，因而用来作祭父辛的尊彝。

墙盘载："青(静)幽高且(祖)才(在)散(微)霝处，雩武王既𢦏殷，散(微)史(使)剌(烈)且(祖)迺(乃)来见武王，武王则令周公舍圄(宇)于周，卑(俾)处。甬叀(惠)乙且(祖)逨(弼)厥辟，远猷匔(腹)心。子𠫑(厥)䜔明，亚且(祖)且(祖)辛𡨦(毓)子孙……寷(舒)屖(迟)文考乙公遽(竞)趮(爽)，𢔶(得)屯(纯)无谏。……史墙夙夜不豙(坠)，其日蔑历，墙弗敢取(沮)。"这里，墙(史墙)列举了他以前五代的世系，第一代称高祖，高祖原来居住在商畿以内的"微"，所说"在微霝处"，"霝"与"令"音同通用，就是妥善地住在微这地方。后来"微"就成为他们的氏。高祖在武王伐灭殷商之后，派遣他的儿子烈祖进见武王，武王命令周公给他在周的住处，使他定居下来。据说第三代的乙祖很是贤惠，能够辅助君主，深谋远虑而成为心腹之臣。第四代的亚祖祖辛能养育子孙，万事顺利，第五代的"文考乙公"，就是墙的父辛，很是刚强开明。这里第三代乙祖，就是旂觥的父乙，第四代亚祖祖辛，就是丰尊的父辛，也是旂觥的旂。这里的乙公就是丰尊的丰。

𤼈钟一讲到"追孝于高祖辛公、文祖乙公、皇考丁公"。𤼈钟二又讲到"高祖、亚祖、文考"。高祖辛公就是墙盘的亚祖祖辛，文祖乙公就是墙盘的乙公，皇考丁公，就是墙盘的史墙。

微氏这一族，从高祖起，到𤼈，先后七代，都担任史官之职。𤼈钟三载："雩武王既𢦏殷，微史(使)剌(烈)祖来见武王，武王则令周公舍

图三十九　墙盘及铭文

一九七六年陕西扶风庄白家村出土。通高十六点二厘米，口径四十七点三厘米，盘深八点六厘米，重十二点五千克，腹内底有铭文二百八十四字。现藏宝鸡中国青铜器博物馆。

寓以五十颂处。”“五十颂”当是有相当面积的土地。从此微氏就担任周的史官。瘐钟二载：“瘐曰：丕显高且（祖）、亚且（祖）、文考，克明厥心，疋尹，叙厥威仪，用辟先王。瘐不敢弗帅且（祖）考，秉明德圂夙夕，左尹氏。”值得重视的是，高祖、亚祖和文考的职司都是“疋尹”的，瘐继承祖考而担任的职司也是“左尹氏”。“疋尹”和“左尹氏”的意义相同。“尹氏”在西周就是史官之长“太史”，他是太史寮的长官，和作为卿事寮长官的“太师”，同为朝廷执政大臣，都是公爵。第四代的旂，旂觥称为“作册旂”，“作册”就是西周时代史官的称呼。墙盘自称为“史墙”，也因为是史官。

微氏一族七代为史，从武王时开始，经历成王、康王、昭王、穆王、恭王、懿王到夷王。我们立为一表如下：

世代 出处	高祖	烈祖	乙祖	旂	丰	墙	瘐
旂　觥			父乙	旂			
丰　尊				父辛	丰		
墙　盘	高祖	烈祖	乙祖	亚祖祖辛	乙公	墙	
瘐钟一				高祖辛公	文祖乙公	皇考丁公	瘐
瘐钟二				高祖	亚祖	文考	瘐

上述微氏七代，第一、二两代的人名和庙号都已失传，第三代只留庙号为乙，第四代名旂，庙号辛，第五代名丰，庙号乙，第六代名墙，庙号丁。第四、五两代旂和丰的铜器铭文末尾都有族徽“𠦪”。微伯瘐豆称“微伯瘐作簠”，微伯瘐匕，称“微伯瘐作匕”。已使用“微”作氏。“旂”字，或释作“折”，旂所作器有尊、觥、方彝、斝四件，尊、觥、方彝的铭文相同，斝铭作：“旂作父乙宝尊彝”，铭末有族徽。“丰”或释为“登”，丰所作器有尊一件、卣一件、爵四件。尊、卣铭文相同，丰爵三件铭文作：“丰作父辛宝”，铭末有族徽。另有父辛爵，铭文仅“作父辛”，铭文亦有相同族徽，可知亦是丰所作。墙所作器有盘一件和爵

二件，盘有长铭二百八十四字，爵铭作“墙作父乙宝尊彝”。瘐所作器有盨二件、壶四件、簋八件、爵三件、钟十四件、盆二件、匕二件、笛一件、鬲五件、鼎一件，共四十二件铜器。钟铭有一百零三或零四或零九字。

西周中央政权有两大官署，即卿事寮和太史寮，卿事寮长官是太师，是军事和政治上的首长，所属有许多“师氏”，简称为“师”。太史寮长官是太史，掌管礼制和秘书工作，是文职和神职官员领袖，所属有许多史官。“师”和“史”这样重要的官都是世袭的。

第四章　西周初期的分封制

一　周文王重视分封制

周从文王开始兴起。文王能够使用前来投奔的异姓贵族的人才,这是他能够兴起的一个重要原因。《尚书·君奭》说文王重用虢叔、闳夭、散宜生、泰颠和南宫括等五位大臣,其中只有虢叔是周族的人,其余四人都是别族投奔来的。《史记·周本纪》说:"太颠、闳夭、散宜生、鬻子、辛甲大夫之徒,皆往归之。"但是总的看来,文王还是特别重用本族的人。《国语·晋语四》记载胥臣对晋文公讲到文王"孝友二虢,而惠慈二蔡,刑于大姒,比于诸弟。……及其即位也,询于八虞而咨于二虢,度于闳夭而谋于南宫,諏于蔡、原而访于辛、尹,重之以周、邵、毕、荣。""二虢"是文王之弟虢仲、虢叔,"二蔡"是文王之子,"管叔初亦为蔡"(韦昭注)。"八虞",韦昭注引贾、唐曰:"八虞,周之八士皆在虞官。"此说不确。虞本是太王之子太伯、仲雍的封国。《左传·僖公五年》载虞大夫进谏其君,讲到开国历史说:"大伯、虞仲,大王之昭也，大伯不从，是以不嗣。”太王传位给幼子季历，而让长子太伯、次子仲雍统率部分周人东迁，建立虞国，在今山西平陆。既然“二虢”指虢氏兄弟二人，“二蔡”指蔡氏兄弟二人，“八虞”当指虞氏兄弟八人。据此可见，文王主要重用本族的三个行辈的人，“八虞”是文王的父一辈，“二虢”是文王的同一辈，“二蔡”是文王的子一辈，周、邵、毕、荣，也都是文王的子一辈。周即周公旦，邵即召公奭，毕即毕公高，荣即荣伯。《书序》曾讲到成王时“王俾荣伯作《贿肃慎之命》”。《史记·周本纪》同，集解引马融曰：“荣伯，周同姓，畿内诸侯，为卿大夫也。”

《左传·僖公五年》载虞大夫宫之奇说：“虢仲、虢叔，王季之穆也，为文王卿士。”虢有东虢、西虢和北虢。《汉书·地理志》说：“北虢在大阳，东虢在荥阳，西虢在雍州。”东虢在今河南荥阳东北，西虢又称城虢，在今陕西宝鸡东；北虢建都上阳，在今河南陕县东南李家窑，占有今河南三门峡和山西平陆一带。《国语·郑语》记载西周末年史伯谈论当时形势，称“当成周者”，“西有虞、虢、晋、隗”等国，韦昭注：“虢，虢叔之后西虢也。”韦昭此注不确。史伯说：“其济、洛、河、颍之间乎？是其子男之国，虢、郐为大，虢叔恃势，郐仲恃险，是皆有骄侈怠慢之心，而加之以贪冒。”西虢当是虢最早的封邑，虢原先也是畿内诸侯。

周文王开始重视在王畿内用分封制扩展周人占有土地和扩张势力。周武王克商后，在原来商的王畿内分封邶、鄘、卫而设置三监，同时分封给同姓亲属、身居要职的如召公、毕公、荣伯等人的封邑，也都在王畿之内。到周成王时，周公就进一步大规模推行分封制，分封亲属而扩展周的疆土和统治势力。

二　周公推行的分封制和乡遂制度

周公平定三监大叛乱以后，接受这个教训，认为听任殷贵族继续居留原地，实行就地监督的办法，不但没有成效，而且有发动叛乱的危险，于是决定营建洛邑，把大量“殷顽民”迁到那里，以便加强监督和利用。这是一项十分艰巨的工作，周公对这些迁移的殷遗民采用了安抚和威胁的两手策略，为此两次发表文告。“成王既迁殷遗民，周公以王命告，作《多士》”。“成王自奄归，在宗周，作《多方》”（《史记·周本纪》）。《多士》是告诫殷的“多士”的，《多方》是告诫殷和方国的“多士”的，内容基本相同，无非要他们迁在洛邑之后，“事臣我宗多逊（顺）”，“尔惟克勤乃事”，“今尔尚宅尔宅”，“畋尔田”。一面继续给以田宅，一面迫使听从服役。这样不但减轻了这些殷民原住地区的威胁，而且增加了周朝在东方的统治力量。西周驻屯在成周的一支重要军队，所谓“成周八师”，即是利用这些迁移到洛邑的殷和方国“多士”编制而成。

但是必须指出，周公这种营建洛邑而迁移殷和方国的“多士”到洛的举措，只解决了部分的问题，并没有解决全部问题。因为殷和方国的贵族“士”一级成员众多，不可能全部集中到洛邑来。周公解决这个问题的更主要的办法，就是把殷和方国的“士”一级成员，分批配给一些主要的封君，让封君带到远处封国去，使成为封国的“国人”，这样既可以消除他们原住地区的威胁，同时又可以被封君利用为统治封国的政治上和军事上的支柱。这是一举两得的办法。

《左传·定公四年》记载卫国祝佗（大祝子鱼）所讲周公分封鲁、卫、唐（即晋）三国的情况，除了赏赐给仪仗、礼乐器和宝物之外，首要的事，就是分给殷或方国的贵族。据说分给鲁的是："殷民六族条氏、徐氏、萧氏、索氏、长勺氏、尾勺氏，使帅其宗氏，辑其分族，将其类丑，以法则周公，用即命于周，是使之职事于鲁，以昭周公之明德"；分给卫的是："殷民七族陶氏、施氏、繁氏、锜氏、樊氏、饥氏、终葵氏"；分给唐的是："怀姓九宗，职官五正。"

祝佗在叙述中，对分给鲁的"殷民六族"讲得比较详细，对分给卫的"殷民七族"和唐的"怀姓九宗"，讲得很简略，这是因为彼此类似而省略的。所有这些被分配的"殷民"或"怀姓"，都该是贵族性质。《周礼·秋官·司约》贾公彦疏引用《左传》旧注，解释"殷民六族"说："殷民，禄父之余民三十族、六姓也。"就是说"殷民六族"，就是殷民六姓，共有三十族。这条旧注不知是何根据，但是这许多"殷民"都是世臣大族，是可以肯定的。顾炎武分析"迁殷顽民"说："所谓顽民者，皆畔逆之徒也。……其与乎畔而逆者，大抵皆商之世臣大族；而其不与乎畔而留于殷者，如祝佗所谓分康叔以殷民七族……是也，非尽一国而迁之也"(《日知录》卷二"武王伐纣"条)。顾氏认为周公所迁的"殷顽民"，只是参与叛乱的世臣大族，没有参与叛乱而不属于世臣大族的就留下不迁。阎若璩反驳顾氏之说，认为周公分给鲁的殷民六族，"一则曰宗氏，再则曰分族，尚得谓非商之世臣大族乎?"(《潜邱札记》卷四"校正《日知录》")我们认为阎氏之说正确。周公对于商代王畿所有殷贵族采用了分散迁移的办法，不论迁移到洛邑的，还是分配给封国的，都是世臣大族，留在卫国而分配给康叔的当然也是世臣大族。看来在当时分配殷贵族的过程中，不论多数分配出去的或是少数留在卫国分配的，都曾重新作了安排的。

值得注意的是，周公不但把殷的贵族分配给封君，也还把殷的方国的贵族分配给封君。如同周公把殷的“多士”迁移到洛邑，也还把方国的“多士”迁移到洛邑一样。周公分配给唐的“怀姓九宗”，就是赤狄族的隗姓方国的贵族。所谓“九宗”也如同“殷民”的“六族”或“七族”一样，都是世臣大族。《国语·郑语》记载西周末年史伯说：“当成周者……北有卫、燕、狄、鲜虞、潞、洛、泉、徐、蒲，西有虞、虢、晋、隗、霍、杨、魏、芮。”王国维《鬼方昆夷玁狁考》说：“案他书不见有隗国，此隗国者，殆指晋西北诸族，即唐叔所受之怀姓九宗，春秋隗姓诸狄之祖也。”怀姓确是隗姓，是赤狄的族姓。韦昭注：“潞、洛、泉、徐、蒲，皆赤狄隗姓也。”但是，周公分配给唐叔的“怀姓九宗”，不一定出自隗国，因为依据史伯之说，隗国到西周末年还存在。这个“怀姓九宗”，当是听命于殷的一个赤狄族的隗姓方国，这时被周灭亡了，因此这个方国的贵族如同殷贵族一样被周公用来分配给封君。

祝佗叙述周公分给鲁国“殷民六族”，不但“使帅其宗氏，辑其分族”，还要“将其类丑”。所谓“类丑”，应该就是隶属于殷贵族的奴隶。“丑”在古代常被用作俘虏的称谓。如《诗经·大雅·常武》：“铺敦淮溃，仍执丑虏。”《诗经·小雅·采芑》：“方叔率止，执讯获丑。”《诗经·小雅·出车》：“执讯获丑，薄言还归，赫赫南仲，玁狁于夷。”很明显的是指擒获的俘虏。同时也有把“丑”作为猎取的野兽的称谓的，例如《诗经·小雅·吉日》：“田车既好，四牡孔阜，升彼大阜，从其群丑。”“群丑”分明是指众多的野兽。古人捉得俘虏如同猎得野兽一样，常常用作奴隶或杀死，所以“丑”又被用作奴隶的称谓。《国语·楚语下》记载观射父对答楚平王的话，讲到“百姓、千品、万官、亿丑、兆民”，说：“官有十丑，为亿丑”。这种隶属于“万官”的“亿丑”，显然是奴隶性质。祝佗所说的“类丑”也该性质相同。

周公这样把“殷民”六族或七族以及“怀姓九宗”，分配给封国，使他们带着宗氏和分族，统率着所属“类丑”，随从封君迁到封国，要“职事”于封君。就是如同迁移到洛的殷和方国的“多士”一样，“宅尔邑，继尔居”，“尚永力畋于田”，“尚尔事”。这样，所有跟从封君迁移到封国的殷或方国的贵族，就都变成了封国的“国人”，成为封君在政治上和军事上的依靠力量。

西周、春秋间的诸侯，都有一套乡遂制度，或者叫做“国”、“野”对立的制度。“国”是指都城及其近郊，都城主要居住统治阶级的各级贵族以及为他们所奴役的手工业奴隶；近郊往往分成若干“乡”，住着统治阶级的下层，其中多数属于“士”一级，统称为“国人”。“国人”享有一定的政治和经济权利，国家有大事要征询他们的意见，同时他们有缴纳军赋和充当甲士的责任，成为国君和贵族在政治上和军事上的支柱。国君的废或立，卿大夫之间内讧的胜负，往往取决于“国人”的态度。“野”或称为“鄙”或“遂”，是指广大农村地区，主要住的是从事农业生产的平民，称为“庶人”或“野人”。关于这方面，在第五章西周春秋的乡遂制度和社会结构中将详为论述。我们认为，西周所以会确立这种制度，首先由于经济上的原因，这时确立和推广这种制度符合社会生产力发展的需要；同时又由于政治上的原因，这时周公为了控制和统治商代王畿及重要方国，采用了分配殷和方国贵族给封君的分封制，使得这种制度在广大地区有了进一步的发展。

周公对殷和方国贵族采用了安抚和监督两手的策略，被迁到洛邑的殷贵族依然有邑有土有奴隶，有的还取得较高的官职，《尚书·多士》告诫迁到洛邑的殷和方国的“多士”，“尚永力畋尔田……迪简（选择）在王廷，尚尔事，有服在大僚”。就是说将选择一些殷贵族到周的王廷担任职事。西周初期的确有一些大官原是殷贵族的后裔，例如担任“作册”（史官）的令，还是沿用着殷代贵族的族徽（图形文字），见于令簋，日本学者白川静在《释师》一文（收入《甲骨金文学论丛》三集），早就指出这点。周公对分配给封国的殷和方国的贵族，采用同样的政策。所有被分配给封国的殷和方国的贵族，依然有邑有土有奴隶，有的还取得较高的官职。他们多数成为封国的“国人”，在封国拥有一定的政治和经济权利，成为贵族在政治上和军事上的支柱。

春秋初期晋国由于晋昭侯分封其叔父成师于曲沃（今山西闻喜东北），造成分裂和内乱。曲沃庄伯联合郑、邢两国伐翼（晋的国都，今山西翼城东南），翼侯（即晋君）逃奔到随（今山西介休东南）。后来“翼九宗五正、顷父之子嘉父逆（迎）晋侯于随，纳诸鄂（今山西乡宁），晋人谓之鄂侯”（《左传・隐公六年》）。杜注：“翼，晋旧都也。唐叔始封，受怀姓九宗，职官五正，遂世为晋强家。五正，五官之长。九宗，一姓为九族也。”正因为他们是世袭的强家和“国人”，所以能够在内乱中把出奔在随的晋君迎回到鄂，重新拥立。从此可知，不但“怀姓九宗”原是怀姓方国分为九族的贵族，“职官五正”又是世袭五种官职的五支的贵族，伯禽受封时所分得的“祝、宗、卜、史”，同样是世袭官职的贵族。

周公分给唐叔的“怀姓九宗”成为晋的“国人”，同样的，周公分给康叔和伯禽的“殷民”七族或六族，也都成为卫和鲁的“国人”。到春秋末年阳虎在鲁国专政，“盟公及三桓于周社，盟国人于亳社”（《左传・定公六年》）。因为鲁公和三桓是周人，必须在周社结盟；因为“国人”原是“殷民六族”的后裔，必须在亳社结盟。亳是商朝发祥之地，又曾为成汤的国都，因而“殷民”之社称为亳社。鲁国有“三郊三遂”（《尚书・费誓》），就是三乡三遂。鲁的军队就是由三乡的“国人”

编制而成。鲁僖公所属军队有“公车千乘”，“公徒三万”（《诗经·鲁颂·閟宫》），如果像齐国一样从“国人”中每家抽一人入伍的话（见《国语·齐语》），“公徒三万”当来自“国人”三万家，这时鲁的三乡已有三万家，每乡有一万家。

卫国的军队同样由康叔受封时分得的“殷民七族”所组成的“国人”编制而成。小臣谜簋载：“东尸（夷）大反，白（伯）懋父以殷八𠂤征东尸（夷）……雩（粤）厥归在牧𠂤。”伯懋父即是康叔之子康伯髦。《世本》：“康伯名髦”，宋衷注：“即王孙牟也”（《史记·卫世家》索隐引，“髦”原误作“髡”，从梁玉绳《人表考》依据杜预《春秋释例·世族谱》改正）。《左传·昭公十二年》记楚灵王说：“昔我先王熊绎与吕伋、王孙牟、燮父、禽父，并事康王。”杜注：“王孙牟，卫康叔子康伯。”“懋”、“髦”、“牟”三字声同通用。伯懋父所统率的“殷八师”，当即由康叔受封时分得的“殷民七族”所组成，出师归来驻屯在牧𠂤，牧𠂤即是牧野附近的牧邑。西周在东方有两支重要军队，驻屯在卫国的“殷八师”主要用来抵御和征伐东夷，驻屯在成周的“成周八师”主要用来抵御和征伐南淮夷。竞卣载：“惟白犀父以成𠂤即东，命戍南夷。”“成𠂤”即是“成周八师”，当是利用迁移到洛邑的“殷民”所组成。近人有把“成周八师”和“殷八师”说成一支军队的，看来并不恰当。

宜侯夨簋载：“易（锡）才（在）宜王人□又七生（姓），易（锡）奠七白（伯），厥□□又五十夫，易（锡）宜庶人六百又□六夫。”所谓“在宜王人”是以前商王之人，原为贵族，所以有姓而以姓计数。“王人□又七姓”，如同“殷民六族”或“怀姓九宗”一样，是分给封国的旧贵族以便用作“国人”的。“奠”即是“奠人”的官职。师晨鼎记载师氏所属有“邑人”和“奠人”之官。“奠人”即是“甸人”，“甸”指郊外地区。“邑人”和“奠人”的职掌有“邑”和“甸”之别，亦即“国”与“野”之别。周王赏给宜侯“奠七伯”，犹如赏给唐叔“职官五正”一样，都是世袭官职的贵族。“奠”之所以用“伯”为单位，因为“伯”是地方之长；“职官”之所以用“正”为单位，因为“正”是官署之长。大盂鼎载：“易（锡）女（汝）邦司四白（伯），人鬲自驭至于庶人六百又五十九夫；易（锡）尸（夷）司王臣十又三白（伯），人鬲千又五十夫。”“邦司”和“夷司”原来都是商王的“王臣”，都是世袭官职的贵族，但职司有“邦”和“夷”的不同，因为和“奠”一样是地方之长，也以“伯”为单位。说明这时不仅以“姓”、“族”、“宗”为单位把旧贵族分给封国，还以“正”、“伯”为单位以世袭官职的贵族分赏给封国。

图四十　宜侯夨簋铭文

西周初期把旧贵族和旧官僚分给封国，是个普遍现象。从北京房山琉璃河出土的复尊、复鼎和辽宁喀左北洞出土的方鼎等铜器铭文来看，分封到燕那样远的地方，也还带有殷贵族同往，如曩侯氏的亚、𠂤爯氏的复，原来都是殷贵族。说明燕国受封时，至少分得“殷民”二族。

西周初期这样分配殷和方国的旧贵族、旧官僚给封国，该是一种进步措施。原来这些旧贵族十分腐朽暴虐，这时迁移出去，在一定程度上调整了生产关系，有利于生产力的发展。封君把这些旧贵族、旧官僚带往封国，重新加以安排，使成为封国的官吏和“国人”，可以扩大周朝的统治地区。特别是边缘比较落后地区，包括许多具有一定生产水平而保存有原始“村社”组织的地区，分派封君到那里创建新的封国，创建乡遂制度，是符合历史发展的趋势的。

值得注意的是，《左传·定公四年》所记祝佗叙述分封鲁国的情况，先后用两个“分”字：先是分给仪仗、礼器、宝物和“殷民六族”，用来装饰封君的威仪和加强封君的统治力量；再是“分之土田陪敦，祝、宗、卜、史，备物典策，官司彝器”，用来作为统治人民的手段。鲁国就是这样通过两个“分”，构成了乡遂制度，确立了“国”和“野”对立的社会结构。通过分给“殷民六族”构成了“国人”这个阶层，成为“国”内政治上和军事上的支柱；又通过分给“土田陪敦”构成了“野人”或“庶人”这个阶级，成为在“野”的居民。

所谓“土田陪敦”就是“土田附庸”。《诗经·鲁颂·閟宫》记述分封鲁国的情况：“乃命鲁公，俾侯于东，锡之山川，土田附庸。”“陪”和“附”古声同通用，“敦”和“庸”因字形相近而讹误。“附庸”原是“小城”的意思，后来引申为附属于天子或诸侯的附属国，《孟子·万章下》说:“不能五十里,不达于天子,附于诸侯曰附庸。”《礼记·王制》同,郑玄注:“小城曰附庸。”例如秦的祖先非子因养马被周孝王“分土为附庸,邑之秦”,后来秦襄公护送周平王东迁,“平王封襄公为诸侯”(见《史记·秦本纪》)。所谓“土田附庸”,是说大块土田而有城郭的居民。

鲁国就是这样通过分得“殷民六族”和“土田附庸”,构成了“三郊三遂”的社会结构。《尚书·费誓》记载鲁公在费誓师讨伐淮夷徐戎,下令“三郊三遂”保证提供行军用的“糗粮”(干粮)、建筑用的“桢干”、养马用的“刍茭”(饲料)。“三郊三遂”便是“三乡三遂”。说明鲁国就是把这种乡遂结构作为主要的经济基础的,因此有军事行动也必须由乡遂结构来支持。

《左传·定公四年》所记祝佗所讲周公分封卫国的情况,有些地方较为简略,为的是避免和叙述鲁国情况重复。他叙述分给唐叔的“殷民七族”,只提到了七族的名称,没有讲到他们宗族组织以及隶属有“类丑”,这是省略;他只讲到了“聃季授土,陶叔授民”,而没有讲到“土田附庸”等等,同样是省略。但是他叙述卫的封域特别详细:“封畛土略,自武父以南,及圃田之北竟(境);取于有阎之土,以共(供)王职;取于相土之东都,以会王之大蒐。”因为卫国在封域方面有它的特点必须说明。卫国以商代国都周围地区为主要封地,但是它的南部跨过大河到达圃田泽的北境;在洛邑附近还有供朝宿用的“有阎之土”,就是后来周的甘氏和晋的阎嘉争夺的“阎田”(《左传·昭公九年》);在东部还有相土的东都,即帝丘(今河南濮阳西南)一带,这是周天子举行大蒐礼的战略要地。大蒐礼用来检阅和整顿军队、选定和任命将帅以及制定和颁布法令等等。因为驻屯卫国的“殷八师”是西周用来控制东夷的一支重要军队。当时卫国所担负军事上的责任比鲁还要重要，肯定也有和鲁国一样的乡遂结构。

祝佗所讲周公分封唐国的情况比卫国更为简略，只谈到分给“怀姓九宗、职官五正”，连“授土”和“授民”也省略了。但从分赏仪仗和宝物来看，唐国担负有抵御和控制西北戎狄的重任。祝佗说周公“分唐叔以大路、密须之鼓、阙巩、沽洗”。周景王曾对晋大夫籍谈作了解释：“密须之鼓，与其大路，文（文王）之所大蒐也；阙巩之甲，武（武王）之所以克商也，唐叔受之以处参虚，匡有戎狄。”（《左传·昭公十五年》）周公把文王在大蒐礼中应用的鼓和车、武王在克商战役中应用的甲赏给唐叔，作为首要的礼物，其目的就是要求唐叔继承其祖先尚武的传统、胜利的余威，达到“匡有戎狄”的目的。

更必须指出的，西周初期分封诸侯就有一套隆重的策命典礼。祝佗说：周公分封鲁国，“因商奄之民，命以《伯禽》，而封于少皞之虚”；分封卫国，“聃季授土，陶叔授民，命以《康诰》，而封于殷虚，皆启以商政，疆以周索”；分封唐国，“命以《唐诰》，而封于夏虚，启以夏政，疆以戎索”。所讲的就是指举行策命礼的情况。当时策命礼在宗庙举行，有隆重的仪式。《礼记·祭统》说：“古者明君爵有德而禄有功，必赐爵禄于太庙。……君降立于阼阶之南，南乡（向），所命北面，史由君右执策命之。再拜稽首，受书以归，而舍奠于庙。”以西周金文所载策命王臣之礼来比较，可知《祭统》所说是可信的。从上引祝佗所说看来，当举行分封诸侯的策命礼时，不仅有“史由君右执策命之”，还该有司空“授土”和司徒“授民”的仪式。《伯禽》、《康诰》、《唐诰》就是当时策命的文件。如今《伯禽》和《唐诰》已失传，《康诰》还保存着。

从《康诰》内容来看，所谓“启以商政”，是因为卫国原是商代王畿,要选择采用商代政策和法令中适宜的条例推行。《康诰》记周公告诫康叔说:"女(汝)陈时(是)臬司,师兹殷罚有伦。"就是说:你应该发布给执法的官司,学习殷代处罚条文中合适的条例。《康诰》又记周公说:"女(汝)陈时(是)臬事,罚蔽殷彝,用其义刑、义杀。"就是说:你应该发布法律,处刑断狱要依照殷代常法,采用其中合理的杀罚办法。至于"疆以周索",就是不能完全照殷代法律判处,还必须按周的特殊法制来处理。《康诰》又记周公告诫康叔,对于不孝、不慈、不友、不恭的人,要按照"文王作罚,刑兹无赦"。周公还指出:明知故犯,一贯不好,其罪虽小,"乃不可不杀";偶然过失,不坚持错误,其罪虽大,"时(是)乃不可杀"。因为周人重视礼治,主张"明德慎罚",对于违反宗法的行为处罚特严;对犯罪者的事先动机和事后态度特别重视。

周公颁发给唐叔的《唐诰》已经失传,但是它的内容重点在于"启以夏政,疆以戎索",可以推想而知。因为唐国原是夏朝统治地区,需要采用夏代政策中合适的部分继续推行;因为唐国周围是戎狄之族分布地区,又应采用戎狄族的政策中适当部分加以执行。

周公颁发给伯禽的《伯禽》已经失传,但是从他发给鲁国的"备物典策,官司彝器"来看,不外乎把"礼"和"刑"用作主要的统治手段。《左传・文公十八年》记鲁太史克说:"先君周公制周礼曰:则以观德,德以处事,事以度功,功以食民。作誓命曰:毁则为贼,掩贼为藏,窃贿为盗,盗器为奸,主藏之名,赖奸之用,为大凶德,有常无赦,在《九刑》不忘。"周公所给鲁国的典策,属太史掌管,所以太史克会如此熟悉周公所制作的周礼和誓命。《左传・昭公二年》记载韩宣子聘问鲁国,"观《书》于太史氏,见《易象》与《鲁春秋》,曰:周礼尽在鲁矣,乃今知周公之德与周所以王也。"韩宣子在鲁的太史氏那里看到的《书》,

当即《尚书》一类的典策，其中保存有大量周公的言论主张，所以他看了之后，才会说："乃今知周公之德与周所以王也。"

从上面分析来看，周公在东征胜利之后所推行的分封制，是在总结前个阶段经验教训的基础上制定的。它不像有些人所说的那样是一种比较原始的部落殖民，而是贯彻周公政治意图，扩大和加强统治的一种手段。它采用了分给封君以殷和方国贵族的办法，消除了殷和方国贵族在原地顽强反抗的势力，同时又利用来作为封君在其封国的统治力量。它通过分封办法在封国确立和推广了乡遂制度，即"国"和"野"对立的社会结构，在一定程度上调整了各个地区的生产关系，有助于生产力的进一步发展。它在各个封国因地制宜的统治政策，也在一定范围内缓和了封国内部的阶级矛盾及其和周围部落之间的矛盾，有利于社会经济的繁荣发展。周朝之所以能建成幅员广大的强大国家，和推行这种分封制有密切关系。

三　姬姓诸侯和异姓诸侯的布局

周公东征胜利以后，推行大规模的分封制，既是巩固和扩大周朝统治的手段，又是贵族内部对财产和权力进行再分配的一种方式。《左传·昭公二十八年》记载成鲊说："武王克商，光有天下，其兄弟之国十有五人，姬姓之国四十人。"《荀子·儒效》又说：周公"兼制天下，立七十一国，姬姓独居五十三人。"周公这种分封制，虽然以姬姓贵族为主体，但是为了稳定统治的大局，又不能不照顾到异姓贵族，还得分封一些异姓诸侯。固此姬姓诸侯和异姓诸侯怎样的布局，又是当时政治上的重要问题。

周公东征胜利，平定了武庚和三监的叛乱，接着就把许多殷和方国的贵族迁移到洛邑，并把他们分配给封君带往封国，基本上消除了他们在原住地区发动叛乱的危险，但是对于整个控制殷贵族的问题没有完全解决，因而还要继续对他们采用安抚和监督的策略。《史记·管蔡世家》说周公平定叛乱以后，“从而分殷余民为二，其一封微子启于宋，以续殷祀，其一封康叔为卫君”。这时周公为了安抚殷贵族，把降服于周的殷贵族微子启（纣的庶兄）分封于宋，建都商丘（今河南商丘），“代殷后，奉其先祀”（《史记·宋世家》）。这时周公封微子启于宋，和过去武王封武庚于殷，性质是一样的，但是形势大不相同。因为微子启是自愿向周屈节投降的，又不曾参与武庚的叛乱，同时所封的宋国是商代早期的主要统治地区，这里殷贵族的势力没有殷地的那样顽强。周公把微子启的封国叫“宋”，还是沿用商代的旧名称，“宋”和“商”是一声之转。如同周人称“殷”为“卫”一样，“卫”和“殷”也是一声之转。王国维《说商》说：“余疑宋与商声相近，初本名商，后人以别于有天下之商，故谓之宋耳。”古代“宋”和“商”同声可以通用，“宋”古从“木”声，而“木”古有“桑”音①。直到春秋战国时代，人们还常把“宋”称作“商”。

周公为了安抚殷贵族，把商代早期国都商丘周围地区分封给殷贵族微子启，称之为“宋”，成为西周一个较大的异姓诸侯。同时还分封许多诸侯对宋形成内外两个包围圈，从它的西、北、南三面加以监

---

① 孙志祖《读书脞录》卷七“木有桑音”条说：“古木有桑音，《列子·汤问》：‘越之东有辄木之国’，注音木字为又康反。《山海经·东山经》：‘南望幼海，东望榑木’，注扶桑二音是也。字书木字失载桑音，人多如字读之，误矣。”顾炎武《日知录》卷二“武王伐纣”条说：“平王以下去微子之世远矣，而曰孝惠娶于商（《左氏哀二十四年传》），曰天之弃商久矣（《僖二十二年传》），曰利以伐姜，不利子商（《哀九年传》），吾是以知宋之得为商也。”原注还引《国语》、《庄子》、《韩非子》等书常称“宋”为“商”。

督。内层包围圈主要是异姓诸侯，在宋的西北，有姒姓的杞（今河南杞县）、嬴姓的葛（今河南宁陵西北）；在宋的西南，有妘姓的鄢（一作邬，今河南鄢陵西北）、姜姓的许（今河南许昌东）、妫姓的陈（今河南淮阳）；在宋的南边，还有异姓的厉（今河南鹿邑东）①、传为神农之后的焦（今安徽亳县）。宋的外层包围圈主要是姬姓诸侯，北方有曹（文王之子叔振铎，今山东定陶西北）、郜（文王之子，今山东城武东南）、茅（周公之子，今山东金乡西北）；西南方有蔡（蔡叔之子蔡仲，今河南上蔡西南）、沈（即聃，文王之子季载，今河南平舆北）②等。

李亚农在《西周与东周》第二章《周初诸民族的分布》中指出，周初姬姓诸侯的分封，主要是为了占有中原适宜农业生产的黄土层地区。日本学者伊藤道治在《中国古代王朝形成》第二部《西周史研究》的第四节"姬姓诸侯分封的历史地理的意义"中又指出，周初姬姓诸侯向东方地区分封，在于确保其向东方发展的交通线，扩展其统治势力，并占领主要的农业地区。我们认为这些分析都是正确的。当时多数诸侯都建都在靠近重要河流的地方。

西周初期对于姬姓诸侯的分封，主要可以分为东、北、南三个方

---

① 鲁大司徒匜述及孟姬所适之𨟭国，郭沫若谓即厉国。《春秋・僖公十五年》："齐师曹师伐厉"，杜注谓在随县北之厉乡，与齐距离太远，不确。王夫之《春秋稗疏》谓即老子生于苦县之厉乡，当是。

② 聃一作冉，亦邮。《史记・管蔡世家》索隐谓即那处，在今湖北荆门东南。梁玉绳《人表考》驳之，认为"邮"与"那"乃两字，音读不同，不能相混。且季载为文王幼子，不可能远封到那处。江永《春秋地理考实》云："《国语》'聃由郑姬'，盖因郑姬而亡，僖二年郑有聃伯，似郑灭之以为采邑，当在开封境。"并无确切根据。洪颐煊《读书丛录》认为"邮当读作郑，即沈国也"。钱坫《新斠注汉书地理志》依据《广韵》和《新唐书・宰相表》聃季有食采于沈之说，亦断言聃即沈国。当以洪、钱之说为是。聃与沈古音同通用，犹如老聃或作老耽。

向。其中最主要的是向东一线，沿着黄河两岸向东伸展，在黄河北岸有魏（今山西芮城北）、虞（今山西平陆东北）、单（今河南孟县西南）①、邘（武王之子，今河南沁阳北）、原（文王之子，今河南济源东南）、雍（文王之子，今河南焦作南）、凡（周公之子，今河南辉县西南）、共（今河南辉县）②、卫等；在黄河南岸有焦（今河南陕县）、北虢（文王之弟，今陕县东南）、东虢（今河南荥阳北）、祭（周公之子，今荥阳西北）、胙（周公之子，今河南延津北）等。接着一直向东，就有曹、茅、郜、极（今山东金乡东南）等姬姓诸侯，再向东，就有郕（文王之子，今山东宁阳东北）、鲁（今山东曲阜）、滕（文王之子叔绣错，今山东滕县西南）等国。

周初姬姓诸侯分封在黄河以北广大地区的，有沿汾水两岸的，如耿（今山西河津南）、韩（武王之子，今河津、万泉间）③、郇（文王之子，今山西新绛西）、贾（今山西襄汾西南）、晋（今山西翼城西）、杨（今山西洪洞东南）、霍（霍叔后裔，今山西霍县西南）。在卫以北，更有邢国（周公之子，今河北邢台），由邢往北，更有召公之子所封的燕国（今北京），这是深入东北最远的一支姬姓贵族。

周初姬姓诸侯分封在黄河以南广大地区的，有应（武王之子，今河南鲁山东）、蔡和沿淮水的息（今河南息县西南）、蒋（周公之子，今

---

① 单为西周东都畿内封国，有单伯诸器，又见于《壴卣》。郭沫若《壴卣释文》据《考古图》得于河南河清，推定在河南孟县南。《左传·成公十一年》记刘子、单子谓周克商时“苏忿生以温为司寇，与檀伯达封于河”。檀伯可能即是单伯，古檀单音近通用。春秋时郑有大夫檀伯，见《左传·桓公十五年》，而《史记·郑世家》作“单伯”。

② 《古本竹书纪年》：“共伯和干王政”。《吕氏春秋·开春论》也谈及此事。《庄子·让王》：“共伯得乎共首”。《左传·隐公元年》：“大叔出奔共”，杜注：“共，国。今汲郡共县”。《汉书·地理志》河内郡共县，“故国”。共县即今辉县。

③ 详见本书第四编第五章附录《韩侯所在地望考》。

河南淮滨东南）等国，更有所谓“汉阳诸姬”的随（今湖南随县）、唐（今随县西北）等国。周康王还曾把虞侯夨一支分封到了宜（今江苏丹徒一带），说明当时姬姓贵族势力确实已经到达长江下游和江南地区。

西周初年通过分封姬姓诸侯，把周朝势力推向东、北、南三个方面，是十分清楚的。从周公的七个儿子的封地，就可清楚看到这点。《左传·僖公二十四年》记富辰说：“凡、蒋、邢、茅、胙、祭，周公之胤也。”周公的四个儿子分封在中原的心脏地区（凡、祭、胙、茅），还有三个儿子分封到了东、北、南三个方向的战略要地。长子伯禽代表周公本人受封于鲁，成为嫡系姬姓贵族中封得最东的一个大国，这是用来控制东方一带夷族的。另外一个儿子受封于蒋，在今河南淮滨以南，已跨过淮水，成为嫡系姬姓贵族中封得最南的一国，这是用来控制南方的淮夷和群舒的。还有一个儿子受封于邢，在今河北邢台，原为商的旧都，这是用来统治原来商代王畿的北方地区（相当于武王所封的邶），并抵御和控制北方狄族的。

富辰同时还说：“昔周公吊二叔之不咸，故封建亲戚以蕃屏周。管、蔡、郕、霍、鲁、卫、毛、聃、郜、雍、曹、滕、毕、原、酆、郇，文之昭也。邘、晋、应、韩，武之穆也。”文王之子有十六个封国，其中鲁国名义上是封给周公的，实际上是周公之子伯禽受封的，如果除去的话，就只有十五国，所以成鲒又说：“其兄弟之国十有五人。”其中除管、蔡、霍三监以外，毛、毕、酆是封在西方的，卫、聃、郜、雍、曹原是封在中原的，只有郇封在北方汾水流域，郕、滕封在东方，和鲁国靠近。武王之子所封四国，晋、韩都在汾水流域，邘在中原地区，应（今河南鲁山东）略为偏南。

十分明显，周初的分封制，主要是为了巩固和扩展周朝的统治地区，首先是为了姬姓贵族特别是嫡系姬姓贵族的利益，因而把中原比较优越的地区分封给文王、武王、周公之子。异姓诸侯分封于中原地区的，都有特殊原因。或者是为了安抚殷贵族，如宋国；或者是为了监视宋国，如杞、葛、鄅、许、陈等国；或者是为了亲戚关系，如挚、畴等国；或者因为是朝廷重臣，如武王的司寇苏忿生封于苏，占有大河中游北岸重要地方十二个邑（从今河南济源、孟县到武陟、获嘉一带），即《左传·隐公十一年》所说"苏忿生之田"。

但是为了控制战略要地，抵御夷狄部族侵扰，谋求进一步扩大占有地区，又不能不把嫡系姬姓贵族分封到靠近夷狄的地区。如把文王之子封于郕、滕，武王之子封于晋、韩，周公之子封于鲁、邢、蒋，都是为了这个缘故。当时在郕、鲁、滕一线以东，现在广大的山东半岛，原来都是东夷、淮夷的势力所统治，尽管周公"伐奄三年讨其君，驱飞廉于海隅而戮之，灭国者五十"（《孟子·滕文公下》），但是对这个地区的控制和统治还是个严重问题。当时韩、晋、霍以北，今山西中部和北部地区，原来都是戎狄势力所统治；邢以北以及太行山脉一带，更是北狄的主要活动地区；蒋以南，今淮河下游以南地区，又是群舒的分布地区。如何加强对这些地区的控制也是当时的重要问题。

周朝为了解决这些重要问题，采用了分封异姓诸侯的办法。当时分封异姓贵族有多种原因，或者因为有亲戚关系，或者因为他们在灭商战役中立有大功，或者因为他们具有相当力量而愿意服从周朝的统治，或者是为了加强对原来夷狄统治地区的控制。

周初所封的异姓贵族，以姜姓较多。姜姓贵族原是西方羌人，世代和姬姓贵族通婚，又勇敢善战，在克殷战争中立有大功。因此周公把当时东夷势力较强而难以控制的东方一带，就分封姜姓贵族前往坐镇。吕尚是克殷战争中统率大军的“大师”，建有威武的战功，因此他封于东方的齐国，版图很大，权力也很大。管仲说：“昔召康公命我先君大公曰：五侯九伯，女（汝）实征之，以夹辅周室。赐我先君履：东至于海，西至于河，南至于穆陵，北至于无棣”（《左传·僖公四年》）。在这样一个范围内，“五侯九伯”，无非是指东夷所建立的国家。但是这个地区“地潟卤，人民寡”（《史记·货殖列传》），生产落后，条件很差，这就需要新建的齐国努力从事开发了。当时姜姓贵族的封国，除了许在中原以外，纪（今山东寿光东南）、州（今山东安丘东北）、向（今山东莒南东北），都在今山东的东部，他们和齐一样既负有控制东夷的责任，还要从事开发工作。

周初所封任姓诸侯也是较多的。任姓和姬姓也有婚姻关系。任姓的挚（今河南汝南）、畴（一作畴，今河南鲁山东南）两国就是因为文王之母大任而得到封国的，都封在中原地区。任姓的薛国（今山东滕县东南）原是古国，这时继续受封。任姓的铸（今山东肥城南）、鄣（一说姜姓，今山东东平东）也都在今山东，和姜姓封国担负着同样的任务。

相传为大皞后裔的风姓贵族，原住在济水附近。《左传·僖公二十一年》说：“任、宿、须句、颛臾，风姓也，实司太皞与有济之祀。”这时继续封在原地，任在鲁国西南，在今山东微山夏镇西北；宿和须句都在鲁国西北，靠近济水，宿在今山东东平的东南，须句在东平的西南；颛臾在鲁国东南，在今山东平邑东。

相传为祝融的后裔的妘姓贵族的封国，除了鄢（一作邬）、郐（今河南新郑西北）在中原以外，夷（今山东即墨西）、鄅（今山东临沂北）、偪阳（今山东枣庄南）也都在今山东的东部或南部。

当时封在今山东地区的异姓诸侯，除了上述姜姓的四个、任姓的三个、风姓的四个、妘姓的三个以外，还有已姓（一说曹姓）的莒（今山东胶县西南）、嬴姓（一说子姓）的谭（今山东章丘西）、姒姓的曾（今山东苍山西北）、曹姓的邾（今山东曲阜东南）等等。为什么周朝封在今山东的异姓诸侯如此之多，无非是要利用异姓诸侯在那里进行开发和控制当地强大的东夷部族。

属于嬴姓（或称熊盈族）的徐、奄等国以及淮夷的许多部落，原是周的东南的主要敌人。奄已被周公所灭，徐还存在，淮夷也还不断对周侵扰。但是也有部分嬴姓贵族服从周的统治，接受了周的分封。在淮水上游就有嬴姓的黄（今河南横川西北）和江（今河南正阳南），在汉水流域还有嬴姓的谷（今湖北谷城西）。同时嬴姓贵族早就有迁往西北的，这时也接受了周的分封，嬴姓的梁国就在今陕西韩城南，靠黄河西岸。

当时在汉水两旁也封有一些异姓诸侯，除了嬴姓的谷，还有曼姓的邓（今湖北襄樊）、妫姓的卢（今襄樊西南）、允姓的鄀（今湖北钟祥西北）、子姓（?）的权（今湖北荆门东南）等。芈姓的楚（今湖北秭归）也在这时接受周的分封。周朝在这里分封这样许多异姓诸侯，当然是为了加强对江、汉之间“楚蛮”的控制。

根据上面的分析，可知西周初期分封姬姓诸侯和异姓诸侯的布局，是有计划的，就是要扩大以姬姓贵族为主、联合异姓贵族对东、北、南三方面的统治。当时周朝对异姓诸侯的分封，一方面是为了安抚这些有功的、或是有亲戚关系的、或是有传统势力的异姓贵族，另一方面更是为了用作姬姓贵族的屏障，控制东、北、南三方的夷狄部落，从而巩固和扩大周朝的统治地区。与此同时，周朝也还分封旁系姬姓贵族到较远地区，例如汉阳诸姬如随、唐等国到达了汉水以东地区；建都于蓟（今北京）的燕国更延伸到了东北遥远的地方；改封到今江苏丹徒一带的宜侯更是延伸到了东南遥远的地方。西周初期这样把旁系姬姓贵族和异姓贵族分封到比较落后的地方，深入到原来少数部族居住的地区，无疑的，会扩大中原先进文化的影响，对此后这些地区的生产和文化的发展起着促进作用。辽宁喀左、北京房山都发现了一批西周初期的燕国铜器，江苏丹徒发现了西周初期的宜国铜器，就证明了这点。

总的说来，西周初期推行的分封制有它的特点，在历史上是有进步意义的。它通过分给封国旧贵族、旧官僚的办法，在广大地区确立了乡遂制度，同时推行了因地制宜的政策，符合于历史发展趋势，有助于社会生产力的进一步发展。它又通过对姬姓诸侯和异姓诸侯的布局，建立了从西方伸向东、北、南三方的统治基地，深入到原来经济文化比较落后的地区，加强了民族之间融合和经济文化上的交流作用，有助于广大地区进一步开发。

四　天子控制和使用诸侯的制度

西周王朝之所以强大，不仅是由于王朝拥有西六师、成周八师等强大的军队，而且由于天子能够控制和使用诸侯，从而控制四边的夷戎部族。

当时天子所以能够控制和使用诸侯，首先由于诸侯的卿出于周王的派遣、选拔和任命。《礼记·王制》说："大国之卿皆命于天子"，"次国三卿，二卿命于天子，一卿命于其君"。这种制度西周确实实行。豆闭簋载：王命内史册命豆闭，"司窦艅邦君司马、弓矢"。所谓

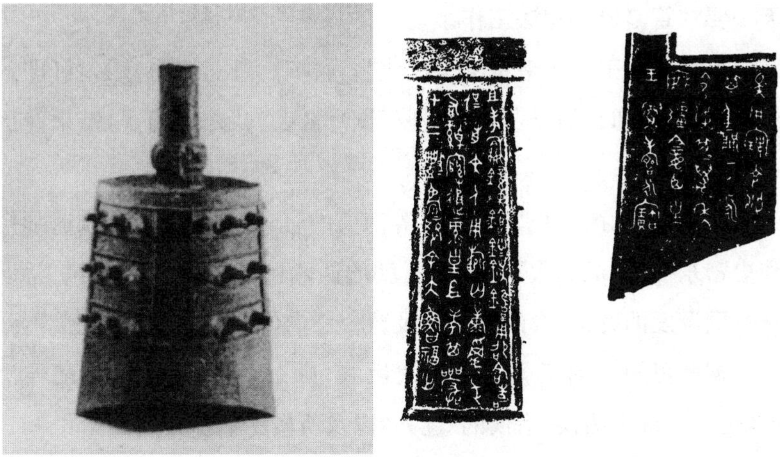

图四十一　梁其钟及铭文

传一九四〇年陕西扶风法门寺任村出土。最大高五十五点四厘米，最小高三十五点三厘米，传世共有六枚，全篇铭文共有一百四十七字。现藏上海博物馆。（上海博物馆提供）

“邦君”即是诸侯，《小雅·雨无正》说：“邦君诸侯，莫肯朝夕”，以邦君诸侯连称，因为邦君即是诸侯。寏鮷当是邦君之名，“司马”是卿一级的武官，当时天子和诸侯都设有司马掌管军事。“弓矢”当是掌管弓矢等武器的官。周王这样任命诸侯的司马兼弓矢之官，说明天子能够兼管诸侯的军事行动。

梁其钟又载：“梁其曰：丕显皇且（祖）考……农臣先王，得屯（纯）亡敃，梁其肇帅井（型）皇且（祖）考秉明德，虔夙夕，辟天子，天子肩事（使）梁其身邦君大正。”这是说梁其继承祖先的职司，天子使梁其出任邦君的大正。按大正是主管刑法之官。《逸周书·尝麦解》记载：“维四年孟夏王初祈祷于宗庙，乃尝麦于太祖。是月王命大正正刑书”，“太史筴刑书九篇以升授大正。”周王这样任命诸侯的刑官，说明天子要掌管诸侯的司法工作。

班簋载周王命令毛班继承虢成公为执政大臣，统率邦冢君（即诸侯）吴（虞）伯和吕伯以及土（徒）驭（御）等人讨伐东国痟戎，结果经历三年取得成功。

史密簋载：由于卢、虎、杞夷等南夷的“广伐东国”，天子派遣师俗和史密东征，东征的大军，不是王朝的西六师或成周八师，而是就近从齐国调发的齐师、齐的遂人以及釐（莱）白（伯）和僰族等少数部族。

据此可知西周王朝的执政大臣和“师”、“史”，可以统率诸侯出征，也可以统率诸侯、诸侯的“遂人”以及所属少数部族出征。

第五章　西周春秋的乡遂制度和社会结构

乡遂制度，是西周春秋间社会结构的重要特征之一。“乡”与“遂”不仅是两个不同的行政区域，而且是两个不同阶层的人的居住地区。

这种乡遂制度，《周礼》中有比较详细的叙述。《周礼》虽是春秋、战国间的著作，其所述的制度已非西周时代的本来面目，夹杂有许多拼凑和理想的部分，但是其中所记的乡遂制度，基本上还保存着西周春秋时代的特点。因此，要在这方面作深入探索，还必须从《周礼》谈起。

一　《周礼》中的乡遂制度

《周礼》把周天子直接统治的王畿，划分为“国”和“野”两大区域，对整个王畿的经营布置，称为“体国经野”。在这“国”和“野”两大区域中，“郊”是个分界线，“郊”以内是“国中及四郊”，“郊”以外即是“野”。“郊”的得名，就是由于它是“国”和“野”的交接之处。

“国”的本义，是指王城和国都。在王城的城郭以内，叫做“国中”；在城郭以外，有相当距离的周围地区，叫做“郊”或“四郊”。在“国”以外和“郊”以内，分设有“六乡”，这就是乡遂制度的“乡”。从“郊”的广义而言，所有“六乡”地区，都可以称为“郊”或“四郊”①。对“野”而言，以王城为中心，连同四郊六乡在内，可以总称为“国”②。

在“郊”以外，有相当距离的周围地区叫“野”。在“郊”以外和“野”以内，分设有“六遂”，这就是乡遂制度的“遂”。此外，卿大夫的采邑称为“都鄙”，细分起来，有甸、稍、县、都、鄙等名目。就“野”的广义而言，指“郊”外所有的地区，包括“六遂”和“都鄙”等。

大体说来，王城连同四郊六乡，可以合称为“国”；六遂及都鄙等地，可以合称为“野”。六乡和六遂是分布在两个不同的行政区域。《周礼·比长》载：“徙于国中及郊，则从而授之；若徙于他，则为之旌节而行之。若无授无节，则唯圜土内之（郑注：“圜土者，狱城也”）”。这因为“国”和“郊”属于同一地区，六乡的居民，要在“国中及郊”的范

---

① 段玉裁《四与顾千里书论学制备忘之记》（收入《经韵楼集》）说：“郊之为言交也，谓乡与遂相交接之处也，故《说文》曰：‘距国百里为郊’，此郊之本义也，谓必至百里而后为郊也。而《尔雅》曰：‘邑外谓之郊’，《说文》冂下本之，亦曰：‘邑外谓之郊。’邑者，国也，是则自国中而外，至于百里，统谓之郊矣，此引伸之义也。何以引伸也？国外郊内六乡之地，故《周礼》立文，多言‘国中及四郊’，以包六乡。其有单言六乡者，其事不涉国中者也。言四郊可以包乡……《费誓》三郊三遂，即三乡三遂。”

② 焦循《群经宫室图》卷上说：“隐公五年传云：‘郑人伐宋，入其郛，公闻……问于使者曰：师何及？对曰：未及国。公怒乃止。’按公闻其入郛而使者对以未及国，公以其绐己而怒，则当时谓郛内为国也。”又说：“《齐语》：‘参其国而伍其鄙’，韦昭注云：‘国，郊以内也；鄙，郊以外也。’孟子云：‘请野九一而助，国中什一使自赋。’《周礼·遂人》‘掌邦之野’，注云：‘郊外曰野’……准此，则近郊远郊为国中也。”又说：“经典国有三解：其一，大曰邦，小曰国，如惟王建国，以佐王治邦国是也。其一，城中曰国，《小司徒》稽国中及四郊都鄙之夫家，《载师》以廛里任国中之地……是也。盖合天下言之，则每一封为一国；而就一国言之，则郊以内为国，外为野；就郊以内言之，则城内为国，城外为郊。”

围内迁居，手续比较简便；如果要迁出这个地区，就要郑重其事，“为之旌节以行之”，没有节是要被拘捕的。

“乡”和“遂”，不仅所居地区有“国”和“野”的区别，而且居民的身份亦有不同。在《周礼》中，“乡”和“遂”的居民虽然都可以统称为“民”，但是“六遂”的居民有个特殊的称呼，叫“甿”、“氓”或“野民”、“野人”；“六乡”的居民则可称为“国人”。

《周礼·遂人》载：

> 凡治野，以下剂致甿，以田里安甿，以乐昏（婚）扰甿（注：“扰，顺也”），以土宜教甿稼穑，以兴耡利甿，以时器劝甿（注：“铸作耒耜钱镈之属”），以强予任甿（注：“强予，谓民有余力，复予之田，若馀夫然”），以土均平政。

郑注：“变民言甿，异内外也。”这里谈“治野”的方法，一连串谈到七次“甿”，其中大多数是关涉农业生产的。“甿”，古本或作“氓”，或作“萌”①，本是指“田民”、“野民”或“野人”②。《墨子·尚贤上》说：“国中之众，四鄙之萌人，闻之皆竞为义。”“国中之众”即是“国人”，“四

---

①　宋本《经典释文》作“氓”，宋本《白氏六帖事类集》卷二三“给授田第十六”引作“氓”，《说文·耒部》“耡”字下引《周礼》：“以兴耡利萌。”郑注亦作“萌”。清代学者都认为古本应作“萌”。

②　《说文·田部》把“甿”训为“田民”，《战国策·秦策》高注：“野民曰氓。”《孟子·滕文公》篇赵注：“氓，野人之称。”《管子·山国轨》尹注也说：“萌，田民也。”“甿”或“氓”、“萌”的身份和地位远较“国中”的“乡人”为低。《周礼·旅师》载：“凡新甿之治皆听之”，这对新迁来的农业生产者叫“新甿”，因为其身份地位亦低。《吕氏春秋·高义》载墨子说：“翟度身而衣，量腹而食，比于宾萌，未敢求仕。”“宾萌”即是“新甿”。至于“民”是通称，“六乡”居民可称“民”，“六遂”的“甿”亦可通称为“民”。金鹗《求古录礼说》卷八《释民》认为“甿”、“氓”、“萌”与“民”相同，说：“萌与民义同，而郑谓异外内，则未必然。遂人、遂大夫、旅师虽言萌，而上下文又皆言民，是知萌即民，民即萌，无他义也。”这是不正确的。

鄙”即是“野”，“萌人”即是“甿”或“萌”。《周礼》也称“六遂”的居民为“野民”，如《周礼・县正》说：

若将用野民，师田行役，移执事，则帅而至，治其政令。

“野民”也即“甿”或“氓”的别称，古书上或称为“野人”、“鄙人”。如《孟子・滕文公上》说：“无君子莫治野人，无野人莫养君子。”

“六遂”因为处于“野”的地区，其居民被称为“甿”、“氓”或“野民”、“野人”。那么，六乡处于“国”的地区，其居民就可以称为“国人”了，《周礼・泉府》载：“国人、郊人从其有司”，贾疏：“国人者……即六乡之民也。”①

“六乡”和“六遂”居民的社会组织也有不同。《周礼・大司徒》载六乡的乡党组织是：

令五家为比，使之相保；五比为闾，使之相受；五闾为族，使之相葬；五族为党，使之相救；五党为州，使之相赒；五州为乡，使之相宾。

《周礼・遂人》载六遂的邻里组织是：

五家为邻，五邻为里，四里为酂，五酂为鄙，五鄙为县，五县为遂。

从“六乡”的乡党组织，分为比、闾、族、党、州、乡六级来看，可知“六乡”居民还多采取聚族而居的方式，保持有氏族组织的残余形式，在一定程度上仍以血统关系作为维系的纽带。从“六遂”的邻里组织，分为邻、里、酂、鄙、县、遂六级来看，可知“六遂”居民已完全以地域关

---

① 孙诒让《周礼正义》说：“案国即国中，谓城郭中；郊，六乡外之余地。经言国人，以晐国外之六乡，言郊人，以晐郊外之六遂公邑。秋官，乡士掌国中，遂士掌四郊，亦其比例也。”

系、邻居关系代替了血统关系①。

为什么“六乡”组织还多保持血统关系，而“六遂”组织已多是地域关系呢？因为“六乡”居民都是“国人”，具有国家公民的性质，属于当时统治阶级，依旧沿用传统习惯，用血统关系作为团结的手段。而“六遂”居民是“甿”或“野人”，是劳动者、被统治者。据《周礼》所载，所有统治“六遂”的各级官吏，都有监督耕作之责，如遂人“以岁时稽其人民而授之田野，简其兵器，教之稼穑”；遂师“巡其稼穑，而移用其民，以救其时事”；遂大夫“正岁，简稼器，修稼政”；县正“趋其稼事而赏罚之”；酂长“趋其耕耨，稽其女功”；里宰“以岁时合耦于耡，以治稼穑，趋其耕耨，行其秩叙，以待有司之政令，而征敛其财赋”。

“六遂”居民是农业生产的主要担当者，所以有一套分配耕地的制度。《周礼·遂人》载：

> 辨其野之土，上地中地下地，以颁田里；上地，夫一廛，田百晦(亩)，莱五十晦；余夫亦如之。中地，夫一廛，田百晦，莱百晦；余夫亦如之。下地，夫一廛，田百晦，莱二百晦；余夫亦如之。

对“六遂”居民所以要如此平均分配耕地，无非是为了发展农业生产和均分对贵族的负担。“六乡”虽然也有平均分配耕地的制度，却是为了保持公民之间的平等权利，维持他们提供兵役和劳役的能力。《周礼·小司徒》载：

> 乃均土地，以稽其人民而周知其数。上地家七人，可任也者

① “六乡”的乡党组织中，族、党等名称显然带有浓厚的血缘关系。所谓“五闾为族，使之相葬”，更是同族合葬的传统习惯。《周礼·大司徒》所载“以本俗六安万民”中，其二曰：“族坟墓”，也是指同族合葬。“六遂”的邻里组织，邻、里、酂、鄙、县、遂等名称，都是表现邻居关系和地域关系的称谓。

> 家三人；中地家六人，可任也者二家五人；下地家五人，可任也者家二人。凡起徒役，毋过家一人，以其余为羡，唯田与追胥竭作。

《周礼·大司马》也有类似的记载：

> 凡令赋，以地与民制之，上地食者参之二，其民可用者家三人；中地食者半，其民可用者二家五人；下地食者参之一，其民可用者家二人(郑注引郑司农云："上地谓肥美田也。食者参之二，假令一家有三顷，岁种二顷，休其一顷。下地食者参之一，田薄恶者所休多")

"上地食者参之二"，即是《遂人》所说"上地，夫一廛，田百晦，莱五十亩"。这里所说"中地"、"下地"也和《遂人》所说相同。可知"六乡"居民和"六遂"同样有平均分配"份地"制度，但是"六乡"居民主要的负担是兵役和力役。

因为"乡"和"遂"的居民，地位不同，负担也大有不同。《孟子·滕文公上》载滕文公使毕战问井地，孟子说："请野九一而助，国中什一使自赋。"这该是根据旧有的制度来说的。六乡居民主要提供的是军赋，而"六遂"居民主要负担的是农业生产上的无偿劳动，即所谓"助"，亦作"耡"，又称为"耤"或"籍"。《周礼·里宰》载："以岁时合耦于耡。""合耦"是指相互合作，实行"耦耕"；"耡"当即指井田制中的"公田"，即一里二十五家共同耕作的田。这种"合耦"于公田的办法被称为"助"，即孟子所谓"唯助为有公田"；因为这种"公田"是实行"助"法的田，就称为"耡"，犹如实行"籍"法的田，称为"籍田"或"籍"。里宰"以岁时合耦于耡"，就是按农业时令的需要，督促里中居民在"公田"上集体耕作。在"公田"上集体耕作所有的收获，实际上已是贵族和官吏的剥削收入，名义上还是用于救济的。所以《周礼·旅师》说：

掌聚野之耡粟、屋粟、闲粟而用之，以质剂致民，平颁其兴积，施其惠，散其利，而均其政令。凡用粟，春颁而秋敛之。

“耡粟”即是“合耦于耡”而收获的粟，在春荒时借出，秋收时收回，名义上“施其惠，散其利”，也就是《周礼·遂人》所说：“以兴耡利甿”①。实际上，“六遂”居民在“公田”上的被监督的集体耕作，“公田”上的收获已完全为贵族和官吏所占有。

《周礼·遂人》说：“以下剂致甿”，郑注：“民虽受上田、中田、下田，及会之，以下剂为率，谓可任者家二人。”好像在征发力役方面，“六遂”要减于“六乡”，凡是家七人受上田的，家六人受中田的，一律按照家五人受下田的役法征调，即每家抽二人。其实，对贫苦人民来说，每家要抽二人去服役，已是很苛刻了。

“六遂”居民不仅要在“公田”上从事无偿劳动，即所谓“助”；所耕“份地”（即上田、中田、下田），也还要出贡赋。《周礼·司稼》说：“巡

① 《周礼·遂人》载治野之法，十夫有沟，百夫有洫，千夫有浍，万夫有川。《周礼·小司徒》又载“井牧其田野”之法，九夫为井，四井为邑，四邑为丘，四丘为甸，四甸为县，四县为都。郑玄据此，认为《遂人》所载是乡遂之制，用沟洫法；《小司徒》所载是采地都鄙之制，用井田法。后人对此，聚讼纷纭，大体不外三说：（一）从郑玄之说，认为乡遂用沟洫制，即用贡法，都鄙用井田制，即用助法。（二）反对郑玄之说，认为全用井田之制，并据《周礼·遂人》“以兴耡利甿”，以为遂亦用助，与都鄙相同，而与乡用贡法不同。（三）以为《小司徒》所说“九夫为井”，其中无公田，《周礼·司稼》又说“巡野观稼，以年之上下出敛法”，都鄙所用的应为彻法。这些说法中，从第二说为是。古时所谓井田之制，并非限于八家同井、其中有公田的制度，这原是村社的土地所有制，除了集体耕作的公田之外，每家都分到大体相同的“份地”，“份地”分布的方法可以有种种方式。关于“遂”用助法，宋人叶时《礼经会元》卷二“井田”说：“案孟子曰：请野九一而助，国中什一使自赋。国中言乡，野言遂也。分而言之，是乡用贡法，遂用助法矣。盖六乡于王畿为近，而皆君子，故使之什一自赋其粟而藏之仓人。六遂于王畿为远，而皆野人，故使之九一而助，其粟则聚于旅师。……故遂人曰：以兴耡利甿，谓兴起众民共治公田也；里宰曰：以岁时合耦于耡，谓合众力耦耕公田也；旅师曰：掌野之耡粟，谓公田所收之粟也。……助之一字，惟见于六遂之官，是六遂为助法明矣。”

野观稼，以年之上下出敛法。”司稼根据在“野”所巡视的结果，按照年成上下所定的“出敛法”，其征敛的对象显然是在“野”的居民。“六遂”居民除了提供力役（即“野役”）之外，还要提供贵族祭祀所需的牺牲，提供在野的一切物产，包括鸟兽、草木、玉石之类，有所谓“野牲”、“野职”、“野赋”。可知“六遂”居民的负担是繁重的。

“六乡”居民对国家最主要的负担是军赋、兵役和力役。《周礼》上军队的组织编制，完全是和“六乡”居民的乡党组织结合起来的。《周礼·小司徒》说：

> 乃会万民之卒伍而用之：五人为伍，五伍为两，四两为卒，五卒为旅，五旅为师，五师为军，以起军旅，以作田役，以比追胥，以令贡赋。

据规定，在“六乡”居民中，“凡起徒役，毋过家一人”。“五家为比”，每家抽一人入伍，就成为“五人为伍”。依此类推，“五比为闾”，就成“五伍为两”；“四闾为族”，就成“四两为卒”；“五族为党”，就成“五卒为旅”；“五党为州”，就成“五旅为师”；“五州为乡”，就成“五师为军”。这样，“六乡”居民就可编制成“六军”，成为国家机器的主要部分，不仅用于战争，还用于田猎和力役，用于追捕“寇贼”；同时对“六乡”军赋的征收，也在这个组织中进行。

“六乡”居民是编制成“六军”的基础，是贵族政权的有力支持者。“六遂”居民则不同，他们没有经常的军队编制，没有被编入正式的军队①，他们被征发去参加“师田行役”，只是随从服劳役而已。

---

① 《周礼》中没有“六遂”的军制，郑玄注：“遂之军法，追胥起徒役，如六乡。”这是毫无根据的。

由于“六乡”居民是贵族政权的有力支柱，国家有重大事故，就要被召集去从事保卫工作。《周礼·大司徒》说：“若国有大故，则致万民于王门，令无节令者不行于天下。”“万民”，孙诒让《周礼正义》认为“专指六乡之正卒”，对的；把他们召集到宫门来，就是担任保卫的。《周礼·小司徒》说：“凡国之大事致民，大故致馀子。”国之大事是指军事和祭祀，所谓“国之大事，在祀与戎”，“致民”也是指召集六乡的正卒。“大故”，郑注：“谓灾寇也”，“致馀子”是指召集六乡的馀子羡卒。

国家有重大事故时，不仅要召集六乡正卒去保卫，还常要征询他们的意见。《周礼·乡大夫》载：“国大询于众庶，则各帅其乡之众寡而致于朝。”郑注：“大询，询国危，询国迁，询立君。”郑玄这个注解是根据《周礼·小司寇》的。《小司寇》说：“掌外朝之政，以致万民而询焉，一曰询国危，二曰询国迁，三曰询立君。”“询国危”是说国家遇到重大危难时征询意见，“询国迁”是说国家需要迁都时征询意见，“询立君”是说国君继立发生问题时征询意见。这三个方面，确是古代政权机构中最重要的大事。从这点，也可见“六乡”居民有参与政治的权利。至于“六遂”居民，就不能享受这种权利。

“六乡”居民还有接受教育的权利。《周礼·大司徒》说：“以乡三物教万民而宾兴之，一曰六德：知、仁、圣、义、忠、和；二曰六行：孝、友、睦、姻、任、恤；三曰六艺：礼、乐、射、御、书、数。”其中“六艺”是“六乡”居民主要的教育课程，在“六艺”之中尤以“礼”和“射”为重要。《周礼·乡师》说：“正岁，稽其乡器，比共吉凶二服，闾共祭器，族共丧器，党共射器，州共宾器，乡共吉凶礼乐之器。”《周礼·党正》说：“凡其党之祭祀、丧纪、昏冠、饮酒，教其礼事，掌其戒禁。”可知“六乡”居民对于昏、冠、丧、祭、乡饮酒等礼，都很重视。在这些礼之中，尤以乡饮酒礼和乡射礼为重要。《周礼·党正》载："国索鬼神而祭祀，则以礼属民而饮酒于序，以正齿位。"所谓"饮酒于序"即指乡饮酒礼。《周礼·州长》又说："春秋以礼会民而射于州序。""射于州序"即指乡射礼。乡饮酒礼和乡射礼，都是以"乡"为名，"乡饮酒礼"或者单称为"乡"，很明显是"六乡"居民所行的礼。乡饮酒礼不仅是尊敬长老和加强团结的酒会，而且具有商定大事的议会性质，是一乡的咨询机关。乡射礼不仅具有军事教练的性质，而且具有选拔人才的目的。详见第六编的《"乡饮酒礼"与"飨礼"新探》和《"射礼"新探》。所有这些礼的举行，都是和他们的政治权利和兵役义务密切有关的。

"六乡"居民更有被选拔的权利。《周礼·乡大夫》载：

> 三年则大比，考其德行道艺，而兴贤者能者。乡老及乡大夫帅其吏与其众寡，以礼礼宾之。厥明，乡老及乡大夫群吏献贤能之书于王，王再拜受之，登于天府，内史贰之，退而以乡射之礼五物询众庶：一曰和，二曰容，三曰主皮，四曰和容，五曰兴舞。此谓使民兴贤，出使长之；使民兴能，入使治之。

在"六乡"中三年有一次"大比"，由乡中官吏挑选出贤者、能者，写在书上献给国王，又要"退而以乡射之礼五物询众庶"，通过乡射礼来请群众评议，可知选拔的"贤能"还是武艺高强的人。因为"六乡"本是战士集居之区，选拔出来担任乡中的各级官吏，同时也是军中的各级将领①。

① 俞正燮《乡兴贤能论》(《癸巳类稿》卷三)说："周时乡大夫三年比于乡，考其德行道艺而兴贤者，出使长之，用为伍长也；兴能者，人使治之，用为乡吏也。其用之止此。……太古至春秋，君所任者，与共开国之人及其子孙也……上士中士下士府史胥徒，取诸乡兴贤能，大夫以上皆世族，不在选举也。……周则王族辅王，公族治国，余皆功臣也。分殷民大族以与诸侯，所谓兴之为伍长乡吏者，于其中兴之，而无美仕大权，此则周之制也。"

至于“六遂”居民，虽然同样也“三岁大比”，《周礼·遂大夫》载：“三岁大比，则帅其吏而兴甿”，但是不能像“六乡”那样郑重其事，推荐到国王那里去，担任“出使长之”、“入使治之”的官职。

根据上面的探讨，不难看出，“六乡”和“六遂”的居民，显然是不同的两个阶层。“六乡”居民是自由公民性质，有参与政治、教育和选拔的权利，有服兵役和劳役的义务。“六遂”居民则没有这些权利，而是农业生产的主要担当者，并提供种种生产物品和服劳役，是被剥削者。

二　春秋时代各国的乡遂制度

春秋时代有许多国家保留有这种乡遂制度，其中以齐国最为显著。

据《国语·齐语》记载，齐国在桓公时，管仲施行“参（三）其国而伍（五）其鄙”的政策，以“定民之居，成民之事”。他把“国”分为二十一乡，其中工商之乡六个，士乡（《管子·小匡》作“士农之乡”）十五个。十五士乡即相当于《周礼》的“六乡”。他又把“鄙”分为“五属”，“鄙”相当于《周礼》的“野”，“五属”即相当于《周礼》的“六遂”。

十五士乡和《周礼》的“六乡”一样，以居民的乡里组织和军队的编制结合起来的。以五家为轨，每家抽一人入伍，就成五人为伍，由轨长统率；十轨为里，就成五十人为小戎，由里有司统率；四里为连，就成二百人为卒，由连长统率；十连为乡，就成二千人为旅，由乡良人统率；五乡一帅，就成一万人为军，由五乡之帅统率。如此，十五士乡编制成三军，中军由齐桓公亲自统率，上下两军分别由上卿国子、高子统率。当时齐国主要军队就是这三军，全部由十五士乡居民编制而成。与《周礼》的六军全部由六乡居民编制而成，性质相同①。

当时齐国在鄙野地区，以三十家为邑，邑设有司；十邑为卒，卒设卒帅；十卒为乡，乡设乡帅；三乡为县，县设县帅；十县为属，属设大夫。五属分设五大夫。这与《周礼》"六遂"的组织，性质相同。"五属"居民和"六遂"居民一样，是农业生产的主要担当者，所以管仲对于"五属"的政策是："相地而衰征则民不移，政不旅旧则民不偷，山泽各致其时则民不苟，陵阜陆墐井田畴均则民不憾（惑），无夺民时则百姓富，牺牲不略则牛羊遂。"这样主张按土地等级征赋，平均分配耕地，减轻徭役而不夺民时，不略取家畜等等，对"五属"居民作安抚措施，无非为了发展农业生产。

管仲在"国"的"乡"中有选拔人才的办法，基本精神也和《周礼》"六乡"中"三年大比"相同。其选拔的标准有二，一叫"明"，即"为义好学、聪慧质仁"；二叫"贤"，即"有拳勇股肱之力，秀出于众者"。由乡长推举，桓公亲自接见，使担任官职。一年之后，由官长书面报告其工作成绩，并挑选其中贤者向上推荐，由桓公召见，当面识别。再退而问其乡，察看其平日的才能行为，如果和做官时的作为不相违背，便可升为"上卿之赞"。这叫做"三选"。"五属"虽然也有选拔人才的制度，但没有这样上选为"上卿之赞"的"三选"办法，显然是因为"五属"居民身份低下的缘故。

十分明显，齐国这种"参其国而伍其鄙"的政策，是巩固其原有的"国""鄙"分治制度的。这种"国""鄙"分治的制度，基本上是和《周

① 江永《周礼疑义举要》已说："管仲变成周之制，以士乡十五为三军，则犹是六乡为六军之遗法。"崔述《三代经界通考》说："《齐语》：参其国而伍其鄙，士乡十五乡二千家，而为万人之军者三。是所谓三军者，皆乡遂也。"崔氏以"参其国而伍其鄙"为乡遂制度，是对的；把乡遂混而为一，认三军出于乡遂，是错的。

礼》的乡遂制度相同的。

春秋时代其他各国，虽然在这方面缺乏系统的记载，但是从其全国总动员的事件中，也还可以看出它们保留有乡遂制度。

例如宋国，《左传·襄公九年》载：

> 宋灾，乐喜为司城以为政……使华臣具正徒（注："华臣，华元子，为司徒。正徒，役徒也，司徒之所主也"），令隧正纳郊保，奔火所（注："隧正，官名也，五县为隧，纳聚郊野保守之民，使随火所起往救之"）……二师令四乡正敬享（注："二师，左右师也。乡正，乡大夫"），祝宗用马于四墉，祀盘庚于西门之外。

这时宋国因火灾，实行全国总动员。由执政乐喜派担任"司徒"的华臣准备好"正徒"，司徒所直接调遣的"正徒"，当即"国"中"四乡"的正卒；又命令"遂"的长官"隧正"调遣役夫纳入郊内从事保卫[①]，隧正所调遣的役徒，当即郊外"遂"的居民。同时左师、右师又命令四乡正去祭祀，四乡正即是"国"中"四乡"的长官。于此可见宋国在这时还保留有乡遂制度。

再如鲁国，从西周初期起，就有乡遂制度。《尚书·费誓》说："鲁人三郊三遂"，三郊三遂即是三乡三遂。《史记·鲁世家》引"遂"作"隧"。这种制度到春秋时依然存在。《左传·襄公二十三年》载：

> 孟氏将辟，藉除于臧氏，臧孙使正夫助之，除于东门。

这时臧孙担任司寇之官，所调遣的"正夫"，当即"国"中"乡"的正卒，即宋国所谓"正徒"[②]。《左传·襄公七年》载：

---

① 王引之《经义述闻》卷十八："保谓小城也。……谓纳国外及县邑小城之民，使奔救火也。……《月令》'由鄙入保'，《晋语》'抑为保障乎'，郑韦注并曰：小城曰保。"

② 杜注："正夫，隧夫。"是错误的。沈钦韩《春秋左氏传补正》卷七认为"正夫"是"乡遂之正卒"。按此当指乡之正卒。

南遗为费宰，叔仲昭伯为隧正，欲善季氏，而求媚于南遗，谓遗请城费，吾多与而役，故季氏城费。

这时叔仲昭伯担任“隧正”，所调遣的役徒，当即郊外“遂”的居民。

鲁国三桓“作三军，三分公室而各有其一”，具体措施是：

季氏使其乘之人以其役邑入者无征，不入者倍征（注：“使军乘之人率其邑役入季氏者无公征，不入季氏者则公家倍征之，设利病欲驱使入己，故昭五年传曰：季氏尽征之。民辟倍征，故尽属季氏”），孟氏使半为臣若子若弟（注：“取其子弟之半也”），叔孙氏使尽为臣（注：“尽取子弟，以其父兄归公”）（《左传·襄公十一年》）。

后来“四分公室，季氏择二，二子各一，皆尽征之而贡于公”（《左传·昭公五年》）。由此可知鲁国的军队组织是和乡邑组织密切结合，军队即抽调乡邑的父兄子弟组成，军赋也在这个组织中征取。“三分公室”的时候，季孙氏用加倍征赋的办法，迫“使其乘之人以其役邑入”，就是迫使军队成员带着提供兵役的乡邑组织（即役邑）一起臣属于季孙氏，做到了“尽征之”。“四分公室”的时候，孟孙氏和叔孙氏就仿效季孙氏的做法，做到了“皆尽征之而贡于公”①。

又如郑国，《左传·昭公十八年》载：

① 江永《群经补义》说：“鲁之作三军也，季氏取其乘之父兄子弟尽征之，孟氏以父兄及子弟之半归公而取其子弟之半，叔孙氏尽取子弟而以其父兄归公。所谓子弟者，兵之壮者也；父兄者，兵之老者也；皆素在兵籍隶之卒乘者，非通国之父兄子弟也。其后舍中军，季氏择二，二子各一，皆尽征之而贡于公，谓民之为兵者尽属三家，听其贡献于公也。若民之为农者，出田税，自是归之于君，故哀公云：二吾犹不足，三家虽专，亦惟食其采邑，岂能使通国之农民皆属之己哉。鲁君无民，非无民也，无为民之兵耳。以此观之，兵农岂不有辨乎？三家之采邑固各有兵，而二军之士卒车乘皆近国都，故阳虎欲作乱，壬辰戒都车，令癸巳至，可知兵常近国都，其野处之农，固不为兵也。”

火作……(子产使)司马司寇列居火道,行火所焮;城下之人伍列登城。明日,使野司寇各保其征,郊人助祝史除于国北,禳火于玄冥、回禄,祈于四鄘。

这时郑执政子产在大火中实行全国总动员,和宋执政乐喜所采取措施相同。所谓"城下之人伍列登城",如同乐喜"使华臣具正徒"一样,"伍列登城"的"城下之人",当即城外"乡"中的正卒。所谓"使野司寇各保其征",如同乐喜"令隧正纳郊保"一样,野司寇从"野"所征发来的役徒,当即"遂"的居民。所谓"郊人助祝史除于国北"等等,也如同"四乡正敬享,祝宗用马于四墉"。"郊人"即是郊内"乡"的长官①,犹如宋国的"乡正"。《左传·襄公三十一年》载:

郑人游于乡校,以论执政。然明谓子产曰:毁乡校如何?子产曰:何为?夫人朝夕退而游焉,以议执政之善否。其所善者,吾则行之;其所恶者,吾则改之。是吾师也,若之何毁之?

乡人有参与政治的权利,所以能够在乡校中议论执政之善否。这都是郑国存在乡遂制度的明证。

春秋时代各国保留乡遂制度,还有显著的一点,就是像《周礼》所说"六乡"居民性质的"国人"在各国普遍存在。

春秋时代各国军队的编制,除了由国君和卿大夫的宗族作为骨干以外,主要是由"国人"编制而成的。"国人"有纳军赋的义务,壮丁必须充当甲士,一旦遇到战争,要召集入伍时,只须"授甲"或"授兵"。《左传·闵公二年》记载:狄人伐卫,因卫懿公爱鹤,鹤有乘轩的,"国

---

① 孔颖达正义:"《周礼》乡在郊内……郊人当谓郊内乡之人也。"今案:郊人当为官名,是乡的长官。以宋国"令四乡正敬享"例之,郊人即相当于乡正。

人受甲者”都说“使鹤”，结果卫军大败。又如《左传·隐公十一年》记载，郑国伐许，曾“授兵于大宫”。这和《周礼》所说“六乡”居民编制成的军队，武器平时由国家保藏，到战时“授兵”，完全相同①。由于“国人”是当时国家的战士，各国很注意对他们的训练。例如《左传·宣公十二年》载晋国栾武子说：楚国自从灭庸以来，“其君无日不讨（治）国人而训之”，“在军无日不讨军实而申儆之”。

春秋时各国军队主要由“国人”编制而成，“国人”是各国政治和军事上的重要支柱。因此各国国君和大臣遇到危难，就召“国人”来征询意见。《左传·僖公十八年》记载：邢和狄伐卫，卫文公要把君位让给父兄子弟，朝见“众”来征询意见，“众不可，而从师于訾娄，狄师还”。这些反对卫文公让位而“从师于訾娄”的“众”，即是“国人”。《左传·定公八年》记载：卫灵公苦于晋国逼迫，企图反抗，朝见“国人”而使公孙贾征询说：“若卫叛晋，晋五伐我，病何如矣？”“国人”都回答说：“五伐我，犹可以战。”于是卫国决定反抗晋国。《左传·哀公元年》又载：吴王夫差攻入楚国，派人来召陈怀公，要求陈国服从吴国，怀公朝见“国人”而问道：“欲与楚者右，欲与吴者左。”结果“陈人从田，无田从党”。这就是《周礼·小司寇》所说“询国危”②。从“陈人从田，无田从党”的情况看来，当时陈的“国人”，既有田地，又有乡党组织，只是当时他们占有田地已不均，有的已“无田”了。

春秋时各国贵族在君位继承上发生问题时，也常征询“国人”的意见。《左传·僖公十五年》载：晋惠公被秦俘虏后，派郤乞“朝国人

① 据《周礼》记载，车由车仆掌管和供给，兵器由司兵、司弓矢、司戈盾等掌管和供给。出兵时有“授兵甲之仪”。

② 这点，江永、孙诒让等已见到。详见孙诒让《周礼正义》。

而以君命赏”，并且说：“孤虽归，辱社稷矣，其卜贰圉（指太子圉）也！”“众”因此都哀哭，晋国于是“作爰田”。《左传·昭公二十四年》载：王子朝与周敬王争夺君位，晋景公派士景伯到周，“立于乾祭（王城北门）而问于介（当从王引之校作“其”）众”，从此晋国便和王子朝断绝关系。《左传·哀公二十六年》又载：越国接受卫侯辄的请求，派兵护送他回国。卫大夫公孙弥牟召集“众”而问道：“君以蛮夷伐国，国几亡矣，请纳之。”“众”都说：“勿纳。”公孙弥牟又说：“弥牟亡而有益，请自北门出。”“众”都说：“勿出。”结果卫侯辄不敢进入卫国。这就是《周礼·小司寇》所说“询立君”①。

当时不仅国君的废立要征询“国人”意见，卿大夫的废立也常征询“国人”意见。例如《左传·哀公二十六年》载：宋国由大尹（阉官之长）专权，常假托君命以遂其私欲，“国人恶之”。这年十月宋景公去世，大尹立宋景公养子启为君，然后再发丧。大司马皇非我、司城乐茷等“皆归授甲”，图谋驱逐大尹，并且“使徇于国”说：“大尹惑蛊其君，以陵虐公室，与我者，救君者也。”“众”都说：“与之。”大尹又“徇于国”说：“戴氏（即乐氏）、皇氏将不利公室，与我者，无忧不富。”“众”都说：“无别（杜注：“恶其号令与君无别”）。”结果由乐得“使国人施（加罪）于大尹”，迫使大尹带着启出奔楚。

春秋时代有些国家国君的废或立，“国人”经常起着决定性的作用。以莒国为例，如莒纪公的被杀（《左传·文公十八年》），展舆的杀莒犁比公而自立（《左传·襄公三十一年》），莒郊公的被逐和庚与的被迎立（《左传·昭公十四年》），庚与的被逐（《左传·昭公二十三

① 这点，惠士奇、孙诒让等已见到。详见孙诒让《周礼正义》。

年》)，都是由于“国人”的向背。

春秋时代有些国家的贪暴的卿大夫，也常被“国人”逐出或杀死。例如陈国司徒辕颇的被逐(《左传·哀公十一年》)，郑国执政子孔的被杀(《左传·襄公十九年》)，都是如此。在各国贵族的内讧中，胜负都常由“国人”的向背来决定的，其例不胜枚举。

不仅在春秋时代，“国人”在政治上起这样重要的作用，在西周时代早已如此。据《国语·周语》记载，由于周厉王的“专利”，弄得“民不堪命”，于是“国人谤王”，周厉王召来一个卫巫，命他检举，大加杀害，使得“国人莫敢言，道路以目”，“三年乃流王于彘”[①]。

由此可见，西周春秋时代“国人”的性质，基本上和《周礼》的“六乡”居民是相同的，是当时各国的自由公民。

春秋时代各国农业生产者的主要担当者，叫“庶人”。所谓“其庶人力于农穑”(《左传·襄公九年》)，“庶人食力”(《国语·晋语四》)，“自庶人而下，明而动，晦而休，无日以怠”(《国语·鲁语下》)。从西周时代起，庶民要在“籍田”上从事集体劳动，统治者在“籍田”上举行“籍礼”之后，要“庶人终于千亩”(《国语·周语上》)。鲁国在宣公十五年“初税亩”以前，“籍”仍是对庶人的主要剥削办法(《春秋》三传)。这又和《周礼》的“六遂”居民要“合耦于耡”，基本上相同。

根据本节所分析，春秋时各国还多保留有乡遂制度，这种乡遂制度就是其社会组织的主要结构。把它和《周礼》作比较，可知《周礼》的乡遂制度不是没有来历的，还基本上保存着西周春秋时代的特点。

---

① 《逸周书·芮良夫解》虽然出于战国时人的拟作，也该有根据的。它记述芮良夫劝谏周厉王和执政者说：“下民胥怨，财力单竭，手足靡措，弗堪戴上，不其乱而！”又说：“时为王之患，其惟国人。”

三　西周时代的“六自”、“八自”和乡遂制度的关系

西周时代存在有乡遂制度是无疑的。《尚书·费誓》说：“鲁人之郊三遂”，说明鲁国在西周初年已有三乡三遂的制度。鲁国是以奉行“周礼”著称的诸侯国家，可以推想，周天子的王畿之内一定早就实行着这种制度。

《周礼》所说王畿的乡遂制度，其中基本特点该西周时已有，但是许多具体制度已被改变、扩大和增饰，并加以理想化和系统化。其中显然被改变和扩大的就是军队的编制。《周礼·夏官·序官》说：“凡制军，万有二千五百人为军，王六军，大国三军，次国二军，小国一军。”其实，“军”的编制在西周时还没有。据西周文献看来，当时只有六师而没有六军。如《尚书·顾命》：“张皇六师”；《诗经·小雅·瞻彼洛矣》：“靺韐有奭，以作六师”；《大雅·棫朴》：“周王于迈，六师及之。”《大雅·常武》：“大师皇父，整我六师。”到春秋时，诸侯才有“军”的编制，大国都编三军，于是有“成国不过半天子之军，周为六军”（《左传·襄公十四年》）之说，《周礼》就是根据这种说法的。

西周文献中的“六师”，在西周金文中称为“六自”。如：

唯巢来钕，王令东宫追以六自之年。（叕贮簋）

王乎（呼）作册尹册命柳，嗣（司）六自牧阳、大□，嗣羲、夷、阳佃史。（南宫柳鼎）

“六自之外，还有“八自”，如：

王命善（膳）夫克舍令于成周、遹正八自之年。（小克鼎）

有称“殷八自”的，如：

白懋父以殷八自征东尸（夷）。（小臣谜簋）

有称“成周八𠂤”的，如：

王乎尹氏册命曶曰：更（赓）乃且考，作冢司土于司成周八𠂤。（曶壶）

有简称“成周八𠂤”为“成𠂤”的，如：

唯白屖（辟）父以成𠂤即东，命伐南尸（夷）。（竞卣）

有以“六𠂤”和“八𠂤”并举的，如：

王册令尹易（锡）盠赤市、幽亢、攸勒，曰：用𤔲（司）六𠂤、王行，参（三）有𤔲（司）：𤔲土、𤔲马、𤔲工。王令盠曰：𤸰𤔲六𠂤眔八𠂤𢦚（盠尊）。

还有以“西六𠂤”和“殷八𠂤”并举的，如：

王迺命西六𠂤、殷八𠂤曰：“□伐噩（鄂）侯驭（御）方，勿遗寿幼。”𩁹𠂤……弗克伐噩。𩁹武公迺遣禹率公戎百乘，斯驭二百，徒千，曰：“……叀（惠）西六𠂤，殷八𠂤，伐噩侯驭方，勿遗寿幼（禹鼎）。

“西六𠂤”当即“六𠂤”，因“六𠂤”屯驻于西土的都城丰镐，也称“西六𠂤”。据此推类，那么，“殷八𠂤”该因屯驻于殷（即卫）而得名，“成周八𠂤”该因屯驻于成周而得名①。

西周在西土和东土都建立有统治中心，屯驻大军，不仅是为了加强国家的统治力量，而且是为了征服附近的夷戎部落。如“成周八𠂤”曾被用于征伐南夷，见前引竞卣；“殷八𠂤”曾被用于征伐东夷，见前引小臣谏簋。不仅如此，西周在统治中心屯驻大军，是用来统治当

---

① 一说“殷八𠂤”即“成周八𠂤”，因“八𠂤”是用殷的投降军队编成，故称“殷八𠂤”，又因屯驻于成周，故称“成周八𠂤”。但尚无确据。

地人民及附近夷戎部落的。如兮甲盘，载：

王令甲政（征）嗣（司）成周四方责，至于南淮尸（夷）。淮尸（夷）旧我䝴（帛）畮（贿）人，母（毋）敢不出其䝴、其责（积）。其进人、其贮，母（毋）敢不即𠂤（次）、即岺（市）。敢不用令（命），则即井（刑）、屡（扑）伐。

成周既是西周在东土的统治中心，屯驻有"成周八𠂤"作为统治的工具，同时又是"征司四方责"的中心。他们在军事上的出征，目的就在于达到"四方责"的"征司"。凡是夷戎部落一经征服，即成为西周国家的"䝴畮人"或"䝴畮臣"（即是贡纳之"臣"）。既要贡纳币帛、积贮，更要"进人"（即进贡供奴役的劳动者）。"进人"一定要送到指定的军队驻防地（即"次"），贡纳积贮一定要送到有管理监督买卖和收税官吏的"市"。如果不服从这样的规定，就要受到讨伐。师寰簋就是记载淮夷因不服从这种规定而命令师寰讨伐的事。

甲骨文和西周金文都称王室的师旅为"𠂤"。其经常的驻防地称为"某𠂤"，"𠂤"上一字即是原有地名，"𠂤"则因经常驻"𠂤"而得名。古书上称国都为"京师"，西周金文作"京𠂤"（见克钟、晋姜鼎、晋邦盨），亦当由于"𠂤"的拱卫而得名。

西周金文对统率"𠂤"的军官称为"师氏"，简称为"师"；又常连同人名，称为"师某"。其职务除统率师旅出征或防守以外，还参与重要的射礼，担任贵族子弟的军事教练。更重要的，他们还亲自掌管乡邑和降服的夷戎部落。师酉簋载：

王乎（呼）史𥁕册命师酉：嗣（司）乃且（祖）啻（嫡）官邑人、虎臣、西门尸（夷）、𩵦尸（夷）、舂尸（夷）、京尸（夷）、畀□尸（夷）、新。

询簋又载：

> 今余令女(汝)商(嫡)官嗣(司)邑人,先虎臣后庸:西门尸(夷)、舂尸(夷)、京尸(夷)、㚇尸(夷)、师笭侧新、□华尸(夷)、由□尸(夷)匴人、成周走亚、戍秦人、降人服夷。

询是师酉之子,世袭师氏的官职,所以两人所司大体相同。这里"邑人"与"虎臣"同为师氏所职掌,"虎臣"是武官名,"邑人"亦当为官名,乃乡邑的长官。乡邑的长官称"邑人",犹如齐称乡的长官为"乡良人",《礼记·乡饮酒义》称乡大夫为"乡人"。师瘨簋载:"王乎(呼)内史吴册命师瘨曰:……今余唯䌛先王命,女(汝)官嗣(司)邑人、师氏。"[①]这里"邑人"与"师氏"同为师瘨所职掌。"师氏"是师旅的长官,同时又是乡邑的长官,因为当时师旅即抽调京师近郊乡邑公民编制而成。同样的,"邑人"这个乡邑的长官,同时又是师旅的长官。所以"邑人"可以成为"师氏"所属的主要官员,地位在"虎臣"之上。同时,"邑人"与"师氏"可以同为某些高级军事长官所属的主要官员。

特别值得重视的,师晨鼎载:

> 王乎(呼)乍(作)册尹令(命)师晨疋师俗嗣(司)邑人隹(与)小臣、善夫、守□、官犬、眔奠人、善夫、官守友。

这里周王命令师晨帮助师俗掌管"邑人"和"奠人"之官,可知"师氏"所属,除了"邑人"之外,还有"奠人"。"邑人"之官下有小臣、善夫等,而"奠人"之官下亦有善夫等,可知"奠人"是和"邑人"相类的官。"奠人"当读为"甸人",即相当于《周礼》的"遂人"。《尔雅·释地》说:"邑外谓之郊,郊外谓之牧。"《经典释文》引李巡本,"牧"作"田",《素问·六节藏象论》王冰注引作"甸","田"、"甸"古通用。《周礼·春官·序官》郑注

---

① 《文物》一九六四年第七期,第二四页。

和《通典·凶礼》引《礼记》卢植注,都说:"郊外曰甸。"以此与《周礼》郊外称"遂"相比较,可知"甸"即是"遂"。"甸"就是因"治田"而得名①,这和《周礼》把"遂"作为治田之区,把"遂"的居民称"甿",也正相合。

师晨鼎的"邑人"和"奠人",职掌有"邑"与"甸"之别,亦即"国"与"野"之别。"邑人"当即相当于《周礼》的乡大夫,"奠人"当即相当于《周礼》的遂人。由此可见,西周确实存在着乡遂制度。但是西周的

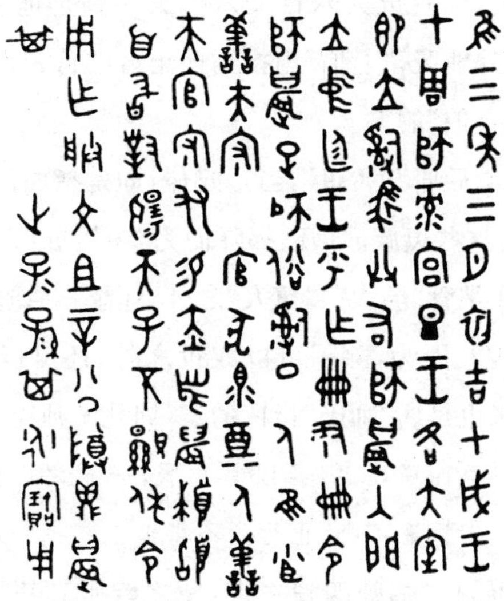

图四十二 师晨鼎铭文

① 古代有所谓"甸服",即是从"甸"引申出来的。《国语·周语上》载祭公谋父说:"先王之制,邦内甸服","甸服者祭"。《国语·周语中》载周襄王又说:"昔先王之有天下也,规方千里以为甸服,以供上帝、山川、百神之祀,以备百姓、兆民之用。"《礼记·王制》说:"千里之内曰甸"(注:"服治田出谷税"),又说:"千里之内以为御"(注:"御谓衣食")。"甸"的得名,由于"治田"。《尚书·禹贡》说:"五百里甸服,百里赋纳总,二百里纳铚,三百里纳秸,服,四百里粟,五百里米。"也因为"甸"是"治田"之区,"赋纳"都要粮食。这样把王畿之内整个地区(除了国都和近郊)称"甸","甸服"是指畿内封国,《左传·昭公十三年》载子产说:"卑而贡重者,甸服也。"

“邑人”和“奠人”都属“师氏”掌管，这是和《周礼》不同的。为什么“师氏”在掌管“邑人”之外，又要掌管“奠人”呢？因为郊外的“甸”是征发力役和物产的对象，可以从中征发军队所需的力役和物资。据《尚书·费誓》所载，伯禽率师征伐淮夷徐戎，对“鲁人三郊三遂”，也是都征发到的。

宜侯夨簋载：“易（锡）在宜王人□又七生（姓），易奠七白（伯），厥……又五十夫，易宜庶人六百又六□夫。”宜是地名，“奠”当读作“甸”，指宜的郊外地区，“七伯”当指当地土著的首领，“厥……又五十夫”，是指属于“七伯”的人。

询簋“先虎臣后庸”的“庸”，当是奴仆，即是指西门夷以下许多夷族部落[①]。这时这些夷族部落已都降而为“庸”，亦归“师氏”所掌管。为什么“师氏”在掌管“邑人”、“奠人”之外，还要掌管这些集体奴隶性质的夷族部落呢？因为，除了可以奴役之外，还可以用来充当警卫队。警卫队原来也是属“师氏”指挥的。《周礼·师氏》载：

> 使其属率四夷之隶，各以其兵服，守王之门外，且跸。朝在野外，则守内列（注：“跸，止行人不得迫王宫也”）。

《周礼·司隶》也说：“掌帅四翟之隶，使之皆服其邦之服，执其邦之兵，守王宫和野舍之厉禁。”这种“四夷之隶”或“四翟之隶”，就是询簋所说包括各种夷族部落降服人的“庸”，他们“守王宫和野舍之厉禁”，监督行人，就是警卫队的性质。

在古代雅典，统治用的军队也是由自由公民编制而成的。自由公民的地域组织也是和军事组织密切结合的。当时雅典公民居住的

---

① 参看郭沫若：《弭叔簋及訇簋考释》，收入《文史论集》。

自治区叫“得莫”，十个“得莫”构成一个部落，这种“地域部落”不只是一种自治的政治组织，而且也是一种军事组织。我国西周春秋时代王城和诸侯国都中“乡”的组织，性质上是和雅典的“地域部落”相同的。雅典除了由“地域部落”公民编制成的军队以外，也有由奴隶编制的警察部队。西周时代国家的主要特征也是如此。

西周时代的“六𠂤”和“八𠂤”，既是国家的军事组织，又是自由公民的地域组织。统率这些军队的长官“师氏”，既是高级的军事长官，又具有地方行政长官的性质，其直属的主要官员就有乡邑的长官“邑人”。《周礼》上的“六乡”和“六军”制度，也是地域组织和军事组织密切结合的，但是，乡邑的长官已和“师氏”不发生关系，“师氏”已不是“六军”的长官，“师氏”的职务仅是警卫队长，仅能指挥警卫部队，随时担任天子的侍从和贵族子弟的教师了。

西周时代“六𠂤”和“八𠂤”，是一种军队编制和乡邑编制相结合的组织，我们从他们设有“冢司土”等官职也可看出。前引曶壶记述：国王命令曶继承祖父和父亲的职司，“作冢𤔲土于成周八𠂤”。“司土”原来主要是掌管土地的官，因兼管征发徒役的事，后来也称“司徒”①。“成周八𠂤”既然设有“冢司土”之官，必然“八𠂤”驻屯地有关涉土地和徒役的事需要管理。《周礼》有大司徒和小司徒之职，大司

① 司土原为掌管土地之官。有的专门掌管籍田，𢦏簋称：“王曰：𢦏，令（命）女（汝）作𤔲（司）土，官𤔲耤田。”也有掌管林、虞、牧等官的，如免簠称：“令（命）免作𤔲土，𤔲奠还𪫬（林）、罘吴（虞）、罘牧。”因为当时贵族政权已圈占山林川泽之区，设置林、虞、牧等官，掠取山川之利。如同簋载：“王命同：差（左）右吴（虞虢之虞）大父，𤔲昜（场）、林、吴（虞）、牧，自淲东至于河（河），厥逆（朔）至于玄水。”既然林、虞、牧等官要圈占大块土地，所以他们也归司土隶属。“司土”在西周后期金文中又作“司徒”，见扬簋和无叀鼎。因为司土又兼征发徒役之职。《诗经·大雅·緜》记述公亶父迁到岐周营建的情况说：“乃召司空，乃召司徒，俾立室家。”郑笺：“司空掌营国邑，司徒掌徒役之事，故召之。”

徒主要掌管整个邦的土地和居民，小司徒则主要掌管“六乡”的土地和居民，主要工作在于分配耕地和调发民力，所谓“乃均土地以稽其人而周知其数”，“乃会万民之卒伍而用之”。郑玄注说：“司徒掌六乡”，如同“遂人掌六遂”一样，基本上是对的。我们认为，“成周八𠂤”的设有“冢司土”，其职掌也当如此，因为“成周八𠂤”同样是军队编制和乡邑编制相结合的组织。

盠尊说：“𤔲𤔲六𠂤眔八𠂤埶。”于省吾认为：“埶”是“藝”的初文，像双手植草木于土中，本义为种植草木而加以扶持，典籍中“艺”训种植者习见，这是说王令盠掌管六𠂤及八𠂤的谷类种艺之事，“司藝”当为“冢司土”的属官。

南宫柳鼎称：“王乎册尹册命柳，𤔲六𠂤牧阳、大□，𤔲羲、夷、阳佃史。”于省吾认为：史与事古字通用，佃史即佃事。这是说，命柳掌管“六𠂤”放牧于阳、大□等地，和羲、夷、阳等地农佃之事。

于省吾根据“六𠂤”和“八𠂤”设有“冢司土”、“司藝”、“司牧”、“司佃事”等官职，以掌管土地和有关生产事务，认为“这是我国历史上最初出现的军事屯田制”，而且以为“这样一来，就打破了典籍所称，以为我国屯田制开始于汉代昭、宣之世的一贯说法，而现在应该把它提早到西周时代了”①。我们认为，于省吾对“六𠂤”和“八𠂤”设有掌管土地和农业生产的官，作了比较详细的阐释，这对西周史的研究是有益的；但是，就此断定这是我国历史上最初出现的军事屯田制，是可以商讨的。西周“六𠂤”和“八𠂤”设有“冢司土”等掌管土地和生产的

① 于省吾：《略论西周金文中“六𠂤”和“八𠂤”及其屯田制》，《考古》一九六四年第三期。

官，只是因为“六𠂤”和“八𠂤”是军事编制和乡邑编制相结合的组织。

《尚书·牧誓》载：

> 王曰：嗟我友邦冢君、御事，司徒、司马、司空，亚旅、师氏、千夫长、百夫长，及庸、蜀、羌、髳、微、卢、彭、濮人，称尔戈，比尔干，立尔矛，予其誓。

王鸣盛认为此处周武王所列举的，全是各级军事长官，司徒、司马、司空“自为军中有职掌之人”①，这与曶壶所说成周八𠂤设有冢司土之官，正相符合。此处以“师氏”为师旅的长官，亦与西周金文符合。此处以“师氏”以下的军官为“千夫长”、“百夫长”，可能相当于金文所说的“邑人”。因为当时乡邑组织和军队编制相结合，乡邑组织的长官“邑人”，列入军队编制即为“千夫长”、“百夫长”了。当时乡邑组织是由十进制的氏族组织转变而成，所以其军队编制也都采用十进制。

四　乡遂制度和社会结构

根据上面的论述，可知从西周初期起，直到春秋时代，天子的王畿和诸侯的封国都存在有乡遂制度，这种乡遂制度就是当时社会的主要结构。

这种乡遂制度，有些清代学者认为这是一种兵农分治的制度。江永《群经补义》的《春秋》部分有一段说：

> 春秋之时兵农固已分矣。管仲参国伍鄙之法……是齐之三军悉出近国都之十五乡，而野鄙之农不与也。……是此十五乡

---

① 王鸣盛《尚书后案》说：“此时出师征伐，六卿且不必尽从，又何用三公遍摄六卿以行，则知此经三卿，自为军中有职掌之人，所以举之。”

> 者，家必有一人为兵，其中有贤能者，五乡大夫有升选之法，故谓之士乡，所以别于农也。其为农者处之野鄙，别为五鄙之法……专令治田供税，更不使之为兵，故桓公问伍鄙之法，管仲对曰：相地而衰征则民不移……岂非兵农已分乎？十五乡三万家，必有所受田，而相地衰征之法惟施于伍鄙，则乡田但有兵赋、无田税，似后世之军田、屯田，此外更无养兵之费也（按：江永此说是根据《文献通考》所引林氏之说，而加以阐释的）。

这里，江永认为管仲的“参国伍鄙”之法，即兵农分治的制度，而“乡田但有兵赋、无田税”，犹如后世的军事屯田制。江永《周礼疑义举要》，更进一步把《周礼》的乡遂制度和管仲的“参国伍鄙”之法结合起来考察，他说：

> 天子六军，取之六乡。……管仲变成周之制，以士乡十五为三军，则犹是六乡为六军之遗法。他国军制大约相似。虽云寓兵于农，其实兵自兵而农自农；虽云无养兵之费，而六乡之田即是养六军之田。犹后世之屯田也。六乡之民，六军取于斯，兴贤能亦取于斯，齐之士乡亦如此，则古今制度大不相同者也。

江永确认管仲的“参国伍鄙”之法即是乡遂制度，目光很是锐利。他一方面认为“乡”“军”合一的制度犹如后世的屯田制，一方面又认为与屯田制大不相同。

朱大韶有“司马法非周制说”（《实事求是斋经义》卷二），曾竭力称赞江永之说“发前人所未发”，认为《周礼》的乡遂制度即是兵农分治，他说：“六军之众出于六乡……其六遂及都鄙尽为农，故乡中但列出兵法、无田制，遂人但陈田制、无出兵法，兵自为兵，农自为农。”其实，这样把乡遂制度归结为兵农分治，只是从表面现象来分析，并未触及这个制度的本质。

我们前面已经提及，这种“乡”和“遂”对立的制度（也即“国”和“鄙”或“野”对立的制度），实质上就是当时社会结构中不同阶级的制度。国都附近“乡”中居民是当时国家的自由公民，实际上就是统治阶级的一个阶层。因而他们有参与政治、教育、选拔的权利，有服兵役的义务。郊外鄙野之中“遂”的居民，是当时被统治的阶级。因而他们没有任何政治权利，也没有资格成为正式战士。

西周春秋间被称为“国人”的“乡”中居民，是具有完全公民权的统治阶层。他们的社会组织，长期保留有“村社”的因素，“村社”的一切成员都被视为有平等的权利，其主要的物质基础就是土地。他们还保留有村社土地所有制的形式，每个成员可以有一块质量和数量大体相等的份地。当时国家和执政的贵族，为了统治广大群众，很注意这群公民的团结一致，防止他们中间发生显著的财产分化，特别是占有耕地不平均。所以《周礼》记载小司徒“乃均土地以稽其人民而周知其数”，要按每家人口多少授以上中下三等之地。这和古代斯巴达公民的“平等人公社”有类似之处。所不同的，斯巴达“平等人公社”的成员用抽签法分得一定“份地”的同时，还要分得耕种这块“份地”的人；而当时的“国人”所分得的只有“份地”。

这种“国人”有时被称为“士”，即是甲士、战士。管仲实行“参国伍鄙”之法，就把这种“国人”所居之乡称为“士乡”（《国语·齐语》），又称为“士农之乡”（《管子·小匡》）。因为这种“士”还没有脱离农业生产。《礼记·曲礼》说：“四郊多垒，此卿大夫之辱也；地广大，荒而不治，此亦士之辱也。”吕思勉先生解释说：“士则战士，平时肆力于耕耘，有事则执干戈以卫社稷者也。”[1]这是对的。《礼记·少仪》说：“问士之子长幼，长则曰能耕矣，幼则曰能负薪、未能负薪。”可知“士”这个阶层从幼就要学习农业生产。因为士大多参与农业生产，大规模的军事演习，就必须于农隙举行。《左传·隐公五年》载：“春蒐，夏苗，秋狝，冬狩，皆于农隙以讲事也。”

西周春秋间称为“国人”的这种自由公民，虽然没有像古代希腊、罗马的公民那样，有参加“民众大会”表决国家大事的权利，但是，遇到国家有危难、国君要改立等大事，国君或执政者常召集“国人”来征询意见，有所谓“询国危，询国迁，询立君”；还有“大蒐礼”，带有“国人”大会的性质，在进行军事演习的同时，常把建置或变更军制、选定将帅和执政、制定法律等国家大事，在大会上公布，这都是对“国人”政治权利的尊重。同时，他们还享有被选担任低级官职的权利。

当时“国人”所以要建立经常的军事组织，这是由于加强对居民统治的需要，同时也由于对外战争上的需要，只有这种自由公民是当时政权的有力支柱。他们的军事组织，所以要和乡里组织密切结合，一方面，是沿袭氏族制末期的老习惯，一方面是为了便于训练指挥和加强团结[2]。当时国家和执政的贵族，为了加强其战斗力，很注意对他们的教育和训练，许多“礼”的举行就是为了加强团结和加强战斗力的。在“乡”中所以特别要举行“乡饮酒礼”和“乡射礼”，目的也是如此。

---

① 吕思勉：《先秦史》，开明书店一九四一年版，第二九三页。

② 《国语·齐语》说：“伍之人，祭祀同福，死丧同恤，祸灾共之，人与人相畴，家与家相畴，世同居，少同游，故夜战声相闻，足以不乖，昼战目相见，足以相识，其欢欣足以相死，居同乐，行同和，死同哀，是故守则同固，战则同强。”

居于“遂”或“野”、“鄙”的居民，也长期保留有“村社”的组织形式，有平均分配耕地的习惯，前面所引《周礼·遂人》“以颁田里”的制度，平均分配上中下三等之地，充分表明了这点；管仲的“伍鄙”之法，主张“陵阜陆墐井田畴均则民不憾（惑）”，也足以说明这点。所谓井田制度，就是古代村社的土地制度。这些村社农民不仅要在“籍田”或耡田上提供集体的劳动，还要提供繁重的劳役，提供家畜和在野的一切物产。

一九八六年陕西安康出土的史密簋，足以证明齐国确实推行乡遂制度。史密簋载：“唯十又一月，王令（命）师俗、史密曰：‘东征，敆南夷。’卢、虎会杞尸（夷）、舟尸（夷）、雚不遂（坠），广伐东国，齐𠂤（师）、族土（徒）、遂人乃执鄙宽亚（野）。师俗率齐𠂤（师）、遂人右，□伐长必。史密左率族人、釐（莱）白（伯）、僰、眉周伐长必，隻（获）百人。”按师俗见于师永盂和师晨鼎，师永盂作于周恭王二十二年，师晨鼎作于周孝王三年，可知师俗曾经历恭王、懿王、孝王三世。史密簋当作于懿王时。当时因卢、虎、杞夷、舟夷等南夷结合起来，广伐东国，周王命令师俗、史密东征，调发齐国军队和附近的少数部族，于是“齐师”和“族土（徒）”以及遂人在鄙野广泛调集，即所谓“遂人乃执鄙宽亚（野）”，于是师俗统率齐师、遂人从右路进攻，并由史密统率族人、莱伯、僰等少数部族从左路进攻。由此可见，齐国确实推行乡遂制度，所说“齐师”当是齐国的常备兵，所谓“族徒”或“族人”当指齐国都中“乡”间征发来的“国人”，因为“乡”中“国人”都是聚族而居的，称为“族徒”或“族人”。居于鄙野“遂”中的“遂人”，是分散的，因而需要广泛调集。

根据西周的乡遂制度，可知当时社会结构，主要是由贵族、国人、

遂人、奴隶组成:

(1) 贵族　贵族聚族而居,实行宗法制度,把同一血统的贵族连结一起,分别为大宗小宗,建立有嫡长子继承制,并推行分封制,由天子以下,分成诸侯、卿大夫等级,分封统治地区,给予世袭官职,从而建立各级政权。天子为天下同姓贵族的大宗,又为最高政权的领袖。诸侯为天子所分封,在本国为大宗,对同姓的天子为小宗,他们以国名为氏。卿大夫为诸侯所分封,在本家为大宗,对同姓诸侯为小宗,他们以世袭官职、辈分为"氏"。"氏"就是各支宗族的称谓。各支宗族保留有"同财共居"的礼俗,共同占有土地、财富和掌握统治的权力。实际上以嫡长子继承制所产生的"宗子",即宗族长,全权掌握本族经济、政治、军事以及宗教上的一切权力,成为本族集中权力的首领。每个贵族男子,幼年由父亲取"名",成年时要"结发"举行冠礼,由贵宾取"字",表示正式成为贵族成员,开始有参与政治活动和统治的特权,同时有参与本族祭祀的权利,并开始有服兵役的责任,成为国家军队的骨干。

(2) 国人　"国人"是天子的王城和诸侯的都城中"乡"的居民,具有自由公民的性质,有公民的政治权利,国家有危难和改立国君等大事,要征询他们的意见;同时他们经常可以评论国君,甚至流放暴虐的国君。例如"厉王虐,国人谤王",厉王使用卫巫"监谤者",三年"乃流王于彘"。"彘之乱,宣王在邵公之宫(韦注:避难奔邵公也),国人围之"(见《国语·周语上》)。"国人"是贵族中基层的下层,属于"士"一级,既是国家军队中的甲士、战士,又是贵族基层的支柱。

(3) 遂人　"遂人"是王城和都城郊外"野"、"鄙"、"遂"的农民,也包括卿大夫所属采邑的农民,亦称为"庶人"、"庶民"、"野"、"鄙人"或

“氓”。他们要集体耕种“井田制”的“大田”（或称“甫田”），又要耕种“井田制”的“私田”（即份地），更要对贵族随时贡献和服役，贡献包括纺织品和猎得物，服役包括修屋和贵族家中杂务。同时还要接受贵族的召集，参与狩猎和防守及出征，如史密簋铭文所说“遂人乃执鄙宽亚（野）”，随从师俗伐长必。

（4）奴隶　贵族占有大量奴隶，既有单身奴隶称为“人鬲”、“鬲”或“讯”等，又有婚配成家的奴隶称为“臣”，更有整个氏族或部族被用作奴隶的，主要来自掠夺和征服战争，奴隶主要从事于农业、手工业和开发山泽等生产事业。

第六章　西周春秋的宗法制度和贵族组织

宗法制度是中国古代维护贵族统治的一种制度，它由原始的父系家长制血缘组织，经过变质和扩大而成。

宗法制度不仅是西周春秋间贵族的组织制度，而且和政权机构密切结合着的。它不仅制定了贵族的组织关系，还由此确立了政治的组织关系，确定了各级族长的统治权力和相互关系。

按照宗法制度，周王自称天子，王位由嫡长子继承，称为天下的大宗，是同姓贵族的最高族长，又是天下政治上的共主，掌有统治天下的权力。天子的众子或者分封为诸侯，君位也由嫡长子继承，对天子为小宗，在本国为大宗，是国内同宗贵族的大族长，又是本国政治上的共主，掌有统治封国的权力。诸侯的众子或者分封为卿大夫，也由嫡长子继承，对诸侯为小宗，在本家为大宗，世袭官职，并掌有统治封邑的权力。卿大夫也还分出有“侧室”或“贰宗”。在各级贵族组织中，这些世袭的嫡长子，称为“宗子”或“宗主”，以贵族的族长身份，代表本族，掌握政权，成为各级政权的首长。

这种以各级族长为领导核心的宗法制度，十分明显，是由父系家长制的氏族组织变质和扩大而成。因为它把父系家长制氏族许多特征的躯壳都沿袭了下来，只要加以比较，便很清楚。

古代希腊氏族的特征，有下列十点：(1)公共的宗教节日及举行神圣仪式来纪念一定的神的祭祀独占权。这神假定为氏族的祖先并取独特的别名以表明其地位。(2)公共墓地。(3)相互继承权。(4)当受侵害时彼此予以帮助、保护及支援的相互义务。(5)在某种场合下(特别是有关孤女或继承人的时候)，在氏族内部结婚之相互权利与义务。(6)至少在若干场合下，共同财产之掌有，及自设氏族长和管账。(7)父权的血统。(8)除与女继承人结婚以外，禁止族内结婚。(9)氏族收容养子的权利。(10)选举并罢免首长的权利。这些不仅是古代希腊氏族的特征，而且是父系氏族普遍存在的特征。

现在我们以这些父系氏族的特征，和宗法制度作比较研究。从这些特征的质变和发展过程中，阐明宗法制度的性质和特点，说明当时贵族组织的基本情况。

一　宗庙制度

祖先崇拜，产生于发展较高的氏族制阶段，相信祖先是他们的庇护者。这种宗教迷信，曾长期流行于阶级社会中，并有所发展。西周、春秋时贵族的大小宗族，都建有宗庙祭祀祖先，并作为举行重大典礼的场所。

周族建造宗庙，和他们建造宫室的历史一样悠久。《诗经·大雅·緜》记述太王(公亶父)迁居到岐山时开始营建的情况说：

乃召司空，乃召司徒，俾立室家；其绳则直，缩版以载，作庙翼翼。

太王在迁居到岐山后，改变住窑洞的习惯，开始建筑“室家”，同时就“作庙翼翼”。周族的习惯，庙和寝造在一起，庙造在寝的前面，这到春秋时还是如此，例如“子大叔之庙在道南，其寝在道北”（《左传·昭公十八年》），庙都是南向的，寝既在其北，也就是寝在庙后了。古人所以要把庙和活人住的寝造在一起，因为他们认为庙是历代宗主的住宅，寝是现任宗主的住宅，两者必须密切联系的。他们把死人看得和活人一样，所谓“事死如事生，礼也”（《左传·哀公十五年》），庙就是按照活人住的寝的式样造的，区别不大。《尔雅·释宫》说：“室有东西厢曰庙，无东西厢有室曰寝。”庙只是比寝多出了东西厢。因为宗庙造得和寝一样，同样可以用来住宿，甚至留宿贵宾。往往在宗庙举行重要典礼之前，地位高的主人或贵宾就留宿在宗庙里①。

“宗法”的“宗”，从“宀”从“示”，本义即为宗庙，“宀”是宫室的形象，“示”是其中所住神主的象征，所以《说文》说：“宗，尊，宗庙

---

① 王国维《明堂庙寝通考》说：“望敦云：‘唯王十有三年六月初吉戊戌，王在周康宫新宫，旦，王格太室。’寰盘云：‘唯廿有八年五月既望庚寅，王在周康穆宫，旦，王格太室。’颂鼎云：‘唯三年五月既死霸甲戌，王在周康邵宫，旦，王格太室。’此三器之文，皆云旦王格太室，则上所云王在某宫者，必谓未旦以前王所寝处之地也。且此事不独见于古金文，虽经传亦多言之。《左传·昭公二十二年》：‘单子逆悼王于庄宫以归，王子还，夜取王，以如庄宫。’《二十三年》：‘王子朝入于王城，郡罗纳诸庄宫。’案庄宫，庄王之庙，而传文曰逆、曰如、曰纳，皆示居处之意。《礼运》：‘天子适诸侯，必舍其祖庙。’《周语》：‘襄王使太宰文公及内史兴赐晋文公命，上卿逆于境，晋侯郊劳，馆诸宗庙。’《聘礼记》：‘卿馆于大夫，大夫馆于士，士馆于工商’，郑注：‘馆者必于庙，不于敌者之庙，为太尊也。’以此观之，祖庙可以舍国宾，亦可以自处矣”（《观堂集林》卷三）。看来，在宗庙举行重要典礼之前，地位高的主人或贵宾往往留宿在宗庙里，以表示对典礼的重视。

也。”沈子簋载：“作于纲周公宗”，周公宗即是周公庙。因为古人认为庙是祖先住的宫室，常常把庙称为宫，例如鲁国的“桓宫”即桓公庙，“炀宫”即炀公庙，这类称呼很是普遍。庙也称为室，如鲁的伯禽庙称为“太室”或“世室”（《公羊传》和《穀梁传》的《文公十三年》）。庙又称为寝，如《周礼·夏官·隶仆》所谈到的五寝、小寝、大寝，都是指庙。又因为庙堂是举行大典和宣布大事的场所，如同朝廷一样，亦称为朝，庙就是由此得名的。如趞鼎说：“王各（格）于大朝”，大朝即是太庙。

古代贵族以为鬼神和活人一样需要饮食，所谓“鬼犹求食”（《左传·宣公四年》），祭祀就是供给鬼神饮食。他们又以为鬼神和活人一样离不开宗族的关系，所谓“鬼神非其族类，不歆其祀”（《左传·僖公三十一年》），“神不歆非类，民不祀非族”（《左传·僖公十年》），因此奉祀祖先就成为子孙应尽之责，举行“祭礼”就成为团结本族成员的重要手段。在宗法制度下，宗子都继承其祖先的地位、权力和职司，需要向祖先报恩，也需要向祖先学习，所谓“不敢弗帅井（型）皇祖考”（见番生簋等），还常需要向祖先请示和报告，有所谓“告庙”，更希望得到祖先的帮助和保佑。在他们的宗教观念中，祖先必须要子孙祭祀，子孙要祖先降福，活人离不了死人，死人亦离不了活人。宗子不仅是一族之长，又是宗庙之主，所以称为“宗庙主”或“宗主”。如果宗子因放出奔，就叫“失守宗庙”（《左传·宣公十年》）；如果宗族灭亡，宗庙也就绝祀，他们认为这是最大的不孝，所谓“灭宗废祀，非孝也”（《左传·定公四年》）。

宗庙内安置有代表祖先的木主，叫做主。木主都保藏在石函中，叫“宗祏”（《左传·庄公十四年》）、“主祏”（《左传·昭公十八年》）或

“祏”(《左传·哀公十六年》)①。

宗庙内,分建多少个“庙”,要看宗主的等级地位而定。《礼记·王制》说:

> 天子七庙,三昭三穆与太祖之庙而七;诸侯五庙,二昭二穆与太祖之庙而五;大夫三庙,一昭一穆与太祖之庙而三;士一庙。

此处说“天子七庙”,也还有说“天子五庙”的。《礼记·丧服小记》说:

> 王者禘其祖之所自出,以其祖配之而立四庙(注:“高祖以下,与始祖而五”)。

究竟天子七庙还是五庙,七庙的内容怎样,历来经学家有很多的争论。看来五庙之说比较正确,七庙乃是后来扩大的说法②。

值得注意的,当时宗庙中,除太祖外,祖先是按左昭右穆的次序排列的。就是从太祖之后,父叫昭,子叫穆,孙又叫昭,叫昭的排在左列,叫穆的排在右列,祖和孙同在一列,而父与子分开在两列。这不仅宗庙中如此排列,“公墓”上也照这样的行列埋葬。不仅死人如此,

---

① 许慎《五经异义》说:“《公羊传》:卿大夫非有土之君,不得祫享昭穆,故无主”(陈寿祺辑本)。这是不正确的。《左传·哀公十六年》载:孔悝“及西门,使贰车反祏于西圃”。杜注:“使副车取庙主。西圃,孔氏庙所在。祏,藏主石函。”孔悝所要带走的庙主,当然是孔氏宗庙之主,足见卿大夫亦有主。郑玄《驳五经异义》认为“大夫无主,孔悝之反祏,所出公之主耳”。显然是一种曲解。孔氏姞姓,春秋时只有南燕姞姓,孔氏仕卫已历多世,不知出于何国,怎会有“所出公之主”? 这点孔颖达《正义》已反驳。但是孔氏又认为孔悝的“主”,“是僭为之”,也还是一种曲解。卿大夫既建有宗庙,庙中不能无主。

② 七庙之说,礼书的记载不一致。《礼记·祭法》认为七庙是二祧(远祖庙)和五庙(自考至祖考),五庙中除了始祖,应是二昭二穆。而《礼记·王制》又认为七庙是太祖和三昭三穆。郑玄又调停其说,以为“七者,太祖及文王武王与亲庙四”。七庙之说还不见于《周礼》,恐出现较迟。《吕氏春秋·谕大》引《商书》说:“五世之庙可以观怪。”《周礼·夏官·隶仆》说:“掌五寝之埽除粪洒之事。”郑注:“五寝,五庙之寝也。”都是古有五庙之证。清代学者颇多调停其说,如焦循《群经宫室图》认为“盖五庙之制,自虞至周,自天子至附庸皆同。周于五庙之外,更立二祧”。“周天子七庙,惟祧无寝”。也只是一种臆断。

所有贵族成员群众性的活动，也按照这样的行列作次序的。《礼记·祭统》说："是故有事于大庙，则群昭群穆咸在，而不失其伦。"又说："凡赐爵，昭为一，穆为一，昭与昭齿，穆与穆齿。"这是说，宗族成员参加宗庙中的典礼的时候，或者赐爵的时候，都要按左昭右穆来排列次序。《礼记·大传》还说："合族以食，序以昭缪(穆)。"这又说，宗族成员聚餐或举行酒会时，也要按照左昭右穆为次序。看来这是周族很早就有的一种生活习惯①，李亚农认为这是周族的亚血族群婚制的遗迹，该是可信的。因为当时周族流行这种生活习惯，就在宗庙中采取同样的排列方式了。

宗庙不仅是祭祀祖先之处，重要典礼都要在这里举行，重大决定也要在这里宣布。

成年男子的"冠礼"必须在宗庙举行，据说是为了"尊先祖"(《礼记·冠义》)。"士昏礼"的纳采、问名、纳吉、纳徵、请期，都要在女方宗庙中举行，据说因为"将以先祖之遗体许人，故受其礼于祢庙也"(《仪礼·士昏礼》郑注)。"士昏礼"的亲迎，婿又必须到女方宗庙中拜见女父，由女父亲自把女儿许给婿。卿大夫的婚礼也相同，亲迎之前要"告庙"，亲迎时，婿也必须到女方宗庙中。例如楚的公子围(即楚灵王)聘问郑国，娶妻于公孙段氏，事先"告于庄共之庙而来"，亲迎时，从丰氏之祧(即公孙段的宗庙)"入逆而出"(《左传·昭公元年》)。如果先迎娶而后再"告庙"，叫做"先配而后祖"，要被认为是"非礼"的(《左传·隐公八年》)。

---

① 《左传·僖公五年》载："大伯、虞仲，大王之昭也；……虢仲、虢叔，王季之穆也。"如此说太王之子太伯、虞仲属昭，则太王应属穆；王季之子虢仲、虢叔属穆，则王季应属昭。《左传·僖公二十四年》载："管、蔡、郕、霍……文之昭也；邘、晋、应、韩，武之穆也。"《国语·晋语四》也说："康叔，文之昭也；唐叔，武之穆也。"如此则文王应属穆，武王应属昭。这种昭穆之制，在春秋时各国贵族中，说法一致。必是很古老的一种习惯。

政治上的大典，也必须在宗庙行之。《尚书·顾命》就是记载太子钊（康王）在先王庙中接受成王遗命而即位的事。据《左传》记载，晋文公、晋成公、晋悼公即位，都曾“朝于武宫”，“武宫”就是建立在晋都绛的始祖武公之庙。不仅国君即位要朝于庙，卿大夫就任新的官职也要“告庙”，例如周公之子明保接受王命“尹三事四方”，就“令矢告于周公宫”（令彝），周公宫即是周公庙。诸侯朝见天子的“觐礼”，卿大夫会见邻国国君的“聘礼”，都必须在祖庙举行，详见淩廷堪《礼经释例·宾客之例》。天子对臣下任命官职或赏赐的“策命”礼，多数都在天子的祖庙举行，少数在臣下的宗庙举行，西周金文中这类记载很多。到春秋时也还如此。《礼记·祭统》说：“古者明君爵有德有禄有功，必赐爵禄于太庙，示不敢专也。”

祖庙还成为国中结盟的地方。当单穆公拥立王子猛（悼王）的时候，曾“使王子处守于王城，盟百工于平宫（注：“平宫，平王庙”）”（《左传·昭公二十二年》）。当崔杼杀死齐庄公，联合庆封拥立景公的时候，“盟国人于大宫（齐太公庙）曰：所不与崔、庆者……”（《左传·襄公二十五年》）。这类例子很多。

宗主有大事，需要到宗庙请示和报告。如果要出行，有一系列的礼节要在宗庙举行。所谓“凡公行，告于宗庙；反行，饮至、舍爵策勋焉，礼也”（《左传·桓公二年》）。不论为了朝聘、会盟、出征或出奔，出行前，都要向祖先报告①；回来后，要举行酒会向祖先报到，叫做“饮至”，酒会完毕，就要把功劳写在简策上，叫做“策勋”。鲁桓公十

① 《左传·定公八年》载：“子言（即季寤，季桓子之弟）辨（遍）舍爵于季氏之庙而出。”可见大夫出奔同样有告庙、舍爵之礼。

六年“公至自伐郑，以饮至之礼也”(《左传》)，就是在宗庙举行“饮至”礼。鲁襄公十三年“公至自晋，孟献子书劳于庙”(《左传》)，就是举行了“策勋”礼。如果有重大事故和灾难，也要向祖先报告，例如郑国火灾，执政子产使祝史徙主祏于周庙，告于先君(《左传・昭公十八年》)。如果国家有危急，还有哭庙之举。《左传・宣公十二年》载：楚围郑十七天，郑国占卜的结果，“临于大宫”得到“吉”兆(注：“临，哭也。大宫，郑祖庙”)，于是“国人大临”。

当时国家最重要的大事是军事，所有军事行动，照礼都要向祖先请示和报告。出师前，要先请示和“受命”，所谓“帅师者，受命于庙，受脤于社”(《左传・闵公二年》)。作战策略决定后，要在太庙发布命令，例如晋国伐宋，“乃发令于大庙，召军吏而戒乐正”(《国语・晋语五》)。所以古时把作战的策略，称为“庙算”(《孙子・计篇》)。出师时，要举行把兵器授予战士的“授兵”礼，也在太庙行之，例如郑国伐许，“授兵于大宫”(《左传・隐公十一年》)。行军时，要载庙主和社主从军而行，例如武王伐纣，“为文王木主，载以车，中军，武王自称太子发，言奉文王以伐，不敢自专”(《史记・周本纪》)。战胜之后，有的还替从军的庙主建造临时的宗庙来告捷，如邲之战，楚得胜，楚文王就在前线“作先君宫，告成事而还”(《左传・宣公十二年》)。凯旋后，献俘礼也常在宗庙举行。如小盂鼎就是盂在周庙向王献俘的长篇记载，虢季子白盘也载有在周庙“献馘于王”的事，敔簋又载有在周太庙“告禽(擒)”的事①。

---

① 《左传・襄公十年》载：晋侯“以偪阳子归，献于武宫”。武宫为始祖武公之庙。《左传・昭公十七年》载：晋灭陆浑之戎，“宣子梦文公携荀吴而授之陆浑，故使穆子帅师献于文宫”。可知春秋时还多献俘于宗庙。

宗庙在宗族中具有礼堂的性质。为什么族中的重要礼节和政治上的重大典礼都要在宗庙举行？所有政治和军事上的大事都到宗庙请示和报告呢？因为宗主不仅是宗族之长，而且是政治上的君主和军事上的统帅。这样在宗庙举行典礼和请示报告，无非表示听命于祖先，尊敬祖先，并希望得到祖先的保佑，得到神力的支持。其目的，就在于借此巩固宗族的团结，巩固君臣的关系，统一贵族的行动，从而加强贵族的战斗力量和统治力量。

二　族墓制度

西周、春秋时贵族都有公共墓地，这也是从氏族制阶段沿袭下来的习惯。因为他们认为这是宗族在另一世界的住宅，死人应该和活人一样聚族而居。

据《周礼·春官》记载，族葬的墓有两种：一种叫"公墓"，归冢人掌管，葬的是贵族，"先王之葬居中，以昭穆为左右，凡诸侯居左右以前，卿大夫士居后，各以其族"。一种叫"邦墓"，归墓大夫掌管，"令国民族葬而掌其禁令"。"国民"即是国家公民，亦即"国人"，也是古代的一个统治阶层。

从考古发掘的情况来看，西周、春秋间贵族确实有族墓制度。中国科学院考古研究所在河南三门峡市上村岭发掘的虢国墓地，就是个典型的例子。这个墓地规模宏大，墓葬密集，有数百座（共掘了二百三十四座），当是虢国贵族族葬之地，即是虢国的"公墓"。棺椁有重椁单棺、一椁一棺、无椁一棺、无椁无棺四等，棺椁的多少有无与墓的大小、随葬品的多少大致相适应，该与各等贵族的身份地位有关。随葬品的放置有一定的规律，大概与当时他们的葬礼的规定有关。

详见《上村岭虢国墓地》发掘报告。

春秋时晋国的“公墓”在九原。《国语·晋语八》载：赵文子与叔向游于九原（韦注：“晋墓地”），曰：“死者若可作也（注：“作，起也”），吾谁与归？”接着就评论到阳处父、舅犯、随武子等卿大夫的为人（《礼记·檀弓下》同）。春秋时曹国也有族葬的墓地。当晋文公率军包围曹的国都的时候，进攻城门的士卒多战死，曹人把这些尸体陈列在城上，使晋文公很难堪。晋文公听了舆人之谋，把晋军迁到曹人墓上去宿营，准备发掘，结果“曹人凶惧（注：“凶凶，恐惧声”）”，晋军“因其凶而攻之”，攻破了曹的国都（《左传·僖公二十八年》）。这个曹人的“墓”当是“邦墓”①，所以晋军正拟发掘，曹人便凶惧起来。

春秋时代有些国家没有国君和卿大夫都葬在一起的“公墓”，但是，国君和卿大夫的宗族都各自有其族墓。《左传·定公元年》载：鲁昭公去世，因季孙氏怨恨昭公，“季孙使役如阚公氏（注：“阚，鲁群公墓所在也”），欲沟焉（注：“欲沟绝其兆域，不使与先君同”）”，经荣驾鹅劝止，“葬昭公于墓道南”。所谓“阚公氏”，当是在“阚”这个地方的鲁“公”整个“氏”的墓地。《左传·昭公二十年》记载：这年齐豹作乱失败，齐氏被灭，后来卫灵公“赐析朱钼谥曰成子，而以齐氏之墓予之（注：“皆未死而赐谥及墓田，传终而言之”）”。这个“齐氏之墓”，当是卫国齐氏整个氏的墓地，这时因齐氏灭亡，墓地被改赏给别族。

按礼，所有族人都应葬在族墓，只有凶死的人不得入葬，这被看作一种严重的处罚。《周礼·春官·冢人》说：“凡死于兵者，不入兆

---

①　沈钦韩《春秋左氏传补注》以为这曹人墓即是《周礼》的“邦墓”。“曹人”当指曹的“国人”。春秋时军队多以“国人”为主力，因晋欲发其祖先之墓，故而凶惧。

域。”这是从氏族制阶段长期流行下来的习惯①。春秋时有不少被杀死的国君，都不得葬入“公墓”的兆域，另葬到他处，文献上都特别加以记载。例如齐庄公被崔杼杀死，“侧”于北郭（沈钦韩谓“侧”是“有棺无椁”），葬于士孙之里（《左传·襄公二十五年》）。安（晏）孺子被杀，葬于翼东门之外，以车一乘（《左传·成公十八年》、《国语·晋语六》）。楚王麇（或作卷、员）被杀，葬于郏，称为郏敖（《左传·昭公元年》）。楚王比被杀，葬于訾，称为訾敖（《左传·昭公十三年》）。“敖”是比王低一等的称呼。《左传·哀公二年》载赵简子立誓说：“若其有罪，绞缢以戮，桐棺三寸……无入于兆，下卿之罚也。”所说“无入于兆”，就是不能葬入族墓的兆域。

这种族墓是宗族的第二个圣地。宗主除了有事要向宗庙请示和报告以外，有紧急事故，常要到墓地向祖先报告。例如郑军攻破了陈国，“陈侯扶其太子偃师奔墓”，陈大夫贾获“与其妻扶其母以奔墓”，接着陈侯抱着社主出来投降（《左传·襄公二十五年》）。这时陈侯和陈大夫等“奔墓”，是去向祖先报告快要亡国的情况。又如吴国借口纳聘，攻入蔡国，蔡侯“哭而迁墓（注：“将迁，与先君辞，故哭”）”，接着蔡被迁往州来（《左传·哀公二年》）。这是蔡侯在被迫迁国之前，去向祖先哭而辞行。又如鲁昭公伐季孙氏失败，“与臧孙如墓谋（注：“辞先君，且谋所奔”），遂行”（《左传·昭公二十五年》）。这是鲁昭公在出奔之前，去向祖先辞行，并谋奔向何处。所以《礼记·檀弓下》记

① 郑注：“战败无勇，投诸茔外以罚之。”郑玄以“战败无勇”释“凡死于兵者”，不确切。凶死不得入葬于族墓，氏族制阶段已有此种习惯。云南永宁地区纳西族的习惯，凶死的人实行土葬，两三年再补行火葬，不拾骨灰，不能葬入公共墓地。见宋兆麟：《云南永宁纳西族的葬俗》（《考古》1964年第4期）。

述颜渊说:“吾闻之,去国则哭于墓而后行,反其国,不哭,展墓而入(注:“展,省视之”)。”

这种族墓制度,是和宗庙制度相辅而行的,目的也在借此巩固贵族的团结,以增强其统治力量。

三　姓氏、名字制度

在氏族制阶段,每个氏族都有特定的名字或一连串的名字,作为氏族的标识。他们往往通过对成员的命名,来授予氏族的权利和义务。西周、春秋时代贵族的姓氏、名字制度,即是从氏族的命名办法转变而来,以“氏”作为贵族的宗族的标识,用命“字”的方式来表示贵族特权的授予。

原来姓和氏有区别。姓是出生于同一远祖的血缘集团的名称。“姓”字原是由“生”字变化出来的,“百姓”在西周金文中就作“百生”。《说文》说:“姓,人之所生也,因生以为姓。”氏是姓的分支。天子、诸侯分封给臣下土地,就必须新立一个“宗”,即所谓“致邑立宗”(《左传·哀公四年》),新立的“宗”需要有一个名称,就是氏。《左传·隐公八年》载:

> 天子建德,因生以赐姓,胙之土而命之氏。诸侯以字为氏(“氏”旧误作“谥”,今从顾炎武据《驳五经异义》校正),因以为族。官有世功,则有官族。邑亦如之。

这是说,天子、诸侯分封土地给臣下,就要“命之氏”。诸侯对卿大夫命“氏”的办法有三种:一是“以字为氏”,就是以祖父的“字”作为“氏”;二是以官为氏,就是以祖先的官名作为“氏”;三是以邑为氏,就是以分封的邑名为氏。这样由上级贵族命“氏”的办法,只见这年鲁隐公命无骇为展氏一例，可能使用得很不普遍。但是，这样“以字”、“以官”、“以邑”为氏，确是当时贵族命氏的主要方法。以字为氏，大多用于公族。大凡诸侯之子称公子，公子之子称公孙，公孙之子即以其祖的“字”为氏。但也有以祖的名为氏的，更有以父的名或字为氏的。以官和以邑为氏，多数用于异姓卿大夫。但是同姓卿大夫也有采用的。此外，还有以国名、爵名、行辈等为氏的。

氏是西周、春秋时贵族所特有。《左传·襄公二十四年》载穆叔说：“若夫保姓受氏，以守宗祊，世不绝祀，无国无之。禄之大者，不可谓不朽。”“氏”代表着宗族，能够“保姓受氏”，世代相承不断，就能保住宗庙而世不绝祀。如果宗族灭亡，“氏”也跟着灭绝。郑樵《通志·氏族略序》说：

> 氏所以别贵贱。贵者有氏，贱者有名无氏。今南方诸蛮，此道犹存。古之诸侯诅辞多曰：“坠命亡氏，踣其国家”（按此见《左传·襄公十一年》所载盟书——引者），以明亡氏则与夺爵失国同，可知其为贱也。

郑樵以当时少数民族情况来作比较，得出这样的结论是正确的。

我们现在还可以少数民族作比较。例如四川凉山彝族地区在民主改革前，贵族黑彝还保存有严格的家支制度。每个黑彝男子的全名，都有“家”、“支”、“父名”、“本名”四个组成部分，例如阿侯·布吉·吉哈·鲁木子，意思即是阿侯“家”的布吉“支”的吉哈的儿子鲁木子。通过这样一连串的名字，便可确定他在贵族血缘的系统中处于那个环节，藉以表示他属于何等“高贵”的血缘系统和等级地位。每个黑彝男子几乎自幼都受背诵谱系的训练，因此他们听到一个人的名字，就能知道他的身份和地位。西周、春秋时代贵族的“氏”，性质上是和黑彝的“支”相同的。贵族们所以要把祖父的字、官名、邑名等为“氏”，无非为了明确表示其身份和地位。当时贵族所以重视称为“世”或“世系”的族谱，原因也和黑彝重视谱系相同。

西周、春秋时代的贵族，每个人都有两个名字，即幼年取的“名”和成年取的“字”。幼年的“名”由父题取，成年的“字”是在举行“冠礼”或“笄礼”时由来宾题取的。“字”的题取，需要在字义上和“名”有联系，使人们可以由“名”而推想“字”，由“字”而推想到“名”。在成年男子举行“冠礼”时，题取“字”，无非表示授予贵族应得的特权和应尽的义务。成年妇女因为要服从夫权，并作为夫家的成员，故其“字”应在许嫁而举行“笄礼”时题取。这种习惯，曾在后世地主阶级中长期流传。

当时贵族男子的“字”，全称有三个字，第一字是长幼行辈的称呼如伯、仲、叔、季之类，第二字是和“名”相联的“字”，末一字是“父”字。如果连同官名或氏来称呼，就有四个字，例如“兮（氏）甲（名）”或称为“兮（氏）伯吉父（字）”，也称为“尹（官名）吉甫”（“甫”是“父”的假借字）。女子取“字”的方式和男子相类，只是末一字作“母”或“女”，伯、仲、叔、季之下要标出“姓”。如果连同氏来称呼，可以多到五个字，如“虢孟姬良母”。这样的称呼，包含有姓氏、长幼行辈、本人的“字”、男女性别等组成部分，无非为了明确表示其身份和地位。其所以要标明长幼行辈，因为当时实行嫡长子继承制，很重视长幼行辈的区别。其所以要标明男女性别，因为当时男尊女卑，地位不同。男子所以都用“氏”来称呼，因为男子是贵族的主要成员，而“氏”是贵族的标识。女子所以要标明“姓”，因为当时同姓不婚，对女子的姓看得特别重要。

这样“字”连同“氏”或“姓”，多到四五个字，很麻烦，因此有多种简称办法。春秋时代贵族，习惯上多用简称，又因“父”和“母”已多作父亲、母亲解释，多数省去了末尾的“父”或“母”这个字。男子又多用“子某”的命“字”方式，“子”也是男子的美称。而女子都只以姓和伯仲相配，作为“字”的简称，如称孟姬、孟姜等。

当时贵族男子成年时，举行“冠礼”而命“字”，无非表示授予统治人民的特权，参与祭祀和典礼的权利等，同时也授予服兵役的义务，传宗接代的责任等。目的就在于团结贵族成员，维护贵族利益，加强统治力量。

四 族外婚制和贵族的等级内婚制

氏族制阶段禁止族内通婚，周代贵族还是保留有这种族外婚的传统。《礼记·大传》说：“系之以姓而弗别……虽百世而昏姻不相通者，周道然也。”这确是一种“周道”，为周代贵族所特别注意的。

春秋时有些贵族对这种族外婚制有所解释。有的认为是为了防止“不殖”和“生疾”，例如叔詹说：“男女同姓，其生不蕃”（《左传·僖公二十三年》）；子产说：“其生不殖，美先尽矣，则相生疾”（《左传·昭公元年》）。这是自古相传的一种说法。有的认为是为了防止族内发生淫乱，例如司空季子说：“同姓……男女不相及，畏黩敬也。黩则生怨，怨乱毓（育）灾，灾毓灭姓。是故娶妻避其同姓，畏乱灾也”（《国语·晋语四》）。这又认为，允许同姓男女相及，会造成本族内乱甚至灭亡。这该是当时贵族所以要保留族外婚制的原因之一。有的认为异姓相婚可以结好外姓，例如《礼记·坊记》说：“取妻不取同姓，以厚别也。”也就是所谓“合二姓之好”（《穀梁传·桓公三年》引孔子语）。

这确是当时贵族结外援的一种手段。

当时贵族一方面实行同姓不婚之制，所谓“男女辨姓，礼之大司也”（《左传·昭公元年》载子产语）；另一方面为了保持贵族的等级地位，实行着贵族的等级内婚制。诸侯、卿大夫都要在相同的等级之内，迎娶异姓之女。因为天子找不到相同的等级，只能求婚于诸侯，王姬也多下嫁于诸侯。国君的正妻叫“夫人”，或称“元妃”，大致是从异姓之国娶来。因为当时贵族实行一夫多妻制，他们嫁女有一种叫“媵”（陪嫁）的制度，“媵”大致是正妻的姊妹和侄女等；有时是正妻的同姓的友好国家送来的陪嫁。他们遵守同姓不婚的制度，只要不同姓，世代层是可以轻忽的，所以侄女可以从姑母同嫁一夫。卿大夫的正妻叫“内子”，多数迎娶于异姓卿大夫和别国的卿大夫，有时也上娶于国君。卿大夫也实行多妻制，正妻之下还有次一等的妻，更有妾。

五　嫡长子继承制

在宗法制度下，继承宗嗣的，必须是嫡夫人所生的长子。《公羊传·隐公元年》说：“立適（嫡）以长不以贤，立子以贵不以长。”就是说，立嫡夫人之子应选取其长者，如果嫡夫人无子而要立其他的子，应选取其贵者。“贵”是贵族选取继承人的主要标准。

这种嫡长子继承制，有些诸侯国在初期没有严格执行。例如鲁国在庄公以前，常有弟接兄位的。《史记·鲁世家》载叔牙说：“一继一及，鲁之常也（集解引何休说：“父死子继，兄死弟及”）。”秦国在初年，有些国君也是“兄死弟及”的。他们到春秋中期以后才遵守嫡长子继承制。

一般说来，这种制度曾为贵族所重视和遵守。例如晋襄公去世时，太子（即晋灵公）年少，赵盾因为晋国多难，要立年长的国君，理由是“置善则固，事长则顺”，决定把公子雍从秦迎接回来，但因襄公夫人抱着太子啼哭于朝，卿大夫“皆患穆嬴（即襄公夫人），且畏逼（注：“畏国人以大义来逼己”）”，仍然立了晋灵公（《左传·文公六年》、《文公七年》）。又如楚平王去世时，令尹子常要立子西，理由是“立长则顺，建善则治”，但是子西认为“乱嗣不祥”，仍然立了楚昭王（《左传·昭公二十六年》）。

这种嫡长子继承制的确立，很明显，是为了把“宗子”继承的制度固定下来，防止发生争夺和内乱从而巩固宗族组织及其统治力量。如果没有嫡长子，他们还定出了一种补充办法。例如说：

> 昔先王之命曰：王后无適（嫡），则择立长；年钧以德，德钧以卜；王不立爱，公卿无私，古之制也（《左传·昭公二十六年》载王子朝语）。

> 太子死，有母弟则立之；无则长立，年钧择贤，义钧则卜，古之道也（《左传·襄公三十一年》载穆叔语）。

这两段话，内容大体相同，该是当时流行的一种补充的继承办法。

当时由于贵族间争权夺利，改立太子、宗子和争立国君、卿大夫的事不断发生，贵族内部不断因此发生内乱。春秋时代“臣弑其君”、“子弑其父”的很多，在内乱中“杀嫡立庶”的事也屡见不鲜。例如楚国常因内乱，君位改由少子继承。所谓“楚国之举，恒在少者”（《左传·文公元年》载子上语），“芈姓有乱，必季实立”（《左传·昭公十三年》载叔向语）。鲁国东门遂杀死公子恶而拥立宣公，更是件著名的“杀嫡立庶”的事，当时人就一再提到（见《左传·文公十八年》、《宣公十八年》、《襄公二十三年》、《昭公三十二年》）。

六　族长主管制

西周、春秋间贵族中的大小宗族，都设有宗子或宗主作为族长，掌有主管全族的一切权力。当是由父系氏族的氏族长的制度变质和发展而成。

宗子主管有本族的共同财产，主要是土地和人民。《礼记·礼运》说：

> 故天子有田以处其子孙，诸侯有国以处其子孙，大夫有采以处其子孙，是谓制度。

当时实行着土地分封制，随着土地的层层分封，大小宗族的分立，土地和人民是按着贵族的等级而层层占有的，这就叫做“制度”。天子为“天下”的大宗，是“天下”的共主，就成为“天下”土地和人民的最高所有者。所谓“溥天之下，莫非王土，率土之滨，莫非王臣”（《诗经·小雅·北山》）。诸侯为本国的大宗，是一国之君，就成为国内土地和人民的最高所有者。所谓“封略之内，何非君土？食土之毛，谁非君臣”（《左传·昭公七年》载申无宇语）。卿大夫是采邑土地和人民的所有者。按礼，他们占有采邑多少是有制度的，如公孙免馀说：“唯卿备百邑”（《左传·襄公二十七年》）；他们有俸禄田多少也是有规定的，如叔向说：“大国之卿，一旅之田（注：“五百人为旅，为田五百顷”），上大夫一卒之田（注：“百人为卒，为田百顷”）”（《国语·晋语八》）。“一卒之田”也就是“百人之饩”（《左传·昭公元年》，注：“百人，一卒也，其禄足百人”）。但是实际上，卿大夫都竭力侵占田邑，并没有什么制度。

当时各国卿大夫的宗族组织，就是统治机构，掌管全族财产和各种政务、事务，叫做“宗”、“家”或“室”。其中规模大的，“宗”之下分为“家”或“族”，“家”或“族”之下又分为“室”。这种“室”，因为掌有全族财产，又成为一种财产单位，宗子有权可以使用和处理。如果宗族灭亡，“室”就跟着被人兼并或分取。春秋时贵族间因争夺和侵占“室”而发生内乱的例子，不胜枚举。

一个宗室就包括着宗族所有的一切财富。既包括着宗族所有的土地和人民，又包括奴隶和器用财物，更包括所有私属人员和武装力量以及军赋的收入。

《国语·晋语六》记述鄢陵之战时，范文子在栾武子面前批评晋厉公说：

> 今我战又胜荆与郑，吾君将……大其私暱而益妇人田。不夺诸大夫田，则焉取以益此？诸臣之委室而徒退者，将与几人？

下文又记述：

> 栾武子不听，遂与荆人战于鄢陵，大胜之。于是乎君……大其私暱，杀三郤而尸诸朝，纳其室以分妇人。

“纳其室以分妇人”，就是范文子所说“益妇人田”而夺诸大夫田，可知“室”的主要财产是“田”。《左传》在叙述某些卿大夫灭亡后，“室”都被兼并或分取，没有述及其“田”的下落，因为“田”即包括在“室”之中。田邑是每个宗族建立其“室”的财富基础。一个宗子或一个宗族的消灭或建立，关键就在于田邑的占有或丧失。例如晋国讨灭赵氏的时候，赵武（庄姬之子）跟着庄姬（晋成公之女，赵朔之妻）畜养在公宫，“以其田与祁奚”，后来由于韩厥请求晋侯，“乃立武而反其田焉”（《左传·成公八年》）。又如郑大夫丰卷（子张）被逐，出奔在晋，“子产请其田里，三年而复之，反其田里及其入焉”（《左传·襄公三十年》)。所谓“田”或“田邑”,是指土地及其附着的人民。

《左传·襄公十年》载:

子西闻盗,不儆而出……乃归授甲,臣妾多逃,器用多丧。子产闻盗,为门者,庀群司,闭府库,慎闭藏,完守备,成列而后出兵车十七乘。

从此可知卿大夫的“室”,包括有“群司”(各种职司的家臣)、臣妾(奴隶)和私属军队,财物都有府库保藏。诸侯的“公室”,更包括有以“国人”为主力的军队以及军赋的收入,所以鲁国三桓“三分公室”,主要就是分取了鲁国“三军”的成员和军赋。

当时各级贵族,都有其宗族成员和私属人员所组成的军队。例如明公簋说:“隹(唯)王令(命)明公遣三族伐东或(国)。”班簋说:“以乃族从父征。”春秋时,楚王有其私属的左右两“广”,每“广”兵车十五乘(《左传·宣公十五年》);楚太子的东宫另有“宫甲”;楚的卿大夫也各自有其族兵或私卒,如若敖氏之族有“若敖氏之六卒”(《左传·僖公二十八年》),大夫子强、息桓、子捷、子骈、子孟也各有其“私卒”(《左传·襄公二十五年》)。晋的卿大夫也有私属部队,如晋卿郤克曾“请以其私属”伐齐(《左传·宣公十七年》)。邲之战,晋的知䓨被俘,其父亲“知庄子以其族反之”(《左传·宣公十二年》,注:“反,还战”)。其他各诸侯国的情况也差不多。

这种贵族军队,各诸侯国在对外作战中,往往配合在“国人”编制成的国家军队中,作为骨干。例如鄢陵之战,楚的中军以王族为骨干,左右二军以二穆之族(即子重、子辛之族)为骨干;晋的中军以公族和栾氏、范氏之族为骨干,上下两军和新军以中行氏、郤氏之族为骨干。所以当时苗贲皇替晋国计谋说:

> 楚师之良，在其中军王族而已，若塞井夷灶成陈以当之，栾范易行以诱之，中行、二郤必克二穆，吾乃四萃于其王族，必大败之（《左传·襄公二十六年》）。

当时各级贵族的宗子，不仅是本族军队的主帅，而且是国家军队的统帅。春秋时晋国的卿，就是各“军”的将佐，所以他们又有“将军”之称。当对外作战时，就由国君率领卿大夫带同族兵，配合在“国人”编制的各“军”中，由国君鸣鼓指挥作战。后来因为国君的大权下落，国家军队为卿大夫所控制，指挥权也逐渐落到卿大夫手中。

宗子不仅掌有财权和兵权，还掌有神权，成为宗庙的主祭者。这点在前面论述宗庙制度时，已详加说明。当卫灵公被逐在外时，曾派子鲜向掌实权的大臣宁喜请求：“苟反，政由宁氏，祭则寡人”（《左传·襄公二十六年》）。卫灵公就是想只留祭权，把政权交给宁喜，以这样的让步来求得回国。

宗子对本族成员，有统率、管理和处分之权。例如赵婴因和庄姬（婴侄赵朔之妻）通奸，被宗子赵同、赵括“放于齐”（《左传·成公四年》）。又如楚将释放俘虏的知罃时，知罃对楚共王说：

> 以君之灵，累臣得归骨于晋，寡君之以为戮，死且不朽。若从君之惠而免之，以赐君之外臣首（指荀首——知罃之父），首其请于寡君而以戮于宗，亦死且不朽（《左传·成公三年》）。

可见一个被俘的贵族成员，被释放回国，不但有被国君判罪处死的可能，还有被宗主“戮于宗”的可能。宗主有处分本族人员之权，但在手续上须经国君的批准，以表示对君权的尊重。如果国家要处分卿大夫宗族中人，在手续上也须咨询于宗主，以表示对族权的尊重。例如郑国将放逐游楚，“子产咨于大叔，大叔曰：吉（大叔名）不能亢身，焉能亢宗”(《左传·昭公元年》)。

宗子亦有庇护宗族成员之责。卿大夫在国家担任官职的目的之一,就是庇护宗族。所谓“守其官职,保族宜家”(《左传·襄公三十年》)。例如宋的公子寿因国君无道,生怕累及,辞去司城之官,但是还使其儿子意诸去做,他说:“弃官则族无所庇”(《左传·文公十六年》)。如果宗子有所作为,也就“族可以庇”。例如刘康公聘问鲁国,见季文子、孟献子都很节俭,回来称赞说:“今夫二子者俭,其能足用矣,用足则族可以庇”(《国语·周语中》)。

当时一个宗子的得失,关系着整个宗族的兴亡。宗子得势,整个宗族得到庇护;宗子得罪,常常整个宗族被驱逐或灭亡。例如晋人因邲之战失败,赤狄又伐晋到清,于是“归罪于先縠”,杀死了先縠,还“尽灭其族”(《左传·宣公十三年》)。又如宋昭公被杀后,武氏之族利用昭公之子作乱,宋文公使戴、庄、桓之族攻武氏;又因穆族支持武族,“尽逐武、穆之族”(《左传·文公十八年》、《宣公三年》)。这类例子很多。春秋后期由于贵族间争权夺利,不断互相兼并,被陆续驱逐和灭亡的宗族很多。

这种族长主管制,使大小宗族长拥有本族的财权、兵权、法权和神权,对本族成员有统率、管理和处分之权,当然对于所属劳动人民,更有生杀之权。当时政治组织体系,是和宗法组织体系紧密结合在一起的,大小宗族长的专制权力,在政治组织上就表现为君主和卿大夫的专制权力。

七　家臣制度

在西周、春秋间的贵族中,各国的卿大夫是个比较重要的阶层。

他们世袭着卿大夫的等级地位，世袭着封土和采邑，世代担任各种重要官职，操纵着国家的兵权和政权。他们在封土内，立有宗庙，筑有城邑，设有军队。他们有以宗族组织为基础的统治机构，称为“宗”、“家”、“室”等。

宗子被称为“主”或“宗”，是一“家”之主，手下有宗亲和家臣帮助进行统治，形成一套家臣制度。

春秋时代卿大夫的“家臣”中也有等级，地位高的称“家大夫”（《礼记·檀弓下》），如公叔文子之臣有大夫僎（《论语·宪问》）。有些权力大的“家臣”，也有宗族和封土或封邑，又有臣属。

帮助宗子掌管宗族内部事务的“家臣”，主要有“室老”和“宗老”。室老也单称老，宗老也称宗人或宗。如《左传·襄公二十二年》载：“郑公孙黑肱有疾，归邑于公，召室老、宗人立段，而使黜官薄祭。”室老负责照顾宗子的生活，掌管宾客所送的贽币①。宗老掌管各种礼仪，如夫人、宗子继立的礼仪、婚礼、祭礼及祈祷等②。此外，还有卜、祝、史之类，掌管占卜等事。

帮助卿大夫统治人民的家臣有“宰”。宰有家宰和邑宰两种，家

---

① 例如《左传·昭公二十六年》载：“臧昭伯如晋……臧氏老将如晋问（注：“问昭伯起居”）。”《仪礼·聘礼》载卿大夫“授老币”。胡匡衷《仪礼释官》说：“《特牲》注云：宰，群吏之长。此注（指《士昏礼》注）云：老，群吏之尊者。老与宰当即一人。以其主家之政教，谓之宰；以其为家之贵臣，谓之老。宰著其职也。老优其名也。”此说没有确据。

② 例如《左传·哀公二十四年》载：“公子荆之母嬖，将以为夫人，使宗人衅夏献其礼。”《国语·鲁语下》载：“公父文伯之母欲室文伯（注：“室，妻也”），飨其宗老……老请守龟卜室之族（注：“守龟，卜人。族，姓也”），师亥闻之曰：善哉！……宗室之谋不过宗人。”《国语·楚语上》载：“屈到嗜芰，有疾，召其宗老而属之曰：祭我必以芰。”

宰掌管全家的政务，邑宰则掌管某个邑的政务，包括财政和军政①。“宰”之下，分设有各种职司的家臣。《论语·子路》载：“仲弓为季氏宰，问政，子曰：先有司，赦小过，举贤才。”这时仲弓做季孙氏的家宰，向孔子请教如何掌管政务，孔子首先主张挑选贤才来充当所属“有司”，因为“有司”直接统治着人民。宰所属“有司”，可考的有以下几个：(1)司徒，掌管土地和征发徒众之官。《礼记·檀弓上》记载：“孟献子之丧，司徒敬子使旅归四方布”(此从足利本)。注：“司徒使下士归四方之赙布”。这个司徒当为孟献子的家臣。(2)司马或马正，掌管军赋和统率徒众作战。例如，当鲁昭公讨伐季孙氏时，“叔孙氏之司马鬷戾言于其众……帅徒以往，陷西北隅以入”，驱逐公徒，使得鲁昭公失败(《左传·昭公二十六年》)。可知司马是个小军官。这个官，不仅在卿大夫的“家”中设置，邑中也有设置，叫做马正。例如《左传·定公十年》有郈马正侯犯，即是叔孙氏所属郈邑的马正。马正也是小军官，所以侯犯有叔孙氏之甲，能够“以郈叛”。(3)工师，《左传·定公十年》有郈工师驷赤，当为郈邑掌工匠和制造之官。

还有专为卿大夫生活上服务的家臣：(1)司宫，掌宫室中杂务之官。(2)饔人，掌饮食之官②。(3)车或差车，主车之官。(4)御驺，掌

---

① 例如冉有为季氏宰，“为之聚敛而附益之”(《论语·先进》)。又曾“帅左师”，“以武城人三百为己徒卒”，用矛攻入齐师(《左传·哀公十一年》)。因为家宰掌管全家政务，有时可作卿大夫的代表，如王叔陈生与伯舆争讼，“王叔之宰与伯舆之大夫瑕禽坐狱于王庭”(《左传·襄公十三年》)。家宰的权力是比较大的，例如卫的齐豹和北宫喜等共谋作乱，“齐氏之宰渠子召北宫子(即北宫喜)，北宫氏之宰不与闻谋，杀渠子，遂伐齐氏灭之”。又如“仲由(子路)为季氏宰，将堕三都”(《左传·定公十二年》)。因为这时季孙氏正掌握鲁的国政，季孙氏之宰就有权力掌管鲁国的大事。

② 《左传·昭公五年》载：“仲(仲壬)至自齐，季孙欲立之……南遗使国人助竖牛以攻诸大库之庭，司宫射之，中目而死。”这个司宫参与叔孙氏之乱，当为家臣。《左传·昭公二十五年》载“及季姒与饔人檀通”，注：“季姒，公鸟妻，鲍文子女。饔人，食官。”这个饔人当为季孙氏的家臣。

马兼掌御之官①。(5)工,即乐工②。(6)阍人、寺人、竖等内官。

更值得注意的,卿大夫家人中有圉人之官。过去注释家以为即是《周礼·夏官》的圉师、圉人,为养马之官。圉人本来确是养马官,所以《礼记·檀弓上》说:“圉人浴马。”其所属奴隶叫圉,也专门养马,《左传·昭公七年》所谓“马有圉,牛有牧”。但是实际上,这时的圉人已成为卿大夫家的奴隶总管,圉已成为下等奴隶的通称。《左传·僖公十七年》说:“男为人臣,女为人妾,故名男曰圉,女曰妾。”可知圉已成为男奴的通称,如同女奴通称为妾一样。《左传·定公八年》载:“孟氏选圉人之壮者三百人,以为公期筑室于门外。”孟氏所选圉人之壮者三百人,当即从圉人所属奴隶中选出壮者三百人,可知当时圉人所属的奴隶数量不少。如果专门用来养马,恐怕用不到这么多的人,而且也不可能一下子抽出来“筑室”。《左传·襄公二十八年》载:“陈氏鲍氏之圉氏为优”,亦当为奴隶表演笑剧以供贵族娱乐③。

如上所述,可知卿大夫的家臣,有帮助掌管族内事务的,有为卿大夫生活上服务的,有掌管全“家”和各个邑的政务而统治人民的,也有监督管理奴隶的。

当时家臣是由宗主任免的,但是君臣关系的确立,也还有一套制

---

① 《左传·哀公十四年》载:“叔孙氏之车子钼商获麟。”《正义》引服虔注:“车,车士。”《左传·哀公六年》:“鲍子醉而往其臣差车鲍点。”杜注:“差车,主车之官。”《左传·襄公二十三年》有孟氏之御驺丰点,《正义》认为御驺是掌马兼掌御之官。

② 《左传·襄公二十八年》:“叔孙穆子食庆封……使工为之诵《茅诵》。”杜注:“工,乐师。”

③ “牧圉”为当时对下等奴隶的通称。如卫成公出奔后回国,宁武子与国人结盟说:“不有居者,谁守社稷,不有行者,谁扞牧圉”(《左传·僖公二十八年》)。卫献公出奔后回国,责备大叔文子,大叔文子对答说:“不能负羁绁以从扞牧圉,臣之罪一也。”这两处所谓“牧圉”,都是指国君出奔时所带走的奴隶,当然不全是养牛养马的。

度。君臣关系的确立，自上而下，必须经过“策命”礼，由主上授给命书，表示授予官职、任务和权利；同时由下而上，必须经过“委质”礼，由臣下委贽而退，表示对主上的臣服、忠心和义务的承担。所谓“委质为臣，无有二心，委质而策死，古之法也”(《国语·晋语九》)。

按礼，家臣必须效忠于主上，不得有二心。如果有二心，主上可以处罚。当时有不少家臣，确实很讲究效忠于主上的道义。例如晋国在栾盈出奔之后，下令不许栾氏的家臣跟从，跟从的要处死，而栾氏的家臣辛俞还是跑了，后来捉回来审问，他说：

> 臣闻之，三世事家，君之；再世以下，主之。事君以死，事主以勤，君之明令也。自臣之祖，以无大援于晋国，世隶于栾氏，于今三世矣，臣故不敢不君。今执政曰：不从君者为大戮。臣敢忘其死而叛其君，以烦司寇(《国语·晋语八》)。

辛俞这样的说法，确是当时贵族中流行的一种传统思想。孔子的弟子子路就是强烈地怀有这种思想的人，当子路做卫大夫孔悝的邑宰的时候，太子蒯聩强逼孔悝驱逐卫出公，发生内乱，子路闻讯，一定要去救难，并且说：“食焉不避其难”，“利其禄必救其患”，结果战斗而死(《左传·哀公十五年》)。

因为家臣必须效忠于“家”，就只知有“家”而不知有“国”。例如季孙氏的费邑宰南蒯，谋帮助公室驱逐季孙氏失败，出奔到齐。当南蒯将反对季孙氏时，乡人有知道的，就讽刺说：“家臣而君国，有人矣哉！”(《左传·昭公十二年》)。后来在齐国侍奉齐景公饮酒，景公骂他是叛夫，南蒯说：“臣欲张公室也。”齐大夫子韩皙说：“家臣而欲张公室，罪莫大焉”(《左传·昭公十四年》)。当鲁昭公讨伐季孙氏时，叔孙氏之司马鬷戾言于其众曰：“我家臣也，不敢知国。凡有季氏与无，于我孰利?”(《左传·昭公二十五年》)。

在这样的家臣制度下，各个宗族的统治机构，首先保护的，是其本“家”的利益及其特权，要不断加强对所属人民的奴役和压迫。而各个宗族之间为了争权夺利，又不可避免地要发生冲突。

八 宗法制度下贵族的各种相互关系

根据上面的论述，可知宗法制度确是由父系家长制变质和扩大而成。氏族制末期的祖先崇拜，此时扩展为宗庙制度；氏族的公共墓地，此时变为族墓制度；氏族成员使用氏族名称的权利，此时发展为姓氏、名字制度；氏族的族外婚制，此时变为同姓不婚制和贵族的等级内婚制；氏族的相互继承权，此时变为嫡长子继承制；氏族长掌管本族公共事务的制度，此时变为族长(宗主)主管制；氏族所设管账等人员，此时变为家臣制度，实质上成为贵族的基层政权组织。至于氏族“彼此予以帮助、保护及支援的相互义务”，此时变为宗族内部以及大小宗族之间相互帮助、保护及支援的义务。

在宗法制度支配下，宗子有保护和帮助宗族成员的责任，而宗族成员有支持和听命于宗子的义务。大宗有维护小宗的责任①，而小宗有支持和听命于大宗的义务②。惟其如此，大宗和宗子对宗族组

---

① 《左传·昭公二十八年》载：“梗阳人有狱，魏戊不能断，以狱上(注：“上魏子”)，其大宗赂以女乐(注：“讼者之大宗”)。”这是大宗维护小宗的例子。

② 在春秋时贵族的观念中，多认为小宗应尊重和支持大宗，否则就是“非礼”。《左传·昭公二十五年》载：“叔孙婼聘于宋，桐门右师见之(注：“右师乐大心居桐门”)，语卑宋大夫而贱司城氏(注：“司城，乐氏之大宗也”)。昭子告其人曰：右师其亡乎！……今夫子卑其大夫而贱其宗，是贱其身也，能有礼乎？无礼必亡。”《左传·哀公八年》载：“吴为邾故，将伐鲁，问于叔孙辄，叔孙辄曰：‘鲁有名而无情，伐之必得志焉。’退而告公山不狃，公山不狃曰：‘非礼也。……今子以小恶而欲覆宗国，不亦难乎’(注：“辄，鲁公族，故谓之宗国”)。”《国语·晋语八》载阳毕说：“且夫栾氏之诬晋国久也，栾书实覆宗，杀厉公以厚其家(注：“覆，败也。宗，大宗也。谓杀厉立悼”)，若灭栾氏，则民威矣。”

织起着支柱的作用，所以《诗经·大雅·板》说："大邦维屏，大宗维翰，怀德维宁，宗子维城。"而小宗对大宗起着辅助的作用，所以《左传·襄公十四年》说："是故天子有公，诸侯有卿，卿置侧室，大夫有贰宗，士有朋友……以相辅佐也。"

西周、春秋间贵族，很讲究同姓、同宗、同族之间的关系。举行宗教仪式时要讲究这些，例如"凡诸侯之丧，异姓临于外，同姓于宗庙，同宗于祖庙，同族于祢庙"(《左传·襄公十二年》)。政治活动也要讲究这些，例如"周之宗盟，异族为后"(《左传·隐公十一年》)。统治人才的选用也要区别内姓和外姓，所谓"内姓选于亲，外姓选于旧"(《左传·宣公十二年》)。还必须以"亲亲"、"贵贵"作为选拔人才的标准，做到"亲不在外，羁不在内"(《左传·昭公十一年》)。如果"弃亲用羁"，是要为宗族成员所反对的。例如周的卿士单献公因"弃亲用羁"，被公族所杀(《左传·昭公七年》)。周的卿士巩简公因为"弃其子弟而好用远人"，被群公子所杀(《左传》定公元年、二年)。

西周、春秋间贵族的统治，就是以周天子为首的姬姓贵族为主，联合其他异姓贵族的统治。周天子分封同姓诸侯之时，又封异姓诸侯，诸侯也分封同姓和异姓卿大夫。由于实行同姓不婚制和贵族的等级内婚制，异姓贵族都成为姬姓贵族的姻亲。周天子称同姓诸侯为伯父、叔父，称异姓诸侯为伯舅、叔舅，诸侯也称异姓卿大夫为舅。周天子与诸侯，诸侯与卿大夫，固然有着政治上的组织关系，同时也存在着宗法和姻亲的关系，以加强彼此之间的团结和联合。贵族如此实行其联合的统治，无非为了有效地镇压人民的反抗，加强对人民的掠夺。

当时贵族为了加强内部团结和统治人民的力量，依据旧有习惯，加以改变和发展，制定了许多"礼"，用来维护宗法制度和君权、族权、夫权、神权。策命礼、觐礼、聘礼、即位礼、委质礼等，都是为了维护君权，加强贵族之间政治上的组织关系的。

按礼，天子的命令叫做“王命”，诸侯必须听从。诸侯的重大事件，必须听从“王命”来办理。诸侯必须定期朝觐，纳职贡。如果不这样，就叫“不王”和“不共王职”，天子可以用王师会同诸侯来讨伐。到春秋初期，天子已无实力，但当晋国公室和别封的曲沃发生内讧时，周桓王还曾多次以“王命”出兵干预。

按礼，“大国三卿皆命于天子”，“次国三卿，二卿命于天子”（《礼记·王制》）。这种制度是用来帮助天子控制诸侯的，看来曾实行过。到春秋时，周天子号令不行，但是有时在形式上，诸侯的上卿还由天子任命。这种由天子任命的卿，就叫做“命卿”和“王之守臣”①。

按礼，卿大夫对诸侯也有许多必须服从的义务，大体上和诸侯必须服从天子的义务相同。同时，诸侯有对卿大夫讨伐处分之权，所谓“君讨臣，谁敢雠之，君命天也”（《左传·定公四年》）。

---

① 例如在晋国，曲沃武公曾对栾共子说：“苟无死，吾以子见天子，令子为上卿”（《国语·晋语一》）。晋景公又“请于王，戊申以黻冕命士会将中军，且为大傅”（《左传·宣公十六年》）。晋景公使上军大夫巩朔“献捷于周”，周定王使单襄公辞谢，理由之一就是巩朔不是“命卿”，“未有职司于王室”（《左传·成公二年》）。晋的下卿栾盈出奔，路过周的西鄙被劫掠，对王的行人说：“天子陪臣盈（注：“诸侯之臣称为天子陪臣”），得罪于王之守臣（注：“范宣子为王所命，故曰守臣”），将逃罪”（《左传·襄公二十一年》）。又如在齐国，齐桓公使管仲“平戎于王”，周襄王飨以上卿之礼，管仲辞谢说：“臣贱有司也，有天子之二守国、高在（注：“国子、高子，天子所命为齐守臣，皆上卿也”）……陪臣敢辞”（《左传·僖公十二年》）。

第七章　西周王朝统治所属少数部族的“荒服”制度

一　“五服”中的所谓“荒服”

《国语·周语上》记载周穆王将伐犬戎，大臣祭公谋父进谏，认为犬戎是王朝所属“荒服”的部族，原来犬戎首领大毕、伯仕曾以其“荒服”的职司，来朝见周王和推尊周王为王的，不该出兵征伐。穆王不听，结果从犬戎取得四白狼和四白鹿以归，“自是荒服者不至”。可知西周王朝原有“荒服”制度，用以统治边境少数部族居住地区。

祭公谋父进谏穆王时指出，先王之制，依据王朝所统属远近地区的性质不同，分成“五服”，就是“邦内甸服，邦外侯服，侯卫宾服，夷蛮要服，戎狄荒服”。所谓“邦内甸服”，是指邦畿以内、国王直接统治地区。所谓“邦外侯服”，是指邦畿以外、分封诸侯的地区。所谓“侯卫宾服”，是指前代王族后裔的小国之君，要以客礼相待的地区。所谓“夷蛮要服”和“戎狄荒服”，是指东南夷蛮之族和西北戎狄之族所居地区。“要服”是指加以约束的地区，“荒服”是指王朝边境居住少数部族的地区。这种以“夷蛮”和“戎狄”分成“要服”和“荒服”，是不确切的。

《诗经·鲁颂·闷宫》歌颂鲁僖公时“淮夷来同(朝)”的情况：

泰山岩岩，鲁邦所詹(瞻)。奄有龟、蒙，遂荒大东，至于海邦(封)，淮夷来同。莫不率从，鲁侯之功。保有凫绎，遂荒徐宅，至于海邦(封)，淮夷、蛮、貊。及彼南夷，莫不率从，莫敢不诺，鲁侯是若。

所谓“遂荒大东”和“遂荒徐宅”，就是说，从东方和徐夷所居之地，直到东海之滨，都是“荒服”之区，所居淮夷、南夷都来鲁国朝见。可知淮夷、南夷所居的地区，都属于“荒服”的范围。

二 “岁贡”和“终王”的职责

祭公谋父还指出，“五服”有不同的职责，“甸服者祭，侯服者祀，宾服者享，要服者贡，荒服者王”。职贡的时间是“日祭、月祀、时享、岁贡、终王”。这样的区分，也还不够确切。其实，“荒服”的职贡，既要“享”，也要“贡”，更要“王”。《诗经·商颂·殷武》说：“昔有成汤，自彼氐、羌，莫敢不来享，莫敢不来王，曰商是常(尚)。”氐和羌当然属于“荒服”，“享”、“贡”、“王”，都是“荒服”的少数部族首领，必须向周王进献的。

周宣王时的兮甲盘载：

王易(锡)兮甲马四匹、驹马。王令甲政(征)嗣(司)成周四方责(积)，至于南淮夷。淮夷旧我員畮人，毋敢不出其員(帛)、其责(积)。其进人、其贮，毋敢不即餗(次)、即岑(市)。敢不用令，则即井(刑)、廙(撲)伐。其惟我者(诸)侯百生(姓)，厥贮毋不即岑(市)，毋敢或入蠻(蛮)妄贮，则亦井(刑)。

同时师寰簋载：

王若曰：师寰，燮！淮尸(夷)繇(旧)我員晦臣，今敢博(读作“迫”)厥众叚(暇)，反厥工吏，弗速(积)我东郕(国)。今余肇令女(汝)逹(率)齐帀(师)、曩、贅(莱)棘、屃、左右虎臣正(征)淮尸(夷)，即贺厥邦兽(首)，曰冉、曰䍙、曰铃、曰达。

所谓“員晦臣”，“員”当读作“帛”，“晦”当读作“贿”，就是说淮夷原是向周朝入贡布帛财货的臣属，必须贡献“帛”、“责”、“人”三项。帛即布帛，具有货币性质，“责”即仓库中的委积，“进人”是送进服役的人，具有奴隶性质。所说“其贮，毋敢不即餗(次)、即岑(市)”。是说贡献的“帛”、“责”、“人”，必须送到有管理监督买卖和收税官吏的“市”。所谓“博(迫)其众叚”，是迫使所“进”的“人”怠工；所谓“反厥工吏”，是反抗监督劳动的官吏。所谓“弗速我东国”，是说没有把物资纳贡到我的东国积聚起来。说明当时淮夷抗拒向周朝进贡。

同时，驹父盨盖载：

惟王十又八年正月南中(仲)邦父命驹父即南者(诸)侯，率高父见南淮尸(夷)，厥献厥服。我乃至于淮，小大邦亡(无)敢不具逆王命，四月还至蔡。

这是说执政的卿士南仲邦父命令驹父等人去见南淮夷，索取贡赋，就是所谓“荒服”的职责。所谓“厥取厥服”和“厥献厥服”，这个“服”就是指“荒服”而言。所说“小大邦亡(无)敢不具逆王命”，是说淮夷中的大小部落都来迎接“王命”，就是奉命进献贡赋。

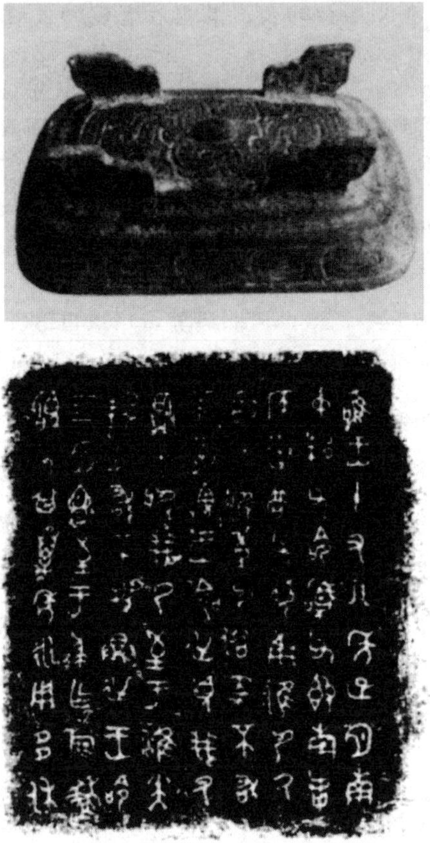

图四十三　驹父盨盖及铭文

一九七四年陕西武功苏坊镇金龙村出土。高十八厘米，口长二十五厘米，口宽十七厘米，盖深五厘米，重一点七千克，盖内有铭文八十二字。现藏武功县文化馆。

祭公谋父进谏穆王时，曾说："今自大毕、伯仕之终也，犬戎以其职来王。"所谓"其职"就是"荒服"的职司。所谓"终"是指终身的职责，祭公既说"要服者贡，荒服者王"，又说"岁贡，终王"，可知"终"是指终一身、终一世而言。按照"荒服"的制度，所有居住在"荒服"地区的大小部落首领，都必须把“来王”作为终身的职责。与此同时，王朝也以“荒服”的大小部落首领“来王”作为一代盛大的历史事件，特别是当新王朝开国的时候。所以《商颂·殷武》要歌颂成汤之时，“自彼氐、羌”，“莫敢不来王”。晋邦盨记晋公曰：“我皇且（祖）鄌（唐）公，〔膺〕受大命，左右武王；□□百緐（蛮），广嗣（治）四方，至于大庭，莫不来〔王〕；〔王〕命鄌（唐）公，冂宅京𠂤（师），□□□邦。”《殷武》所说的“自彼氐、羌”，是指居于“荒服”的氐、羌部族首领，晋邦盨所说的“百蛮”，也是指居住“荒服”的蛮夷部族首领。居住“荒服”的大小部落首领“来王”，是王朝强盛的特征，又是大小部落首领应尽的主要职责。

何为“来王”？郑玄解释《殷武》“莫敢不来王”，说“世见曰来王”，就是周王去世，新王即位，前来朝见。我们认为这个解说不确切。所谓“来王”，就是来到王的居处，朝见周王而推尊以为王。厉王时的㝬钟载：

> 王肇遹省文武勤疆土，南或（国）𠬝子敢臽（陷）虐我土。王敦伐其至，戭（扑）伐厥都。𠬝子迺（乃）遣间来逆邵（昭）王，南尸（夷）、东尸（夷）具见，廿又六邦。

这是说南方𠬝子侵略，周王加以征伐，攻到其都邑，迫使𠬝子屈服，“来逆邵（昭）王”，同时南夷、东夷的部落首领都来朝见，共有二十六邦。郭沫若以为所说“邵（昭）王”，是周昭王的生称，唐兰认为此铭于上文已两称“王”，不应于文中又称周昭王，而且此钟的形制、铭辞、文字、书法和史迹都和昭王时不合，应从孙诒让把“昭王”解释为“见王”，《尔雅·释诂》云：“昭，见也。”我认为，“邵”当读作“绍”或“昭”，是“朝见”的意思。《孟子·滕文公下》引《书》说：“绍我周王见休，惟臣附于大邑周。”赵岐注释为“愿见周王”，其实“邵”或“绍”、“昭”，不是指一般的相见和会见，而是指朝见。“绍我周王见休”，是说朝见周王。此铭所说“来逆邵（昭）王”，是说既专程前来，又为了迎接，更是朝见周王。此铭开头说：“王肇遹省文武勤疆土”，就是说周王巡视文王、武王勤劳创建的疆土，特别巡视到东南边境地区，对东南“荒服”地区的少数部族首领要会见，𠭯子成为少数部族首领的引导者，“来逆邵（昭）王”，使得南夷、东夷廿六邦都来朝见。所谓“来逆邵（昭）王”，就是一次东南方“荒服”地区少数部族首领集体的“来王”。朝见当有一定礼仪。

西周时代周王时常召开诸侯或夷戎部落首领的“会”、“盟”，作为统治的手段。《左传・昭公四年》记载“楚子合诸侯于申”，椒举进言于楚王，列举三代重要的“会”、“盟”，其中就讲到了“康有酆宫之朝，穆有涂山之会”，杜预注：“酆在始平鄠县东，有灵台，康王于是朝诸侯。周穆王会诸侯于涂山，涂山在寿春东北。”酆在今陕西山阳，康王所朝见的当是西南地区的夷戎部落首领。涂山在安徽蚌埠西，穆王所会的当是淮夷和群舒部族首领。椒举又讲到“周幽为大室之盟，戎狄叛之”。杜预注：“大室，中岳”。幽王所召集的“大室之盟”，主要召来的是戎狄部落首领，结果是“戎狄叛之”，成为西周灭亡的一个原因。《史记・秦本纪》载：“秦仲立三年，周厉王无道，诸侯或叛之，西戎反王室，灭犬丘、大骆之族。”可知周厉王时西戎已反叛周室，到宣王时，虽曾伐淮夷得胜，伐徐戎而使归顺，并大举伐楚成功，多次伐严允到太原，但是后来败于条戎、奔戎以及姜氏之戎，结果终于“丧南国之师”，造成此后西戎参与伐灭西周的后果。

《国语・周语中》记载：春秋中期，周定王十四年（公元前五九三年）晋景公使正卿随会聘于周，周定王举行宴会接待，随会问相礼的原襄公“今此何礼也”？周定王因此作解释，讲到“且唯戎、狄则有体荐。夫戎、狄冒没轻儳，贪而不让。其血气不治，若禽兽焉。其适来班贡，不俟馨香嘉味，故坐诸门外，而使舌人体委与之”。这是说戎、狄前来周王的朝廷定期进贡，不经过宴会的接待，坐在朝廷的门外，使“舌人”（翻译官）通报，就来到中廷朝见而进献贡品。这种朝见之礼，是不经过宴会的接待，由戎狄的首领带了贡品直接到朝廷来朝见而进献的，因而称为“来庭”或“来廷”。例如《大雅·常武》讲到周宣王征伐徐戎，使得归顺而前来朝见，就说：“王犹允塞（实），徐方既来。徐方既同，天子之功。四方既平，徐方来庭。徐方不回，王曰还归。”这是说周王确实做到了，使徐方首领来朝，徐方既然归顺（同），这是天子的成功。四方既经平定，徐方就“来廷”。当时又称不定期朝见的方国叫“不庭方”。《大雅·韩奕》记述周宣王把“追”、“貊”等部族赏给韩侯，册命就说：“朕命不易，榦不庭方，以佐戎辟。”就是说要使追、貊等“不庭方”顺从，以辅佐你这个君主。“戎”是“汝”的意思，“辟”是“君”的意思。

三　接受分封低下爵位而服事

处于“荒服”的少数部族，不仅有“岁贡”和“终王”的职责，还得接受分封低下的爵位。楚是被周人看作蛮夷的。《史记·楚世家》说：“周文王之时，季连之苗裔曰鬻熊，鬻熊子事文王。”所谓“子事文王”，就是接受低下的“子”爵，从而服事于周。《楚世家》又说：“熊绎当周成王之时，举文、武勤劳之后嗣，而封熊绎于楚蛮，封以子男之田。”当周夷王时，熊渠攻伐庸、杨粤至于鄂，熊渠说：“我蛮夷也，不与中国之号谥。"于是自称为王，并分封其三子为王。楚原来是接受子爵而服事于周的。所以西周初年的甲骨文就有"今秋楚子来告"的记载。等到楚强盛之后，才废弃所接受的"子"爵。

西周时有录国，就是春秋时代被楚攻灭的六，原是群舒之一，在今安徽六安。这个部族的首领曾接受周的"子"爵。周成王时的大保簋载："王伐录子耶(圣)，𠭰，厥反，王降征令于大保。"这是说录子圣反叛，周王因而下"征令"给太保。周穆王时的录伯𢦚簋载："王若曰：录伯𢦚，䌛自乃且(祖)考有爵于周邦，右辟四方。"同时录𢦚卣又载："王令𢦚曰：'𠭰！淮尸(夷)敢伐内国，女(汝)以成周师氏戍于𤰈𠂤'。白(伯)雍父蔑录曆，易(锡)贝十朋。"周穆王说录伯𢦚的"祖考有爵于周邦"，就是指录子圣曾接受周王分封的"子"爵。录子圣曾因反叛而受到太保的征伐，但是后来录国首领仍担任周的将领，有"右辟四方"的功劳。录原是群舒之一，群舒和淮夷、徐戎是居住于同一地区的，那里居住着众多而复杂的少数部族。周王给予录国首领爵位，任以为将领，征讨少数部族，帮助周王开辟领土，很有功劳，因而所分封的爵位也有提高，录子圣只有"子"爵，录伯𢦚就升为伯爵了。

《礼记·曲礼下》说："其在东夷、北狄、西戎、南蛮，虽大曰子。"这是周王朝统治"荒服"地区的政策，所以楚虽是大国，却只给以子爵。录国之君原来亦是子爵，后来被周王任以为将，并有功劳，因而升为伯爵，这是特例。

第八章　代表贵族政权等级的列鼎制度

一　作为世袭权力和地位凭证的青铜礼器

青铜器原为青铜器时代的实用器物，如三足的鼎、鬲、甗原是烹饪器，圈足的簋、豆之类原是盛食器，三足的爵、角、斝原是温酒和饮酒器，觚、尊、觯、卣、觥原是盛酒或饮酒器，盘、匜、盂原是盛水器。因为古人相信鬼神一样要饮食，于是这些实用器被用作祭祀的宗庙礼器。由于这些宗庙的礼器，器主铸有铭文，说明自己权力地位的来历，要传给子孙世袭的，就成为贵族世袭权力地位和财富的凭证。现在我们所见到的西周青铜器，都不是实用品，而是作为世袭权力和地位凭证的礼器。

西周早期的青铜器，从其形制和纹饰来看，很明显是继承商代晚期的风格而铸造的，但也有其特点，最主要的特点就是所铸铭文有着重大的发展。商代铭文一般只有五六字，最长不过五十字，主要标记器主和祭祀祖先，到商代末年有记事的。西周早期铭文就有长篇的，

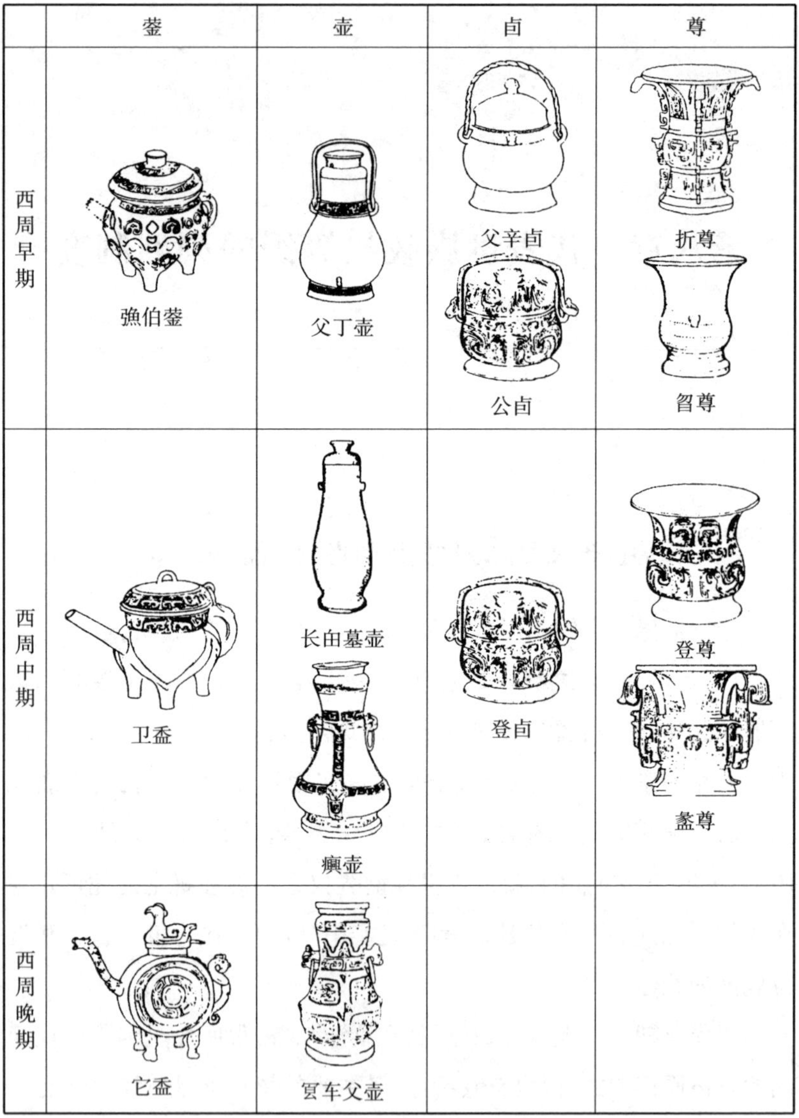

图四十四　西周主要铜器器形的演变(一)

(采自吴镇烽编著《陕西金文汇编》附录)

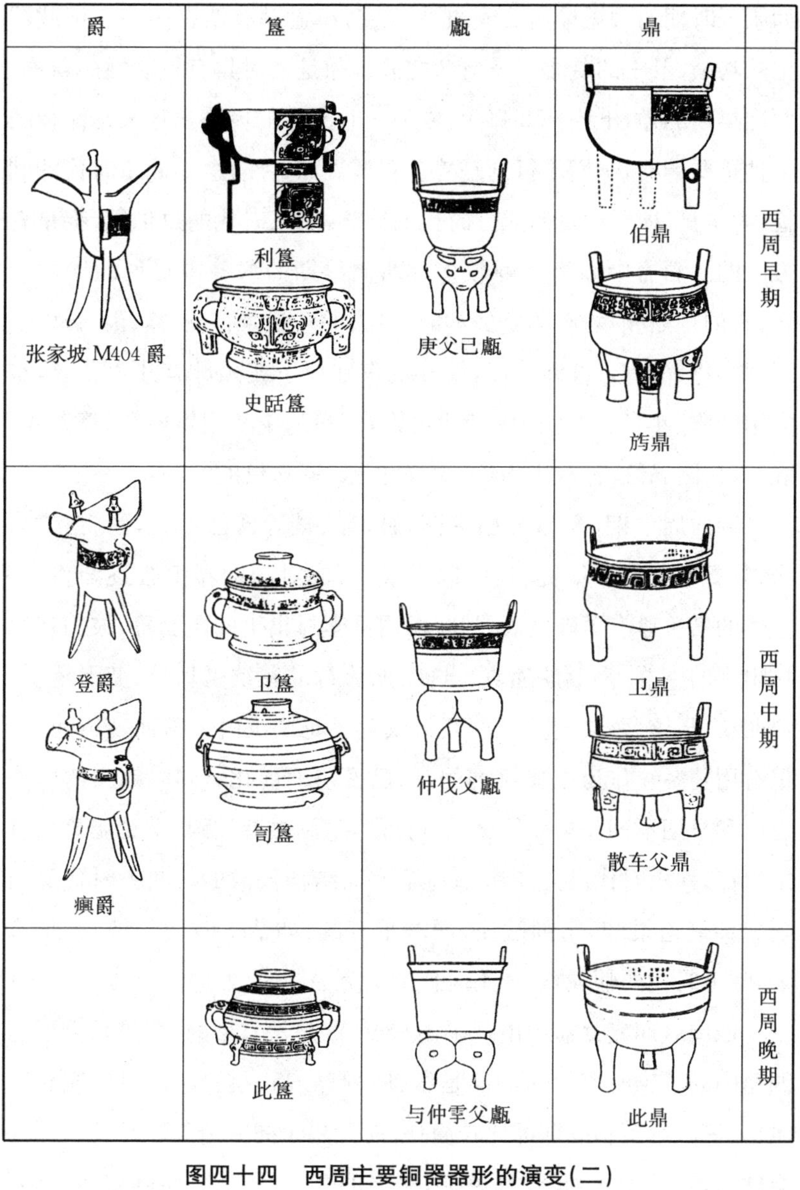

图四十四　西周主要铜器器形的演变(二)

如康王时期的大盂鼎有二百九十一字，小盂鼎有四百多字。记载器主的功绩、君王的赏赐以及册命之辞。鼎是当时具有代表性的器物，西周早期的鼎，下腹部都膨大，成为一时流行的风格。簋又是流行的一种重要铜器，早期流行的是兽首双耳簋和方座簋，如武王时代的利簋、大丰簋（即天亡簋），成王时代的德簋，昭王时代的过伯簋，都是有方座的。酒器中以爵和觯较多。西周早期的墓葬中常见的铜器组合，有的是鼎和簋，有的是爵和觯，较大的墓就兼有鼎、簋、爵、觯以及鬲、甗、尊、卣等。纹饰方面，简朴的仅在口下或颈部有几道弦纹，有的用云雷、小鸟、夔龙构成带状纹饰，繁缛的主要用饕餮纹、夔龙纹、乳钉纹、圆涡纹，也有用鸟纹、蝉纹、蚕纹、联珠纹的。

到西周中期，酒器开始衰落，觚、斝、觥等器已不见，爵、卣、尊、罍、方彝还流行。编钟、列鼎以及成组、成对的铜器组合逐渐盛行。立体的鸟兽尊有了新发展，如陕西眉县李村出土的盠驹尊，岐山贺家村出土的牛尊，都形象逼真。这时期流行的花纹是鸟纹、变形夔纹、窃曲纹、瓦纹、弦纹、重环纹、环带纹等。花纹正由细密而变得粗疏。仍有用饕餮纹作为主要纹饰的，但已变形而简化。同时铭文的风格也已和早期不同。早期铭文结构谨严，笔画很有波磔，常见肥笔而首尾出锋，穆王时代已开始有书写草率而结构松散的。恭王时代又出现一种笔道柔和、字画端庄、两端平齐的，如恭王时代的墙盘、师永盂，懿王时代的师虎簋，孝王时代的大克鼎，都是如此。

西周后期盛食器中出现了盨和簠，簠是长方形的，盨是长方形而四角圆的。当时流行的铜器是编钟、列鼎、鬲、甗、簋、盨、簠、壶、盘、匜、盂等。造型和纹饰都比较简朴，而且趋于同一造型。鼎的典型是半球形，直耳圈底，足作马蹄形，著名的多友鼎、毛公鼎、此鼎都是同

图四十五　盠驹尊

一九五五年陕西眉县李村出土。通高三十二点四厘米，长三十四厘米，重五点六八千克，颈下有铭文九十四字，盖内有铭文十一字。现藏中国历史博物馆。

图四十六　牛尊

一九七〇年陕西岐山贺家村出土。通高二十四厘米，长三十八厘米，腹深十点七厘米，重六点九千克。现藏陕西省博物馆。

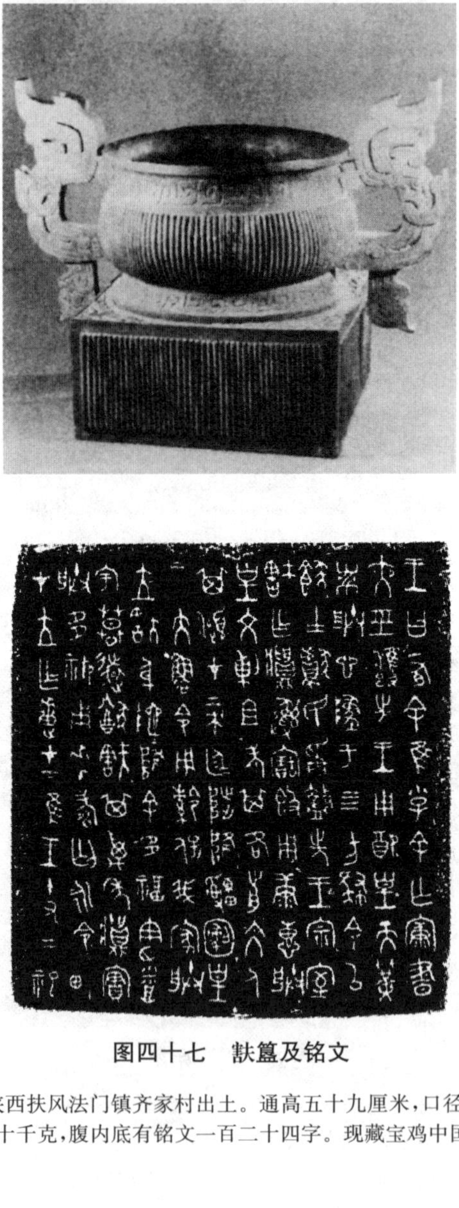

图四十七　㝬簋及铭文

一九七八年陕西扶风法门镇齐家村出土。通高五十九厘米，口径四十三厘米，腹内二十三厘米，重六十千克，腹内底有铭文一百二十四字。现藏宝鸡中国青铜器博物馆。

一典型。簋一般有盖，弇口鼓腹，圈足而有三个兽面扁足。鬲多束颈而口缘宽阔。豆是浅盘细柄，中腰有箍棱。匜的口部呈曲线形，流槽较宽，四足作扁夔形，鋬为龙形。盨变成扁圆形，盖有鸟饰，腹下有四扁足。壶有圆腹和方形两种。此时纹饰流行环带纹、瓦纹、重环纹，还有弦纹、蟠龙纹、变形窃曲纹、鳞纹等。铭文字体已规范化，书体已是成熟的大篆，厉王时代的㝬簋、㝬钟和宣王时代的毛公鼎，都是这种书体的作品。

二　列鼎制度的形成

礼器是从贵族生活实用器物演变而来的。殷代贵族爱好饮酒，因而青铜礼器以爵、觚、斝等酒器为主。殷代早期墓中常出土多套爵、觚、斝的组合，如湖北黄陂盘龙城和河南安阳小屯村殷人早期墓中，都曾出土一套到四五套的爵、觚、斝组合。到殷代后期爵、觚的组合依然很流行，同时常以食器的鼎相配合，小屯妇好墓出土铜礼器二百多件，其中有觚约六十件，爵约四十件，鼎有三十多件，斝十多件。殷墟第一、二期墓中都是爵、觚两或三件，配合有鼎一或两件、斝一或两件，另外或有罍、甗、尊、盉、卣一件。殷墟第三、四期墓中，大多爵和觚各一件，或者配合有鼎或簋一件，说明殷代后期鼎、簋等食器渐被看重。

西周时代青铜礼器的组合与殷代不同，该和周人的生活习惯与殷人不同相关。周人没有像殷贵族那样沉迷于酒，周人克商后，认为殷贵族的腐化堕落，与沉迷于酒有关，因而以此为戒。《尚书·酒诰》就是周公诰诫年幼的康叔以此为戒的，指出戒酒不仅是文王的教导，而且是上帝的旨意，只有祭祀用酒，不能“荒腆于酒”，如果有人“群饮”，就要拘捕并杀死。西周初期的主要青铜礼器是鼎、簋等烹饪器和食器。虽然也还配合有爵、觚、觯等酒器，是用于祭祀的。《周易》有鼎卦，坎卦六四爻辞又说：“樽酒簋贰。”尊是盛酒器，簋是盛食物器。

西周初期不但把鼎、簋等烹饪器和食器作为重要礼器，而且把记载自己功绩、君王赏赐以及册命之辞的铭文铸造在鼎、簋等礼器上，把这种礼器作为世袭权威和地位的凭证。正因为如此，列鼎的制度在西周初期已经开始推行，只是尚未有一定的规格，如陕西长安客省庄一墓出土三鼎二簋，三鼎中两鼎形制纹饰相同，另一鼎稍小而形制不同。甘肃灵台白草坡一墓出五鼎三簋，五鼎中形制花纹有两种，三簋中两簋相同，一簋不同。陕西宝鸡竹园沟一墓出土五鼎三簋，五鼎形制基本一致，大小也依次递减，只是耳部形制有差别，三簋形制相似而纹饰不同。据此可知，以奇数为等次的列鼎的礼制，在西周初期已经推行，但形制纹饰没有完全统一，大小依次成为系列的只是少数。

到西周中期，列鼎的礼制进一步确立，如宝鸡茹家庄一墓出五鼎五簋，四鼎大小依次递减，只有一鼎特殊，形制花纹不完全相同。另一墓出五鼎四簋，形制相同而素面，大小依次递减。长安普渡村长由墓出四鼎二簋，形制相似，大小依次递减。

西周中期以后，直到春秋、战国，贵族墓葬确实长期流行列鼎的制度。河南三门峡市上村岭虢国墓地的虢太子墓就陪葬有七鼎、六簋、六鬲、二壶以及甗、豆、盘、盉各一件。次一等的陪葬有五鼎、四簋、四鬲、二壶以及豆、盘、匜各一件。再次一等的陪葬有三鼎、四簋、二壶及盘、匜各一件。末等有鼎、盘、匜各一件。时代都在西周春秋之交。说明当时的列鼎制度，不仅鼎的数目有一定的等级，而且与鼎配合的簋、鬲的数目也有一定的等级。

函皇父鼎载："函皇父乍(作)琱娟般(盘)、盉、尊器、鼎、簋一具，自豖鼎降十又一，簋八、两罍、两壶。"郑季盨载："叔专父作奠季宝钟六、金镈、盨四，鼎七。"以上两器都是西周晚期器，据此可见鼎确用奇数，钟、簋、罍、壶、盨等都用偶数，所谓"豖鼎"即指盛豖之鼎，从豖鼎以降共有十一鼎。《诗经·小雅·伐木》说："於粲洒埽，陈馈八簋，既有肥牡，以速诸舅。""馈"是指食物，"诸舅"是指亲戚中的长辈，"速"是延请之意，这是说经过洒扫，陈献八簋的"肥牡"来延请长辈。《秦风·权舆》说："於我乎每食四簋，今也每食不饱。"这是没落的贵族哀叹自己[①]过去每吃一餐有四簋的食物，如今却每次吃不饱。从此可见西周时代确实把食物盛在簋中吃的，而且用簋确是偶数。《周易》损卦卦辞："二簋可用享。"

清代光绪十六年(一八九〇年)陕西扶风任家村发现窖藏铜器一百二十多件，其中有大克鼎一件，小克鼎七件。大克鼎高九十三点一厘米，有铭文二百九十字，七件小克鼎的铭文相同，都是七十二字，大小不同而成为一系列，大的高五十六点五厘米，最小的高二十一点七厘米。

近年湖北京山宋河坝发现的西周、春秋之际曾侯墓，墓已残破，出土有鼎九件，鬲九件，簋七件，豆、壶各两件，甗、盘、匜、盉各一件。湖北随县擂鼓墩发现的战国早期曾侯乙墓出有盖鼎九件、镬鼎两件以及簠、敦、壶、缶、尊、豆、鬲、甗、盘、匜等。九鼎原是天子使用的礼

---

① 《陕西长安张家坡周墓清理简报》，《考古》一九六五年第九期。

器，这时由于天子权威衰落，诸侯就有用九鼎为礼器的。

相传西周王朝的周天子有九鼎，据说这是克商时得到并迁到洛邑的。《左传·桓公二年》记臧哀伯说："武王克商，迁九鼎于雒邑。"《左传·宣公三年》载楚庄王伐陆浑之戎，到达洛水，周定王遣使王孙满加以慰劳，楚王"问鼎之大小、轻重焉"，王孙满对答说：夏代铸鼎，"桀有昏德，鼎迁于商，载祀六百。商纣暴虐，鼎迁于周。""成王定鼎于郏鄏（即指洛阳，郏是洛北山名），卜世三十，卜年七百，天所命也。"这是说九鼎原为夏代所铸，夏代灭亡为商所得，商代灭亡又为周所迁。《逸周书·克殷解》也说周武王克殷后，"乃命南宫百达、史佚迁九鼎三巫"。《史记·周本纪》作"命南宫适、史佚展九鼎保玉"。又说成王"使召公复营洛邑"，"居九鼎焉"。这个九鼎作为历代天子传位重器的传说，影响是很大的，直到战国时代还成为强国争取的目标。据说张仪建议秦惠王伐韩，认为"下兵三川"，"九鼎宝器必出，据九鼎，按图籍，挟天子以令天下，天下莫敢不听，此王业也"（《战国策·秦策一》）。秦武王为了进窥周室，谋求"挟天子以令天下"，就谋求取得代表天子权力的九鼎。武王原是个大力士，他把大力士请来做官和比武，派兵攻取宜阳，并派大臣进入东周，他自己就带着大力士孟说到达洛阳比武，他举起"龙文赤鼎"，两目出血，绝膑而死。秦武王这样亲自到洛阳举起周鼎，就是为了挟天子以令天下。《史记·甘茂列传》载，武王"谓甘茂曰：'寡人欲容车通三川以窥周室，而寡人死不朽矣。'……武王竟至周而卒于周"。秦武王这样亲自到洛阳举起周鼎，当然不是一般的鼎，而是代表天子权力的九鼎。据此可知战国时代周朝王室确有九鼎作为代表天子权力的重器，只是不知什么时候铸造的。

三　编钟的创制和雅乐的发展

商代的铜乐器是三件一组的编铙（或称“钲”）。铜钟是西周时创制的，这在音乐发展史上是个杰出的创造。这种钟是椭圆形的，钟口呈显弧形弯曲，经过锉磨以调整音律。这与欧洲和印度等地所流行的圆形的钟不同。宋代沈括已经指出：“古乐钟皆扁如盒瓦，盖钟圆则声长，扁则声短，声短则节，声长则曲，节短处皆相乱，不成音律，后人不知此意，悉为圆钟（“圆”原误作“扁”，今改正），急叩之多晃晃尔，清浊不复可辨”（《梦溪笔谈·补笔谈》卷一）。这是说圆钟在演奏旋律较快的曲子时，会发生音波干扰，不成音律，用扁钟则不会出现这种情况，从而确认了扁钟的优越性。

当时一个大钟独挂而敲打奏乐的，称为“特钟”。几个不同音阶的钟挂成一排而敲打奏乐的，称为“编钟”。这种钟一般都能发出两个音，一个在鼓部（钟下边沿钟口的部位）的正中，即所谓“中鼓音”；另一个在鼓的旁边，即所谓“鼓旁音”或“侧鼓音”。西周是乐钟的创制和发展时期，编钟从初期的三件一组，发展到晚期的八件一组。一九八〇年马承源对上海博物馆所藏一百零七枚钟进行了频率实测，通过对振动模式的激光全息摄影的观察，证实每钟确能发出两个频率音。①

西周王畿所在的陕西关中地区，多年来从西周窖藏中发现了八十多件甬钟。由于扶风齐家村两套八件成组的编钟——柞钟、中义钟的出土（传世虢叔旅钟七件，第七件铭文未完，故可知缺一钟），可知编钟八件成组已是西周晚期流行的方式。八十年代蒋定穗曾对其中七

---

① 马承源：《商周青铜双音钟》，《考古》一九八一年第一期。

十三件完整的甬钟加以测音，证明扶风庄白家村出土的两组残缺的瘐钟（一套四件，一套三件），原来也应是八件，按大小构成“羽—宫”、“角—徵”，“羽—宫”、“角—徵”；“羽—宫”、“角—徵”的音序。同时，逆钟四件原来也应是八件成套。因此认为西周后期八件成套的编钟，都是由宫、角、徵、羽四声骨干所组成，这可能与“雅乐”常用这四种调式有关。《周礼·大司乐》说：“圜钟（夹钟）为宫，黄钟为角，太簇为徵，姑洗为羽。”又说：“函钟（林钟）为宫，太簇为角，姑洗为徵，南吕为羽。”又说：“黄钟为宫，大吕为角，太簇为徵，应钟为羽。”可知当时贵族的“雅乐”以四种调式为主，每种调式又是以不同的律高为主音的。

图四十八　柞钟及铭文

一九六〇年陕西扶风齐家村出土，一套八件，形制、纹饰基本相同。通高五十二厘米，甬长十六厘米，铣间三十三厘米，鼓间二十四点五厘米，舞纵二十七厘米，舞横二十点五厘米，重二十六点六五千克，钲间有铭文四十五字。前四件各有一篇内容相同的铭文，后四件合铸一篇铭文。现藏陕西省博物馆。

古代贵族十分看重音乐的作用，当时“国之大事，在祀与戎”。无论贵族内部的交际和对外的征伐，都要听从音乐的格调和节奏。《荀子·乐论》说：“故乐者，出所以征诛也，入所以揖让也。征诛揖让，其义一也。出所以征诛，则莫不听从；入所以揖让，则莫不从服。”所讲还是自古相传的见解。《史记·律书》说：“武王伐商，吹律听声。”《国语·周语下》记司乐官伶州鸠说：“王（指武王）以二月癸亥夜陈，未毕而雨，以夷则之上宫毕，当辰。辰在戌上，故长夷则之上宫，名之曰羽，所以藩屏民则也。王以黄钟之下宫，布戎于牧之野，故谓之厉，所以厉六师也。以太蔟之下宫，布令于商，昭显文德，底纣之多罪，故谓之宣，所以宣三王（大王、王季、文王）之德也。反及嬴内（地名），以无射之上宫，布宪施舍于百姓，故谓之嬴乱，所以优柔容民也。”这是说，武王伐商，当出征、布阵、布令、布宪的时候，要根据夷则、黄钟、太蔟（簇）、无射等音律发出的“宫”声，然后配合“角”、“徵”、“羽”声的音律。

西周编钟虽然只有四声的音律，但是与其合奏的管弦乐器是有五声或七声的音律的。当时宗庙举行祭祀、行礼等仪式，所奏的“雅乐”，是以钟、磬、鼓等打击乐器为主，而以管弦乐器伴奏的，用以造成庄严隆重的气氛。例如《诗经·周颂·有瞽》所说的宗庙大合乐，就以打击各种鼓、磬等乐器为主，而以箫伴奏。

磬的起源很早，山西夏县东下冯原始居住遗址中曾出土一件。商代已有编磬，河南安阳殷墟遗址曾发现三件一组的编磬，形制是一头大、一头小，即所谓“鲸鱼头”类型，“股”和“鼓”两部分不分明。到西周晚期，编磬已发展到十三件一组。一九八〇年陕西扶风召陈村的周原遗址，发现石磬碎片六十八块，均为青黑色石灰石磨制而成，经整理拼合，可知原为十五件。其中十三件同样刻有“象头龙身”的夔纹，形制相同，大小递减。这套编磬的形制，已分明有“股”和“鼓”两部分，在两部分之间的上边有一圆孔，以便悬挂而敲击“鼓”部。这种石磬敲击能发出清脆悦耳的声音，因而编磬可以与编钟合奏，成为演奏雅乐的主要乐器。这种磨光的石磬比过去未经磨光的石磬制作精致，不仅发音敏捷，而且音调比钟声更加清澈，使得金石之音交相应和。

图四十九　陕西扶风召陈村出土的西周石磬

第九章　规定贵族服饰等级的"命服"制度

一　贵族服饰的"芾"(韠、韨)和"珩"(衡、黄)

西周时代贵族服饰有等级的制度,出于周王用命令按照所任命的官爵来规定,因而称为"命服"。这种"命服"制度,主要以两件服饰来规定等级的高低,一件是佩挂在下身所穿"裳"前面的"芾",金文作"市",也称为"韠"或"韨";另一件是佩挂在"芾"前面的"衡","衡"是"珩"的通假,金文作"黄"或"璜"。

"芾"原是野蛮时代遮围下身的一块兽皮,沿用到西周时代,成为贵族作为身份标志的一幅腰围,盖在"裳"的前面。郑玄对此有解释:"古者田猎而食,因衣其皮,先知蔽前,后知蔽后,后王易之以布帛,而独存其蔽前者,重古道而不忘本也"(《左传·桓公二年》正义引《易纬·乾凿度》郑玄注)。清代学者阮元研讨古代礼制,也曾说:"上古未有衣冠,惟用物蔽膝有前后,衣冠之制不肯废古制,仍留此为韨,与冕并重"(《问字堂集·赠言》)。古人确是以"芾"和"冠冕"并重,周人在男子成年时，要举行“冠礼”，要在行“冠礼”时戴上缁（黑色）布冠，再加皮弁和爵弁，同时穿上爵（赤黑色）韠和素积及纁（浅绛色）裳。《大戴礼记·公符》讲到举行冠礼时，“公玄端与皮弁皆韠、朝服素韠”，这是说行冠礼后，一般礼服和上朝所穿朝服，都必须加韠。

《礼记·玉藻》载：“韠，下广二尺，上广一尺，长三尺，其颈五寸。”又说：“韠，君朱，大夫素，士爵（赤黑色）韦。”又说：“一命缊（赤黄间色）韨幽（黑色）衡，再命赤韨幽衡，三命赤韨葱（青色）衡。”《说文》说：“巿，韠也，上古衣蔽前而已，巿以象之，天子朱巿，诸侯赤巿，大夫赤巿葱衡（“大夫”下原脱“赤巿”二字，从段玉裁补正），从巾，一象连带之形。”《说文》又说：“韠，韨也，所以蔽前，以韦，下广二尺，上广一尺，其颈五寸，一命缊韠，再命赤韠，从韦毕声。”以上所说，当是从周沿袭到汉代的“命服”制度。依据《玉藻》，和“缊韨”、“赤韨”相配的服饰是“幽衡”、“葱衡”。《诗经·小雅·采芑》正义引《玉藻》，“衡”作“珩”，可知“衡”是“珩”字的通假，古“衡”、“珩”音同通用。《诗经·小雅·采芑》记载周宣王时，卿士方叔率军征伐楚国，“服其命服，朱芾斯皇，有玱葱珩”。《毛传》说：“朱芾，黄朱芾也，皇犹煌煌也。玱，珩声也。”《释文》：“玱亦作鎗，皆七羊反。珩音衡。”郑玄笺：“命服者，命为将，受王命之服也。”“珩”是一连串佩玉上端一块“似磬而小”的横阔的玉，下面系有成组的佩玉。《国语·晋语二》记载公子夷吾送给公子絷“黄金四十镒，白玉之珩六双”，韦昭注：“珩，佩上饰也，珩似磬而小，《诗传》曰：上有葱珩，下有双璜。”《大戴礼记·保傅》说：“上车以和鸾为节，下车以佩玉为度，上有双衡，下有双璜、衡牙、玭珠以纳其间，琚瑀以杂之。”《新书·礼篇》相同，惟“双衡”作“双珩”，可知“衡”确是“珩”的通假。《小雅·采芑》说卿士方叔所穿“命服”，“朱芾”和

“葱珩”相配，而西周金文所载周王册命礼，册命公爵的卿士，赏赐的服饰是“朱芾悤黄”，见毛公鼎和番生簋铭文，“悤黄”当即“葱珩”，可知金文的“黄”，也是“珩”的通假。

二 “芾”和“珩”（衡、黄）的等级

西周王朝的“命服”，以“芾”和“珩”作为贵族等级的主要标志，是按“芾”和“珩”的色彩作为等级区别的。“芾”以朱色为最贵，“珩”以葱色（即青色）为最贵。《小雅·采芑》称周宣王任命卿士方叔出征，所穿“命服”是“朱芾斯皇，有玱葱珩”。《小雅·斯干》歌颂王室贵族生下男子是“朱芾斯皇”，“室家君王”。郑笺：“皇犹煌煌也，芾者天子纯朱，诸侯黄朱，宣王之子或且为诸侯，或且为天子，皆将佩朱芾煌煌然。”就是说君王之子生下来就是将要佩挂朱芾和葱珩的。《易经》困卦“九二”载：“困于酒食，朱韨方来，利用享祀，征凶无咎。”这是说，佩挂朱韨的君王举行享祀，可以取得“征凶”的好结果。周宣王时制作的毛公鼎，记载宣王册命毛公兼掌卿事寮、太史寮，兼管“参有司”，就是执政的朝廷大臣，同时赏赐的主要服饰是“朱市悤黄”，就是《采芑》所说“朱芾”和“葱珩”。周孝王制作的番生簋，记载孝王册命番生兼管公族和卿事寮、太史寮，也是执政的朝廷大臣，同时赏赐的主要服饰，同样是“朱市悤黄”。

西周王朝的“命服”以“朱芾葱珩”作为最贵的等级，可能是中期以后所作的规定。康王时制作的麦方鼎，记载康王册封邢侯，赏赐了“冂”（冕）、“衣”、“市”、“舄”（履），没有记及“市”的色彩。同时大盂鼎记载赏赐执政大臣盂，同样是“冂”、“衣”、“市”、“舄”。

赤芾是比朱芾次一等的芾。《小雅·采菽》记载周天子欢迎来朝

的诸侯，来朝诸侯都是“赤芾在股，邪幅在下，彼交匪纾，天子所予”。“邪幅”亦称“行縢”，是用布帛条子把腿裹绑，有如现代军人的“绑腿”。《小雅·车攻》记载周宣王时贵族举行大规模的会猎活动，具有军事演习的性质，据说许多贵族“驾彼四牡，四牡奕奕，赤芾金舄，会同有绎”。所说“金舄”是指金色的履，是和“赤芾”相配的。

从西周铜器铭文（金文）所载册命礼看来，周王赏赐臣属的服饰，以“赤芾”最多，与“赤芾”相配的，以“朱黄”最多，“朱黄”一作“朱亢”，“黄”、“亢”声近通假。其次为“幽黄”、“冋黄”。“冋黄”一作“苘黄”。师𩛥鼎铭文记周王赏赐“赤市朱𫄸”，“黄”字作“𫄸”，“𫄸”字从“市”，当因称为“珩”的一组佩玉佩挂在“市”上，成为“市”上的装饰品。唐兰认为“黄”是腰带而不是佩玉，葱、幽、朱、金是指所染颜色，“衡”就是系“芾”的带①。此说不确。“市”原是指“带”而言的，《说文》早已指出，“市从巾，一象连带之形”。《礼记·玉藻》所说一命、再命、三命的“命服”，和“缊韨”、“赤韨”相配的是“幽衡”、“葱衡”，“衡”是“珩”字的通假，注释家是一致公认的，古本当有作“珩”字的，所以《经典释文》说：“珩音衡”，《小雅·采芑》正义引《玉藻》都作“珩”。看来西周王朝的“命服”是不可能以一根带子的颜色作为贵族等级的标志的。

据金文所载周王册命礼中赏赐的“市”，朱芾、赤芾之外，又有赤8市、𢦏市、叔市。赤8市的“8”字，吴大澂释为“韐”，郭沫若也释为“韐”，认为染绛色；于省吾释作“雍”，是黄色；周法高以为赤黄间色。但是扬簋有“赤8巿市”，可知8不是指颜色，“8市”当是一种特殊的

① 唐兰：《毛公鼎朱韨葱衡新解、驳汉人葱珩佩玉说》，载一九六一年五月九日《光明日报》。

市。陈小松认为“8”当释“吕”，“吕”、“甫”同声，当即“黼”字。《尚书·顾命》有“黼扆”、“黼纯”、“黼裳”，黼是绣纹的通称，黼市就是有绣纹的市①。这个说法是可取的。据金文来看，周王赏赐这种“赤黼市”的对象，是册命为司土（即司徒，见郃曶簋、䝉簋）、司工（见扬簋）、司林（见免簋）、司卜事（见曶鼎）等大夫一级官吏。

金文册命礼中，有以“㦰市冋黄”配合赏赐的，见于询簋、师至父鼎、趩尊、免尊、辅师嫠簋等。陈梦家认为“㦰”字从“韦”、“𢦏”声，𢦏从“才”，这个字当是“紂”、或“缁”字，《说文》：“缁，帛黑色也。”《玉篇》：“紂同缁。”“㦰市”当是黑色的“市”。“冋”同“絅”，“絅”是白麻，“冋黄”是白色的珩。辅师嫠簋记载周王任命嫠继承祖考“司辅”的官职，赏赐“㦰市素黄”。“素黄”是“和“冋黄”相同的。可知当时以白珩配合黑市来赏赐“司工”（见免尊）、“司辅”、“官司邑人”等官吏。

金文册命礼中还有以“叔市金黄”配合赏赐的。师嫠簋载：“师龢父𠬝（胙），嫠叔市巩（恭）告于王。”这是说师龢父赐给嫠胙，嫠穿着叔市恭敬地上告于王。接着王就举行册命礼，命令嫠继承祖先的旧官“小辅”（“辅”当读作“镈”，乐官）和“鼓钟”的官职，赏赐“叔市、金黄、赤舄、攸勒”。叔市即素市。弭伯簋记载周王赏赐“玄衣黹屯（纯）、𨥁市金钪、赤舄”，“𨥁市”当即“叔市”，“金钪”当即“金黄”。

由此可见西周中期以后的“命服”制度有着下列等级：第一等是“朱芾葱珩”，金文作“朱市悤黄”，是赏给公爵的执政大臣的；其次是“赤芾”，是赏给“卿”一级和诸侯的；赤8市是赏给“大夫”一级的；再其次是“㦰市冋黄”，即黑市和素黄（珩），是赏给“司工”、“司辅”、“官

① 陈小松：《释吕市》，《考古学报》一九五七年第三期。

司邑人”的官吏的;更其次是“叔市金黄”,即白市和金色的珩,是赏给小官吏的。凡是诸侯以及各级官吏要朝见天子,都是必须穿各级命服的。凡是执行王命的事,包括率军出征,也必须穿各级“命服”的。“命服”的等级是以各种不同色彩的“市”和“黄”来区别的。

朱是深红色。周人染赤的方法是用染草“茅蒐”的。《尔雅·释草》:“茹藘茅蒐”,郭璞注:“今之蒨也,可以染绛。”《尔雅·释器》:“一染谓之縓(郭注:今之红也),再染谓之赪(郭注:浅赤),三染谓之纁(郭注:纁,绛也)。”《仪礼·士冠礼》郑玄注:“朱则四入与?”三染成绛色,朱色是四染而成,当为深红。如果染五次以上将染成赤黑色。“朱芾”是深红色的芾,当是经过四染而成。“赤芾”是赤色的芾,当是经过三染而成的。《小雅·斯干》说:“朱芾斯皇”,“皇”是“煌煌然”,深红色确是很耀眼的。

第四编

西周王朝的军政大事

第一章　论周武王克商

一　有关武王克商史料的鉴别

要讨论武王克商这一重要历史事件，首先要解决有关史料的真伪问题。西周文献史料的真伪，是一个比较复杂的问题，如果不分辨清楚，就不可能掌握当时的真实情况，也就不可能作出正确的分析。

西周重要的文献，主要保存在《尚书》和《逸周书》中。春秋以前所谓"书"，原是指公牍而言，也就是现在所说的"公文"或"档案"①。当时所有公文、档案，都出于史官的草拟和记录，并由史官宣读和保管，史官具有秘书的性质。因此"书"的内容是比较广泛的，包括会盟时缔结的盟誓、出兵时当众的宣誓、分封诸侯的册命、任命官职的册命、重要历史事件的记录、君臣重要言论的记录、对臣下的诰诫、对臣

---

①　例如《尚书·顾命》所说"金滕之书"，是指武王生病时，周公祷告太王、王季、文王的祝辞，事后保藏于金滕之匮中的。《尚书·召诰》说："周公乃朝（早）用书命庶殷"，"书"是指周公对庶殷发布从事工作的命令。

下的赏赐等等。这就是最原始的史料。《尚书》和《逸周书》中就保存有这样的西周原始史料，因为这两种“书”，原来就是“书”的选本。

现存《今文尚书》二十八篇，原是西汉初年伏生传授的壁藏《尚书》有残缺的本子，它的祖本当出于战国和秦的儒家所编选，因而其中保存了较多有关周公的文件，宣扬的是文、武、周公之道，正是儒家主要的理论依据。《逸周书》原称《周书》，《汉书·艺文志》著录于“六艺”的书家，班固自注：《周史记》，颜师古注：“刘向云：周时诰誓号令，盖孔子所论百篇之余也。”刘向所说《逸周书》是“孔子所论百篇之余”，当然不可信；孔子删书之说，原来出于西汉纬书作者所编造。但是《逸周书》所收辑的西周文献，正是儒家《尚书》选本以外的篇章，确是事实，这该是儒家以外另一家的“书”的选本。唐大沛《逸周书分编句释》，曾指出书中“有取古兵家言而指为文武之书者”，其“中编”编辑有“武备书”八篇，“皆兵家要言”，并且指出：有些“训告书”是首尾伪作而中间杂取兵家言的。吕思勉《经子解题》中有论《逸周书》一节，认为《逸周书》应入子部兵家。我们认为《逸周书》当是由战国时代兵家所编辑的，编者以文王、武王、周公的文治、武功作为兵家的思想渊源，因而广为搜辑材料，其中收辑有《周书》逸篇，这就是兵家的《周书》选本。

先秦诸子各有其选读“书”的标准。《墨子》书中引“书”二十九则，与儒家所传《尚书》大不相同，连篇名、文字都不见于儒家《尚书》的有十四则之多，文字不见于儒家《尚书》的又有六则，还引有《泰誓》三则。《墨子》所引用的“书”，主要是有关禹、启、汤、仲虺、周武王等人的文献，正是用作墨家的主要理论依据的。《逸周书》中所以选有宣扬武王的武功和文治的篇章，如《克殷》、《世俘》、《商誓》、《度邑》等篇，正是用作兵家的理论依据的。

儒家也自有其选读“书”的政治思想标准。孟子早就说：“尽信《书》不如无《书》，吾于《武成》取二三策而已矣，仁人无敌于天下，以至仁伐至不仁，何其血之流杵也”（《孟子·尽心下》）。孟子认定武王克商，是“以至仁伐至不仁”，可以“无敌于天下”，用这一标准来衡量《武成》，《武成》当然不可信，因为它记载了大量的杀伤，弄得血流漂杵，就太残忍了，不符合“仁人”的道德标准。这样一个评选“书”的标准，对后代儒家是有深刻影响的。汉景帝时发现了一批用古文（即战国文字）写的竹简，其中有“书”的篇章，即所谓《古文尚书》。其内容，除了与伏生所传《今文尚书》相同的篇章以外，还多出十六篇，即所谓“逸书”，其中就有《武成》一篇。这是一次很重要的古籍发现。《古文尚书》自从孔安国“以今文读之”，开始传授以后，逐渐形成与《今文尚书》对立的学派。到东汉时期，这个学派虽然仍是民间私学，但已逐渐在学术界取得优势地位，一时名家辈出。但是这个古文学派，许多名家讲解传授和作注解的，始终是与《今文尚书》相同的篇章，《古文尚书》比《今文尚书》多出的十六篇，也就是古文学派特有的十六篇，包括《武成》一篇在内，始终没有人去传授推广和作注解，大家马融、郑玄、王肃，都没有为十六篇逸书作注，看来就是因为这些逸篇的内容不符合当时儒家的政治思想标准，不能用它来和今文学派在政治上作竞争。正因为如此，其中《武成》一篇，东汉初年（建武年间）已经亡佚（见伪古文尚书《武成》孔颖达正义引郑玄说），其余十五篇逸书，到永嘉之乱也全佚失（《经典释文·序录》）。

值得庆幸的是，兵家选辑的《逸周书》中保存有和《武成》相同的篇章，就是《世俘解》。清代学者孔广森在《经学卮言》中已经指出这点。因为《汉书·律历志》所引《武成》的字句和《世俘解》大体相同，《书序》说："武王伐殷，征伐归兽，识其政事，作《武成》。""兽"即"狩"字。《世俘解》所记，克殷后正有"武王狩"一节，"与归兽事相类"。但是孔广森因为孟子所说《武成》有"血之流杵"，而《世俘解》没有这句话，认为"未可竟以《世俘》当《武成》耳"。近年顾颉刚又进一步论证《世俘解》与《武成》相同之点，认为这是一"书"而两名，犹如《吕氏春秋》中，"功名"一作"由道"，"用众"一作"善学"；孟子所说"血之流杵"只是状其战事之剧烈，不必文中真有此字样；并且提出五条证据，证明它确是西周初期作品，如文中用"旁生霸"、"既死霸"等记时名词，用"越若来"、"朝(早)至"等词，称"国"为"方"，杀人言"伐"，沿用商代杀人献祭的礼制等①。接着屈万里作了进一步的补充论证，也认为《世俘解》与《武成》是同记一事的篇章，宗庙用燎祭和祭祀用牲之多，憝国与服国之多，狩猎获禽之多，以及文中有后世罕见之方国等等，都足以证明它是西周文献。②

我们认为，《世俘解》不但是和《武成》相同的篇章，而且所叙述武王克商的过程，与西周初期所作歌颂武王克商的《大武》乐章完全符合。根据《礼记·乐记》，《大武》乐章分为六成："且夫'武'，始而北出，再成而灭商，三成而南，四成而南国是疆，五成而分，周公左，召公右，六成复缀，以崇天子。"《史记·乐书》大体相同，只是"五成而分"下有"陕"字。所说第一成"始而北出"，是指从盟津渡河北上进军；第二成"灭商"，是指牧野之战得胜而取得灭商的战果；第三成"南"和第

---

① 顾颉刚：《逸周书世俘篇校注、写定与评论》，《文史》第二辑，中华书局一九六三年版。

② 屈万里：《读周书世俘篇》，刊于《庆祝李济先生七十岁论文集》上册。

四成“南国是疆”，就是《世俘解》所描写的，在攻杀商王纣以后，分兵四路南下，连克南国诸侯的经过。《吕氏春秋·古乐》记载武王克商于牧野以后，“归乃荐俘馘于京太室。”蔡邕《明堂月令论》引《乐记》逸文也说：“武王伐殷，荐俘、馘于京太室。”这就是《世俘解》记载武王胜利后，回到宗周，在宗庙里举行杀人献俘的凯旋典礼。这些讲古乐的书上所以会有这样与《世俘解》相同的记述，该是《大武》乐章中表现有这方面的情节。

《世俘解》在记述武王克商过程中，记载在牧野得胜后，在当地举行杀人献祭的告捷礼，并在殷郊举行大规模的狩猎，即是大蒐礼；回到宗周，在宗庙里又举行隆重的杀人献俘的凯旋典礼。这都是当时庆祝大胜利的必要仪式。这种杀人献祭的礼制，渊源于商代，沿用到西周、春秋时期。甲骨文中有很多杀人献祭的记录，殷墟王陵东区发掘出了杀人献祭的场所，发现了大量“人牲”的“排葬坑”①。

小盂鼎铭文就是盂在周庙向周康王举献俘礼的长篇记载。虢季子白盘也载有在周庙“献馘于王”的事。大蒐礼也是当时十分重要的礼制，商代早就有战胜之后狩猎的礼俗，详见于省吾《甲骨文字释林》的“释战后狩猎”条。《书序》讲到《武成》的“征伐归兽”，《史记·周本纪》作“行狩”。商代和西周金文中也称大蒐礼为“兽”或“遣”，见于宰甫簋、盂鼎铭文。《世俘解》详载克商过程中举行这些后世不流行的礼制，正因为它是当时的实录，出于史官的记载。

保存于《逸周书》的《克殷解》，也是可信的记载。《史记》的《周本

① 杨宽：《中国古代陵寝制度史研究》中编第六节《殷墟王陵东区排葬坑的祭祀对象问题》，上海古籍出版社一九八五年版。

纪》和《齐世家》几乎全文采用。末段“立王子武庚”以下，当出于后人增补。《克殷解》记载牧野之战“商师大崩”之后，商纣奔入内宫自焚而死，武王进入王所“而击之以轻吕，斩之以黄钺，折县（悬）诸大白”；再到二女之所，“乃右击之以轻吕，斩之以玄钺，县（悬）诸小白”。轻吕是剑名。武王这样把已经自杀的商纣及二女的头斩下，挂到旗杆上，过去不少人认为不该如此残忍，王充在《论衡·恢国》上就批评说：“何其忍也。”其实这是当时流行的一种军礼。这一记载，与《墨子》、《战国策》等书所述相合。《墨子·明鬼下》也说：“武王逐奔入宫，万年梓株，折纣而系之赤环，载之白旗。”所谓“太白”“小白”，都是当时用来指挥大军作战的军旗。当时军旗以太白最贵，其次是小白，赤旗又次之。牧野之战，武王就是用太白之旗指挥作战的，所以《克殷解》说：“武王乃手大白以麾诸侯。”当时军礼，斩得敌国首领的首级，要悬挂在军旗上示众，用以庆祝胜利；举行献俘礼时，也还要挂在军旗上示众。《世俘解》记载武王回到宗周，在宗庙举行献俘礼，“太师负商王纣悬首白旂、妻二首赤旂，乃以先馘入”。就是说，举行献俘礼的仪式时，作为统帅的太师吕尚，要掮着挂有商纣首级的白旗和挂有纣妻两个首级的赤旗先进入。这种礼制在西周初期也还认真举行。小盂鼎记载盂在战胜鬼方之后，向康王献俘，“盂以多旂佩鬼方兽（首）〔馘〕□□〔入〕□门”，就是说由盂掮着多面挂有鬼方首领头的旗子先进入。《克殷解》和《世俘解》记载有这种礼制，正因为都是出于当时史官的记录。

《逸周书》中保存的《商誓解》，也很重要。这是武王克商以后对殷贵族的一篇讲话，是现存武王讲话中最完整的一篇，也是现存西周文献中最早的一篇。武王自称奉上帝之命前来讨伐商纣，劝导殷贵族顺从天命，全篇一连提到十一次上帝，一次单称帝。虽然全篇"上帝"和"天"字并用，但是重要的字句都用"上帝"。武王口口声声说是奉上帝之命，讨伐多罪的"一夫"，"一夫"就是商纣。关于"天命"，应该如何理解，《孟子·万章上》有一段万章与孟子的问答，万章问："天与之者，谆谆然命之乎？"孟子答："否！天不言，以行与事示之而已矣。"孟子解释"天命"并不是由上帝"谆谆然命之"，而是"以行与事示之"，这是对"天命"的一种理性的解释，但是原始的信仰并不如此，上帝不是"不言"的，确是"谆谆然命之"的。《商誓解》所记武王讲话正是这样。既说："在昔后稷，惟上帝之言"；又说："今在商纣……上帝弗显，乃命朕文考（指文王）曰：殪商之多罪纣"，又有两处提到"上帝曰必伐之"；又说："肆上帝命我小国曰：革商国"。武王这样口口声声说是听到上帝命令他"殪商"和"革商"的话，这真是当时史官的实录。正是因为它有上帝"谆谆然命之"的话，不符合儒家所理解的"天命"，因而这篇《商誓解》不为儒家的《尚书》所取，幸而被兵家收辑保存在《逸周书》中。

《商誓解》的思想内容，和先秦古书上所引的《太誓》（或作《泰誓》）是一致的，《太誓》既说："纣夷处，不肯事上帝鬼神"（《墨子·非命上》所引），又说："上帝不常，九有以亡（连同上文看，是指殷王）；上帝不顺，祝降其丧。惟我有周，受之大帝"（《墨子·非命下》所引）。"大帝"即是"上帝"。《商誓解》同样说："上帝之来，革纣之命，予亦无敢违大命（"帝"上"上"字和"纣之"下"革"字原缺，从唐大沛补）。"就是说伐商克纣是由于天命的变革。

保存于《逸周书》的《度邑解》讲武王克商以后，睡不着觉，担心没有"定天保，依天室"，就是没有创建顺从天意的国都和施政的明堂，难以安定大局，于是武王把建设洛邑为都城的大事嘱托周公。王国维曾说："此篇渊懿古奥，类宗周以前之书。"①《史记》曾采用其中一部分记载，现在由于何尊在陕西宝鸡出土，证实了此篇的可靠性。②

武王伐纣，先后发表两次誓辞即《太誓》（或作《泰誓》）和《牧誓》。《太誓》完整的原本已失传，只见先秦古书所引的片段。汉武帝时所发现的《太誓》，包括《尚书大传》、《史记・周本纪》以及汉代著作所引用的，即所谓"今文太誓"，大讲白鱼、赤乌等祥瑞，当是战国时代阴阳五行说广泛流行以后的作品，并不可信。现存《尚书》的《牧誓》，虽然出于伏生的传授，近人都因为它的文辞浅近，认为已经不是西周初期的原本。《诗经・大雅・大明》："长子维行，笃生武王，保右命尔，燮伐大商。殷商之旅，其会（旝）如林。矢于牧野：维予侯兴，上帝临女（汝），无贰尔心。""矢"即"誓"的通假，"矢于牧野"以下三句，即是《牧誓》的主要内容。《诗经・鲁颂・閟宫》："后稷之孙，实维大王（即太王），居岐之阳，实始翦商。至于文武（文王、武王），缵大王之绪，致天之届，于牧之野！无贰无虞，上帝临女。敦商之旅，克咸厥功。""于牧之野"以下二句，"无贰无虞，上帝临汝"，也即《牧誓》的主要内容，与《大雅・大明》所说三句，大体相同。这和《商誓解》武王自称奉上帝之命伐商相合。因为武王宣称奉上帝之命伐商，所以要用"上帝临汝"来鼓励战士信心，要大家"无贰无虞"。也就是说，大家在上帝监护之下伐商，必须齐心一致，勇往直前，不能畏缩。但是，这样的主要内容，却不见于今本《尚书・牧誓》。今本《牧誓》除了说"今予发惟恭

① 王国维：《周开国年表》，《观堂别集》卷一。

② 见第四编第二章《释何尊铭文兼论周开国年代》。

行天之罚”一句以外，没有一处提及上帝，可以证明今本《牧誓》已经不是西周初期的原作，当是战国时代述古之作，但所叙历史事实也还有一定的依据。

二　武王会盟诸侯而作《太誓》的目的和作用

武王于九年出师到盟津，在此大会诸侯而结盟，并在那里发表了盟誓，就是先秦古书上引用的《太誓》。这个“九年”，《史记正义》说是“续文王受命年”，就是文王称王的“九年”，也就是武王即位后第二年。《史记·周本纪》说：“是时诸侯不期而会盟津者八百诸侯，诸侯皆曰：纣可伐矣，武王曰：女(汝)未知天命，未可也。乃还师归。”这完全是依据武帝时所发现的《太誓》，并不可信。这次参加会盟的诸侯可能不少，但“八百”这个数字并不可靠。所说因天命未可而还师，更是和先秦古书所引《太誓》的主旨不合。

从先秦古书所引《太誓》来看，真本《太誓》的主要内容，包括下列九点：

(1) 自称伐纣是奉天命，上帝要灭亡殷王。如说：“为鉴不远，在彼殷王。……上帝不常，九有以亡；上帝不顺，祝降其丧。惟我有周，受之大帝。”(《墨子·非命下》引《太誓》)。“纣越厥夷居，不肯事上帝……天亦纵弃纣而不葆”(《墨子·天志中》引《大明》)。

(2) 指出天命顺从民意，伐纣就是出于民意。如说：“民之所欲，天必从之”(《左传·襄公三十一年》、《昭公元年》，《国语·周语中》及《郑语》引《太誓》)。“天视自我民视，天听自我民听”(《孟子·万章上》引《太誓》)。

(3) 指出杀伐是为了讨其残暴，成就将比商汤伐夏更为辉煌。

如说："我武惟扬，侵于之疆，则取于残，杀伐用张，于汤有光"（《孟子·滕文公下》引《太誓》）。

(4) 称纣为"独夫纣"，见于《荀子·议兵》引《泰誓》。《荀子·议兵》说："汤、武之诛桀、纣也，拱挹指麾而强暴之国莫不趋使，诛桀纣，若诛独夫，故《泰誓》曰：独夫纣，此之谓也。"

(5) 以敌我对比，认为势在必胜。如说："纣有亿兆夷人，亦有离德；余有乱十人，同心同德"（《左传·昭公二十四年》引《太誓》）。又《左传·成公二年》："商兆民离，周十人同"；《左传·襄公二十八年》："武王有乱臣十人"；《论语·泰伯》记："武王曰：予有乱十人"，都是依据真本《太誓》的。

(6) 宣称从梦和占卜来看，必然克商。如说："朕梦协朕卜，袭于休祥，戎商必克"（《国语·周语下》引《泰誓》）。

(7) 颂扬文王，如说："文王若日若月，乍（作）照光于四方，于西土"（《墨子·兼爱下》引《泰誓》）。

(8) 宣称克纣乃文王有德，不克是"予小子无良"。如说："予克纣，非予武，惟朕文考无罪（郑注：言有德也）；纣克予，非朕文考有罪，惟予小子无良（郑注：无功善也）"（《礼记·坊记》引《太誓》）。

(9) 列举了商纣的罪状。如《墨子·非命下》依据《太誓》概括纣的罪状是："谓人有命，谓敬不可行，谓祭无益，谓暴无伤。"《墨子·尚同下》依据《太誓》指出殷用连坐法的危害："小人见奸巧，乃闻不言也（指不揭发），发罪钧（谓发觉后同等的罪）。"这些罪状出于墨子的概括，全是用来作为墨家理论依据的，因而有很大的片面性。

从上述九点看来，这篇誓言主要是说明伐纣乃奉行天命，也就是顺从民意；这是讨伐商纣的罪行，势在必胜。这是一篇武王与诸侯在盟津这个地方会盟的时候，所作的誓辞，具有盟誓的性质，所以这篇《太誓》又称为《大明》。“明”即“盟”字。《墨子·天志中》引有和《墨子·非命上》大体相同的《太誓》上的语句，但是不作《太誓》而作《大明》（道藏本，吴钞本《墨子》都作《大明》）。孙诒让《墨子间诂》认为“明确为讹字，盖誓省为折，明即隶古折字之讹”。这一校勘是错误的。“明”是“盟”的通假，绝非讹字。

汉武帝时发现的《太誓》，说“诸侯不期而会盟津者八百诸侯”（见《史记·周本纪》），所谓“八百诸侯”是夸辞，所谓“不期而会”也不可信。所说“八百诸侯不召自来，不期同时，不谋同辞”（见伪《古文尚书·太誓》的正义引马融说），更是不符事实。从来会盟一定约有日期，会盟时一定有共同的盟辞。当时武王约定日期在盟津与诸侯会盟，盟津这一地名就是出于这次大会盟。《水经·河水注》说：“河南有钩陈垒，世传武王八百诸侯所会处，所谓不期同时也，河水于斯有盟津之目。”《逸周书·商誓解》说：“昔我盟津，帝休。”就是说，这年会盟于盟津之事，得到了上帝的赞美，童书业已经指出：“此文实为孟津原名盟津之铁证，以此处之盟系动词。”①《楚辞·天问》述及此事说：“会鼌争盟，何践吾期？苍鸟群飞，孰使萃之？”洪兴祖《补注》：“鼌、晁，并朝夕之朝。”既说“会朝争盟”，又说“何践吾期”，可知这是一次有约期的大会盟。会盟是先秦诸侯间加强联合、共同对敌的一种重要方式。

① 童书业：《盟津补证》，刊于《中国古代地理考证论文集》，上海中华书局一九六二年版。童书业《春秋左传研究》第一卷第一一七条“孟津”，有相同的论述。惟引《诗经·大雅·大明》：“凉彼武王，肆伐大商，会朝清明”来作证，有错误。根据《大明》的上文，很清楚是在描写牧野之战的情况，和武王在盟津与诸侯会盟无关。

武王这时统率大军，与诸侯约期在盟津结盟，由武王亲自主盟，并缔结共同的盟誓。借此说明自己所以要伐纣的原因和目的，分析形势而指出必胜的原因，争取诸侯的同情、理解和支持、合作，从而增强伐纣的力量和减少反对的阻力，以便取得伐纣战争的胜利。因为当时中原的许多诸侯，有不少出于商王的分封，原本出于殷的贵族，或者和商纣有利害关系。如果不作详细的分析说明，加以争取和分化，就可能被商纣所利用，组成联合反抗的力量。

武王在这篇《太誓》中，极力自称伐纣出于天命，出于民意，杀伐是为讨其残暴，并以敌我形势作对比，指出势在必胜，而且把自己比作汤，认为这次伐纣，比商汤伐夏更为光辉，并着重指出，由于商纣的暴虐，使其已失去作为君王的资格，只成为一个"独夫"，讨伐商纣只是除去一个"独夫"。荀子引用《太誓》中"独夫纣"的话，指出"诛桀、纣若诛独夫"，就是发挥了武王这篇《太誓》的重要理论。《孟子·梁惠王下》有一段齐宣王和孟子的对话，齐宣王问曰："汤放桀，武王伐纣，有诸？"孟子对曰："于传有之。"齐宣王再问曰："臣弑其君，可乎？"孟子再对曰："贼仁者谓之贼，贼义者谓之残。残贼之人谓之一夫。闻诛一夫纣矣，未闻弑君也。""独夫"或"一夫"，是指为非作歹，成为群众所反对的孤独者。孟子这段议论，同样是依据武王《太誓》而加以发挥的。孟子对答万章的话，又同样认为汤、武的征伐，是"救民于水火之中，取其残而已矣"，也还引用《太誓》："则取于残，杀伐用张"等话作证（《孟子·滕文公下》），这就是儒家极力鼓吹的"汤武革命"理论。这是当年武王与诸侯会盟时首先在《太誓》中提出的，后来成为孟子、荀子等儒家的民本思想之渊源，对后代的政治思想曾发生深远的影响。

“汤武革命”的理论，是武王的杰作，他曾长期进行宣传。《逸周书·商誓解》记载武王克商后，曾告诫殷贵族说：“古商先誓（“誓”是“哲”的通假）王成汤克辟上帝，保生商民。……今纣弃成汤之典，肆上帝命我小国曰：革商国。”这是说，天命之所以革商，是由于商纣不能继承成汤之典，也就是不能“克辟上帝，保生商民”，因为天命和民意是一致的，天命是顺从民意的。《商誓解》还记武王说：“若朕言在周曰：商百姓无罪。”又说：“昔在西土，我其有言，胥告商之百姓无罪（“姓”字原缺，从孙诒让校补），其维一夫，予既殛纣，承天命，予亦来休。”这里所说“百姓”是指“百官”和贵族。从此可知，武王把纣称为“独夫”或“一夫”，还有个重要意义，就是指惟一负有重大罪责的人，因此，所有百官和贵族可以一概无罪，不予追究。这种集中打击一人而对其余宽大的政策，是瓦解敌人抵抗力量的一种重要策略。这样就使得商纣一人陷于孤立无援的境地，便于一举歼灭。武王所以要在会盟的《太誓》中郑重声明他杀伐的目标只有“独夫纣”一人，就是要许多原来属于殷的诸侯，早日认清战斗的形势，脱离商纣的阵营，不再助纣为虐。

武王这次统率大军，约定日期，在准备将来渡河北上进军的渡口，即所谓盟津，和许多诸侯会盟，意义是十分重大的。这是准备定期进军克商的重要战略步骤，具有大规模行军和进行军事演习的性质，在此约定日期，做好此后会合同盟的大军大规模渡河北上决战的准备。《史记·周本纪》说：“九年武王上祭于毕，东观兵于盟津，为文王木主，载以车，中军。武王自称太子发，言奉文王以伐，不敢自专。”这些话不见于汉武帝时发现的“今文《太誓》”，当别有所据，是可信的。所说“上祭于毕”，就是在毕地祭天神，沿用过去“周文王初禴毕”

的礼制，上祭即是禴祭，祭的是天神。马融解释为祭于文王墓地，不确①。《楚辞·天问》说："武发杀殷何所悒？载尸集战何所急？"王逸注："尸，主也。集，会也。言武王伐纣，载文王木主，称太子发，急奉行天诛，为民除害也。""载尸"就是指载文王木主。武王统率大军在盟津会盟诸侯，军中载有文王木主，表示奉行文王所受天命而伐纣，所以《太誓》极力推崇文王，称"文王若日若月"。也就是利用文王过去在诸侯中的威望来和诸侯会盟，以便武王继任盟主并发表杀伐商纣的大计，分析当时形势，表示必胜的信心，同时宣布对敌作战的方略，表示杀伐目标集中于商纣一人。目的在于进一步巩固准备联合伐纣的诸侯联盟，加强伐商必胜的信心，同时使得其他诸侯，特别是过去属殷的诸侯不再助纣为虐，脱离商纣的阵营，从而瓦解殷商的抵抗实力。

武王在这次会盟中所作的《太誓》，是以盟主身份所作的盟誓，所以《墨子》一书中，既引作《太誓》，又引作《大明》，《大明》即是《大盟》，古"明"、"盟"同音通用②。《逸周书·商誓解》说，"昔我盟津，帝休，辨商其有何国？命予小子肆伐殷戎"，其中"辨商其有何国"一句当有脱误，唐大沛注："今姑就文义释之，帝降休命，辨别商其能有何国，言众心皆离也。"总之，武王在盟津与诸侯会盟的结果，确实使殷商的阵营进一步瓦解，而使武王伐商的力量得到进一步加强。因而武王认为这次会盟于盟津，是成功的，得到了上帝的赞许，因而上帝命令他实施伐殷的大计。

---

① 杨宽：《中国古代陵寝制度史研究》中编第五节《周武王上祭于毕是否墓祭问题》。

② 陈梦家：《尚书通论》，北京商务印书馆一九五七年版，第二十五页。惟陈氏曲解《孟子·滕文公下》所引《太誓》所说"侵于之疆，则取于残"的"于"，是文王所伐于国，认为《太誓》另有"文王伐邗本"，是错误的。

三　决战于牧野而一天内克商的卓越战略

武王在盟津和诸侯会盟之后，大大增强了自己伐商的实力，削弱了殷商的抵抗力量。但是，殷商毕竟是个大邦，周毕竟是个小国，殷商的军队在数量上仍然远远超出武王所组织的讨伐联军，因此武王要取得克商的胜利，不仅要做好充分准备，更需要制定出一个卓越的战略方针。

在武王观兵于盟津之后二年，武王制定了一个在牧野速战速决的战略。当时殷商的王畿，即所谓"大邑商"，四周都有天险。吴起说："殷纣之国，左孟门，右漳釜，前带河，后被山，有此险也，然为政不善，而武王伐之"(《战国策·魏策一》)。就是说：商纣所居的王畿，左有太行山的关塞孟门(今河南辉县西)，右有漳水和滏水，前有黄河，后有山岭，都是天险。除了天险之外，商代在国都殷(即今河南安阳)的四郊，还设有别都，驻屯有重兵，用以防守。在殷以南有个牧邑，就是《尚书·康诰》所说的妹邦和《尚书·酒诰》所说的"妹土"，"妹"或作"沬"，春秋以后称为朝歌。古时"妹"、"牧"双声通用。根据《古本竹书纪年》，"自盘庚迁殷，至纣之灭，二百七十三年，更不徙都"。殷是商代后期长期的都城，这已为考古发掘所证实。但是文献上有武乙或帝乙迁都朝歌，与纣都朝歌之说。《尚书·康诰》的妹邦，即是牧邑，是周初分封给康叔的卫的国都，《史记·卫世家》说是"故商墟"，就说是商的旧都。《汉书·地理志》在河内郡朝歌下也说："纣所都，周武王弟康叔所封，更名卫。"当时牧邑(即朝歌)正是别都所在，商纣即居住在牧邑的宫内，后来商纣在牧野战败之后，就是逃奔入牧邑宫内自焚而死的。当时商纣所以住在牧邑，因为牧邑是别都，驻屯有重兵，是王畿南郊的军事重镇。直到殷商灭亡之后，康叔分封到此建立卫国，周朝的一支重兵“殷八𠂤”，仍然驻屯在这里。据小臣谜簋铭文，伯懋父（即康叔之子康伯髦）统率“殷八𠂤”征伐东夷得胜归来，是“复归才（在）牧𠂤”的。所谓“牧野”，就是牧邑之野，指朝歌以南七十里地区。《水经·清水注》说：“自朝歌以南，南暨清水（即今卫河上游），土地平衍，据皋跨泽，悉坶（牧）野矣。”古文献如《诗经·鲁颂·閟宫》、《墨子·明鬼下》、《荀子·儒效》都作“牧之野”，是对的，这是指牧邑郊外的广大地区。后人指为朝歌以南七十里的地点，是错误的，正因为牧邑是个防守国都的军事重镇，武王要克商，就必须进军到牧野，在这里展开决战。一旦牧野的决战取得决定性胜利，牧邑就可随手取得，殷的都城也就没法防守，整个“大邑商”就很快可以全部占领，从而取得克商胜利。①

武王进军牧野的时间，是在武王观兵于盟津之后二年（即文王受命十一年）的二月的甲子日②。甲子是武王选定到牧野决战的吉日，

---

① 杨宽：《商代的别都制度》，《复旦学报》（社会科学版）一九八四年第一期。

② 王国维《周开国年表》说：“案《史记》系月与《武成》、《书序》不同。师渡盟津，《书序》系之一月，《武成》言惟一月壬辰旁死霸，则戊午为一月之二十八日。惟《史记》系之十二月，殊不可解。疑十二两字乃一字之误。若史公意果为十一年十二月，则下月甲子上，当书十二年或明年，以清眉目。又二月又当改为一月，以十二月有戊午，则甲子不得在二月故也。十二两字明出后世传写之误。”王氏此文写作年代当早于《生霸死霸考》，仍从刘歆之说，以一月壬辰为初二，因定戊午为一月二十八日，谓《周本纪》十二月乃一月之误。如果司马迁在《周本纪》用周正之说，“十一年十二月”的“十二月”当为“二月”之误，下文“二月”当为衍文。如果《周本纪》也如《齐世家》一样采用殷正的话，可能原文作“一月”或“正月”，“二月甲子昧爽”的“二月”当为衍文，原文应作“十一年正月师毕渡盟津……甲子昧爽武王朝至于商郊牧野”。总之，牧野之战自当在十一年。《新唐书·历志》引《竹书纪年》：“十一年庚寅周始伐商。”未载月份，庚寅二字是唐代一行根据《武成》月日，用大衍历推算而得来，非《古本竹书纪年》原文。《吕氏春秋·首时》说：“武王立（莅）十二年而有甲子之事”，当是并文王最初受命称王之年计算在内。

这与周人相信甲子日吉利有关。后来周公建设东都成周，也是选定甲子日召集殷贵族而发布动工命令的。周宣王的大臣兮甲，字伯吉父，见于兮甲盘铭文，即文献上的尹吉甫。王国维解释说："甲者月之始，故其字曰伯吉父，吉有始义。"①王充《论衡·讥日》也说："王者以甲子之日举事，民亦用之。"根据《汉书·律历志》所引《武成》，王国维在《生霸死霸考》中推算，武王于一月二十六日癸巳，从宗周出发，经历二十五天，到二月二十一日戊午在盟津渡河，从盟津出发，又经六天，到二十七日甲子到达牧野，当天早上宣誓决战就取得决定性胜利。从盟津到牧野约有三百里路程，这是采取急行军，每天行五十里速度到达的。当时这一带交通条件比较好，从殷墟卜辞来看，这一带正好是殷王经常的狩猎区，可以通行马车，殷王就常常驾驶马车到盟津以北的太行山南麓进行狩猎活动。

武王统率进攻牧野的精锐先锋部队，只有戎车三百乘，虎贲三千人。《孟子·尽心下》、《吕氏春秋·贵因》、《吕氏春秋·简选》以及《史记·周本纪》都是这样说的。《史记·周本纪》还说有"甲士四万五千人"，更说："诸侯兵会者车四千乘"，纣"亦发兵七十万人距武王。""四千乘"和"七十万人"之数，恐怕都不可信，调动几千乘兵车和几十万人参与一个战役，要到战国时代才可能出现。据《尚书·牧誓》，在武王所统率的联军中，有庸、蜀、羌、髳、微、卢、彭、濮等八国，其中庸、蜀、羌、卢、濮五国，到春秋以后尚存，都是西南部族，他们不可能派遣四千乘兵车到牧野参加会战。《吕氏春秋·古乐》说："武王即位，以六师伐殷，六师未至，以锐兵克之于牧野"，武王确是以精锐

① 王国维：《兮甲盘跋》，《观堂别集》卷二。

部队作为先锋，采取突击冲杀方式，取得了决定性的胜利的。《逸周书·克殷解》说："周车三百五十乘陈于牧野，帝辛从。武王使尚父（即吕望）与伯夫（当即《牧誓》所说"百夫长"）致师（孔晁注，挑战也）。王既誓，以虎贲戎车驰商师，商师大崩，商辛奔内，登于鹿台之上，屏遮而自燔于火。"商师的阵线，是被周作为先锋的三百多乘兵车和虎贲三千多人猛烈冲杀得崩溃的。

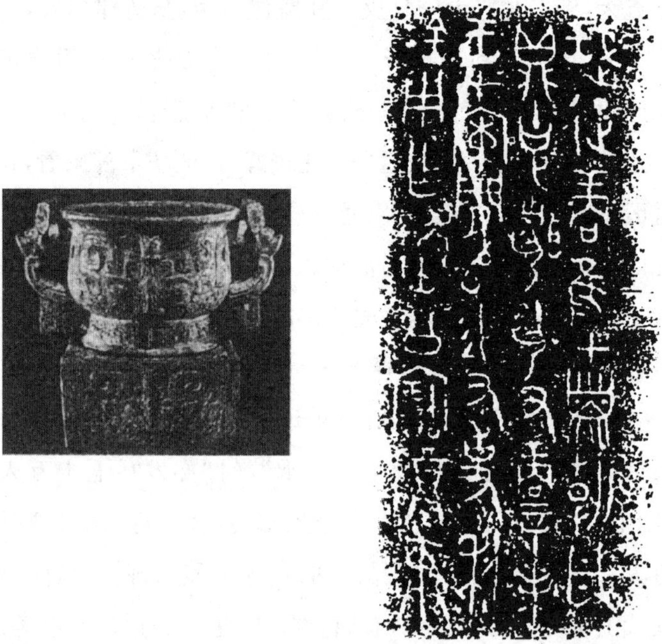

图五十　利簋及铭文

一九七六年陕西临潼零口镇西段村出土。通高二十八厘米，口径二十二厘米，重七点九五千克，腹内底有铭文三十二字。现藏中国国家博物馆。

牧野之战，是在甲子这天，从清晨誓师冲杀开始，到夜晚就取得全胜，迫使商纣自杀。《诗经·大雅·大明》描写这场战争说："牧野洋洋，檀车煌煌，驷騵彭彭。维师尚父，时维鹰扬，凉彼武王，肆伐大商，会朝清明。”“会朝清明”就是早晨清明之时。《逸周书·世俘解》说：“越若来二月，既死霸，越五日甲子，朝至接于商，则咸刘商王纣，执夫恶臣百人（刘师培校改“夫恶”为“共恶”）。”所说“朝至接于商”，就是说清早到达就与商师接战。《世俘解》又说：“时甲子夕，商王纣取天智玉琰及庶玉环身以自焚（原有脱误，从顾颉刚校正）。”说明甲子当天夜晚，商纣就因失败而自杀。一九七六年陕西临潼出土的利簋有这方面与文献符合的记载：“珷征商，唯甲子朝，岁鼎克。闻（通“昏”），夙又（有）商。辛未王才（在）𪊨（阑）𠂤。易（锡）又（有）事（司）利金，用乍（作）㢑公宝䵼彝。”“甲子朝”就是甲子这天清早。“岁”通作“刿”，《说文》说：“刿，利伤也。”卜辞常有岁羌若干或岁若干牛的记述，岁即杀死之意。“鼎”通作“丁”，义为“当”。《尔雅·释诂》说：“丁，当也。”郝懿行《义疏》：“丁当双声，丁鼎叠韵。”“岁鼎克”就是说冲杀后当即得胜。“闻”通作“昏”，是说夜晚。“夙有商”是说快速占有商邑。或者解释“岁”为岁星或岁祭①，但是叙述在“甲子朝”之后，未免文理难通。牧野之战在甲子一天内，从早到晚就取得全胜，这与文献记载是一致的。《吕氏春秋》上多次谈到此事，如《首时》篇说：武王“立（莅）十二年而成甲子之事”。又如《贵因》篇说：武王“故选车三百，虎贲三千，朝（早）要甲子之期而纣为禽（擒）”。《韩非子·初见秦》和《战国策·秦策一》也都说：“武王将素甲三千，战一日破纣之

① 《国语·周语下》记伶州鸠说：“昔武王伐纣，岁在鹑火”，又说：“岁之所在，则我有周之分野也。”韦注：“岁星在鹑火，鹑火，周之分野也。岁星所在，利以伐之也。”当时周人可能认为岁星出现是战胜的吉兆。但是，叙述在“甲子朝（早）”之后，并不恰当。如果把“岁”解释为岁祭，“鼎”解释为贞问，也有问题。克商这样的大事，不可能仅仅记录岁祭贞问的结果。

国，禽其身，据其地而有其民。”利簋记载正与文献相合，“朝(早)”与“闻(昏)”上下文正相呼应。

殷之所以兵多却不堪一击，首先是由于殷贵族生活奢侈腐化、沉迷酒色、政治腐败，对人民十分暴虐。《国语·周语上》记祭公谋父说：“商王帝辛，大恶于民。庶民不忍，欣戴武王，以致戎于商牧。”《墨子·明鬼下》也说：“与殷人战乎牧之野，王手禽费中(仲)、恶来，众畔皆走(“手”字原误作“乎”，从孙诒让校正；“皆”原误作“百”，从王引之校正)。”这时殷的军队早已丧失斗志，确如武王《太誓》所说“纣有亿兆夷人，亦有离德”，因而一击即溃，旋即叛离而走。

其次是由于这时殷的力量已被东西两面的夷戎部族所削弱。殷商的东部，从商代后期起，东夷的势力逐渐强盛，《后汉书·东夷传》载：“武乙衰政，东夷寖盛，遂分迁淮岱，渐居中土。”从今泰山以东，济水以南，直到淮水流域，都成为东夷分布的区域。奄(今山东曲阜)曾是盘庚迁殷以前的国都，这时已成为一支强大的东夷的主要居住区，称为商奄或奄。营丘(今山东临淄)一带原为殷的诸侯逢伯陵之地，这时也已成为东夷的蒲姑所在地。殷商连年与东夷交战，消耗力量很大，所以春秋时人说：“纣克东夷而殒其身”(《左传·昭公十一年》叔向语)；“纣之百克而卒无后”(《左传·宣公十二年》栾武子语)。与此同时，西方和北方的戎狄也渐强大，逐渐进入中原地区，例如打败周师的燕京之戎，分布于太原汾阳的燕京山一带，雷学淇认为“当殷末政衰为戎所据”(见《竹书纪年义证》卷十四)，是不错的。商王文丁曾授权周的季历征伐戎狄，授以牧师(诸侯之长)的称号，季历在不断战胜戎狄的过程中，壮大了力量，扩大了地盘。到商纣时，殷商实际能够控制的地区，只有王畿及其南疆一带，因而力量大为减弱。

周的兵少却能一举克商，首先是由于四代连续的经营，姬、姜两姓贵族的巩固联盟，领导集团的“同心同德”以及西南八国的加盟。这次进军牧野的联军，作为统帅的太师吕望（即太公望）就是姜姓贵族；作为六师长官之一的吕他，也该是姜姓贵族。

其次是由于武王继承文王克商计划，确定了适当的战略步骤，会盟诸侯的成功，瓦解了殷纣的抵抗力量，增强了自己的实力，最后又制定了决战于牧野的卓越战略，利用殷商贵族内部矛盾很多、士兵没有斗志的时机，用精锐的先锋部队顷刻间冲垮牧野守兵阵线，在甲子一天内取得了克商的战果。

殷周之际已盛行车战，以战车上的甲士作为战斗主力。武王所统率的革车三百乘，虎贲三千人，是在这次牧野决战中作为先锋的，是周的主力军。当时兵车一乘，大体上，车上乘有甲士十人，车后随从徒卒二十人。《司马法》载有一说：“革车一乘，士十人，徒二十人”，大体可信，春秋前期也还沿用这种兵制。《诗经·鲁颂·閟宫》记载鲁僖公的军队，有“公车千乘”，“公徒三万”，每乘有公徒三十人，包括甲士与徒卒而言。《左传·闵公二年》载“齐侯（齐桓公）使公子无亏帅车三百乘，甲士三千人以戍曹”，每乘也有甲士十人。《吕氏春秋·简选》所说：“齐桓公良车三百乘，教卒万人，以为兵首，横行海内，天下莫之能禁。”当有依据。所谓“兵首”，便是用作先锋。《左传·定公十年》记载夹谷会盟，“将盟，齐人加于载书曰：齐师出竟（境）而不以甲车三百乘从我者，有如此盟。”说明直到春秋晚期，以甲车三百乘出征还是常例。当年武王统率的革车三百乘、虎贲三千人，虎贲即指勇猛而行动快速的甲士，正是每车甲士十人。“贲”即“奔”的假借字，《后汉书·百官志》虎贲中郎将注：“虎贲旧作虎奔，言如虎之奔也。”

西周常用虎贲作为宿卫之臣，见于《尚书·立政》和《尚书·顾命》。

车战方式与后世步骑作战方式不同。双方往往要先排列成整齐的车阵，然后挑战和交战。这种整齐的车阵，一经交战，战败者如果崩溃，车阵大乱，就很难整顿车队，重新组成车阵继续作战，所以每次决战很快就分胜负，不像后来用步骑兵野战那样旷日持久。春秋时代著名的大战，如城濮之战、邲之战、鞌之战，胜负都在一天内就见分晓，鄢陵之战也只经历两天。城濮之战，晋以七百乘的兵力，抵挡楚和陈、蔡联军，以少胜多。晋先以下军“犯陈蔡，陈蔡奔，楚右师溃”；接着“以上军夹攻子西，楚左师溃。楚师败绩”（《左传·僖公二十八年》）。就是先以下军进攻薄弱的陈、蔡军，作为右师的陈、蔡就奔溃；接着又以上军将佐从两路夹攻楚左师，使左师又崩溃，于是晋就在城濮之战中得到大胜。牧野之战也有类似情况，武王“以虎贲戎车驰商师，商师大崩”，接着乘商师崩溃的时机，乘胜追击，就在甲子一天内取得这一大战的全胜。

武王在牧野之战取得克商的伟大战果之后，随即命令太师吕望乘胜进击殷将方来，同时分兵四路南下，平定服属于殷的南国诸侯。根据《逸周书·世俘解》，在牧野之战得胜之后，“咸刘商王纣，执共恶百人”，就是杀死商纣，并捉到与商纣共同作恶的臣属一百人；接着“太公望命御方来；丁卯，望至，告以馘俘”。就是命令太师吕望继续进击殷将方来，到丁卯，即甲子在牧野得胜之后三天，吕望凯旋回来报告胜利，并举行献馘俘礼。吕望所进击的方来，唐大沛和陈汉章都认为即是《史记·秦本纪》所说的恶来（见唐所著《逸周书分编句释》上编、陈所著《周书后案》卷上），并认为“方”是东夷国名，《后汉书·东夷传》有“方夷”，“来”是其名。据《史记·秦本纪》记载，商代末年嬴姓一支东夷迁居到了西方，其首领名“中潏”，“在西戎，保西垂。生蜚廉。蜚廉生恶来。恶来有力，蜚廉善走。父子俱以材力事殷纣。周武王之伐纣，并杀恶来。是时蜚廉为纣使北方（“使”原误作“石”，从梁玉绳等据《水经·汾水注》和《太平御览》引《史记》改正），还，无所报，为坛霍太山而报，得石棺，铭曰：‘帝令处父不与殷乱，赐尔石棺以华氏。’死，遂葬于霍太山。”蜚廉即飞廉，中潏一作仲滑，正义引《世本》云：“仲滑生飞廉”。处父，索隐以为“蜚廉别号”。《秦本纪》这段话，该采自嬴姓之族的传说，所说飞廉“不与殷乱”而“得石棺”，当是他们自古相传祖先得到神灵保佑的说法。事实上，飞廉和恶来同样是被武王派人追杀的。许多古书上都说他们是和崇侯虎同样助纣为虐的。《荀子·成相》说：“事之灾，妒贤能，飞廉知政任恶来。”《荀子·儒效》又载进军牧野途中，周公说：“刳比干而囚箕子，飞廉恶来知政，夫又恶有不可焉。”《吕氏春秋·当梁》又说：“殷纣染于崇侯，恶来……故国残身死，为天下僇。”恶来、飞廉是和崇侯虎一样被商纣重用而听信的大臣，所以武王特派大军追击。《孟子·滕文公下》说：“周公相武王诛纣，伐奄三年讨其君，驱飞廉于海隅而戮之。”所谓“伐奄三年讨其君”，是周公东征的事。所谓“驱飞廉于海隅而戮之”，是武王东征的事。该是恶来被武王攻杀以后，以善走著称的飞廉向东逃奔到原来东夷的居地，周师乘胜追击，直追到海边才杀死飞廉。可以想见，追击善走的飞廉，是经过一番激烈的追逐和战斗的。

根据《逸周书·世俘解》，在丁卯这天吕望战胜殷将方来回来，“告以馘俘”以后，“戊辰，王遂祡（“祡”原误作“禦”，从于鬯校改），循追祀文王（“追”原误作“自”，从卢文弨依据孔注改正），时日，王立政”。戊辰就是丁卯之后一天，这时殷的王畿已被全部攻克，武王因而在此举行柴祭，就是烧柴燎祭天(《说文》:“柴，烧柴燎祭天也”)。同时又追祀文王，并且在这天“王立政”。孔注“是日，立王政布天下”，这一解释并不确切。“立政”二字，应与《尚书·立政》同样意义。王引之《经义述闻》解释说:“《尔雅》曰:正，长也。故官之长谓之正。……政与正同……立政谓建立长官也。”武王在这里“立政”，当是任命新的统治全国的长官。

孟子、荀子等儒家为了鼓吹周师是“仁义之师”，伐纣是“以至仁伐至不仁”，不免有武断和虚构的地方。孟子武断地判定《武成》不可信，同时他描写牧野之战:“武王之伐殷也，革车三百两，虎贲三千人。王曰:无畏！宁尔也，非敌百姓也。若崩厥(蹶)角稽首。征之为言正也，各欲正己也，焉用战?”(《孟子·尽心下》)说武王在牧野前线发表告慰百姓的讲话，声明自己是为了安定百姓而来，不会与百姓为敌。并说百姓听到之后，都跪下来叩响头，响声像山崩一样。而且认为“征”只是“正”的意思，各人都要端正自己，又何必要战争呢？这都是孟子凭理想而虚构的，不见有什么根据。荀子就更进一步，指出牧野之战是由于殷人倒戈而使武王得胜的。他描写说:“武王之诛纣也……厌旦于牧之野，鼓之而纣卒易乡(向)，遂乘殷人而诛纣，盖杀非周人，因殷人也，故无首虏之获，无蹈难之赏。反而定三革，偃五兵，合天下，立声乐，于是武、象起而韶护废矣”(《荀子·儒效》)。这是说:牧野之战，指挥作战的鼓声一响，纣卒就倒戈，掉头转向，他们杀了纣，不劳周人动手，因而周师没有砍下一个头、捉住一个俘虏，也没有因战功而受赏的事，回去后就放弃三种盔甲和五种兵器而不用，于是创立称为武、象的音乐而废除殷代称为韶护的音乐。在孟子、荀子等儒家的宣传鼓吹下，殷人倒戈而使周人得胜，就成为牧野之战的主要关键。所以,《史记·周本纪》说:“纣师皆倒兵以战,以开武王。武王驰之,纣兵皆崩,畔(叛)纣。”《华阳国志》的“巴志”更说:“周武王伐纣,实得巴蜀之师。……巴师勇锐,歌舞以凌,殷人倒戈,故世称之曰:武王伐纣,前歌后舞也。”一场有关朝代兴废的决战变成了“前歌后舞”的庆祝场面。至于东晋人伪造的伪《古文尚书·武成》说:“甲子昧爽,受(纣)率其旅若林,会于牧野,罔有敌于我师,前徒倒戈,攻于后以北,血流漂杵。”就不免自相矛盾了。既要承认“殷人倒戈”是事实,又要承认“血流漂杵”是事实,于是就造出“前徒倒戈,攻于后以北”的话,“血流漂杵”就变成“殷人倒戈”的结果了。

四　继续平定殷贵族,在洛邑创设国都的远大计划

根据近年新出土的利簋铭文,武王在甲子日克商之后,“辛未王才(在)𩃙(阑)𠂤,易(锡)又(有)事(司)利金。”辛未是甲子之后第七天,戊辰“王立政”之后第三天,武王已从指挥作战的前线来到阑𠂤坐镇,在那里赏赐有功的臣属。“阑”这个地名,多次见于商代铜器铭文,连同利簋铭文,有五种不同的写法,商王常到那里,在宗庙里把贝赏赐给臣下。如戍嗣子鼎铭文,记载商王在阑宗(即宗庙)赏给贝廿朋。这个“阑”字,从“柬”得声,“柬”或省作“束”,从“宀”或从“间”等,都是形符。容庚《金文编》释宰椃角铭文,定为“阑”字。于省吾考释利簋铭文,也定为“阑”字,并进一步认为是“管”的初文,“古无管字,管为后起的借字”①。徐中舒也认为:“辛未是甲子后第八日(按应是第七日),阑,其地必在殷都朝歌不远,于氏以‘阑’为管叔之‘管’,以

---

①　于省吾:《利簋铭文考释》,《文物》一九七七年第八期。

声韵及地望言之,其说可信。”①《墨子》两次提到“管叔”都作“关叔”,见于《耕柱》和《公孟》。“阑”与“关”音义俱近,更足以证明“阑”即是“管”。《史记·管蔡世家》说:武王“封叔鲜于管”,“管”这个地名早就存在,“管”是后起字,原本写作“阑”。从沿革地理来看,近年河南郑州发现的规模很大的商城,即是管城。《括地志》(《史记·周本纪》正义引)说:“郑州管城县外城,古管国也。周武王弟叔鲜所封。”《元和郡县志》卷八河南道郑州“郭下”也说:“本周封管叔之国”。所谓“外城”或“郭下”,正是现在发现的郑州商城。根据考古发掘,紧贴商代夯土城墙外壁,附加有一周战国时代修筑的城墙,汉代以后城垣规模缩小三分之一以上,在北部另筑一道城墙,把三分之一面积隔开在外,即成为“外城”或“郭下”。外城或郭下正是商代管邑的城墙,建筑于商代前期(二里岗下层文化时期),曾一直沿用到战国。管邑该和牧邑一样,原是商的别都,所以建有大城,设有宗庙,商王常到此对臣下进行赏赐。原来是个战略要地,所以驻屯有重兵,建有牢固城墙。当周师从盟津渡河进攻牧野时,估计此地已成为驻屯重兵的后方,所以利簋仍然称为“阑𠂤”。等到武王克商,就到此地来坐镇,并对臣下进行赏赐,正因为这是黄河以南的战略要地,便于在这里指挥攻克南国所有殷属诸侯的军事行动,处理有关政务,从而巩固对中原地区的统治。后来把管叔封在这里,作为三监之一,同样是为了巩固对中原的统治,并就近监视殷贵族的行动②。

武王在利用原有管邑作为统治中原重要据点的同时,也还把洛

① 《文物》一九七八年第七期《关于利簋铭文考释的讨论》。
② 杨宽:《商代的别都制度》,《复旦学报》(社会科学版)一九八四年第一期。

邑作为驻屯重兵的基地，并计划进一步建设成为国都。《史记·周本纪》末段载太史公曰："学者皆称周伐纣，居洛邑。综其实，不然。武王营之，成王使召公卜居，居九鼎焉。"周朝把洛邑建设成东都成周，确实开始于武王的规划，到成王时才建成。但是说"学者皆称周伐纣，居洛邑"，也是不错的。《尚书·洛诰》记周公说："予惟乙卯，朝（早）至于洛师"，可知在成周未建成以前洛邑已有"洛师"之称。"洛师"之称，如同"阑自"一样，当因驻屯重兵而得名。盟津后来又称孟津，在今河南孟县西南黄河沿岸，西周、春秋时附近有邑名盟，原为苏国之邑。盟津正介于洛邑和管邑中间的黄河沿岸，武王要在盟津会合诸侯的联军，大规模地渡河北上进军牧野，必须先攻占洛邑和管邑，在此驻屯重兵，作为支援大军渡河的基地，并防止殷的南疆诸侯从背后袭击。从地理形势来看，洛邑比管邑更为重要。后来三监叛乱时，也曾以攻取洛邑作为目标。《史记·卫世家》载：三监"乃与武庚禄父作乱，欲攻成周"。当三监叛乱时还没有成周之名，当即指洛邑。这说明洛邑是中原十分重要的战略要地。

武王克商以后，就有建都洛邑的计划。近年陕西宝鸡出土的何尊记载成王"诰宗小子（宗小子是指宗族中的小辈）于京室曰……惟武王既克大邑商，则廷告于天曰：余其宅兹中或（国），自之辪（乂）民。"所谓"中国"就是四方的中心，即指洛邑。所谓"宅兹中国"就是要建都于洛邑。他之所以要"廷告于天"，因为自以为接受"天命"，要顺从天意，要营建符合天意的国都。《逸周书·度邑解》记载武王克商后，整夜睡不着觉，忧虑的是"未定天保"，难以安定大局，"天保"即是指顺从天意的国都。武王原要传位于周公，周公没有接受，于是武王把建设洛邑为国都的任务托付给周公。王曰："呜呼！旦，我图夷兹殷（我图谋平定这个殷商），其惟依天室（“依”与“殷”同音通假，要在明堂举行内外群臣大会见和大献祭的殷礼），其有宪命，求兹无远（宣布法令可以在此，不远离天意），天有求绎，相我不难（如果天有什么寻求，在此不难得到天对我的帮助）。自洛汭延于伊汭（从洛水入河处到伊水入洛处），易居无固（地平易无险固），其有夏之居（将是有夏建都之处）。我南望过于三涂（我向南望超过三涂山），北望过于岳鄙（我向北望超过太行山附近的都邑），顾瞻过于有河（回顾超过黄河），宛瞻延于伊洛（坐看能看到伊水洛水），无远天室（不要远离明堂）。”这段话，《史记・周本纪》曾经引用，是很重要的。说明武王要把洛邑建设成国都，目的在于平定殷商，在这里可以举行会见群臣的殷礼，宣布法令，从而巩固统治。从这段话，可知武王曾考察洛邑的地理形势，登高向南北瞭望，认为适宜在此建设国都。“其有夏之居”，旧注以为是说原是夏代的国都，这是错误的。屈万里说：“周人自谓其国曰夏，《尚书》……区夏、有夏皆谓周也。此有夏，亦当指周言。其，将然之词，言此地将为周之居处（意谓京都）也。”①这个解释是正确的。周人自称“我有夏”（见《尚书》的《君奭》、《立政》），“有夏之居”即是“周居”，所以《史记・周本纪》下文接着就说：“营周居于洛邑而去”。这个“营”字是规划的意思，是说武王和周公在洛邑作好建都的规划后离去。从武王所说考察洛邑的情况和《史记》所说“营周居于洛邑而去”来看，武王和周公谈话的地点应该就在洛邑附近。《逸周书・度邑解》第一段说：“王至于周，自鹿至于丘中，具明不寝。”

① 劳榦、屈万里校注：《史记今注》第一册卷四《周本纪注》，台湾“中华丛书委员会”一九六三年版。

“王”字下疑脱“将”字。“鹿”与“丘中”的地点不详，该在洛邑附近。当是临行前，在中原地区巡视，因“未定天保”而睡不着觉，武王这个继续“图夷兹殷”即平定殷贵族，在洛邑建设“天保”（即新的国都）和创设宣布法令的“天室”（即“明堂”）的规划，是高瞻远瞩的，他把这一规划交托给周公去完成，并因儿子年幼而要传位给周公，也是为巩固周朝统治着想的。武王去世，周公因成王年幼而摄政，在平定三监和武庚叛乱、东征胜利后，营建东都成周，就是执行武王这个远大规划。①

五　分路逐步征服南国诸侯的战斗

当武王克商后，为了平定中原地区，除了派太师吕望乘胜追击殷将，攻杀恶来、飞廉之外，还分兵四路南下，讨伐殷的南国诸侯，也就是周人歌颂武王克商的《大武》乐章中的“三成而南，四成而南国是疆”（《礼记·乐记》）。

根据《逸周书·世俘解》，分兵四路南下讨伐的情况如下：

> 吕他命伐越戏方，壬申，至（“至”上原衍“新荒”二字，从张惠言校删），告以馘俘。
>
> 侯来伐靡集于陈，辛巳至，告以馘俘。
>
> 甲申，百弇命以虎贲誓，命伐卫，告以馘俘。
>
> 庚子，陈本命伐磨（“磨”原误作“磨”，从梁履绳校改）；百韦命伐宣方，新荒命伐蜀。乙巳，陈本、新荒蜀、磨至（“陈本”下原衍“命”字，从唐大沛、顾颉刚校删。“新荒”下丁山增补“以”字），

① 参见第四编第三章《西周初期东都成周的建设及其政治作用》。

告禽霍侯，俘艾侯、佚侯、小臣四十有六，禽御八百有三十两，告以馘俘。百韦，告以禽宣方，禽御三十两，告以馘俘。百韦伐厉，告以馘俘。

上述分兵四路南下，统率军队的将领为吕他、侯来、百弇、陈本、百韦、新荒，共六人。《世俘解》下文记载武王在四月回到宗周，在周庙举行献俘礼。

武王降自车，乃俾史佚繇书（“繇”通“籀”，“籀书”即“读书”）于天室（“室”原误作“号”，依据《吕氏春秋·古乐》所说“归乃荐俘馘于京太室”，改正为“室”）。武王乃废于纣共恶臣百人（“共”原误作“矢”，“臣”下原衍“人”字，从顾颉刚校正），伐右厥甲小子则大师（“则”原误作“鼎”，脱去旁边“刀”，今改正），伐厥四十夫冢君则师（“冢君”原误作“家君”，“则”原误作“鼎”，脱去旁边“刀”，今改正），司徒、司马初厥于郊号（“郊”疑通作“校”，“号”亦“室”字之误）。

举行献俘礼时，要杀死一批重要的俘虏献祭。主持杀俘者和杀的方式，是有等级的。先由武王主持“废”纣的共同作恶之臣一百人，“废”是杀灭之意①。其次由太师吕望主持“伐”甲小子即指殷贵族，再其次由师（即师氏）主持“伐”冢君四十夫，冢君即诸侯。“伐”是杀头之意。最后由司徒、司马“初”于校室，杀死次一等战俘，“初”是裁剪之意②。其中“伐厥四十夫冢君”的“师”，即是师氏，当即上述奉命征伐

① 顾颉刚的《逸周书世俘篇校注、写定和评论》说：“《尔雅·释言》，替，废也。替，灭也。是废与灭同义，即杀。”按《尔雅》郭璞注：“亦为灭绝”。看来“废”是灭绝之意，比杀还要厉害。

② 伐字，甲骨文像以戈杀头的形象。初字，从“刀”从“衣”，有剪裁之意。看来“废”、“伐”、“初”是三种不同等级的杀俘方式。

南国诸侯的六个将领，就是武王所统率的“六师”的长官；所“伐”的四十夫家君，就是六师所擒俘的霍侯、艾侯和宣方之君等。《吕氏春秋·古乐》说武王“以六师伐殷”，确有依据。后来西周一代沿用这个“六师”的兵制，即西周金文所说的“西六师”。

上述第一路军，由师氏吕他统率，征伐越戏方。《路史·国名纪己》的“商世侯伯”中，以为戏方即春秋时代郑国的戏，见于《左传·襄公九年》。其说可从。《水经·河水注》谓汜水出浮戏山，《元和郡县志》卷五“河南道汜水县”下说：“汜水出县东南三十二里浮戏山。”越戏方当即在浮戏山下，在今河南巩县东南[①]。因为其地离武王坐镇的管邑较近，到壬申，即甲子后第八天，吕他就凯旋“告以馘俘”。

上述第二路军，由师氏侯来统率，讨伐殷将靡集于陈，陈当即后来武王分封给妫满的陈，在今河南淮阳。这一路到辛巳，即甲子后第十七天，凯旋“告以馘俘”。

上述第三路军，由师氏百弇（“百”当与“伯”通）誓师之后，统率虎贲伐卫。这个“卫”，不可能指商的都城殷或别都牧（即朝歌），因为经过牧野之战，这些地方已被周占有。“卫”与“韦”同音通用，当即指豕韦，豕韦亦可单称韦，见于《诗经·商颂·长发》。《国语·郑语》记史伯说：“大彭、豕韦为商伯矣。”《左传·襄公二十四年》记范宣子说：“昔匄之祖，在商为豕韦氏。”可知豕韦在商代尚存，且很强大而为“商伯”。所以武王特命百弇誓师之后，统率精锐虎贲去征伐。韦在今河

---

① 越戏方，孔晁以为纣之三邑，不确。朱右曾以为戏即戏阳，在内黄县北；方即防陵，在安阳县西南，都不确。商代诸侯常称为“方”，越戏方当为一方国名。这时周武王正分兵向南国诸侯进攻，当以《路史》的解释为是，越戏方即春秋时代郑国的戏，亦称戏童，见于《春秋》经传成公十七年。

南滑县南。到甲申，即甲子后第二十天，这路军也胜利归来献馘俘。

上述第四路军，共分三支。庚子这天，即甲子后第三十六天，师氏陈本奉命伐磿，师氏百韦奉命伐宣方，师氏新荒奉命伐蜀。磿、宣方、蜀，当是三个相互邻近的地点。磿当即春秋时代郑国的历，见于《国语·郑语》。历又作栎，《史记·郑世家》："厉公出居边邑栎"，索隐："按栎音历，即郑初得十邑之历也。"地点在今河南禹县①。蜀，当即战国时代魏国的蜀泽，亦作涿泽（从沈延国《逸周书集释》所引沈祖緜说），在今河南禹县东北②。宣方应与磿、蜀两地相近，疑即春秋时代郑国的宛，见于《左传·襄公二十四年》，在今河南许昌西北，长葛东北③。该是由于武王分兵平定殷的南国诸侯，这时南国诸侯开始在蜀、磿、宣方一带集合，准备联合抵抗南下的周师，所以武王要同时派遣三员大将统率三支大军一起进讨，因而爆发了一场比较激烈的战斗。

到乙巳，即庚子奉命出征之后第五天，陈本和新荒回来报告联合作战所取得的胜利战果，计生擒霍侯、艾侯、佚侯及小臣四十六人，并俘得战车八百零三辆。百韦也回来报告擒得宣方之君，并俘得战车

① 磿，卢文弨以为即黄歇说秦云"割濮磿之北"的磿，在商畿内，不确。这时武王正向南国诸侯进军，磿，该即西周、春秋间郑国的历，亦作栎，在今河南禹县。

② 朱右曾云："愚谓今山东东昌府濮州南有历山，泰安府泰安县西有蜀亭，河南怀庆府修武县北有浊鹿城，然距朝歌俱远，非五日能往返也。"按朱氏认为把"磿"解释为濮州南的历山，"蜀"解释为泰安西的蜀亭或修武北的浊鹿，都离朝歌太远，不是五天所能往返。现在知道，当武王下令分兵南下时，武王本人早已不在朝歌，而坐镇于管邑，即今郑州。因此磿、蜀、宣方都该在今郑州以南。屈万里以为蜀即春秋时代鲁国近卫之蜀邑，不确。当从沈祖緜之说，定为战国时代魏国的浊泽，在今禹县东北。

③ 屈万里以为宣方"可能是甲骨文中常见的亘方，《殷虚卜辞综述》（第二七六页）以为亘方就是《汉书·地理志》之垣，在今垣曲县西南二十里"。这一推断并不可信。垣曲县在今山西东南部，离河南禹县很远，周师不可能将之与蜀、磿作为同时进攻的目标。

三十辆。战果所以会如此之大，俘得殷的南国诸侯和战车所以会如此之多，就是由于扑灭了这支正在集合反抗的诸侯联军的结果。霍侯所在霍国，《世本》说："霍国，真姓后"（《史记·三代世表》索隐引），张澍《世本集粹补注》说："霍，侯爵，武王禽之，今汝之梁县有故霍国，非晋霍也。"张说可从。《左传·哀公四年》记载楚人"袭梁及霍"，杜注"梁南有霍阳山"。《后汉书·郡国志》同。霍阳山见于《水经·汝水注》，在今河南临汝东南。这在蜀、磿以西一百四十里左右，当是霍侯从霍统率军队东进到蜀、磿一带与其他诸侯准备联合抵抗周师，结果被周师打败俘虏。艾侯、佚侯所在不详，也该是参与联合抵抗的南国诸侯，战败而被俘的。

接着百韦又奉命伐厉，该是进一步讨伐反抗的南国诸侯。厉即在老子出生的苦县厉乡（从沈延国《逸周书集释》引沈祖緜说），春秋时代有两个厉国，一个在今湖北随县东北，一作赖，见于《汉书·地理志》，在南阳郡随县之厉乡。另一个见于《春秋·僖公十五年》："齐师、曹师伐厉"，王夫之《春秋稗疏》认为齐曹之师不可能轻率地一举越江汉而向随，当即老子出生之苦县（厉乡），在今河南鹿县东。按王说甚是，此时齐移救徐之师伐厉，不可能远达随县之北。殷周之际的厉亦应在此，不可能远在随县。厉在今河南鹿县，又在蜀、磿东南三百多里。这是周师征伐南国诸侯所到的最远地方。

根据《逸周书·世俘解》，周师除了征伐南国诸侯有重大战斗以外，也还曾征伐其他小国。总的战果是："武王遂征四方，凡憝国九十有九国，馘磿（原误作"魔"，从卢文弨校改）亿有七万（"七"原误作"十"，从章炳麟《菿汉昌言》校改）七千七百七十有九，俘人三亿万有二百三十，凡服国六百五十有二。""憝"与"敦"同是伐的意思。古代

“十万曰亿”(见《诗经·大雅·假乐》郑笺、《国语·楚语》韦注等),这是说,共征伐九十九个诸侯,得馘首十七万七千多,俘虏的人三十一万多,一共降服了六百五十二国。这个总的统计数字,没有其他材料可相印证。唐大沛说:“此篇中盖有后人所增益以侈大其事者,然原本疑亦史佚所记也。”顾颉刚也说:“按此数字固有夸大性。”

根据《逸周书·世俘解》,到辛亥,即甲子后第四十七天,武王又到殷都举行告天之祭,并向祖先举行告捷礼,“维告殷罪”(报告殷的罪状),“正国伯”(确定诸侯之长的席位)。次日壬子,“正邦君”(确定诸侯的席位)。再次日癸丑,“荐俘殷士百人”(用所俘殷贵族一百人作为牺牲献祭)。再次日甲寅,“谒戎殷于牧野”(“戎”原误作“我”,从卢文弨改正,就是报告用兵伐殷的经过)。再次日乙卯,祭礼才结束。祭礼十分隆重,接连举行了五天,就是《礼记·大传》所说:“牧之野,武王之大事也,既事而退,柴于上帝,祈于社,设奠于牧室。”郑玄注:“牧室,牧野之室也。”这种在前线得胜后当场向祖先举告捷的祭礼,到春秋时代楚曾仿效举行。公元前五九七年邲之战,楚胜晋,楚庄王就曾举“武王克商”而“作颂”“又作武”的例子,在前线,“祀于河(祭祀河神),作先君宫(造祖先之庙),告成事而还”(《左传·宣公十二年》)。武王在前线举行这样隆重的告捷礼,就是表示“克商”的战争已取得全胜。说明武王克商的整个战斗过程,前后一共经历了四十六天。

六　总论周武王克商的成就

周武王克商,是先秦历史上一件改朝换代的大事。武王在位的年数不长,即位后四年就取得克商的大胜利,克商后二年就去世。武王之所以能够克商，首先是四代接连经营的结果，特别是文王经营五十年的结果。太王派遣长子太伯和次子仲雍带领一支周族东进到今山西平陆附近创建虞国，这是“实始翦商”的一个重要战略步骤。到季历即位以后，太伯的虞国和季历的周邦，就成为两个相互帮助的兄弟国家，即《诗经·大雅·皇矣》所谓“帝作邦作对，自大伯、王季”。季历之所以能够替殷商抵御和战胜不少戎狄部落，赢得商王的信任而给以“牧师”的封号，并借此得以伸展周人东进的势力，就是凭藉虞国这个牢固的基地。这是季历和太伯友好合作的结果。否则的话，季历统率孤军深入，绝不可能取得如此成就的。与此同时，姬姓贵族在今陕西朝邑南所建的芮国，正是从周到虞之间的中间连结点，对于季历以及此后文王的东进得胜，都是起了重要作用的。所以“八虞”成为文王重用的大臣，芮伯成为成王、康王之际的重要大臣。当时商王要借重周君以抵御西北强大的戎狄和制服不服从的诸侯，先后给季历以“牧师”封号、给文王以“方伯”封号，而季历和文王借此逐渐壮大自己的力量，扩展地盘。于是商王又采取打击的措施，因而季历为商王文丁所杀，文王一度也被商纣所囚。到文王晚年，即文王所谓受命称王之年，周人的力量已经十分强大，就计划逐步克商了。等到文王在黄河以北攻克邗（今河南沁阳西北），在黄河以南攻克崇（今河南嵩县附近），已从南北两路对商的王畿（即所谓“大邑商”）形成包围之势。文王不仅团结好姬姓贵族以及周围小国，还重视选拔人才，并重用前来投奔的异姓贵族，在诸侯中拥有极高的威信。《左传·襄公三十一年》记卫国北宫文子说：“周书数文王之德曰：大国畏其力，小国怀其德，言畏而爱之也”（杜注：《逸书》）。文王就是在“力”和“德”两方面奠定了“克商”的基础。

不幸文王在克崇一年后去世，克商的计划来不及实现，就留待武王进一步规划和实现了。好在武王重用的大臣就是文王所选拔而重用的大臣，因而很自然地保持了政策和规划的连续性。武王即位后二年，在盟津约期与诸侯会盟，由武王主盟而发表盟誓，说明伐纣出于民意和天命，杀伐是讨其残暴，并分析形势，对比力量，指出势在必胜。特别重要的是宣布对敌政策，把商纣称为"独夫"，而归罪于一人，所有百官和贵族可以宽大对待，一概无罪。目的在于加强参与伐商诸侯的必胜信念，同时分化瓦解商纣的抵抗力量，使商纣陷于孤立无援的地步，以便一举歼灭。这次武王统率大军在盟津与诸侯会盟，还具有大规模行军与军事演习性质，在此约定日期做好此后在此会师渡河北上决战的准备。这一次与诸侯会盟的目的本来不在会合出兵北伐。因为原本《太誓》失传，后人发生误解，误认为武王先后两次誓师北伐，第一次因"天命未可"而"还师归"。这样就不能正确理解武王这次会盟诸侯而作《太誓》的目的和作用了。

《太誓》虽然已经失传，只见先秦古书所引的片段，但是我们从这些片段，结合其他有关武王的文献，还可以看到这是一篇理论性很强的盟誓。他自称奉天命讨伐商纣，同时指出天命是顺从民意的，实际上就是根据民意进行讨伐，还着重指出，所以要大张杀伐、耀武扬威，为的是讨其残暴，这将比商汤伐夏更有光彩。而且又指出，少数人的"同心同德"可以战胜多数人的"离心离德"。自称有治臣十人"同心同德"，可以胜过商纣有"亿兆夷人，亦有离德"。这种根据天命和民意进行讨伐的主张，针对其残暴大张杀伐的方针，少数人同心同德可以战胜多数人离心离德的决策，在中国历史上都是第一次提出的，以前不曾见过，影响是十分远大的。不仅在当时政治上和军事行动上发生了无比威力，对武王成功克商产生巨大的作用，而且对后代政治思想产生了重大影响，常被有远见的政治家和思想家所引用。特别是《太誓》把商纣称为“独夫纣”，或者称为“一夫纣”，到战国时代孟子、荀子等儒家就进一步加以发挥，形成了在思想界有很大影响的“汤武革命”理论。

由于武王会盟诸侯于盟津的成功，所作《太誓》发挥了作用，分化瓦解了商纣的抵抗阵营，加强了武王的伐商阵营。武王就在会盟诸侯之后二年，选定日期，统率西方诸侯联军渡盟津北上，制定了一个在殷商驻防重兵的地点牧野，进行速战速决的战略。在甲子这天清早，他指挥自己最精锐的兵车三百乘，虎贲三千人，向殷商车阵猛烈冲击，一下子就冲得殷的车阵崩溃而不可收拾，武王继续指挥大军追击，到夜晚就取得全胜，迫使商纣奔入宫内，登鹿台而自焚死。只经过甲子一天的战斗，就取得了克商的辉煌战果。接着，武王就命令太师吕望进击不在牧野作战的重要殷将，追杀了和崇侯虎同样“助纣为虐”的将领如恶来、飞廉等人。同时武王下令分兵四路南下，讨伐南国诸侯。由于南国诸侯的顽强抵抗，特别是有些诸侯联合集中对抗，战斗比较激烈，杀伤和俘虏的人比较多。先后经过四十六天的连续战斗，终于把对抗的诸侯全部征服或扑灭了，据说一共征伐九十九国，得馘首十七万七千多，俘虏三十一万多人。

武王在甲子一天内取得克商的战果，瓦解了殷贵族的抵抗。武王执行了在过去《太誓》中已经宣布的对敌政策，除了砍下已经自杀的商纣及其二妻的头颅以外，只捉拿了与纣共恶的臣一百人，没有追究一般官僚和贵族的罪责。但是，遗留下来的问题，是十分严重的，殷贵族的势力在原来商的王畿内是根深蒂固的。为此，武王召集殷商的各级贵族，发表告诫的讲话，这就是《逸周书·商誓解》。告诫的范围包括“冢邦君”（诸侯）、“旧官人”（原来官僚）、“太史友、小史友”（二“友”字原误作“比”和“昔”，从孙诒让校正，即史官所有僚属），及“百官”、“里君”（“君”原误作“居”，从王国维改正，即一里之长）、“献民”（即贵族）等，对他们告诫的内容，主要有下列五点：

(1) 克商出于天命，甲子日牧野之战是“致天之大罚”。由于商纣“昏（泯）忧（扰）天下”，“昏虐百姓”，上帝“乃命朕文考（即文王）曰：殪商之多罪纣，肆予小子发（武王自称）弗敢忘”，“予惟甲子剋致天之大罚”。

(2) 归罪于纣一人，称之为“一夫”，也即“独夫”；同时宣称商之百姓（指贵族）无罪，只须听从周的命令，便可安居。如说：“昔在我西土，我其有言，胥告商之百姓无罪，其惟一夫。予既殛纣，承天命，予亦来休。命尔百姓、里君（“君”原误作“居”，今改正）、君子，其周即命。”

(3) 诸侯如果违命，也将奉行天罚。如说：“尔冢邦君，无敢其有不告见，于我有周。其比冢邦君，我无攸爱，上帝曰必伐之，今予惟明告尔。”

(4) 所有“多子”、“百姓”（指贵族），听从天命和周的命令，安处而不作乱，便可得到保护。如说：“尔多子，其人自敬，助天永休于我西土；尔百姓，其亦有安处在彼，宜在天命，弗反侧兴乱，予保奭其介（“弗”字原脱，“反”原误作“及”，从丁宗洛校补）。”

(5) 所有“冢邦君、商庶、百姓”，如果不听命，就要按天命杀灭。如说：“今纣弃成汤之典，肆上帝命我小国曰：革商国。肆予明命汝百姓，其斯弗用朕命，其斯冢邦君、商庶、百姓，予则肆刘灭之（“刘”上

"肆"字原缺,从孙诒让校补)。"

武王发表这篇比较长的文告,就是已经看到殷贵族人数众多,势力庞大,存在发生叛乱的危险,因而宣布这个安抚和杀灭兼施的政策,用以防止叛乱的发生。

与此同时,武王也已看到周的王位继承上存在危机。因为殷贵族的势力还很强大,要平定此后殷贵族所发动的叛乱,巩固新创建的周朝的统治,是十分艰巨的一个政治任务;武王自己的儿子年幼,如果武王一旦去世,由幼子即位,就很难担当起这个重任,为此,武王要传位给周公。《逸周书·度邑解》载:"王□□传于后",这两个缺字,朱右曾以为"欲旦"二字,唐太沛以为"命旦"二字。大体是不错的。《度邑解》又记武王说:"乃今我兄弟相后,我筮龟其何所即,今用建庶建。"唐大沛注:"兄先弟后,殷人传及之法也,后即上文传于后之后。"朱右曾又以为不传子而传弟故曰庶建。这个理解也是正确的。《度邑解》下文说:"叔旦恐,泣涕共(拱)手",就是周公表示不接受。于是武王把建设国都于雒邑的大事,嘱托给周公。武王规划在雒邑营建都城的目的,就是为了"图夷兹殷",也就是平定殷商,巩固周在中原的统治。武王死后,周公因成王年幼,奉成王而摄政称王,等到平定三监和武庚叛乱,东征取得胜利,全国统一,局势大定,周公奉着成王与召公一起策划营建东都成周,待成周建成便归政于成王,而成王任命周公继续留守成周,作为"四辅"(即四方之辅),主持以后东都的政务。可以说,所有这些都是在执行武王遗嘱。所以何尊记载:"惟王(成王)初鄙。宅于成周"(成王初次升登王位,建都于成周),成王来到成周的京室,要郑重地宣告"宗小子""宅兹中国"(即"宅于成周")是武王克商之后"廷告于天"的大事。

武王克商以后，从原来商的王畿中分割一部分地区作为王子禄父（即武庚）的封国，同时在他周围设置“三监”加以监督控制，采用这样的安抚和监督兼施的办法，是万分不得已的，因为殷贵族在原来商的王畿以内势力还很强大，不得不加以安抚笼络。犹如春秋初期郑庄公攻克许国，许庄公出奔，“郑伯使许大夫百里奉许叔（许庄公之弟）以居许东偏”，“乃使公孙获处许西偏”（《左传·隐公十一年》）。又如战国中期秦惠王攻灭蜀国，杀死蜀王，因为“戎伯尚强”（《华阳国志》卷三《蜀志》），分封蜀王后裔，“贬蜀王更号为侯”，作为秦的属国，同时“使陈庄相蜀”，“以张若为蜀守”，加以监督控制。

武王死后所以会发生三监和武庚联合东夷的叛乱，就是由于强大的殷贵族的存在，这个问题没有得到妥善的解决。武王生前担忧的就是这点，他之所以要传位于周公和嘱托周公营建东都，也是为了这点。武王这样的主张是很有远见的。后来周朝平定殷贵族叛乱、东征东夷胜利、统一全国而创建东都的大业，都是周公奉着成王来完成的。周公为了完成周朝开国的大业，曾摄政称王，但是所有这些大事名义上都是奉着成王来进行的，等到东都建成也就归政于成王。《诗经·周颂》有一篇《昊天有成命》，说“二后”（即文王、武王）承受天的“成命”，由成王继续完成。《吕氏春秋·下贤》说：“文王造之而未遂，武王遂之而未成，周公旦抱少主而成之，故曰成王。”马融所引解释“成王”的三种说法之一，也说：“以成王年少，成二圣之功，生号曰‘成王’”（《尚书·酒诰》正义引）。成王之所以称“成”，该即取义于周朝开国大业的完成。东都“成周”之所以称“成”，也该由于完成了“成命”，建成了周朝统一四方的国都。武王在完成周朝开国大业过程中，是承前启后、起着关键性的重大作用的。

第二章　释何尊铭文兼论周开国年代

何尊是一九六三年出土于陕西宝鸡的重要铜器，有铭文一百二十二字，述及周成王时的大事及其年代。《文物》一九七六年第一期发表了唐兰、马承源、张政烺的考释，阐明了它的重要性。但是见解很是分歧，主要在于铭文开头"惟王初鄠宅于成周"和结尾"惟王五祀"的考释上。当前史学界信从"鄠宅"即迁都之说比较多，以为成王确曾迁都成周，时在周公归政成王以后的第五年，而且认为周公摄政七年不应包括在成王在位的年数之内。这涉及一系列有关周开国的年代问题，因此有必要结合当时文献，作进一步的考释和探讨。

一　释"惟王初鄠，宅于成周"

我们把何尊铭文，和《尚书》的《召诰》、《洛诰》作了比较研究，认为"惟王初鄠宅于成周"不应作一句读，"惟王初鄠"是一句，"宅于成周"又是一句，"鄠宅"二字不应连续。"惟王初鄠，宅于成周"和《召诰》所说"王乃初服。……知今我初服，宅新邑"意思相同。

图五十一 何尊及铭文

一九六三年陕西宝鸡贾村塬出土。高三十八点八厘米，口径二十八点八厘米，底长十九点八厘米，底宽二十点二厘米，重十四点六千克，腹内底有铭文一百二十二字。现藏宝鸡中国青铜器博物馆。

“鄠”字在《说文》为地名，何尊铭文当作“卺”字用，也可以读作“遷”，其原义为升登。“卺”在《说文》是“䙴”的异文。《说文》说：“䙴，升高也，从舁囟声。卺，䙴或从卩”。段注：“升之言登也，此与辵部遷、拪者义同。”“卩谓所登之阶级也。”“䙴”、“卺”、“遷”三字，原来确实音义全同。《说文》说：“遷，登也，从辵卺声。古文遷从手西。”“卺”字本义确为升登，它所从的“卩”，即是所升登的阶级。“惟王初鄠”，应该是说成王初次升登阼阶，也即初登王位之意。

“鄠”，与文献上所谓“践阼”和“践天子之位”的“践”，音义俱近。《礼记·文王世子》说：“成王幼，不能莅阼，周公相，践阼而治。”《礼记·明堂位》又说：“成王幼弱，周公践天子之位，以治天下。”当时君王听政，必须升登殿堂的阼阶（东阶），所以“践阼”也即“践天子之位”。郑玄注《礼记》，或者说“践犹履也”（《明堂位》注），或者说“践犹升也”（《中庸》“践其位”注）。“践”确有升登之义。《史记·秦始皇本纪》引贾谊《过秦论》“然后斩华为城”，集解引徐广曰：“斩一作践”。索隐说：“践亦出贾本论。又崔浩曰：践，登也。”《汉书·陈胜项籍列传赞》引《过秦论》“然后践华为城”，颜注：“服虔曰：断华山为城。晋灼曰：践，登也。师古曰：晋说是。”郑玄训践为升，晋灼、崔浩又训践为登，足见“践”和“䙴”意义相同，都是升登之意。“惟王初䙴”是说成王初次践阼，初登王位。

“惟王初䙴”，和《召诰》所说“惟王初服”用意相同；“宅于成周”，即是《召诰》所说“宅新邑”。《召诰》记载召公、周公主持营建东都成周之后，成王初次来到新邑听政，因为成王年少，太保召公以监护者的身份，对成王作了长篇的教导，其中有一段说：

> 今冲子嗣（言成王年少嗣位）则无遗寿耇……呜呼！有王虽小（指成王年少），元子哉（谓是天之元子）！……王来绍上帝，自服于土中。……我不可不监于有夏，亦不可不监于有殷，我不敢知曰：有夏服天命，惟有历年。我不敢知曰：不其延，惟不敬厥德，乃早坠厥命……王乃初服。呜呼！若生子罔不在厥初生，自贻哲命。今天其命哲，命吉凶，命历年。知今我初服，宅新邑，肆惟王其疾敬德，王其德之用，祈天永命。

在这段话中，值得注意的是有“服”字的几句。“知今我初服，宅新邑”，伪《孔传》解释说：“天已知我王今初服政，居新邑。”除了对“知”字解释有错以外，其余解释都是对的，把“初服”解释为“初服政”，十分正确。伪《孔传》在其他两处把“服”解释为“服行教化”，是不对的。

《诗经·大雅·荡》:“曾是在位,曾是在服。”《毛传》:“服,服政事也。”“在服”和“在位”的意义相近,“在位”是说在于官位,“在服”是说在于统治的职位。《酒诰》所说“内服”、“外服”,《多方》所说“有服有大僚”,毛公鼎所说“才(在)乃服”的“服”,都是这个意思。

《召诰》是召公用天命来教导成王的。“王来绍上帝”,“绍”当从孙诒让训“助”,孙氏曾引用《尚书》逸文:“天降下民,作之君,作之师,惟曰其助上帝宠之”(《孟子·梁惠王下》引),作为佐证(《尚书骈枝》)。“王来绍上帝,自服于土中”,就是说,成王到成周开始亲自服政,是帮助上帝来治理天下的。在这里,“服”字有奉天命来服政之意,所以《论衡·率性》引“王乃初服”作“今王初服厥命”。召公引用夏代和殷代的历史作为鉴戒,认为按照天命服政而“敬德”,便可长久;否则就要短促,所以说:“有夏服天命,惟有历年”等等。伪《孔传》解释“王乃初服”是“王新即政,始服行教化”,所说“王新即政”是正确的,所说“始服行教化”却是出于误解。

《召诰》说:“知今我初服,宅新邑”,是指成王初次居于统治职位,居住在成周。何尊铭文说:“惟王初鄙,宅于成周”,是说成王初登王位,居住在成周。两者意思相同,只是由于作者身份地位不同,用词有区别。何尊作者是在成王来到成周升登王位、举行福祭、诰训“宗小子”、赏给贝以后,为其父作祭器的,着重记录成王诰辞中表彰其父的话,因此铭文开头这样说,是合于作者身份的。

我们认为,把“鄙宅”二字连读是不恰当的,解释为迁都更不合适。西周时代自从营建成周以后,始终东西两都并立,周天子经常居于镐京(即宗周)听政,有时也来到成周处理政务,西周金文就有“王才(在)成周”的记载。无论古文献和西周金文中,都不见有迁都成周的踪迹，更不见有还都宗周的迹象。

二　释“惟王五祀”兼论周开国年代

近人解释“惟王五祀”有三说，或者以为周公归政成王以后五年，即成王亲政改元之后五年；或者以为是周公摄政五年，亦即成王在位五年；或者以为是周公摄政称王五年，周公摄政称王自有纪年。我们以何尊铭文和《召诰》、《洛诰》作比较研究，当以周公摄政五年之说为是。

营建成周的年代原有两说。《尚书大传》谓在周公摄政五年，而《史记·周本纪》谓在“周公行政七年”，《鲁世家》谓即在“成王七年”。《召诰》和《洛诰》的著作年代，同样有两说。郑玄以为《召诰》作于周公摄政五年（《周礼·地官·大司徒》正义引），司马迁、刘歆都以为《召诰》和《洛诰》作于周公摄政七年。皮锡瑞调停两说，认为“《召诰》与《洛诰》文势相接，不得以为相隔二年”，但是“营洛大事非一时所能办，《大传》言其始，《史记》要其终，两说可相明”，并以为《召诰》与《洛诰》都作于周公摄政七年（《今文尚书疏证》卷十七）。我们认为皮氏之说不确。从上节我们以何尊铭文和《召诰》内容比较来看，《召诰》应与何尊作于同年。从何尊铭文与《召诰》、《洛诰》所载月份与干支来看，也该是同年的。《召诰》记载三月戊申（五日）召公奉命到洛邑“卜宅”，开始“经营”，乙卯（十二日）周公到洛邑视察，甲子（二十一日）周公召集“庶殷”分配劳役，“既命庶殷，庶殷丕作”。后来召公便对成王作长篇教导。从召公所说“王来绍上帝，自服于土中”等话来看，此时成王已来到成周升登王位、开始听政。何尊铭文载：“才（在）四月丙戌，王诰宗小子于京室”，顺着《召诰》三月二十一日甲子推算，四月丙戌是十三日。成王当是在周公“既命庶殷”以后来到成周升登王位的。《洛诰》第一段记周公追叙营建成周的事，说到“予惟乙卯朝至于洛师”，这和《召诰》“乙卯朝至于洛”相合。王国维《洛诰解》说：“日而不月者，成王至洛与周公相见，时在五月乙卯以前故也”(《观堂集林》卷一)。这一推断，由于何尊的出土，得到了证实。成王在四月丙戌以前已经来到成周，周公和成王相见而对话，当即在此前后。《洛诰》说：“戊辰王在新邑，烝祭岁”，“在十有二月”。顺着《召诰》三月二十一甲子和何尊铭文四月十三日丙戌推算，十二月戊辰正好是十二月三十日，所以王国维说：“戊辰是岁十二月之晦也。”所有干支，何尊和《召诰》、《洛诰》相合，决不是偶然的。

既然何尊铭文结尾说“惟王五祀”，那么，这年该即成王五年，亦即周公摄政五年，足以证明《尚书大传》说这年“营成周”，郑玄说《召诰》作于这年，确有依据。其实周公摄政只有五年，并无摄政七年的事。《尚书大传》所谓周公摄政七年，《史记》所说周公行政七年，都是由于《洛诰》末二句所引起的误会。《洛诰》末二句说：“惟周公诞保文武受命，惟七年。”王国维解释说：“上纪事，下纪年，犹觫尊云‘惟王来正(征)人方，惟王廿有五祀’矣。诞保文武受命，即上成王所谓‘诞保文武受民’，周公所谓‘承保乃文祖受命民’，皆指留守新邑之事。周公留洛，自是年始，故书以结之。书法先日次月次年者，乃殷周间记事之体。……自后人不知‘诞保文武受命’指留洛邑监东土之事，又不知此经纪事纪年各为一句，遂生周公摄政七年之说，盖自先秦以来然矣。”王氏依据殷周之际文辞通例，说明《洛诰》末二句上句纪事，下句纪年，各为一句，从而指出误传周公摄政七年，是由于误把二句连读而引起的。这个创见对解决周初年代问题作出了重要贡献。《洛诰》末二句和觯尊铭文一样，“上纪事，下纪年”，为了分隔二句，就连用两个“惟”字作发语词，很是明显。

王国维《周开国年表》（《观堂别集》卷一）于“文王元祀”下，对于这点又有进一步解释：“成王即位，周公摄政之初，亦未尝改元。《洛诰》曰惟七年，是岁为文王受命之十八祀，武王克商后之七年，成王嗣位，于兹五岁。”这一解释的正确性，由于何尊的出土，也得到了证实。所说“成王嗣位，于兹五岁”，正与何尊“惟王五祀”相合。武王以继承文王所受天命而伐商，武王即位和克商，都未曾改元，还是从文王受命称王之年算起，如《尚书·洪范》说：“唯十有三祀，王访于箕子。”同时，在克商以后，也已有从克商后计“年”的习惯，如《尚书·金縢》说：“既克商二年，王有疾弗豫。”“既克商二年”即是“唯十有三祀”。武王既死，周公摄政称王，仍沿用从克商后计“年”的习惯，是可以理解的。所以《洛诰》“惟七年”，即是既克商七年，又是成王嗣位之后五岁。

《洛诰》第二段记周公说：“王肇称殷礼，祀于新邑。”又说：“今王既命曰：记功宗，以功作元祀。”王国维《洛诰解》把“殷礼”解释为“祀天改元之礼”，把“作元祀”解释为“因祀天而改元，因谓是年曰元祀矣”。从《尚书大传》所说“营成周，改正朔，立宗庙，序祭祀”来看，这时确有“改正朔”之事。但是把“作元祀”解释为“改元”，“因谓是年曰元祀”，不免是曲解，不符合原意。杨筠如《尚书覈诂》改作解释说：“元，《诗传》：大也。“元祀即祭天改元之大礼。”也很牵强。“记功宗”是说记功劳于宗庙，古有此礼。“以功作元祀”是说因功而在宗庙举行大祀。“元祀”仍当从旧说释为大祀为是。“殷礼”也不是“祀天改元之礼”，该是大合内外臣工的殷见之礼。《尚书大传》所说“易正朔”，就是不再沿用文王受命的纪年，而改用成王的纪年。从何尊“惟王五祀”来看，所用成王纪年是从嗣位开始的。因为当时周朝统治者已经确认成王继嗣接受皇天的“成命”。这在《召诰》中可以看得很清楚。《召诰》说：“皇天上帝改厥元子”，“有王虽小，元子哉”！“王厥有成命治民”，“今王嗣受厥命”。《诗经·周颂》中更有《昊天有成命》篇，突出地歌颂了成王继嗣“二后”（即文王、武王）的“成命”。为什么这年既称成王五祀，《洛诰》还是用“惟七年”呢？因为《洛诰》是周公方面记录的文件，既然把周公留守洛邑称为“惟周公诞保文武受命”，用来作为一年大事而记于篇末，当然要沿用周公原来从克商后计“年”的旧例了。

王国维《周开国年表》前后不一致。他于“文王十六祀（既克商五年，成王三年）”下，列有《尚书大传》“周公摄政一年救乱”；于“成王元祀（既克商九年）”下，列有《召诰》首段和《洛诰》末段（包括末二句），又列有《尚书大传》“五年营成周”。这样把《召诰》、《洛诰》和“营成周”都定在既克商九年，把周公摄政一年定在既克商五年即成王三年，比前面所引王国维之说又推迟二年。上下文不相符合，当是出于偶然疏忽而发生的错误。如果依照后说，成王元年和二年周公既未摄政，是谁执政的呢？成王年少未亲政，怎么可能无人执政呢？

王国维《洛诰解》认为结尾“惟周公诞保文武受命”是指周公受命留守成周的事，是依据宋人蔡沈《书集传》的。《洛诰》第三段记载成王对周公说：

> 公，予小子其退，即辟于周，命公后。四方迪乱，未定于宗礼，亦未克敉公功，迪将其后，监我士、师、工，诞保文武受民，乱（乱当作“嗣”）为四辅。

蔡沈《书集传》解释说：“此下成王留周公治洛也。谓之后者……犹后世留守、留后之义。”蔡氏以留守、留后相比，当然不对，但谓成王命周公留守洛邑，很是确切。王国维解释说：“后者，王先归宗周，周公留洛，则为后矣。”从上下文来看，成王“命公后”的“后”，就是“迪将其后”的“后”，指此后治理东都的政务，包括“监我士、师、工（即监督百官），诞保文武受民（谓大保文王、武王所受于天的人民，指统治人民），乱为四辅（谓成为统治四方的辅佐）”。因为东都成周是天下的中心（所谓“土中”或“中国”），负有统治百官和四方人民的责任。《洛诰》末段说“王命作册逸（即史佚）祝册，惟告周公其后”，就是把成王的口头决定，写成公文，用“册命”方式授给周公今后治理东都的大权。郑玄、王肃等人以为“命公后”是指封周公之子伯禽，不确。周公于摄政三年“践奄”。伯禽封于鲁，“因商奄之民”，当即在“践奄”之后，不必待成周建成之后再封。而且从《洛诰》上下文来看，当时成王留周公治洛，是由于“四方迪乱，未定于宗礼（未能按宗周礼制使天下大定），亦未克敉公功（也未能完成周公之功）”，因而要命令周公“迪将（主持）其后”。辞意分明，丝毫不见有分封周公后代之意。

结合何尊铭文和《召诰》、《洛诰》来看，成王于五年三四月间，因营建成周，来到成周升登王位、开始听政，即何尊所说“惟王初鄠，宅于成周”；也即《召诰》所说“王来绍上帝，自服于土中”，“王乃初服”，“宅新邑”。在成周大邑建成后，举行庆功的、大合内外臣工的殷见之礼，“祀于新邑”。到岁末，成王命令史佚册命周公留守成周，主持此后治理东都的政务。同时，成王即回宗周（镐京），即王位。成王说：“予小子其退，即辟于周，命公后。”又说：“公定，予往已。”三四月间，召公说“王来”；到岁末，成王自己说“予小子其退”，“予往已”。一则称“来”，一则称“退”或“往”，很是分明，根本不存在迁都成周和还都宗周的事。

成周是周王朝统治四方的中心，所以成王命周公留守成周，是“为四辅”，即是统治四方的辅佐大臣。同时成王还说：“公勿替刑，四方其世享。”就是勉励周公不要废弃原有法则，这样子孙就可以世袭这个“为四辅”的职位。所谓“四方其世享”，无非是世代做统治四方的辅佐大臣。后来果然这样，周公的后代曾世袭这个治理成周、统治四方的职务。令彝铭文说：“王令周公子明保尹三事四方，受卿事寮。”又说：“明公朝至于成周。”《书序》又说：“周公既没，命君陈分正东郊成周，作《君陈》。”《礼记·坊记》引有《君陈》佚文，郑玄注：“君陈，盖周公之子，伯禽弟也。”至于《书序》说“周公在丰，将没，欲葬成周”，这是说周公告老回到丰的。《尚书大传》对此说得比较清楚：“三年之后，周公老于丰，心不敢远成王，而欲事文武之庙。然后周公疾，曰：吾死，必葬于成周，示天下臣于成王。”据此可知，周公告老回到丰，是为了表示心不敢远离成王，便于祭祀于文王、武王的宗庙；他病将死，因为成王曾命令他留守成周，故而要回葬成周，“示天下臣于成王”，表示他忠于成王所任命的职守。

总之，由于何尊的出土，我们对《召诰》和《洛诰》得到了进一步的理解，对于周公摄政和归政的年代以及相关的大事可以进一步明确。成王迁都成周之说是不能成立的；由此作出的推论，认为迁都成周在周公归政成王以后五年，周公摄政不应包括在成王在位年数之内，也是缺乏依据的；至于说周公归政成王以后，成王在成周改元而亲自执政，周公因而回到丰邑，更是不可信的说法。

第三章　西周初期东都成周的建设及其政治作用

西周初期对东都成周的建设，是当时政治上的一件大事，从此周王朝建立东西两都，使东西两个京畿连结成一片，成为全国的政治、经济、文化的中心。这是我国古代政治历史上的创举。这对于创建统一的王朝，发展全国的经济文化，都具有重大的作用。而且这个东都的创设，对于此后我国历史的发展有着很深远的影响，东汉以后曾有许多朝代建都于此，新莽以后曾有许多朝代以此为陪都。

一　营建成周的经过和年代

周武王克殷以后回到镐京，整夜睡不着觉，忧虑的是“未定天保”（“天保”是指顺从天意的国都），难以安定。因此他主张兴建洛邑，“定天保，依天室”，把这一任务托付给周公。所谓“依天室”，就是要在新都建筑举行“依”礼的“天室”。“依”就是“殷礼”。“依”、“殷”古音通用。例如《尚书·康诰》：“殪戎殷”，《中庸》引作“壹戎衣”，郑玄

注："齐人言殷如衣。""殷礼"是内外群臣的大会见，并共同参与大献祭的礼仪。"天室"就是明堂，是举行重大祭礼和典礼以及施政的地方。武王时制作的大丰簋(即天亡簋)说："王祀于天室"，又说："王衣祀王不(丕)显考文王，事喜(饎)上帝"，这是以文王配合上帝祭祀于"天室"。而《史记·封禅书》说："周公既相成王，郊祀后稷以配天，宗祀文王于明堂。"可知"天室"即是明堂。关于周武王计划兴建洛邑的事，见于《逸周书·度邑解》，曾为司马迁所引用(见《史记·周本纪》)。王国维推定《度邑解》是西周时代作品，他说："此篇渊懿古奥，类宗周以前之书"(《观堂别集》卷一《周开国年表》)。王氏这个推断，十分正确。《度邑解》所载确是实录，由于何尊的出土，得到了证实。何尊记载成王"诰宗小子(宗小子是指宗族中的小辈)于京室"说："惟武王既克大邑商，则廷告于天曰：余其宅兹中或(国)，自之辥(乂)民。"所谓"中国"就是四方的中心，即指洛邑。周武王克商以后，就有建都洛邑的计划，即所谓"宅兹中国"。他所以要"廷告于天"，因为他自以为接受"天命"，所要营建的就是"天保"，也就是天都；还要造"天室"，也无非表示要顺从天意。后来周公营建成周于洛邑，就是执行了武王的遗愿。周公所营建的成周，果然建有"天室"。何尊记载成王来到成周，"复禀武王丰福，自天"。"天"就是"天室"，就是说成王到"天室"中对武王举行了称为"福"的祭祀。根据《史记·周本纪》，武王嘱托周公建设洛邑之后，"营周居于洛邑而后去"。武王虽然没有建成新都，却先在此作了营建"周居"的规划。"周居"就是周天子的宫殿以及官署所在。此后成周的创建，就是以这个规划作为起点的。

周公平定三监和武庚的叛乱之后，更加认识到加强对中原地区统治的重要性。周公摄政二年“克殷”，三年“践奄”（即平定东夷的奄国），四年“建侯卫”（分封诸侯），五年就“营成周”（《尚书大传》）。这年三月戊申（初五），召公先到洛邑“卜宅”（占卜建都基地是否吉利），得到吉兆便开始“经营”。庚戌（初七），召公使用“庶殷”（许多殷贵族）“攻位”（治理地基），经过五天完成。乙卯（十二日），周公到洛邑全面视察“经营”的规模。到丁巳（十四日）、戊午（十五日），先后举行郊祭（祭天）和社祭（祭地）。到甲子（二十一日），周公便召集殷贵族各级首领，发布命令，安排劳役，“厥既命殷庶，庶殷丕作”。“丕作”是“大作”之意。从此就大规模动工兴建了（以上依据《召诰》）。大概到年底以前，成周就基本建成。

成周是周公摄政五年即周成王五年三月甲子（二十一日）开始大规模动工兴建的。周公之所以要选定甲子这天开始动工，可能与周人迷信甲子这天吉利有关。武王选定甲子这天在牧野发动总攻，一举攻克殷都，同样可能是为了选定吉日。周宣王的大臣兮甲（即尹吉甫），字伯吉父。古人“名”和“字”的字义有联系。王国维解释说：“甲者月之始，故其字曰伯吉父，吉有始义”（《观堂别集》卷二《兮甲盘跋》）。开始大规模兴建成周以后不久，成王就来到这里亲政。因为成王年少，太保召公就以族中长老、监护者的身份，对成王告诫，教导成王要按照上天的“成命”，“敬德”而“治民”，这就是《尚书·召诰》。接着，周公又向成王追述兴建洛邑的经过，建议“肇（开始）称（举行）殷礼（即殷见之礼），祀于新邑”，并提出在新都统治的政策方针。而成王表示，他将回宗周即君位，命令周公留在成周，作为“四辅”（四方之辅），主持以后东都政务。到年终，成王就祭祀文王、武王，命令史官写成正式文件，册命周公，授给周公主持此后东都政务的大权。这就是《尚书·洛诰》。成王回到镐京，于次年（成王六年）即王位，召公、周公等大臣当然要一同回去参与成王即位大典。到这年三月，周公奉命到成周就职，为了安定迁到洛邑来的许多殷贵族，对殷贵族重新宣布了周朝对待他们的政策，这就是《尚书·多方》。

武王死后，成王年少，由周公摄政称王。等到周公东征胜利，全国统一，局势大定，东都成周在周公摄政五年建成，周公就归政于成王，摄政告一段落。从此由周公出任“四辅”，主持东都政务，而由召公辅助成王主持西都政务。就是所谓“召公为保，周公为师，相成王为左右”（《书序》）；“自陕而东，周公主之；自陕而西，召公主之”（《公羊传·隐公五年》）。周公摄政共有五年。《尚书大传》和《史记》所有周公摄政七年之说，是由于误解《洛诰》的末二句而引起的。《洛诰》末二句：“惟周公诞保文武受命，惟七年”，上一句纪事，下一句纪年。所谓“惟周公诞保文武受命”，就是指成王命令周公留守成周主持东都政务。因为成王的命令指出，任命周公留守成周为“四辅”，是为了“诞保文武受民”，就是为了“保”文王、武王从上天所授的“民”；而周公的答词，表示接受任命，也说是“王命予来承保文祖（指文王）受命民”。下一句“惟七年”，是说“既克商七年”，当时有此纪年方法，如《金縢》开头就说：“既克商二年”。“既克商七年”就是周公摄政五年，也即成王五年。关于这点，王国维在《洛诰解》（《观堂集林》卷一）和《周开国年表》中的分析，十分正确。他用鮽尊：“惟王来正（征）人方，惟王廿有五祀”，来作比较。“惟王来征人方”是说这年殷王出征人方；“惟王廿有五祀”是说这年是殷王即位以后的二十五年，文例与《洛诰》末二句正相同。作者为了分清二句，每句开头都用“惟”字作发语词。《洛诰》也是同样每句开头都用“惟”字。后人不明这种文例,误解“惟周公诞保文武命”是讲周公摄政,又误和下一句“惟七年”连读,于是发生周公摄政七年的误解。总之,《尚书大传》所说周公摄政五年“营成周”,是不错的。周公摄政七年之说以及摄政七年营建成周之说,都出于对《洛诰》末二句的误解。

二 东都成周的规模及其设施

周公主持营建东都成周,是为了确立周王朝统一的统治四方的中央政权,同时也是为“致政”成王作好准备。

关于成周的建设规模,《逸周书·作雒解》有比较详细的记载:

> 周公敬念于后曰:予畏周室不延(“不延”原误作“克追”,从朱右曾依据《初学记》所引改正。延,长也),俾中天下(谓设置天下的中心)。及将致政(谓将归政于成王),乃作大邑成周于土中(《水经·洛水注》引作“中土”,谓天下中心),立城方千七百二十丈(立字原脱,从王念孙依据《艺文类聚》、《初学记》、《太平御览》、《玉海》所引增补,又“七百”,《艺文类聚》等书都引作“六百”),郛方七十里(《艺文类聚》等书都引作“七十二里”,《诗地理考》、《通鉴前编》又引作“十七里”)。南系于雒水,北因于郏山,以为天下之大凑。制郊甸方六百里,因西土方千里(“因”原误作“国”,从王念孙据《水经注》改正)。

孔晁注,解释“王”为“王城”,“郛”为“郭”,是正确的。张华《博物志》说:“王城方七百二十丈(“七百”上脱“千”字),郛方七十里”(《续汉书·郡国志》河南尹洛邑下刘昭注引),这和孔晁同样把“城”解释为“王城”,是不错的。整个成周大邑,有大小二城,小城叫“城”,后来称为“王城”,因王宫所在而得名。大城叫“郛”,即是“郭”,用作居民会集和军队留守之处。《吴越春秋》佚文说:"鲧筑城以卫君,造郭以守民,此城郭之始也"(《太平御览》卷一九三引)。东周都城的建筑,都有大小二城。多数宫城在大城的西边,齐都临淄,郑都新郑,赵都邯郸,都是这样布局。秦都咸阳的遗迹已不清楚,也该是同样布局,因为秦惠王时张仪和张若主持建筑的成都,是"与咸阳同制"的,成都故城也是小城造在大城西边。只有鲁的国都曲阜,现存故城遗址是内外两城相套的,宫城居中而略偏东北,但是这已是春秋以后的遗迹,西周是否如此,尚待作进一步的考察。① 我们认为,成周大邑的布局,也该是王城在大郭的西边的。

王鸣盛、朱右曾都以六尺四寸为步计算,认为《作雒》所说"城方千七百二十丈",正和《考工记》"匠人营国方九里"相符合(见《尚书后案》和《逸周书集训校释》)。事实上,以六尺四寸为步,是根据《礼记·王制》"今以周尺六尺四寸为步"的,并不可信。金鹗和刘师培以六尺为步计算,认为当从《艺文类聚》等书所引,改作"城方千六百二十丈,今本"七百"是"六百"之误(见《求古录礼说》卷一和《周书补正》卷三)。当以金、刘之说为是。焦循《群经宫室图》有相同的看法。王城的周围里数,相当于"方九里"。

王城的遗址,《帝王世纪》说:"今苑内王城是也"(《太平寰宇记》卷三引)。《元和郡县志》说同。《括地志》说在"苑内东北隅"(《史记·周本纪》正义引)。《旧唐书·地理志》说同。苑是指唐代神都苑,神都苑"东抵宫墙,西至孝水,北靠邙阜"(《唐两京城坊考》),可知王城在唐代王宫以西,唐代洛阳城的西北角。根据考古发掘结果,在

① 参看张学海:《浅谈曲阜鲁城的年代和基本格局》,《文物》一九八二年第二期。

涧河东侧小屯村以东，中州路西段两则，发现了汉代河南县城遗址。在汉代河南县城遗址的外围，又发现了春秋时代的王城遗址，残存有西南角的两边城墙，其东南角城墙已被洛水冲毁，只有北城墙保存完好，全长二千八百九十米，相当于战国尺度的六里多。整个城的形制，南北比东西略长①，但是西周王城遗址尚未找到，应该就在春秋王城的附近，可能略微偏北（参看《洛阳附近城址变迁图》）。

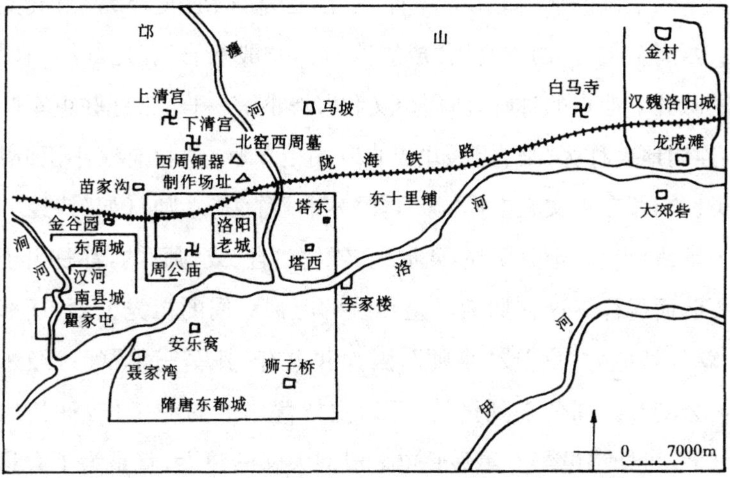

图五十二　洛阳附近古城址变迁图

图中“东周城”即是春秋时代王城遗址。“北窑西周墓”指北窑庞家沟西周贵族集中的墓地，“西周铜器制作场址”指面积十多万平方米的西周早中期铸造铜器的场所。

《逸周书·作雒解》说成周的“郛方七十里”，“郛”就是郭，它的面积要比王城大八倍。金鹗以《孟子》所说“三里之城，七里之郭”作比例，以为郭大于城不过一倍，“七十里当从《前编》（指《通鉴前编》）作

① 参看考古研究所洛阳发掘队：《洛阳涧滨东周城址发掘报告》，《考古学报》一九五九年第二期。

十七里”(《求古录礼说》卷一)。周王朝在成周驻屯有重兵,有所谓“成周八自”,它的郭城不但可会集居民,还作大军防守之用,可能很大。自从武王克殷以后,周王朝就在洛邑驻屯有重兵。《召诰》记载:“若翼(翌)日乙卯,周公朝(早)至于洛。”《洛诰》记述周公说:“予惟乙卯,朝(早)至于洛师。”可知成周未建成以前,洛邑已有“洛师”之称,“洛师”当即因驻屯重兵而得称。殷墟卜辞和西周金文中,都用“自”作为军队单位的名称,如卜辞有“王作三自”(《殷契粹编》第五九七片),西周金文有“西六自”、“成周八自”和“殷八自”。还都用“自”作为军队驻屯地点的称呼,西周金文和殷墟卜辞一样,常把驻屯军队地点,连同地名称为“某自”,如“成自”(小臣单觯)、“牧自”(小臣謎簋)之类。“自”在古文献中作“师”,如“六自”称为“六师”(如《诗经·大雅·常武》等)。十分明显,西周地名附有“自”或“师”的,都是由于驻屯军队而得称。这在周朝已是传统的习惯。周的祖先公刘,迁都到豳,就称其地为“京”或“京师”,因为驻屯有“其军三单”(《诗经·大雅·公刘》)。周公来到洛邑,开始主持营建成周的工作,称其地为“洛师”,可知洛邑早有重兵驻屯。成周大郭的建设,就是为了大量会集居民和适合“成周八自”的驻屯守卫的需要。

成周的大郭,应该紧靠在王城以东,横跨瀍水两侧地区。《洛诰》记周公说:“我乃卜涧水东,瀍水西,惟洛食;我又卜瀍水东,亦惟洛食。”“食”是说经占卜吉利而采用。①召公和周公营建成周,采用涧水以东、瀍水以西的地点,又采用瀍水以东的地点。说明整个成周大邑

① 伪《孔传》说:“卜必先墨画龟,然后灼之,兆顺食墨。”俞樾《群经平议》卷六认为此说不确,“食可训用”,“两处皆曰食,则皆所用也”。杨筠如《尚书覈诂》则说:“食亦事之假,事犹治也。”

的建筑，横跨瀍水东西两侧地区，如同隋唐洛阳城的横跨瀍水一样。只是西周成周的位置偏北，在洛水以北。《逸周书・作雒解》所谓“南系于洛水，北因于郏山（即邙山）”。隋唐洛阳城的位置则偏南，直跨洛水的南北两岸地区，而且大部分在南岸地区。考古发现的春秋王城遗址，西边紧靠涧水，其西南角还跨过涧水，而其东边还在隋唐洛阳城以西，到瀍水还有相当长的距离。因此成周的大郭，必然横跨瀍水以西和以东地区，然后才能和《洛诰》所记周公“卜宅”之说相合。周公和召公所以选定这个地点建筑东都，是有道理的。这里北靠黄河和郏山，南靠洛水，形势很好，便于防守。这里是涧水、瀍水和洛水会合的地方，水源充足，足以供应王宫、官署以及居民、驻屯军队生活上的需要。同时陆上和水上交通都比较便利，便于征收四方的贡赋，便于供应粮食等物资；也便于和西都镐京联系，便于和四方诸侯联系。而且在成周的兴建过程中，也便于供给建筑用的材料。周的祖先公刘营建豳的时候已经利用水道运输建筑材料。《史记・周本纪》说：“自漆沮渡渭取材用。”这时大规模营建东都，当然更要用水道供应建筑材料了。

郑玄解释《洛诰》，以为瀍水以西所建的是王城，即是汉代的河南县城；瀍水以东所建的是成周，即汉代的洛阳县城，即今“汉魏洛阳城”遗址（参看《洛阳附近城址变迁图》），这是沿袭了《公羊传》和《汉书・地理志》的错误。成周原来是一个大邑。一个大邑而连结有宫城和大郭，这是古代都城的通则，决不可能如《公羊传》和《汉书・地理志》所说那样，王城在汉代河南县，成周在汉代洛阳县，两城相距四十里。成周在《尚书》中只是一个邑，或者称为“新邑”（《洛诰》），或者称为“新邑洛”（《多士》），或者称“洛邑”（《多方》），或者说“作新大邑于东国洛”(《康诰》)。到春秋时,周敬王请晋国帮助“城成周”,也还说:“昔成王合诸侯城成周,以为东都,崇文德焉”(《左传·昭公三十二年》)。成周是东都的总称,王城只是东都的宫城,并非相距四十里的两个邑。关于这点,童书业《春秋王都辨疑》(收入《中国古代地理考证论文集》)已有精辟的辨正,这里不再多说。至于令彝说:“明公朝(早)至于成周”,“明公归自王”。“王”该指王城,王城也是指成周的宫城,唐兰和陈梦家根据《汉书·地理志》,把令彝的“王”和“成周”,解释为相距四十里的两个邑,是不可信的。关于这点,参看拙作《中国古代都城制度史研究》上编第五篇“西周都城制度的发展”。

周公营建成周,建成王城和大郭,王城内主要建设君王的行宫以及官署,大郭主要为了会集居民和驻屯重兵。此外还建有许多举行祭礼和典礼的建筑。何尊讲到成王在成周祭祀武王“自天”,“天”就是天室,也就是明堂。明堂是用来举行重大祭礼和典礼以及施政的厅堂。前面已经说过,在成周建设“天室”,原是武王的计划,武王要在天室举行“殷礼”,即所谓“依天室”。《逸周书·度邑解》记载武王嘱咐周公说:

> 呜呼!旦,我图(图谋)夷(平定)兹殷。其依天室(谓在明堂举行殷礼),其有宪命(“宪命”谓法令),求兹无远(谓宣布法令,可以在此不远离天意),天有求绎,相我不难(谓如果天有什么寻求,在此不难得天的对我帮助)。

就是说,在明堂举行殷礼,可以在此宣布符合于天意的法令,并可以得到天的帮助。

何尊还说成周建有“诰宗小子”的“京室”,“京室”当是宗庙中的大室。敔簋还说成周有“大庙”。敔簋说:“惟王十又一日,王各(格)

于成周大庙。”大庙当即太庙。《逸周书·作雒解》说:“乃设丘兆于南郊,以祀上帝,配以后稷。日、月、星、辰、先王皆与食。……乃建大社于国中……乃位五宫、大庙、宗宫、考宫、路寝、明堂。”《作雒解》所说,不免夹杂有后代礼制在内,例如说所建大社的坛,东南西北中用五色土,显然是五行学说流行以后的产物。但是成周大邑中,确应设有丘兆、社坛、大庙、明堂之类的建筑,以适应举行各种祭礼和政治上重大典礼的需要。

三　建设东都成周的政治目的和作用

西周初期营建东都成周,有其远大的政治目的。成周建成以后,确实对于创建统一的周王朝,发展全国的经济文化,起着重大作用。

第一,建设成周是为了居住许多周贵族,并集中迁移殷贵族到成周东郊,以便加强监督、管理和利用,从而巩固新建的周朝政权。

周公在平定三监和武庚叛乱以后,就改变对待殷贵族的政策,决定取消原来就地监督的办法,而把他们集中迁移到一定地点,以便加强监督、管理和利用。其中有许多殷贵族,被分配给封君,由封君带到封国去,作为封君在封国的统治力量。同时又有许多殷及多方(即诸侯)的贵族,被集中迁移到洛邑郊外,既便于集中监督和管理,又可以用来为周朝服役,服役的内容包括劳役和兵役。驻屯成周的“成周八自”,其中军官和骨干当然是周贵族,战斗的甲士就可以利用殷及多方的贵族充任。驻屯在成周的“成周八自”如此,驻屯在牧野的“殷八自”更是如此。

迁移殷贵族到洛邑郊外,是周公在平定三监和武庚叛乱后就着手进行的。《逸周书·作雒解》说周公在平定殷的叛乱后,就“俘殷献民迁于九里”，孔晁注：“九里，成周之地。”九里当是成周东南的地名。“九里”一作“臼里”，《韩非子·说林上》称魏惠王作臼里之盟，率诸侯以朝天子于孟津。《战国策·魏策三》同，惟“臼里”作“九里”。《水经·洛水注》说白桐涧水北流经九山东，山际有九山庙，《巩县志》卷四称九山在巩县南七十里，今名白云山，山有旧山庙，盖“九”、“旧”一音之转。据此可知九里当在九山下，在今巩县南七十里。我们编著《中国历史地图集》第一册，即据此定点。

《东观汉记·鲍永传》说：“赐洛阳上商里宅”，《后汉书·鲍永传》作“赐永洛阳商里宅”。李注引陆机《洛阳记》曰：“上商里在洛阳东北，本殷顽人所居，故曰上商里宅也。”说明成周以东的汉魏故城东北，就有殷贵族徙居之地。一九五二年在洛阳东郊的摆驾路口、下瑶村西区和东大寺区，都发掘到西周早期的殷人墓葬，他们沿袭殷的礼俗，但也还有一些特点，出土的铜铲和铅戈都是不能实用的明器，墓中显然缺乏觚爵之类酒器随葬，陶器中也没有酒器式样，这是和殷墟的殷墓不同的。因此考古工作者推定是迁居的“殷顽民”的墓葬①。

根据《多方》和《多士》来看，当时周王朝对待迁居到洛邑的殷及多方贵族，是给予永久的田宅，勉励他们努力治理的。《多士》说：“亦惟尔多士(指殷贵族)，攸服奔走(服役而效劳)，臣(臣服)我多逊(逊谓顺从)。尔乃尚有尔土，尔乃尚宁幹止(安于事业和居住)。”周朝分配给迁居洛邑的殷贵族田地和住宅，是为了利用他们，要他们顺从而服役。采取这样的迁移殷贵族的政策，是一举两得的，既可以解除这

① 参看郭宝钧、林寿晋：《一九五二年秋季洛阳东郊发掘报告》，《考古学报》第九册，一九五五年出版。

些殷贵族原住地发生叛乱的危险，又可以集中起来便于监督和利用，充实周朝的统治力量。后来秦代和西汉初期从东方迁移大量“豪富”到关中国都附近，还是沿用这项政策。《书序》说：“周公既没，命君陈分正东郊成周，作《君陈》。”“分正”是说分设官长。《书序》又说：“康王命作册毕公（“公”字原脱，据《史记·周本纪》校补）分居里成周郊，作《毕命》。”“分居里”是说分别居民的“里”。所有这些措施，无非为了加强对成周东郊居住的殷贵族的监督和管理。

一九六三年在今洛阳老城以北一公里，邙山之阳，瀍河西岸，庞家沟两侧，发现了西周贵族的集中墓地，面积约二十五万平方米，墓葬有四百多座，可分大、中、小三种类型，大多已被盗掘，还发掘出土了大量遗物，达一万多件，除铜容器六十多件以外，大多为铜兵器、铜车马器、原始瓷器，以及陶器蚌器，时代以西周早期为多，中期次之，晚期很少。大墓出土有王室贵族王妊、大保菁、康伯、伯懋父、毛伯、丰伯的铜器，原始瓷器都出于大型和中型墓中，可知原始瓷器在当时较为珍贵。过去在洛阳的塔东、塔西、大窑村、东大寺等地，发现西周时代殷人墓葬，当为被迁到洛的殷人。殷人墓中都有腰坑和犬骨，而庞家沟的西周贵族墓中，都没有腰坑和犬骨，这显示了周人和殷人的礼俗不同。从西周、春秋的古城址，如曲阜、临淄、新郑等地来看，贵族墓地往往就在城郭以内，离居住遗址不远的地方，想来成周也是如此。在庞家沟西周墓地之南，一九七三年发现了西周前期铸铜作坊遗址，面积约有十多万平方米，后来发掘了部分遗址，可知此处主要铸造青铜礼器，间或铸造车马器和兵器，使用内加热熔化铸液的熔铜炉，有大、中、小三种，大型达一米左右，炉圈上发现有鼓风口，可知已使用鼓风设备。从上述墓地和铸铜作坊遗址，可见西周前期东都洛阳确是贵族集居的地方，并有重要的手工业作坊，生产铜器，以供贵族需用。

第二，成周建成以后，东西两都并立，两都的京畿连成一片，形成统治四方的政治中心，巩固了全国的统一。

《逸周书·作雒解》说成周建成后，“制郊甸方六百里，因西土为千里”。《汉书·地理志》也说：“初洛邑与宗周通封畿，东西长而南北短，短长相覆为千里。”颜师古注：“宗周，镐京也，方八百里，八八六十四，为方百里者六十四也。洛邑，成周也，方六百里，六六三十六，为方百里者三十六。二都得百里者百，方千里也。故《诗》云邦畿千里。”这是一种理想化的整齐的说法，实际上是不可能这样整齐的。但是两都的京畿连成“东西长而南北短”的一片，这是事实。这样，东西两都紧密连接，便成为统治全国的枢纽，有利于巩固全国的统一。

在周朝的东西两都中，虽然周天子长居西都，成为周王朝的统治中心，但是在具体的政治作用上，东都却比西都重要得多。因为成周正是四方的中心，对于四方诸侯以及周围夷戎部族的事，都必须由成周的中央政权机构来管理。周王朝中央政权的最高官署叫“卿事寮”，由太师或太保主管。周公原来官为太宰，以太宰摄政，《左传·定公四年》说：“周公相王室以尹天下”，又说：“周公为太宰”，可以证明。《帝王世纪》说：“周公为冢宰摄政”（《艺文类聚》卷十二和《太平御览》卷八四引），是不错的。等到周公归政于成王，成王命他留守成周为“四辅”，官职为太师。“周公为师”见于《史记·周本纪》和《书序》。《帝王世纪》说：“王始躬政事，以周公为太师”，也是正确的。周公就是以太师之职主管成周的“卿事寮”，通过“卿事寮”处理东都京畿和四方的政务。此后周公的继任者，都是以太师或太保之职主管

“卿事寮”而管理“三事四方”的。

令彝记述了周公之子明保继承周公职务的情况：

> 惟八月，辰才（在）甲申，王令周公子明保，尹三事四方，受（授）卿事寮。丁亥，令矢告于周公宫。公令出同卿事寮。惟十月月吉癸未，明公朝（早）至于成周，出令：舍三事令，眔卿事寮、眔者（诸）尹、眔里君、眔百工、眔者（诸）侯，侯、田（甸）、男，舍四方令。

成王所以要命令周公之子明保接替周公的职务，该是周公已到告老的年龄，就是《尚书大传》所说：“三年之后，周公老于丰。”这年八月甲申，成王命令明保“尹三事四方”，授给“卿事寮”，就是要明保接替其父亲周公主管东都的职位。后四天丁亥，明保按照礼制，派作册（史官）矢去向周公报告请示，周公命令明保“出同卿事寮”，就是要他到成周的“卿事寮”举行殷见礼，“同”就是殷见礼。《周礼·春官·宗伯》说：“殷见曰同。”到十月癸未，明保到成周就职，就到“卿事寮”主持殷见礼，于是发布主管“三事四方”的命令。“三事”是指京畿的政务官、司法官和地方官，就是《尚书·立政》所说：“立政：任人、准夫、牧，作三事。”“四方”是指分布在四方的诸侯。这段铭文的末句，是倒装句法，应该是：“舍四方令，眔诸侯，侯、甸、男”（杨树达《积微居金文说》卷一《矢令彝三跋》），明保在主持的殷见礼上发布主管“三事四方”的命令，“三事”的命令从“卿事寮”下达到“诸尹”（政务官）、“里君”（地方官）、“百工”（百工即百官，《诗经·周颂·臣工》：“嗟嗟臣工”，《毛传》：“工，官也”）。“四方”的命令下达到侯、甸、男等各级诸侯。铭文开头记载成王对明保的任命，“保”当是官职，即是太保，任命是应该说明职称的。下文称明保为“明公”，“公”是尊称，因为此器出于他的臣属制作，尊称为“公”是符合礼制的。

由此可知，成周建成以后，成周设有“卿事寮”，主管着“三事四方”，成为四方的统治中心，从而巩固了全国的统一。

第三，成周成为征收四方贡赋的中心，粮食财物积储的中心，从而成为全国经济的中心。

《史记·周本纪》记述营建洛邑的原因，是由于“此天下之中，四方入贡道里均”。的确，营建成周的目的之一，就是为了便于向四方征收贡赋。当时成周对四方贡赋的征收，主要的对象是各级的诸侯。《左传·昭公十三年》记子产说：“昔天子班贡，轻重以列，列尊贡重，周之制也。”当时子产说这些话，是和晋国争论贡赋的等级的，应该是有根据的。结合西周金文和文献来看，周朝的诸侯有侯、甸、男、采、卫五个等级，他们对周朝的贡赋也该有等级区别的。由于史料缺乏，具体情况已不了解。

与此同时，周朝还要对征服的夷戎部族或方国征收贡赋，这点是比较清楚的。兮甲盘载：

> 王令甲（兮甲）政（征）嗣（司）成周四方责（积），至于南淮尸（夷）。淮尸（夷）旧我負（帛）晦（贿）人，母（毋）敢不出其負（帛）、其责（积）。其进人，其贮，母（毋）敢不即𫏋（次）、即岑（市）。敢不用令（命），则即井（刑）、𡩜（扑）伐。

所谓“征司成周四方积”，就是主管成周向四方征收贡赋的积储。凡是夷戎部族或方国一经征服，便成为贡赋之臣，即所谓“負（帛）晦（贿）人”或“帛贿臣”（师寰簋作“負晦臣”）。贡赋之臣既要贡纳币帛、积储，更要提供服役者，即所谓“进人”。“进人”要送到军次（即军队驻防地），可知这种服役者是由军队监督的劳役。“积”是指积储的粮食，即《诗经·周颂·载芟》所说“有实其积”和《良耜》所说“积之栗栗”的“积”。𡴆，或释为峙(《缀遗斋彝器考释》卷七)，当释为市(孙诒让《古籀余论》卷三)。这是说“帛”、“积”等贡赋一定要送到设有监督管理和收税官吏的“市”。这都是“征司成周四方积”的职司。前文已经谈到，担任这个职司的兮甲，字伯吉父，就是尹吉甫。尹是官名，尹吉甫是周宣王的辅佐大臣，地位很高。《诗经·小雅·六月》：“王于出征，以佐天子”，“文武吉甫，万邦为宪”。其官职亦是太师或太保。

周朝对四方贡赋的征收，不但要征“积”“贮”，而且要征“人”服役。如果征发来的“众”闲着怠工，反抗监督的官吏，即所谓“今敢博(迫)厥众叚(暇)，反厥工吏”，或者不把“积”送到指定仓库，即所谓“弗速(积)我东国”，就要出兵征讨(见师寰簋)。周朝军队的出征，是为了保证“政(征)嗣(司)成周四方责(积)”的职司的完成。

第四，成周是举行四方诸侯及贵族“殷礼”的地点，“殷礼”是集合内外群臣大会见和对上帝、祖先大献祭的礼仪，具有对群臣奖励、督促、考核的作用。

武王计划营建洛邑，有个重要目的，就是“依天室”(《逸周书·度邑解》)。“依”就是“殷礼”，“天室”就是明堂，前面已经谈到。商周两代都用“衣”(或“依”、“殷”)作为一种礼仪的名称，但是取义不同，性质也不一样。“殷犹众也”(《大宗伯》郑玄注)。商代把许多祖先的大合祭叫做“衣”，而周代把群臣的大会见和共同大献祭叫做“衣祭”或“殷礼”。

《洛诰》记载周公对成王说：“王，肇(开始)称(举行)殷礼，祀于新邑，咸秩(秩序)无文(紊)，予齐百工(百官)。伻(使)从王于周(成周)。”这是说举行“祀于新邑”的“殷礼”，要使百官都从成王到成周。

成王对答说："奉荅（配合）天命，和恒四方民（使四方民普遍和协），居师（集居京师，即成周），惇宗（厚待于宗庙）将礼（注重礼仪），称秩（秩序）元祀（举行大祭祀），咸秩无文（紊）。"这也说举行"称秩元祀"的"殷礼"，要使"四方民"集居成周。这时成周将兴建完成，举行"殷礼"具有庆功性质，所以《洛诰》记周公说："今王即命曰：记功宗（记录功劳于宗庙），以功作元祀（因功举行大祭祀）。惟命曰：……乃女（汝）其悉自教工。"教工当从《尚书大传》读作"效功"，是说"效天下诸侯之功也"。在举行"殷礼"时，既要记功劳于宗庙，又要大臣和诸侯自己报效功绩，说明"殷礼"具有奖励和督促群臣的目的和作用。

举行"殷礼"同时还有观察和考核群臣的目的和作用。《洛诰》记周公对成王说："女（汝）其敬（认真）识（辨别）百辟（诸侯）享（诚心献祭），亦识其有不享（不诚心献祭）。享多仪（献祭以礼仪为重），仪不及物（礼仪的分量不及贡献祭品多而好的），惟曰不享（就是不诚心献祭）……惟事其爽侮（这样对于王事就会出错和轻慢）。"这是要通过诸侯和群臣参加献祭典礼中，察看他们是否真心诚意地效忠周朝。

自从成王在成周"肇称殷礼"以后，此后成周便成为举行殷礼的主要地点，都由主持东都政务的辅佐大臣主持。当周公奉命为"四辅"，开始主持东都政务时，就曾举行这种殷礼。《尚书·康诰》篇首载（这是一段错简，原非《康诰》之文）：

> 惟三月哉生魄，周公初基（始）作新大邑于东国洛，四方民大和会，侯、甸、男、邦、采、卫、百工（百官）、播民（分布之民）和，见士（事）于周，周公咸勤（慰劳），乃洪大诰治。

"四方民大和会"就是《洛诰》所说"和恒四方民"，就是举行"殷礼"。所谓"四方民"，包括侯、甸、男、采、卫各等储侯以及百官、贵族。既称

“大和会”，又说诸侯、百官、“播民和”，说明“殷礼”具有协和贵族内部、加强团结的作用。所谓“见士于周”，“见士”即是“见事”，古“士”、“事”音义俱近。“见事”原为当时成语。匽侯旨鼎载：“匽侯旨初见事于宗周。”鼎载：“己亥见事于彭。”“见事”，就是效事的意思，王先谦说：“此见士训为效事”（《尚书孔传参正》），是正确的。见事和《洛诰》所说的“教工（效功）”，意义相同。也就是所谓“述职”。《孟子·梁惠王下》记晏子说：“诸侯朝于天子曰述职，述职者，述所职也，无非事者。”“见事”的“事”，就是“无非事者”的“事”，是指职务范围以内的工作情况。可知“殷礼”还有汇报和检查工作的目的和作用。

周公以后，周公职位的继承者，继续在成周举行这样的“殷礼”。周公之子明保在就职时，就举行“殷礼”，即所谓“出同卿事寮”，前面已经谈到。小臣传卣：“惟五月既望甲子，王才（在）莽京，令师甲父殷成周年。”士上簋载：“王令士上眔史寅宸于成周。”所谓“殷成周”和“宸于成周”，都是在成周举行“殷礼”。

从上述四点看来，成周的建成，对于周朝一统大业的完成，是具有重大作用的。“成周”之所以称“成”，用意就在于此。郑玄说：“居摄七年（当作五年）天下太平而此邑成，乃名曰成周”（《公羊传·宣公十六年》疏引）。何休说：“名曰成周者，周道始成；王所都也”（《水经·谷水注》引）。这些解释还不够确切。我们认为，“成周”之所以称“成”，和成王之所以称“成”，其意是相同的。《诗经·周颂》有一篇《昊天有成命》，说昊天有“成命”，为“二后（文王、武王）”所接受，成王继续日夜尽心，“肆其靖之”（终于使天下大定）。这是一首歌颂成王成功的诗。贾谊解释说：“文王有大德而功未就，武王有大功而治未成”，“及成王承嗣”，终于“有成”（《新书·礼容语下》）。《吕氏春秋·

下贤》也说："文王造之而未遂，武王遂之而未成，周公旦抱少主而成之，故曰成王。"马融所引解释"成王"的三种说法之一，也说："以成王年少，成二圣之功，生号曰成王"(《尚书·酒诰》正义引)。成王原来确是"生号"，成王之所以称"成"，应该是取义于周朝开国大业的完成，也就是昊天"成命"的完成。《召诰》记载召公引用周公的话，"其自时(是)中乂(居中治理)，王厥有成命，治民今休(休谓取得美好成果)"。《召诰》记召公最后对成王说："王末(终)有成命，王亦显。"《洛诰》记周公对成王说："其自时(是)中乂，万邦咸休，惟王有成绩。"十分明显，成王称"成"，是由于他终于完成了昊天的"成命"，取得了"成绩"。成周的所以称"成"，也该是由于完成"成命"和取得"成绩"，建成了周朝统一四方的国都。

第四章　西周王朝历代对四方的征伐和防御

一　武王伐东夷

史墙盘载："㝅(强)圉(御)武王，遹征四方，达(挞)殷，畯民永不巩(恐)狄。虘！光(恺)伐尸(夷)童(东)。"

武王名副其实，以"遹征四方"作为其开国方针，克商后，首先伐东夷。

二　周公攻灭东夷的盖(奄)、蒲姑等国

禽鼎和禽簋载："王伐楙(盖)侯，周公某(谋)，禽祝。"

𪫑劫尊载："王征楙(盖)，易(锡)𪫑劫贝朋。"

塱方鼎载："隹(唯)周公于征伐东尸(夷)，丰白(伯)、尃古(蒲姑)咸𢦏(斩)。"

《孟子·滕文公下》说："周公相武王诛纣。伐奄三年讨其君，驱飞廉于海隅而戮之，灭国者五十，驱虎、豹、犀、象而远之，天下大悦。"

《韩非子·说林上》说:“周公旦已胜殷,将攻商盖,辛公甲曰:‘大难攻,小易服,不如服众小以劫大。’乃攻九夷而商盖服矣。”

《书序》说:“成王东伐淮夷,遂践奄,作《成王政》。成王既践奄,将迁其君于蒲姑,周公告召公,作《将蒲姑》。”

案“盖”与“奄”,声近通假。亦称为“商盖”或“商奄”。《墨子·耕柱》称:“古者周公旦非关叔,辞三公东处于商盖。”孙诒让《墨子间诂》说:“商奄即奄,单言之曰奄,累言之则曰商奄,此谓周公居东,盖东征灭奄,即居其地,亦即鲁也。”奄,一作“郁”,《说文》云:“郁,周公所诛郁国,在鲁。”《周本纪》正义引《括地志》说:“兖州曲阜县奄里,即奄国之地也。”辛公甲原为殷臣,由殷出奔到周,《汉书·艺文志》著录有《辛甲》二十九篇,注:“纣臣,七十五谏而去,周封之。”此时他成为周公的谋士,主张先攻东夷中的小部落,从而瓦解东夷的抵抗力量,然后攻灭东夷中较大的奄国。所谓“九夷”,即指众多的东夷小部落。此役先后经历三年之久,即孟子所谓“伐奄三年讨其君”。“灭国者五十”,就是指众多的东夷部落。

《逸周书·作雒解》说:“周公立,相天子,三叔及殷、东、徐、奄及熊盈以畔。”又说:“凡所征熊盈族十有七国。”所谓熊盈族即指东夷。由于这支东夷部族处于淮水流域及其以北地区,包括今山东曲阜一带,也称为淮夷。《史记·周本纪》说:在“成王既迁殷遗民”之后,“召公为保,周公为师,东伐淮夷,残奄,迁其君薄姑。”薄姑,金文作“専古”,也是东夷中较大之国。《周本纪》正义引《括地志》说:“薄姑古城在青州博昌县东北六十里。”就是在今山东博兴东南。《左传·昭公二十年》说:“昔爽鸠氏始居此地,季荝因之,有逢伯陵因之,薄姑氏因之,而后太公因之。”《国语·周语下》记司乐官伶州鸠说:“我皇妣大姜之姪伯陵之后，逢公之所凭神也。”韦昭注：“伯陵，大姜之祖有逢伯陵也。逢公，伯陵之后，大姜之姓，殷之诸侯，封于齐地。”《山东通志》谓逢陵城在今山东淄川废治西南四十里，在今益都县西。我们所编绘的西周地图(《中国历史地图集》第一册第十七至十八页)，就是依据这些记载定点的。

这一战役，不仅经历三年，而且曾经过激烈的战斗，所以孟子说：“驱飞廉于海隅而戮之，灭国者五十，驱虎、豹、犀、象而远之。”这个飞廉，就是《史记·秦本纪》所说的蜚廉。“蜚”、“飞”古字通用。《秦本纪》说：“蜚廉生恶来。恶来有力，蜚廉善走，父子俱以材力事殷纣。周武王之伐纣，并杀恶来。”飞廉该即由“善走”而得名的。秦嬴姓，原出东夷的熊盈族，“嬴”、“盈”音同通用。他们的远祖伯翳，即伯益，“佐舜调驯鸟兽，鸟兽多驯服”(见《秦本纪》)。看来当时飞廉所率领的嬴姓部族，还是以游牧、狩猎为生的。他们善于调驯虎、豹、犀、象等动物，因而周公这次主持的东征，要“驱飞廉于海隅而戮之，驱虎、豹、犀、象而远之”。周所分封的鲁、齐两国，就是经过这样激烈和长期的战斗而建立起来的。

蒲姑和商奄，原是商代早已开发的地区，奄曾是盘庚迁殷以前的国都。后来由于“武乙衰政，东夷寖盛，遂分迁淮岱，渐居中土”(《后汉书·东夷传》)，蒲姑和商奄又成为东夷的居留地区。等到管叔、蔡叔联合武庚反叛，招诱夷狄参与，熊嬴之族，包括商奄和蒲姑，都参加叛乱而反周。因而周公在东征胜利、平定叛乱之后，就着手攻灭东夷的商奄、蒲姑等国。《左传·昭公九年》记周王使詹桓伯曰：“及武王克商，薄姑、商奄，吾东土也。”蒲姑、商奄一带从此成为周王朝东方的重要统治区，是周进一步征服东夷的基地。

三　成王伐录

成王时的大保簋载："王伐录子耶(圣)，𫠪！厥反，王降征令于大保。大保克芍(敬)亡(無)遣。王征大保易休余土，用兹彝对令。"

录，郭沫若以为即群舒的六，在今安徽六安。这是一种推测。"𫠪"是警叹之词，"厥反"言录子圣反叛。盖录子圣原已服从于周，因而周按统治"荒服"制度，封以子爵。这时录子圣反叛，周王因而下达征讨的命令给执政大臣大保(当即召公)。此器原是清代在山东梁山县出土的，即所谓"梁山七器"之一，七器中有六器铭文述及大保或召公。周王命令召公征伐录子圣的反叛，可见周王对此的重视。同时周王因召公能执行王命成功，赐给余土。当时天子赏赐土地，范围较大的称为"土"。

西周王朝在淮水流域原已征服录国，因为这一带少数部族的部落众多，而少数部族原来的贵族有着传统的号召力，故周采用羁縻策略，仍让其中比较能够服从的领袖为君长，给以"子"爵。这时由于录子圣反叛，乃再度用兵加以征服。从后来录仍有君长录伯𢦚等人看来，再次征服后，周仍继续使用其中原有领袖为君长。

四　康王平定东夷大反和北征

小臣謎簋载："𫠪！东尸(夷)大反！白(伯)懋父以殷八自征东尸(夷)。"隹(惟)十又一月，趞(遣)自䍙自，述(遂)东陕，伐海眉(湄)，雩(于)厥复归，才(在)牧自。白(伯)懋父承王令(命)，易(锡)自逹(率)征自五齵贝。小臣謎蔑曆，眔易(锡)贝，用作宝尊彝。"

寓鼎载："隹(惟)王伐东尸(夷)，溓公令(命)寓眔史旗曰：以师氏罘有司、逡(后)或(国)𢦏伐腺,寽孚(俘)贝,用作𠭯公宝尊鼎。”

疐鼎载:“王令(命)趞𢦚(捷)东尸(夷),疐肇从趞征,攻開(躍)无啻(敌),省于厥身,孚(俘)戈,用作宝尊彝。”

旅鼎载:“隹(惟)公大保来伐反尸(夷)年,才(在)十又一月庚申,公才(在)盩自,公易(锡)旅贝十朋,旅用作父尊彝。”

伯懋父是卫康叔之子康伯髦,亦称王孙牟,“懋”、“髦”、“牟”音同通用,当在康王时。当时伯懋父在牧自,卫建都于牧,亦作“沫”或“妹”,“牧”、“妹”双声通用,在今河南淇县。牧原为商的别都所在,驻屯有防守的大军。西周的“殷八自”继续驻屯在此地,由卫君兼领统帅。康王时,伯懋父以卫君兼为“殷八自”的统帅。这时东夷大反,康王因而命令伯懋父统率“殷八自”,从䍙自出发,到东陕,攻伐到海边,才回归到牧自。

这次平定东夷大反的战役,是分路出兵进击的。伯懋父统率的“殷八自”是主力部队,另外有濂公统率的师氏、有司以及随从小国,即所谓“后国”,讨伐东夷中的腺。濂公是当时执政的三公之一,当官为大师,师氏是他所统率。旅鼎说是“公大保来伐反尸(夷)年”,可知此役大保也参与,另从盩自出发。

鲁侯尊载:“隹(唯)王令(命)明公遣三族伐东或(国),才(在)□,鲁侯又(有)𡆥工(功),用作旅彝。”明公是周公之子明保,所谓“东国”,在鲁附近,所伐者亦当是东夷。康王以后不见有周征伐东夷的记载,当是康王平定东夷大反之后,在今山东半岛的东夷已被周征服而成为齐、鲁等国的人民了。《左传·定公四年》记卫祝佗说周公分封鲁侯,“因商奄之民,命以《伯禽》,而封于少皞之虚”。东夷族的商奄之民,从此就成为鲁国之民了。同样的,东夷族的薄姑之民,从此就成为齐国之民了。至于淮水流域的淮夷,还是很强大的。

吕壶载:“隹(惟)四月白(伯)懋父北征,唯还,吕行戴(捷),孚(俘)贝,用宝尊彝。”

师旂鼎载:“唯三月丁卯,师旂众仆不从王征于方。雷事(使)厥友弘以告于伯懋父,才(在)莽。白(伯)懋父迺罚得戛古三百寽,今弗克厥罚。懋父令曰:‘义(宜)敉(播)。[叡]! 厥不从厥右征,今母(毋)敉(播)其又内(纳)于师旂。’弘以告中史书,旂对厥賀于尊彝。”

伯懋父是当时率军出征的主要将领,召尊和召卣记载伯懋父在炎自赏赐给召白马。小臣宅簋记载同公在丰,命令“宅事白(伯)懋父,白(伯)易(锡)小臣宅画甲、戈九,易金车、马两”。御正卫簋又载“懋父赏御正卫马匹自王”。伯懋父这样经常在炎自、丰、王(王城)等地,赏赐部下马匹、车辆和武器,说明他的权力很大。吕壶所载伯懋父北征,和师旂鼎所载伯懋父统率师旂等人“征于方”,可能是一时事。近人释“征于方”,或者以为“于方”为方国,或者以“方”为地名,当以释地名为是。因为西周时代的文献记载中,未见有于方这个方国。方当即《诗·小雅·六月》所说严允“侵镐及方,至于泾阳”的方,当在今甘肃泾阳附近,曾为伯懋父北征所及。莽当是伯懋父北征时一度留驻之地。

保鼎簋载:“唯王既燎,厥伐东尸(夷),在十又一月,公反自周,己卯,公在虘,保鼎遛,孱公易(锡)保鼎金车,曰:用事,隊于宝簋,用乡公逆洀(造)吏事。”①

此器所载伐东夷在十一月,与上文所引小臣谜鼎、旅鼎所载相

① 张光裕:《新见保鼎簋铭试释》,《考古》一九九一年第七期。

同，当为同时事。周王在举行向神灵“燎”祭之后伐东夷，足见周王十分重视。这里所说的“公”是厡公，和寠鼎所说滐公不同。旅鼎记述伐东夷在十一月庚申，这里说是己卯，当指庚申之后第十九天。旅鼎说：“隹公大保来伐反夷年，才（在）十又一月庚申，公在盩自。”盩自当是公大保出征的驻地。厡公当即公大保，官为大保而公爵，保鼏即是厡公的属吏，官职为保。《说文》云：“迺，行迺迺也。”段注：“迺迺，萦行貌。”盖为随从襄助的职司。

五　康王西伐鬼方

小盂鼎载“隹（惟）八月既望，辰才（在）甲申昧丧（爽），三𠂇（左）三右多君入服酉（酒），明，王各（格）周庙，□□□□宾。征邦宾尊其旅服，东乡（向）。盂以多旂佩戠（鬼）方兽（首）〔馘〕□□〔入〕□门，告曰：王〔令〕盂以伐戠方，□□□□□，〔执兽〕三人，隻（获）聝（馘）四千八百□二聝，孚（俘）人万三千八十一人！孚马□□匹，孚车卅两（辆），孚牛三百五十五牛，羊廿八羊。盂或（又）□□□□□□乎（呼）穮我征，执兽（首）一人，孚聝二百卅七聝，孚人□□人，孚马百四匹，孚车百□两。王□曰□，盂拜稽首，〔以〕兽进，即大廷”（下文从略）。

这是康王时盂奉王命两次征伐鬼方，大有（斩）获，回归举行献俘礼的记载。鬼方是周西面的一个翟（狄）族大部落，以游牧、狩猎为生。《后汉书·西羌传》注引《竹书纪年》说：“武乙三十五年，周王季伐西落鬼戎，俘二十翟王。”《易》“未济”九四：“震，用伐鬼方，三年，有赏于大国。”这是周人帮助大国殷商征伐鬼方，历时三年之久，共俘得二十翟王，可知鬼方是个大部落。盂奉康王命征伐鬼方，第一次就捉得鬼方的首领（兽）三人，割耳四千八百多人，俘来一万三千多人，还俘车三十辆,俘牛三百多头。

六　昭王伐会(桧)

员卣载:“员从史旟伐会,员先内(入)邑。员孚(俘)金用作旅彝。”

据寷鼎铭文,史旟曾与寷奉溓公命,率师讨伐腜。据旟鼎铭文,王姜曾锡史旟田(王姜为昭王之后)。据员卣铭文,史旟又伐会。史旟当为奉昭王命出征之统帅。会或作桧、郐。《史记·楚世家》正义引《括地志》云:“故郐城在郑州新郑县东北二十二里。”

七　昭王伐虎方

中方鼎载:“隹(唯)王令南宫伐反虎方之年,王令中先省南或(国)贯行,䖒王应(居)在夒𨞺真山,中乎归(馈)生凤于王,䖒于宝彝。”

虎方当即春秋时代之夷虎,即《水经注》肥水流域的死虎塘、死虎亭一带,在今安徽长丰南。《左传·哀公四年》说:“楚人既克夷虎,乃谋北方。左司马眅、申公寿余、叶公诸梁致蔡于负函,致方城之外于缯关。”可知夷虎在蔡国的故地以南。据中甗所载,“王令中先省南或(国)贯行,䖒应在𠁩(曾)。”“中省自方”以及“汉中州曰段、曰旃”,因此有的学者认为西周时虎方当在汉水附近。

八　昭王南征楚国大败

《初学记》卷七《地部下》引《竹书纪年》说:“周昭王十六年伐楚荆,涉汉,遇大兕。”

《楚辞·天问》说："昭后成游，南土爰底。厥利惟何，逢彼白雉"（闻一多《楚辞校补》："雉当为兕，声之误也"）。

《初学记》卷七《地部下》引《竹书纪年》："周昭王十九年天大曀，雉兔皆震，丧六师于汉。"

《太平御览》卷八七四引《竹书纪年》说："周昭王末年夜有五色光贯紫微。其年王南巡不返。"

《吕氏春秋·音初》说："周昭王亲将征荆，辛余靡长且多力，为王右。还反涉汉，梁败，王及蔡公抎（陨）于汉中。辛余靡振王北济，又反振蔡公（蔡公当作"祭公"）。"

启尊载："启从王南征迈山谷，在洀（㴲）水。启作且（祖）丁旅宝彝。"

小子生方鼎载："隹（唯）王南征，才（在）□，王令（命）生办（遍）事□公宗。小子生易（锡）金鐢首，用作簋宝尊彝，用对扬王休，其万年永宝，用乡（飨）出内（纳）吏（使）人。"

𫊣驭簋载："𫊣驭从王南征，伐楚荆，又（有）得，用作父戈宝尊彝。"

𫊣驭觥盖载："吴，驭弟史遟马，弗𠂇（尪），用作父戊宝尊彝。"

𤔲簋载："𤔲从王伐荆，孚，用作餴簋。"

作册夨令簋载："隹（惟）王子伐楚，白（伯）才（在）炎。隹（惟）九月既死霸丁丑，作册令夨令尊俎于王姜，姜商（赏）令贝十朋、臣十家、鬲百人。公尹白（伯）丁父兄（贶）于戍，戍冀，司气（饩）令敢扬皇王宧（休），丁公文报，稽后人享，隹（唯）丁公报，令用青（靖）㞡（张）于皇王，令敢㞡（张）皇王宧（休），用作丁公宝簋，用尊史于皇宗，用乡（飨）王逆逭，用匓（廄）寮（僚）人妇子，后人永宝隹册。"

过伯簋载："过白（伯）从王伐反荆，孚（俘）金，用乍（作）宗室宝尊彝。"

史墙盘载："弦（弘）鲁邵（昭）王，广能（笞）楚荆，唯寏（焕）南行。"

《史记·周本纪》说："昭王南巡狩不返，卒于江上（"江"当作"汉"）。其卒不赴告，讳之也。"

昭王所伐的楚荆，或称为荆，很明显是以荆山为基地的楚国。案《吕氏春秋·音初》谓"还反涉汉，梁败，王及蔡公抎于汉中"。《左传·僖公四年》正义引作"祭公"。郝懿行云："蔡公即祭公，声相近。"此说不确，"蔡公"当是"祭公"之误。祭为畿内之国，原为周公之子的封国。祭国之君常被周王任以为卿士而执政，如周穆王的卿士为祭公谋父。蔡国之君不可能为周王卿士。所谓"梁败"，是说浮桥突然败坏，当由于遇到楚人的突然袭击，浮桥败坏，因而昭王和随从的卿士祭公都跌落汉水中，所说"辛余靡振王北济"，只是拖起尸体而已。在楚人这次突然袭击中，不仅昭王和随从的大臣跌落汉水而死，昭王所统率的六师，也被打得惨败，所以《竹书纪年》说："丧六师于汉。"

九 穆王伐淮夷和东国痟戎

班簋载："隹（唯）八月初吉，才（在）宗周。甲戌王令毛白（伯）更（赓）虢城公服，甹（屏）王立（位），作四方亟（极），秉緐（繁）、蜀、巢令。易（锡）铃、鋚（勒），咸。王令毛公以邦冢君、土（徒）驭（御）、𢦏人伐东或（国）痟戎，咸。王令吴（虞）白（伯）曰：'以乃自左比毛父。'王令吕白（伯）曰：'以乃自右比毛父。'遣令曰：'以乃族从父征！出城，卫父身。'三年静（靖）东国，亡（无）不成。䀄天畏（威），否（丕）畀屯陟。公告厥事于上。隹(唯)民亡(无)延(诞),才(在)彝,悉(昧)天令(命),故亡(无)允,才(在)显隹(惟)苟(敬)德,亡(无)逌(攸)违。班拜稽首,曰:乌虖(呼),不(丕)杯(丕)扬皇公受京宗懿釐,毓(育)文王王姒圣孙,隥(登)于大服,广成厥工(功),文王孙亡(无)弗褱(怀)井(型)亡(无)克竞(競)厥剌(烈)。班非敢觅,隹(惟)作邵(昭)考爽,益(谥)曰大政,子子孙孙其永宝。”

此器原著录于《西清古鉴》卷十三,一九七二年北京文物局又从废铜中发现一残破同铭之器。器之作者毛班,是文王之子毛叔郑的五世孙,原为伯爵,因穆王命令他继承虢城公的职务,夹辅王位,作为四方的中心,职掌着繁、蜀、巢三地的号令,赏给了铃和鋚勒,因而升为公爵。所以铭文先称“王令毛伯”,后来就称“王令毛公”。接着穆王就命令毛公统率邦国君长、步兵和车兵以及戜人征伐东国痟戎。并且命令吴(虞)伯和吕伯从左右协助毛公,率领族人和军队随从出征。经过三年终于平定东国。这个称为“毛公”的毛班,见于《穆天子传》。《穆天子传》卷四记述穆王西行回归时,“命毛班、逢固先至于周,以待天子之命”。卷五又记述穆王“见许男(许国之君是男爵)于洧上”,“毛公举币玉”。

穆王命令毛班继任执政大臣,特别指出“秉繁、蜀、巢令”,当是因为这三地是讨伐淮夷时新近取得的。曾伯簠铭文说:“克狄淮夷,印燮繁汤。”繁汤即繁阳,亦即繁。繁阳见于《左传·襄公四年》,在今河南新蔡北。巢原为淮夷中小国,《书序》称:“巢伯来朝,芮伯作《旅巢命》。”巢在今安徽桐城南。蜀的所在不详,可能在安徽合肥西蜀山。这时穆王命令讨伐的东国痟戎,可能是淮夷或徐戎的一支。

图五十三　班簋及铭文

班簋原著录于《西清古鉴》卷十三，不知下落。一九七二年北京市文物管理处从旧铜中拣出班簋。通高二十二点五厘米，口径二十五点七厘米，重九点三千克，内底有铭文一百九十八字。现藏首都博物馆。

录䧹卣载："王命䧹曰：𠭯！淮尸（夷）敢伐内国，女（汝）其以成周师氏戍于𠯑𠂤，白（伯）雍父蔑录曆，易（锡）贝十朋，录拜稽首，对扬白（伯）休，用作文考乙公宝尊彝。"

䧹方鼎载："䧹曰：乌虖（呼）！王隹（唯）念䧹，辟剌（烈）考甲公，王用肇使乃子䧹，逵（率）虎臣御滩（淮）戎"（下文从略）。

𢦏簋载："隹(唯)六月初吉乙酉，才(在)𡉚𠂤，戎伐䣄，𢦏率有司，师氏奔追御戎于棫林，博(搏)戎𠩺。朕文母竞敏启行，休宕厥心，永袭厥身，卑克厥啻(敌)，隻(获)馘百、执讯二夫，孚(俘)戎兵：𢓊(盾)、矛、戈、弓、备(箙)、矢，裨、胄，凡百又(有)卅又(有)五叙(款)，寽(捋)戎孚(俘)人百又(有)十又(有)四人。衣(卒)博(搏)无𣪕(斁)于𢦏身，乃子𢦏拜稽首"(下文从略)。

据录𢦏卣铭文，这时淮夷侵伐内地，穆王命𢦏统率成周师氏出征，听从伯雍父的指挥。据𢦏簋铭文，𢦏率师氏抵御淮夷在棫林，战斗于𠩺。"𠩺"当即"胡"，古同音通用。《春秋·定公十五年》载："楚子灭胡，以胡子豹归。"胡国在今安徽阜阳县。遇甗载："师雍父戍才古𠂤，遇从。师雍父肩史(使)遇事于𠩺侯。"𠩺侯即胡国君主。录簋载："白(伯)雍父来自𠩺，蔑录曆。"𤔲鼎载："隹(唯)十又一月，师雍父省道至𠩺，𤔲从。"看来胡国是服从于西周王朝的小国，正当淮夷西边，因而王朝出征的将领以此为重要的据点。

十 穆王伐扬越至九江

《北堂书钞》卷一一四《武功部》引《竹书纪年》说："周穆王伐大越，起九师，东至九江，驾鼋鼍以为梁也。"

《初学记》卷七《地部下》引《竹书纪年》说："周穆王三十七年东至于九江，比鼋鼍以为梁。"

案《艺文类聚》卷九引《竹书纪年》此条误作"伐楚"，《白氏六帖事类集》卷三引此条误作"伐荆"，《太平御览》卷三〇五引此条又误作"伐纡"。《文选·恨赋》注引此条又误作"伐纣"。《北堂书钞》引此条作"伐大越"，甚是。"大越"即是"扬越"。当时九江之地为扬越所在。

《史记·楚世家》说:“当周夷王之时,王室微,诸侯或不朝,相伐。熊渠甚得江、汉间民和,乃兴兵伐庸、杨粤,至于鄂。熊渠曰:‘我蛮夷也,不与中国之号谥。’乃立其长子康为句亶王,中子红为鄂王,少子执疵为越章王,皆在江上楚蛮之地。”鄂在今湖北鄂城,九江即在其东南。

十一 穆王征犬戎

《国语·周语上》记“穆王将伐犬戎,祭公谋父谏曰:‘……今自大毕、伯氏之终也,犬戎氏以其职来王,天子曰:予必以不享征之,且观之兵,其无乃废先王之训而王几顿乎!吾闻夫犬戎树惇,帅旧德而守终纯固,其有以御我矣!’王不听,遂征之,得四白狼、四白鹿以归,自是荒服者不至。”

《后汉书·西羌传》说:“至穆王时,戎狄不贡,王乃西征犬戎,获其五王,又得四白鹿、四白狼。王遂迁戎于太原。”

案《穆天子传》卷一云:“乙酉天子北升于□,天子北征于犬戎,犬戎□胡觞天子于当水之阳。”卷四又云:“天子南还,升于长松之隥。孟冬壬戌,天子至于雷首,犬戎胡觞天子于雷首之阿,乃献良马四匹,天子使孔牙受之。”可知犬戎乃一游牧部落,雷首山为其游牧所及之地。郭璞注:“雷首山名,今在河东蒲坂县南。”在今山西永济西。穆王西征,又迫使犬戎迁于太原。太原在今甘肃平凉以东泾川县西北。

十二 懿王反击南夷入侵

史密簋(一九八六年陕西安康出土)载:“唯十又一月,王令(命)师俗、史密曰:‘东征,敆南夷。’卢、虎会杞尸(夷)、舟尸(夷)、雚不遂

(坠),广伐东国。齐自(师)、族土(徒)、遂人乃执鄙宽亚。师俗率齐自(师)、遂人右,□伐长必。史密左率族人、釐(莱)白(伯)、僰、眉周伐长必,隻(获)百人"(下文从略)。

杞,姒姓,原为夏的后裔,原在河南杞县,东迁到今山东新泰县。清光绪年间新泰出土杞伯器多种,许瀚以为此即杞都,见吴式芬《捃古录金文》卷二。杞因周围都是东夷,习用东夷风俗,即所谓"用夷礼",被中原人称为夷。《春秋》记载,或称"杞伯",或称"杞子",《左传·僖公二十三年》说:"书曰子,杞,夷也。"懿王时,由于南夷"广伐东国",王命师俗、史密率齐国之师加以讨伐。因为齐是西周东方封国中最强大的。所说"齐自(师)",是指齐的常备兵,所说"族土(徒)",是从齐国国都中征发来的"国人",因为"国人"是聚族而居的。所谓"遂人"是指从郊外"六遂"中征发来的"遂人"。可知这是师俗调发了齐倾国之师来伐南夷的。长必当是南夷的重要据点,师俗和史密分左右二路伐之。

十三　夷王伐太原的犬戎

《后汉书·西羌传》注引《竹书纪年》:"夷王衰弱,荒服不朝,乃命虢公率六师伐太原之戎,至于俞泉,获马千匹。"

太原之戎即被穆王所迁于太原之犬戎。

十四　厉王、宣王伐西戎

《后汉书·西羌传》注引《竹书纪年》:"厉王无道,戎狄寇掠,乃入犬丘,杀秦仲之族。王命伐戎,不克。"

《史记·秦本纪》说:"秦仲立三年,周厉王无道,诸侯或叛之。西戎反王室,灭犬丘、大骆之族。周宣王即位,乃以秦仲为大夫,诛西戎。西戎杀秦仲。秦仲立二十三年,死于戎。有子五人,其长者曰庄公。周宣王乃召庄公昆弟五人,与兵七千人,使伐西戎,破之。于是复予秦仲后及其先大骆地犬丘,并有之,为西垂大夫。”这时秦庄公奉王命攻破西戎而被任命为西垂大夫。

《后汉书·西羌传》说:“及宣王立四年,使秦仲伐戎,为戎所杀。王乃召秦仲子庄公,与兵七千人,伐戎破之,由是少却。”

十五　厉王击退淮夷入侵

㝬钟(即宗周钟)载:“王遹省文武堇(勤)疆土,南或(国)𠬝孳(子)敢臽(陷)虐我土,王敦伐其至,𢦚(扑)伐厥都。𠬝孳迺遣间,来逆邵(昭)王,南尸(夷)、东尸(夷)具见廿又六邦”(下文从略)。

虢仲盨盖载:“虢仲以(与)王南征伐淮尸(夷),才(在)成周,作旅盨。”

《后汉书·东夷传》说:“厉王无道,淮夷入寇,王命虢仲征之,不克。宣王命召公伐而平之。”

无㠱簋载:“隹(唯)十又三年正月初吉壬寅,王征南尸(夷)。王易(锡)无㠱马四匹”(下文从略)。

敔簋载:“隹(惟)王十月,王才(在)成周,南淮尸(夷)遱殳,内(入)伐浥昴、参泉、裕敏、阴阳洛,王命敔追御于上洛炂谷,至于伊,班。□榜聝首百,执讯卌,夺孚(俘)人四百,啚于荣白(伯)之所”(下文从略)。

这次淮夷入侵南部,直到洛水流域西南端,上洛在今陕西洛南县,阴阳洛当在上洛以东地区,说明淮夷入侵已很深入。㝬钟载“南夷、东夷具见廿又六邦”,说明当时南方和东方的夷族部落是众多的。

图五十四 禹鼎及铭文

传一九四二年陕西扶风任家村出土。通高五十四点六厘米，口径四十六点七厘米，内壁有铭文二百零六字。现藏中国历史博物馆。

翏生盨载："王南征淮尸（夷），伐角津，伐桐遹，翏生从，执讯折首，孚（俘）戎器，孚金，用作旅盨"（下文从略）。

鄂侯御方鼎载："王南征，伐角鄱，唯还自征，才（在）矿，噩（鄂）侯御方内（纳）豊（醴）于王"（下文从略）。

禹鼎载："禹曰：丕显趄趄（桓），皇且（祖）穆公，克夹召（绍）先王，奠四方，肆武公亦弗叚（遐）望（忘）朕圣且（祖）考幽大叔、懿叔，命禹肖朕且（祖）考政于井（型）邦。肆禹亦弗敢惷，睗（惕）共朕辟之命。乌虖

(呼)哀哉！用天降大丧下或(国)，亦唯噩(鄂)侯御方率南淮尸(夷)、东尸(夷)广伐南或(国)，至于歴内。王迺命西六𠂤、殷八𠂤曰：‘戭伐噩(鄂)侯御方，勿遗寿幼。’肆以弥宋(怵)匌匩(恇)，弗克伐噩(鄂)。肆武公遣禹率公戎车百乘，斯(厮)御二百，徒千，曰：‘于匩(将)朕肃慕，惠西六𠂤、殷八𠂤，伐噩(鄂)侯御方，勿遗寿幼。’雩禹曰：‘武公徒御至于噩(鄂)。敦伐噩(鄂)，休隻(获)厥君御方。’肆禹又(有)成，敢对扬武公不(丕)显耿光，用作宝鼎，禹其万年子子孙孙宝用。”

鄂侯御方是这次引导淮夷入侵的首领，因而成为周王朝主将武公讨伐的主要目标。

十六 厉王击退严允入侵

多友鼎载：“隹(唯)十月用严𤞤(允)放(方)𢍰(兴)，广伐京𠂤，告追于王。命武公遣乃元士，追羞于京𠂤。武公命多友率公车羞追于京𠂤。癸未戎伐筍，衣(殷)孚(俘)。多友西追，甲申之晨，搏于邾。多友右(有)折首执讯，凡以公车折首二百又□又五人，执讯廿又三人，俘戎车百乘一十又七乘，衣(殷)复(复)筍人俘；或(又)搏于龚，折首卅又六人，执讯二人，俘车十乘；从至，追搏于世。多友或(又)右折首执讯，乃𨍏追，至于杨冢，公车折首百十又五人，执讯三人。隹(唯)俘车不克，以衣(殷)焚，隹(唯)马殴盡。复夺京𠂤之孚”(下文从略)。

这时淮夷和严允入侵，都具有劫略性质，劫略的目标不仅包括财物，而且包括人，因此侵入的都是比较富庶的地区。淮夷入侵的是东都成周以南的洛水、伊水流域，严允入侵的是镐京周围的地区。周王朝出兵反击，不仅为了击退入侵的戎狄，夺回被俘的人和被劫的财物，更重要的是要戎狄定期献纳贡赋，维持原来“荒服”的制度。

十七　宣王伐淮夷

《诗经·大雅·江汉》歌颂召伯虎接受宣王的命令征伐淮夷，取得胜利而受到赏赐。诗中说：“江汉浮浮，武夫滔滔。匪（非）安匪游，淮夷是求（纠）。既出我车，既设我旟，匪安匪舒，淮夷来铺（搏）。”“来”古代作“是”用，“纠”和“搏”都是讨伐之意。诗又说：“王命召虎：式辟四方，彻我疆土……至于南海。”这是说周宣王命令召伯虎开辟四方，开拓疆土，直到南海。

师寰簋载：“王若曰：‘师寰，𡚬（警叹词）！淮尸（夷）繇（旧）我員（帛）畮（贿）臣，今敢博（迫）厥众叚（暇），反厥工吏，弗速（积）我东或（国），今余肇令女（汝）逵（率）齐帀（师）、曩、赘（莱）、僰、屍、左右虎臣

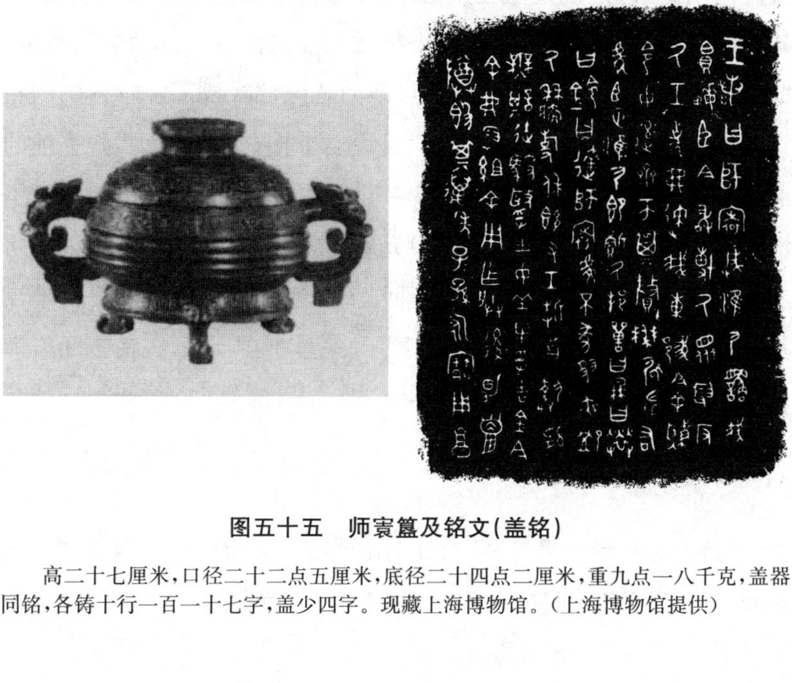

图五十五　师寰簋及铭文（盖铭）

高二十七厘米，口径二十二点五厘米，底径二十四点二厘米，重九点一八千克，盖器同铭，各铸十行一百一十七字，盖少四字。现藏上海博物馆。（上海博物馆提供）

正(征)淮尸(夷),即賀厥邦兽(首),曰冉、曰𦮂、曰铃、曰达。'师寰虔不豕(坠),夙夜卹厥𤖼(将)事,休既又(有)工(功),折首执讯,无諆徒御,殴孚(俘)士女牛羊,孚(俘)吉金。今余弗叚(暇)组(徂),余用作朕后男巤(腊)尊簋,其万年子孙永宝用享。"

召伯虎是奉命出征的统帅,师寰只是统率其中一支军队的师氏(将军),这支军队是由今山东地区的齐、曩、莱等国的军队所组成的。

十八 宣王伐徐方

《诗经·大雅·常武》是歌颂宣王命令太师南仲皇父统率六师,出征徐方而迫使它归顺王朝。诗开头说:"赫赫明明,王命卿士,南仲大祖(指太祖庙),大师皇父:'整我六师,以修我戎。既敬(警)既戒,惠此南国。'"这是说宣王在太祖庙,命令卿士(即大师)南仲皇父,整顿我的六师,整治我的军队,用来警戒和加惠南方。诗的第四章说:"王奋厥武,如震如怒。进厥虎臣,阚如虓虎,铺(搏)敦淮濆,仍(乃)执丑虏,截彼淮浦,王师之所。"这是说君王振奋他的武力,行进他的虎臣(指武将),阚然如同啸虎,搏斗于淮水旁,捉得许多战俘,攻到了淮水边。诗的末章说:"王犹(猷)允塞,徐方既来,徐方既同,天子之功。四方既平,徐方来庭,徐方不回,王曰还归。"这是说宣王的策谋真是确实,徐方已经前来会同,来到了王庭,不再反叛,因而王命班师回归。

十九 宣王伐楚

《诗经·小雅·采芑》歌颂宣王命令卿士方叔得胜。据说:"方叔莅止,其车三千"。西周、春秋时代使用马车作战,兵力的强弱,以车的数量而论。春秋初期的大战，如城濮之战，晋只用七百乘兵力；鞌之战，也只用八百乘兵力。称霸的齐桓公总共也只有八百乘兵力。宣王伐楚出动三千乘兵力，足见其规模之大。《采芑》第四章说："蠢尔蛮荆，大邦为雠。方叔元老，克壮其犹（猷），方叔率止，执讯获丑。戎车啴啴，啴啴焞焞，如霆如雷。显允方叔，征伐猃狁，蛮荆来威（畏）。"这是说方叔以元老的地位统率大军出征，声势浩大，战果辉煌，既征伐了严允，又打败楚国而使之畏惧。《后汉书·南蛮传》说："逮于周世，党众弥盛。宣王中兴，乃命方叔南伐蛮方，诗人所谓'蛮荆来威'者也。"

二十　宣王伐严允（即犬戎）

《诗经·小雅·六月》歌颂尹吉甫奉宣王命北伐严允胜利。据云"猃狁匪（非）茹，整居焦穫，侵镐及方，至于泾阳"。又说："薄（搏）伐猃狁，至于大原，文武吉甫，万邦为宪。""来归自镐，我行永久。"

《诗经·小雅·出车》歌颂南仲奉宣王命北伐严允胜利。据称"王命南仲，往城于方。出车彭彭，旂旐中央。天子命我，城彼朔方。赫赫南仲，猃狁于襄"。"赫赫南仲，薄（搏）伐西戎"。"执讯获丑，薄言（焉）还归，赫赫南仲，猃狁于夷。"

《诗经·小雅·采薇》："曰归曰归，岁亦莫（暮）止。靡室靡家，猃狁之故；不遑启居，猃狁之故。""戎车既驾，四牡业业。岂敢定居，一月三捷。""岂不日戒，猃狁孔棘。"

古文《毛序》以为《采薇》所说严允入侵在文王时，今文齐、鲁以为在懿王时。《汉书·匈奴传》也说：懿王时"王室遂衰，戎狄交侵，暴虐中国，中国被其苦，诗人始作疾而歌之曰：靡室靡家，猃允之故；岂不日戒，猃允孔棘。”但是诗中所说“一月三捷”，可能是宣王时的事，因为未见懿王克捷严允的记载。

《六月》既说严允“整居焦穫，侵镐及方，至于泾阳”，又说“薄伐猃狁，至于大原”。镐即镐京，方即荠京。顾炎武据《元和郡县志》“原州平凉县本汉泾阳县地，今县西四十里有泾阳故城”，断言大（太）原即在今甘肃平凉附近（见《日知录》卷三“太原”条）。严允即是犬戎，这时正居于太原一带，即是太原之戎。

兮甲盘载：“隹（唯）五年三月既死霸，王初各（格）伐厥（严）䇭（允）于䣓𠷎，兮甲从王，折首执讯，休亡（无）敃（泯），王易（锡）兮甲马四匹，驹车”（下文从略）。

虢季子白盘载：“隹（唯）十又二年正月初吉丁亥，虢季子白作宝盘。不显子白，prime（壮）武于戎工（功），经维四方，搏伐厥䇭（严允）于洛之阳，折首五百，是以先行”（下文从略）。

此盘清代道光年间出土于陕西宝鸡虢川司，铭文称虢季子白“壮武于武功，经维四方”，当是西虢之君出任王朝“大师”之职。

䣓𠷎，据王国维考证，即春秋时代的彭衙，古鱼吾同音，“衙”从“吾”声，“䣓”、“彭”音相近，在今陕西白水东北。据兮甲盘铭文，宣王五年伐严允于䣓𠷎，在今陕西白水东北，当洛水（北洛水）东北。宣王十二年虢季子白又伐严允于洛水之阳。两次征伐严允的地点都在洛水之阳，可知当时严允入侵的主要地区是在洛水之阳。

不其簋载“隹（唯）九月初吉戊申，白（伯）氏曰：‘不其，御方厥（严）允，广伐西俞（隃），王令我羞追于西，余来归献禽（擒），余命女（汝）御追于䍐（洛），女以我车宕伐䢅（严）允于高陵，女（汝）多折首执讯，戎大同，从追女（汝），女（汝）彶（及）戎大敦搏。女（汝）休，弗以我

图五十六　虢季子白盘及铭文

传清道光年间陕西宝鸡虢川司出土。通高三十九点五厘米，口长一百三十七点二厘米，重二百一十五点三千克，腹内底有铭文一百一十字。现藏中国历史博物馆。

车陷于蘡（艰），女多禽，折首执讯。’白氏曰：‘不嬰，女（汝）小子，女（汝）肇诲（敏）于戎工（功），易（锡）女（汝）弓一、矢束、臣五家、田十田，用从乃事。’不嬰拜稽手（首）休，用作朕皇且（祖）公白、孟姬尊簋，用匄多福，眉寿无疆，永屯（纯）霝（令）冬（终），子子孙孙其永宝用享。”

白氏即是虢季子白。虢季子白在征伐严允于𡨦𢈤得胜归来举行献俘礼时，命令部下不娸继续追击严允于洛水流域。虢季子白说：“御方严允，广伐西俞(隃)，王令我羞追于西”，这是说严允首领御方，广泛侵伐西边地区，宣王因而命令我向西进兵追击。说明宣王征伐严允，是对入侵的严允进行反击。严允即是犬戎。

《史记·秦本纪》说：“周厉王无道，诸侯或叛之。西戎反王室，灭犬丘、大骆之族。周宣王即位，乃以秦仲为大夫，诛西戎。西戎杀秦仲。秦仲立二十三年，死于戎。有子五人，其长者曰庄公。周宣王乃召庄公昆弟五人，与兵七千人，使伐西戎，破之。”按“娸”为“其”的异体字，秦人习惯用之，见于秦武公编钟。李学勤谓不娸即秦庄公，《史记·十二诸侯年表》载秦庄公名其，不字先秦用作无义助词。此说可从。“不”当读作“丕”，盖秦庄公名其，亦或称为不(丕)其。

《后汉书·西羌传》说：“及宣王立四年，使秦仲伐戎……后二十七年王遣兵伐太原戎，不克。”注云：“见《竹书纪年》。”所谓太原戎，即是迁于太原的犬戎。据此可见周宣王三十一年征伐太原的犬戎，但没有攻克。

二十一 宣王伐条戎和奔戎

《后汉书·西羌传》说：“(伐太原戎不克)后五年(宣王三十六年)王伐条戎、奔戎，王师败绩。”注云：“见《竹书纪年》。”

《左传·桓公二年》追叙往事说：“初，晋穆公之夫人姜氏以条之役生太子，命之曰仇。”

《史记·晋世家》说：“穆侯四年娶齐女为夫人，七年伐条，生太子仇。”《史记·十二诸侯年表》记周宣王二十三年，即晋穆侯七年“以伐条生太子仇”。

条戎以居于条而得名。古时条又称鸣条，如《楚辞·天问》说：“何条放致罚而黎服大悦。”王逸注：“条，鸣条也。”鸣条在今山西夏县西北中条山。奔戎当在条戎附近。

二十二　宣王败于姜氏之戎

《国语·周语上》载，“宣王即位，不籍千亩。虢文公谏曰：‘不可……农正陈籍礼，太史赞王，王敬从之，王耕一坺，班三之，庶民终于千亩……’王不听。三十九年战于千亩，王师败绩于姜氏之戎。”

《国语·周语上》又载：“宣王既丧南国之师，乃料民于太原。仲山父谏曰：‘民不可料也！……’王卒料之，及幽王乃废灭。”

《周语上》所载上述两章，中隔有宣王立鲁武公子戏与宣王伐鲁的一章，分明为两事。韦昭作注，把“王师败绩于姜氏之戎”与“宣王既丧南国之师”视为一事，云：“丧，亡也，败于姜戎氏时所亡也。南国，江汉之间也。”此说大误。宣王举行“籍礼”的籍田千亩，当离镐京不远，姜氏之戎当为西戎的一支，周宣王三十九年曾一度攻到千亩，与王师战于千亩，结果王师败绩。王师不可能是“南国之师”。

《史记·赵世家》说：“自造父以下六世至奄父，曰公仲。周宣王时伐戎，为御。及千亩战，奄父脱宣王。”据此可知千亩之战，宣王确是败退而脱走。

至于晋穆公另有伐千亩之战，《史记·晋世家》说：“（晋穆公）十年伐千亩有功，生子名仇。”《史记·十二诸侯年表》记周宣王二十六年，即晋穆侯十年，“以千亩战，生仇弟成师。”《左传·桓公二年》追叙往事说:“晋穆侯……其弟以千亩之战生,命之曰成师。”当是另一次千亩之战,宣王未参与,由晋穆侯主战,而且“有功”,不同于宣王战败。

二十三 宣王伐申戎

《后汉书·西羌传》说:“明年(晋人败北戎于汾隰的明年,周宣王三十八年),王伐申戎破之。”注云:“见《竹书纪年》。”

申戎当是申人留于西方的一支,这是对东迁到南阳盆地的申国而言的。西周所分封的异姓诸侯,以姜姓为多,姜姓原出于西方的羌人,其中强大的有申人与甫(吕)人。申人与甫人曾在克殷战争中立有大功,分封于今河南南阳盆地。申在今南阳北三十里,甫(吕)在今南阳西三十里。申戎又称西申。《左传·昭公二十六年》正义引《竹书纪年》说:“平王奔西申而立伯盘(即伯服)为太子。”又说:“申侯、鲁侯及许文公立平王于申。”可知西申与申,分别在东西两地,但是他们之间还是有联系的。周宣王在这时虽曾伐破申戎,但是西申还是较强大并存在的。

二十四 宣王“丧南国之师”

《国语·周语上》说:“宣王既丧南国之师,乃料民于太原。”《史记·周本纪》记载相同。当时仲山父曾进谏,认为“民不可料”。特别值得注意的是,这是《国语》对宣王事迹的最后一次记载,并且说:“王卒料之,及幽王乃废灭。”

顾炎武曾有评论说:“宣王之世,虽号中兴,三十三年王师伐太原之戎不克……四十年料民于太原,其与后汉西羌之叛大略相似,幽王六年命伯士帅师伐六济之戎，王师败逋，于是关中之地，戎得以整居其间，而陕东之申侯至与之结盟而入寇，盖宣王之世，其患如汉之安帝也”(《日知录》卷三“太原”条)。的确，宣王号称中兴，曾伐淮夷得胜，伐徐方使归顺，大举伐楚成功，多次讨伐严允(即犬戎)而攻到太原。但是后来伐条戎与奔戎败绩，与姜氏之戎战于千亩又败，最后又“丧南国之师”。这次“丧南国之师”的战役，缺乏记载，该是丧失很多军队，因而要“料民于太原”来补充。宣王曾使用最庞大的军队来攻楚，战车多到三千乘，每乘如果以十人计，所用兵力就有三万人。《国语》说这时由于丧南国之师而料民于太原，其结果是“及幽王乃废灭”，这个论断是有一定的根据的。宣王丧南国之师，当是由于攻楚最后大败。

二十五　幽王伐六济之戎

《后汉书·西羌传》说：“(王征申戎)后十年，幽王命伯士伐六济之戎，军败，伯士死焉。”注云：“见《竹书纪年》。”幽王伐戎大败，于是西方戎族更加强大。

二十六　申、曾召来犬戎攻灭西周

《国语·晋语一》记晋献公卜伐骊戎，史苏曰：“周幽王伐有褒，褒人以褒姒女焉，褒姒有宠，生伯服，于是乎与虢石甫比，逐太子宜臼而立伯服。太子出奔申，申人、鄫人召西戎以伐周，周于是乎亡。”

《史记·周本纪》记：“幽王以虢石父为卿用事，国人皆怨石父为人佞巧善谀好利。王用之，又废申后、去太子也，申侯怒，与缯、西夷、犬戎攻幽王。”

《国语·郑语》记西周末年史伯曰:“申、缯、西戎方强,王室方骚,将以纵欲,不亦难乎?王欲杀太子以成伯服,必求之申,申人弗畀,必伐之;若伐申,而缯与西戎会以伐周,周不守矣。”

缯或鄫,即是曾国,姒姓,原在今河南方城北,即春秋时代所谓的缯关。《左传·昭公二十六年》正义引《竹书纪年》说:“申侯、鲁侯及许文公立平王于申。”“鲁侯”当为“曾侯”之误。鲁侯远在今山东曲阜,不可能与申、许共立平王于申。申人、曾人既召来犬戎而灭亡西周,同时申人、曾人又拥立平王于申,建立东周。《荀子·尧问》载:“缯丘之封人见楚相孙叔敖”,杨倞注:“缯与鄫同,缯丘,故国。”“丘”与“墟”同义,地名缯丘,就是因为是缯的故都所在。此地既有封人,可知此地已是楚的边疆。据一九六四年湖北运沪的废铜中捡出春秋早期的曾子斿鼎铭文,“惠于剌(烈)曲”,自称祖先是烈曲;《通志·氏族略》卷三引《世本》说:“曾氏,夏少康封其少子曲烈于鄫。”“曲烈”当为“烈曲”之误。可知古文献上称鄫国姒姓,是不错的。

《诗经·大雅·召旻》说:“旻天疾威,天笃降丧。瘨我饥馑,民卒流亡。我居圉卒荒。天降罪罟(通作“辜”),蟊贼(指作恶的统治者)内讧。昏椓(通作“诼”)靡共(通作“供”),溃溃回遹。实靖夷我邦(真要颠覆我们国家)。”“昔先王受命,有如召公,日辟国百里,今也日蹙(收缩)国百里。於乎(呼)哀哉!维今之人,不尚,有旧。”这是周幽王时的诗篇,说明当时由于执政者腐败和内讧,人祸天灾严重,将使国家灭亡。所说“今也日蹙国百里”,说明这时犬戎及申、曾等国经常入侵周的疆土,形势已很紧迫了。

第五章　西周春秋时代对东方和北方的开发

这里所说的东方是指山东半岛，北方是指山西、河南北部和河北南部。所说开发是指耕地的垦辟、农业地区的扩展、土地利用率的提高。

从已发现的商代文化遗址来看，早在商代，四方已经有所开发，有些地方已有较高文化。传统的看法认为商周时代只有中原有高度发展的文化，四方都很落后，这显然不正确。但是，我国从来是个多民族国家，西周春秋时代的四方确实有不少所谓“蛮夷戎狄”分布的地区，经济比较落后，有些还过着游牧渔猎的经济生活。由于各族之间相互交往，彼此通婚，交流文化，加速了这些地区民族之间的融合和经济的发展。同时由于中原王朝及其分封四方的诸侯图谋扩大统治地区，而四方原有部族建立的方国又图谋进入中原，出现了各族之间的矛盾和斗争。齐、晋、楚、秦等大国，就是在四方不断开发和民族之间不断发生斗争的情况下形成的。本章将着重论述当时东方和北方的开发过程以及齐、鲁、晋等大国形成的过程。

一 西周分封诸侯到东方和北方的意图

西周推行的分封制,把许多诸侯分封到四方,是在商代已经开发的基础上进行的。从已发现的商代文化遗址来看,现今辽宁的大凌河流域(喀左、朝阳等地),北京周围(平谷、房山等地),河北中部和西南部(蔚县、涿县、保定、曲阳、石家庄、平山、藁城、邢台、邯郸等地),山西西部黄河沿岸(保德、忻州、石楼、永和、灵石等地)和东南部(长子等地),山东中部(滨县、济南、长清、益都、淄博、寿光等地)和西南部(曲阜、邹县、滕县、苍山等地),都已经开发,有较高的文化。西周初期在东方和北方分封许多诸侯,主要就是分布在上述商代已经开发的地区。

周武王克殷以后,因为殷贵族势力在商代原有王畿内还很强大,为了安抚他们,继续分封商王后裔武庚,"俾守商祀",又分封姬姓诸侯作为"三监","俾监殷臣"(《逸周书·作雒解》)。武王去世,管叔、蔡叔联合武庚反叛,并发动东方夷族参加叛乱。等到周公东征胜利,平定叛乱,接受这个教训,就对殷贵族改用分散迁移的办法,并推行分封制,在新征服的商代原有王畿、东方夷族地区和北方戎狄地区,分别分封了大大小小很多的诸侯,以便加强控制,并图谋进一步对东、北两方开拓和开发。周公除了把一部分殷贵族迁到洛邑加以监督利用以外,还把殷贵族和某些方国的贵族分批配给一些大的姬姓诸侯,使带往封国成为"国人",既可以作为封君在政治上和军事上的支柱,同时又可以消除这些旧贵族原住地区潜在的叛乱威胁,可以说,这是一举两得的事。所有这些被分配给大诸侯的旧贵族,不但有宗族组织,而且有附属的奴隶。例如分配给鲁国的殷民六族,"使帅其宗氏，辑其分族，将其类丑”（《左传·定公四年》），“类丑”即是奴隶。这样旧贵族整族带同奴隶从中原迁移到四方封国去，无疑会传播中原比较先进的农业技术，有利于这些地区进一步的开发。

西周初期分封的诸侯，既有大小之别，又有姬姓和异姓的不同，姬姓之中又有嫡系和旁支之分。大国主要分封在重要的统治地区，用来控制原来殷贵族和夷狄势力强大的地方，占有战略要地，并谋求进一步的开拓和发展。嫡系姬姓的大国，或者封在商代原有王畿，或者封在中原靠近夷狄的地方。如文王之子康叔封于卫（国都朝歌在今河南淇县），就是商代国都周围地区；武王之子唐叔封于唐（即晋，国都在今山西翼城西），就是“夏虚”，靠近戎狄地区；周公之子伯禽封于鲁（国都在今山东曲阜），就是新征服的东夷“奄”的所在。而旁系姬姓的大国则分封到较远的四方去，如召公之子封于燕（国都在今北京市西南），太伯仲雍之后封于吴。宜侯夨所封的宜（今江苏丹徒，见宜侯夨簋铭文）可能就是吴的始封地。异姓的大国更分封到较远的东方夷族地区，如吕尚封于齐（国都营丘，今山东淄博市东临淄）。

分封的待遇，姬姓诸侯和异姓诸侯也有不同。姬姓诸侯中的大国，在分给一定范围的封疆和土著人民的同时，分得有殷贵族和某些方国的贵族以及世袭官职的贵族，如鲁国分得“殷民六族”，卫国分得“殷民七族”，唐国（晋国）分得“怀姓九宗、职官五正”（《左传·定公四年》），燕国也至少分得了㠱侯氏、㠱氏两支殷贵族。这两支殷贵族中，都有人服事燕侯，成为燕的大臣（见房山琉璃河出土复鼎铭文和卢沟桥出土匽盉铭文）。但是，同时所封的姜姓齐国，虽是大国，却是“有分土，亡（无）分民”（《汉书·地理志》），没有分得旧贵族。

嫡系姬姓诸侯多数分封在中原已开发的优越地区和重要的战略

要地。以周公七个儿子的分封地点为例:四个儿子分封在凡(今河南辉县西南)、祭(今河南荥阳西北)、胙(今河南延津北)、茅(今山东金乡西北),都在中原心脏地区。另外三个儿子就分封到东、北、南三个战略要地、靠近夷戎的地方,长子伯禽代表周公封于鲁,成为嫡系姬姓诸侯封得最东的大国,用来控制东夷和淮夷;另一儿子封于蒋(今河南淮滨南),在淮水上游,成为嫡系姬姓诸侯封得最南的一国,用来控制淮水以南的群舒及淮夷;另一儿子封于邢(今河北邢台),原为商的旧都所在(祖乙迁都于邢),成为姬姓诸侯中正北方向中封得最北的一国,用来控制戎狄。此外封于战略要地的,还有武王之子封于韩(今山西河津、万泉间,参看本章附录《韩侯所在地望考》),正当另一个武王之子唐叔所封唐国(即晋国)之西,与唐同样担负有控制戎狄和向北开发的责任。又有文王之子封于郕(今山东宁阳东北)和滕(今山东滕县东南),郕在鲁的西北,滕在鲁的南方,和鲁国同样负有控制东夷、淮夷和向东开发的责任。

至于异姓诸侯的分封,除了特殊原因封在中原的以外,多数就分封到更远的四方去。分封到今山东中部、东部、南部的特别多。如姜姓的齐、纪(今寿光南)、曩(今黄县、烟台附近)、州(今安丘东北)、向(今莒南的东北);任姓的薛(今滕县东南)、铸(今肥城南)、鄣(今东平以东,一说姜姓);妘姓的夷(今即墨西)、鄅(今临沂北)、偪阳(今枣庄南);己姓的莒(今胶县西南,一说曹姓),嬴姓的谭(今章丘西,一说子姓),姒姓的鄫(今苍山西北),曹姓的邾(今曲阜东),妫姓的遂(今肥城南)等。此外封在今山东的还有风姓诸侯如任(今济宁东南)、宿(今东平以东)等,嬴姓诸侯如郯(今郯城北)等,该是土著部族因顺从周朝而受封的。

周朝把这样多的异姓诸侯集中分封到山东半岛，把不少姜姓诸侯分封到山东的中部、东部，并且把姜姓的齐国作为一个大国分封在那里，是有原因的。因为这个地区是东夷集中的地方，东夷的战斗力很强，曾经随从管叔、蔡叔、武庚一起叛乱，周公用三年时间才平定叛乱。而且这个地区经济落后，多数东夷还从事游牧渔猎，如果不加开发，就不可能巩固周朝在这个新征服地区的统治。

周朝把吕尚（太公望）封到山东中部的齐国，因为他原是统率大军指挥作战的大师（大师原为统帅的官名），所统率的一支姜姓贵族勇敢善战，建有赫赫战功。这时分封到东方，用来控制和继续征伐这个东夷势力强大的地区，是最合适的。周朝原来封给齐国的封土不大，主要就是东夷蒲姑氏居住地区，但是划给吕尚征伐的范围很是广大。公元前六五六年齐伐楚，管仲提出伐楚的理由说："昔召康公命我先君大公曰：五侯九伯，女（汝）实征之，以夹辅周室。赐我先君履：东至于海，西至于河，南至于穆陵，北至于无棣"（《左传·僖公四年》）。《史记·齐世家》有相同的记载，而且说："齐由此得征伐为大国。"集解引服虔说："是皆太公始受封土也。疆境所至也。"索隐反驳服虔，认为"今淮南有故穆陵门是楚之境，无棣在辽西孤竹……盖言其征伐所至之域"。当以司马贞索隐之说为是。桂馥《札朴》卷二、黄以恭《爱经居杂著》卷一《赐履解》，都赞同索隐之说，并作了进一步分析。穆陵地望有两说，一说在今湖北麻城北，一说在今山东临朐南。无棣也有两说，一说在今河北卢龙旧孤竹境，一说在今河北南皮、盐山及山东广云一带。目前很难作出正确论断。总之，它远远超出齐国境界。所谓"五侯九伯"，就是指广大区域内不服从周室的方国。十分清楚，当齐国受封之时，周朝就给了它征服和开拓这个原来东夷集居地区的使命。

当周朝分封许多异姓诸侯到今山东半岛、图谋开拓东夷集居之地的同时，又分封许多姬姓诸侯到今河北的西南部和山西西南部，作为北方的屏障，并图谋开拓戎狄集居地区。

西周分封到今河北西南部的姬姓诸侯就是邢国（周公之子，今邢台）。分封到今山西西南部的姬姓诸侯，主要有唐（即晋，武王之子，国都在今翼城东南）、韩（武王之子，今河津、万泉间）、霍（霍叔之后，今霍县西）、杨（今洪洞东南）、贾（今襄汾西南）、荀（今新绛西）、耿（今河津南）、虞（仲雍后，今平陆东北）、魏（今芮城北）等。跨过黄河，还有焦（今河南三门峡西）和虢（北虢，文王弟，国都上阳在今三门峡东南，下阳在黄河北岸）。

邢国确实具有抵御和征讨北方戎狄的作用。一九七八年河北元氏出土的臣谏簋铭文："隹（唯）戎大出□（于）軝，井（邢）侯厚（搏）戎。延（诞）令臣谏以□□亚旅处于軝。"这是康王时器。軝，当在今元氏境内的泜水流域，今井陉的东南，这是邢国在北方防止戎狄侵扰的重要据点。这时"戎大出于軝"，就是说戎族大举进犯该地。邢侯因此出兵搏战，下令臣谏统率亚旅（官名）出居于軝防守。《后汉书·西羌传》记载：周平王东迁"后二年，邢侯大破北戎"（当依据《古本竹书纪年》）。说明当时邢国相当强大，力量足以抵御和征伐戎狄中的大族。等到春秋前期，周朝统治势力衰落，戎狄大量东移，力量对比发生变化。邢国先被狄所攻破，接着卫国又被狄打得大败，邢、卫两国迁到了黄河以南，于是狄族势力就深入到中原了。

韩国正当唐（即晋）的西面，同样负有控制北方戎狄的责任。《诗经·大雅·韩奕》："以先祖受命，因时（是）百蛮。王锡韩侯，其追其貊，奄受北国，因以其伯。”这六句诗，当是概括周王授给韩国诰命的内容。就是说，周天子命令韩侯，赏给追、貊等“百蛮”，因而成为“北国”之“伯”。追和貊是“百蛮”中主要的两族。

武王少子唐叔封于唐，即是后来的晋国。“唐在河汾之东，方百里”（《史记·晋世家》），原来封土不大。但是唐叔受封时，分得了“怀姓九宗、职官五正”，因而实力比较强大。周朝配备给晋国较强的实力，为的是要它担负抵御戎狄和开拓戎族地区的使命，如同齐国负有征服和开拓东夷地区的使命一样。唐叔受封时，成王分给他密须的大路（战车）和鼓以及阙巩的皮甲，就有授给这个使命的用意。后来周景王对此解释得很清楚：“密须之鼓与其大路，文（文王）所以大蒐也；阙巩之甲，武（武王）所以克商也；唐叔受之，以处参虚，匡有戎狄”（《左传·昭公十五年》）。大蒐是检阅军队、准备战争的一种礼仪。当时成王把文王在大蒐礼上应用的战鼓和战车、武王用来克商的皮甲赏给唐叔，就是要求他继承祖先胜利的余威，达到“匡有戎狄”的目的。当唐叔受封时，授给唐叔的诰命《唐诰》，规定了推行“启以夏政，疆以戎索”的政策，就是既要采用传统的“夏政”中合适的政令，又要推行适宜于戎狄的法令，使便于达到“匡有戎狄”的目的。

二 东方的开发和齐、鲁两大国的形成

今辽宁、河北、山东沿海一带，原来都是夷族分布之区域。《禹贡》说：冀州“鸟夷皮服”（今本“鸟”误作“岛”，从《史记·夏本纪》、《汉书·地理志》及孔颖达正义改正），青州“莱夷作牧”，徐州“淮夷蠙珠暨鱼”，扬州“鸟夷卉服”。鸟夷当是因其以鸟类为图腾而得名的。莱夷和淮夷都是因地而得名。其实淮夷也是鸟夷的一种，居于淮水流

域，“淮”字从“水”从“隹”，“隹”即鸟类。淮夷嬴姓，见于《世本》（《路史·国名纪乙》少昊后嬴姓国“淮夷”条引），亦称熊盈族。嬴姓的郯（今山东郯城北），相传为少昊氏之后，“以鸟名官”（《左传·昭公十七年》）。熊盈族中的蒲姑氏（今山东博兴东南）是鸟名，在蒲姑氏以前，居住同一地点的爽鸠氏（《左传·昭公二十年》）也是鸟名。相传为太昊之后、“实司太昊与有济之祀”的，有风姓之族（如任、宿、须句、颛臾等国）。风姓即是凤姓。甲骨卜辞假“凤”为“风”，古文献中“大凤”或作“大风”（如《淮南子·本经训》：“缴大风于青邱之泽”）。秦和赵，都是嬴姓，原来也是东夷。嬴姓的祖先，相传是大业，也是“玄鸟陨卵，女修吞之”而生，大业之子大费，即伯益（一作伯翳），职司“调驯鸟兽”，他的儿子大廉，又是鸟俗氏，大廉的玄孙孟戏、中衍又是鸟身人言（《史记·秦本纪》）。看来古代东夷，多数是鸟夷的分支。

所有这些东夷，都是以游牧、狩猎为其经济生活的主要内容的。《禹贡》说：“莱夷作牧”，伪《孔传》解释为“可以放牧”。有人把“作牧”解释为农作和放牧，是错误的。《史记·夏本纪》引作“莱夷为牧”，可知“作”并不指“农作”。《禹贡》所说扬州“鸟夷卉服”，郑玄解释说：“此州下湿故衣草服”（孔颖达正义引）。《禹贡》所说冀州“鸟夷皮服”，解释者都认为东北寒冷故衣皮服。其实，主要还是由于他们农业、纺织手工业不发达，经济生活以游牧、狩猎为主的缘故。原是东夷的秦和赵二族，本来也以游牧、渔猎为生，长久保持着善于畜牧的传统。赵氏的祖先造父“以善御幸于周缪（穆）王”，秦的祖先非子“好马及畜，善养息之”，“周孝王召使主马于汧渭之间”（《史记·秦本纪》）。《禹贡》说：“淮夷蠙珠暨鱼。”师寰簋铭文又说：“正（征）淮尸（夷）……殴孚（俘）士女牛羊，孚吉金。”可知淮夷虽然已开采铜矿，使用铜器，经济生活也还以放牧牛羊、捕捉水产为主。

东夷从商代后期起就很强大。《后汉书·东夷传》载："至于仲丁，蓝夷作寇，自是或服或畔三百余年。武乙衰政，东夷寖盛，遂分迁淮岱，渐居中土。……管蔡畔周，乃招诱夷狄，周公征之，遂定东夷。"鲁的国都曲阜（今属山东），曾是盘庚迁殷以前的国都奄，见于《古本竹书纪年》。但是到商代晚期，奄就为一支强大的东夷所居住，称为商奄或奄。齐的国都营丘（今山东淄博东临淄）一带，原为逄伯陵之地，但是到商代晚期，成为强大的东夷蒲姑所在地。晏婴说："昔爽鸠氏始居此地（指齐），季荝因之，有逄伯陵因之，蒲姑氏因之，而后太公因之"（《左传·昭公二十年》）。《汉书·地理志》也说：齐地"少昊之世有爽鸠氏，虞夏时有季荝，汤时有逄公伯陵，殷末有薄姑氏"。说明商代晚期确是"东夷寖盛，遂分迁淮岱，渐居中土"，从今泰山以东，济水以南，直到淮水流域，全是东夷分布的区域。等到管叔、蔡叔联合武庚反叛，招诱夷狄，奄、蒲姑等东夷都参加了叛乱。《逸周书·作雒解》说周公"凡所征熊盈族十有七国"，《孟子·滕文公下》又说周公"伐奄三年讨其君，驱飞廉于海隅而戮之，灭国者五十"，说明当时在今山东半岛，东夷的支族众多。

从西周金文来看，周公东征胜利之后，到康王时，东夷又大反叛，召公和卫侯伯懋父又大举东征。旅鼎铭文："隹（惟）公大保来伐反尸（夷）年。"大保即是召公奭的官名。小臣谜簋铭文："叡！东尸（夷）大反，白（伯）懋父以殷八自征东尸（夷）。隹（惟）十又一月，趞（遣）自䍐自，述（遂）东陕，伐海眉（湄），雩（于）厥复归，才（在）牧自。白（伯）懋父承王令（命），易（锡）自逩（率）征自五齵贝。"伯懋父即是卫侯康叔之子康伯髦，亦即王孙牟，髦、牟、懋三字声同通用。牧自即牧野附近

图五十七 小臣謎簋铭文(上器下盖)

的牧邑,是“殷八自”的驻屯地。由此可知,卫侯伯懋父因东夷大反,统率“殷八自”一直攻到了海湄(即海滨)地区,并征收得了那里出产的贝。康王以后的金文中就不见有对东夷大规模用兵的记载,该是从此东方沿海的夷族都已服从周朝的统治了。从西周中晚期金文来看,周朝主要征伐的对象已经不是东夷而是南淮夷。周宣王时的师寰簋铭文，记载宣王下令师寰"逵（率）齐币（师）、曩、赞、僰、屈、左右虎臣正（征）淮尸（夷）"。这时"齐师"已成为征讨淮夷的主力军，从属还有曩、赞、僰、屈四个诸侯的军队。"曩"为姜姓之国，近年有曩国铜器出土于黄县、烟台一带。"赞"即莱国，叔夷钟铭文作"釐"，声同通用。当吕尚刚受封到齐国的时候，"莱侯来伐，与之争营丘，营丘边莱"（《史记·齐世家》）。从师寰簋铭文看来，至迟宣王时，莱已服从周朝而成为诸侯，并接受王命而和齐一起征伐淮夷了。

因为多数东夷是游牧、渔猎的部族，所在地区经济落后。故当吕尚刚受封时，齐国的生产条件很差，土壤质量不好，很多是盐碱地，大都未经垦辟，农作物稀少，人口也不多，而且周朝没有像分封姬姓诸侯那样分配给殷或方国的旧贵族。《汉书·地理志》载："齐地……古有分土，亡分民。太公以齐地负海舄卤，少五谷而人民寡，乃劝以女工之业，通鱼盐之利而人物辐凑。"《史记·货殖列传》也说："太公望封于营丘，地潟卤，人民寡，于是太公劝其女功，极技巧，通鱼盐，而人物归之。"《盐铁论·轻重》又说："昔太公封于营丘，辟草莱而居焉，地薄人少，于是通利末之道，极女工（红）之巧。"因为这个地区农业生产落后，不是一下子能够改变的，新建立的齐国，在"辟草莱而居"的同时，就因地制宜，着重发展鱼盐等海产和衣着方面的手工业。

到春秋前期，齐国在发展海产和手工业的同时，农业生产有了发展，这就为齐桓公创立霸业确立了经济方面的基础。齐国和中原其他诸侯国一样，社会组织实行"国"（都）和"野"（鄙）对立的制度，庶人耕作的农田实行井田制。齐桓公初年，重用管仲进行经济和政治上的改革，对于"鄙"推行了一系列谋求发展生产的政策。管仲认为"相地而衰征，则民不移……山泽各致其时，则民不苟；陵、阜、陆、墐，井田畴均，则民不憾；无夺民时，则百姓富；牺牲不略，则牛羊遂”(《国语·齐语》)。从这些政策中可以看到，当时齐国实行平均分配井田及其他土地的制度，耕作者(民)分配有“份地”，养有自己的家畜，还可以按照时令进入山泽采集，同时政府对耕作者的“份地”要征税，又要征发劳役。所以管仲会提出上述一系列的主张，既要“相地而衰征”，分田平均，“无夺民时”，又要“山泽各致其时”，“牺牲不略”。管仲还主张士、农、工、商“四民者，勿使杂处”，“令夫农，群萃而州处，察其四时，权节其用，耒、耜、枷、芟，及寒，击菒除田，以待时耕；及耕，深耕而疾耰之，以待时雨；时雨既至，挟其枪、刈、耨、镈，以旦暮从事于田野”(《国语·齐语》)。说明当时农业生产技术已达到一定的水平，虽然还没有水利灌溉，耕作必须等待“时雨”，但是，已经懂得掌握耕作时令的重要性，认识到“深耕而疾耰”的必要性。从这里可以看到，齐国“辟草莱”的开发工作已经取得了成效，在农业生产中已累积起了很多经验，摸索到生产上的一些基本规律。

在齐国取得开发工作进展的同时，周围的许多异姓诸侯同样对这方面作出了贡献。齐以东的姜姓的纪国，就是其中成绩显著的一个。前面已经讲到，当吕尚刚受封时，莱夷就在齐的国都营丘旁边，与齐争夺营丘。由于纪国的开拓和开发，营丘以东都成为纪的疆土，把莱夷推到了纪以东地区。纪的国都在今寿光南，西边有酅邑靠近齐的国都，南边有郱(即骈，今临朐东南)、郚(今安丘西南)两邑，东北又有鄑邑(今昌邑西北)。公元前七二二年纪人伐夷(今即墨西)，说明纪的东南境已延伸得很远，到今高密、胶县一带。此后便不见有夷国，可能即为纪所攻灭。纪国的西、北、南三面环抱莱夷，占有不少原是莱夷放牧之地，肯定起了一定的开发作用。公元前六九三年齐襄公用军队迫使纪国郱、鄑、郚三邑人民迁移而夺取其地，后二年纪侯之弟纪季又带着酅邑投入齐国作为附庸，纪国开始分裂。再次年，纪侯因为不愿屈服属齐，把政权交给纪季，接着又因齐师来伐而离去（以上根据《春秋》和《左传》）。于是纪国被齐兼并，齐的东境便扩大了。齐国的强大，就是从兼并纪国开始的。

在莱之西有姜姓的纪国，西南有姜姓的州国，东南有妘姓的夷国，东北还有姜姓的㠱国，靠渤海沿岸，使得莱夷四面处于包围之中。由于四周异姓诸侯向莱夷原有之地开发，莱夷占有的地方就越来越缩小。《国语·齐语》说齐桓公“通齐国之鱼盐于东莱（韦昭注：东莱，齐东莱夷也），使关市几而不征，以为诸侯利，诸侯称广焉（韦昭注：施惠广也）”。这时莱夷已经不靠海，没有鱼盐的生产，要仰给于齐国，成为齐国推销其生产的鱼盐的主要地方了。

齐国在向东扩展的同时，又逐渐向西扩展。公元前六八六年齐、鲁两国联合包围郕国（今宁阳北），齐襄公接受了郕的投降，于是齐的西南境就越过泰山而到达鲁的国都曲阜的东北。后二年齐桓公又攻灭谭国（今章丘西）。公元前六八一年齐桓公又攻灭遂国（今肥城南）而加以防守。公元前六六四年齐桓公又迫使鄣（今东平东）投降，鄣在郕的西北，遂的西南。这样齐的西境有了很大扩展。公元前六六〇年齐桓公迫使阳国（今沂水以南）人民迁移而夺取其地（以上根据《左传》），又使齐的南境有很大扩展。

我们还必须指出，莱国人民在春秋时代也已对居住地区进行了开发，多数已经以农业生产为主，改变了过去以放牧为主的情况。当公元前五六七年齐攻灭莱国的时候，“迁莱于郳，高厚、崔杼定其田”（《左传·襄公六年》）。就是把莱的国都（今昌邑东南）中的“国人”迁到了郳，由齐大夫高厚、崔杼考察原来莱的田地，定出方案以备归属齐的国君和卿大夫。说明当时莱国已有许多垦熟的耕地。齐国在春秋前期向四方不断扩展，到攻灭莱国之后，就占有山东半岛北半部和中部地区，成为东方最大的诸侯国。齐这个大国的形成，就经济发展的形势来说，是西周到春秋前期山东半岛中部、北部许多异姓诸侯国（包括东夷族的莱国在内）的人民共同开发的结果。

当齐国向山东半岛中部、北部开拓的时候，鲁国正向山东半岛的南部、东部扩展。鲁国曾向西南的中原地区扩展，公元前七二一年攻取极国（今金乡南），后二年又伐取宋的郜（今城武东南）和防（今金乡西南），公元前六四三年一度越过宋国攻灭项国（今河南沈丘），公元前五六〇年攻取邿国（今济宁东南）。鲁国又曾向西北扩展，公元前六一七年伐邾取得须句（今东平西北，原为风姓之国，此时已为邾所兼并）。鲁国向西南和西北都不可能取得大的扩展，因为将遇到大国势力的阻挡；只有东方、东南方是它便于扩展的地区。公元前六〇五年鲁伐莒取向（今莒南的西北，原为姜姓之国，此时已被莒兼并）。公元前六〇〇年攻取根牟（今莒县西南，东夷族之国）。公元前五八五年又灭郚国（今郯城东北）。公元前五四一年伐莒取郓（今沂水东北），后三年又伐莒取鄫（今苍山西北，原为姒姓之国，此时已为莒所兼并）。公元前五三二年又伐莒取郠（今沂水附近）。不知何时，鲁又取得了原来鄅国（今临沂北，姜姓之国）之地。鲁之所以能扩展成为东方较大的诸侯国，就经济发展形势来说，是山东半岛东部、南部许多异姓诸侯国（包括东夷族的根牟国在内）的人民共同开发的结果。

春秋中期以后，山东半岛的农业生产有了进一步的发展，特别是东部、南部地区。《左传·昭公十八年》记载：公元前五二四年“六月鄅人藉稻，邾人袭鄅……遂入之，尽俘以归。鄅子曰：‘余无归矣。’从帑于邾，邾庄公反鄅夫人，而舍其女。”次年“二月宋公伐邾，围蟲，三月取之，乃尽归鄅俘”。鄅的国都启阳，在今临沂北，在沂水中游。此时此地出现稻作，说明这一带沿河地区已能引水灌溉稻田。所谓“藉稻”，孔疏引服虔云：“藉，耕种于藉田也。”杜预注：“其君自出藉稻，盖履行之。”这两个解释都可信。就是鄅君征发人民到“籍田”上进行集体劳动，由鄅君亲自监督。说明当时鄅国正实行井田制，强迫所有人民在“籍田”上从事集体劳动，因为鄅国小民少，全部一起在一处“籍田”上集体劳动，邾国突然袭击，可以把鄅人“尽俘以归”，包括鄅君的妻室在内。

春秋中期以后鲁、邾等国的灌溉农业是有发展的。齐、鲁两国之间，曾争夺汾阳之田（汾水北岸的田地）。汾阳之田原是鲁国的，被齐夺取。公元前五八九年晋在鞌之战中取胜，迫使齐把汾阳之田归还鲁国。后六年晋又迫使鲁退还给齐国。公元前五〇〇年齐又归还郓（今郓城东）、讙（今宁阳西北）、龟阴（今泰安东）的田（《春秋·定公十年》，杜预注：“三邑，皆汶阳田也”）。同时，鲁又夺取邾的漷水两岸的田。公元前五五四年“取邾田自漷水归之于我”，就是夺取了邾的漷水西岸的田；公元前四九三年鲁的三桓伐邾，“取漷东田及沂西田”，就是取得了漷水东岸以及沂水西岸的田。齐、鲁等国这样着重夺取河流两岸的田，说明当时农田已很重视水利灌溉。《周礼·夏官·职方氏》记载：“正东曰青州……其川淮泗，其浸沂沭……其谷稻麦。”沭水、沂水、泗水都在今山东南部，从春秋后期在沂水中游的鄅国已有稻作来看，同时沭水、泗水流域也该有稻作，所以《职方氏》说这一带“其谷稻麦”。

春秋末年鲁国南边的农业生产更有进展，有些人南下进入吴国境内种田。《左传·哀公八年》载：初武城（今费县西南）人或有因吴竟（境）田焉，拘鄫（今苍山西北）人之沤菅者，曰：何故使吾水滋（"滋"当读如"滓"）？"这是说，鲁国武城人有南下进入吴国境内种田的，把鄫国人在那里浸泡菅（一种禾本科植物）的人拘留了起来，因为这些浸泡菅的人把发黑的污水流放过来，使那里的水也都被污黑了。从这件事，可知当时鲁国南边的耕作者正南下进入吴国境内沿着河流进行开发。

西周、春秋时代各族人民在今山东地区开发的成就是很大的。到战国时代，齐威王进行改革，奖励使得"田野辟，人民给，官无留事"的即墨大夫，处罚使得"田野不辟，民贫苦"的阿大夫，以田野是否垦辟作为考核地方官的主要标准。同时由于铁农具的推广使用，农业技术的提高，齐、鲁等国的农业生产又有进一步的发展。当齐国初建立时，"地潟卤"，"地薄"，都是不适宜农耕的盐碱地。到战国时代就不同了。齐国属于《禹贡》的青州，"厥土白坟，海滨广斥，厥田惟上下"。虽然海滨还多盐碱地，但内地土壤已是白坟，白坟就是含腐殖质较多且润湿膏肥的灰壤，因此青州之田是上等之中的下等。《经典释文》引马融说："坟，有膏肥也。"《周礼·地官·草人》"坟壤用麋"，郑玄注："坟壤，润解。"孙星衍《尚书今古文注疏》说："坟、肥声之转，故《汉书·地理志》壤坟，应劭读坟为肥，《太平御览》引《仓颉解诂》云：膹、臛，多滓也，坟音近膹。"青州有这样含腐殖质较多且润湿膏肥的灰壤，显然是长期耕作的结果。就《周礼·夏官·职方氏》来看，齐国属于幽州的南部和青州的北部，幽州"其川河、泲（济），其浸菑（淄水）、时（时水即今乌河），其利鱼盐……其谷宜三种"。这三种谷即黍、稷、稻。青州“其川淮、泗，其浸沂、沭，其利蒲鱼……其谷宜稻麦”。到西汉初期司马迁作《史记·货殖列传》又说：“齐带山海，膏壤千里，宜桑麻。”齐国从“地薄”一变为“膏壤”是不容易的，这是东方各族人民长期努力开发的结果。

三　北方的开发和晋国的扩展

西周、春秋时代，在今山西的中北部、东部，河北的南部以及太行山脉，有许多戎狄建立的方国。西周末年史伯对郑桓公说：“当成周者……北有卫、燕、狄、鲜虞、潞、洛、泉、徐、蒲。”韦昭注：“狄，北狄也。鲜虞，姬姓在狄者也。潞、洛、泉、徐、蒲，皆赤狄，隗姓也。”史伯列举北方九个较大的方国，除了卫、燕两国是周朝分封的诸侯以外，其余七个都是狄族方国，足见当时北方戎狄势力之盛。在今山西北部、东部的，主要是赤狄。潞即潞氏，在潞水流域，今潞城东北一带。洛即落氏，亦即皋落氏（从《通志·氏族略二》引《风俗通》之说），在今昔阳东南。泉不详。徐可能是茅戎中的一支，亦称徐吾氏（见《左传·成公元年》），徐吾氏原在汉代上党郡余吾县（从《路史·国名纪》之说），在今屯留西北余吾镇。蒲即后来晋的蒲邑，在今隰县北。到春秋时代，赤狄有潞氏、留吁（今屯留南）、铎辰（今长治东南）、甲氏（今河北鸡泽南）、廧咎如（先在山西西部，后迁东部，在今山西平顺东南）、东山皋落氏（先在昔阳东南，后迁垣曲东南）等。

赤狄之外，另有白狄，原居于今陕西的黄河以西地区。公元前五七八年晋厉公“使吕相绝秦”，讲到“白狄及君同州”（《左传·成公十三年》）。它的分布很广，直到渭水北岸，晋公子重耳流亡在狄时，曾“从狄君以田渭滨”（《左传·僖公二十四年》）。白狄后来进入今山西的西部，和晋国交战，接着又迁到今河北的西南部。白狄族的鲜虞，国都在今正定东北。鼓在今晋县西。肥在今藁城西南。

狄以外，还有称为戎的部族。北戎是其中较大的一支，流动性较大，既曾和晋作战，又曾和邢交战。《后汉书·西羌传》载：周宣王三十八年“晋人败北戎于汾隰”（采自《古本竹书纪年》），这是在汾水流域被晋打败。周平王东迁后二年邢侯大破北戎（亦当依据《古本竹书纪年》），这是在今河北南部被邢攻破。又有条戎和奔戎，周宣王三十六年“王伐条戎、奔戎，王师败绩”（《后汉书·西羌传》依据《古本竹书纪年》）。条戎和奔戎当在今中条山一带。更有姬姓之戎，如狐氏、骊戎等。狐氏有大狐氏、小狐氏之分，又称为大戎、小戎。《国语·晋语四》说：“狐氏出自唐叔。”狐氏之戎大约在今山西西部的吕梁山脉南端。骊戎即丽土之翟，当在今天井关以西（从顾颉刚《史林杂识》之说）。这种姬姓之戎，其中首脑和上层分子已是姬姓贵族的后代，但是其部族人民还全是戎狄，依然保持着戎狄原有的经济生活方式和风俗习惯。

当时北方广大地区的戎狄之族，经济生活以游牧、渔猎为主。《左传·襄公四年》记载晋大夫魏绛建议晋悼公采用和戎政策，申说和戎有五利：“戎狄荐居，贵货易土，土可贾焉，一也。边鄙不耸，民狎其野，穑人成功，二也。”《国语·晋语七》也有同样记载：“且夫戎狄荐处，贵货而易土，予之货而获其土，其利一也。边鄙耕农不儆，其利二也。”《左传》正义引服虔说：“荐，草也。言狄人逐水草而居，迁无常处。”“荐居”就是说逐水草而居，过着游牧生活。因为放牧家畜必须在草原上流动迁移。正因为戎狄逐水草放牧，居无常处，看重货物而轻视土地，用货物可以向他们交换土地，这和当时中原地区实行井田制而“田里不粥(鬻)”的情况不同。这时中原国家边地已全是农业地区,如果戎狄不侵扰,即所谓“边鄙不耸”,人民就可以安居田野,即所谓“民狎其野”,农业便可获得收成,即所谓“穑人成功”。因此这时中原国家和戎狄之族之间的斗争,对当时经济的发展有着重大关系。《国语·晋语一》记载骊姬对晋献公说:“以皋落狄之朝夕苛我边鄙,使无日以牧田野,君之仓库固不实,又削封疆。”这是说狄经常侵扰边疆,不但要侵占封疆,更要破坏田野的生产,影响国家仓库的收入。狄族侵扰的主要目的在于掠夺财富,而中原国家进攻狄族的主要目的,则在于占有土地。《左传·庄公二十八年》和《国语·晋语一》都记载骊姬指使“外嬖”(晋献公宠嬖之人)劝说晋献公遣送公子重耳和公子夷吾到边疆的蒲和屈二邑去驻守,理由是:“狄之广莫,于晋为都,晋之启土,不亦宜乎?”“广莫”是指广大无边的荒野,也就是指狄族游牧的广大草原。“启土”是说开拓疆土。这是说,狄族的广大草原,晋国占有之后可以建设都邑,因而向狄族地区开拓疆土,是最合适的。当时中原国家和戎族之间的矛盾,从经济生活来说,是根源于农业和游牧之间的矛盾。随着中原国家向戎狄地区的开拓,新的都邑的兴建,农业地区就扩大,耕地就多垦辟。

自从西周分封许多姬姓诸侯到今山西西南部以后,晋、韩等国就谋求开拓周围的戎狄地区和奴役戎狄人民。晋邦盨铭文:“晋公曰:我皇且(祖)鄦(唐)公,〔膺〕受大命,左右武王;□□百䜌(蛮),广嗣(治)四方,至于大廷,莫不来〔王〕,〔王〕命鄦(唐)公,门宅京自,□□□邦。”说明唐叔受封的确负有“匡有戎狄”的使命,要使得四方“百蛮”都来归附。这段铭文只是赞扬祖先之辞,没有叙述具体情况。《诗经·大雅·韩奕》末段对于韩国如何奴役“百蛮”就讲得比较具体："溥彼韩城，燕师所完，以先祖受命，因时(是)百蛮。王锡韩侯，其追其貊，奄受北国，因以其伯。实墉实壑，实亩实籍，献其貔皮，赤豹黄罴。"这是说，韩侯接受王命，得到追、貊等"百蛮"，成为"北国"之"伯"，因而得以征发"百蛮"服役，接受"百蛮"的贡纳。"实墉实壑"是说征发来修筑城墙和开掘沟洫；"实亩实籍"是说征发来开辟田亩和在"籍田"上集体垦耕；"献其貔皮，赤豹黄罴"是说归附的"百蛮"依然从事狩猎生产，要向韩侯贡献狩猎所得的珍贵野兽和兽皮。想来晋国必然也同样采用韩国奴役"百蛮"的办法。

当时晋国一方面用安抚政策迫使归附的戎狄服役，另一方面又用武力征伐不服从的戎狄部族。《左传·桓公二年》载："晋穆公之夫人姜氏，以条之役生太子，命之曰仇。其弟以千亩之战生，命之曰成师。"《史记·晋世家》也说："穆侯四年取齐女姜氏为夫人，七年伐条生太子仇，十年伐千亩有功，生少子名曰成师。"据《史记·十二诸侯年表》，伐条在周宣王二十三年，千亩之战在周宣王二十六年。据《后汉书·西羌传》所引《竹书纪年》，周宣王三十八年"晋人败北戎于汾隰"。伐条之役，是指讨伐附近的条戎。千亩当是晋国附近设有"籍田"的地方，千亩因"籍田"所在而得名。这和周宣王"不籍千亩"和"战于千亩"的千亩不同。但是由此可知，晋国如同周王室一样设有称为"千亩"的"籍田"，用来征发各族人担任集体的耕作劳役。

晋国通过兼并周围的姬姓诸侯和占有戎狄土地，不断向周围开拓。在晋以西的韩国，在西周末年已被晋兼并。春秋初期晋国发生内讧，暂时停止对周围小国的兼并。等到曲沃武公(即晋武公)完成统一，就兼并了荀国(《水经·汾水注》引《汲冢古文》)。接着，晋献公就灭亡耿、霍、魏、虢、虞等国，同时又兼并戎狄之地。公子重耳所居的蒲和公子夷吾所居的屈(今吉县东北),原来都是狄地。《史记·晋世家》说:晋献公时"晋强,西有河西,与秦接境,北边翟,东至河内"。索隐:"河内,河曲也。"顾炎武解释说:"内音汭,盖即今平陆、芮城之地。"当时晋国的幅员还只有今山西的西南部分。顾炎武说这时"霍太山以北,大都皆狄地"(《日知录》卷三一"晋国"条),其实不仅霍太山以北是戎狄放牧之地,在霍太山以西和以东也都是戎狄之区,蒲和屈两邑就在霍太山以西,不少赤狄部族就在霍太山以东。甚至在汾水、浍水、涑水流域,周围也都有戎狄分布。晋献公末年周的卿士宰孔指出:晋国"景霍(霍太山)以为城,而汾、河、涑、浍以为渠,戎狄之民实环之"(《国语·晋语二》)。

当晋文公图谋称霸的时候,狄族势力已深入到中原心脏地区。狄族不但侵占了朝歌以北原来邢、卫两国之地,即太行山以东的东阳地区;又控制了朝歌以西直到阳樊(今河南济源西南)一带苏之地方,即太行山以南的南阳地区;更帮助周襄王之弟叔带争夺王位。晋文公起"勤王"之师,"乃行赂于草中之戎与丽土之狄(即骊戎)以启东道"(《国语·晋语四》),进军阳樊,攻取温(今温县西),打败狄人,恢复襄王的王位。周襄王便把南阳之地赐给晋文公,晋国从此得到了向东开拓的重要据点。

公元前六二七年晋和狄的"箕(今蒲县东北)之役",是一场大战,晋把狄打败,擒获了白狄的君主,同时晋的中军元帅先轸也战死了。后来晋大夫郤至把"箕之役"和晋惠公被俘的"韩之战"、晋兵惨败的"邲之战",同样看作"晋之耻";而范文子又回顾当时形势,把秦、狄、齐、楚看作和晋对敌的"四强"(《左传·成公十六年》)。当时狄族实力确是很强,占地很大,其中赤狄族的潞氏最为强大,成为众狄之长。

公元前六〇三年赤狄伐晋，包围了怀（今河南武陟西南）及邢丘（今温县东北，靠黄河），次年又侵晋，掠取向阴（即向，今济源南）的禾。这些地方就是周襄王赐给晋国的南阳地区，说明狄族势力仍然很强。

但是，狄族在不断壮大发展的过程中，内部产生了种种不能克服的矛盾，因而不免走向衰亡。首先狄族之间，在对付晋国的政策上产生分歧。这时白狄已和晋讲和，并且服从于晋。公元前六〇一年"春白狄及晋平，夏会秦伐晋"(《左传·宣公八年》)。狄族中一些部族君长采用了过分奴役所部人民的政策，人民和统治者之间的矛盾十分尖锐。潞氏作为狄族之长，采用奴役"众狄"的政策，又造成潞氏和"众狄"之间的矛盾。潞氏掌权的统治者内部斗争又很激烈。当时晋国和潞氏通婚，潞君婴儿（潞君之名）的夫人是晋景公之姊，被执政酆舒杀死，酆舒又伤了国君的眼睛。同时潞氏贵族又染上中原贵族嗜酒的风气。

当时晋国的君臣已看到狄族内部这些矛盾，采用等待时机和分化狄族的策略，以便逐个加以击破。当赤狄进攻南阳时，晋卿荀林父就说："使疾其民，以盈其贯，将可殪也"(《左传·宣公六年》)。就是说，让他去为害人民，等其恶贯满盈，就可杀灭了。接着晋国就派郤缺去向"众狄"讲和，使转而服从晋国。晋景公并亲自到狄地去和"众狄"会盟，宣布和戎政策，使赤狄陷于孤立。公元前五九四年晋派荀林父攻灭潞氏，接着晋景公"治兵于稷（今山西稷山南），以略狄土"(《左传·宣公十五年》)。就是乘胜略取"众狄"的土地，这是晋的主要目的。次年又派士会攻灭甲氏、留吁、铎辰。到公元前五八八年晋、卫联合进攻廧咎如，一下子就击溃了，因为廧咎如"上失民也"(《左传·成公三年》)。这是晋国开拓戎狄地区的重大成功，从此战胜了狄族中强暴的统治者，取得了上党地区。到晋悼公时，由于魏绛的建议，进一步推行和戎政策，和诸戎结盟，做到“修民事，田以时”(《左传·襄公四年》)。魏绛认为和戎有五“利”，第一个“利”就是“戎狄荐居，贵货易土，土可贾焉”。当时晋国推行和戎政策后，确实向北开拓了大块土地。公元前五六三年晋会同诸侯之师攻灭偪阳(今山东枣庄南)，“使周内史选其族嗣纳诸霍人”(《左传·襄公十年》)。霍人即是藿人，也就是西汉的葰人，在今山西繁峙东北，恒山以南，滹沱河北岸，是西汉太原郡最西北的一县。但是太原周围地区还多戎狄之族存在。到晋平公时，公元前五四一年，“晋中行穆子败无终及群狄于太原”(《左传·昭公元年》)，从此晋就完全占有太原地区。晋昭公时，晋就越过太行山向东北开拓。公元前五三〇年攻灭了白狄的肥国(今河北晋县西)，后十年又攻灭白狄的鼓国(今河北藁城西南)，于是晋国就占有今河北的西南地区。

晋国向周围开拓的疆土，有些是通过灭亡姬姓诸侯而取得的，大都在今山西的西南部，原即所谓“夏虚”，是早已垦辟之地。而大部分土地是从戎狄手中取得的。从狄族手中夺取的苏、卫、邢等国之地，在今河南黄河以北地区和河北西南部，也是早已垦辟的，只是受到了戎狄侵扰的破坏。有些是从白狄手中取得的，也在今河北西南部。白狄也早已建有城市，土地早就垦辟了。只有从赤狄和无终手中取得的上党、太原等地，原是戎狄游牧之区，是晋国在取得之后垦辟的。其中晋阳(今太原西南)成为赵氏之邑，铜鞮(今沁县南)成为羊舌氏之邑，邬(今介休东北)、祁(今祁县东南)、平陵(今文水东北)、梗阳(今清徐)、涂水(今榆次西南)、马首(今寿阳南)、盂(今阳曲东北)成为祁氏之邑。赵氏的晋阳和祁氏的七个邑都在太原地区，羊舌氏的铜鞮在上党地区。

公元前五一四年祁氏和羊舌氏在内讧中灭亡，他们所属的邑都改建为县，由晋任命的县大夫来治理。后来，太原地区、部分上党地区和河北西南部都成为赵的疆土。到春秋、战国之际，赵襄子又“逾句注而破并代，以临胡貉”（《史记·匈奴传》）。代原是北戎，《后汉书·西羌传》说：“赵亦灭代戎，即北戎也。”代在今河北蔚县西北一带，从此赵就占有今河北的西部。一九二三年浑源李峪村靠恒山北麓的春秋末年晋墓，出土有许多精美青铜器，近年又出土一批春秋末、战国初的青铜器，说明春秋末年晋国已经扩展到了恒山以北地区。

在春秋时代中原各诸侯国中，晋国的农业生产比较先进。周襄王赐给晋文公的南阳地区，在春秋初期农业技术已很先进。《左传·隐公三年》记载：公元前七二〇年“四月郑祭足帅师取温之麦，秋又取成周之禾”。这段记载用的是夏正（从赵翼《陔余丛考》之说），夏正四月正是冬小麦成熟之时，所以郑国派兵掠取；到秋季，郑国又派兵掠取成周之禾。说明当时中原王畿一带已推行冬小麦的种植，因而能够实行轮作复种制，一年之中，既有夏熟，又有秋收。不仅从西周的撂荒耕作制过渡到了土地连种制，而且创始了轮作复种制。《左传·宣公七年》记载：公元前六〇二年夏“赤狄侵晋，取向阴之禾”。向阴即向，在今河南济源南，也在南阳地区。这段记载也用夏正，“禾”是指麦（杜预注：“此无秋字，盖阙文。”杜氏以周正计算，以为“夏”无“禾”可收，其实《左传》采自各国史料，常杂用夏正、周正）。

晋国汾水流域的农业生产同样是先进的。《左传·成公十年》记载：公元前五八一年“六月丙午晋侯欲麦，使甸人献麦，馈人为之”。这段记载用的是周正，杜预注：“周六月，今四月，麦始熟。”这是麦新熟时候，统治者举行“尝新”之礼。《礼记·月令》：孟夏之月“农乃登麦，天子乃以彘尝麦，先荐寝庙”。《吕氏春秋·孟夏纪》同。高诱注：“麦始熟，故言尝。”甸人是掌管公田之官，馈人是掌管饮食之官。晋侯在周正六月举行“尝麦”之礼，可知晋的国都附近已推行冬小麦的种植，于初夏收获。此地既有夏熟，当然还有秋收，也该和南阳地区一样实行轮作复种制。轮作复种制的推行，使得农业有了进一步的发展，产量有了提高。

晋国的地利条件是中等的，属于《禹贡》的冀州的范围，土是白壤，田是中中等。白壤是指今河北、山西一带的盐渍土。这一带经过各族人民长期的开发，成为农业生产上比较先进的地区。到春秋晚期。晋国由于生产力的发展，推动了社会经济制度的变革，开始出现了变法运动，成为战国初期实行变法的先驱者。春秋晚期晋国六卿进行经济改革，各自废除“步百为亩”的井田制，代之以新的田亩制和地税制。在六卿中，以赵氏最为先进。赵氏规定的亩制最大，以二百四十步为亩，以适应农业生产发展的需要（见山东临沂银雀山出土竹简《孙子兵法·吴问篇》）。后来商鞅在秦变法，废除井田制，推行二百四十步为亩的田亩制，就是效法赵氏的。赵氏原来统治的地区，大都是新垦辟的戎狄游牧之地，这时能够成为先进地区，可以说是后来居上，这是各族人民共同努力开发的结果。

附录：韩侯所在地望考

周武王之子所封的韩国，向来诸说纷纭。有关韩国的主要史料，就是《诗经·大雅·韩奕》：“奕奕梁山，维禹甸之，有倬其道。韩侯受命……韩侯取妻，汾王之甥，蹶父之子。韩侯迎止，于蹶之里。……蹶父孔武，靡国不到，为韩姞相攸，莫如韩乐。……庆既令居，韩姞燕誉。溥彼韩城，燕师所完。以先祖受命，因时百蛮。王锡韩侯，其追其貊，奄受北国，因以其伯。”韩国于春秋前为晋所灭。《左传·襄公二十九年》载叔侯曰：“虞、虢、焦、滑、霍、杨、韩、魏，皆姬姓也。晋是以大。若非侵小，将何所取？”其后晋用以封大夫韩万。

韩亦称韩原，其地望，从来有河西、河北、河东三说。

（1）河西说，谓在今陕西韩城。《括地志》：“韩原在同州韩城县西南十八里，又韩城在县南十八里，古韩国也”（《史记·韩世家》正义引）。《通典·州郡三》、《元和郡县志》、《太平寰宇记》等，都有相同之说。此说可以用来解释《韩奕》所说“奕奕梁山”，韩城正有梁山，但是，以此解释秦晋两国韩原之战，则有困难。《左传·僖公十五年》载：秦伯伐晋，先言“涉河”，再言“晋车三败及韩”，晋侯曰：“寇深矣！若之何？”于是“战于韩原，晋戎马还泞而止”，“秦获晋侯以归”，“秦始征晋河东，置官司焉”。顾炎武据此，认为秦兵渡河深入到韩作战，断言秦、晋相战之韩不在河西，应在河东（《日知录》卷三“韩城”条）。江永《春秋地理考实》同样据此，断言秦、晋相战之韩与韩国都应在河东。这些推断是正确的。因此河西说不可信。

（2）河北说，谓在今河北固安东南韩寨营，即汉代方城县。王肃谓：“今涿郡方城县有韩侯城。”《水经·圣水注》：“圣水又东南径韩城东。”引《韩奕》与王肃之说来解释。此说主要是为了解释《韩奕》的“溥彼韩城，燕师所完”。因为他们认为燕师即是召公所封之北燕之师，韩城应在北燕附近。《潜夫论·志氏姓》云：“昔周宣王亦有韩侯，其国地近燕（指北燕）……其后韩西亦姓韩，为卫满所伐，迁居海中。”顾炎武信从其说，并举《韩奕》“其追其貊”乃东北之夷为证。此说难通之处，就是韩为晋所灭，其地为晋所兼并，如果韩在今河北固安，其地正当北燕境内，此时晋偏处河东，怎能越中原、深入北燕之境而兼有其地？俞正燮反对此说，认为《韩奕》所云燕师，非指北燕而是南燕，并列举证据，证明春秋以前及春秋时所说的燕，都指南燕，南燕姞姓，《韩奕》谓“韩侯取妻”，而称为韩姞，可确证为南燕（《癸巳类稿》卷二“《韩奕》燕师义”）。据此可知河北说亦不可信。

（3）河东说，《左传·僖公二十四年》：“晋、应、韩，武之穆也。”杜预注：“韩国在河东郡界。”钱坫《新斠注汉书地理志》据此，并据《续汉书·郡国志》“河东郡河北，《诗》魏国，有韩亭”，谓秦、晋战处当即在此，韩万封邑亦应在此，即今芮城。此说亦有问题，此处既为魏之封国，不应同时又是韩之封国。从《韩奕》看来，韩国应有一定规模，不该比魏国还小。

江永《春秋地理考实》据秦、韩相战韩原情况，推定在今河津、万泉之间，较为可信。由今河津渡河，须经梁山下，故《韩奕》有“奕奕梁山”，“有倬其道”等语。《韩奕》谓：“韩侯取妻，汾王之甥”，俞樾《群经平议》谓“汾即《考工记》之妢胡，西戎国名”，其国应以近汾水而得名。貊一作貉，本为游牧部族，不仅活动于北燕以北，亦活动于秦晋以北，春秋战国时尚如此。《史记·赵世家》谓赵襄子所剖朱书曰：“至于后世，且有伉王（指赵武灵王）……奄有河宗，至于休溷诸貉。”《荀子·强国》又云：“秦北与胡貉为邻。”可知韩建国于汾水以北，亦能与貊为邻。

清代学者有调停二说的，雷学淇《竹书纪年义证》谓韩初封在河北，后迁河西。江永《群经补义》又谓韩初封河西，后迁河北。我们认为都不可信。近人大都信从顾炎武《日知录》，肯定河北之说，如新出版的高亨《诗经今注》、杨伯峻《春秋左传注》等，都是如此，因此有必要把此篇考证作为本文附录。

第六章 《穆天子传》真实来历的探讨

《穆天子传》又称《周王游行记》，记的是周穆王西游昆仑而见到西王母的历史故事，原为西晋初年汲县魏墓所出土的大量简书之一种，可以说是最早出土的先秦简牍整理研究的成果。这批简书，包括《竹书纪年》在内，不幸在宋代已散失了，惟有这部《穆天子传》能够流传至今，这是值得珍视的。

《穆天子传》这部先秦文献的著作年代和史料价值，历来是很有争议的。自从出土以来，很长一段时间，学者们把它看作是西周史官的实录，列入起居注一类，但是传文所说周穆王西游，按照河伯之神提供的《河图》和《河典》，经历了一万四千里的行程，见到了许多不见经传的部族，升登了昆仑丘和县(悬)圃，再向西行在瑶池见到了西王母，许多内容与《山海经》、《楚辞·天问》等书所载神话传说相合，同时传文本身有不少晚出的痕迹，因此清代钦定的《四库全书》的编者，就把它列入小说类。近代学者如顾实等人，对其中穆王西游所经历的地名作过详细考证，但有不少穿凿附会的地方，甚至说周穆王到了波兰华沙，这就使人更感到荒诞不可信了。但是近年来，学者们因为发现《穆天子传》所载穆王的大臣毛班，见于周穆王时代制作的班簋铭文中，于是对于《穆天子传》史料价值的看法大为转变。一九五二年杨树达发表《毛伯班簋跋》就说："《穆天子传》一书，前人视为小说家言，谓其记载荒诞不可信，今观其所记人名见于彝器铭文，然则其书固亦有所据依，不尽为子虚乌有虚构之说也"（见《积微居金文说》）。后来唐兰考释班簋也说："毛班见《穆天子传》，此书虽多夸张之语，写成时代较晚，但除盛姬一卷外，大体上有历史根据的，得此簋正可互证"（见《西周青铜器铭文分代史征》）。近来不少学者确认此书作于战国时代，同时又确认其中既具有西周史料，又反映了先秦中西交通及其沿途部族分布的史迹。

目前有个重要问题，需要我们解答。为什么战国时代成书的这个周穆王西游的神话传说中，会保存有西周的史料与当时中西交通的史迹而不见于其他先秦文献中？为什么此书会有如此独特的史料价值呢？我曾经长期考虑过这个问题，当七十年代初期，我调到复旦大学历史地理研究室，与钱林书一起考订编绘先秦历史地图时（即编著《中国历史地图集》第一册），就想钻研这部书而把其中地名画上地图，因为问题复杂而任务紧迫，没有能够做到，只在《战国时期全图》上画上了昆仑这个山名。此后这个问题常在我脑海中盘旋。我认为，这需要沟通从西周到战国的历史脉络，用民俗学和神话学的眼光来分析，才可能从中找出它的真实来历。我的见解是：这部书所以会有真实的史料价值，由于作者采自一个从西周留存到战国的游牧部族河宗氏的祖先神话传说。他们从西周以来，世代口头流传着祖先河宗栢夭参与周穆王长途西游的神话传说，从一个引导者变成了周穆王的随从官员，结果得封为“河宗正”的官职，从而使这个部族得以兴旺起来。他们认为这是他们整个部族的光荣历史，世代口头相传而不替，直到战国初期才被魏国史官采访所得，成为《穆天子传》的主要内容。这种原始的游牧部族所传的祖先历史，本来是和神话传说分不开的。《史记·秦本纪》和《赵世家》所载早期的祖先历史，同样富有神话的特色。

一　河宗氏祖先神话传说的真实性

我们首先要指出，当战国初期，介于魏、赵与秦三国之间，龙门以上，黄河上游还是个戎狄游牧部族的“游居”地区。《史记·赵世家》有一段祖先的神话传说，据说当晋国知伯瑶率领知、韩、魏三族围攻赵氏于晋阳之前，赵襄子在王泽，见到三个神人送给他的随从者一根竹节，剖开竹节，其中有朱书写道：

> 赵毋卹，余霍泰山山阳侯天使也。三月丙戌，余将使女（汝）反灭知氏，女（汝）亦立我百邑，余将赐女（汝）林胡之地。至于后世，且有伉王，赤黑，龙面而鸟噣，鬓麋髭頿，大膺大胸，修下而冯上（“上”字原脱，从《风俗通义》卷一《六国篇》补），左衽界乘（集解引徐广曰：“界一作介”，“界”通“介”），奄有河宗，至于休、溷诸貉。南伐晋别，北灭黑姑。

朱书所谓“伉王”，即指赵武灵王。“左衽”是说改穿左衽的胡服，介乘是说被甲而乘马骑射。这是说：霍太山的山神将使赵氏于三月丙戌这天反灭知氏，并将使赵的后世生出赵武灵王，胡服骑射而攻取得林胡之地，还能占有河宗之地，直到休、溷诸貉之地。这个山神的预言，后来都成为事实。

河宗所在,《史记》正义说:"《穆天子传》云:'河宗之子孙鄘栢絮。'按:盖在龙门、河之上流,岚胜二州之地也。"龙门在今陕西韩城东北,黄河至此,两岸峭壁对峙,形如阙门,故称龙门,传为禹治水所凿成,《禹贡》所谓"导河积石至于龙门"。《吕氏春秋·爱类》称:"上古龙门未开",造成洪水,于是禹疏河。《淮南子·修务训》称禹"凿龙门"。因此古人把龙门视为神灵的圣地,例如《水经·河水注》引《竹书纪年》载:"晋昭公元年河赤于龙门三里,梁惠成王四年河水赤于龙门三日。"作为河伯之神在此地显示灾异的征兆。河宗氏是以河伯之神作为始祖而崇拜的宗族,是游牧于黄河上游的一个大部落。他们所重视的神灵之地,主要是阳纡和龙门,《山海经·海内北经》说:"阳汙之山河出其中,凌门之山河出其中。"郝懿行《笺疏》说:"或云即龙门,凌龙亦声之转也。"《穆天子传》载:"爰有温谷乐都,河宗氏所游居。"郝懿行说:"游居,游牧也。"在这个地区,"人"是"游居"的,只有神是"都居"的,也就是定居的。《穆天子传》说:"天子西征,骛行至于阳纡之山,河伯无夷之所都居,是惟河宗氏。河宗栢夭逆天子于燕然之山。"无夷,《水经注》等都引作冯夷,"无"可能是"冯"字之误。阳纡原是个大湖之名,《周礼·职方氏》载:"冀州泽曰阳纡。"《尔雅·释地》作阳陓,《吕氏春秋·有始》作"秦之阳华",因为当《吕氏春秋》著作时,此地已为秦有。"纡"、"陓"、"华"是一声之转。这个湖当在河套,徐炳昶《中国古史的传说时代》引古生物学家杨钟健的话,古代河套有个大湖,当即阳纡,阳纡之山当在湖的北面。《山海经·海内北经》说:"从极之渊深三百仞,维冰夷恒都焉,冰夷人面乘两龙。"郭璞注:"冰夷,冯夷也。""冰"、"冯"声相近,从极之渊当是阳纡之泽的别名。

在古代各族神话中，所崇拜的水神往往潜居在大湖中。《秦诅楚文》是秦惠文王时所作，秦的宗祝所祭的水神叫大沈厥湫，湫就是湫渊。《史记·封禅书》记华山以西有四大名川，即河水、汉水、江水和湫渊。湫渊在朝那，在今甘肃平凉西北，只有"方四十里"，就是因为秦所崇拜的水神大沈厥湫潜居在此渊中，因而在祭礼上，得与黄河、长江、汉水并称为四大名川。大沈厥湫就是因为它潜居渊中，祭祀要把祭品沉入水中而得名。《左传·昭公元年》载：晋侯有疾，卜人曰："实沈、臺骀为祟。"据说实沈原是高辛氏的季子，迁于大夏。《淮南子·墬形训》说西北方之泽曰大夏。可知春秋时晋的水神也潜居泽中，因而名叫实沈。河宗氏所崇拜的河伯潜居在阳纡之泽，正与秦、晋的神话相同。由此可见河宗氏祖先神话传说的真实性。

《穆天子传》记天子西征，先到鄘人。鄘人也是个以河宗为始祖而崇拜的部族，他们的领袖鄘柏絮仰接天子于智的地方，献豹皮和良马，"甲辰天子猎于滲泽，于是得白狐玄狢焉，以祭于河宗"。当时天子住在鄘人的境内，曾"西钓于河"，所祭的河宗当是鄘人祭祀河伯的宗庙，看来规模较小，因而只以当地猎得的白狐玄狢致祭。接着天子西征到了阳纡之山，这是河宗氏祭祀河伯之所，即是河伯"都居"之所，河宗氏的领袖河宗栢夭就在附近燕然之山迎接，"劳用束帛加璧"，接待之礼要比鄘柏絮隆重得多，于是天子就大朝于燕然之山、河水之阿，选定吉日大规模举行祭祀河伯的典礼，由天子亲自奉璧主祭，把璧授给河宗栢夭，由河宗栢夭西向沉璧于河，并由祝沉牛马豕羊。这个祭典的最后一幕，就具有"巫术"性质：

> 河宗□命于皇天子，河伯号之：帝曰："穆满，女(汝)当永致用訔事。"南向再拜。河宗又号之：帝曰："穆满，示女(汝)春山之

宝，诏女(汝)昆仑□舍四平泉七十，乃至于昆仑之丘，以观春山之宝，赐女(汝)晦("晦"读作"贿")。"天子受命，南向再拜。

这里表示，经过隆重的祭典，河宗栢夭已上通于河伯之神，同时河伯之神已上通于天帝，于是河宗栢夭就代表河伯大声呼号，传达天帝的命令。第一道命令是叫穆王永久主理当世之事。第二道命令是叫穆王到昆仑去参观春山之宝，并给予赏赐。接着河伯就给天子"披图视典"，就是阅看《河图》和《河典》，以便沿河西行前往昆仑。《水经·河水注》引述《穆天子传》，概括说"河伯乃与天子披图视典，以观天子之宝器，玉果、璇珠、烛银、金膏等物，皆《河图》所载，河伯以礼，穆王视图，方乃导以西迈矣。"从此河宗栢夭就奉上帝和河伯之命，成为周穆王沿河西征的引导者。

《穆天子传》说："曰栢夭既致《河典》，乃乘渠黄之乘为天子先，以极西土。乙丑天子西济于河，□爰有温谷乐都，河宗氏之所游居。"河宗栢夭确是最合适的周穆王西行的先导者，因为河宗氏原是个沿着黄河上游、逐水草而游牧的部族，不仅从河套以东到龙门一带是他们游牧的地区，而且河套以西也是他们时常"游居"之地，与沿路的部族都很熟悉，语言也是能相通的。一路上栢夭成为传达王命和王的讲话的人，例如："□栢夭曰：□封膜昼于河水之阳，以为殷人主。"栢夭又成为介绍情况的人，如"曰：春山，是唯天下之高山也"。有时成为接受礼物的人，如有人送天子至于长沙之山，献有礼品，"天子使栢夭受之"。又如至于巨蒐氏，巨蒐人献大量礼物，天子分别使栢夭与造父受之。当周穆王西游回来，至于文山，"天子命驾八骏之乘"，栢夭所乘的马车升级了。"天子主车，造父为御……栢夭主车，参百为御，奔戎为右"。当周穆王观看《河图》、《河典》之后出发西游时，"天子之御：造父、三百（即参百）、耿翛、芍及”，到回归时，参百成为河宗栢夭之御，说明周穆王对栢夭地位的提升。等到栢夭送天子回到鄘人之后，周穆王就“顾命栢夭归于其邦，天子曰：‘河宗正也。’栢夭再拜稽首”。

“宗正”是西周王朝安抚和奖励戎狄部族首领的一种官职。《左传·定公四年》记卫大祝子鱼讲到周成王分封诸侯，分给晋祖先唐叔“怀姓九宗职官五正”。《左传·隐公六年》又载“翼（晋之旧都）九宗五正顷公之子嘉父逆晋侯于随”。前人对“九宗五正”有两种不同解释，一种依据《曲礼》以为五正即五官，指司徒、司马、司空、司士、司寇。“九宗五正”是使五官分主九宗。另一种以为九宗中有些宗因人数少而不足立官者，于是并合为五正而领此九宗（见《左传·定公四年》正义）。当以后说为是。司徒等五官职司不同，不可能分主九宗。王国维《鬼方昆夷玁狁考》以为怀姓即金文之媿姓，《春秋》、《左传》狄女称隗氏，金文作媿。可见怀姓“九宗五正”，是西周王朝为了安抚狄族首领而授予的官职。引导周穆王西行的河宗栢夭，原是黄河上游游牧部族河宗氏的首领，亦是狄族，这一带在西周、春秋时，原是狄族的游牧地区，河宗氏当是狄族的部落。由此也可见河宗栢夭引导穆王西行记载的真实性。

战国初期魏文侯变法图强，攻占了秦河西之地，又略取戎狄之地，先后建立河西郡与上郡。河宗氏的一部分当有留在魏国境内的。估计河宗氏长期流传的这段有关祖先的光荣传说，这时为魏国的史官采访所得，作为周穆王的史料，并有所补充，而编成此书。因而《竹书纪年》把周穆王西征、北征作为大事记载在周穆王十三年或十七年。因此郭璞作《穆天子传注》，曾多处引《纪年》作证。如《穆天子传》"留昆归玉百枚"，郭璞注云："留昆国见《纪年》"。王国维《古本竹书纪年辑校》因而说："郭璞往往以《纪年》证《穆传》，此所述自当为一事。"郭璞作《山海经注》，有时同引《穆天子传》与《竹书》(即《纪年》)以相证。如《大荒北经》云："有大泽方千里，群鸟所解。"郭璞注云："《穆天子传》曰：'北至广原之野，飞鸟所解其羽，乃于此猎鸟兽绝群，载羽百车。'《竹书》亦曰：'穆王北征，行流沙千里，积羽千里'。皆谓此泽也。"《竹书纪年》与《穆天子传》有些出入，可能是由于《竹书纪年》乃概括《穆天子传》而言，或者别有所据。

二　周穆王西征史迹的真实性

我们认为，周穆王在几个游牧部族的引导下，带着所谓"六师之人"，沿着黄河上游西行，穿越戎、狄地区，经历许多戎狄部族，相互赠送礼品，做安抚的工作，都是真实的故事。其中掺入神话传说，或有夸张增饰，当然是无可避免的。先秦时代西北地区分布有许多戎狄的部族，中原的王朝或诸侯，企图兼并这些部族和扩大统治地区，不外乎两种手段，或者用安抚的策略，或者用武力征服，或两者兼而用之。周穆王是兼用两种策略的。

黄河是中国民族和文化的摇篮，黄河与人民的生产和生活休戚相关，与国家的兴衰也有密切关系，有为的国君对此是要关心的。例如秦惠文君八年(公元前三三〇年)魏入西河地于秦，十年魏纳上郡于秦，于是秦开始占有黄河上游一部分地方，十二年(公元前三二六年)秦就"初腊，会龙门"(见《史记·六国年表》)。腊祭是冬季举行酬谢收获之神、庆祝丰收的节日，举行酒会，男女齐集，开展娱乐活动。从这年起，秦国在龙门举行腊祭而集会，就具有特别的用意，该是为了和沿黄河上游的人民联欢，包括原来留居在这一带的戎狄部落的人民在内。由于秦和这一带游牧部族的关系友好，秦王可以通过戎地而游观北河。《六国年表》载：“秦惠文王更元五年（公元前三二〇年），王北游戎地至河上。”《秦本纪》作“王游至北河”。集解引徐广曰：“戎地在河上。”正义曰：“按王游观北河，至灵、夏州之黄河也。”这时在河上的戎地，当然包括河宗氏这个部族在内。《秦本纪》又载：秦昭王二十年（公元前二八七年）“又之（“之”通“至”）上郡、北河。”秦昭王也经上郡到北河，北河就是河套南边的黄河。这时河宗氏已被赵武灵王所攻取，北河东部以南榆中的林胡亦已被赵兼并。近人马非百认为秦惠文王和秦昭王都不可能到河套南边的黄河，于是别出新解，认为“北河应为一县，其地当在无定河上。昭王时榆中、九原尚属于赵，不得谓为黄河也。故《本纪》特言上郡北河，明谓北河属于上郡也”（见《秦集史·郡县志上》，第五七九页）。他看了《秦本纪》，忽略了《六国年表》，又主观地认为秦惠文王和秦昭王都不得到河套的北河。其实《六国年表》明确记载秦惠文王是经过戎地到河上的。秦昭王时榆中九原已属赵，也还可以从秦上郡经戎地到河套。秦惠文王和秦昭王都是很有作为的秦君，秦完成统一的基础就是他们所奠定的，他们先后越过戎族地区，到北河去视察，说明了他们对黄河的关心和重视。看来周穆王也是如此，同样是越过戎狄地区而游观黄河上游，只是规模要大得多，路程要远得多。

周穆王能够越过戎狄地区，沿着黄河长途西行，主要是依靠几个得力的游牧部族的引导和支持，可考的除了河宗氏以外，还有秦、赵两国的祖先造父之族。《秦本纪》说：“造父以善御幸于周缪王，得骥、温骊、骅駠、騄耳之驷，西巡狩，乐而忘归。徐偃王作乱，造父为缪王御，长驱归周，一日千里以救乱，缪王以赵城封造父。”《赵世家》大体相同，惟谓“桃林盗骊、骅骝、绿耳”，以为这些名马出于桃林。又于“西巡狩”下有“见西王母”。看来秦赵两国都有他们祖先造父为周穆王之御而西巡的传说，只是没有像《穆天子传》由河宗柏夭为先导而西征的传说那样能够流传下来。《穆天子传》说“天子命驾八骏之乘”，列举八骏之名，而《史记》所载造父为周穆王之御，只有其中四骏，四骏之名是相同的。所说：“见西王母”也是相同的。《穆天子传》列举八骏之名中有华骝、绿耳、赤冀、盗骊，是和《史记》所说四骏相同的，“赤冀”和“得骥”是音同通用。足见《穆天子传》与《史记》的记载的来源是一致而真实的。只是《史记》说造父因此封于赵城，《穆天子传》没有提及。看来《穆天子传》因为出于河宗氏的祖先传说，只记河宗柏夭因此而得“河宗正”官职，没有述及其他随从人员因功所得的赏赐。由于《穆天子传》出于河宗氏的传说，河宗柏夭的来历说得很清楚，其他随从人员的来历就没有说到，例如《穆天子传》讲到天子之御有造父、三百、耿翛、芍及四人，都没有说明来历，看到《史记》才知造父是秦赵的祖先。

此书卷一称：周穆王开始西征，出隃之关隥（即今雁门山），“至于鄘人，河宗之子鄘柏絮且逆天子于智之□”。于省吾以为鄘人即冯夷，因为“鄘”、“冯”古通，甲骨金文中“人”、“尸”、“夷”三字形音并通。我认为此说不妥。郭璞注云：“鄘，国名。”是正确的，下文述及其首领为鄘柏絮可证。按《穆天子传》的文例，常以“人”字称呼邦国或部族，如封膜昼“以为殷人主”。也或用“人”以称呼部族之首领如称赤乌之人其，赤乌即赤乌氏。这类例子很多。“河宗之子”，《赵世家》正义引作“河宗之子孙”，作“子孙”比较确切，犹如此书卷四称为“河伯之孙”。鄘人同河宗氏一样是一个以河伯为始祖的部族，以滲泽为河伯潜居之处，设有祭祀河宗之所，周天子因而以猎得的白狐玄狢以祭。鄘人传为冯夷之后，是可能以冯夷作为其部族的名称的。但其首领不称冯夷栢絮或鄘人栢絮，可知鄘当为其部族或国名。由此可知河宗氏和鄘人都是以一个湖泊作为中心而沿黄河游牧的。因为游牧需要水草茂盛的地方，湖泊周围是水草茂盛之处。

鄘人之所在，既是周穆王从隃之关隥（雁门山）西行，首先到达之地，又是周穆王西征归来，最后结束之处，引导者河宗栢夭由此“归于其邦”的。当时“鄘栢絮觞天子于澡泽之上（“澡”当是“滲”字之误），㓷多之汭，河水之所南还”。这分明是北河由东而向南转弯的弯曲之处，当即在今内蒙古托克托一带，正当后来赵武灵王胡服骑射之后向西攻取胡地而建立的云中郡的南部。上文所引《赵世家》所载霍太山山神的朱书，讲到赵武灵王将要“奄有河宗，至于休、溷诸貉”。《赵世家》又载武灵王二十六年（公元前三〇〇年）“攘地北至燕、代，西至云中、九原”。《古本竹书纪年》载：“魏襄王十七年（公元前三〇二年）邯郸命吏大夫迁于九原，又命将军、大夫適子、戍吏皆貉服”（《水经·河水注》所引）。可知赵武灵王在胡服骑射之后，所攻略取得的最西之地，就是云中和九原，此地原为貉族居住地区，因而赵武灵王为此特别下令，要迁居到此地文武官员“皆貉服”。以前《古本竹书纪年》的注释者往往以为“貉服”即“胡服”，其实是有些差别的。赵武灵王“初胡服”在前，《六国年表》和《赵世家》都记在赵武灵王十九年，如果貉服和胡服没有差别，赵武灵王就不必在这时再下令要迁居到九原的官员“皆貉服”了。“貉”原是中原人对北边游牧部族的称呼，大体上在胡族之北，古书上常以胡貉并称，如《荀子·强国》称秦“北与胡、貉为邻”。“貉”一作“貊”，西周时代已有这个称呼。如《诗经·大雅·韩奕》说:“以先祖受命,因时百蛮,王锡韩侯,其追其貊,奄受北国,因以其伯。”“追”与“貊”都是对北方狄族部落的称呼。西周时韩国在今山西河津之东,靠近龙门。

十分明显,赵武灵王胡服骑射之后所攻取得的九原、云中,就是“休、溷诸貉”的“游居”地区。看来九原、云中的地名,即起源于休、溷。据王力编制的古音的韵部的谐声表,从“九”声和“休”声的同属“幽”部,当可相通。“溷”字常用作“混”的异体字,从“云”声和“昆”声的同属“文”部,也可通用。“九”、“云”与“休”、“溷”古音可以相通,并非出于偶然的巧合,这种地名看来都是依据当地的方言,因而有前后相承的关系。《穆天子传》所说鄘人,当即《赵世家》所说溷之貉族;所说鄘人所居的滲泽和䍐多之汭,正在云中郡南部北河,由东向南转弯的弯曲之处,即是“溷”的所在。吕调阳说:“䍐同混。”如此说来,“䍐”和“溷”同样是“混”的异体字了。我认为,“溷”原先是滲泽的别称,“滲”所从“参”声和“混”所从“昆”声也很相近而可以通假,原是出于当地方言的不同音译,这个湖泊周围原是鄘人游牧的中心地点,靠近北河由东向南的弯曲之处,即所谓“䍐多之汭”,䍐多也出于当地方言的音译,出于同一的语源。

先秦的历史上,赵武灵王所设九原、云中二郡,已经是西北最远的地方,因此我们以中原文献与《穆天子传》所载西征地名能够参证的,只能到此为止。从此已可见周穆王西征史迹的真实性。《左传·昭公十二年》记楚的左史倚相对楚灵王说:“昔穆王欲肆其心,周行天下,将皆必有车辙马迹焉。祭公谋父作《祈招》之诗,以止王心,王是以获没于祗宫。”《穆天子传》简书的整理编辑者荀勖所作序文,就引用《左传》的这段记载,以为“此书所载则其事也”。又说:“王好巡狩,得盗骊、騄耳之乘，造父为御，以观四荒，北绝流沙，西登昆仑，见西王母，与《太史公》记同。”这是正确的。据《左传》，左史倚相对楚灵王说这些话，是进谏楚灵王的，所讲当是历史事实。《晋书·束皙传》说："《穆天子传》五篇言周穆王游行四海，见帝台、西王母。”束皙也是参与汲冢出土简书整理编辑的。荀勖说：穆王“以观四荒”，束皙又说："游行四海”。为《穆天子传》作注的郭璞，在所作《山海经》叙中，又引汲郡《竹书》及《穆天子传》，较详地叙述了“穆王西征”的经历，并说："周历四荒”。因为穆王在“西征”中，又有“北征”，“东归”后，又“东南翔行”，回到宗周之后，又曾西游、北游和南游。楚左史倚相所说“周行天下”，就是指穆王曾向四方游历，其实主要的是长途西游这一次。管仲曾说："昔吾先王昭王穆王世法文武，远迹以成名”（见《国语·齐语》和《管子·小匡》）。凡此都足以证明周穆王西征的真实性。

三　《穆天子传》所述及周初历史的正确性

《穆天子传》主要叙述穆王西征历程，述及周初其他的事不多。但是所述及的事很正确，可以纠正《史记》的错误。当穆王到达赤乌氏，接受所献礼品后，由河宗栢夭宣读王的讲话，讲到“大王亶父之始作西土，封其元子吴太伯于东吴”。这是和《史记》不同的。《史记·吴世家》说：太王共有三子，即太伯、仲雍和季历。因为“季历贤，而有圣子昌（即文王）”，太王要传位给季历及其子昌，于是太伯、仲雍出奔荆蛮，到江南建立了吴国。这样的传说，春秋时已有。例如晋大夫士蔿见到晋太子申生不得立为太子，就劝太子逃走说："不如逃之，无使罪至，为吴大伯不亦可乎？”（《左传·闵公元年》）。可知吴太伯逃奔之说早有流传，但是，这是出于误传。《左传·僖公五年》载：晋献公第二次假道虞国进攻虢国。虞大夫宫之奇对虞君进谏，讲到虞的历史说："大伯、虞仲，大王之昭也，大伯不从，是以不嗣。"可见太伯、仲雍是虞的始祖，所谓封于东吴，吴即是虞，金文常称"虞"作"吴"。虞的封国在今山西平陆北。宫之奇所说"大伯不从"，原是不随从在侧的意思，因为已分封到虞去。《史记·晋世家》误把"不从"改作"亡去"，"亡去"即逃奔，是出于后人的误解。这个误解早在春秋时代已有。例如《左传·哀公七年》鲁大夫季康子说："大伯端委以治周礼，仲雍嗣之，断发文身，蠃以为饰，岂礼也哉？"所谓仲雍断发文身，就是说仲雍已从江南吴越之旧俗了。但是我们细加考核，可知《穆天子传》所说太王封太伯于吴（即虞），真是正确的事实。

当太王亶父时，周的势力还很薄弱，周的贵族不可能有力量逃奔到江南吴地去创建国家。太伯、虞仲当是奉太王之命，带了周族的一支，来到虞地，创建了一个小国，作为东进的一个重要据点，因为从这里可以向北方戎狄地区开拓，又便于向东进入商朝的京畿地区。太王这样派长子、次子东进中原，合力创建新的小国，而把幼子留守在周，这是太王重要的"翦商"战略步骤。正因为如此，虞这支贵族向来是很受西周王室的重视。周文王所重用的大臣就有"八虞"和"二虢"，所谓"询于八虞而咨于二虢"（《国语·晋语四》晋大夫胥臣述及周文王）①。武王克商后，祭祀祖先，"王烈祖自太王、太伯、王季、虞

---

①《国语·晋语四》记胥臣对答晋文公讲到周文王，"及其即位也，询于八虞而咨于二虢"。韦昭注："二虢，文王弟虢仲、虢叔也。"又引贾、唐（即贾逵、唐固）云："八虞，周八士皆在虞官也。"董增龄《国语正义》云："案《论语》有八士，郑以周公相成王时所生，则不得为文王所询。如郑意，则别有八士在虞官矣。"今案贾、唐之说不确。"咨于二虢"既然指文王之弟虢仲、虢叔，为文王之同一辈，"询于八虞"必然指文王之长一辈，当为虞之八兄弟。若为"八士皆在虞官"者，岂能列于二虢之上。

公(即仲雍)、文王、邑考,以列升"(《逸周书·世俘解》)。这样把太伯、王季、虞公三兄弟的神主并列而祭祀,而且太伯列于季历之上,可见对太伯、仲雍极其尊重,怎么可能是逃亡出去的呢?《诗经·大雅·皇矣》:"帝作邦作对,自太伯、王季。维此王季,因心则友,则友其兄,则笃其庆,载锡之光,受禄无丧,奄有四方。"过去经学家把"对"训释为"配",说是"配天"的意思,并不确切。这是说上帝创立了一对的邦国,这一对邦国创始于太伯、王季(即季历);还说季历能够发挥兄弟友爱的精神,也就是说能够相互合作,因而扩展喜庆的事,从而使得周受天禄而永不丧失,包有四方。看来王季能够伐西落鬼戎(即鬼方)、俘二十翟王;又伐余无之戎而克之(见《后汉书·西羌传》注引《竹书纪年》),开拓很大领土,都是王季和太伯、仲雍合作,并以虞国作为前进基地的结果。当时这些强大的戎狄部族都在今山西北部,若没有虞作为前进的基地,周长途远征,是不可能取得这样的成就的。到周文王时,进一步向东征服了黎(一作"耆"或"饥"),黎在今山西长治附近;接着又攻取了邘(一作"于"或"盂"),邘是商王经常狩猎的地点,在今河南沁阳西北,这需要经山西南部穿越太行山才能攻到此地。这都需要以虞作前进基地的,否则是不可能的。

据师酉簋铭文,周王在吴(即虞)的太庙册命师酉的礼,可知虞有太庙可以作周王行礼之处,就是因为虞是太伯、仲雍的封国。《穆天子传》卷六称穆王"乃宿于虞",也是因为虞为太伯封国,原有周王留宿的宫室。

《史记·吴世家》说:"周武王克殷,求太伯、仲雍之后,得周章,周章已君吴,因而封之。乃封周章弟虞仲于周之北故夏虚,是为虞仲,列为诸侯。"这是颠倒了历史事实。上引宫之奇讲虞的历史，说："大伯、虞仲，大王之昭也。"可知仲雍即因封于虞而称虞仲。而《史记》说周章之弟虞仲封于虞，显然是错误的。索隐说前后有两个虞仲，是"祖与孙同号"，这是弥缝的曲说。其实，江南的吴国出于虞的分支，是后来康王时再度分封到江南来的，到康王时，周才有力量可以把周贵族分封到江南来。

西周初期一贯以分封小国作为东进开拓疆土的手段。芮该是和虞同是周早期分封的小国，金文"芮"作"内"，在今陕西大荔东、朝邑南，正当北洛水和渭水的交会点，又是渭水向东和河水交接地区，即所谓"渭汭"所在，"内"可能即由"汭"而得名。这个地理位置很是重要，这是周从渭水流域进入中原河水流域的交通枢纽，是从周到虞的必经之路。它的分封时代不详，可能与虞同时，至少到季历在位期间已存在，季历之所以能够在今山西地区不断征服戎、狄部族而扩展领地，文王之所以能够攻取黎地而攻取商的邘地，就是由于芮国控制着这个交通枢纽和虞国成为东进的前线基地。所以当文王时，虞芮之间发生争端而不和，成为文王首先要解决的问题①。《诗经·大雅·緜》："虞芮质厥成，文王蹶厥生（"生"读作"姓"）。予曰有疏附，予曰有先后，予曰有奔奏，予曰有御侮。"这是说：由于文王使虞、芮重新团结，感动了许多贵族，使得许多人前来归附，归来了许多捍卫之臣，增强了"御侮"的战斗力，这是文王壮大力量的一个重要成就。周在太王、季历、文王三代时期，虞始终是一个东进的前线基地，可知太王分

① 虞芮两国所发生的争端，具体情况已不详。或者说"有狱不能决"，见《史记·周本纪》。或者说"争田"，见《尚书大传》及《诗经·大雅·緜》毛传。都不可信。因为两国距离很远，不可能发生"争田"或相互牵连的争讼的事。

封太伯和仲雍到虞，确是开始计划“翦商”的一个重要战略步骤，而且是很成功的。

我们还要指出，《史记·周本纪》把太王（即大王）称为“古公”或“古公亶父”，是错误的。《诗经·大雅·緜》称“古公亶父”，“古”是“昔”的意思，崔述《丰镐考信录》已经指出：“周自公季以前未有号为某公者，微独周，即夏、商他诸侯亦无之，何以大王乃独有号，《书》曰古我先王，古犹昔也。……古公亶父者，犹言昔公亶父也。公亶父相连成文，犹所谓公刘、公非、公叔类者也。”这个论断是正确的。《周本纪》不称大王（即太王）而称古公，在一连串的叙事中，一律称为古公，这是出于误解了《诗经·大雅》“古公亶父”的称呼。《尚书·无逸》说：“太王、王季克自抑畏。”《诗经·鲁颂·闷宫》说：“后稷之孙，实维大王，居岐之阳，实始翦商。”《孟子·梁惠王下》也说“大王事獯鬻”，又说：“昔者大王居邠，狄人侵之。”先秦古书一概称为大王，没有称作古公的。童书业《春秋左传研究》说：“古公亶父未必即太王（古乃时代之称，亦非“谥法”），而《史记》之‘古公’则确为太王，盖周族至太王时始脱戎狄之俗而建城郭之国家，并开始有‘翦商’之志而称‘王’也。”此因《史记》大王误作古公，以为“古公亶父未必即太王”，这是不对的。由此可见，《穆天子传》称为大王亶父，是真实的历史记载，应该据以改正《史记》的错误。

《穆天子传》记载河宗栢夭向赤乌氏首领传达周穆王的讲话，讲到大王亶父做了两件大事，一是把元子太伯封于吴（即虞），二是把元女嫁给赤乌氏首领，用以说明“赤乌氏先出自周宗”。既然封元子之事确是事实，那么，嫁元女给赤乌氏也该是事实，而且与封元子之事同样重要，因而相提并论。王贻樑认为赤乌氏可能即乌孙氏，因为乌孙原来在敦煌、祁连山之间，颜师古说到，“胡人多青眼赤发”，因而称为赤乌氏。这个推断可能性很大，因为赤乌氏在春山，即在昆仑附近，祁连山就是传说中的昆仑，《穆天子传》所说春山上有县圃，县圃正是昆仑的神话中的。

汉代敦煌郡有昆仑塞，或称昆仑障，在今甘肃酒泉南，《后汉书·西域传》谓“今以酒泉属国吏二千余人集昆仑塞”，即此。崔鸿《十六国春秋》记前凉张骏时，酒泉太守马岌上言：“酒泉南山即昆仑之体，周穆王见西王母乐而忘归，谓此山也。”所谓酒泉南山即是祁连山，这是著名的高山，海拔五五四七米。祁连原为胡族之名，颜师古云：“匈奴谓天为祁连。”这和汉语称为昆仑，是相同的语义。昆仑之名不仅由于山的高，可以上通到天，而且由于山顶作“穹隆”形，如同所谓“穹苍”①。《楚辞·天问》说：“圜则九重，孰营度之？”王逸注：“言天圜而九重。”神话中天是圆形而九重的。胡人谓天曰祁连，以为祁连山可以上通到天，同时以为祁连山顶作穹隆形，有所谓“昆仑之体”，因而以为即是昆仑。从《穆天子传》看来，昆仑之丘是这座山的总名，春山是这座山北面的最高峰。所以天帝的命令是：“乃至于昆仑之丘，以观春山之宝。”到达时，先是“天子升于昆仑之丘，以观黄帝之宫”。后来“天子□昆仑之丘，以守黄帝之宫，南司赤水，而北守春山之宝”。接着“天子北升于春山之上，以望四野，曰：春山是唯天下之高山也。”所谓“北守”、“北升”都在昆仑之丘的范围之内。

---

① 参看吕微：《“昆仑”语义释源》，收入马昌仪《中国神话学文论选萃》，中国广播电视出版社一九九四年版。又，所录颜师古语见《汉书·武帝纪》“与右贤王战于天山”条注。

四 关于昆仑和县圃神话的来历

《穆天子传》所叙穆王西征历程,既是真实的史迹,为什么其中充满了神话色彩呢?这是因为传说者是河宗氏游牧部族的人,他们自认为是河伯之神的后裔,河出昆仑又是他们信仰的传说,因而西征的主要目的,就是上帝的命令:"至于昆仑之丘,以观舂山之宝。"因此所记西征出发时,有一段祭祀河伯的典礼以及传达上帝命令的"巫术"。到达昆仑和舂山时,又有一段描写昆仑和舂山的县圃的情景。由于这个穆天子西征史迹,河宗氏世代口头相传,直到战国初期为魏国史官采得而记录,传说者所传的神话,就不免要掺入战国时代神话的特点。原为游牧部族的河宗氏历代相传的祖先传说,理所当然地和神话相结合,这正是它真实的来历,这是战国时代中原的文人学士所想象不到的。

原始神话中的河伯是人面鱼身或龙身、蛇身,而《穆天子传》里的河伯已人格化,能够给天子"披图视典",王孝廉教授已指出这点①。原始神话中昆仑是上帝的"下都",而《穆天子传》里昆仑有黄帝之宫,因为皇帝(即上帝尊称)的神话,到战国时代已转变成黄帝传说②。这就是因为它掺入了战国神话传说的特点。

古代有升登高山作为"天梯"而上天的神话,如《山海经·海外西经》有登葆山"群巫所从上下",《大荒西经》又有灵山"十巫所从此升

① 参看王孝廉:《黄河之水——河神的原像及信仰传承》,刊于《民间文学论坛》第四十期(一九八九年第五期)。

② 参看拙作:《中国上古史导论》第五篇《黄帝与皇帝》,收入《古史辨》第七册,上海古籍出版社一九八二年版。

降”。昆仑具有作为“天梯”的高山性质，因而传说中昆仑有县（悬）圃。《楚辞·天问》说：“昆仑县圃，其居安在？增城九重（“增”读作“层”），其高几里？”昆仑的山顶是像“天”的，“天”是圜而九重，县圃就是九重天的结构。《穆天子传》说县圃在春山之上，有所谓春山之宝，因为春山就是昆仑之丘北面的最高峰。周穆王升登春山，到达县圃，就遵照天帝之命，在那里观看其中的宝物，并有所采取，采得了“孳木华之实”和“玉荣”等。并且“为铭迹于县圃之上，以诏后世”。接着天子到西边赤乌氏之地，在赏赐赤乌氏首领礼物之后，河宗栢夭介绍情况说：“春山，天下之良山也，宝玉之所在，嘉谷生之，草木硕美。”天子于是取嘉禾以归。

《穆天子传》所说的县圃神话，是比较原始的，只是一个美妙的动植物生长茂盛的花圃，并有宝玉的地方，可以由此采得动植物的优良品种和珍贵的宝玉。这和后来的县圃神话夸张其九重天的结构、可以由此登入神仙境界的不同。例如《淮南子·墬形训》所描写的县圃是：“中有增城九重……昆仑之丘或上倍之，是谓凉风之山，登之而不死。或上倍之，是谓悬圃，登之乃灵，能使风雨。或上倍之，乃经上天，登之乃神，是谓太帝之居。”这就大大地夸张这个县圃可以登之成为神仙的地方。汉武帝元封七年（公元前一〇四年）听信越巫勇之而建筑的建章宫，除了在太液池中有蓬莱、方丈、瀛洲、壶梁像海中神山以外，还建有神明台，“高五十丈，上有九室，常置九天道士百人也”（见《史记·孝武本纪》索隐引《汉宫阙疏》），就是按照九重天的县圃的格局建筑的。

据《史记·封禅书》，汉高祖初年在长安设立巫祠，其中就有一种“九天巫”，是“祠九天”的。索隐引《三辅故事》说：“胡巫事九天于神明台。”这种胡巫所祠的九天，就是县圃的九重天。这种胡巫在汉高祖时已有，看来武帝时所建的神明台，就是“祠九天”的胡巫所设计的。一九七六年在陕西扶风召陈西周建筑乙区遗址中，出土两个蚌雕人头像，皆高鼻深目，显系白色人种①，其中一个头顶刻有一个显著的“巫”字，这两个人头像是“胡巫”是无疑的。说明胡巫从西北来到中国的都城为执政者所使用，已有悠久的历史了。从西周初期已经开始，汉代初年皇帝使用胡巫，是继承了西周以来的传统的。

西周时代这种胡巫，究竟来自何处？或者推测为塞种人，或者推测为乌孙人，因为据《汉书·西域传》，乌孙氏的人种本杂，有塞种，也有大月氏种。塞种是白色人种。比较起来，胡巫是乌孙氏的可能性较大，因为乌孙氏原住在敦煌和祁连山之间，祁连山就是先秦神话传说中的昆仑、春山所在。《穆天子传》所记的赤乌氏，可能就是乌孙，而赤乌氏所在春山正有县圃的神话，县圃的结构原是九重天，那么，汉初“祠九天”的胡巫可能就是从乌孙来的，西周的胡巫也可能同样是乌孙来的。九重天的县圃神话的传布和扩展，可能和这种胡巫的东来而为君主所使用，有密切的关系。

西周初期胡巫的东来，可以说是早期中原和西域文化交流之中的一个特点。如同后来中国和印度文化交流中，首先是佛教的传来。

附带要说的是，上文引唐兰的话：“除盛姬一卷外，大体上是有历史根据的。”就是以为第六卷所讲盛姬丧礼的事不可信。看来此说并

① 陈全方：《周原和周文化》，上海人民出版社一九八八年版，图版第二〇页。

不确实。例如说盛姬的父亲盛伯，“天子赐之上姬之长，是曰盛门”。这是很正确的。我在《论逸周书》一文（收入本书为附录）中已讲到《逸周书·皇门解》是可信的，是记周公“会群门”的讲话，其中讲到“大门宗子”。“会群门”是姬姓大宗族长的定期大会见，当时确是以“门”来称呼“姬”姓的各支宗族长的。王念孙和朱右曾校改“群门”为“群臣”，是错误的。

第五编

西周时代的楚国和曾国

第一章　西周时代的楚国

楚国到春秋时代,已经是诸侯中第一等的大国。不但幅员广大,而且政治、经济和文化都有重大的发展,还很有特色。到战国时代,楚国更有进一步的发展,是楚文化的灿烂时期。它在当时社会历史变革过程中,对于完成全国的统一,促进南方各民族之间的融合,推动南方广大地区经济、文化的发展,都起着巨大的作用。它之所以能够取得如此巨大的成就,是经过了一个艰苦创业、奋发图强的过程的。我们考察一下它的西周时代的历史,就可以清楚地看到这点。

一　楚的起源及其建国的主要地区

先谈楚的起源问题。关于这一问题,近人有不同的看法。有主张它起源于东方的,也有认为它产生于中原的,又有以为它成长于南方的。

楚起源于东方之说,首先是由郭沫若提出的。他依据周成王时的铜器矢令簋,认定楚即淮夷。矢令簋说:“隹王于伐楚白(伯),才

(在)炎。"郭沫若《两周金文辞大系考释》说:"此成王东伐淮夷践奄时器。楚即淮夷,淮、徐初本在淮水下游,为周人所迫,始溯江而上,至于鄂戆。炎当即春秋时郯国之故称,汉属东海郡,今为山东郯城县,县西南百里许有故郯城云。"这是主张楚原是淮夷,原在淮水下游,后来西迁的。陈梦家《西周铜器断代》(二)(《考古学报》第十册)也有同样的看法,并举出《逸周书·作雒解》"凡所征熊盈族十有七国"作为旁证,认为楚即是熊氏之国,郯即是谭,在今山东历城东南龙山镇。

这一说法,我在早年也很相信①。现在看来证据薄弱,是不能成立的。《逸周书·作雒解》记载:

> 周公立,相天子,三叔及殷、东、徐、奄及熊盈以畔(一作"略")。周公、召公内弭父兄,外抚诸侯。元年夏六月,葬武王于毕。二年又作师旅,临卫政(通作"征")殷,殷大震溃,降辟三叔。王子禄父北奔,管叔经而卒,乃囚蔡叔于郭凌。凡所征熊盈族十有七国,俘维九邑。

朱右曾《逸周书集训校释》把熊盈解释为两族,认为徐是盈姓国,奄是熊姓国,"熊盈谓徐奄之同姓国",这个解释是错误的。徐、奄二国都是嬴姓,亦即盈姓。《左传·昭公元年》:"周有徐、奄",杜注:"二国皆嬴姓。"正义:"《世本》文也。"《史记·秦本纪》称嬴姓"其后分封,以国为姓",有徐氏和运奄氏,运奄氏当即奄氏。我们以其他史料和《逸周书》对比,可知熊盈族即指淮夷。例如:

> 召公为保,周公为师,东伐淮夷,残奄,迁其君薄姑(《史记·周本纪》)。

---

① 拙作《中国上古史导论》曾采用此说,收入《古史辨》第七册上编。

> 及周成王少时，管、蔡作乱，淮夷畔国（《史记·齐世家》）。
>
> 管、蔡、武庚等果率淮夷而反。……宁淮夷东土，二年而毕定（《史记·鲁世家》）。
>
> 武王崩，三监及淮夷叛，成王东伐淮夷，遂践奄，作《成王政》（《书序》）。

用这些史料和《逸周书》对比，可知“凡所征熊盈族十有七国”无疑是淮夷。《吕氏春秋·察微》说：

> 智士贤者相与积心愁虑以求之，犹尚有管叔、蔡叔之事与东夷八国不听之谋（高注：“东夷八国，附从二叔，不听王命，周公居摄三年伐奄，八国之中最大”）。

这里所说“东夷八国”和《逸周书》所说“熊盈族十有七国”是类似的。可知熊盈族即是东夷。雷学淇《竹书纪年义证》卷十八说：“据《吕览》则奄、徐之外，尚有六国，即淮上诸夷也。”这时淮夷族的小国很多，除了《吕氏春秋》说“东夷八国”和《逸周书》说熊盈族十七国以外，还有说五十国的。《孟子·滕文公下》说：“周公相武王诛纣，伐奄三年讨其君，驱飞廉于海隅而戮之，灭国者五十。”

为什么淮夷又称为熊盈族呢？淮夷是嬴姓，见于《世本》（《路史·国名纪乙》少昊后嬴姓国“淮夷”条引）。“熊”和“嬴”是一声之转。刘师培《周书补正》卷三说：“熊者嬴之转，观《左传》宣八年夫人嬴氏，《公》（《公羊传》）、《穀》（《穀梁传》）作熊氏，则熊、盈、嬴三文通用。”《逸周书》所说熊盈族，并非指熊氏和盈姓两族，古代对于姓和氏有区别，熊氏是芈姓，如果要指两族的话，应该说“芈盈”，不该说“熊盈”。“熊盈”当即指嬴姓，“熊盈”两字原为一声之转，长言之，称为“熊盈”，短言之就只称为“盈”。《逸周书》的熊盈族只是指淮夷，并不包含熊氏的楚国在内。淮夷是嬴姓，楚国是芈姓，他们并非同族。因此我们认为，把楚作为淮夷的说法是不正确的，把楚包括在熊盈族之内的说法也是不正确的，楚起源于东方之说是不能成立的。夨令簋所说的“隹王于伐楚白（伯），才（在）炎”的炎，肯定也不是郯或谭。

楚产生于中原之说，首先是由清代宋翔凤提出的，见其所著《楚鬻熊居丹阳、武王徙郢考》（《过庭录》卷九）。认为楚最早的国都丹阳即是公元前三一二年秦大败楚军、俘虏楚将屈匄的地方，在今河南西峡以西的丹水以北地区。吕思勉《先秦史》，童书业《春秋左传研究》的《春秋初楚都》和《春秋楚郢都辨疑》（收入《中国古代地理考证论文集》），都信从其说。吕先生认为旧说丹阳在今湖北秭归，“在当时，实非周之封略所及”（《先秦史》第一六三页）。我认为此说绝不可信，理由有下列两点：

第一，今西峡以西的丹阳，最早出现于战国时代文献，是个地区名称，不是都邑名称，它之所以称为丹阳，是因为在丹水之阳。《史记·秦本纪》记载秦惠文王十三年“庶长章击楚于丹阳，虏其将屈丐，斩首八万；又攻楚汉中”。先说击楚于丹阳，再说攻楚汉中，丹阳和汉中都是地区名称。《史记·张仪列传》载：“遂取丹阳、汉中之地。”将丹阳和汉中连称，明显两者都是地区名称。《史记·屈原列传》载：“秦发兵击之，大破楚师于丹淅，斩首八万，虏楚将屈匄，遂取楚之汉中地。”所谓丹淅[①]，即是丹阳，因为这个地区介于丹水、淅水之间，所以又称丹淅。先秦文献上，始终没有在这个地区出现过丹阳都邑的

---

① 现有《史记》各种版本，《屈原列传》有作“丹淅”的，也有作“丹阳”的，从索隐解释“丹、淅，二水名也。谓在丹水以北，淅水以南”来看，原本当作“丹淅”。

记载，这个作为"丹阳"的地区名称也只是在这一次战役中出现过，而且又作"丹淅"。既然此地没有称为丹阳的都邑存在，那么，宋翔凤以为楚最早国都丹阳在此的说法，就不能成立了。

第二，这个丹阳地区，正当春秋时代的少习（即战国以后的武关）东南，是东南方面出入西周时镐京的交通要道，是十分重要的战略要地，当西周强盛的时期，决不可能允许楚国在此建都。清代朱鹤龄《读左日钞》于成公六年下，曾指出周宣王把申伯封在南阳的失策：

> 宣王封申伯于南阳以制荆蛮，其《诗》曰："于邑于谢，南国是式"是也。然最失策者封申之役，盖南阳者，东都之咽喉，天下之形胜，四面以制诸侯者也。申侯封而宛之东南，荥阳之东北，俱非周有，东都之险失矣，镐京之形孤矣。犬戎入周，东南诸侯无来救者，以申据形势，塞其路也。犬戎不得申侯之援，则不敢深入；申侯不塞南阳之路，则不得召戎也。

这个分析十分正确。西周末年申侯、缯侯（即曾侯）之所以能够招引犬戎，联合起来攻灭西周，除了政治上的原因以外，申、缯据有南阳形胜之地，便于联合犬戎和攻入镐京，确也是个原因。如果像宋翔凤所说，楚原来建都于南阳以西的丹阳地区，正当少习（即武关）的东南，形势比南阳更为重要。作为与周经常敌对的楚国，周天子怎能让它在此建都？按照《世本》记载，楚武王才由丹阳徙郢；按照《史记·楚世家》，楚文王"始都郢"。楚武王元年已是周平王三十一年（公元前七四〇年），楚文王元年已是周庄王八年（公元前六八九年），就是说，在西周灭亡以前，楚仍建都丹阳，如果丹阳在南阳以西的话，正好塞住申、缯两国招引犬戎和进攻镐京的要道。如果楚不参与的话，他们就不可能联合起来攻灭西周。从这点来看，楚在当时也不可能建都于此。

原来楚都丹阳的地望,有下列三说:

(1) 在今安徽当涂东北,便是汉代丹阳郡丹阳县。《汉书·地理志》"丹扬郡丹阳"下自注:"楚之先熊绎所封,十八世文王徙郢。"

(2) 在今湖北枝江西,便是东汉南郡枝江县的丹阳聚。《史记·楚世家》集解引徐广说,正义引颖容《春秋释例》,都说丹阳在南郡枝江县,《续汉书·郡国志》南郡枝江县有丹阳聚。

(3) 在今湖北秭归东南七里。《水经·江水注》说:秭归县有"丹阳城,城据山跨阜,周八里二百八十步,东北两面悉临绝涧,西带亭下溪,南枕大江,险峭壁立,信天固也。楚子熊绎始封丹阳之所都也。……又楚之先王陵墓在其间,盖其征矣。"《史记·楚世家》正义引《括地志》和《舆地志》所说相同。

在上述三说中,第一说不可信,《水经·江水注》已经指出:"论者云:寻吴楚悠隔,蓝缕荆山,无容远在吴境,是为非也。"第二、第三两说,地理位置相去不远,杜佑《通典》认为这是出于迁移的结果,丹阳先在秭归,后迁枝江。

丹阳究在何处?从文献记载来比较推敲,丹阳在今秭归东南的说法,比较合理,因为它离荆山和沮水较近。《史记·楚世家》说:周文王"封熊绎于楚蛮","姓芈氏,居丹阳"。而《墨子·非攻下》又说:"昔者熊丽始封此睢山之间。"孙诒让《墨子间诂》引毕沅说:"睢山即江、汉、沮、漳之沮。"这是正确的,所说睢山当即指今沮水两旁的山区,沮水流域后来称为沮中,一作祖中,其中山脉亦称祖山,又称潳山。《后汉书·南蛮传》讲到"建武二十三年南郡潳山蛮雷迁等始反叛",所谓潳山蛮即指居住在这一带山中的少数民族。秭归东南的丹阳，正当雎山的西南。熊丽是熊绎的祖父，由此可知在熊绎前二代楚国早已在这一带建都。梁玉绳《史记志疑》说得对："丽是绎祖，雎为楚望，然则绎之前已建国楚地，成王因而封之，非成王封绎，始有国耳。"而《世本》又说："鬻熊居丹阳"（《左传·桓公二年》正义引）。鬻熊是熊丽的父亲，《史记·楚世家》说："鬻熊事文王，蚤（早）卒，其子曰熊丽。"可能鬻熊早在此建国，因为早死，墨子没有算他，而从熊丽算起。

古文献中，楚又名荆或楚荆，西周金文也称荆或楚荆，该即由于楚国以荆山为根据地的缘故。《左传·昭公十二年》记载右尹子革说："我先王熊绎，辟在荆山。"后世荆山在今湖北南漳西北一带，但是在西周时代，当指这一带广大的山区，包括现在的漳水流域。当时荆山地区该是和雎山地区连接的，广义的荆山还可能包括雎山在内，所以墨子说熊丽始封于雎山，而《左传》又说熊绎在荆山。这个广大的荆山地区曾经是楚早期建国的主要根据地。

二 楚和周的关系及其艰苦创业过程

近人因为对《逸周书》所说熊盈族发生误解，误认为楚原为淮夷，曾与奄、徐等国一起参与武庚、管叔、蔡叔的叛乱，把楚看作殷的同盟。事实上，楚不但没有参与这场大规模的叛乱，而且在周公平定叛乱之后，还曾卑躬屈膝参与周成王召集的盟会，因而楚得以列入周天子所属的诸侯。《史记·楚世家》说："熊绎当周成王之时，举文武勤劳之后嗣而封熊绎于楚蛮，封以子男之田，姓芈氏，居丹阳。"近年研究金文的学者，认为西周时代不存在公、侯、伯、子、男的五等爵制。但是，根据一九七七年陕西岐山周原遗址出土的西周初年甲骨文中有“曰今秋楚子来告”看来，楚国之君确实曾被周人称为“子”。《史记·楚世家》说：“鬻熊子事文王。”《史记·周本纪》又说：周文王为西伯时，“太颠、闳夭、散宜生、鬻子、辛甲大夫之徒皆往归之”。鬻子即是鬻熊。可知周文王时楚君已被周人称为“子”，而楚君就以“子”的地位归附于周。到周成王时，只是通过盟会的仪式确定楚属于“子”的等级的诸侯而已。从西周初年的甲骨文看来，楚君还曾亲自朝见天子而有所报告，更有所贡献。周原出土甲骨文记载有：“其微、楚□氒燎，师氏受燎。”①当是楚和另一个小国叫“微”的一起进献“燎”，而为周的师氏（军事长官）所接受。

周成王时期，周公在平定武庚、管、蔡及淮夷、徐戎的叛乱之后，就大规模推行分封制，分封诸侯，并在岐阳召集诸侯参加会盟，从而确立周天子统属诸侯的权威，以奠定西周建立新王朝的基础。《国语·晋语八》记载弭兵之盟，楚国争先歃血要做盟主，晋大夫叔向为此对赵文子讲起周成王在岐阳召集盟会的故事：“昔成王盟诸侯于岐阳，楚为荆蛮，置茅蕝，设望表，与鲜牟（此从公序本，别本误作“鲜卑”）守燎，故不与盟。”鲜牟即是根牟，东夷族②。在这次周成王召集的岐阳盟会中，因为“楚为荆蛮”，受到歧视，以致地位和东夷族的鲜牟一样低下。楚国国君在盟会中担任了司仪的职司，在盟会举行之前，预先演习仪式时，由他按照尊卑的等级，用茅草树立在天子和诸侯的坐位上，即所谓“置茅蕝”；在正式举行盟会前，由他用可以望见

① 陕西周原考古队：《陕西岐山凤雏村发现周初甲骨文》，《文物》一九七九年第十期。

② 《国语》韦注：“鲜牟，东夷国。”黄丕烈《国语札记》谓即《春秋·宣公九年》的根牟。杜注：“根牟，东夷国，今琅邪郡阳都县东有牟乡。”在今山东莒县西南。

的木表标明尊卑的座位席次，即所谓“设望表”①；到天子和诸侯入席以后，他就和鲜牟之君一起守望会场前的火炬，即所谓“守燎”。因此，楚国国君虽然参与了这次岐阳的盟会，实际上没有能够坐到会议席上，地位要比一般诸侯低下。这次岐阳的盟会具有奠定西周王朝统治权力的作用，又称为“岐阳之蒐”。《左传·昭公四年》记载楚灵王在申召集诸侯会盟，楚大夫椒举对楚灵王说：

> 今君始得诸侯，其慎礼矣，霸之济否，在此会也。夏启有钧台之享，商汤有景亳之命，周武有孟津之誓，成有岐阳之蒐，康有酆宫之朝，穆有涂山之会，齐桓有召陵之师，晋文有践土之盟，君其何用？

椒举把“成有岐阳之蒐”和“商汤有景亳之命，周武有孟津之誓”等等相提并论，可见这次“岐阳之蒐”十分重要。杜注：“周成王归自奄，大蒐于岐山之阳。”说明在这次岐阳的盟会上，不但举行了结盟的仪式，而且举行了大蒐礼。大蒐礼具有检阅军队、军事演习的性质，具有任命将帅、制定法律、公布国家大事的作用。在这种周成王召集的重要盟会上，楚国国君熊绎虽然所处的地位低下，毕竟是参与了，并确立了他从属于周天子的关系。

① 王引之《经义述闻》卷二一解释说：“《史记·叔孙通传》索隐引贾逵曰：束茅以表位为蕝(《说文》曰：蕝，朝会束茅表位曰蕝，引《春秋国语》曰：致茅蕝。盖本此)。引之谨案：……窃谓置茅蕝者，未盟之先，摈相者习仪也，习仪则必为位，故以茅蕝表之。《汉书·叔孙通传》说朝仪曰：为緜蕞野外习之。如淳注曰：谓以茅翦树地为纂位尊卑之次也，引《春秋传》曰：置茅蕝。颜师古曰：蕞与蕝同。然则置茅蕝之义，当与緜蕝相似，盖为习仪而设也。……设望表者，豫为王及诸侯之位，以木表之。……昭十一年《左传》：朝有箸定，会有表，会朝之言，必闻于表箸之位。杜注曰：野会设表以为位，是其明证矣。”

楚国尽管接受了周天子的分封，但是，它毕竟和当时周所分封的其他诸侯不同。因为它早已建国于荆山地区，这时周成王仅仅追认其既成事实，表面上确立从属关系而已，而楚国在这时，只是迫于刚创建的西周王朝的威势，表面上表示臣服而已。以周成王为首的姬姓贵族，因为楚是荆蛮，对它十分歧视，在盟会中把它和东夷族的鲜牟看得一样低下。因此，楚国对于周天子的从属关系是不牢固的，是暂时的。

当周成王的早年，周、楚之间的从属关系还勉强维持着。据说成王亲政以后，周公因有人谗言，一度出奔到楚，后来成王再把他请回来①，说明周、楚之间关系还和好。

西周时代，周和楚之所以不断会发生激烈的冲突，原因在于双方。从楚国方面来看，这时楚正在艰苦创业，奋发图强。楚国原来立国于荆山地区，生产和生活的条件较差，但是楚国人民富有艰苦创业的精神。《左传・昭公十二年》载子革说："我先王熊绎，辟在荆山，筚路蓝缕，以处草莽。"《左传・宣公十二年》载栾武子说："训之以若敖、蚡冒，筚路蓝缕，以启山林。箴之曰：民生在勤，勤则不匮。"杜注："筚

---

① 《史记・鲁世家》载："及成王用事，人或谮周公，周公奔楚，成王发府，见周公祷书，乃泣，反周公。"《史记・蒙恬列传》记蒙恬说："及王能治国，有贼臣言：'周公旦欲为乱久矣，王若不备，必有大事。'王乃大怒，周公旦走而奔于楚。成王观于记府，得周公旦沈书，乃流涕曰：'孰谓周公旦欲为乱乎？'杀言之者而反周公旦。"按周公一度去楚，当为事实。《左传・昭公七年》载："公将往，梦襄公祖（杜注：祖，祭道神）。梓慎曰：君不果行。襄公之适楚也，梦周公祖而行。……子服惠伯曰：行。先君未尝适楚，故周公祖以道之。襄公适楚矣，而祖以道君，不行，何之？"俞正燮《周公奔楚义》（《癸巳类稿》卷一）说："然则襄公曾适楚，故祖导昭公，以见周公曾适楚，故祖以导襄公。"俞氏依据《左传》证明周公确有适楚之事，很对。但是俞氏以为周公奔楚即是《尚书・金縢》的居东，则是错误的。

路，柴车。蓝缕，敝衣。言此二君勤俭以启土。”[①]筚路，是指就地取材，用竹木制作的车子。“蓝缕”即是“褴褛”，是指用布制作，简单朴素，没有边缘，缀结而成的衣服。后来引申为破旧之衣。若敖、蚡冒是楚武王以前的楚国国君，栾武子指出他们“筚路蓝缕，以启山林”，是说他们用艰苦创业的精神来开拓山林地区。这并不是从若敖、蚡冒之时开始的，从熊绎之时早就开始了。当时西周贵族在随从天子南下征伐楚国的时候，都以“孚金”作为目标之一，说明那时楚国生产的“金”（铜）的数量已不少，他们“以启山林”已取得相当的成效。

这时楚国艰苦创业，奋发图强，还有个有利条件，就是被称为“荆蛮”或“楚蛮”的一族人民居住的地区，早就不限于荆山一带，而分布到了长江中游和下游。在长江下游吴国的原住居民是“荆蛮”[②]，在长江中游杨越和庸国的原住居民也多数是“楚蛮”[③]。“蛮”字，金文作“䜌”，不从“虫”，从“言”和二个“糸”，只是指语言纠缠而难懂，并没有侮辱的意思。孟子因为农学家许行是楚人，说他是“南蛮鴃舌之人”（《孟子·滕文公上》），也还是这个意思。楚人芈姓，芈姓原是“祝融八姓”中分布在南方的一支。原来越也是芈姓。《世本》说：“越为

① 《史记·楚世家》集解引服虔曰：“筚路，柴车，素木辂也。蓝缕言衣敝坏，其缕蓝蓝然也。”这样把蓝缕解释为敝坏的衣服，并非本义。《方言》卷四说：“以布无缘，敝而紩之，谓之褴褛。”又说：“褛谓之緻，裯谓之褴，无缘之衣谓之褴。”郭注：“褴褛，緻结也。祇裯敝衣亦谓褴褛。”

② 《史记·吴世家》载：“太伯、仲雍二人乃奔荆蛮。”“太伯之奔荆蛮，自号句吴，荆蛮义之，从而归之千余家，立为吴太伯。”《汉书·地理志》也说：“太伯初奔荆蛮，荆蛮归之，号曰句吴。”《吴世家》索隐说：“荆者，楚之旧号，以州而言之曰荆。……在楚越之界，故称荆蛮。”这个解释是错误的。这时荆蛮或楚蛮已经是种族的名称。

③ 《史记·楚世家》记载熊渠兴兵伐庸、杨粤，夺取土地分封三子，“皆江上楚蛮之地”。可知长江中游庸国和杨越的原住居民多数是“楚蛮”。

芈姓，与楚同祖”（《汉书·地理志》颜注引臣瓒说）。《国语·郑语》记史伯（即伯阳父）也说：“芈姓，夔、越。”《潜夫论·志氏姓》又说：“芈姓之裔……或封于夔，或封于越。”这个越，究竟是指哪一族人？或者认为是于越，或者认为是南越，我认为该是指原在长江中游的一支杨越①。长江中游既是芈姓的“楚蛮”居住之地，如果楚国能够推行有利这个地区“楚蛮”人民的政策，就很容易得到他们的支持。当时楚国图谋扩展，关键就在于取得江、汉之间“楚蛮”人民的支持。

至于西周王朝，当然要防止和压制楚国的扩展，其办法不外两方面：一是直接出兵南下征伐，二是在南阳和汉阳两个地区分封诸侯，以限制楚向北、向东的扩展。在汉水东岸，对邓（曼姓，在今湖北襄樊北）、鄀（允姓，在今湖北钟祥西北）的分封，在汉水西岸，对谷（在今湖北谷城西北）、卢（妫姓，在今襄樊西南）的分封，用这些异姓诸侯作为限制楚扩展的第一道防线。在汉水以东的汉阳地区，分封有汉阳诸姬，如随（在今湖北随县）、唐（在今随县西北）等，作为限止楚扩展的第二道防线。在上述这些诸侯中，邓和随、唐都是比较强大的。

然而，西周王朝采用的这种压制楚国扩展的办法都没有起多大作用。周昭王晚年多次亲自率师南征楚国，最后一次大败，昭王也因此沉死于汉水中。《古本竹书纪年》载：

昭王十六年伐楚荆，涉汉，遇大兕（《初学记》卷七引）。

---

① 《国语·吴语》韦注：“句践，祝融之后允常之子，芈姓也。《郑语》曰：‘芈姓，夔、越。’《世本》亦云：‘越，芈姓也。’”《路史·国名记丙》：“越，芈姓，古南越……非姒姓之越。”这样把于越、南越作为芈姓，并无确据。《史记·楚世家》说熊渠兴兵伐庸、杨粤至于鄂，“皆在江上楚蛮之地”。可知长江中游的杨越即是楚蛮的一支，因而是芈姓。《古本竹书纪年》：“穆王三十七年伐越，大起九师，东至于九江。”可知当时居于今鄱阳湖周围九江地区的杨越也称为越。

昭王十九年天大曀,雉兔皆震,丧六师于汉(《初学记》卷七引)。

昭王末年,夜清五色光贯紫微,其年王南巡不反(《太平御览》卷八七四引,《路史·发挥三》注引"清"作"有")。

《史记·周本纪》也说:"昭王之时,王道微缺,昭王南巡狩不返,卒于江上。"所谓"南巡"或"南巡狩",即是指南征楚国;所谓"不返",就是死去而没有回来。这是周的史书的讳言。所谓"天大曀","夜清五色光贯紫微",无非表示这是出于天命。这次周昭王统率的六师所以会惨败,该是回军渡汉水之际遇到大规模的突然袭击,以致"丧六师于汉",连昭王也沉死了。《吕氏春秋·音初》载:

周昭王亲将征荆,辛余靡长且多力,为王右。还反,涉汉,梁败。王及蔡公抎(陨)于汉中,辛余靡振王,北济,又反振蔡公。

所谓"梁",是指行军途中,在汉水上用船搭成的浮桥。"蔡"当作"祭"。所谓"梁败",当时由于遇到突然袭击,浮桥被打得突然败坏,因而周昭王、祭公等人都落入汉水中。所说"振王"和"振蔡公",只是拖起尸体而已。至于《帝王世纪》说:"船人恶之以胶船进王,王御船至中流,胶液船解",昭王等人因而沉死(《史记·周本纪》正义引)。又是后人讳饰之辞。正因为周人在回师渡过汉水之际遭到大规模的突然袭击,所以会"丧六师于汉"。

这次楚军在周的回师途中能够在汉水突袭成功,使得周的六师丧失,周昭王因此沉死,取得如此重大胜利,该是楚国"甚得江汉间民和"的结果。

金文上有下列周天子亲自出征楚国的记载:

夨令簋:"隹王于伐楚白(伯),才炎。"

过伯簋:"过白(伯)从王伐反荆,孚(俘)金,用作宝尊彝。"

䧹御簋："䧹御从王南征伐楚荆，又（有）得，用作父戊宝尊彝。"

鼒簋："鼒从王伐荆，孚（俘），用作餜簋。"

另有禽簋："王伐禁侯"，"禁"字，近人或者以为"楚"的异文，不确①。上述四器的制作都应在周昭王时，与古文献中记载昭王伐楚荆相合。周曾南征楚国，许多从征的大臣俘得大量铜器，用来铸造铜礼器，过伯簋所说"孚（俘）金"，固然是指夺得铜器，䧹御簋所说"又（有）得"和鼒簋所说"孚（俘）"，同样是指夺得铜器。说明当时西周向楚长途跋涉的征伐，其重要目的之一就是掠夺楚的铜器。因为这时南方的楚开矿和冶炼技术比较进步，铸造有不少铜器，成为西周贵族的掠夺对象之一。

到周夷王时，西周王朝走向衰落，而楚国由于"甚得江汉间民和"，得到了向长江中游扩展的机会。《史记·楚世家》说：

熊渠甚得江汉间民和，乃兴兵伐庸、杨粤，至于鄂。熊渠曰：我蛮夷也，不与中国之号谥。乃立其长子康为句亶王，中子红为鄂王，少子执疵为越章王，皆在江上楚蛮之地。

《世本》和《大戴礼记·帝系》都有类似的记载。《楚世家》索隐引《世本》，越章王作就章王，《大戴礼记·帝系》又作戚章王。熊渠分封三子为王，只有鄂王的鄂在今湖北鄂城，是可以确定的。句亶，《楚世家》集解引张莹说："今江陵也"；越章或就章，宋翔凤以为即是春秋时代的豫章（《过庭录》卷九《楚鬻熊居丹阳、武王徙郢考》），都没有确切的根据。《楚世家》既说"熊渠甚得江汉间民和"，又说"伐庸、杨粤至

① 陈梦家《西周铜器断代》（二）（《考古学报》第十册）认为"禁"为"盖"的异文；"盖"与"奄"音同通用，以《墨子·耕柱》、《韩非子·说林上》的商盖即是商奄为证，是正确的。

于鄂”，更说所封三王“皆在江上楚蛮之地”，可知句亶和越章都该在长江中游。这是西周时代楚国得到重大扩展的时期。

到周宣王时，西周王朝曾集中兵力，向南战胜淮夷，向北战胜严允。在征伐严允的战役中，大臣方叔就调集兵车多到三千乘，《诗经·小雅·采芑》说：“方叔莅止，其车三千”，达到了西周用兵的最高数字。但是，周宣王始终没有向楚国用兵。《诗经·小雅·采芑》又说：“蠢尔蛮荆，大邦为雠。方叔元老，克壮其犹。……如霆如雷，显允方叔，征伐玁狁，蛮荆来威。”只是说方叔以征伐严允的威名，迫使楚国来畏服而已。周宣王防止楚国扩展的主要方法，就是在南阳分封强大的诸侯。在召伯虎率军战胜淮夷之后，周宣王就派他到南阳建筑都邑，开辟土田，把王舅申伯分封到那里，建立了强大的申国，目的就在于控制南方。《诗经·大雅·崧高》说：“于邑于谢，南国是戎”；“往近王舅，南土是保”。看来这个办法曾取得一定的效果。到西周末年，在南阳的申吕二国已是南方的强国，它们的力量仅次于楚国。当西周将要灭亡的时候，史伯分析当时形势，曾列举成周四方周围的诸侯国，他说：“当成周者，南有荆蛮、申、吕、应、邓、陈、蔡、随、唐”（《国语·郑语》）。排列次序大体上以强弱为先后。强大的申国的建立，对西周王朝来说，固然有利于控制南方，可以起防止楚国扩展的作用，但是也加剧了西周王朝的内部矛盾，后来西周终于被申国、曾国联合犬戎灭亡了。这时申、曾等国一度向南扩展，在今湖北京山曾经发现西周、东周之际曾国国君的墓，出土铜礼器的组合是九鼎七簋（应该缺一簋）①，说明此时曾国占有的土地已深入到今汉水

① 湖北省博物馆：《湖北京山发现曾国铜器》，《文物》一九七二年第二期。

和涢水之间。在这样的情况下，楚国的势力确是暂时受到了压制，但是楚国依然是当时南方最大的强国。

西周末年史伯对答郑桓公的一席谈话，分析当时形势，认为周王朝衰落之后，兴起的将是芈姓的楚、姜姓的齐、姬姓的晋和嬴姓的秦，而对于楚国将兴的道理叙述得特别详细。他分析了祝融的后裔八姓，己、董、彭、秃四姓已灭亡，斟姓没有后代，妘、曹两姓"又无令闻，必不兴矣"，只有芈姓会兴起，而在芈姓之中，"唯荆有昭德，若周衰，其必兴矣"。楚有什么"昭德"呢？他又说：

> 夫荆子熊严生子四人，伯霜、仲雪、叔熊、季紃。叔熊逃难于濮而蛮，季紃是立，薳氏将起之，祸又不克。是天启之心也，又甚聪明和协，盖其先王。臣闻之，天之所启，十世不替。夫其子孙必光启土，不可偪也(《国语·郑语》)。

《史记·楚世家》有相同的记载，只是叔熊作叔堪，季紃作季徇。熊严死后，伯霜即位，六年死去，三弟争立，仲雪死去，叔堪逃难于濮。根据史伯的话，可知楚大夫薳氏将要拥立叔熊，也没有成功，终于季紃得立。他认为季紃"又甚聪明和协"，功德高于以前的楚王，"必光启土"，也就是说必然能够发扬光大，开拓疆土。所谓"又甚聪明和协"，就是进一步推行先王"甚得江汉间民和"的政策，因而能够取得"必光启土"的效果。《国语·郑语》最末一段对史伯的分析作了总结，认为后来历史的发展果然如史伯的推断，"及平王之末，而秦、晋、齐、楚代兴"，"楚坌冒于是乎始启濮"。坌冒一作蚡冒，是季紃之后的第四代楚国国君。季紃在位二十二年，此后熊咢只有九年，若敖有二十七年，霄敖只有六年，蚡冒又有十七年。季紃、若敖、蚡冒三君在位年代较久，都是有为之君。季紃是"又甚聪明和协，盖其先王"，若敖、蚡冒又是“筚路蓝缕，以启山林”。由此可见，对江汉之间“楚蛮”人民的“和协”，在山林地区的艰苦创业，这是西周时代楚国推行的传统政策，也就是史伯所说的“昭德”。正因为如此，楚国能够发展生产，开拓疆土，积蓄力量，奋发图强，为此后春秋时代楚国的大扩展打下了坚实的基础。

补记：关于楚公逆编钟

一九九三年山西曲沃北赵晋穆侯墓中出土楚公逆编钟八件，铭文作：“唯八月甲午，楚公逆祀厥先高祖考、大工、四方首。楚公逆出，求厥用祀四方首，休，多擒。鎖䶂内乡赤金九万钧，楚公逆用作龢燮锡钟百□。楚公逆其万年用，保□大邦，永宝。”

这是说，楚公逆祭祀祖先、父亲、先世大臣和四方之神，用人首来祭祀的典礼，楚公逆因而出征，以求“用祀四方首”，就是要取得“用”于祭祀四方之神的首级。结果成功，擒获很多。因此鎖䶂进贡了赤金（即铜）九万钧，楚公逆用来铸造许多的钟。一钧是三十斤，九万钧多到二百七十万斤，这个数字出于夸大。

宋代曾有楚公逆钟出土于湖北嘉鱼。孙诒让认为楚公逆即《楚世家》的熊咢。“逆”和“咢”音同通用。熊咢，《十二诸侯年表》作熊鄂，元年在周宣王二十九年（公元前七九九年），卒年在周宣王三十七年（公元前七九一年）。《楚世家》的索隐云：“噩音鄂，亦作咢”，可知熊咢原作“熊噩”。王国维依据楚公逆钟的出土地点，作出推论说：“案《楚世家》言熊绎居丹阳，至文王熊赀始都郢，中间无迁都事，惟言周夷王时，熊渠甚得江汉间民和，乃兴兵伐庸、杨越，至于鄂，乃立长子毋康为句亶王，中子红为鄂王，少子执疵为越章王，皆在江上楚蛮之地。熊渠卒，子熊挚红立，后六世至熊咢。今熊咢之器出于武昌者，武昌即鄂，盖熊渠之卒，熊挚红（即中子红）虽嗣父位，仍居所封之鄂，不居丹阳，越六世至熊咢，犹居于此，故有其遗器”（见《观堂集林》卷十八《夜雨楚公钟跋》）。王氏这一推论并不可信。若如王氏之说，熊挚红继嗣楚王，仍居于所封之鄂而不居丹阳，经历六世，熊咢犹居于鄂，实际上就是迁都，这样鄂就成为楚六世建都之地。楚原来建都于丹阳，在今湖北秭归东北，楚文王迁都于郢，在今湖北江陵西北，是在丹阳以东三百多里，鄂在今湖北鄂城，又在郢以东五百多里。楚将国都东迁，是为了便于向东开拓。但鄂为楚伐杨越而新得之地，远离本土而迁都于此，并不适宜。若熊挚红以后六世建都于鄂，文王不可能把国都向西迁移五百多里而建都于郢，而且从此长期建都于郢。看来熊挚红初封于鄂，居有宗族，建有宗庙，后来继嗣父位而为楚君，在鄂仍保留有宗庙，此后历世楚君来此祭祀，因而此地有楚公逆编钟出土。《楚世家》索隐引《括地志》云：“武昌县，鄂王旧都，今鄂王神即熊渠子之神也。”

《楚世家》说：“及周厉王之时，暴虐，熊渠畏其伐楚，亦去其王。”看来熊渠以后，历世楚君不称“王”而称“公”，熊咢当宣王时，也还称“公”。到熊咢子熊仪，《楚世家》说“是为若敖”，开始改称为“敖”。若敖子熊坎，“是为霄敖”。霄敖子熊眴，“是为蚡冒”，蚡冒弟熊通杀蚡冒子而代立，“是为楚武王”，才开始恢复称王。

值得注意的是，楚国长期保留着原始的宗教信仰，保存着原始的礼俗。楚国礼俗重视祭祀四方之神，楚公逆钟称祭祀四方之神必须用新近擒杀的敌人首级，就是沿袭原始部族的“猎头”的风俗。楚公逆钟所说的四方之神，就是战国时代《楚帛书》所绘四季之神，就是开天辟地之神。王厚之《钟鼎款识》所载绍熙四年荣芑题跋，讲到宋代出土的楚公逆钟说:“钟高二尺有畸，纽上坐有裸鬼，盖雷神也。”这是因为见到宋代出土的楚公逆钟，开首说:“唯八月甲申，楚公逆自作大雷钟”，推定钟上“裸鬼”的纹样是雷神，其实该是四方之神。

第二章　曾国之谜解释

七十年代以来，在河南、湖北间的南阳盆地南部和湖北枣阳、随县一带的随枣走廊，陆续出土不少西周晚期曾国铜器和其他文物，特别是一九七七年随县西北郊发现的战国初期曾侯大墓，所出文物之丰富和精美是空前的，引起了学术界的普遍重视。但是，这个先秦时代的曾国，文献上不见记载，因此它成为一个谜。李学勤曾发表《曾国之谜》一文（《光明日报》一九七八年十月四日《文物与考古》副刊九十二期），试图解开这个谜，推定铜器铭文上的曾国，就是文献记载上的随国。接着石泉又发表《古代曾国——随国地望初探》一文（《武汉大学学报》一九七九年第一期），表示赞同李的意见。接着，李学勤又发表《论汉淮间的春秋青铜器》一文（《文物》一九八〇年第一期），其中第二节《再论曾国之谜》，更进一步肯定曾国即是随国。我们在过去探讨先秦历史地理时，曾接触过这个国家，认为就是文献上的“缯”或“鄫”，在西周时代已是一个较强的国家。

一　曾国和随国不可能是一国两名

曾国是否即是随国？我们的看法是否定的。尽管曾国和随国同样是周天子所分封的诸侯国，地理位置接近，但是从历史情况来看，不可能就是一国。

李学勤提出的一个主要理由，认为从河南新野，湖北京山、枣阳等地出土的曾国铜器来看，多属于曾侯子弟的墓葬，只有随县均川出土有曾国国君“曾伯文”的铜器，随县近郊发现了曾侯乙大墓，国君的墓葬应该在其国都，而随县正是随国的国都所在。

这个理由，我们认为是不充分的。第一，春秋战国时代各诸侯国的国君墓葬不一定在国都。许多小的诸侯国由于封地狭小，国君墓葬只能在国都附近。较大的诸侯国，往往有特定的国君墓地。例如春秋时代鲁国国君，墓地就不在国都曲阜而在阚（《左传·定公元年》及杜注），阚在今山东嘉祥北，曲阜以东一百多里。又如《史记·秦始皇本纪》末段列举秦的国君葬地，其中不少不在国都。类似的很多，不列举了。第二，根据楚王熊章钟铭文，战国初期曾的国都在西阳而不在随。根据楚王熊章钟铭文记载，楚惠王得到来自西阳的讣告，因而为曾侯乙制作宗庙用的编钟等礼器，送到西阳进行祭奠。可知曾侯的宗庙在西阳，当时曾的国都也必在西阳。郭沫若《两周金文辞大系考释》认为西阳即是汉代江夏郡的西阳，并且提出理由说：“薛尚功云器出安陆，安陆与西阳正同属江夏郡。”这个解释是正确的，西阳在今河南光山西南。根据文献，随国始终没有迁过都。如果曾国即是随国的话，其国都应在随，不可能在今河南光山西南的西阳。石泉为了解决这个矛盾，推定西阳“地望或不出今随县、安陆间”，但是这种推测并没有什么依据。

从文献记载来看，随国原是汉东姬姓诸侯中较大的，所谓“汉东之国，随为大”（《左传·桓公六年》斗伯比语）。但是，它从春秋前期起，逐渐沦为楚的附庸。公元前七〇四年楚大败随国，迫使随“盟而返”（《左传·桓公八年》）。公元前六九〇年楚又伐随，兵临随都，迫使随人求和结盟，“为会于汉汭而还”（《左传·庄公四年》）。公元前六四〇年随带领汉东诸侯叛楚，楚又出师伐随，“取成而还”（《左传·僖公二十年》）。孔颖达正义认为从此随已成为楚的私属，不再参与诸侯的会盟，因而此后一百多年随国不见于《春秋》经传的记载。直到公元前五二五年随才又见记载，这年楚在长岸大败吴师，“获其乘舟余皇，使随人与后至者守之”（《左传·昭公十七年》）。正因为这时“随人”已是楚的私属，身份低微，只能担任楚的胜利品的看守者。公元前五〇六年吴师攻破楚都，楚昭王出奔到随，吴人向随追索，随人向吴辞道：“以随之辟小而密迩于楚，楚实存之，世有盟誓，至于今不败，若难而弃之，何以事君？”（《左传·定公四年》）说明春秋中期以后随国在楚的武力威胁下，多次被迫结盟，世代订有盟誓，是托庇楚国保护的附庸小国。《春秋》在公元前四九四年记载：“楚子、陈侯、随侯、许男围蔡”（《左传·哀公元年》所载经文）。杜预注说：“随世服于楚，不通中国（指中原华夏诸国），吴之入楚，昭王奔随，随人免之，楚卒复国，楚人怀之，使列于诸侯，故得见经。”杜预这个解释只是为了推崇儒家的经典，实际并无根据。事实上，随国早已成为楚的附庸，没有参与诸侯会盟的资格，这时随的国君和陈、许两国国君一起跟从楚王围攻蔡国，并不能证明它由于“楚人怀之”，而取得了“列于诸侯”的资格。从此以后，随国在文献记载中就不见踪迹了。

考古发现的曾国，显然不同于文献记载的随国。从河南、湖北两省间出土的曾国文物来看，曾国从西周晚期和春秋前期，正从南阳盆地西南部新野、谷城太平店，向东南进入随枣走廊，经枣阳茶庵而东到随县西南、京山东北。石泉据此断言曾国是西周时期“汉阳诸姬”的封国之一，认为南阳盆地南部曾是曾国的居地，这一带正在汉水以北。我们认为，这个断言是可信的。但是，石泉又认为随国也是由南阳盆地迁入随枣走廊的“汉阳诸姬”之一，并深入到随县一带，因此进一步断言曾国即是随国，这就缺乏依据了。曾国在西周晚期和春秋前期占有领土是较大的，直到春秋中期也还不小。这显然和随国在春秋中期已成为楚国附庸的情况不同。从随县近郊发现战国初期曾侯大墓来看，可见直到战国初期，曾国还是个拥有较大经济力量的独立的诸侯国，并没有沦为楚国的附庸。墓中出土竹简记载曾侯乙死后，赠车的人有楚王、太子、令尹以及楚的封君如鲁阳君、阳城君、坪夜君、鄴君等。与此同时楚惠王还专门铸造编钟来作为曾侯宗庙中的礼器。楚王以及楚的封君给予曾侯这样高的礼遇，正说明这时曾侯还保持诸侯的地位。与担任楚国胜利品的看守者的“随人”显然地位不同。再从其墓中显示身份等级的九鼎八簋之类铜礼器以及编制庞大的整套编钟、编磬来看，从其墓中出土竹简有大批与楚国大臣相同类型的官名来看，显然也证明这时曾侯具有诸侯的身份。

李学勤为了证明曾国即是随国，对楚惠王为曾侯乙铸造宗庙礼器作出解释：“估计曾侯乙就是保护了楚昭王的随君的后裔，楚惠王铸编钟来祭享他，正是报德之意。”我们认为，楚惠王给曾侯以很高的礼遇，是当时曾侯所处地位和楚王在政治斗争的需要所决定的，不可能出于报德之意。李学勤又说：“大家了解，汉淮间小国能维持到战国初年不灭的，只有随国，这是曾即随的又一有力证据。”我们认为，战国初年的史料中没有见到随国还存在的记载，同时在考古中也没有见到过战国初年随国的文物，很可能，随国已被灭亡了。“只有随国不灭”说是不能成立的，因此也无法根据这点来断定曾国即是随国。

石泉认为一国两名的现象在古代不乏例证，如商又称殷，吕又称甫，楚又称荆，魏又称梁，韩又称郑，“曾又称随，自亦相类”。我们认为，不能这样凭空作类比。古时一国两名，都有它一定的原因，多数由于迁居或迁都，这在文献上都有明确记载。但是，所有出土曾国铜器铭文都一律称“曾”，而所有文献记载讲到随国的又一律称“随”，丝毫看不出其中有一国两名的关系。我们认为，以考古发现的曾国和文献记载的随国来看，随国在西周时已存在，曾国也在西周时已与随国同时并存，不可能是一国。

二 曾国就是文献上的缯或鄫国

曾，在古书上作“缯”或“鄫”。《国语·郑语》记载西周将要灭亡之前，郑桓公问史伯说：“其何所可以逃死？”史伯为了具体说明当时形势，曾列举成周周围的诸侯国，他说：“当成周者，南有荆蛮（即楚）、申、吕、应、邓、陈、蔡、随、唐。”这九个，就是当时成周以南的南方较大的诸侯国，包括随国在内。排列次序，大体上按强弱为先后的。随是九个中较弱的。史伯还谈到：“申、缯、西戎方强，王室方骚，将以纵欲，不亦难乎？王欲杀太子以成伯服，必求之申，申人弗畀，必伐之。若伐申，而缯与西戎会以伐周，周不守矣！缯与西戎方将德申，申、吕方强，其隩爱太子亦必可知也，王师若在，其救之亦必然矣。”当时申是南方的强国，在南方九个强国中，仅次于楚国，同时申又和缯、西戎联合，因而成为一个强大力量，足以把西周灭亡，所以史伯一方面说“申、吕方强”，把申、吕列入成周以南的九个强国之二，另一方面又说：“申、缯、西戎方强”。《国语·晋语一》记载史苏说：“申人、鄫人召西戎以伐周，周于是乎亡。”《史记·周本纪》也说：“申侯怒，与缯、西夷犬戎攻幽王”，因而西周灭亡。这个跟从申国一起联合犬戎把西周灭亡的缯或鄫，当即曾国。

这个参与灭亡西周战役的曾国，韦昭《国语注》和张守节《史记正义》等，都认为是姒姓，就是春秋时代在今山东苍山西北的鄫国。但是，这个在山东苍山的鄫国怎么可能长途跋涉跟从申一起进攻在今陕西的西周国都呢？因此清代一些学者就认为曾国原在申国附近，后来才迁到东方的。高士奇《春秋地名考略》卷十四说：“当是时，申国初受改封之际，国于谢（按指周宣王分封申到谢），在楚方城之内，度缯国必与之相近，故得偕举兵。哀四年致方城之外于缯关，岂其故墟乎？”雷学淇《竹书纪年义证》卷三七也有类似的见解：“此缯关当是缯之故国，乃国于方城之内，与申接壤者，故《国语》以申缯连文，其迁峄东，当在春秋之初。迨鲁庄公时，楚灭申而守方城，此时缯已不在南土矣。”事实上，古代有两个姒姓曾国，一个在东方，即在今山东苍山者；另一个在南阳盆地南部，与申相邻。并不是一个曾国从南阳远迁到了东方。刘节《寿县所出楚器考释》（收入《古史考存》），根据安徽寿县朱家集楚王墓出土曾姬壶，指出姒姓曾国之外，另有姬姓曾国，是正确的。姬姓曾国不知在何处。

我们认为，高士奇、雷学淇等推定西周时代曾国原在南阳盆地和申国相邻，即在后来楚国方城附近的缯关一带，是十分正确的。《左传·哀公四年》说:楚国三大夫“致蔡于负函,致方城之外于缯关”,可知缯关靠近方城。江永《春秋地理考实》推定缯关在裕州,即今方城一带。此地与申国(今南阳西北)正好邻近。我们还可以补充一条有力的证据。《荀子·尧问》说:“缯丘之封人见楚相孙叔敖。”杨倞注:“缯与鄫同。缯丘,故国。封人,掌疆界。”“丘”与“墟”同义,地名缯丘,就因为是缯国旧都所在。杨倞解释为“故国”,是正确的。缯丘当与缯关相近,缯丘正当楚国北方的边界附近,所以那里有掌疆界的“封人”。

既然西周时代曾国的国都在后来楚国方城附近的缯关、缯丘一带,那么,在今河南新野发现西周、春秋之际的曾国铜器和文物,就可以理解了。这个曾国,毫无疑问,就是跟从申国一起召来西戎、把西周灭亡的缯或鄫国。从《国语·郑语》记载史伯的话来看,这个曾国,早在西周时代就已和随国同时并存,因此曾国决不可能就是随国。

石泉采用童书业的旧说,认为与西戎共灭周幽王的申国是西申,在今关中近西戎处,因此缯国,“自当在关中邻近西申与西戎处,从而不是南阳盆地之曾国”。童书业早年所著《春秋史》(开明书店一九四六年版),认为与西戎、缯人共灭西周的申国,“盖申国本支之在西者”,“其邑谢之申,则申人之东迁者,固无与于亡周之事也”(《春秋史》第四七页)。我们认为这一推断是错误的。周幽王宠爱庶妾褒姒,褒姒生子伯服,幽王废原来申后和太子宜臼,而立褒姒为王后,伯服为太子。太子宜臼出奔外舅家申国,申国的国君申侯就联合缯国和西戎共灭西周。这个作为外舅家的申侯,肯定是在南阳盆地,作为强大诸侯的申,不可能是留在西方被称为“申戎”的西申。我们只要细读《国语·郑语》中史伯所讲当时的情况,就可以一清二楚。史伯一方面说“当成周者，南有荆蛮、申、吕……”等九国，另一方面又说：“申、缯、西戎方强”，“缯与西戎方将德申，申、吕方强”。这个在成周以南与吕(在今河南南阳西)连称的申，只能是南阳盆地的申。因此，跟从申一起召来西戎的缯或鄫，也只能是南阳盆地的曾国，决不是在关中邻近西申与西戎处。

《左传·昭公二十六年》正义引《竹书纪年》说：“平王奔西申而立伯盘为太子。”伯盘即是伯服。又引《竹书纪年》说：“申侯、鲁侯及许文公立平王于申。”蒙文通《周秦少数民族研究》的“犬戎东侵周地”条，认为“鲁侯”是“曾侯”之误，这是正确的。鲁侯远在今山东曲阜，不可能与申侯、许文公一起拥立平王于申。《竹书纪年》中分别言“西申”和“申”，说明西申和申分明是两地。西申确实如童书业所说是申的一支留在西方者，即所谓申戎；而申国乃是申被周天子分封于今南阳的诸侯的另一支。这个联合曾侯、许文公“立平王于申”的申，显然不是被称为申戎的西申，而是在今南阳的作为诸侯的申。许国在今河南许昌东，正当今南阳的东北，因而能够和申、曾两侯一起拥立平王于申国。从此也可以证明当时的曾侯，一定也在今南阳附近。在楚国势力扩展以前，曾国有个比较大的发展时期，它以南阳盆地南部为中心，向北控制着通向中原的要道“夏路”的门户，即所谓“缯关”；向东南进入随枣走廊，包括走廊东南端的邻近地带。因此近年来这一带都有西周、春秋之际的曾国文物出土。看来它的扩展时期并不长，当春秋前期和中期就被强盛起来的楚国势力所抑制。

楚国在春秋前期已逐渐强盛，不断图谋北上向中原地区扩展。它首先图谋控制的是汉水以东地区，当时汉东之国以随国较大，因而楚武王就以征服随国作为目标。楚国在征服随国、控制汉东地区之后，就进一步图谋占领汉水东北的南阳盆地作为北上争霸的根据地。当时南阳盆地以申国最大，楚文王就联合巴国讨伐申国，灭申后接着又向东攻息（今河南息县西南），在公元前六八〇年灭息，并把申、息同时改为县，以汝水为边界，把方城和申、息一带作为边防重镇，此后经常调动申、息之师北上与中原大国相抗衡。这时曾国虽然没有被楚灭亡，曾国的政治中心肯定已从南阳盆地向随枣走廊转移了。曾国原来在南阳盆地的领土当已被楚国占有，曾的旧都一带已成为楚的边防要地缯关和缯丘。至于南阳盆地东南的随枣走廊及其以东地区，已在楚国势力包围圈之内，已非战略要地，因而从南阳盆地向东南转移的曾国能够继续保存下来。

根据楚王熊章钟铭文，战国初期曾国国都当在今河南光山西南的西阳。根据曾侯乙大墓的发现，当时曾国又以湖北随县西北郊作为国君的葬地。根据宋人记载，楚王熊章钟又曾出土于湖北安陆。看来这时曾国统治中心又进一步向东迁移。在今光山、随县和安陆之间，虽多山区，但是西阳沿潢河流域，随县和安陆又沿涢水流域，可以发展农业生产，作为立国之地。这时曾国的继续东迁，该是为了对楚进一步的退让。看来这时随国已被楚灭亡，即使没有灭亡，也已很弱小了。从公元前六九〇年楚国伐随，“除道梁溠、营军临随”以及《水经·涢水注》所说“溠水又东南，径随县故城西”来看，随的国都当在今随县西北的溠水东岸，离开曾侯乙大墓尚有几十里。在战国时代各国之间占有领土犬牙交错的情况下，在今随县地方，同时有曾国和随国甚至楚国的领土，不是不可能的。

随县西北郊发现的曾侯乙大墓规模很大，出土文物多达七千多件，其中有大量制作精美的礼乐器，不但在同时期墓葬中是罕见的，而且在同时期同等身份的诸侯国君主墓葬中也是罕见的。这就可以看到当时曾国的经济、文化有着较大的发展。曾侯乙钟有长篇的乐律铭文，列举了春秋战国之际楚、晋、周、齐、申等国和曾国各种律名、阶名、变化音名之间的对照情况，说明曾国和这些国家之间常有往来，而且在统治者相互往来中很讲究礼乐，正因为它长期与各大国之间有来往，很讲究礼乐制度，除了有九鼎八簋等表示诸侯身份的铜礼器之外，还有编制庞大、铸有长篇乐律铭文的整套编钟、编磬。这些决不是世代成为楚的附庸的随国所能有的。从出土文物看，当曾侯乙去世时，楚惠王会特别制作曾侯乙宗彝送到曾的国都祭奠；当曾侯乙下葬时，楚国从国王到封君、大臣都分别赙赠车马等礼物，连宋国掌权大臣司城也来赙赠，这也不是长期沦为楚国附庸的随国国君所可能得到的礼遇。当然，曾国对于楚王是极其尊敬的，因而尊称为“王”，但是我们不能仅凭这个称呼，就断定“曾侯已完全附属于楚，其实际地位大概和鲁阳公、阳城君等人差不多”。

总之，我们认为只有把铜器铭文中的曾国，看作即是文献记载上的缯国或鄫国，才能对考古中发现的曾国遗迹作出合理的解释（本章原题《曾国之谜试探》，是和钱林书合作写成，刊《复旦学报》一九八〇年第三期，发表时两人署名）。

补记：姒姓曾国有两支

一九六四年上海博物馆从湖北运沪废铜中，拣选得春秋早期的曾子斿鼎，铭文开头说：“曾子斿择其吉金，用铸□彝，惠于剌（烈）曲。”一九六六年七月湖北京山苏家垅出土曾侯仲子斿鼎，铭文是“曾侯仲子斿父自作䵼彝”。同时又出土曾仲斿父铺和曾仲斿父壶，铭文是“曾仲斿父自作宝甫”和“曾仲斿父用吉金自作宝尊壶”。该是出于同一人制作。马承源《商周青铜器铭文选》认为“烈曲”当即文献“曲烈”之倒文,“曲”,《说文》古文作“乚”,此铭正作“乚”。论证甚确。

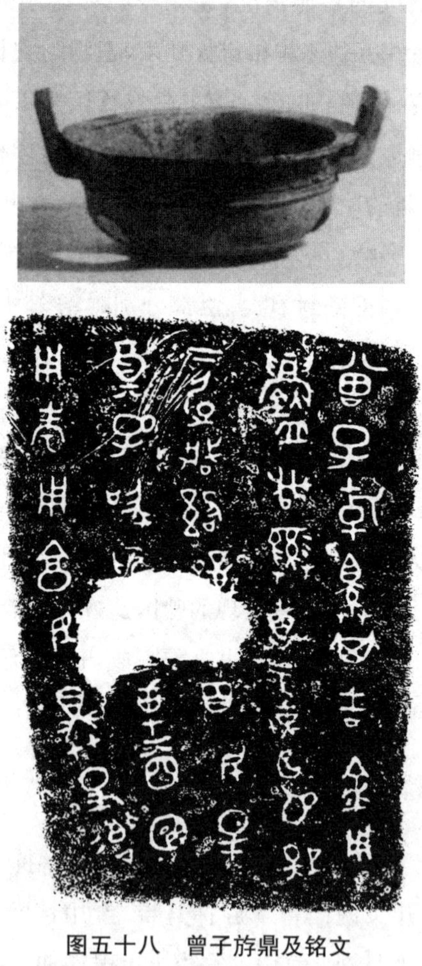

图五十八　曾子斿鼎及铭文

一九六四年上海博物馆从湖北运沪废铜中拣出。残高十七点六厘米,口径三十一点八厘米,铭五行存四十一字。现藏上海博物馆。(上海博物馆提供)

《世本》记:“曾氏,夏少康封其少子曲烈于鄫,襄六年莒灭之”(《通志·氏族略》卷三引)。《史记·夏本纪》称“禹为姒姓,其后分封,用国为姓,故有……缯氏……”《国语·郑语》韦昭注也以为缯国姒姓。《世本》“曲烈”可能是“烈曲”之误。《国语·周语中》记富辰说:“杞、缯由太姒。”《国语·周语下》记太子晋说:“有夏虽衰,杞、鄫犹在。”可知曾确为夏的姒姓后裔。《春秋·僖公十四年》记“季姬及鄫子遇于防”,《左传·襄公四年》载:“邾人、莒人伐鄫,臧纥救鄫,侵邾,败于狐骀。”狐骀在今山东滕县东南二十里狐骀山。《春秋·襄公四年》:“莒人灭鄫。”这个鄫国在今山东枣庄东,苍山西北。

至于在今河南、湖北间的南阳盆地南部和湖北枣阳、随县一带出土的许多曾国铜器,当是另一个曾国,就是文献所说和申侯、西戎一起攻灭西周的缯或鄫国。这个曾国原是夏的后裔,也是姒姓。这个曾国西周时代确实存在。周昭王时的中甗载:“王令(命)中先省南或(国),𨑝行,埶应(位)在㽙(曾),史兒至,以王令(命)曰:‘余令女(汝)史(使)小大邦……。’中省自方,复造□邦。”这是说周王命令中巡省南国,先行,驻留在曾,史兒赶到,带来王命,命中出使大小各国。曾就是其中一国。这个曾国在今河南方城,与申国(今南阳西北)邻近。中甗所说“南国”就指南阳一带。这个曾国既然是姒姓,可知决不可能是姬姓的随国。

近人有主张在今山东的鄫国,就是从河南迁往的,并不可信。因为河南、湖北间的曾国,当春秋、战国之际,还确实存在。

第六编

西周时代的文化教育和礼制

第一章　西周时代的衣食住行

一　冠弁和衣裳

古人束发受冠，把头发盘结在头顶上，安上笄，戴上冠，冠具有套住发髻的作用。当时所戴帽子，有冠、弁、冕等种。冕是王公诸侯的首服，冠是贵族常戴的首服。贵族的男孩到成年，就要举行冠礼，授予成年的“字”。按照古礼，男孩生下三月，父亲要给予“名”，到二十岁成年举行冠礼，由宾客给予“字”。举行冠礼时，要先后三次加“冠”和“弁”，首次加“缁（黑色）布冠”，表示从此有参与政治活动的权利；再次加“皮弁”，表示从此有参与狩猎和参加战斗的责任；三次加“爵弁”，表示从此有参与祭祀等礼仪活动的资格。同时上身穿纯（“纯”读作“黗”，黑色）的“衣”，下身穿缥（浅绛色）的“裳”。“衣”和“裳”是贵族常穿的服装。上身所穿的“衣”，右衽，从胸前围包肩部，这是从商代到战国流行的服装，从商代石刻人像到战国木俑，大体相同。“裳”的形制，如同现代妇女所穿的裙子，只是前面方正平整，折裥做在两侧。也有前面是折裥的。如果用作礼服，要在腰里束一幅腰围，盖在“裳”的前面。这种腰围当时叫做“韠”，也叫做“韨”，一作“芾”（金文都作“市”）。一九六六年洛阳庞家沟西周王室墓中出土“人形铜车辖”，铜人屈膝而坐，头戴网状套发之冠，上身穿“衣”，下身穿前面折裥的“裳”，由此可见当时一般服装式样。《小雅·采菽》说：“赤芾在股，邪幅在下。”“芾”是蔽膝的长幅，用皮制成，“邪幅”的式样相当于现在军人的“绑腿”。

图五十九　人形铜车辖

一九六六年河南洛阳北窑庞家沟出土。高二十五点五厘米，长十九厘米，宽十点三厘米。铜人屈膝而坐，头戴网状束发之冠，上身穿衣（右衽短衣），下身穿“裳”（折裥围裙式样），从此可见西周时代服装式样。现藏洛阳市博物馆。

二　烹调和饮食

周人的主要粮食是稷，周人的始祖后稷就是稷神。稷是小米，古人或称为粟，其中特别精良的一种叫做“粱”。黍也是周人常吃的粮食，比稷贵重，常用以招待宾客。稻流行于南方，北方也有种植，但数量较少，因而较贵重。周人常以“稻粱”连称，以指较贵重的粮食。古时豆叫做“菽”，或写作“尗”，字形像豆类植物的根瘤，古人也用作粮食。还有麻所结的实，即所谓“麻子”，古时或称为“苴”，也常被用作粗粮。《大雅·生民》是一首叙述后稷传说的史诗，其中讲到：“蓺之荏菽（大豆），荏菽旆旆（茂盛貌），禾役穟穟（谷穗下垂貌），麻麦幪幪（茂盛貌），瓜瓞唪唪（结实累累貌）。”《豳风·七月》说：“十月纳禾稼，黍、稷、重（高粱）、穋（早稻）、禾、麻、菽、麦。”都把“菽”和“麻”作为重要的粮食作物。当时农民的生活还是十分艰苦的。《豳风·七月》说：“九月叔苴（“叔”是说收拾，“苴”是麻的结实），采荼薪樗（“荼”是苦菜，“樗”是臭椿，这是说砍臭椿作柴烧），食我农夫。”这是说收拾麻子，配合苦菜，用臭椿烧熟，作为农夫的粮食。

当时人们吃的是煮出来的饭或蒸出来的饭，煮饭用鼎或鬲，蒸饭用甑或甗。所吃菜肴，以家畜的肉类为贵，而肉类也有不同的等级，祭祀中还有“大牢”和“少牢”的不同。《国语·楚语下》记楚大夫观射父讲祭祀的等级：“天子举以大牢（牛、羊、豕），祀以会；诸侯举以特牛（一牛），祀以太牢；卿举以少牢（羊、豕），祀以特牛；大夫举以特牲，祀以少牢。士食鱼炙，祀以特牲；庶人食菜，祀以鱼。”这当是西周以来相传的礼制。西周有列鼎的制度，从天子以下，有九鼎、七鼎、五鼎、三鼎、一鼎的等级，就是配合这种等级的祭祀礼制的。按照祭祀的等级礼制，无论天子、诸侯、卿、大夫、士、庶人，都要按照自己“食”的等级，加一级举行祭祀。大夫以上按吃肉的等级，祀以太牢或少牢；士只有鱼吃，可以用“特牲”祭祀；庶人只有菜吃，可以用鱼祭祀。

“鱼”在祭祀礼制中比“肉”要差一等，其实鲜鱼是十分鲜美的食物，因而当时贵族常用各种鲜鱼作为饮酒的菜肴，以招待宾客。《小雅·鱼丽》赞美“君子”用各种鲜鱼作为菜肴，鲜鱼有鲿、鲨、鳢、鰋、鲤等种。《周颂·潜》记载祭祀用的鲜鱼有鳣、鲔、鲦、鲿、鰋、鲤等种。《大雅·韩奕》记载韩侯朝见周王，显父为他饯行，“肴”有“炰鳖鲜鱼”，蔬菜有“笋”和“蒲”。

三　半地穴式居处和宫室建筑

《大雅·緜》记载古公亶父在周原“陶复（寝）陶穴，未有室家”，郑玄笺：“凿地为穴，皆如陶然。”所说就是一种半地穴式居处，其底部曾经用火烧硬，如同烧制陶器一样。这种建筑技术，从新石器时代以来曾长期采用，但是在夯土版筑技术兴起以后，这种制作“陶屋”的技术就比较落后了。周人在建国之后，就用夯土版筑技术建筑宫室，灭商以后大兴土木，大建宫室。但是一般人民仍然大多住于半地穴式居处。我们在考古工作中，在沣西张家坡发现了十五座西周早期的半地穴式居处，在河北磁县下潘汪也发现五座半地穴式居处，都是单间，面积都很小，最大也不过十平方米。建筑方法是，先挖长方形、椭圆形或圆形的地穴，深一米或二米以上，在地基上涂草泥，经火烧硬，既可防潮，又可使基址光滑平整，然后以穴壁为半墙，在房内和周围墙外分掘大小柱洞，以便立柱，上盖草屋顶，同时中间挖有大柱洞，立有作为全屋中心的主要支柱。另有灶坑设在一角，有火道通到房外。也还有窖藏生产工具的圆穴。

（1）客省庄半地穴式居住遗址

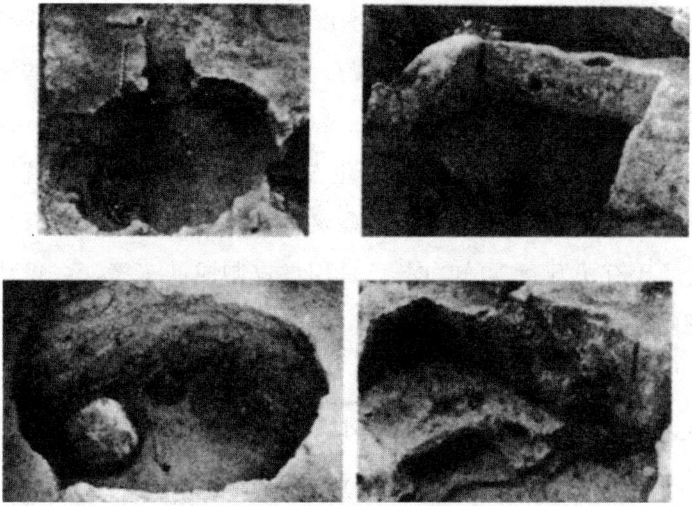

（2）张家坡半地穴式居住遗址

图六十　沣河西岸张家坡和客省庄发现的西周半地穴式居住遗址

至于西周贵族所建筑的宫室，在周原就曾发现宗庙和宫室的基址，请参看第一编的“周原遗址所发现的西周文化遗迹”。

四　作为交通工具的马车

当时战争的方式是“车战”，马车是重要的战斗工具，同时也是贵族常用的交通工具。西周的马车，沿用商代的形制，由轭（套在马颈上“人”字形的马具）、辕（驾车用的伸出车箱的直木）、衡（辕头上的横木）、舆（长方形的车箱）、轮等组成。商、周的马车都用独辕，辕在正中，这与汉代以后多用左右双辕的不同。马车用木制成，并有铜制配件，轴头安有“铜軎”，插在轴头的孔内有“铜辖”，铜辖有作“人”形的，木轭上安有“铜銮”。“銮”是一种铜铃，当马车牵动而行进时，铃声就响了。车箱顶上盖有车篷，称为“冟”，通作“幎”或“幂”。西周贵族十分重视车和车饰，作为等级身份的标志，周王常以车或车饰如轸、较、轭、衡等赏赐大臣。赏赐的车有“金车”、“驹车”的差别。毛公鼎、番生簋、吴方彝、师兑簋、牧簋等，都讲到赏赐物品有“虎冟”，九年卫鼎又讲到裘卫以圂裘、盠（貉）“冟”送给颜氏有司寿商，可知“虎冟”是用虎皮制成的车篷，盠（貉）冟是用貉皮制成的车篷。

马车所使用的马，都带有络头的马具，叫做“攸勒”或“鞗革”。毛公鼎、吴方彝等，都讲到赏赐物品有“马四匹攸勒”，“攸勒”就是用皮革制成的络头马具。《小雅·蓼萧》说：“既见君子，鞗革冲冲，和鸾（銮）雍雍，万福攸同。”“攸”、“鞗”两字都是“鋚”的通假，“攸勒”或“鞗革”，都是用皮革制成的络头马具，上面有铜片或贝的装饰，冲冲是形容这种装饰的耀眼。

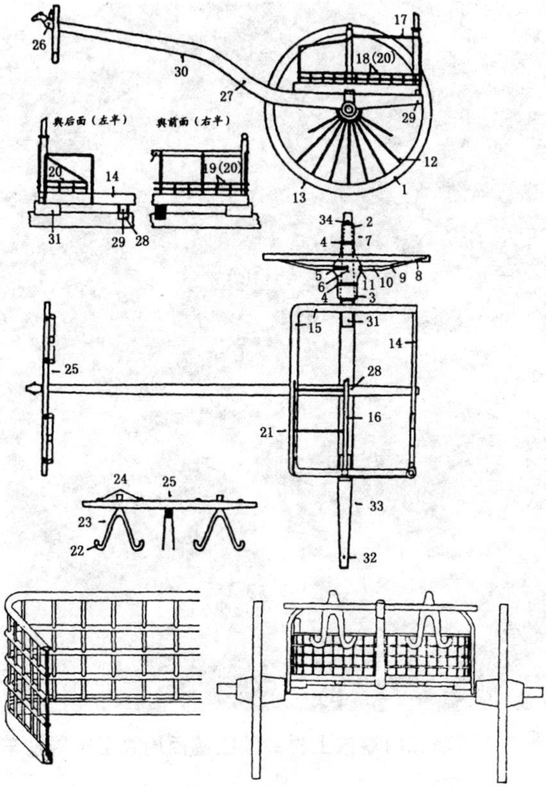

左：车箱（舆）栏杆结构　　右：前视图

图六十一　河南三门峡市上村岭虢国墓 M1727 第 3 号车复原图

车身各部位名称（见《考工记》等）

1 牙（辋）　2 轵　3 贤　4 篆（⿰车川）　5 凿　6 薮（壶中）　——7 毂

8 爪（蚤）　9 骹　10 股　11 菑（弱）　——12 辐

7 毂、12 辐——13 轮

14 轸　15 軓　16 轼　17 较　——21（舆）（车箱）

18 轵　19 輢　——20 軨

22 軥　——23 轭（厄）

24 ⿰车赞　——25 衡

26 颈　27 侯（胡）　28 当兔　29 踵　——30 辀

31 轐（伏兔）

32 軎（⿰车曹）　——33 轴

34 辖

图六十二 河南三门峡市上村岭虢国墓西周晚至东周初车马坑

这时的水上交通，已用舟楫或木排。《邶风·谷风》说："就其深矣，方之舟之；就其浅矣，泳之游之。""方"是木筏。《大雅·棫朴》说："淠彼泾舟，烝徒楫之。周王于迈，六师及之。"淠是舟行貌，"泾舟"是指泾水上航行的船，"烝徒楫之"是说众多船夫划着船，这是描写周王统率六师出征的情况。但是一般人民乘坐船的还不多，多数人渡河是徒步涉水而过，甚至大川都是涉水而渡的。《周易》的"需"卦、"同人"卦、"大畜"卦、"益"卦、"中孚"卦的卦辞，都说"利涉大川"；"未济"卦六三爻辞、"颐卦"上九爻辞等，也都说"利涉大川"，"谦卦"的卦辞又说“用涉大川”，“颐卦”六五爻辞又说“不可涉大川”，说明当时周人渡大河常是徒步涉水而过，因而《周易》所说“利涉大川”的话特别多。“大过”卦上六爻辞又说：“过涉灭顶，凶，无咎。”《象传》又说：“过涉之凶，不可咎也。”为什么徒步涉河、灭顶而死，虽是凶兆，却不可认为是涉者的“咎”，因为这不是涉者的过失，而是涉者限于环境和设备的条件。

第二章　西周大学(辟雍)的特点及其起源

一　最早的小学和大学

商代贵族已有学校教育。《龟甲兽骨文字》卷二第二十五页九片：

丙子卜，贞，多子其彴学，版不冓大雨？

《甲骨续存》下编四五九片：

□亥卜，□，多子□学□，版□冓□。

陈邦怀认为："彴"是"徙"的或体，见于《说文》，"徙学"就是"往学"，"版"借为"反"，与"返"相通，这是贞问：多子其往学乎？返时不遘大雨乎？又说："以前辞日辰'丙子'参证，盖为'乙亥'、'丙子'连续两日所卜者，是知殷代贵族子弟每日往学，必预卜其返时有无遇雨之事也。"①这个解说如果正确，则商代贵族已有学校教育。

① 《殷代社会史料征存》卷下。

西周贵族教育子弟的学校,已较完备,有所谓小学和大学,这在许多讲“周礼”的书上时常谈到。如《大戴礼记·保傅》说:“及太子少长,知妃(配)色,则入于小学。小者,所学之宫也。”又说:“古者年八岁而出就外舍,学小艺焉,履小节焉;束发(注:“谓成童”)而就大学,学大艺焉,履大节焉。”所谓“八岁而出就外舍”,就是入小学,所谓“束发而就大学”,束发谓成童,一般是指十五岁以上。这个八岁入小学和十五岁入大学的说法,为后来许多学者所遵信。如《公羊传·僖公十年》何休注说:“诸侯之子,八岁受之少傅,教之以小学”;“十五受之太傅,教之以大学。”《白虎通·辟雍》也说:“八岁入学,学书计,十五成童志明,入大学,学经籍。”《礼记·内则》说得更详细:

> 六年教之数与方名……九年教之数日,十年出就外傅,居宿于外,学书记……朝夕学幼仪,请肄简谅;十有三年学乐,诵诗,舞《勺》;成童(注:“十五以上”)舞《象》,学射御;二十而冠,始学礼……博学不教,内而不出。

这里把贵族儿童教育分为三个阶段:(1)六至九岁在家中学习,学习简单的数字、方名、干支等。(2)十岁“出就外傅,居宿于外”,便是入小学,学习以书计、音乐(包括舞蹈等)为主;这和前引各书所说八岁入小学略有出入。(3)十五岁为成童,以学习音乐、射御为主。这时该已入大学,音乐、射御正是大学的主要课程。到二十岁举行“冠礼”后,便为“成人”,开始学礼。

关于西周贵族入小学和大学的年龄,各书记述略有出入,有的说八岁入小学,有的说十岁入小学。又如《尚书大传》说:“古之帝王者必立大学小学,使王太子、王子、群后之子以至卿大夫、元士之適(嫡)子,十有三年始入小学”,“年二十入大学”(陈寿祺辑本)。但是各书所谈，幼年入小学，成童入大学，基本上是一致的。

礼书所说的西周小学、大学的制度，并非出于虚构，金文中有明证。大盂鼎记述周康王对盂说：

女（汝）妹辰又有有大服，余隹（惟）即朕小学。

郭沫若在新刊《两周金文辞大系》上有眉批说：

今案妹与昧通，昧辰谓童蒙知识未开之时也，盂父殆早世，故盂幼年即承继显职，康王曾命其入贵胄小学，有所深造。

足见西周贵族确有小学，为蒙昧的儿童学习之处，与礼书幼年入小学说正合。

《礼记·王制》说：

天子命之教，然后为学。小学在公宫南之左，大学在郊，天子曰辟廱（雍），诸侯曰頖（泮）宫。

西周的大学叫辟雍，在金文中也有明证。麦尊说：

王客（格）䔑京彭祀，雩（粤）若翊（翌）日，才（在）璧（辟）雝（雍），王乘于舟，为大丰，王射大龚（鸿），禽（擒）。侯乘于赤旂舟从。

静簋又说：

惟六月初吉，王才（在）䔑京，丁卯，王令（命）静司射学宫，小子眔（暨）服眔小臣眔尸（夷）仆学射。雩（于）八月初吉寅庚，王以（与）吴（虞）朿、吕犅（犅）卿（合）豳益自、邦周射于大池。静学（教）无旲（斁），王易（锡）静鞞剢。

杨树达以上述两段金文作比较，认为麦尊的辟雍，即是静簋的学宫，也就是大学。因为两器都说王在䔑京，地点相同；静簋说王“射于大池”，麦尊也说“王射大龚”，“龚”即是“鸿”，是一种水鸟，所射的情况也相同;《周礼·师氏》说:"以三德教国子",又说:"凡国之贵游子弟学焉",而静簋说小子、小臣、服、夷仆学射,小子即是"国子"或"国之贵游子弟",可见学宫确为当时学校①。这个比较,十分确切,可见西周贵族确有大学,或称学宫,或称辟雍,与礼书记述西周大学称辟雍之说正合。

《诗经·大雅·文王有声》歌颂文王建都于丰、武王建都于镐的成就,其中讲到"镐京辟雍,自西自东,自南自北,无思不服,皇王烝哉。"镐京是以建有辟雍著称,因有辟雍可以使四方都来服从,从而发展武王的建国大业。麦尊和静簋都说辟雍设在莽京,莽京当是镐京东郊的一个小地名。《礼记·王制》说"大学在郊",是有依据的。麦尊说周王命令分封邢侯于邢,邢侯因而"见于宗周",就是到宗周来朝见周王,正好遇到周王"客(格)莽京彡祀",明天周王就到辟雍,举行"王乘于舟,为大丰"的礼仪,邢侯因而乘着赤旂舟随从。所谓"宗周",就是镐京,据此可知莽京确是东郊的小地名,并非别有都城。看来莽京因为建有辟雍,招徕四方贵族子弟前来求学,逐渐发展成为西周文化教育的中心。周穆王时,正是莽京的兴盛时期,依据西周金文,莽京还建有宗庙的大室,周王常在此举行册命礼,发布命令和赏赐臣下(见于弭叔簋)。正因为有宗庙,麦尊说周王在此"彡祀"。同时莽京还建有王的宫寝,周王曾在此地泾宫命令史官准备好"筮"所用的蓍草(见于史懋壶)。周王在此所建宫寝,当是为了配合在辟雍进行活动和在宗庙举行祭祀的需要。

伯唐父鼎(《考古》一九八九年第六期《长安张家坡洞室墓出土简

① 《积微居金文说》卷七《静𣪘跋》。

报》)载:“乙卯王饔莽京,王桒,辟舟临舟龙(通作“垄”),咸桒,伯唐父告备,王各(格)乘辟舟,临桒白旗,用射絼、㸌虎、貂、白鹿、白狼于辟池,咸桒,王蔑曆。”这是说王在莽京举行饔祭,接着又举行桒祭,这时王的“辟舟”停靠“舟垄”,等到桒祭完毕,伯唐父报告准备齐全,王就来到,乘上“辟舟”,在白旗下亲临祭祀,接着王射池中的野兽,其中白鹿、白狼等珍贵而少见的野兽,当是王家早就畜养而以备举行射礼使用的。

二 西周时代大学(辟雍)的特点

西周时代贵族的大学,根据可靠的史料,结合礼书的记述,很清楚有下列三个特点:

第一个特点,建设在郊区,四周有水池环绕,中间高地建有厅堂式的草屋,附近有广大的园林。园林中有鸟兽集居,水池中有鱼鸟集居。

《大雅·灵台》毛传说:“水旋丘如璧曰辟雍。”汉代学者类似这样的解释很多,是可信的。“辟”与“璧”本是一字,辟法之辟,古只作㡀,从辛从人;辟字从㡀从○,○即玉字(如鄂侯鼎的“瑴”字作“㱿”),可知辟是玉璧之璧的本字。辟雍的所以称辟,就是表明其形状如圆璧。“雍”和“邕”音同通用,《说文》说:“邕,邑四方有水,自邕成池者”,就是指环于水中的高地及其建筑。“雍”字,甲骨文和金文从巛(或省作巜)、从吕(或省作Ⅲ、作□)、从隹。从巛,像四周环绕有水;从吕,像水中高地上的宫室建筑;从隹,像有鸟集居其上,因为辟雍和泮宫的附近有广大园林,为鸟兽所集居,《鲁颂·泮水》所谓“翩彼飞鸮,集于泮林”。《大雅·灵台》谈到辟雍时,所说灵台是指高地上的建筑,灵囿是指有鸟兽集居的园林,灵沼是指四周环绕的水池。

辟雍中高地上的建筑,也叫明堂。《大戴礼记·盛德》说:"明堂者……以茅盖屋,上圆下方……外水曰辟雍。"《韩诗说》也说:辟雍"圆如璧,壅之以水","立明堂于中","盖以茅"①。《吕氏春秋·召类》说:"明堂茅茨蒿柱,土阶三等。"《吕氏春秋·慎大》又说:"周明堂外户不闭。"《淮南子·主术训》又说:"明堂之制,有盖而无四方。"《史记·封禅书》记述汉武帝时公王带所献明堂图,"中有一殿,四周无壁,以茅盖,通水圜宫垣,为复道,上有楼,从西南入"。基本上和《大戴礼记》、《韩诗说》、《吕氏春秋》、《淮南子》相合。辟雍四周环绕以水,它是开凿出来的,也叫做池。"池"本来指逶迤曲折的小河,也有"穿地通水"②的意思,所以环城的河也叫池,如《陈风·东门之池》毛传:"池,城池也。"辟雍因为四周环绕有池,也或称为辟池。《史记·封禅书》说:"沣(酆)滈(鄗)有昭明、天子辟池",索隐说:"天子辟池即周天子辟雍之池。"

上述辟雍的特殊结构,在金文中也有明证。静簋说:"王令静司射学宫",又说:"射于大池",分明大池即在学宫之中。遹簋说:"穆王才(在)葊京,乎渔于大池",这个在葊京的大池,也该指辟雍中的大池。麦尊说:"才(在)璧(辟)雝(雍),王乘于舟",一定是辟雍中有大池,王才能乘于舟。

《礼记·王制》说:"大学在郊","诸侯曰頖宫"。《礼记·明堂位》也说:"頖宫,周学也。"泮宫的结构也和辟雍差不多,从来有四种不同

---

① 《大雅·灵台》正义引《五经异义》。
② 《礼记·月令》篇郑注。

说法：一种认为西南两面有水环绕，《说文》说：“泮，诸侯乡射之宫，西南为水，东北为墙。”一种认为东西南三面有水环绕，《鲁颂·泮水》郑笺说：“泮之言半也，半水者，盖东西门以南通水，北无也。”一种认为西北两面有水环绕，刘向《五经通义》说：“诸侯不得观四方，故缺东以南，半天子之学，故曰頖官。”①一种认为只有南面有弧形的水，《白虎通·辟雍》说：“诸侯曰泮宫者，半于天子宫也……半者象璜也，独南面礼仪之方有水耳，其余壅之。”后世称学宫为黉，即取义于象璜。在这四种说法中，闻一多采取了三面环水之说，并认为泮宫和辟雍是异名同实的。他说：

> 辟、泮双声，义复相通（《广雅·释诂四》：辟，半也。《泮水》笺：泮之言半也），其为一语之转甚明。卜辞雍作，宫作，并从（金文皆变作），是雍与宫亦本一语，宫声变而为雍，犹之籀文容从公声也。

他还以大丰簋“王又（有）大丰，王凡三方”为证，认为“麦尊记王在辟雍乘舟为大丰，此亦言大丰，则凡疑读为泛，谓王在辟雍中泛舟也”。所谓“王泛三方”，因为辟雍和泮宫一样三面环水②。

第二个特点，西周大学不仅是贵族子弟学习之处，同时又是贵族成员集体行礼、集会、聚餐、练武、奏乐之处，兼有礼堂、会议室、俱乐部、运动场和学校的性质，实际上就是当时贵族公共活动的场所。

东汉末年学者卢植、蔡邕、颖容、贾逵、服虔等，都认为太庙、大学、辟雍、明堂、灵台是“异名而同事”。蔡邕《明堂月令论》③对此有

① 《艺文类聚》卷三八和《初学记》卷十二引。

② 闻一多：《古典新义·大丰毁考释》。

③ 《续汉书·祭祀志》刘昭注引。

比较详细的论述。清代学者惠栋著《明堂大道录》一书，对此有更详细的考证。从西周金文看来，西周时宗庙和辟雍显已不是一物，但是，很清楚的，辟雍确是当时贵族成员公共活动的场所和贵族子弟学习的场所。

《韩诗说》说："辟雍者，天子之学……所以教天下春射秋飨，事三老五更。"《白虎通·辟雍》说："大学者，辟雍，乡射之宫。"《说文》又说："雝，天子飨饮辟雝也。""泮，诸侯飨射之宫"。"侯，春飨所射侯也"。各书的所谓"飨"或"乡"，便是乡饮酒礼，《说文》："飨，乡饮酒也。"所谓"射"，是指乡射礼。当时辟雍和泮宫，是天子、诸侯带同贵族举行乡饮酒礼和乡射礼之处。古时乡饮酒礼和乡射礼往往是联类举行的，《礼记·射义》所谓"卿大夫士之射也，必先行乡饮酒之礼"。这两种礼，虽然具体目的有些不同，乡饮酒在于"尚齿"和养老，乡射在于"尚功"和练武，《礼记·王制》所谓"习射上功，习乡上齿"，但是总目的还是相同的，就是在于加强贵族的团结和战斗力，所以《礼记·乐记》说："射乡食飨，所以正交接也"；《仲尼燕居》说："射乡之礼，所以仁乡党也"；《昏义》说："和于射乡。"段玉裁著《说文飨字解》(收入《经韵楼集》)，曾对此有较详细的阐释。他认为：《说文》所说"泮，诸侯飨射之宫"，是兼乡饮酒和乡射两礼而言的；《说文》所说"雝，天子飨饮辟雝"，是从乡饮酒礼概括乡射礼而言的；《说文》"侯，春飨所射侯"，是把两礼联类而言的。

西周、春秋时，贵族确把大学作为举行乡饮酒礼之处。《礼记·乐记》说："食三老五更于大学，天子袒而割牲，执酱而馈，执爵而酳，冕而揔干，所以教诸侯之弟也。"这就是大学中行乡饮酒礼时尊老的具体表现。其实，举行这种乡饮酒礼的目的，原来不仅在于尊老，更重要的，是为了商量国家大事。《礼记·王制》说："天子将出征……受命于祖（注："告祖也"），受成于学（注："定兵谋也"）。"怎样"受成于学"，在学校中"定兵谋"呢？就是通过这种"乡饮酒礼"方式的酒会，与贵族的长老们会商决定的。《鲁颂·泮水》说："鲁侯戾止，在泮饮酒，既饮旨酒，永锡难老，顺彼长道，屈此群丑。"郑笺："在泮饮酒者，征先生君子，与之行饮酒之礼，而因以谋事也。"鲁侯召集先生君子们在泮宫行饮酒之礼，所谋的就是"屈此群丑"的事，也就是征伐淮夷的事，所以下文谈的都是有关征伐淮夷的事。由此可见，这种乡饮酒礼实际上是一种商讨大事的酒会。《左传·襄公三十一年》记载："郑人游于乡校，议论执政。"这种"乡校"只是"国人"的学校，但是，因为"校"是公共活动和学习的场所，"国人"也经常在这里议论国家大事，甚至评论到执政所推行各种政策的好坏。

古时确又把大学作为举行射礼和习射之处。《周礼·诸子》说："凡国之政事，国子存游倅（萃），使之修德学道，春合诸学，秋合诸射，以考其艺而进退之。"《礼记·燕义》同，郑注都说："学，大学也；射，射宫也。"其实，射宫就是大学中的厅堂，前后两句，前称"学"，后称"射"，只是行文的变化。《礼记·射义》又说："天子将祭，必先习射于泽。……已射于泽，而后射于射宫。"所谓"泽"，即是辟雍的大池；所谓"射宫"，就是辟雍中的厅堂，因常为习射之所，故名，犹如学校之或称为序，或称为榭。

古时贵族射猎，有两个主要目的：一是练习武艺，具有军事演习、检阅军队或部署战斗的性质，所谓"天子乃教于田猎，以习五戎"（《礼记·月令》季秋之月）；"大田之礼，简众也"（《周礼·大宗伯》）。一是供给祭祀，所谓"惟君用鲜，众给而已"（《左传·襄公三十年》，杜注：

"鲜,野兽");"四时之田,皆为宗庙之事也"(《穀梁传·桓公四年》)。《尚书大传》卷三(陈寿祺辑本)对此有详细说明:

> 传曰:已有三牲必田狩者……所以共(供)承宗庙,示不忘武备,又因以为田除害。鲜者何也?秋取尝也。……习斗也者,男子之事也……故于蒐狩以闲之也。……凡祭,取馀获陈于泽(郑注:泽,射宫也),然后卿大夫相与射。……乡之取于囿中,勇力之取也;于泽,揖让之取也。

这里说:在园囿中习射是"勇力之取",有练习武艺性质;在学宫中习射是"揖让之取",有行礼的性质。实际上,在当时贵族看来,练习武艺和行礼,应该是结合在一起的。《穀梁传·昭公八年》也有相类的论述:

> 因蒐狩以习用武事,礼之大者也。……面伤不献,不成禽(擒)不献,禽虽多,天子取三十焉,其余与士众,以习射于射宫。

在蒐狩中"面伤不献","不成禽不献",便是礼的规定。

《射义》所说"天子将祭,必先习射于泽",在西周金文中也有明证。静簋所说的"射于大池",即是"射于泽"。麦尊说:"在辟雍,王乘于舟,为大丰,王射大龚(鸿),禽(擒)。"就是说:天子为了"大丰"的祭祀,亲自到辟雍中射于泽,射中了大鸿,而且擒住了。所以必须说明在"射"之后"禽"住,因为按礼"不成禽不献"的。"大丰",或者释为"大礼",或者释为"大封",都不确切,疑即祈求大丰年的祭典,犹如商代的"桒年"之祭。《礼记·月令》记季春之月说:

> 命舟牧覆舟,五覆五反,乃告舟备,具于天子焉。天子始乘舟,荐鲔于寝庙,乃为麦祈实。

所说"为麦祈实",也即祈求麦的丰收。举行祈求大丰的典礼,需要“天子始乘舟”，亲自射擒水生动物，所以麦尊特别说明：“王乘于舟，为大丰”；大丰簋又特别叙述：“王又（有）大丰，王凡（泛）三方”。这种祈求“大丰”的典礼，大概起源于原始社会的渔猎生产活动中。后来我国有些少数民族还保留有这种礼俗，例如辽代有头鹅宴和头鱼宴，就是用来表示辽主带头从事渔猎，并把辽主首次亲自擒获的鹅和鱼用来祭祀，以祈求丰收的。程大昌《演繁露》卷十二“牛鱼”条说：“辽主达鲁河钓牛鱼，以其得否，为岁占好恶。”按“丰”、“豊”（礼）两字，在金文中字形相同，作为地名的“丰”，所说“丰年”的“丰”都是同样写法。麦尊、大丰簋所说的“大丰”，多数学者都释作“大礼”，我认为不妥。麦尊所说“王乘于舟，为大丰”，与《礼记·月令》季春之月“天子始乘舟，荐鲔于寝庙，乃为麦祈实”正相合。

在西周的大学中，除了举行饮酒礼、射礼以外，也还举行献俘的庆功典礼。《礼记·王制》说：

出征执有罪反，释奠于学，以讯馘告。

这个说法是有根据的。《泮水》说：“明明鲁侯，克明其德，既作泮宫，淮夷攸服。矫矫虎臣，在泮献馘，淑问如皋陶，在泮献囚。”即是《王制》所说“以讯馘告”。《泮水》又说：“烝烝皇皇，不吴不扬，不告于讻，在泮献功。”可知古代献俘的庆功典礼，除了在宗庙举行外，确有在学宫举行的。

古代学宫中也还举行尊敬先师的典礼。《吕氏春秋·尊师》说：“天子入大学，祭先圣，则齿尝为师者，弗臣，所以见敬学与尊师也。”

古代在学宫中举行的礼，如饮酒礼、射礼等，带有敬老养老、会商大事、练习武艺、选拔人才的性质，祭祀先师具有尊师的性质，献俘礼具有庆功的性质。乡饮酒礼和乡射礼都用乐陪奏的。祭祀先师的礼叫“释菜”,也用乐舞,《礼记·月令》仲春之月“命乐正习舞释菜”。献俘的凯旋礼也有恺乐和恺歌,城濮之战,晋国胜利后,曾“振旅恺以入于晋,献俘,授馘,饮至,大赏”(《左传·僖公二十八年》)。“恺”即是“岂”,《说文》,“岂,还师振旅乐也。”所有这些欢庆的礼节,都必须有音乐或舞蹈。因此在学宫中,在讲究“礼”的同时,很讲究“乐”。《大雅·灵台》说:“虡业维枞,贲鼓维镛,于论鼓钟,于乐辟雍。……鼍鼓逢逢,矇瞍(乐官名)奏公(工)。”这里所叙述辟雍中弦歌不辍的情况,确是十分热闹。

《孟子》论述井田制时说:“设为庠序学校以教之,庠者养也,校者教也,序者射也。”其实不仅“序”的原义是习射之所,“校”的原义也是射猎练武的场所。孟子所谓庠、序、校,是古代村社成员集会和活动的场所,兼有礼堂、会议室、俱乐部和学校的性质。西周贵族的学校,也是贵族成员集会活动的场所,并为贵族子弟学习的场所。其建筑所以要造成厅堂式,就是为了便于群众活动,更是为了便于习射;其所以要建有园林和水池,也是为了习射的需要。

第三个特点,西周大学的教学内容以礼乐和射为主要。

上面已经谈过,西周大学是贵族成员集会、行礼、作乐、聚餐、习射的场所,因此,贵族子弟要学习成人的社会生活方式和必要的知识、技能,这里是最好的实习地方。当时贵族生活中必要的知识和技能,有所谓“六艺”:礼、乐、射、御、书、数,但是,因为“国之大事,惟祀与戎”,他们是以礼乐和射御为主的。又因为在礼乐和射御中,乐和射的技术性较强,需要多加练习。

《礼记·月令》载:孟春之月“命乐正入学习舞”,仲春之月“上丁命乐正习舞释菜”,“仲丁又命乐正入学习舞”,季秋之月“上丁命乐正入学习吹”。这里把学校作为练习音乐舞蹈之处，而由乐官担任教导。《周礼·大司乐》说：“掌成均（韵）之法，以治建国之学政而合国之子弟焉”，又说用“乐德”、“乐语”、“乐舞”来教授国之子弟。也同样把乐官作为治理“学政”的教官，以音乐作为主要的教学内容。《礼记·王制》说：乐正“顺先王诗书礼乐以造士，春秋教以礼乐，冬夏教以诗书”。这不仅把乐官作为教官，而且把教学内容扩大到了“礼”和“诗书”。俞正燮著《君子小人学道是弦歌义》，认为“通检三代以上书，乐之外无所谓学，《内则》学义亦正如此，汉人所造《王制》《学记》亦止如此”①。当时贵族大学以“弦歌”为教学的主要内容之一，当是事实，所以《左传·昭公九年》说：“君彻宴乐，学人舍业。”但不能说“乐之外无所谓学”，因为西周大学的教学，在礼乐之外更有射，而且射更为重要。

前面已经谈过，辟雍是西周贵族经常射猎之所，因此也是贵族子弟学习射猎之所。前引静簋铭文就说：周天子命令静在学宫中司射，由小子、服、小臣、夷仆等学射；后来周天子和小子等到大池会射，以考验静的教学效果。经考验，静的教学效果很不差，周王因把鞞剢赏赐给他。可知当时大学由周天子直接管理，时常要命令臣下去教学，也还要检查呢！

从上述西周大学的三个特点来看，其设施是比较原始的，以茅草盖的厅堂为主，周围有园林和水池；其规模也是比较原始的，兼有礼堂、会议室、俱乐部的性质，为贵族公共活动的场所，说明这时学校还没有专业化，是和贵族的社会活动结合在一起的。西周大学中的贵

---

① 《癸巳存稿》卷二。

族公共活动,以射猎、行礼、奏乐、舞蹈为主,其教学的主要内容也以乐与射为主,尤以射为重要。这是和贵族教育子弟的目的有关的,因为贵族要把子弟培养成为统治者,而礼乐正是当时贵族巩固内部组织和统治人民的重要手段;同时贵族要把子弟培养成为军队的骨干,用来保护既得的特权,而射猎正是军事训练,舞蹈也带有军事训练的性质。所举行的“射礼”,就是以进行军事训练和选拔军事人才为目的。所以到春秋时代,有的国家还把“敬教劝学”作为“富国强兵”的重要政策之一。例如《左传・闵公二年》载:“卫文公大布之衣,大帛之冠,务材训农,通商惠工,敬教劝学,授方任能,元年革车三十乘,季年乃三百乘。”

三　大学(辟雍)的起源

上述的我国古代学校教育制度,如果要追溯其来源,很清楚,它是由氏族公社的原始教育制度发展来的。

在原始氏族公社中,儿童教育大体上可以分为三个阶段:幼年女孩一般由妇女教养,男孩则由男子教养,在母权制下由舅父教养,在父权制下由父亲或伯叔父教养。到六岁或八岁以后,开始离开长辈,住到另外的小屋中,学习各种生产,并参与具有狩猎和军事性质的运动和游戏。快到成年时,在连续几年中,必须经历一定程序的训练和考验,使具有必要的知识、技能和毅力,具备充当正式成员的条件。如果训练被认为合格,成年后便可参与“成丁礼”,成为正式成员。这种在“成丁礼”前的训练制度,可以说是一种原始的教育制度,也是学校的起源。

我国古代贵族的学校教育制度,规定男孩在“昧辰”(童年)进入小学,要“出就外傅,居宿于外”,就是沿袭氏族公社训练孩童要住宿在外的方法；规定男孩到成童时进入大学的制度，也该是沿袭氏族公社中训练成童的办法而有所发展的。氏族公社训练成童的目的，在于培养公社成员，使取得应有的氏族权利和应尽的义务，因此，其训练是和“成丁礼”密切结合在一起的。西周贵族教育成童的目的，在于培养贵族成员，因此，其教育是和“冠礼”联系在一起的，前引《礼记·内则》的话，很清楚的可以看到这点。

不仅西周贵族的学校教育制度是由原始教育制度发展而来，甚至西周大学的建筑规模和式样，也是沿袭原始的学校而来。为什么西周大学要建造成厅堂式样且周围环绕有水呢？阮元解释说：

> 上古未有衣冠，惟用物遮膝前后，有衣冠之制，不肯废古制，仍留此以为韨，与冕并重，此即明堂辟雍之例也。上古未有宫室，圣人制为栋宇以蔽风雨……其制如今之蒙古包帐房，而又周以外水，如今村居必有沟绕水也。古人无多宫室，故祭天、祭祖、军礼、学礼、布月令、行政、朝诸侯、望星象，皆在乎是。故明堂、太庙、大学、灵台、灵沼，皆同一地，就事殊名。三代后制度大备，王居在城内……而别建明堂于郊外，以存古制，如衣冠之有韨也（见《问字堂集·赠言》。《揅经室集》有《明堂论》大体相同）。

阮氏认为辟雍起源于上古刚有宫室之时，其制如今之蒙古包，四周有沟绕水，后来制度大备，还沿袭古风，在郊外建有这种式样的明堂和辟雍。犹如野蛮时代没有衣服之时，人们用一块皮束在下身遮盖，后来衣冠大备，也还沿袭古风，在衣裳之外束有这样的一块皮叫做韨。这个说法，能够用发展的观点来分析，是对的，皮锡瑞曾大加称赞，认为这是“古礼有聚讼千年，至今日而始明者”（《经学通论》卷三《论明堂、辟雍、封禅当从阮元之言为定论》）。吕思勉又解释说：

> 盖我国古者,亦尝湖居,如欧洲之瑞士然,故称人所居之处曰州,与洲殊文,实一语也(洲岛同音,后来又造岛字)。以四面环水言之则曰辟,以中央积高言之则曰雍。斯时自卫之力尚微,非日方中及初昃犹明朗时,不敢出湖外,故其门必西南向。汉时公玊带上明堂图,水环宫垣,上有楼,从西南入。①

我国氏族制末期渭水流域的居民,不一定都是湖居。从西安东郊半坡村仰韶文化遗址来看,当时氏族聚落的周围确实掘有一道大水沟,以防外来的侵袭。西周贵族学校制度既然是由氏族制末期的原始教育制度发展而来,其建筑很自然的,会保存原始的规模和式样。大概最初的学校同氏族制末期的居住遗址差不多,四面掘有水沟环绕着的,即所谓"水旋丘如璧",仅有一面有桥可与外界相通。后来,防御外来侵袭作用消失,只保存其古老的形式,就筑成三面环水,一面无水而与外界相通,如泮宫的"东西门以南通水"那样。再后来,水沟开得更形式化,只在一面掘有弧形的水沟,像璜的形式,象征着三面环水。此后历代封建王朝所建的学校和孔庙,就是沿袭这种形式的。前述辟雍的建筑,"以茅盖屋","上圆下方","土阶三等","外户不闭"等,很明显,都是沿袭原始的建筑式样的。

为什么辟雍除了周围建筑水沟外,附近还要有广大园林呢?这主要是为了便于练习渔猎,以训练武艺。同时也该是保留了原始学校的遗风。

为什么西周大学还不是一个专门的教育机构,而兼有礼堂、会议室、俱乐部的性质呢?这也还是沿袭原始的学校的性质而来。从我

---

① 《燕石续札·古学制》,上海人民出版社一九五八年版。

国氏族制末期的居住遗址来看，其聚落的布局已有一定的规模，在周围氏族成员居住的许多小屋中，有一个公共活动用的大型房屋。以半坡村遗址为例，中间长方形的大屋，结构十分特殊，南北长十二点五米，东西残长十米，墙宽一米，残高零点五米，墙四隅呈圆弧形，墙上有三十多个柱洞，室内为光硬的灰面，中间有四个大柱子洞，现存三个，柱洞的直径有零点四五米，看来是很大的。这完全是一个厅堂的式样，可以推断它是氏族聚落的公共活动场所，兼有礼堂、会议室、俱乐部和学校的性质。西周贵族的学校，正因为是从这样原始的学校发展来的，所以还保存有这种原始的特点。

对原始社会文化遗址的发掘，对处于原始阶段的少数民族的调查研究，都能为我们提供关于原始社会研究的重要资料；如果我们能够把它和古代有关的制度联系起来讨论，不但有助于我们对古代社会的探究，也会有助于我们对原始社会的理解。上面有关大学的起源的探讨，就是个显著的例子。

四　教师称"师"的来历

我国古代大学的设立，起于西周时，我国古代学校的教师称"师"，也起于西周时。俞正燮说："《周官》大司乐、乐师、大胥、小胥皆主学，古人学有师，师名出于学。"[①]刘师培也说："观舜使后夔典乐，复命后夔教胄子，则乐宫即师。……周代乐官名太师，或即因是得名。"[②]他们都以为古代教学由乐官担任，乐官之称乐师，即由于担任教学而来。乐官的

---

① 《癸巳存稿》卷二"君子小人学道是弦歌义"。
② 《左盦集》卷一"成均释"，《刘申叔遗书》第卅七册。

称“师”，确起于西周时。辅师嫠簋说：“燮荣白(伯)入右辅师嫠。王乎(呼)乍(作)册尹册令(命)嫠曰：更(赓)乃且(祖)、考嗣(司)辅。”师嫠簋又记述周王对师嫠说的话：“师嫠，在昔先王小学(教)女(汝)，女(汝)敏可吏(使)，既令(命)女(汝)更(赓)乃且(祖)、考嗣(司)小辅；今余唯醽(重)豪(敦)乃令(命)，令(命)女(汝)嗣(司)乃且(祖)旧官小辅眔鼓钟。”郭沫若认为：“此言司辅，并称嫠为辅师则辅当读镈，辅师即《周礼·春官》之镈师也”①，很是正确。据《周礼》，“镈师掌金奏之鼓”，所谓“金奏”就是指打击钟镈等金属乐器的演奏，所以周宣王又叫嫠兼任“鼓钟”的官职。嫠世袭其祖父、父亲的官职为小辅(镈)，也简称为辅，又称为辅师，当如俞正燮所说，是由于乐官兼任教师之故。

但是，西周的大学教师为什么要叫“师”？俞正燮、刘师培都没有作进一步的解说。商代没有“师”的称呼，只有“𠂤”的称谓。卜辞中常见有某𠂤，“𠂤”即是古“屯”字，就是军队经常的驻屯地的称谓(临时的驻防地叫𣶃或次)；也常用作王室师旅的称呼，如说：“王作三𠂤”②；又常用作军官的称号，连其名称为𠂤某，如𠂤般、𠂤毌、𠂤贮、𠂤戈、𠂤辟等。到西周时，𠂤仍作军队经常驻屯地的称谓，也作王室师旅的单位的称呼，如：“殷八𠂤”、“西六𠂤”、“成周八𠂤”等，但其高级军官的称号，大多数不称“𠂤”而称为“师氏”，也或简称为“师”。我们认为，西周时教师之所以称“师”，就是由于教师起源于军官，最初的大学教师由这类称为“师氏”的高级军官担任之故。

《尚书·牧誓》以师氏和千夫长、百夫长连称，《尚书·顾命》和毛公

---

① 郭沫若：《辅师嫠簋考释》，收入《文史论集》。

② 郭沫若：《殷契粹编》第五九七片。

鼎以师氏和虎臣连称，寧鼎说：“以师氏眔有司……伐腺”，录𢦏卣说：“女（汝）其以成周师氏戍于𠭯𠂤”，这些，都足以证明师氏是高级军官。师氏在金文中常简称为师，以师和人名连称为师某，如师寰簋记述师寰父奉命率虎臣等征淮夷，师旅鼎记述师旅因“众仆不从王征于方”而被处罚，遹甗、稽卣、臤觯都说师雍父戍于𠭯𠂤，很清楚，这些称为师某的，都是统率军队出征或防守的军官。他们对周王来说，都是王的爪牙，师询簋记述周王对师询说：“乃圣且（祖）考克左右先王，作厥爪牙”；师克盨也说：“乃先且（祖）考又（有）劳于周邦，干（斁）吾（敔）王身，作爪牙。”师氏是捍卫王身的高级军官，是王的爪牙，所以他们所属就有虎臣等。据师酉簋和询簋，在师酉和师询所属部下中，有着各种服从的夷人。

“大师”原来也不是乐官的称呼，而是比“师氏”更高级的武官。例如齐国的始祖吕尚，又称师尚父，《诗经·大雅·大明》说：“维师尚父，时维鹰扬，凉彼武王，肆伐大商。”他是武王伐商时的高级统帅，正式官职就是大师①。又如《大雅·常武》说：“王命卿士，南仲大祖，大师皇父，整我六师，以修我戎。”所说的“大师”，也分明是武官②。到春秋时代，大师和大傅除了是国君的师傅以外，仍然有推荐将帅的权力。例如晋国“蒐于夷”，使狐射姑为中军之将，赵盾为中军之佐，后

---

① 《左传·成公二年》载单襄公说：“夫齐，甥舅之国也，而大师之后也。”“大师”即指齐的始祖吕尚。《左传·襄公十四年》载周王派刘定公“赐齐侯命”说：“昔伯舅大公，右我先王，股肱周室，师保万民，世胙大师，以表东海。”“大师”也是指齐的始祖太公的官职。

② 从西周金文来看，“大师”亦应为武官。善鼎说：“王在宗周，王格大师宫，王曰：善，昔先王既命女（汝），在疋𣄨侯，今余唯肇𤔲先王命，命女（汝）在疋𣄨侯，监䜌师戍，易（锡）女（汝）乃且（祖）旂，用事。”西周时大臣接受册命，有时在大臣的祖庙，这个“大师宫”当为善的祖庙，因其祖任“大师”之职而得名。这时周王继续“先王命”，命善辅助𣄨侯，监理师戍，并赐给其祖的旗而“用事”。很明显，是命令善世袭其祖的官职。其祖的官职既是“大师”，而这时命他监理师戍，可见“大师”确为武官。

来太傅阳处父回来,"改蒐于董",改使赵盾为中军之将(《左传·文公六年》)。又如"楚既宁,将取陈麦,楚子问帅于大师子穀"(《左传·哀公十七年》)。同时大师和大傅还有执行法律和修订法律之权,例如晋国在赵盾执政后,修订了法律和典章制度,"以授太傅阳子(即阳处父)与太师贾佗,使行诸晋国,以为常法"(《左传·文公六年》)。晋悼公即位,又使士渥浊为太傅,"使修范武子之法"(《左传·成公十八年》)。大师和大傅有时还兼任军事长官,如楚穆王立时,使潘崇"为太师,且掌环列之尹"(《左传·文公元年》),杜注:"环列之尹,宫卫之官,列兵而环王宫。"又如"晋侯请于王,以黻冕命士会将中军,且为太傅"。太傅的地位尊于中军的元帅。

《周礼·师氏》说:

> 师氏,掌以媺(美)诏王,以三德教国子。……居虎门(路寝门)之左,司王朝,掌国中失之事,以教国子弟,凡国之贵游子弟学焉。凡祭祀、宾客、会同、丧纪、军旅,王举则从。听治亦如之。使其属帅四夷之隶,各以其兵服,守王之门外,且跸。朝在野外,则守内列(厉)。

这里说:师氏除了担任国王的警卫队长,居守宫门以外,也还参与国家大事,随从国王参与祭祀、招待宾客、会同、丧纪、军旅等大事,更掌管教育,要以善道禀告国王,以德行教导贵族子弟。从上引金文来看,《周礼》这段论述,在一定程度上是有依据的。师氏原是高级军官,是王的爪牙,负有捍卫王身的责任,其所属部下中确有各种夷人,即《周礼》所谓"四夷之隶"。

师氏既然是高级军官,就有负责指导军事训练的责任。当时主要的军事训练就是"射",最隆重的会射,常由国王亲自带头,师氏也得参与。令鼎记载:"王大耤农于淇田,餳,王射,有司眔师氏、小子卿

(合)射。”这是国王和大官在举行籍田典礼后会射，师氏和小子也都参与。师汤父鼎说：“王才(在)周新宫，才(在)射庐，王乎(呼)宰雁易(锡)□弓象弭、矢臸彤欮(栝)。”这位担任师氏官职的汤父，在射庐得到弓矢的赏赐，该也是参与会射后得赏的。

西周贵族的大学主要的教学内容是“射”，是属于军事训练性质的，目的在于把贵族子弟培养成为军队的骨干。因此，当时的大学教师就得由师氏来兼任，师氏就由军官兼任了大学的教官，“师”就成为教师的称呼了。西周大学的主要教学内容，除了射以外，还有乐，乐的教学由乐官担任，因此到西周后期乐官也开始称为师，如前引辅师嫠簋和师嫠簋，就称嫠为辅师或师。再后，“师”就成为教师的通称了，担任教导手工业技术的工官也带有师的称呼，女子的教导人员也称为师氏，如《周南・葛覃》：“言告师氏，言告言归”，《毛传》：“师，女师也。”

我们从“师”的称呼起源于“师氏”看来，西周大学的教学，以军事训练为主，是很显然的；其目的在于培养贵族军队的骨干，也是很显然的。因为军队是国家最重要的统治工具，当时贵族设立大学的目的，就是为了加强其统治力量的。

同时还要连带说明的，古时对教师尊称为“夫子”，与教师称为“师”的起源相同。“夫子”之称，最早见于《尚书・牧誓》。《牧誓》是周武王在商郊牧野“誓师”的报告，报告的对象是各级的军事长官。《牧誓》开头说：

> 王曰：嗟我友邦冢君、御事、司徒、司马、司空、亚旅、师氏、千夫长、百夫长，及庸、蜀、羌、髳、微、卢、彭、濮人，称尔戈，比尔干，立尔矛，予其誓！

很清楚，这个“誓师”报告的对象，上至友邦冢君，下至师氏、千夫长、

百夫长,旁及庸、蜀等八族的长官,无非是当时在前线统率大军、指挥作战的各级军官。《牧誓》结尾说:

> 夫子勖哉!不愆于四伐、五伐、六伐、七伐,乃止齐焉!
>
> 勖哉夫子!尚桓桓,如虎如貔,如熊如罴,于商郊,弗迓克奔,以役西土!
>
> 勖哉夫子!尔所弗勖,其于尔躬有戮!

这样的"夫子勖哉"、"勖哉夫子",反复训戒,很明显,所谓"夫子"就是指前述的各级军官。到春秋时,"夫子"还相沿为统率军队的卿大夫的称谓,《左传》上这类例子很多。汪中《述学别录》的"释夫子"说:"称子而不成词,则曰夫子。夫者,人所指名也。""以夫配子,所谓取足以成词尔。凡为大夫,自適以下,皆称之曰夫子。"黄以周《儆季杂著》的《礼说》卷四"先生夫子"条,解释"夫子"说:"夫即千夫长、百夫长之夫,夫子者千夫、百夫以上尊者称也。"在这两个解释中,应以后一说为是。因为千夫长、百夫长以上的军官,"大夫"以上的官爵,通称为"夫子"的,原来就兼教官,也是最早的教师,后来"夫子"作为教师的尊称,当即起源于此①。

① 在《左传》和《国语》所记当时贵族谈话中,对卿大夫都当面称"子",在背后对他人谈论时称"夫子","子"常被用作第二位称谓,"夫子"常被用作第三位称谓。因此有人认为,"夫子"的"夫"是指事之词,就是"那个"的意思。在《论语》所记的对话中,前十篇对"子"和"夫子"的用法和《左传》相同,后十篇才有把"夫子"作为第二位称谓的;在《孟子》所记的对话中,"子"和"夫子"都用作第二位称谓,而且"夫子"尊于"子"。因此有人认为"夫子"开始被用作尊称,出于孔门后学。我们认为,"夫子"被普遍地用作对老师的尊称,确是出于孔门后学,但是把"夫子"的"夫"解释为指事之词,是不妥当的,《牧誓》可为明证。春秋以前,贵族在对话中,习惯上确是当面称"子",背后才称"夫子","子"比较有亲切之感,但是誓辞与对话不同,比较庄严,不适宜当面称"子",故在《牧誓》中,当面对军官训戒称"夫子"。有人怀疑《牧誓》的著作年代出于《论语》之后,因而当面有"夫子"之称。这个说法也不确,孔门后学把老师尊称为"夫子",如果《牧誓》作于《论语》之后,怎会叫周武王当面对所属军官尊称为"夫子"呢?

第三章 《周易》的“筮占”及其哲学思想

一 《周易》是周人筮占的经典

《周易》原是西周时代周人筮占用的书本。当时周人常按龟卜和筮占来行事。《尚书》的《大诰》、《洛诰》等篇，都有龟卜的记载，《大诰》说“宁王惟卜用”、“宁王遗我大宝龟”，这两个“宁王”，都是由周公说出的，郑玄注：“宁王者文王也”，其实“宁”就是“文”字的形误。《周易》开始著作于殷周之际，写定于西周的早中期。《系辞传》说：“《易》之兴也，其于中古乎？作《易》者，其有忧患乎？”“易之兴也，其当殷之末世、周之盛德邪？当文王与纣之事邪？”这个推断确有依据。《史记·周本纪》载西伯（即文王）“其囚羑里，盖益《易》之八卦为六十四卦”。《日者列传》记司马季主说：“自伏羲氏作八卦，周文王演为三百八十四爻而天下治。”《汉书·艺文志》也说：“至于殷、周之际，纣在上位，逆天暴物，文王以诸侯顺命而行道，天人之占可得而效，于是重《易》六爻，作上下篇。”都说《易》是文王所作。

从《周易》内容看来，其中多处讲到“王”，可知不是出于王的著作。但是其中述及史事，确实主要是殷周之际和西周初年的。“升卦”六四爻辞：“王用亨（享）于岐山”，前人都以为是文王，当西周初期，文王确是居于岐山附近。《周易》的“明夷”六五爻辞，讲到“箕子之明夷”，就是指箕子被殷纣王囚禁的处境。《尚书·洪范》记载周武王十三年（即武王即位后四年，克商后二年），武王访问箕子，箕子讲论“洪范九畴”，其中第七点，讲到“稽疑，择建立卜筮人”，即使用龟卜，同时又使用筮占，认为要决疑，必须做到“汝则从，龟从，筮从，卿士从，庶民从，是之谓大同”。《周易》的出现，就是适应了当时“筮占”的需要的。

二　《周易》述及周的国家大事

《周易》的“屯”卦初九爻辞：“磐桓，利居贞，利建侯。”“豫”卦卦辞：“豫，利建侯，行师。”所谓“建侯”，就是建置诸侯。所谓“行师”，就是出师征伐。西周初期的大事，就是周公东征而推行分封制，建置四方诸侯。《周易》所说是适应周的统治者的行事决策需要的。《周易》的“师”卦：“初六，师出以律，否臧凶。”这是说师出必须有纪律，失去纪律就是凶兆。接着又说：“在师，中吉，无咎，王三锡命。”是说能够指挥得当，就能吉利无咎，取得成功，可以得到周王的多次重赏。接着又说：“六三，师或舆尸，凶。”程颐解释“舆”为“众”，“尸”为“主”，“舆尸”是说军队由多人作主，这是凶兆。接着又说：“师左次无咎”，这是说军队改变排列，不失常，是无咎的。接着又说：“六五，田有禽，利执言，无咎。长子帅师，弟子舆尸，贞凶。”这是说，在借狩猎以练习武艺时，擒住野兽是有利而无咎的。如果长子率师，由众多的弟子主管，这是凶兆。接着更说："上六，大君有命，开国承家，小人勿用。"这是说战争胜利，论功行赏，大君即指周王，"开国"是指分封诸侯而开国，"承家"是指分赏卿大夫的官爵，"小人勿用"是说不使用小人，以免发生叛乱。

《周易》的"既济"九三爻辞："高宗伐鬼方，三年克之，小人勿用。""未济"九四爻辞："贞吉，悔亡。震，用伐鬼方，三年有赏于大国。"所谓"震"，是指鬼方入侵。《诗经·鲁颂·閟宫》："不亏不崩，不震不腾。"郑笺："震、腾皆谓僭逾相侵犯。"这是说鬼方入侵，周人大举出击，经历三年而得大胜，因而得到大国（即殷商）的赏赐。《后汉书·西羌传》注引《古本竹书纪年》载："武乙三十五年周王季伐西落鬼戎，俘二十翟王。"即指此事。这是《周易》所述及的最重要的周的大事，因为鬼方是周的主要大敌，这是周对鬼方的决定性胜利。

《周易》的"离"卦："上九，王用出征，有嘉折首，获匪其丑，无咎。"这是说周王出征，嘉奖斩得敌人首级和擒获敌人的将士。《周易》所载有关王的大事，除了出征得胜以外，就是祭享。如"益"卦"六二，或益之十朋之龟，弗克违，永贞吉，王用享于帝（上帝）。""随"卦："上六，拘系之，乃从维之，王用享于西山。"这是说周王驾马车前往西山，到达后，先把马絷好，然后举行享祭。"丰"卦："丰，亨，王假（读作"格"）之，勿忧，宜日中。"这是说周王举行盛大的祭享典礼，到达时间适宜在"日中"。"萃"卦："王假（格）有庙，利见大人，亨，利贞。用大牲，吉。利有攸往。"这是说周王来到宗庙，接见许多"大人"，祭祀用"大牲"，这是"利有攸往"。《周易》所载王的大事，不外出征和祭祀，因为"国之大事，惟祀与戎"。

"比卦"卦辞："不宁方来，后夫凶。""不宁方"即"不宁侯"或"不来侯”或“不庭方”。《诗经·大雅·韩奕》说：“榦不庭方，以佐戎辟。”“榦不庭方”是指不来朝见的方国。“榦不庭方”是说必须安定这些不来朝的方国。古代有射“不宁侯”的巫术，《考工记·梓人》载祭祀“侯”（射布）的礼节，有辞讲到“毋或若女（汝）不宁侯，不属于王所，故抗而射女”。详见第六编第六章附录《关于射“不来侯”或“不宁侯”问题》。西周王朝曾经把安定“不庭方”和召来“不宁方”，作为重要的对外方针，把“不宁方来”看作吉利的大事，所以说：“不宁方来，后夫凶。”

三　《周易》的哲学思想

《周易》共用四个“道”字，“小畜”初九爻辞：“复自道，何其咎”，“复”卦卦辞：“反复其道，七日来复”，这两个“道”字都是道路的道。“随”卦九四爻辞：“随有获，贞凶。有孚在道以明，何咎！”《象传》说：“随有获，其义凶也。有孚在道，明功也。”这个“道”，当指事物发展变化的规律而言。这是说跟随行事而有收获，结果是凶兆；假如你有诚信，符合于“道”而行事，那有什么咎呢？王弼注：“心有公诚，著信在道，以明其功，何咎之有？”程颐《易传》：“其至诚存乎中，是有孚也。其所施为无不中，在道也。唯其明哲，故能如是以明也，复何咎之有？”前人这些解释，基本上是正确的。近人有读“孚”为“浮”，解释作“罚”，把“有孚在道”说作“罚在路中”；也还有读“孚”作“俘”，作俘虏来解释，看来都不合作者原意。我们认为《周易》首次把“道”，作为事物发展变化的规律提出来，这对此后中国哲学思想的发展，作出了重大的贡献。

整部《周易》按八卦所演变的六十四卦编排。八卦原是古人筮占所使用的特有符号，基本上由“阳爻”和“阴爻”两种对立的符号所组成，所以《庄子·天下篇》说：“《易》以道阴阳”。《系辞传》说：“一阴一阳之谓道。”《周易》原是周人用来判断筮占结果吉凶的经典著作，其中没有任何说明阴阳变化的道理，却被后世阴阳家推崇为经典著作。

《周易》的思想，主张采取“中行”的手段和行动，来争取事业的成功和推广。“泰”卦九二爻辞说：“包荒，用冯河，不遐遗；朋亡，得尚于中行。”《象传》解释说：“包荒、得尚于中行，以光大也。”“包荒”是说大度包容，“冯河”是说要勇敢地涉水渡河，这是说要大度包容，勇敢地涉水渡河，远处不遗漏，朋党不结交，得当而“中行”，就能发扬光大。“益”卦六三爻辞：“益之，用凶事，无咎。有孚中行，告公用圭。”“益”卦六四爻辞：“中行告公从，利用为依迁国。”这是说，能够求益而救危难的凶事，就可以无咎。做到信实而“中行”，就可执圭上告于公。这样以“中行”而上告到公，公必听从，即使是依靠别人来迁国（迁都）的大事，也能成功。“夬”卦九五爻辞：“苋陆夬夬，中行无咎。”这是说，像苋陆这样柔脆的草，很容易折断，由于采用“中行”的手段，也能取得“无咎”的结果。“复”卦六四爻辞：“中行独复。”《象传》解释说：“中行独复，以从道也。”这是说，采取“中行”的手段就能独自回复到正道上来。

第四章　阴阳五行家的起源

一　伯阳父的阴阳学说

《国语·周语上》记载："幽王二年，西周三川皆震。伯阳父曰：'周将亡矣！夫天地之气，不失其序；若过其序，民乱之也。阳伏而不能出，阴迫而不能烝，于是有地震。今三川实震，是阳失其所而镇阴也。阳失而在阴，川源必塞；源塞，国必亡。夫水土演而民用也。水土无所演，民乏财用，不亡何待？昔伊、洛竭而夏亡，河竭而商亡。今周德若二代之季矣，其川源又塞。塞必竭。夫国必依山川，山崩川竭，亡之征也。川竭，山必崩。若国亡不过十年，数之纪也。夫天之所弃，不过其纪。'是岁也，三川竭。十一年幽王乃灭，周乃东迁。"

韦昭注："三川，泾、渭、洛，出于岐山也。"伯阳父解释地震发生的原因是"阳伏而不能出，阴迫而不能烝"，韦昭注："烝，升也。阳气在下，阴气迫之，使不能升也。""阴阳相迫，气动于下，故地震也。""阴迫"、"阳伏"，就是阴气压迫着下面的阳气，迫使阳气不能上升出来，因而造成地震。这个解释现在看来并不正确,但是在西周末年能够作出这样的解释,这是以阴阳学说解释自然界变化的一种创见。这是阴阳五行家的一个重要的起源。

二　史伯(即伯阳父)的五行学说

《国语·郑语》记载:“幽王八年而(郑)桓公为司徒,九年而王室始骚,十一年而毙。”同时又记载:“桓公为司徒,甚得周众与东土之人,问于史伯曰:‘王室多故,余惧及焉,其何所可以逃死?’”史伯教郑桓公迁居到洛水以东新郑一带。这事又见于《史记·郑世家》,“史伯”作“太史伯”。《郑语》又载桓公问道:“周其弊乎”,史伯对曰:“殆于必弊者也。《泰誓》曰:‘民之所欲,天必从之。’今王弃高明昭显,而好谗慝暗昧,恶角犀丰盈,而近顽童穷固。去和而取同。夫和实生物,同则不继。以他平他谓之和,故能丰长而物归之;若以同裨同,尽乃弃矣。故先王以土与金、木、水、火杂,以成百物。是以和五味以调口,刚四支(肢)以卫体,和六律以聪耳,正七体(指七窍)以役心,平八索(指八卦)以成人,建九纪以立纯德,合十数以训百体。……声一无听,物一无文,味一无果,物一不讲。王将弃是类也而与钊同。天夺之明,欲无弊,得乎?”

这个太史伯,当即《周语上》所说伯阳父。太史是太史寮的长官,掌管册命、制禄、图籍、记载历史大事、祭祀占卜、礼制、时令、天文历法等,是周王的秘书长和文职官员及神职官员的领袖,是仅次于太师、太保的执政大臣。当时各种学术是由有关的官署所主管和掌握的,《汉书·艺文志》所说九流学说都起源于王官之学,阴阳家出于羲和之官。羲和原是神话中的日神,据说是帝俊(上帝)之妻,“生十日”，传说中成为黄帝占日之官。从西周的官制来说，羲和之官该即太史。西周末年太史伯阳父，简称为史伯，《国语》记载他讲到阴阳学说，又讲到五行学说，是确实的，足以证明《汉书·艺文志》所说阴阳家学说出于羲和之官，是正确的。伯阳父说：“水土演而民用也”，韦昭注：“水土气通为演，演犹润也，演则生物，民得用之。”这是通过观察植物和粮食作物生长过程而得来的一种认识。史伯又说：“以土与金、木、水、火相杂，以成百物。”更说：“和实生物。”这是把五行看作构成百物的元素，并以“土”作为主要元素。这和印度佛教以地、水、火、风称为“四大”而作为物质元素，是类似的，这是五行学说的主旨所在。

《尚书·洪范》记述武王克商后箕子陈述“洪范九畴”，第一是五行：水、火、木、金、土，“水曰润下，火曰炎上，木曰曲直，金曰从革，土爰稼穑。润下作咸，炎上作苦，曲直作酸，从革作辛，稼穑作甘”。这是五行家在进一步分析五行的性质作用及“五行”和“五味”的关系。

第五章 “大蒐礼”新探

当西周、春秋时代，许多经济、政治、军事上的重要措施和制度，往往贯串在所举行的各种“礼”中。因此要深入探究当时的社会制度，就非要对各种“礼”作一番探索不可。当时的“大蒐礼”，具有军事检阅、军事演习和军事部署的性质，李亚农著有《大蒐解》一文①，已作详细解说。这种“礼”既然具有这样的军事性质，当然是当时很重要的一种“礼”，可惜《仪礼》中没有这种礼仪的详细记载足供研究。但是，我们把古文献中有关资料搜集起来，也还能对其起源、演变和性质、作用等各方面，作进一步的探索。这种探索将有助于我们对古代社会的深入了解。

一 “大蒐礼”原为借用田猎来进行的军事检阅和军事演习

先从“大蒐礼”的具体礼节谈起。我们从《周礼·大司马》、《穀梁

---

① 刊《学术月刊》一九五七年第一期。

传·昭公八年》记载和《诗经·小雅·车攻》的《毛传》中，可以看到这种“礼”的具体礼节。

《周礼·大司马》所载“大蒐礼”，是按四季分述的，每季又分前后两个部分，前半部是教练和检阅之礼，后半部是借用田猎演习之礼。据说，仲春的教练之礼叫“振旅”，由“司马以旗致民”，着重于“辨鼓铎镯铙之用”，“以教坐作进退疾徐疏数之节”；仲春的借用田猎演习之礼叫“蒐田”，要“表貉”（立表而祭祀）、“誓民”，然后鸣鼓用火围攻。仲夏的教练之礼叫“教茇舍”（军舍），着重于夜间训练，由群吏选数车徒，着重于“辨名号之用”，“以辨军之夜事”；仲夏的借用田猎演习之礼叫“苗田”，用车围攻。仲秋的教练之礼叫“教治兵”，着重于“辨旗物之用”；仲秋的借用田猎演习之礼叫“狝田”，用罗网猎取。仲冬的教练之礼叫“教大阅”，车徒有比较完备的训练；仲冬的借用田猎演习之礼叫“狩田”，有比较完备的围猎方式。《周礼》这部分记载，虽然不免有勉强凑合、整齐划一的地方，也还能具体反映“大蒐礼”的真实情况。

根据《周礼·大司马》仲冬“教大阅”一节，可见“大蒐礼”前半部教练之礼（即“阅兵式”）大体如下：

（1）建筑教场，树立标木：在场一边树立标木四根，叫做“表”，以便校正军队行列和指挥其行动。

（2）建旗集合，排列阵势：由司马建旗于后“表”，作为集合信号，由群吏率领所属集合。到“质明”（鸡鸣后、食时前）时，把旗收下，检点人员，排列阵势，全体坐下。

（3）阵前誓师：由群吏在阵前听誓。宣誓前要斩牲。宣誓大意是：“不用命者斩之。”

(4) 教练进退和作战:由中军元帅击鼙(小鼓)指挥。元帅击鼙,鼓人就击鼓三次,司马就振铎,群吏就举旗,于是"车徒皆作(起)"。等到鼙鼓打着"行"的音节,就鸣镯,于是"车徒皆行",从末一根"表"前行到第二"表"为止。再经鼓人三鼓、司马振铎、群吏下旗,于是"车徒皆坐"。接着又由鼓人三鼓、司马振铎、群吏举旗,"车徒皆作"。等到鼙鼓打着"进"的音节,就鸣镯,于是"车骤徒趋",这比"车徒皆行"要快些,从第二"表"前进到第三"表"为止。随后又如前一样"车徒皆坐",接着又如前一样"车徒皆作"。等到鼙鼓打着"驰"的音节,于是"车驰徒走","走"是"奔"的意思,《释名·释姿容》说:"疾趋曰走",也即《左传·宣公十二年》所谓"车驰卒奔",这比"车骤徒趋"又要快些,从第三"表"向前驰奔到最前"表"为止。这样,就象征地到了最前线,于是鼓发出"戒"的信号三通,车上甲士就拉弓发矢三次,步卒用戈矛刺击三次,所谓"鼓戒三阕,车三发,徒三刺",这样操练才算完毕。随后,鼓打着"退"的音节,鸣铙,车徒逐步退却,退到末一根"表"为止。从这里,使我们不但具体地看到当时车徒的操练情形,也还具体地可以看到车战时指挥进退和作战的情况。这都可以补史书记载的不足。

至于"大蒐礼"后半部借用田猎演习的情况,根据《周礼》、《穀梁传》和《毛传》,大体如下:

(1) 建筑围猎场所:在猎场周围建造有栅栏,作为围墙,叫做"防"。《穀梁传》说:"艾兰以为防。""艾"当读为"刈","兰"当读为"阑"或"栏",即斩割木条编成栅栏作为围墙的意思。《毛传》所说"大芟草以为防",《穀梁传》旧注把"兰"解释为"香草",都是错误的。鄂温克人在一百多年前还采用造栅栏来围猎的方法。汉代天子"校猎”，也还“以木相贯穿，总为阑校，遮止禽兽而猎取之”（《汉书·司马相如传》颜注）。

（2）建置军舍和军门：军舍系临时拔除野草后建置，《周礼》称为“茇舍”，也即《左传·僖公十五年》的“拔舍”（杜注：“拔草舍止”）。这种军舍当是帐篷，即《周礼·幕人》所谓“凡田役，共其帷幕幄帟绶”，《周礼·掌次》所谓“师田则张幕”，亦即《左传·昭公十三年》所说“幄幕”（杜注：“幄幕，军旅之帐”）。在军舍周围建有壁垒，叫做“和”。在“和”的东西两面用旗杆作为门柱，设有左右两个军门，《周礼》所谓“以旌为左右和之门”，《穀梁传》所谓“置旃以为辕门”，《毛传》所谓“褐缠旃以为门”。

（3）依次出军门，分列左右，排列成阵：阵势排列时，由有司端正其出入行列，由群吏执旗率领所属，划分区域而屯驻，每支以车徒分别为前后二屯。在较险的荒野以步兵为主，徒居前，车居后；在平易的荒野以车为主，车居前，徒居后。

（4）猎场周围设置驱逆之车：目的在驱逐禽兽，使便于围猎，不逃出“防”外①。

（5）阵前立“表”祭祀，并誓师：立“表”祭祀叫“表貉”。“誓”中具体发布禁令，具有法律的性质。《礼记·月令》季秋之月说：“天子乃教于田猎，以习五戎……司徒搢扑，北面誓之。”誓师时司徒要在腰中插扑，扑就是处罚的刑具。②

---

① 《周礼·田仆》也说：“掌驭田路，以田以鄙，掌佐车之政，设驱逆之车，令获者植旌。”

② 《周礼·乡师》也说：“凡四时之田……治其政令刑禁，巡其前后之屯，而戮其犯命者，断其争禽之狱。”

(6) 进军狩猎：由中军元帅击鼙，鼓人三鼓，司马振铎，于是“车徒皆作”。等到鼓打着“行”的音节，“车徒皆行”。随后，车徒前进，射击禽兽。按规定，追逐野兽不能出“防”，《穀梁传》所谓“过防弗逐，不从奔”，《毛传》所谓“田不出防，不逐奔”。①发射时应按等级为次序，《毛传》所谓“天子发然后诸侯发，诸侯发然后大夫士发”。否则将被认为失礼。按礼，射杀禽兽还应射中一定部位，要不伤面部，不损坏毛，完整地擒住。《穀梁传》所谓“面伤不献，践（翦）毛不献，不成禽（擒）不献”。《毛传》还把射杀的方法分为上中下三等：从左膘（小腹左边肉）射到右腢（右肩前的骨），中心对穿，死得快而鲜洁，这是“上杀”；如果从右膘射到右耳下根，没有射中心，这是“中杀”；如果从左髀（腿骨）射到右髀（肋骨），中了肠胃，有污水流出，这是“下杀”。

(7) 凯旋：凯旋时，击鼓奏“骇”乐，车徒都欢呼。所谓“鼓皆骇，车徒皆噪”。“骇”本亦作“骇”（《经典释文》），当即“陔”，“陔”亦称“陔夏”、“祴夏”（《仪礼》郑注），“陔夏”原为用鼓或钟鼓节奏的乐调，《仪礼·乡射礼》郑注说：“陔夏者，天子诸侯以钟鼓，大夫士鼓而已。”这种乐调的特点是声响而短促，又连续不断，以表示欢乐。所以《周礼》郑注说：“疾雷击鼓曰骇。”

(8) 献禽：如同战胜后献俘一样。《周礼》说：“大兽公之，小禽私之，获者取左耳。”“取左耳”也和战争时取“馘”相同。“馘”字从“首”，或从“耳”，《说文》说：“军战断耳也。”《大雅·皇矣》《毛传》又说：“馘，获也。不服者杀而献其左耳。”《周礼》说仲春“献禽以祭社（社神）”，

① 《说苑·修文》也说：“百姓皆出，不失其驰，不抵禽，不诡遇，逐不出防，此苗、狝、蒐、狩之义也。”

仲夏“献禽以享烝(宗庙的夏祭)”,仲秋“献禽以祀祊(四方之神)”,仲冬“献禽以享烝(宗庙的冬祭)”,这和战胜后献俘于社和宗庙是相同的。

(9) 庆赏和处罚:《左传·僖公二十八年》载晋军在城濮之战后,有献俘、授馘之礼,还有“饮至、大赏、徵会、讨贰”。“大蒐礼”除了有献禽和献左耳之礼外,同样有酒会、赏赐、处罚等节目。《左传·隐公五年》:“三年而治兵,入而振旅,归而饮至”,杜注:“饮于庙以数车徒器械及所获也。”足见“大蒐礼”同样有“饮至”之礼。“大蒐礼”也必须用军法处罚违法者①。

这种借用田猎来进行军事演习的“大蒐礼”,至少到春秋时代,还有如此举行的。因为这样以车战为主的战争方式,到战国时代已经没有了。从这里,使我们不但具体地看到当时借用田猎来进行军事演习的情形,也还可以推想到当时战争前排列阵势、誓师等情况,以及凯旋后献禽、庆赏等情况。

《周礼》把春、夏、秋、冬四季的“大蒐礼”,分别称为“蒐田”、“苗田”、“狝田”、“狩田”,是有根据的。《尔雅·释天》也说:“春猎为蒐,夏猎为苗,秋猎为狝,冬猎为狩。”《左传·隐公五年》载臧僖伯说:“春蒐,夏苗,秋狝,冬狩,皆于农隙以讲事也。”所谓“讲事”,“讲”的是军事。《国语·齐语》也说:“春以蒐(一作獀)振旅,秋以狝治兵。”《国语·周语上》载仲山父又说:“王治农于籍,蒐于农隙,耨获亦于籍,弥于既烝,狩于毕时,是皆习民数也。”“弥于既烝”,是说“狝”在秋季新

① 《隋书·礼仪志》载:“梁陈时依宋元嘉二十五年蒐宣武场……猎讫宴会享劳,比校多少,戮一人以惩乱法。”是沿袭古制的。

谷登场之后举行;“狩于毕时”,是说“狩”在冬季农务完毕之后举行;同样把“狝”作为秋季田猎的名称,“狩”作为冬季田猎的名称。只是《公羊传》和《穀梁传》上存有异说。《公羊传·桓公四年》说:“春曰苗,秋曰蒐,冬曰狩。”而《穀梁传·桓公四年》又说:“春曰田,夏曰苗,秋曰蒐,冬曰狩。”看来,当《公羊传》和《穀梁传》在汉初写定时,对四季田猎的名称已不很清楚了。

蒐、苗、狝、猎等四季田猎名称的得名,据说是由于田猎方式的不同。据《周礼·大司马》的叙述,仲春“蒐田”用火,仲夏“苗田”用车,仲秋“狝田”用网,仲冬“狩田”用车徒列阵围猎。《说苑·修文》曾解释说:

苗者毛也取之,春蒐者不杀小麛及孕重者,冬狩皆取之。

苗者毛也取之,蒐者搜索之,狩者守留之。

关于“苗”,除了这里用“毛也取之”解说外,还有用“为苗除害”解说的(《左传》杜注、《尔雅》郭注、《穀梁传》范注)。关于“狝”,多数注释家都按《尔雅·释诂》用“杀”来解说,如《周礼·大司马》郑注说:“狝,杀也。……秋田主用罔(网),中杀者多也。”至于“蒐”,或作“搜”,如《淮南子·泰族训》说:“时搜振旅,以习用兵也。”《汉书·刑法志》也说:“春振旅以搜。”“蒐”与“搜”,并声近义同。《白虎通》解释说:“秋谓之蒐何?搜索肥者也”(《左传·隐公五年》正义引)。至于“狩”,古与“兽”通用,《尔雅·释天》说:“火田为狩”,许多注释家都用围猎来解说,很对。如《国语·周语上》韦注说:“冬田曰狩,围守而取之。”《左传·隐公五年》杜注也说:“狩,围守也,冬物毕成,获而取之,无所择也。”

这样的把蒐、苗、狝、狩作为四季不同的狩猎名称,同时又作为不同方式的狩猎名称,是有根据的。原始部落以狩猎作为其生产手段的时候,大规模的集体狩猎是按季节来进行。他们按照长期累积的经验，适应当时各个季节野兽生长和活动的规律，分别安排不同的狩猎地区、狩猎对象，和采取不同的狩猎方式。例如居住在大、小兴安岭一带的鄂温克族和鄂伦春族，把二月、三月的春季称为“打鹿胎期”，五月至七月的夏季称为“打鹿茸期”，九月到落雪的秋季称为“鹿围期”，落雪以后的冬季称为“打皮子期”或“打灰鼠期”①。从他们把春天作为“打鹿胎期”看来，“春蒐”原来也该是搜索兽胎的，所谓“春蒐者不杀小麛及孕重者”，当是后来改进的办法。

“蒐”和“狩”一样，原来都是一种田猎的名称，后来所以会成为军事训练和演习的名称，因为我国古代早期的军事训练和演习，就是借用田猎来进行的。《穀梁传・昭公八年》说：“因蒐狩以习用武事，礼之大者也。”《礼记・仲尼燕居》也说：“以之田猎有礼，故戎事闲也。”②

为什么军事训练和演习可以借用田猎来举行呢？战争最初出现于原始公社制瓦解时期，所用武器就是狩猎工具，战争方式也和集体围猎相同。等到国家产生，军队成为国家统治工具，进攻成为掠夺手段，军队组织有进一步加强，战争方式有进一步发展，但在很长一个时期内，战争武器还和田猎工具相同，战争方式还和田猎方式相同。古时“田”字和“陈”字同音通用，如齐国的陈氏或作田氏，《小雅・信南山》：“维禹甸之”，《韩诗》“甸”作“陈”，《说文》说：“田，陈也。”“田”的原义是田猎，其所以会和“陈”音同通用，因为出于同一语源，原先

① 吕振羽：《史前期中国社会研究》补编之一《我国若干少数民族的原始公社制或其残余》；秋浦：《鄂温克人的原始社会形态》第二章第一节。

② 《韩诗内传》说：“春曰畋，夏曰搜，秋曰狝，冬曰狩。……夫田猎因以讲道，习武简兵也”（《太平御览》卷八三一引）。《尚书大传》也说：“战斗不可不习，教于蒐狩以闲之也”（《仪礼・乡射礼》郑注引）。蔡邕《月令章句》更说：“寄戎事之教于田猎，武事不空设，必有以诫，故寄教于田猎”（据辑本）。

集体田猎是和战争一样要排列阵势的。这到春秋时代还是如此，《左传·文公十年》载宋、郑两国君追随楚王“田孟诸”的情况，“宋公为右盂，郑伯为左盂”。杜注：“盂，田猎陈名。”沈钦韩说：“盂取迂曲之义，盖圆陈也。”①田猎和战争用着同样的装备，同样要排列阵势，进攻时同样要驾车追逐射击，对目标又同样要采用搜捕方式，《郑风·大叔于田》所描写的，就是田猎中驾车追逐射击和搜捕的情况。狩猎时如同战争一样，必须服从指挥，违命者要依军法处罚。这到春秋时也还如此，《左传·文公十年》载：宋、郑两国君随从楚王“田孟诸”，“期思公复遂为右司马，子朱及文之无畏为左司马，命夙驾载燧，宋公违命，无畏抶其仆以徇”。这时由楚国大臣当左右司马来指挥田猎，因为宋君违命，杀了宋君的仆人，为了“当官而行”，虽是国君也不能免罚。田猎时，把所要搜捕的目标叫“丑”，如《小雅·吉日》说：“田车既好，四牡孔阜，升彼大阜，从其群丑”；作战时也把所要搜捕的敌人叫“丑”，如《小雅·出车》和《小雅·采芑》在叙述战争胜利和取得俘虏时，都说“执讯获丑”。田猎时把擒获鸟兽称为“禽”或“获”，战争时也把擒获敌人称为“禽”或“获”。古时田猎和战争方式基本相同，因此很自然地会借用田猎来作为进行军事训练和演习的手段，形成了“大蒐礼”。

在我国古代，“大蒐礼”最初举行时，应该如古文献所载，是按季节进行的。其中以冬季农隙时间举行的规模较大，比较重要。类似的情况，我们从后世少数民族中还能看到。清朝在没有入关之前，每年要举行三四次大规模的狩猎，这种狩猎同样具有军事训练和演习的性质。最常见的集体行猎时节是在冬季农隙的时间，春秋两季也

① 《春秋左氏传补注》卷四。

有，夏季较少，夏季中五月已少，六月则绝无。每次行猎时间，最常见的是十天左右，少则三四天，多则二十至三十天。他们行猎队伍的组织也采用军事的编制，太祖时把部众每三百个人立一牛录额真管理，就是后来的佐领，为八旗制度的基本单位。他们行猎的纪律也和行军纪律一样，违反纪律的也要按轻重处罚。入关以后这种礼俗逐渐衰替。康熙三十一年五月十九日上谕说：“围猎以讲武，必不可废。亦不可无时，冬月行大围，腊底行年围，春夏则看马之肥瘠酌量行围。……所获禽兽，均行分给，围猎不整肃者照例惩治。”也还保存着原始礼俗的残余①。清朝这种借用行猎来进行军事训练的礼俗，和我国古代早期的“大蒐礼”是差不多的。

看来，季节性的“大蒐礼”，西周时代还在举行。前引《国语·周语上》仲山父的话：“蒐于农隙”，“狝于既烝，狩于毕时”，可为明证。大盂鼎记述周王说：

> 易（锡）女（汝）鬯一卣、冖（冕）衣、市（黻）、舄、輚（车）、马。易（锡）乃且（祖）南公旂，用遣。

“遣”当读为“兽”，也即“狩”。周王如此郑重地把服装、车马，连同盂的祖父南公的旗，赏给盂，用于“狩”。这个“狩”一定不是一般的狩猎，而是具有军事训练性质的“大蒐礼”②。商器宰甾簋说：

> 王来兽，自豆录（麓），才（在）祲餗（次），王乡酉（酒），王夌（即“光”，读为“贶”）宰甾贝五朋。

---

① 详郑天挺：《满洲入关前后几种礼俗之变迁》，收入《清史探微》。

② 《左传·昭公十五年》载：“密须之鼓，与其大路，文所以大蒐也；阙巩之甲，武所以克商也；唐叔受之，以处参虚，匡有戎狄。”周文王曾把攻灭密须时夺得的鼓和车，在“大蒐礼”中应用。当周成王分封唐叔时，把文王在大蒐礼上应用的鼓和车，武王在克商时应用的甲，授给唐叔，也是给唐叔用于大蒐和战争，用来对付戎狄的。

这个兽也当读为“狩”。这里既说：“王来狩”，又说：“自豆麓，在禝餗(次)”，“餗(次)”是指军队驻防地，很明显，这次商王“来狩”，并非一般狩猎性质，是为了校阅驻防在禝一带的军队，也是举行“大蒐礼”。“王乡西(酒)”，是说在“大蒐礼”完毕后，举行酒会，也就是举行“乡饮酒礼”。可知“大蒐礼”在商代已在举行。周武王在牧野之战克商后也已举行，见于《逸周书·世俘解》。

《左传·定公四年》述及成王分封康叔于卫的情况说：

> 取于有阎之土，以共王职；取于相土之东都，以会王之东蒐。

“王之东蒐”，杜注：“王东巡守(狩)以助祭泰山。”孔疏：“王巡守者，诸侯为王守土，天子以时出巡行之。今言蒐，则王之巡守，亦因田猎以教习兵士。”我们认为“东蒐”，即指王到东土举行“大蒐礼”，也就是“巡狩”。西周在卫国驻有八师军队，即禹鼎所说“王迺命西六𠂤、殷八𠂤”的“殷八𠂤”，“殷八𠂤”驻防在东土，是用来统治东土和征伐东夷的，如小臣谜簋说：“𫊣东夷大反，伯懋父以殷八𠂤征东夷。”西周在卫既然驻有八师重兵，那么“王之东蒐”，显然就是举行具有军事检阅和演习性质的“大蒐礼”了。

每年按季节举行的“大蒐礼”不知在何时取消的。到春秋时，已只有临时举行的“大蒐礼”了。春秋时临时举行的“大蒐礼”，有的仍然借用田猎来进行的，《穀梁传·昭公八年》用“因蒐狩以习用武事”来解释“秋蒐于红”，并且详细叙述了“大蒐礼”中狩猎的礼节，应该是有根据的。《毛传》所说“大蒐礼”中“诸侯发然后大夫士发”的礼节，在春秋时一般狩猎中也还有实行的。《左传·成公十七年》载：

> (晋)厉公田，与妇人先杀而饮酒，然后使大夫杀(杜注：“传言厉公无道，先妇人而卿佐”)。

这就是因为晋厉公没有按照这种礼节，在“与妇人先杀”之后“使大夫杀”，便被认为“无道”了。同时，不借用田猎，纯粹是军事检阅和演习的“大蒐礼”也已出现。春秋时又把“大蒐”称为“大阅”、“治兵”，如《春秋·桓公六年》载：八月壬午“大阅”，《左传》也说这年“秋大阅”；《春秋·庄公八年》又载：正月甲午“治兵”。也有把凯旋时的检阅称为“振旅”的，如《左传·隐公五年》说：“三年而治兵，入而振旅。”《公羊传·庄公八年》也说：“出曰祠（治）兵，入曰振旅。”《国语·晋语六》又说：“邲之战，三军不振旅。”韦注：“师败军散，故不能振旅而入。”这种称为“大阅”、“治兵”、“振旅”的检阅礼，就不必有借用田猎来演习的部分。《公羊传·桓公六年》说：“大阅者何？简车徒也。”同时有些称为“大蒐”的，也不必有借用田猎来演习的部分。《公羊传·昭公八年》也说：“蒐者何？简车徒也。”《左传·昭公十八年》记载：子产为了火灾所主持的一次“大蒐简兵”，在郑的国都举行，因检阅的“庭”（大蒐之场）小，拆除了子太叔所有宗庙北边的墙，当“火之作也，子产授兵登陴”。这个在郑的国都一个“庭”上举行的“大蒐礼”，显然已与田猎无关而是一种纯粹的军事检阅了①。“大蒐礼”由借用田猎来进行，变为纯粹的军事检阅与演习，应该是一个重大的发展。上述《周礼》所载“大蒐礼”有前后两部分，前半部属于教练和检阅性质，称为

---

①　秦蕙田《五礼通考》卷二四〇《校阅》说：“讲武之义，即寓于游田之内，故校阅即田猎，田猎即校阅，二者不可分也。然观《月令》讲武饬事之文，则其事亦有不为田猎者。……至《春秋》一经所书，大阅、治兵之事尤多，盖列国多故，临战而习武，以是为权礼也。”秦氏认为古时校阅“寓于田猎”，是对的；又认为古时校阅也有“不为田猎”的，也是对的。但必须认识到：由“寓于田猎”到“不为田猎”，应是“大蒐礼”进一步发展的结果。黄以周《礼书通故》卷四一《田礼通故》说：“后世尚武，简阅既繁，不能不于田猎之外另行之。……古未有不田猎而徒讲武者矣。春秋之时列国兵争，乃有不因田猎而治兵。”这个看法是正确的。同时还必须指出：古时贵族常有把田猎作为娱乐而不为“校阅”的，这类例子很多，详《左传·桓公六年》孔疏。

“振旅”、“治兵”、“大阅”等，大概春秋时代称为“大阅”、“治兵”和“大蒐简兵”的，就是着重举行了前半部，而略去了后半的田猎部分。

根据上面的论述，关于“大蒐礼”的演变，可以归结成下列三点：

(1) 原来“大蒐礼”的具体礼节，除了检阅军队以外，还借用田猎来进行军事演习。因为当时田猎方式与战争方式基本相同，可以很方便地借来训练战士。

(2) 最初“大蒐礼”沿袭过去集体狩猎的习惯，按季节举行，以冬季农隙时间举行的较为重要，春秋两季也有，夏季较少。各个季节狩猎方式略有不同，有“蒐”、“苗”、“狝”、“狩”等称谓。

(3) 春秋时按季节举行的“大蒐礼”已衰落，只有临时为了政治和军事上的需要而举行的。其中仍有借用田猎来举行的，但已多不用田猎，成为纯粹的军事检阅和演习的性质。

二 “大蒐礼”具有“国人”(公民)大会的性质，是当时推行政策、加强统治、准备战争的重要手段

西周、春秋时代贵族所实行的“礼”，是由父系家长制时期的“礼”转变而来，是无可否认的事实。“大蒐礼”的起源也当如此，它是从军事民主制时期的武装“人民大会”变化而来的。

军事民主制时期，是原始社会末期、国家形成之前的一个社会发展阶段。这时“军事首长、议事会及人民大会构成了由氏族制度中发展起来的军事民主主义底各机关。所以称为军事民主主义者，因为战争及进行战争的组织现在成了人民生活底正常的职能了”①。在

① 恩格斯：《家庭、私有制和国家的起源》，人民出版社一九五五年版，第一五八页。

欧洲历史上，荷马时代的希腊、王政时代的罗马以及古日耳曼人等，都属于这个阶段。“议事会”是当时常设的权力机关，最初由氏族的长老组成，后由氏族显贵中选出的代表组成，能对一切公共事务和重大问题作出决定。“人民大会”是当时最高和最后的权力机关，由全体部落男的成员即全体战士组成，因为这时部落中每个成年男子已都是战士。“人民大会”一般由“议事会”召开，有权用举手或喊声通过或否决“议事会”所作的决定：有权表决选举军事首长和高级公职人员，有权表决“议事会”制定的法律并授予执法权，还有权对重要的刑事诉讼进行最后审判；更有权决定一切大事，包括讨论本部落有关生产和生活以及保卫本部落的安全等问题，如对其他部落进行谈判、宣布战争、任命使者和出征将帅等。这种武装“人民大会”，就是当时作为“人民生活底正常的职能”的“进行战争的组织”，其组织是按照军队组织编制的，会议往往在广场上举行，在议决重大问题的同时，还具有军事检阅的性质。

等到国家成立，贵族掌握政权，过去的“军事首长”就成为国家元首，过去的“议事会”变成了贵族的元老院，过去的“人民大会”也变成了公民的“民众大会”，都成为维护贵族利益的统治机构。以古代罗马为例，库里亚大会（大氏族会）和森都里亚大会（百人团大会）都是这种“民众大会”性质，他们原来都有权表决国家大事。森都里亚大会完全按照军队组织“百人团”编制的，百人团就是军事、政治与纳税的单位，也是大会表决时投票的单位。森都里亚大会同时具有军事检阅性质，“在塞维阿·塔力阿之下第一次的检阅，八万公民兵都一律武装起来集合于马齐乌斯广场，各个人均在自己的百人团”。①后

① 莫尔根：《古代社会》，三联书店一九五七年版，第三七五页。

来有些国家的军事检阅和演习的制度，都是由过去军事民主制时期的武装“人民大会”变化出来的。例如法兰克王国有所谓“三月校场”，每年一次对民众武装进行检阅，就是过去的武装“人民大会”的残余形态。因为当时组成法兰克社会的基本公民仍是自由农民，他们仍然全是战士，照老例，每年要到“三月校场”集合检阅一次。

我国古代的“大蒐礼”，具有军事检阅、军事演习和军事部署性质，同样是由军事民主制时期的武装“人民大会”演变来的。我们从春秋时代的“大蒐礼”，特别是晋国的“大蒐礼”中，还可以清楚地看到它起源于武装“人民大会”的痕迹。

根据《左传》记载，晋国在春秋时代共举行“大蒐礼”四次，即鲁僖公二十七年（晋文公三年）“蒐于被庐”、鲁僖公三十一年（晋文公七年）“蒐于清原”、鲁文公六年（晋襄公七年）“蒐于夷”和鲁襄公十三年（晋悼公十三年）“蒐于緜上”。从晋国这四次“大蒐礼”，结合其他国家的情况，可以明显地看到“大蒐礼”具有下列五点功能：

(1) 建置和变更军制。鲁僖公二十七年晋文公“蒐于被庐，作三军”，为晋国创建了上、中、下“三军”的编制。鲁僖公三十一年“蒐于清原，作五军以御狄”，在“三军”之外又增加了“新上军”和“新下军”。鲁文公六年晋襄公“蒐于夷，舍二军”，又取消了上下“新军”，恢复了“三军”的编制。鲁成公三年晋厉公为了赏赐鞌之战的功劳，“作六军”，在“三军”之外，又增加了上、中、下“新军”。鲁襄公十三年晋悼公“蒐于緜上”，因为“新军无帅”，“使其什吏率其卒乘官属以从于下军”，把“新军”实际上并到了“下军”中。次年就正式“舍新军”，又恢复“三军”的编制。此后直到春秋末年晋国军制没有改变。在晋国军制的重大变革中，只有鲁成公三年为了赏赐战功，临时“作六军”，没有经过“大蒐礼”。一般说来,晋国军队的重大建置和变更都是通过“大蒐礼”的。这是“大蒐礼”的主要功能之一。

(2) 选定和任命将帅与执政。鲁僖公二十七年被庐之蒐,在“作三军”的同时,曾“谋元帅”。据《左传》记载“谋元帅”时的情况:“赵衰曰:‘郤縠可。……’乃使郤縠将中军,郤溱佐之;使狐偃将上军,让于狐毛而佐之;命赵衰为卿,让于栾枝、先轸,使栾枝将下军,先轸佐之。”到鲁僖公三十一年清原之蒐,又使“赵衰为卿”。值得我们注意的,就是在“大蒐礼”上,将帅选定的过程中,大夫们有彼此推让的风气,这在他处是很难看到的。《国语·晋语四》对被庐之蒐和清原之蒐两次选定将帅的情况,叙述得更详细:

> 文公问元帅于赵衰,对曰:“郤縠可。……”公从之。公使赵衰为卿,辞曰:“栾枝贞慎,先轸有谋,胥臣多闻,皆可以为辅佐,臣弗若也。”乃使栾枝将下军,先轸佐之。取五鹿,先轸之谋也,郤縠卒,使先轸代之,胥臣佐下军。公使原季(赵衰)为卿,辞曰:“夫三德者,偃之出也……。”使狐偃为卿,辞曰:“毛之智贤于臣,其齿又长……。”乃使狐毛将上军,狐偃佐之。狐毛卒,使赵衰代之,辞曰:“城濮之战,先且居之佐军也善。……”乃使先且居将上军。……以赵衰之故,蒐于清原,作五军,使赵衰将新上军,箕郑佐之,胥婴将新下军,先都佐之。子犯卒……乃使赵衰佐新上军。

这里详细叙述了晋国大夫在“大蒐礼”的选定将帅过程中相互推让的情况,其中以赵衰最为突出,曾多次地推让。晋文公因为赵衰多次推让,特为举行清原之蒐来加以提拔。为什么晋文公不下令提拔赵衰,必须要在“大蒐礼”上提拔呢?因为按礼,选定和任命将帅是必须经过“大蒐礼”的。《左传》记载鲁襄公十三年晋悼公“蒐于緜上以治兵”，大夫们也多推让：

使士匄将中军，辞曰：“伯游长……请从伯游。”荀偃将中军，士匄佐之。使韩起将上军，辞以赵武，又使栾黡，辞曰：“臣不如韩起，韩起愿上赵武，君其听之。”使赵武将上军，韩起佐之；栾黡将下军，魏绛佐之。新军无帅，晋侯难其人，使其什吏率其卒乘官属以从下军。礼也。晋国之民是以大和。

緜上之蒐，晋国大夫在任命将帅时，都如此相互推让，最后《左传》称赞说：“礼也。晋国之民是以大和。”看来，在“大蒐礼”中任命将帅时，大夫间相互推让，是“礼”所当然的，而且推让的结果可以使民众“大和”。特别值得我们注意的，緜上之蒐所选定的将帅次序，曾长期为晋国贵族所尊重。在荀偃去世后，由士匄、赵武、韩起以次出任中军元帅，因为栾黡、魏绛先死，栾黡之子栾盈又被范氏驱逐，后由魏绛之子魏舒代韩起为中军之将。

再从《左传》记载鲁文公六年夷之蒐的情况来看，在“大蒐礼”中选定将帅时，太傅和太师是有较大的推荐权力的。《左传·文公六年》载：

蒐于夷，舍二军，使狐射姑将中军，赵盾佐之。阳处父至自温，改蒐于董，易中军。阳子（阳处父），成季（赵衰）之属（属大夫）也，故党于赵氏，且谓赵盾能，曰：使能，国之利也。是以上之。宣子（赵盾）于是乎始为国政……。

阳处父当时任太傅之职，太傅原为国君的师傅，具有元老的性质，其政治地位较高，故能在推选将帅过程中起到重要的作用。

这种“大蒐礼”具有选定和任命将帅的功能，所选定的将帅名次还长期为贵族所尊重，应是自古保留下来的遗风。在“大蒐礼”的选定将帅过程中，卿大夫间彼此推让，属于元老性质的太傅有较大的推荐权力，也该是自古保留下来的遗风，决不是偶然的。春秋时代贵族的军权和政权是合一的，军队中的将帅就是政府中的执政，这时“大蒐礼”中对将帅的选定，也就是对执政的选定；卿大夫间对将、帅的推让，也就是对执政的推让。

(3) 制定和颁布法律。春秋时晋国时常通过“大蒐礼”制定和颁布法律。鲁僖公二十七年“蒐于被庐”，就制定和颁布了“被庐之法”；鲁文公六年“蒐于夷”，又制定和颁布了“夷之法”；后来执政范宣子就根据“夷之法”来著作《刑书》，更后来赵鞅、荀寅等又把《刑书》铸在鼎上公布。《左传·昭公二十九年》载：

> 晋赵鞅、荀寅帅师城汝滨，遂赋晋国一鼓铁，以铸刑鼎，著范宣子所为《刑书》焉。仲尼曰：“……贵贱不愆，所谓度也。文公是以作执秩之官，为被庐之法，以为盟主。今弃是度也，而为刑鼎。……且夫宣子之刑，夷之蒐也，晋国之乱制也，若之何以为法？”

晋国在“夷之蒐”颁布的法律，可以用作《刑书》，铸在鼎上作为成文法公布，可知“大蒐礼”中所制定和颁布的法，不限于战争时所用的军法，也包括统治用的“常法”。《左传·昭公六年》载：郑人铸刑书，叔向给子产的信说：“昔先王议事以制，不为刑辟”，杜注：“临事制刑，不豫设法也。”古时采用“临事制刑”的办法，所谓“事”，主要是指军事，因此每当“大蒐礼”举行时，常有临事制定的刑法颁布。后来由于统治上的需要，要求进一步制定“常法”，“大蒐礼”就成为制定和颁布“常法”的所在。《左传·文公六年》载：“改蒐于董，……宣子（赵盾）

于是乎始为国政，制事典，正法罪，辟刑狱，董逋逃，由质要，治旧洿，本秩礼，续常职，出滞淹。既成，以授大傅阳子（阳处父）与大师贾佗，使行诸晋国，以为常法。”在春秋时代，贵族的军权与政权是合一的，晋国的中军元帅就是执政，他临时制定的军法就是统治用的“常法”①。

（4）对违法者处刑。《左传·文公六年》载：“夷之蒐，贾季戮臾骈。”贾季即狐射姑，在“夷之蒐”时任中军元帅，掌握赏罚之权，大概臾骈有违反军令行为，其部下有被狐射姑处刑的。《左传·僖公二十七年》载：

> 楚子将围宋，使子文治兵于睽，终朝而毕，不戮一人。子玉复治兵于蒍，终日而毕，鞭七人，贯三人耳。

这里所说的“鞭”和“贯耳”，都是“治兵”礼中因违反军令而受到的军刑。可知楚国“治兵”礼的情况，大体上和晋国“大蒐礼”差不多。

（5）救济贫穷和选拔人才及处理重大问题。“大蒐礼”也称为“简兵”。《左传·昭公十四年》载楚国“简兵”的情况说：

> 楚子使然丹简上国之兵于宗丘，且抚其民，分贫振穷，长孤幼，养老疾，收介特（单身民），救灾患，宥孤寡，赦罪戾，诘奸慝，举淹滞，礼新叙旧，禄勋合亲，任良物官。使屈罢简东国之兵于召陵，亦如之。好于边疆，息民五年，而后用师，礼也。

楚平王在这年派出然丹、屈罢，分别到上国和东国举行“简兵”礼，在“简兵”礼上进行了许多“抚其民”的工作，包括救济贫穷，抚养孤幼老

---

① 吕祖谦曾看到这点。《东莱吕太史春秋左传类编》在“兵制”部分说：“晋常以春蒐礼改政令。”

病，收养单身民，救济灾难，宽宥孤寡的赋税，赦免罪犯，诘究奸细，选拔埋没的人才，尊敬外人新来者，进叙旧人未用者，施禄于有功勋者，使亲族和合，按照才能任以官职。几乎把所有关于“国人”间重大的问题，都放在这个“简兵礼”上处理了。《周礼·大宗伯》说：

以军礼同邦国：大师之礼，用众也；大均之礼，恤众也；大田之礼，简众也；大役之礼，任众也；大封之礼，合众也。

这里把“军礼”分为“大师之礼”、“大均之礼”、“大田之礼”、“大役之礼”和“大封之礼”五种，其实，这五种礼并不是分别举行的。“大田之礼”就是“大蒐礼”，“大蒐礼”的举行，有时为了出师“用众”，就是“大师之礼”；有时就是为了“恤众”，就是“大均之礼”，也就是《左传》所说：“抚其民，分贫振穷……”云云。

“大蒐礼”既然是军事检阅和演习的“礼”，为什么会具有这样多的功能呢？为什么建置和变更军制，选定和任命将帅，制定和颁布法律，对违法者处刑，救济贫穷和选拔人才以及处理重大问题，都要在这种“礼”上办呢？因为“大蒐礼”就是由军事民主制时期的武装“人民大会”变化而来，就带有“民众大会”性质。军事民主制时期的武装“人民大会”，是个军事民主机关，群众有表决选举军事首长和高级公职人员之权，有通过法律之权，有最后审判之权，有决定一切生产和生活上大事之权。等到国家成立，军权和政权掌握于贵族之手，武装“人民大会”转变而为“大蒐礼”，所有战士虽然已经没有上述这些大事的表决权，但是也还按照老习惯，在“大蒐礼”上公布这些大事。而且贵族内部还多少保存有一些残余的“军事民主”风气，当选定将帅和执政时，贵族间有彼此推让之风。

参与这种“大蒐礼”的战士，除了贵族以外，主要是“国人”（国家公民），“国人”是当时军队的主力，例如齐国在齐桓公时，其三军即由“国”中十五个“士乡”的壮丁编制而成[1]。因为“国人”是当时军队的主力，是贵族政治和军事上的支柱，在历史事变中常起重要作用。春秋时各国国君和卿大夫的立和废，“国人”往往起着决定性作用；在各国卿大夫的内讧中，谁胜谁负也往往由“国人”的向背而决定。我国古代的“国人”，虽然没有像希腊、罗马那样比较经常的“民众大会”，有权投票表决国家大事，但是遇到国家有危难，国君要改立等大事，常有召集“国人”来征询意见而作出决定的，即《周礼·小司寇》所谓“询国危”、“询国迁”、“询立君”。所谓“大蒐礼”，实质上就带有“国人”大会的性质。贵族所以要把建置和变更军制、选定将帅和执政、制定法律等大事在这里公布，无非表示对“国人”的重视，并有要求大家公认的目的。《左传·僖公二十七年》载：

> 晋侯（晋文公）始入而教其民二年，欲用之……子犯曰：“民未知礼，未生其共。”于是乎大蒐以示之礼，作执秩以正其官，民听不惑而后用之。

《国语·晋语四》也说：子犯“对曰：‘民未知礼，盍大蒐备师尚礼以示之？’乃大蒐于被庐，作三军”。据此，晋文公所以要在被庐行“大蒐礼”，是因为“民未知礼，未生其共”，目的就在于使民“知礼”而“生其共”，也就是说，要通过这种礼的举行，使大家懂得这种礼节而产生共同的认识。“大蒐礼”上所以要公布变更军制、选定将帅和执政、制定法律等大事，就是为了使大家对军队的组织、领导和有关法制取得一致认识，以便统一指挥和行动。《左传·襄公十三年》杜注说：“为将

① 见《国语·齐语》。

命军帅也，必蒐而命之，所以与众共。”也是说：在这礼上选定和任命将帅，是为了向群众公布，让群众公认。在这礼上有时要做救济贫穷和选拔人才等工作，又无非是为了团结“国人”，防止“国人”没落下去，以加强这个贵族政治和军事上的支柱。

古代罗马把“民众大会”的决议称为“法律”，我国古代虽然没有见到这种情况，但是最初的法律，也是在具有“国人”大会性质的“大蒐礼”上公布的，而且就以举行“大蒐礼”的所在地命名，如称为“被庐之法”、“夷之法”等。我国最早公布的一种成文法——晋国范宣子所为《刑书》，就是根据“夷之蒐”所公布的“夷之法”的。

“大蒐礼”既然具有政治和军事上的“大会”性质，所以西周时天子举行“大蒐礼”，又常召集诸侯会盟。《左传・昭公四年》载：“周武有孟津之誓，成有岐阳之蒐，康有酆宫之朝，穆有涂山之会。”周成王这个“岐阳之蒐”，就曾召集诸侯会盟，《国语・晋语八》载：“昔成王盟诸侯于岐阳，楚为荆蛮，置茆绝，设望表，与鲜牟守燎，故不与盟。”该就指“岐阳之蒐”这会盟事。到春秋时，霸主也有借“大蒐礼”来召集诸侯会盟的。如《左传・文公十七年》载：“晋侯蒐于黄父，遂复合诸侯于扈，平宋也。”

前节我们谈到，早期的“大蒐礼”是借用田猎来进行军事检阅和军事演习的。为什么由军事民主时期武装“人民大会”变来的“大蒐礼”，会借用田猎来进行军事检阅和演习呢？看来，我国远古的军事民主时期的武装“人民大会”，如同其他民族一样，既具有“人民大会”的性质，具有表决通过一切重大问题的政治权力，同时也有集合进行军事训练的性质，而这种军事训练就是借用当时尚流行的狩猎来进行的。因而到国家产生以后，武装“人民大会”转变成为“大蒐礼”，既具有借用田猎来进行军事演习的性质，也还保存有武装“人民大会”的残余形态。

“大蒐礼”就其本身礼节来看，即所谓阅兵式和军事演习，其具有练习战争的作用，是很显然的。“大蒐”也或称为“治兵”、“振旅”、“大阅”等，《公羊传》和《穀梁传》在庄公八年，解释“治兵”和“振旅”，都说是“习战也”。其具有检阅军事实力的作用，也是很显然的。《左传》和《公羊传》在桓公六年，解释“大阅”，都说是“简车徒也”。其具有耀武扬威的作用，又是很显然的。《左传·襄公二十四年》载：

> 齐侯既伐晋而惧，将欲见楚子，楚子使薳启彊如齐聘，且请期，齐社蒐军实，使客观之。

所谓“社蒐军实”，就是在社神面前举行“大蒐礼”，以检阅军事实力。所谓“使客观之”，就是使楚国使者参与阅兵式，以夸耀其军事力量。

在战争前后，举行“大蒐礼”，就具有军事部署和整顿部队的性质，因此战争中常有所谓“蒐乘补卒”或“简兵蒐乘”，如《左传·成公十六年》载：鄢陵之战，苗贲皇曾说：“蒐乘补卒，秣马利兵，修陈固列，蓐食申祷，明日再战。”襄公二十六年晋楚之战，也有“简兵蒐乘，秣马蓐食”的记载。哀公十一年又有鲁国武叔“退而蒐乘”，决心对齐抗战之事。既然“大蒐礼”常是战争之前的军事部署，因此在某种场合举行这个礼，就具有武力威胁性质。如《左传·宣公十四年》载：“晋侯伐郑，为邲故也（杜注：晋败于邲，郑遂属楚），告于诸侯，蒐焉而还。”这在伐郑之后，再举行“大蒐礼”而还，分明具有武力威胁的作用。《左传·文公十七年》载：“晋侯蒐于黄父，遂复合诸侯于扈，平宋也。”这里所说的“蒐”，也具有军事部署和武力威胁的意义。

“大蒐礼”是按照一定制度，征调士卒前来集合参加的，它除了直接为练习战争和准备战争以外，也还可以借此来统计壮丁人数。前引《国语·周语上》所载仲山父的话，曾说：“蒐”、“狝”、“狩”，“是皆习民数者也”。同时，更具有训练“礼”的作用。

因为春秋时代各国的军队，是以贵族成员作为骨干的，三军的甲士就是按贵族和“国人”的组织情况编制而成的，在“大蒐礼”中，各级指挥都有一定的车服、旌旗和鼓铎镯铙，其阵势和行列也必须按照贵贱、少长来排列。《左传·隐公五年》载臧僖伯说：

> 三年而治兵，入而振旅，归而饮至，以数军实，昭文章（杜注：“车服旌旗”），明贵贱，辨等列（杜注：“等列，行伍”），顺少长，习威仪也（注：“出则少者在前，还则在后，所谓顺也”）。

《尔雅·释天》也说：“振旅阗阗，出为治兵，尚威武也（郭注：“幼贱在前，贵勇力”）。入为振旅，反尊卑也”（郭注：“尊老在前，复常仪也”）。由此可见，“大蒐礼”和当时其他的“礼”一样，可以“昭文章，明贵贱，辨等列，顺少长，习威仪”，对维持宗法制度和巩固贵族组织，起着重要的作用。

根据上面的论述，可知这种由军事民主制时期武装“人民大会”变化而来的“大蒐礼”，已完全成为维护贵族利益和推行其政策的一种重要手段，对当时国家职能的发挥起着很重要的作用：

（1）就内政来看，通过这种武装“民众大会”，可以重新整顿和编制军队，选定和任命将帅，制定和颁布法律，对违法者处刑，并可借此救济贫穷和选拔人才，公布国家大事，统计壮丁人数，还能使大家学习分辨贵贱少长的礼仪。这是当时国家用来巩固贵族组织、团结“国人”和加强统治的一种重要手段。

（2）同时，这种阅兵式和军事演习，具有练习战争、检阅兵力、耀武扬威、部署军事、整顿军队、武力威胁等作用。这是当时国家用来加强统治和准备战争的一种手段。

第六章　“射礼”新探

西周、春秋时代贵族所举行的“射礼”，共有四种，即“乡射”、“大射”、“燕射”、“宾射”。“乡射”是由乡大夫和士在乡学中行乡饮酒礼之后举行的，“大射”是天子或诸侯会集臣下在大学举行的，“燕射”是大夫以上贵族在行燕礼（宴会之礼）之后举行的，“宾射”是特为招待贵宾而举行的。后两种，是为了招待贵宾和举行宴会而举行，着重在叙欢乐，《周礼·大宗伯》所谓“以宾射之礼亲故旧朋友”。前两种，就着重在行礼，通过行礼的方式来进行“射”的练习和比赛。因为这两种礼比较重要，《仪礼》就有《乡射礼》和《大射仪》两篇来详细叙述。本章就想通过对这两种礼的探讨，来阐明射礼的性质和作用及其起源。

一　“乡射礼”具有军事教练的性质

乡射礼是古代乡学中举行的一种重要礼节，具有军事教练的性质，当时学校就是把军事教练作为重点课程的。第六编第二章《西周大学(辟雍)的特点及其起源》中已经谈到,古代贵族的学校,不仅是贵族子弟学习的场所,而且是贵族成员公共活动的场所,贵族们集体行礼、集会和练武,都在这里。乡射礼实际上就是“国人”在所居的“乡”中举行的一种以“射”为内容的运动会,不仅乡中成员在此进行“射”的练习和比赛,所有子弟也在此实习。在原始社会后期发明弓箭以后,拉弓射箭长期成为战争中重要的技术。我国古代的军队,是以贵族成员作为骨干、“国人”作为主力的,每个贵族和“国人”中的成员就是武士,因此他们都要练习“射”,他们的子弟都要学习“射”,“射”是他们学习和练习的主要课程,乡射礼就是用行礼的方式来教学这种主要课程的。

乡射礼的军事教练性质,我们从其举行的场所可以看到。据《仪礼·乡射礼》,这种礼是在“豫”中举行的。“豫”又作“序”,《周礼·州长》和《仪礼·乡射礼》都作“序”。又或作“榭”,《春秋·宣公十六年》载“成周宣榭火”。“榭”也可作“廚”和“射”,西周金文有“宣廚”和“宣射”,即是宣榭①。“豫”、“序”、“榭”原是土台上厅堂式的建筑。《尔雅·释宫》说:“无室曰榭”,又说:“阇谓之台,有木者谓之榭。”李巡注说:“台,积土为之,所以观望,台上有屋谓之榭”(《左传正义》引)。又说:“但有大殿无室,名曰榭”(《礼记正义》引)。其所以要建筑成厅堂式样,是为讲武用的。《国语·楚语上》记伍举说:“先王之为台榭也,榭不过讲军实。”可为明证。“序”、“廚”、“榭”等称谓,该就是从“射”

① 《仪礼·乡射礼》说:“豫则钩楹内”,郑注:“今言豫者,谓州学也。读如成周宣榭灾之榭,《周礼》作序。”又说:“今文豫为序。”《仪礼·乡射礼》正作序,如说:“序则物当栋。”“宣榭”,西周金文作“宣廚”或“宣射”,如虢季子白盘说:“王孔加子白义,王各(格)周庙宣廚爰乡(飨)。”鄘簋说:“正月初吉王在周邵宫,丁亥王各(格)于宣射。”

分化出来的,《孟子·滕文公上》说:“序者射也”,是有根据的。不仅西周金文有把“宣榭”写作“宣射”的,古文献中也有把“序”、“榭”称为“射”的,如《周礼·诸子》和《礼记·燕义》都说:“春合诸学,秋合诸射”;郑注:“学,大学也;射,射宫也。”其实,“射”该即“榭”或“序”。当时乡学有称为“序”或“豫”的,因为乡学主要是习射的场所。

乡射礼具有军事教练的性质,我们从其礼的具体举行过程中也可看到。这种礼的主要程序是三番射:

第一番射,由乡学中弟子参加,着重于射的教练,其礼仪如下:

(1) 请射:由主人挑选一人掌管射事,叫做“司射”。当射礼正式开始时,由司射向来宾请射。

(2) 纳射器:由司射命令弟子送纳各种射器进堂,如弓、矢等,以便应用。

(3) 比三耦:由司射把挑选出来的弟子六人,相配成三组,每组有上射一人、下射一人,称为“三耦”,即上耦、次耦、下耦。

(4) 张侯倚旌:这时总管饮酒礼的“司正”,改任为“司马”,开始总管有关射礼的事务。命令弟子张“侯”(布制箭靶),命令“获者”(射中的报告员)取旌倚靠在“侯”的正中,使大家注意。

(5) 迁乐:由乐正命令弟子帮助乐正把乐器迁到堂下,以便堂上行射礼。

(6) 俟射:由司射命令“三耦”接取弓矢,“三耦”都手执弓,腰带插矢三枝,手指挟矢一枝,前进而俟射。

(7) 诱射:司射作示范教学,叫做“诱射”(郑注:“诱犹教也”)。由司射带弓矢升堂,把四矢依次尽发,然后把“扑”(教鞭)插在腰带,回到原位,指挥和监督射事。

(8) 命射：先由司马命令“获者”执旌背着“侯”而立；次由司射引导“上耦”升堂，合足俟射；再由司马命令“获者”执旌躲藏到“乏”(避矢用的小屏风)后，准备观察和报告射中情况；于是由司射发布发射命令说：“无射获，无猎获。”就是说：不能射中“获者”，不能射到“获者”身旁。

(9) 三耦射：由“上耦”的“上射”先射，“下射”再射，各发四矢；接着“次耦”和“下耦”依次各发四矢。然后司射放去“扑”，升堂告宾说：“三耦卒射。”当“获者”见到有人射中“侯”的质的时，扬旌唱“获”，当旌旗举起时，唱声要高，当旌旗放下时，唱声随着降低，所谓“举旌以宫，偃旗以商”。因为这番射是学习性质，虽然“获者”扬旌唱获，“释获者”(射中的统计员)并不用筹算统计，所谓“获而未释获”(郑注：“但大言获，未释其算”)。

(10) 取矢委楅：由司马命令弟子把“楅”(即“箙”，箭囊)设置中庭，搜求发射出来的矢，装到“楅”中。于是第一番射完毕。

上述第一番射，由乡学中弟子相配成“三耦”，先由司射“诱射”，再由“三耦”依次发射，射中的只扬旌唱获而不加统计，不算胜负，其属于教学性质，显而易见。《乡射礼》说：“三耦者使弟子，司射前戒之。”郑注：“前戒，谓先射请戒之。”“戒”，有训戒的意思。

第二番射，参加者除了原来由弟子配合的“三耦”外，还有主人、宾和众宾参加，着重于射的比赛。其礼仪如下：

(1) 请射：如同第一番射。

(2) 比耦：由司射告于宾，再告于主人，使主人与宾配合成耦。接着告于大夫，使大夫与士配合成耦，再使众宾配合成“众耦”。

(3) 三耦拾取矢：由原先的“三耦”依次到中庭，从“楅”中拾(更)

取矢，退回原位。就是取回第一番射所发出的矢，以便再射。

(4) 众宾受弓矢：众宾接受弓矢前进，继“三耦”之南，依次而立，俟射。

(5) 请释获：司射去“扑”升堂，向来宾“请释获”，即计算射中次数而分胜负。随即命令“释获者”设置“中”（盛筹算的器具），并前往察看。“释获者”把“算”（筹算）八根插入“中”中，以便计算。如果行礼时，有人射中“侯”的质的，“获者”扬旌唱获，“释获者”就把“算”抽出一根，释放在地上以待统计，故称“释算”（《周礼·太史》作“舍算”）或“释获”。

(6) 命射：司射发布发射命令说：“不贯不释。”就是说：如果不贯穿“侯”的质的，不能“释算”计数。

(7) 耦射：先由“三耦”射，次由宾和主人配耦而射，大夫配耦而射，众宾配耦而射。如果射中一次，则由“释获者”释放一根“算”于地，“上射”射中的放在右边，“下射”射中的放在左边。等到全体射毕，由“释获者”报告宾说：“左右卒射。”

(8) 取矢委楅：如同第一番射。对于大夫的矢，则用茅束在手所握处，加以保护。

(9) 数获：在司射监视下，“释获者”统计射中次数。先计算“右获”，即每耦中“上射”射中的次数；次计算“左获”，即“下射”射中的次数。再看左右两方谁所“获”的多，以“获”多的为胜。由“释获者”把胜负的结果报告宾，若右方胜，说：“右贤于左”；若左方胜，说：“左贤于右”；如左右均等，说：“左右钧。”

(10) 饮不胜者：由司射命令弟子奉丰（安放爵觯的器座）升堂放置，由胜者弟子洗觯，安放在丰上，给不胜者饮酒。

(11) 献“获者”和“释获者”：由司马用爵献酒给“获者”，司射用爵献酒给“释获者”，以表示慰劳。于是第二番射完毕。

上述第二番射，要统计射中次数，分别胜负，不胜者要被罚饮酒，其属于比赛性质，显而易见。值得注意的是，这不是个人的比赛，而是集体的比赛。他们虽然把所有参加的人相配成对而比赛，即所谓“比耦”和“耦射”，好像是两个人在比赛，但在统计时，不分各耦，只是按“上射”和“下射”，分为左右两方，总起来统计的，只计算左右两方的胜负，不计较个人的得失。很清楚的，这样的比赛还是为了加强集体的训练。

第三番射的参加人员与基本节目，都和第二番射相同，同样要“释获”，具有比赛性质，但比第二番射更进一步，射箭时要用音乐来节奏，射者必须按照音乐的节奏来行动和发射。当一切“射”的准备工作做好后，司射就升堂“请以乐(音乐)乐(欢乐)于宾”，并对乐正发出命令，随即到堂下发布发射命令说：“不鼓不释。”就是说：如果不按鼓的节奏发射，不能“释算”计数。接着退回原位，命令大师(乐师)说：“奏《驺虞》，间若一。”就是说：奏《驺虞》这首歌曲，节奏的间隙要均匀一律。于是乐工便奏《驺虞》，三耦、宾和主人、大夫、众宾依次听从鼓音的指挥而发射。随后也有“取矢委楅”、“数获”、“饮不胜者”等节目，如同第二番射。最后，由司射命令“拾取矢”，司马命令弟子解脱“侯”，“获者”带旌退，弟子带楅退，司射命令“释获者”带“中”和“算”退，于是第三番射完毕。

上述第三番射，既要求射中“侯”，又要求听从鼓音的节奏来发射，可以说达到了“射”的最高要求。《乡射礼》说：“始射，获而不释获；复，释获；复，用乐行之。”“始射”指第一番射，虽然唱“获”，但是

“不释获”,即不统计射中次数;前一个“复”指第二番射,就着重于“释获”,即要统计射中次数而分别胜负;后一个“复”指第三番射,就必须按照音乐的节奏来进行。在三番射中,为了训练“射”的技巧,要求是逐步提高的,乡射礼的具有军事教练性质,非常明显。

在三番射的过程中,司射不仅是个指挥员,也还是个教练员。在第一番射开始时,司射要“诱射”,即是示范教学。当他指导大家发射时,腰中插着“扑”,“扑”就是教鞭,《尚书·尧典》所谓“扑作教刑”,是用来责打犯过错的射者的,《乡射礼》明确说:“射者有过则挞之。”方苞认为“扑”就是“平时庠序之所用也,至习射,则必大过而后挞”(《周礼析疑》),很对。

在三番射的过程中,弟子不仅是学生,也还是服务员。弟子除了被挑选出来配合成“三耦”,参与“射”的练习和比赛之外,还分别听命于司射、司马、乐正,担任“纳射器”、“张侯”、帮助“迁乐”、“取矢委楅”、“设丰实觯”等工作,为参与射礼的人服务。郑玄把弟子解释为“宾党之年少者”,并不确当。吴廷华认为:“弟子断应在习礼之内,盖乡学中之学士”(胡培翚《仪礼正义》引),是正确的。弟子中被选出配成“三耦”的,固然直接得到习射的机会;许多担任服务工作的弟子,也能从旁得到观摩的好处。

除了这些弟子以外,所有参加“射”的成员,包括主人、宾和众宾在内,通过对“射”的观摩和比赛,特别是通过逐步提高要求的比赛,当然对提高“射”的技术是有帮助的。

据此可见,这种礼是把乡学中的弟子的军事学习和乡中成员的军事训练密切结合的,是通过行礼的方式把军事教练的课程固定下来的,既是乡学中教育弟子的一种军事教练课程,又是乡中成员进行集体军事训练的一种社会活动。

乡射礼既然具有进行军事训练和军事教练的性质，为什么要在乡中举行呢？因为乡既是“国人”乡党组织的单位，同时又是国家军事组织的单位，当时军队组织是和乡党组织密切结合的。《周礼·大司徒》载：五家为比，五比为闾，四闾为族，五族为党，五党为州，五州为乡。《周礼·小司徒》又载：五人为伍，五伍为两，四两为卒，五卒为旅，五旅为师，五师为军。以一比组成一伍，一闾组成一两，一族组成一卒，一党组成一旅，一州组成一师，一乡组成一军。同时各级乡党组织的长官，也就是各级将官。《周礼》所载，未必就是西周初期的制度，但是西周的军事组织确是和乡党组织密切结合的，这到春秋时各国还是如此。《国语·齐语》载齐的国都中有十五个士乡，每乡二千家，每家出壮丁一人，合二千人为旅，每五乡合为一军，由国君或上卿统率。这该已是春秋时扩展的制度，溯其源，应是一卿主管一乡，“卿”的称呼即起源于“乡”。“乡”既是军事组织的主要单位，所以当时的军事训练和军事教练也是以“乡”为单位的。

二　“大射礼”为高级的“乡射礼”

我们把《仪礼》的《大射礼》和《乡射礼》作比较，很清楚地可以看到，这两种礼节基本相同，同样有三番射的步骤和内容。只是由于主持和参加大射礼的贵族身份较高，在场掌礼和服务人员的官职也较高，人数也较多，礼节表现得更为繁复。

乡射礼的主人是卿大夫（或作乡大夫），宾和众宾是大夫和士，参与者还有乡学中的弟子，乡学便是行礼的场所。大射仪的主人是国君，宾和众宾是诸公卿、大夫，还有士参与，国都近郊的大学便是行礼的场所。《仪礼·乡射礼》说:“君国中则皮树中,于郊则闾中。”郑注:“国中,城中也,谓燕射也;于郊,谓大射也,大射于大学。”郑玄认为燕射在城中公宫中举行,大射则在近郊大学中举行,很对。《韩诗说》说:“辟雍者,天子之学……所以教天下春射秋飨”(《大雅·灵台》正义引《五经异义》)。《白虎通·辟雍》也说:“大学者,辟雍,乡射之宫。”在辟雍举行的射礼应即大射。《礼记·射义》说:“天子将祭,必先习射于泽……已射于泽,而后射于射宫。”这种天子主持的“习射”,过去学者都认为是大射,其“习射”的“泽”和“射宫”,当即辟雍。“泽”即辟雍周围的水池,“射宫”即中间高地上厅堂式的建筑。可见大射仪和乡射礼同样在学校中举行,就是同样在讲武堂上举行。

乡射礼的掌礼和服务人员,主要有两个系统:司射指挥和掌管“射”的事,司马总管有关事务。有获者听命于司马,扬旌唱获,报告射中情况;有释获者听命于司射,计算射中次数,分别胜负;有乐正听命于司射,指挥大师、乐工陪奏音乐,使射者随着节奏发射;还有乡学中弟子分别听命于司射、司马、乐正,担任各项杂务。大射仪的掌礼和服务人员虽然官职较高,人数较多,但其组织系统也还和乡射礼相同。司射由大射正担任,有小射正辅助,通称为“射人”。司马由司马正担任,有司马师辅助。获者也叫负侯者,其首长称为“服不”。释获者由太史担任,有小史辅助。乐正之下,还有小乐正;大师之外,还有少师、上工等。此外,还有担任事务的小臣正、小臣师、仆人正、仆人士、量人、巾车、隶仆人等。其中有些职官,是为了行礼的需要而临时制定的。胡匡衷《仪礼释官》曾对此详加考证。

接下来,我们把两种礼节作个比较。大射礼三番射的礼节,基本上是和乡射礼相同的。第一番由“三耦”射,同样唱获而不加统计;第二番除“三耦”外，有国君和宾、公卿、大夫及众宾参加，同样统计左右两方射中次数而分胜负；第三番也用音乐节奏，使大家按节奏而发射。所不同的，乡射礼所射的只有一个“侯”，大射礼则公、大夫、士各有一个“侯”，即公射“大侯”，大夫射“参侯”，士射“干（豻）侯”，用以区别尊卑。如果射者不按规定的“侯”去射，射中也不算。如果卑者和尊者合为一耦，就可以合射一侯。对国君则特别优待，只要射到“侯”的角和绳，或者飘着触到“侯”，或者射到“侯”而跌落了，都一概算中；在三个“侯”中射到任何一个，也一概算中。可知大射礼的三番射，除了对国君表示尊重和优待以外，基本内容是和乡射礼相同的。

大射礼的司射要负起教练的责任，这也是和乡射礼相同的。第一番射时司射也要“诱射”，因为共有三“侯”，第一矢射干（豻）侯，第二矢射参侯，第三、第四矢连射大侯。在指挥和监督发射时，同样要执“扑”（教鞭）。但是为了帮助国君，当国君发射时，大射正要立在国君背后，观察国君发射的矢的动向而报告，射得偏下，要叫声“留”（当从黄以周读为“溜”）；射得偏上，叫声“扬”；偏在左右，叫声“方”（当从盛世佐读为“旁”）。司射这样的报告发射的矢的动向，目的就在辅导国君“习射”。

两种礼在第三番射中奏的乐，有些不同。乡射礼用鼓来节奏，大射礼所用乐器有钟、鑮（镈）、磬、鼓、应鼙、朔鼙、簜、鼗等。乡射礼奏的乐章是《驺虞》，大射仪则奏《狸首》。其所以不同，也是由于大射礼中主人和宾的地位较高。《乡射礼》郑注：“钟鼓者，天子诸侯备用之，大夫士鼓而已。”

两种礼最显著的不同，是“请”和“告”的礼节。在乡射礼中，司射和“释获者”的“请”和“告”，都是面对宾的。第一番射“请射”时，由司射到西阶上告宾。再到阼阶上告主人;射毕,由司射升堂告宾。第二番射"请射"和第一番相同,"请释获"时,由司射请于宾;射毕,由"释获者"到西阶上告宾;"数获"后,由"释获者"把胜负告宾。第三番射"请乐"时,由司射"请以乐乐于宾"。大射的礼节不同,司射和"释获者"的"请"和"告",都是对国君的。第一番射"请射"时,由司射到阼阶前,请于公;射毕,又在阼阶下,告于公。第二番射"请射"时,司射升自西阶请于公;"请释获"时,又到阼阶下,请于公;射毕,由"释获者"到阼阶下,告于公;"数获"后,又到阼阶下,告于公。第三番射"请射"时,司射也到阼阶下,请于公。其所以不同,因为乡射礼的宾和主人,地位对等,因而在礼节上以尊宾为主;大射礼的主人是国君,宾和众宾都是他的臣下,因而在礼节上以尊君为主①。

根据上面比较的结果,可知大射礼和乡射礼的内容基本相同,只是因为大射礼的主人是国君,身份较高,礼仪的规模较大,对国君特别尊敬和优待。实际上,大射礼就是一种高级的乡射礼,用来维护国君的地位和尊严的。

《仪礼·大射礼》所述,是诸侯(公)的大射礼,没有述及天子(王)的大射礼。大概《仪礼》出于战国时代儒家编辑,那时天子早已徒有空名,天子的大射礼早已不行,编者没有搜集到这方面有系统的资料。据《周礼·射人》载:

王以六耦射三侯,三获三容(即乏),乐以《驺虞》九节,五正。

---

① 凌廷堪《礼经释例·射例》说:"乡射告于宾者,尊宾也;大射告于公者,尊公也。乡射初射告宾,复告主人者,宾、主人敌也。大射再射告于公,遂命宾者,尊宾以耦公也。告宾于西阶者,宾在西阶也;告公于阼阶者,公在阼阶也。大射再射升自西阶请射于公者,便于命宾也。告宾于阶上,告公于阶下者,君臣之义也。此乡射、大射之别也。"

诸侯以四耦射二侯，二获二容，乐以《狸首》七节，三正。

孤卿大夫以三耦射一侯，一获一容，乐以《采蘋》五节，二正。

士以三耦射豻侯，一获一容，乐以《采蘩》五节，二正。

这里说诸侯四耦射二侯，和《仪礼·大射礼》所载诸侯三耦射三侯不合。《左传·襄公二十九年》载：“范献子来聘……公享之……射者三耦。”可知春秋时诸侯也用三耦，因此从来经学家就把《周礼》的“四耦”算作畿内诸侯应用的礼，但也没有什么证据。看来《周礼》所载这种整齐而有系统的制度，有些不免出于拼凑而成。

但是《周礼》所载，并不是全出虚构的。《周礼·射人》载：

若王大射，则以貍步张三侯。王射，则令去侯，立于后，以矢行告，卒令取矢。祭侯则为位。与大史数射中。佐司马，治射正。

这和《大射礼》所载司射的职掌完全相同。《周礼·服不氏》载：“射则赞张侯，以旌居乏而待获。”《周礼·大史》又载：“凡射事，饰中舍（释）算，执其礼事。”也和《大射礼》所载服不、太史的职掌相合。如果《周礼》这些记载可靠的话，那么，天子的大射礼大概和诸侯的大射礼相差不多，只是一种更高级的乡射礼。

前节曾详细论证乡射礼具有军事教练的性质。大射礼既然是一种高级的乡射礼，其具有军事教练性质也是可以肯定的。邵懿辰在《礼经通论》中有一条“论十七篇中射礼即军礼”说：

乡射、大射亦寓军礼之意。男子有事四方，桑弧蓬矢初生而有志焉。……五兵莫长于弓矢也，故射御列于六艺。而言聘射之义者，以为勇敢强有力，天下无事则用之于礼仪，天下有事则用之于战胜。泽宫选士，各射己鹄，有文事必有武备也。

根据上面的分析，足以证明邵氏认为射礼即军礼，是对的。邵氏说："天下无事则用之于礼仪，天下有事则用之于战胜"，也是对的。

三　"射礼"起源于借田猎来进行的军事训练

《仪礼》中关于射礼的记载，大概出于春秋战国间儒家的编辑，因为《大射礼》和《乡饮酒礼》中谈到诸侯之臣有所谓"诸公"的，这在春秋末年以前是没有的①。但是从《诗经》中有关射礼的诗歌看来，这种礼的基本特点，在西周、春秋时早已形成。

《齐风·猗嗟》说："仪既成兮，终日射侯，不出正兮。""射侯"即是射礼所射的"侯"，"正"即是"侯"中部的标的。《猗嗟》又说："射则贯兮，四矢反兮，以御乱兮。""贯"即是射礼中"不贯不释"的"贯"，"四矢"即是射礼中所说"乘矢"，按礼每个射者射一次，都必须射完四矢。《大雅·行苇》说：

> 敦弓既坚，四镔既均，舍矢既均，序宾以贤。敦弓既句，既挟四镔，四镔如树，序宾以不侮。

"舍矢既均"是说发射四矢都已射中了"侯"，"四镔如树"是说发射四矢都已贯穿"侯"中，竖立在"侯"中。《小雅·宾之初筵》说：

> 大侯既抗，弓矢斯张。射夫既同，献尔发功。发彼有的，以祈尔爵。

"射夫既同"是说许多射者都已经"比耦"，"献尔发功"是说大家都要奏其发射中的之功，"发彼有的"是说发射到"侯"的鹄的，"以祈尔爵"是说射中的目的在于祈求辞让酒爵，因为射礼要"饮不胜者"。《礼

---

①　崔述《丰镐考信录》说："所谓诸公，即晋三家、鲁三桓之属。"

记·射义》解释说：“《诗》云：‘发彼有的，以祈尔爵’，祈，求也；求中以辞爵也。”从西周金文看来，由司射来教射的习俗也由来已久。静簋说：“王令（命）静司射学宫，小子眔服眔小臣眔尸（夷）仆学射”，又说：“静学（教）无罪（斁）。”可见西周学校中确已设有“司射”，教导“小子”等学射。

古人经常借用狩猎来进行军事训练和演习。“大蒐礼”就是一种借狩猎来进行的军事演习，详第五章《“大蒐礼”新探》。这种射礼，同样起源于借用狩猎来进行的军事训练，我们从其礼节也还能看出来。其中最显著的一点，就是射礼把射中目标称为“获”，观察和报告射中情况的报告员就叫“获者”，“获者”看到有人射中“侯”的鹄的要扬旌唱“获”；同时计算射中次数和胜负的统计员就叫“释获者”，“释获者”要根据“获者”的唱“获”来计算射中次数叫做“释获”。“获”原是指狩猎中对鸟兽的擒获（不论是生擒或死擒），甲骨文中述及“隻”（获）得某种野兽的记录很多，在古文献上也多称狩猎所得为“获”，如《周易》“解”九二爻辞说：“田获三狐。”《周易》“巽”六四爻辞说：“田获三品。”①狩猎的目的在“获”，而射礼的射中目标也叫“获”，很明显，射礼如同大蒐礼一样，是起源于借用田猎来进行的军事训练。《乡射礼》说：“获者坐而获”，郑注：

> 射者中，则大言获。获，得也。射，讲武师田之类，是以中为获也。

郑玄这个解释，很中肯綮。

---

① 《左传·襄公三十一年》载子产说：“譬如田猎，射御贯（惯）则能获禽，若未尝登车射御，则败绩厌覆是惧，何暇思获？”

大概古人最初借用田猎来进行军事演习，后来发展为大蒐礼。同时在辟雍（大学）附近设有广大园林，以便练习射猎；也有在宫中建筑射庐来习射的，如趞曹鼎说：“龚（恭）王才（在）周新宫，王射于射卢（庐）”；匡卣说：“懿（懿）王才（在）射卢（庐）。”师汤父鼎也说：“王才周新宫，才射庐。”更有把田猎中擒获的野兽作为习射的目标的。《尚书大传》说：

> 习斗也者，男子之事也。然而战斗不可空习，故于蒐猎闲之也。闲之者，贯（惯）之也；贯之者，习之也。已祭，取馀获陈于泽，然后卿大夫相与射，命中者虽不中也取，命不中者虽中也不取。何以也？所以贵揖让之取，而贱勇力之取也。乡（向）之取也于囿中，勇力之取也；于泽，揖让之取也（陈寿祺辑本）。

《穀梁传·昭公八年》也说：

> 因蒐狩以习用武事，礼之大者也。……禽虽多，天子取三十焉，其余与士众以习射于射宫。射而中，田不得禽，则得禽；田得禽，而射不中，则不得禽。是以古之贵仁义而贱勇力也。

《穀梁传》所说“其余与士众以习射于射宫”，即是《尚书大传》所说“取馀获陈于泽”而“相与射”，“泽”与“射宫”应在一地，即指辟雍。这样拿擒获的野兽用来习射，就是要大家练习射得“命中”，因此特别规定：尽管在田猎中没有擒获，只要这时射得“命中”就算“获”；如果田猎中有擒获而这时射不“命中”，还是不算“获”。“射”的算不算“获”，主要不在看田猎时有何擒获，却要看习射时是否“命中”。这就是射礼把射中目标称为“获”的来历。

射礼把射中目标称为“获”，因为射礼起源于狩猎，狩猎是以射中禽兽为“获”的。射礼把观察和报告射中情况的报告员称为“获者”，究其原始，“获者”就是狩猎中掌管擒获禽兽的人，也就是“虞”。《周礼·山虞》载：“乃弊田，植虞旗于中，致禽而珥焉。”郑注：“弊田，田者止也。植犹树也。田止，树旗令获者皆致其禽而校其耳，以知获数也。”《周礼·泽虞》又载：“及弊田，植虞旌以属禽。”射礼中“获者”要扬旌唱获，怕就是沿袭虞人植“旌以属禽”的习惯。在大射仪中，“获者”称为“服不”。《周礼·服不氏》载：

> 服不氏掌养猛兽而教扰之，凡祭祀，共(供)猛兽；宾客之事，则抗皮；射则赞张侯，以旌居乏而待获。

为什么这个在射礼中掌管扬旌唱获的官员，又是掌养猛兽、提供猛兽和兽皮的官员呢？怕也是由于射礼起源于狩猎的关系吧！看来服不氏原是狩猎中掌管擒获野兽的官员，有时擒获活的野兽就需要养着，以便祭祀上需用，因而同时成为掌养猛兽的官员。

古时“习射”，大别有二，即“礼射”和“主皮之射”。“礼射”张“侯”来射，着重于按照一定的礼仪；“主皮之射”张兽皮来射，着重于“获”(射中)，不讲究礼仪。“礼射”采取按礼依次“比耦”而射的办法，“主皮之射”则采取淘汰制的比赛办法，胜者能够再射，败者则被淘汰。所以《仪礼·乡射礼》说：“礼射不主皮。主皮之射者，胜者又射，不胜者降。”①“礼射”着重在训练，“主皮之射”着重于比赛胜负。《论语·八佾》说：“射不主皮，为力不同科，古之道也。”意思是说：“古之道”所以要“射不主皮”，因为主皮之射讲究“力”，而人们的“力”原来就有强弱之分。

① 郑注：“礼射，谓以礼乐射也，大射、宾射、燕射是矣。不主皮者，贵其容体比于礼，其节比于乐，不待中为隽也。言不胜者降，则不复升射也。主皮者无侯，张兽皮而射之，主于获也。”

“礼射”和“主皮之射”虽有区别，但是究其原始，“礼射”该即起源于“主皮之射”。因为从“习射”的发展过程来看，“主皮之射”以射兽皮为目标，比用擒获来的野兽来习射要简便得多，“礼射”用“侯”来代替兽皮为目标，比“主皮之射”更为进步。《礼记·乐记》说：

> 武王克殷……散军而郊射，左射《貍首》，右射《驺虞》，而贯革之射息也。

所谓“郊射”，要奏《貍首》和《驺虞》，当即举行“礼射”。“贯革之射”是否即是“主皮之射”，过去经学家还有不同意见，但都是纯粹的习武之射，是无疑的。这里说：周武王克殷后，因推行“礼射”，就代替了纯粹的习武之射。“礼射”不一定是武王开始推行的，但是，由于“礼射”的推行，代替了纯粹的习武之射，该是事实。《周礼·乡大夫》郑注：“庶民无射礼，因田猎分禽，则有主皮。主皮者，张皮射之，无侯也。”郑玄认为“礼射”属于贵族，庶人没有“礼射”，而有“主皮之射”。其实，“礼射”就是起源于“主皮之射”，因为“礼不下庶人”，庶民依然行着“主皮之射”。

“礼射”的起源于“主皮之射”，从“礼射”用“侯”来代替“主皮之射”所用的兽皮，也可看到。据《周礼·司裘》，天子“大射”用虎侯、熊侯、豹侯，诸侯“大射”用熊侯、豹侯，卿大夫用麋侯，都设有“鹄”。据《考工记·梓人》，大射“张皮侯而棲鹄”，宾射“张五采之侯”，燕射“张兽侯”。据《仪礼·乡射礼》，天子用熊侯，诸侯用麋侯，大夫用布侯画虎豹，士用布侯画鹿豕。据郑玄注解，虎侯、熊侯等，即所谓“皮侯”，是用各种兽皮加以装饰的；画有虎、豹、鹿、豕的“布侯”，即所谓“兽侯”，是在布制的“侯”上画有各种兽的图像的。《仪礼·大射礼》说诸侯“大射”所用的“侯”，有大侯、参侯、干侯。郑玄认为大侯即熊侯，

“参”应读为“糁”，即“杂侯”，“豹鹄而麋饰”；“干”应读为“豻”，即《周礼·射人》“士以三耦射豻侯”的“豻侯”，“豻鹄豻饰”。各种礼书上所谈礼射用的“侯”，虽然有些出入，基本上还是一致的，就是比较高级的“侯”直接用兽皮为装饰和制作“鹄”，比较低级的“侯”就只画上某种野兽图像。为什么“礼射”用的“侯”一定要用某种兽皮来装饰或者画上某种兽形呢？因为它原来就是用来代替兽皮的。《周礼·司裘》郑注说：“谓之鹄者，取名于鳱鹄，鳱鹄小鸟而难中，是以中之为隽。”鳱鹄，《淮南子·氾论训》高注、《广雅·释鸟》认为是鹊，《说文》认为是山鹊，确是一种“小鸟而难中”的。《考工记》说：“张侯而栖鹄”，“栖”原是鸟息止的意思，“鹄”而称“栖”，其原始本为小鸟可知。那么，不仅“侯”的制作，起源于代替兽皮，而且“侯”中设“鹄”，其原始，就是在兽皮中心放着鳱鹄作为标的。射礼“张侯而栖鹄”，就是沿此风习而来。

“礼射”起源于“主皮之射”，其目的也是习射讲武，所以“礼射”除了讲究礼节之外，也还包含有“主皮之射”的内容。《周礼·乡大夫》载：

> 退而以乡射之礼五物询众庶：一曰和，二曰容，三曰主皮，四曰和容，五曰兴舞。

凌廷堪著有《周官乡射五物考》（《礼经释例·射例》附录），对此有详细的解说。他认为，“一曰和，二曰容”，是指第一番射，这时不统计射中次数，但取其容仪合于礼节，所以称为“和”与“容”；“三曰主皮”，是指第二番射，这时讲究射中贯穿，所以称为“主皮”；“四曰和容，五曰兴舞”，是指第三番射，这时既要容仪合于礼节，步伐和发射都要合乎音乐的节奏，所以既要有“和容”，又要能“兴舞”。凌氏这个解说，比较通达。但是，既然“礼射不主皮”，为什么射礼的第二番射又叫“主皮”呢？乡射礼射的是布侯而不是皮侯，为什么不叫“主布”而叫“主皮”呢？我们认为，礼射的第二番射和“主皮之射”有不同之处，前面已经谈过，“主皮之射”着重在比赛胜负，采取淘汰制的比赛办法，胜者能够再射，败者则被淘汰；而“礼射”着重在训练，采用轮流比射的办法。但是，射礼的第二番射也有和“主皮之射”相同之处，即主皮之射要射中而贯穿，射礼的第二番射也是如此，司射在第二番射时发布命令说：“不贯不释”，就是以“贯”作为主要要求的。因为射礼的第二番射有着“主皮之射”要贯穿的特点，亦称为“主皮”。

方苞认为“习射尚功”（《礼记·王制》），当以贯革为贤，因而“疑士大夫虽画布为侯，必以木为匡，蒙以布，实草于其中，而著于侯之背面以受矢”（《仪礼析疑》）。这个推想很对。故宫博物院藏有一件刻纹燕乐画像壶，上列的画像中，就有举行射礼的情况，描写有一对射者（所谓“比耦”）正从堂上向堂下之“侯”发射，“侯”有相当的厚度，射中的矢正贯穿于“侯”中。上海博物馆藏有一件刻纹燕乐画像椭杯，其中也画有举行射礼的情况，描写有一对射者刚向“侯”射毕，有一矢中“侯”之“的”，另一矢稍偏，二矢射中后都贯穿在“侯”中。

图六十三　故宫博物院藏刻纹燕乐画像壶所刻画像中的射礼图

乡射礼的第三番射以用乐节奏为特点，奏的是《驺虞》。为什么要奏《驺虞》呢？《召南·驺虞》说：

彼茁者葭，壹发五豝，于嗟乎驺虞！彼茁者蓬，壹发五豵，于嗟乎驺虞！

图六十四　上海博物馆藏刻纹燕乐画像椭杯所刻画像中的射礼图

驺虞，有的说是掌鸟兽的官，有的说是“白虎黑文”①。但这是一首描写田猎的诗，是可以肯定的。这诗描写的，是在壮盛的芦苇和蓬蒿中田猎，一发而射中五头野猪的情况②。“壹发五豝”和“壹发五豵”，是形容田猎所“获”的多。乡射礼的第三番射要奏这样描写田猎获得多的诗歌作为节奏，很清楚，也是因为射礼起源于借用田猎来进行的军事训练。

---

① 今文《韩诗》、《鲁诗》都以为驺虞是“天子掌鸟兽官”，《周礼·钟师》正义引《五经异义》，贾谊《新书·礼论》从之，《礼记·射义》也说：“《驺虞》者，乐官备也。”古文《毛诗》又以为“义兽，白虎黑皮”，《说文》从之。

② “壹发”的“发”，方玉润《诗经原始》认为即《周礼·大司马》叙述“大阅”礼中“车三发”的“发”，是指田猎车上射者一次发射而言。

四 “射礼”具有选拔人才的目的

古代贵族不但用比射的方法来进行军事训练和军事教学，而且用比射的方法来选拔所需要的统治人才。

《礼记·射义》中有下列四节话：

> 射之为言者，绎也，或曰舍也。绎者，各绎己之志也。……故射者各射己之鹄，故天子之大射，谓之射侯。射侯者，射为诸侯也，射中则得为诸侯，射不中则不得为诸侯。
>
> 是故古者天子以射选诸侯、卿大夫、士。射者，男子之事也……故圣王务焉。
>
> 是故古者天子之制，诸侯岁献贡士于天子，天子试之于射宫……而中多者得与于祭……而中少者不得与于祭……
>
> 天子将祭，必先习射于泽，泽者所以择士也，已射于泽而后射于射宫，射中者得与于祭，不中者不得与于祭。

这四节话有个共同之点，就是说天子在举行射礼时，用“射”来选拔贵族，上至诸侯、卿大夫，下至士。射中的才得参与祭祀。在古代，“国之大事，惟祀与戎”，贵族最初选拔的是军事人才，因此就采用比“射”的办法来选拔。

这里首先牵涉到的，是所射的“侯”和诸侯的“侯”的关系问题。《说文》说：“侯”字“象张布，矢在其下”，“𥎦古文侯”。很对。甲骨文和金文正有作“𥎦”的，像张的布射中矢的样子。殷周时代确有诸侯的称呼，包括侯、田（甸）、男等①。这个作为箭靶用的“侯”和诸侯的

① 见于矢令彝、盂鼎和《尚书》的《康诰》、《酒诰》、《召诰》、《君奭》、《顾命》等。

“侯”的关系，近人有不同的看法。杨树达认为诸侯的“侯”确由射箭用的“侯”得名。他认为在原始社会中，有强力善射的人能够保卫其群众，群众便会拥戴他做领袖，因为古人朴素，见他能发矢中“侯”，便称之为“侯”①。而徐中舒则认为，侯甸的“侯”起于斥候的意思，古代各国边疆有斥候的官叫“候”，“侯”和“候”古字通用②。这两个说法都有一定的道理。诸侯的“侯”该即由“候人”的“候”发展扩大形成的。“候人”原是边疆上的侦察和守卫队长，带有全副武装，《曹风·候人》说：“彼候人兮，何(荷)戈与祋(殳)”。《左传·宣公十二年》杜注：“候人谓伺候望敌者。”因为他们防守在边疆，也兼任国宾的接待人员，如《国语·周语中》说：“故国宾至……候人为导。”又因为他们负有边疆地区防守和治安的责任，于是“各掌其方之道治与其禁令”(《周礼·候人》)，实际上已成为边疆地区某方的统治者。很可能，诸侯的“侯”即由此发展扩大而形成。这种“侯”原是边疆地区的侦察和守卫队长，是一种重要的武官，最初可能是通过射“侯”的比赛而挑选出来的。《礼记·射义》所说“天子以射选诸侯”，该是一种夸大的

---

①　杨树达《矢令彝三跋》说：“盖草昧之世，禽兽逼人，又他族之人来相侵犯，其时以弓矢为武器，一群之中如有强力善射之士能保卫其群者，则众必欣戴以为雄长。古人质朴，能其事者即以其事或物名之，其人能发矢中侯，故谓之侯也。《礼记·射义》曰：‘故天子之大射，谓之射侯。射侯者，射为诸侯也，射中则得为诸侯，射不中则不得为诸侯。’郑康成注《周礼·司裘》曰：‘所射正谓之侯者，天子中之则能服诸侯，诸侯以下中之则得为诸侯。’此后世演变之说，非复初义，然诸侯之称源于射侯，则犹存古初命名之形影也”(《积微居金文说》卷一)。

②　徐中舒《井田制度探源》说：“四服命名之义，据《逸周书》孔晁注云：‘侯服，为王斥侯也。’……《周礼·地官·职方氏》贾疏云：‘侯者，候也。为天子伺候非常’……此两说简赅易明。……侯为斥候，侯候古字通用。古代斥候必在边疆，故《周语》单襄公见候不在疆而断陈之必亡。……在外边疆为侯服，侯田在边外，故盂鼎称‘殷边侯田’。”(《中国文化研究汇刊》第四卷上册)。

说法。

我们进一步把主持射礼的官职考查一下，也可以看出射礼和“射选”确有密切关系。《周礼·射人》载：

> 掌国之三公、孤、卿大夫之位……其挚，三公执璧，孤执皮帛，卿执羔，大夫执雁。……若有国事，则掌其戒令，诏相其事，掌其治达。以射法治射仪……佐司马，治射正。祭祀则赞射牲，相孤卿大夫之法仪。会同朝觐，作大夫介，凡有爵者。大师，令有爵者乘王之倅车。有大宾客，则作卿大夫从，戒太史及大夫介。大丧，与仆人迁尸，作卿大夫掌事，比其庐，不敬者，苛罚之。

《周礼》所载“射人”，即是《大射礼》所说“射人”，即因“以射法治射仪”而得名。但是据《周礼》所载，他除掌管“射仪”和“赞射牲”之外，掌管着许多重要的人事工作。当公卿大夫初见王时，朝仪的席位及其所执见面礼品，都由他管；如有会同朝觐，由他使大夫作介，使有爵者作众介；如王出征，由他选取有爵者乘王的副车；如有大宾客，由他使卿大夫随从于王，告戒太史和大夫为介；如有大丧，由他和仆人一起迁尸，使卿大夫各掌其事。《礼记·檀弓上》也说：“扶君，卜人师扶右，射人师扶左，君薨以是举。”郑注：“卜当为仆，声之误也。仆人、射人皆平生时赞正君服位者。”如此说来，射人不仅是天子的亲信侍从，也还掌管重要的人事工作，国家大事中有关人事的调排，都由他调度。为什么掌管射仪的射人会兼管如此重要的人事工作呢？因为射礼不仅在于军事训练和军事教练，还要从中选拔人才。原来许多重要的武官，都是通过比射选拔出来的。因此，掌管射仪的官兼有考选人才的责任，并有调排人事工作的职务。《汉官仪》（孙星衍辑本）说：

仆射，秦官也。仆，主也。古者重武事，每官必有主射以督课之。

《汉书·百官公卿表》也说：

仆射，秦官。自侍中、尚书、博士、郎，皆有。古者重武官，有主射以督课之。

秦汉时代这个督课臣下的主射的官，该就是沿袭古代“射人”的职务而来①。

《周礼·地官·乡大夫》载：

乡老及乡大夫、群吏献贤能之书于王，王者再拜受之（注：“献犹进也，王拜受之，重得贤者”）……退而以乡射之礼五物询众庶（注：“郑司农云：询，谋也，问于众庶，宁复有贤能者”）……此谓使民兴贤，出使长之；使民兴能，入使治之。

这里，乡老和乡大夫等，既然把“贤能”推荐给王，又要“退而以乡射之礼五物询众庶”，就是要通过乡射礼和乡中“国人”一起挑选出“贤能”来。可知古代确有用“射”来选拔人才的。古时贵族所谓“贤能”，原是指有勇力和武艺的人。乡射礼在计算胜负的时候，如右方胜，称“右贤于左”，如左方胜，称“左贤于右”；《大雅·行苇》说：“舍矢既均，序宾以贤。”郑笺说：“序宾以贤，谓以射中多少为次第”，所说的“贤”还保存着这种意思。古时执政者从“国人”中选拔人才，着重于挑选

① 当西周时代，射确为司马的属官，如趞𣪘说：“命女（汝）乍（作）𢆶自冢司马，啻官仆、射、士……。”仆与射处于同等地位，即后来的仆人与射人，见前引《礼记·檀弓上》。到战国时，射人称为中射、中射之士或中谢，是国王左右的侍从官，见于《吕氏春秋·去宥》、《韩非子·说林上》、《战国策·楚策四》和《史记·张仪列传》等。到秦汉时代，又称为仆射，仍为侍从官。这种称为“射”的官，所以会成为侍从官，该就是由过去掌管人事工作的职司演变而来。

有勇力和武艺者，这到春秋前期还是如此。例如管仲在齐国进行改革时，其所谓“选”，也只是“于子之乡有拳勇股肱之力、秀出于众者，有则以告；有不以告，谓之蔽贤”（《国语·齐语》）。“贤”的标准，还是“有拳勇股肱之力、秀出于众者”。古时既然把勇力和武艺的高下，作为选“贤”的标准，就无怪他们采用比“射”的方法来选拔人才了。他们要以“乡”为单位来用“射”选拔人才，因为“乡”就是军事组织的主要单位，战士集中居住的地区。

“射礼”具有选“贤”的作用，“贤”不仅是指有勇力和武艺的人，而且是指善于擒获的人。石鼓文丁鼓说：“□□□虎，兽（即狩）鹿如□，□□多贤，迪禽（擒）□□，□□允异。”王绍兰《说文段注订补》解释“多贤”的“贤”说：“寻其上下文，理当为获兽众多之义”，是不错的。《说文》于“臤”字下说：“古文以为贤字”，“臤”字见于臤觯等，当是“贤”的初文，“臤”字从“臣”从“又”，“臣”即是俘虏，从“又”像用手擒获俘虏。犹如“获”的初文作“隻”，从“隹”从“又”，像捕鸟在手之形①。“射礼”中把射中多的称为“贤”，看来还是沿袭古代狩猎和战争中把擒获多称为“贤”的习惯。

由此可见，古代贵族重视射礼，就是为了适应贵族统治上的需要。因为射礼具有军事训练和军事学习的性质，对于加强贵族军队的战斗力，加强他们的统治能力，有其重大的作用；同时射礼还具有选拔军事人才的作用，对于加强贵族的统治力量，也有其很大的

① 古时称“虏获为奴隶者”叫“臧获”，“臧”的初文作“戕”。杨树达《不娶段三跋》说：“臧字甲文作戕，金文白戕鼎戕字亦然，字皆从臣从戈，今作臧者，后加声旁爿耳。……字从臣从戈，义显白无疑，此可旁证臣字之义也”（《积微居金文说》卷二）。按“戕”字从“臣”从“戈”，像用戈擒获俘虏，与“臤”字从“臣”从“又”相类。

作用。

附录:关于射“不来侯”或“不宁侯”问题

《史记·封禅书》上有个离奇的故事:

> 是时苌弘以方事周灵王,诸侯莫朝周,周力少,苌弘乃明鬼神事,设射《貍首》。貍首者,诸侯之不来者。依物怪以致诸侯,诸侯不从,而晋人执杀苌弘。

这事也见于《汉书·郊祀志》,惟“设射《貍首》”作“设射不来”。这个故事是不符合历史事实的。据《左传·哀公三年》记载,苌弘原是周的刘文公的属大夫,周的刘氏和晋的范氏世为婚姻,因此苌弘在周执政,就和范氏相亲。晋的范氏、中行氏既和赵氏冲突,就对周责难,周人为了讨好赵氏,就杀死苌弘。鲁哀公三年当周敬王二十八年。可知苌弘并不死于周灵王时,也不是因为“设射《貍首》”而为“晋人执杀”。

《貍首》这首诗早已散失,前人有种种推测之辞。《仪礼·大射礼》郑注说:

> 《貍首》,逸诗《曾孙》也。貍之言不来也,其诗有射诸侯首不朝者之言,因以名篇,后世失之,谓之《曾孙》。《曾孙》者,其章头也。《射义》所载诗曰:“曾孙侯氏”,是也。以为诸侯射节者,采其既有弧矢之威,又言:“小大莫处,御于君所,以燕以射,则燕则誉”,有乐以时会君事之志也。

郑玄把《礼记·射义》所载《诗》:“曾孙侯氏,四正具举;大夫君子,凡以庶士,小大莫处,御于君所,以燕以射,则燕则誉”,作为《貍首》的首章,是没有什么根据的。《大戴礼记·投壶》所载“曾孙侯氏”的《诗》,比《射义》多出两段,过去有些经学家认为即是《貍首》,也没有根据。

至于郑玄认为《貍首》的《诗》“有射诸侯首不朝者之言”，一方面是根据《史记·封禅书》所说：“貍首者，诸侯之不来者”；另一方面则根据《考工记》所载祭“侯”之辞。《考工记·梓人》载：

祭侯之礼，以酒脯醢，其辞曰：惟若宁侯。毋或若女（汝）不宁侯，不属于王所，故抗而射汝。强饮强食，诒女（汝）曾孙诸侯百福。

《大戴礼记·投壶》也载有这段辞，文句略有不同：

嗟尔不宁侯，为尔不朝于王所，故亢而射女。强食，食尔曾孙侯氏百福。

《白虎通·乡射》也说：

名为侯何？明诸侯有不朝者，则当射之。故礼射，祝曰：嗟尔不宁侯，尔不朝于王所，故亢而射尔。

《说文》“侯”字下所引祝辞略同。《论衡·乱龙》也说：“名布为侯，示射无道诸侯也。”《楚辞·大招》王逸注也说：“侯谓所射布也。王者当制服诸侯，故名布为侯而射之。”《仪礼·大射礼》郑注又说：“侯谓所射布也。尊者射之，以威不宁侯；卑者射之，以求为侯。”许多汉代学者都认为作箭靶用的“侯”的得名，是由于“射之”用来表示“射无道诸侯”，这显然出于附会。

但是从古文献上所载祭“侯”的辞看来，有时确有因“不宁侯”不来朝而制作“侯”来射的。《太平御览》卷七三七引《六韬》说：

武王代殷，丁侯不朝。太公乃画丁侯于策，三箭射之。丁侯病困，卜者占云：祟在周，恐惧，乃请举国为臣。太公使人甲乙日拔丁侯着头箭，丙丁日拔着口箭，戊己日拔着腹箭，丁侯病稍愈。四夷闻，各以来贡。

《艺文类聚》卷五九等引《太公金匮记》略同。这些故事出于后世编造，当然并非事实。但是不能否认，我国古代确有射击敌国国君的画像或雕像的事。《战国策·燕策二》载苏子对齐王说：

今宋王射天笞地，铸诸侯之像，使待屏匽，展其臂，弹其鼻。

又载苏代约燕王说：

秦欲攻安邑，恐齐救之，则以宋委于齐，曰：“宋王无道，为木人以写寡人，射其面，寡人地绝兵远，不能攻也。”

这里，既说宋王铸造诸侯的像来弹射，又说宋王雕木人写秦王名字来射其面，该是事实。《史记·殷本纪》又载：

帝武乙无道，为偶人，谓之天神，与之博，令人为行，天神不胜，乃僇辱之，为革囊盛血，仰而射之，命曰射天。

这里所谓“天神”，实际上是指敌国的“天神”。武乙这个“射天”的故事，基本上和战国时代宋王偃“射天”的故事一样。《吕氏春秋·过理》说：

宋王筑为蘖帝，鸱夷血高悬之，射，著甲胄从下，血坠流地，左右皆贺（“蘖帝”二字有误）。

我们认为，《史记·封禅书》等所说设射“诸侯之不来者”，《考工记》等所载祭“侯”之辞所说射不朝于王的“不宁侯”，和上述射击敌国国君画像、雕像及天神的事，性质基本上是相同的。为什么古时会有这种射“不宁侯”和射敌国国君人像的事呢？因为当时流行着一种巫术。上面所说宋王偃为木人写上秦王姓名，射其面，很显然，就是使用着同样的巫术。古时有把“不来侯”或“不宁侯”作为“侯”来射的，也同样是祝诅的巫术而已。

这个问题与射礼有关，还涉及“侯”这个名称的来历问题，因而附论于此。

第七章 “乡饮酒礼”与“飨礼”新探

一 “乡饮酒礼”的特点

“乡饮酒礼”是我国周代乡学中举行酒会的礼节，秦汉以后曾长期为士大夫所沿用，只是在礼节上略有损益而已，如宋代曾特为撰乐章，明代曾加入读律节目。直到清代道光二十三年，清政府为了要把行礼经费拨充粮饷，才命令废止。这个礼沿用至三千年之久，其起源若何？其性质和作用若何？颇值得加以探讨。为了探讨方便起见，我们根据《仪礼・乡饮酒礼》，先把礼节简述如下：

第一，谋宾、戒宾、速宾、迎宾之礼。

(1) 谋宾：由主人（乡大夫）就乡先生（庠中教师）商谋宾客名次，分为宾、介（陪客）、众宾三等。宾、介都只一人，众宾有多人，并选定其中三人为众宾之长。

(2) 戒宾：戒是告知的意思。由主人亲自告知宾客。

(3) 陈设：布置酒席的席次，陈列酒尊和洗（水盆）等。

(4) 速宾：由主人亲自催邀宾客，宾客都跟着前来。

(5) 迎宾：主人带同一“相”（摈相）在庠门外迎接，经过三揖三让，把宾迎入庠中堂上。

第二，献宾之礼。

(1) 主、宾之间的“献”、“酢”、“酬”：在宾客迎入后，先由主人取酒爵到宾席前进献，叫做“献”；次由宾取酒爵到主人席前还敬，叫做“酢”；再由主人把酒注觯，先自饮，劝宾随着饮，叫做“酬”。这样的“献”、“酢”、“酬”，合称为“一献”之礼。献酒时，必须有食物陈设，陈设有脯醢（干肉片和肉酱）与折俎（盛有折断的牲体的俎）。

(2) 主、介之间的“献”、“酢”：先由主人向介献酒，次由介对主人还敬。

(3) 主人“献”众宾：主人向众宾献酒，由众宾之长三人代表拜受饮酒，众宾也随着饮酒。

第三，作乐。

(1) 升歌：在主人之吏一人举觯向宾敬酒后，由乐工四人（鼓瑟者二人、歌者二人）升堂，在堂上歌唱《小雅》的《鹿鸣》、《四牡》、《皇皇者华》，用瑟陪奏，叫做“升歌”。歌罢，主人向乐工献酒。

(2) 笙奏：由吹笙者入堂下，吹奏《小雅》的《南陔》、《白华》、《华黍》，叫做“笙奏”。奏罢，主人向吹笙者献酒。

(3) 间歌：堂上升歌和堂下笙奏，相间而作，叫做“间歌”。先歌唱《小雅》的《鱼丽》，次笙奏《由庚》；再歌唱《南有嘉鱼》，再笙奏《崇丘》；又歌唱《南山有台》，又笙奏《由仪》。

(4) 合乐：升歌和笙奏相合，奏唱《周南》的《关雎》、《葛覃》、《卷耳》，《召南》的《鹊巢》、《采蘩》、《采蘋》。歌罢，由乐工报告乐正：“正歌备”，再由乐正报告宾。正式的礼乐，到此完备。

第四，旅酬。

主人为了留住宾客，使“相”（摈相）担任“司正”，奉主人之命“安宾”。随即由宾“酬”主人，主人“酬”介，介“酬”众宾，再由众宾按长幼以次相“酬”，称为“旅酬”。旅酬是由尊者酬于卑者，《中庸》所谓“旅酬，下为上，所以逮贱也”。

第五，无算爵、无算乐。

由主人之吏举觯向宾敬酒，司正奉主人之命请宾客升坐。随即将原来陈列的折俎撤去，称为“彻俎”，以便宾客坐下。宾主脱履坐下，即进牲肉，于是连续不断地举爵饮酒，不计其数，醉而后止，叫做“无算爵”。同时乐工不断地陪奏和歌唱，不计其数，尽欢而止，叫做“无算乐”。

第六，送宾及其他。

宾出时，奏《陔夏》，主人送于门外。明日，宾有前来拜谢之礼。

在上述六项礼节中，以献宾之礼为最主要，用来表示对宾客的尊敬。《小雅·瓠叶》说：

> 幡幡瓠叶，采之亨（烹）之，君子有酒，酌言尝之。
>
> 有兔斯首，炮之燔之，君子有酒，酌言献之。
>
> 有兔斯首，燔之炙之，君子有酒，酌言酢之。
>
> 有兔斯首，燔之炮之，君子有酒，酌言醻（酬）之。

这首诗，除首章谈主人自尝其酒外，后三章，依次谈到了献、酢、酬，正是“一献”之礼。《左传·昭公元年》记载：郑伯要用飨礼招待赵武、叔孙豹（即叔孙穆子）、曹大夫，由子皮去“戒宾”，先“戒”赵武，赵武赋了《瓠叶》这首诗，子皮再去“戒”叔孙豹，把赵武赋《瓠叶》的事告诉他，叔孙豹说：“赵孟（即赵武）欲一献。”赵武赋了《瓠叶》这首诗，叔孙豹便知道他要行“一献”之礼，就是因为这首诗所谈的主要内容是“一献”之礼。《瓠叶》是西周或是西周、春秋间的诗歌，由此可见，在西周、春秋间，像乡饮酒礼中那样的献宾之礼，的确实行过①。

仅次于献宾之礼的节目，就是作乐唱歌，用来表示对宾客的尊敬和慰劳，并使宾客欢乐。无论“升歌”、“笙奏”、“间歌”和“合乐”等节目，乐工所奏唱的歌曲，都是有其用意的。《左传·襄公四年》载：晋悼公用飨礼招待叔孙穆子，乐工唱到《鹿鸣》、《四牡》、《皇皇者华》三首诗的时候，叔孙穆子才三拜，他解释说：

> 《鹿鸣》，君所以嘉寡君也，敢不拜嘉？《四牡》，君所以劳使臣也，敢不重拜？《皇皇者华》，君教使臣曰：“必咨于周。”臣闻之：“访问于善为咨，咨亲为询，咨礼为度，咨事为诹，咨难为谋。”臣获五善，敢不重拜？

《国语·鲁语下》也有类似的记载。叔孙穆子所说的，虽是用飨礼招待使臣时候歌唱这三首诗的用意，但也可由此推断乡饮酒礼中招待宾客所以要歌唱这些诗的原因。因为《鹿鸣》有“我有嘉宾，德音孔昭”，“我有旨酒，以燕乐嘉宾之心”云云，可以借来作为迎宾之辞；《四牡》有“王事靡盬，不遑启处”，“不遑将父”，“不遑将母”云云，可以借

---

① 郑玄作《笺》时，看到诗中用瓠叶和小兔作为饮酒的菜肴，不像贵族摆场，便断言“此君子谓庶人之有贤行者”。但是诗中行着一献之礼，而“礼不下庶人”，于是郑玄又解释为“庶人依士礼”，并且说是：“其农功毕，乃为酒浆，以合朋友，习礼讲道艺也。”其实，这些解释都不通。在春秋以前，“君子”都指贵族而言，把“君子”作为“有贤行者”，乃是春秋末年以后事。瓠也叫匏，又叫壶，它的叶只有嫩时可以做羹，到八月就成为苦叶（见《邶风·匏有苦叶》传），“农功毕”时瓠叶早已不能作饮酒菜了。《瓠叶》这诗的内容，我们认为应是叙述低级贵族举行饮酒礼的情况。

来赞扬宾客的勤劳;《皇皇者华》有"周爰咨诹","周爰咨谋","周爰咨度","周爰咨询"云云,无非借此表示要对宾客咨询请教之意。春秋时人们在交接中歌唱《诗》和赋《诗》,都是这样断章取义的。至于笙奏、间歌、合乐所奏唱的诗歌,同样是有其用意的,《乡饮酒礼》郑玄注曾有所解释(虽然不一定解释得完全符合当时人的用意)。因为这些歌唱,都是乡饮酒礼中的正式节目,所以合称为"正歌"。

到"正歌"完毕,乐正报告"正歌备",正式的礼乐已完备,此后的"旅酬"和"无算爵"、"无算乐",是为了使宾客联欢,尽欢而止,因此,就不必由主人亲自主持,只要设立司正来负责管理就可以了。《小雅·宾之初筵》说:

> 凡此饮酒,或醉或否。既立之监,或佐之史。彼醉不臧,不醉反耻。

郑玄曾把这里的"监"来注释"司正",很是正确。春秋时贵族饮酒,确有设立司正来管理的。《国语·晋语一》记载:晋献公"饮大夫酒,令司正实爵与史苏,曰:饮而无肴。……史苏卒爵"。韦注:"司正,正宾主之礼者也。"

春秋时贵族饮酒,确实有献宾之礼和旅酬等节目。《左传·襄公二十三年》载:季武子没有嫡子,庶子中公弥年长,悼子年幼,季武子爱悼子,想立悼子为继承人,访问臧孙纥(即臧武仲),臧孙纥说:"饮我酒,吾为子立之。"于是季武子召集大夫饮酒,以臧孙纥为客(上宾)。在举行饮酒礼中,臧孙纥采取了下列措施,使悼子成为嫡子和继承人:

> 既献(注:"已献酒"),臧孙(即臧孙纥)命北面重席(按即两重之席),新樽絜之(注:"酒樽既新,复絜澡之"),召悼子,降逆之

(注:“臧孙下迎悼子”),大夫皆起。及旅(注:“献酬既毕,通行为旅”),而召公钼(按即公弥),使与之齿(注:“使从庶子之礼,列在悼子之下”)。

在这个饮酒会上,季武子为主人,臧孙纥为宾,诸大夫为众宾。所谓“既献”的“献”,就是献宾之礼;所谓“及旅”的“旅”,就是“旅酬”。臧孙纥为了帮助季武子立悼子为继承人,在献宾礼后,就“北面重席,新樽絜之”,隆重地把悼子迎接来,等到“旅酬”排定席次时,又把公弥召来,使列席在悼子之下,这样就重新确定了长幼次序,把悼子提升到嫡子地位,把公弥降为次于悼子的庶子。因为按照乡饮酒礼,如果有“尊者”参加,“席于宾东,公三重,大夫再重”(《仪礼·乡饮酒礼》),这时臧孙纥把悼子迎上堂来,“北面重席”,给予大夫的地位,就明确了他是季武子的继承人。又按“旅酬”的礼节,“介酬众宾,少长以齿”(《礼记·乡饮酒义》),臧孙纥就是借这个“少长以齿”的机会,把悼子提升为“长”,公弥下降为“少”。沈钦韩又解释说:“《乡饮酒礼》云:既旅则士不入,士人当旅酬,节也,旅而召公钼,以士礼待之,明其不得嗣爵”(《春秋左氏传补注》卷七)。从这个故事,我们清楚地看到,乡饮酒礼在当时乡中举行,具有辨别尊卑、长幼的作用。

根据上面的论述,可知《仪礼·乡饮酒礼》所记的主要礼节,曾在春秋以前应用,并且曾推广到其他的饮酒礼节中。

这种礼按规定应在什么时候和什么地方举行的呢?孔颖达认为在四种情况下举行:“一则三年宾贤能,二则乡大夫饮国中贤者,三则州长习射饮酒也,四则党正腊祭饮酒”(《礼记·乡饮酒义》正义)。这都是根据《周礼》立说,并不完全符合实际。看来,这礼在习射前举行是事实,《礼记·射义》所谓“乡大夫士之射也,必先行乡饮酒之礼”。

礼书中常以乡饮酒礼与乡射礼联类并提。古时在社祭、腊祭后，往往举行集体的酒会，也当举行这个礼。所谓“乡人饮酒”，原来在“庠”(乡的学校)举行，由乡大夫主持的；随着国家机构的成立，适应国家统治上的需要，这种礼也举行于国都中，国都附近的大学——辟雍、泮宫也成为举行这礼的场所，天子、诸侯也成为行礼的主人，所以《说文》在“廱”字下说：“天子飨饮辟廱”，在“泮”字下又说：“诸侯飨射泮宫。”①

西周时国王确实在辟雍中举行乡饮酒礼的。周穆王时制作的遹簋说：

> 隹(惟)六月既生霸，穆穆王才(在)莽京，乎(呼)渔于大池，王乡酉(酒)。遹御，亡遣(谴)。穆穆王窺(亲)易(锡)遹觪。

这里的“大池”，近来不少学者认为即是辟雍的大池，很对。麦尊说：“王客(格)莽京酌祀。雩(粤)若翊(翌)日，才(在)璧(辟)雝(雍)，王

① 《韩诗说》说：“辟雍者，天子之学……所以教天下春射秋飨，事三老五更”(《诗经·大雅·灵台》正义引《五经异义》)。《白虎通·辟雍》也说：“大学者，辟雍，乡射之宫。”这都和《说文》相合。段玉裁《说文飨字解》申论说：“饮宾祭祀皆不于大学，则辟雍泮宫之飨，非饮宾神格可知也。然则此三飨，其为乡饮酒之本义可知矣。辟雍飨饮者天子行乡饮酒之礼也。泮宫飨射者，诸侯行乡饮酒之礼也。”段氏还列举《鲁颂·泮水》等，以证天子、诸侯在辟雍、泮宫确行乡饮酒之礼，并且批评了当时有些人主张“乡饮酒断不行于小学大学”的说法。也有人把《韩诗说》“秋飨”的“飨”，《白虎通》“乡射之宫”的“乡”，都解释为“飨礼”的。如孙诒让《周礼正义》卷五九说：“案乡大夫之射，不得在辟雍，而班氏以辟雍为乡射之宫者，乡与飨通，即《诗经·大雅·灵台》孔疏引《韩诗说》所谓春射秋飨也，依其说，则辟雍为天子大射之宫。”这个说法是可商的。飨礼是天子、诸侯、卿大夫临时举行的招待贵宾之礼，既没有规定在春秋两季，也不在学校中举行。近人余嘉锡《晋辟雍碑考证》(收入《余嘉锡论学杂著》)，根据《礼记·乡饮酒义》注，说：“然则乡饮酒礼，古惟乡大夫行之于乡，至汉则太守诸侯相与令长行之于郡国，未闻以天子飨群臣而谓之乡饮酒者。……乡饮酒礼行于辟雍，仅见于西晋武惠之世，以后历代皆不复举，岂非知其失礼之甚乎?”这个说法也不正确。

乘舟为大丰，王射大龚(鸿)，禽(擒)。”静簋又说：“隹(惟)六月初吉，王在葊京，丁卯，王令静司射学宫……雩(于)八月初吉庚寅，王以……射于大池。”麦尊的辟雍，当即静簋的学宫，杨树达已有论证，所谓“大池”，即是辟雍周围的水池。遹簋既说周穆王在“大池”射鱼后，举行“乡酒”礼，那么这个“乡酒”礼就在辟雍中举行，其为乡饮酒礼无疑，即《说文》所说“天子飨饮辟雍”。这种礼商代已有，商王曾在军队驻防地多次举行。商末铜器尹光鼎说：

> 王□才(在)?餗(次)，王乡酉(酒)，尹光逦，隹(惟)各(客)，商(赏)贝。

这次“王乡酒”虽不在辟雍，而在一个叫做?的军队驻防地，但是情况和遹簋所记很相似，“尹光逦”犹如“遹御”，遹因在旁侍奉得不差(所谓“无谴”)，得到了赏赐；尹光也因在旁侍奉得很恭敬(所谓“惟客”)，也得到了赏。商代铜器宰甾簋说：

> 才(在)褑餗(次)，王乡酉(酒)，王姿(光，读如贶)宰甾贝五朋。

这次“王乡酒”，又在一个叫褑的军队驻防地，宰甾大概也因在旁侍奉得很恭敬，故得到了贝的赏赐。看来金文所说“乡酒”，确是指乡饮酒礼。过去考释金文的学者，都读“乡”为“飨”，认为“乡酒”就是飨礼，其实不然，金文中称“乡酒”的应指乡饮酒礼，称“乡醴”的才是飨礼，《左传》、《国语》等书除单称飨礼为“飨”或“享”以外，也称飨礼为“飨醴”。

二　“乡饮酒礼”的起源及其作用

乡饮酒礼也单称“乡”，如《礼记·乡饮酒义》说：“孔子曰：吾观于乡而知王道之易易也”，郑注：“乡，乡饮酒也。”也称为“飨”，《说文》说：“飨，乡人饮酒也。”《说文》还有三处有“飨”字，如说：“廱，天子飨饮辟廱也”；“泮，诸侯飨射泮宫也”；“侯，春飨所射侯也”；也都把“飨”字作为“乡人饮酒”来用的。为什么乡饮酒礼可以单称为“乡”或“飨”呢？“乡”和“飨”原本是一字，甲骨文和金文中只有“乡”字，字作“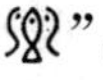”，其中像盛食物的簋形，整个字像两人相向对坐、共食一簋的情况，其本义应为乡人共食。因为“乡”的本义是乡人共食，所以乡人的酒会也称为“乡”了。礼书在不少地方把乡饮酒礼单称为“乡”，也还保存着它的本义。后来因为“乡”常被用作乡党、乡里的“乡”，于是另造出从食的“飨”字，以与“乡”区别。《说文》把“飨”解释为“乡人饮酒”，也同样保存着它的本义（段玉裁著有《说文飨字解》，收入《经韵楼集》，可参看）。

《说文》对“乡（鄉）”字又解释说：

> 乡，国离邑，民所封乡也。啬夫别治。封圻之内六乡，六卿治之。从䢒，皀声。

其中“封乡”二字颇不易解，段玉裁注说：“封犹域也，乡者，今之向字”，这样解释很是勉强。孙诒让又认为“封”乃“对”字之误，曾说：“《释名·释州国》云：乡，向也，众人所向也，即用许义。封对字形相似，又涉下封圻而误”（《籀庼述林》卷十《与海昌唐端夫文学论说文书》），也不能作为定论。总之，《说文》没有把乡邑之所以称“乡”的来历说明白。段玉裁对此曾作进一步解释说：

> 其字从䢒，皀声。从䢒者，言其居之相邻也。《周礼》令一乡中相保，以至于相宾，《孟子》言：死徙无出乡，相友相助，相扶持亲睦。名曰乡者，取其相亲。礼莫重于相亲，故乡饮、乡射原非

专为六乡制此礼也，而必冠之以乡字。乡大夫、乡先生者，谓民所亲近者也（《经韵楼集·与黄绍武书论千里第三札》）。

段玉裁认为乡邑的名“乡”，取义于乡人“相亲”，乡饮酒礼和乡射礼的冠以“乡”字，也由于“礼莫重于相亲”；甚至乡大夫、乡先生的冠以“乡”字，也是“谓民所亲近者”。其实，“乡”字并不从䣈，而像两人相对共食，看来乡邑的称“乡”，不仅由于“相亲”，实是取义于“共食”。其来源很是古老，大概周族处于氏族制时期已经用“乡”这个称呼了，是用来指自己那些共同饮食的氏族聚落的。进入古代社会以后，周族成了统治者，他们还把郊内“国人”（国家公民）居住的聚落称为“乡”。西周、春秋时，各国把国都称为“国”，国都的四郊地区称为“郊”，四郊以外的地区称为“野”，在郊以内的乡邑分设为“乡”，在野的聚落分设为“遂”。《尚书·费誓》说：“鲁人三郊三遂”，三郊即是三乡。《国语·齐语》说管仲“制国以为二十一乡”，也还把“乡”作为“国”（国都）的基本组织单位。

《说文》说：“封圻之内六乡，六卿治之”，是根据《周礼》的。《周礼·地官·序官》说：“乡老，二乡则公一人，乡大夫，每乡卿一人。”贾疏：“六乡则卿六人，各主一乡之事。”《汉书·食货志》也说：“邻长位下士，自此以上，稍登一级，至乡而为卿也。”根据《周礼》记载，在王城的郊内分设六乡，六乡中每家出一人为兵，一乡即编成一军，六乡共编成六军。六军的各级将官，即由六乡的各级官吏担任。《周礼·夏官·序官》说：“军将皆命卿”，因为一军的统帅即是一乡的长官，一乡的长官“乡大夫”即是六卿之一。这样把“乡”的长官称为“卿”，不是没有来历的，在金文中“乡”和“卿”的写法无区别，本是一字。《仪礼·士冠礼》和《礼记·冠义》：“遂以挚见于乡大夫、乡先生”，“乡大夫”也或作“卿大夫”，清代学者为此曾发生争论①，其实“乡”和“卿”原本就是一字。看来“卿”的得名，和“乡”一样的古老，“卿”原是共同饮食的氏族聚落中“乡老”的称谓，因代表一“乡”而得名。进入阶级社会后，“卿”便成为“乡”的长官的名称。《国语·齐语》载齐的国都中有士乡十五个，每乡有二千家，因为“寄政教于军令”，每家出壮丁一人，合二千人为旅，设有“乡良人”统率，每五乡合为一军，除齐桓公亲自统率五乡和一军外，上卿国子和高子都分别统率五乡和一军。这该已是春秋时扩展的制度，溯其源，确应是一卿主管一乡，“卿”的称呼即起源于“乡”。

“乡”、“飨”、“卿”既然原是一字，乡邑的称“乡”，原是指共食的氏族聚落，那么，称为“乡”或“飨”的乡饮酒礼，一定也起源于氏族聚落会食的礼仪。其所以要由乡大夫来主持，因为乡大夫原来就是一乡之长。

《礼记·礼运》说：“夫礼之初，始诸饮食。”礼的“始诸饮食”，不外乎两个方面，一是把鬼神看作活人一样，给以饮食，在给以饮食时，讲究尊敬的方式，这就产生了祭礼。《礼运》所谓“其燔黍捭豚，汙尊而抔饮，蒉桴而土鼓，犹若可以致其敬于鬼神”。一是在聚餐和宴会中讲究对长老和宾客尊敬的方式，乡饮酒礼该即由此产生。《盐铁论·散不足》说：“古者燔黍食稗而焠豚以相飨，其后乡人饮酒，老者重豆，少者立食，一酱一肉，旅饮而已。”“乡人饮酒”之礼，确是从原始氏族制社会中人们的“相飨”发展形成的。起初的礼节该是很简的，后来

① 见卢文弨《钟山札记》卷一“冠义乡大夫当作卿大夫”条，王引之《经义述闻》卷十“遂以挚见于乡大夫乡先生”条。

贵族在不断举行中，就越来越繁，《仪礼・乡饮酒礼》记述的，该已是春秋、战国间比较繁复的一种。

段玉裁著《乡饮酒礼与养老之礼名实异同考》（收入《经韵楼集》），认为“乡饮酒礼之起，起于尚齿”。“尚齿”确是这个礼的重点，主要表现在两个方面，一是“老者重豆，少者立食”，《礼记・乡饮酒义》说得很具体：“六十者坐，五十者立侍以听政役，所以明尊长也。六十者三豆，七十者四豆，八十者五豆，九十者六豆，所以明养老也。”一是旅酬时按照年龄长幼为次，《仪礼・乡饮酒礼》说：“乐正与立者皆荐以齿。”《礼记・乡饮酒义》解释旅酬又说：“宾酬主人，主人酬介，介酬众宾，少长以齿。”这礼的重点在于尚齿，所以《礼记・王制》说：“习射上功，习乡上齿（注：“乡谓饮酒也”）”；《射义》和《经解》都说：“乡饮酒之礼，所以明长幼之序也”；《仲尼燕居》又说：“乡射之礼，所以仁乡党也。”《论语・乡党》也说：“乡人饮酒，杖者出，斯出矣”（注：“杖者，老人也”）；《盐铁论・未通》也说：“乡饮酒之礼，耆老异馔，所以优耆耄而明养老也”；《白虎通・乡射》也说：“所以十月行乡饮酒之礼何？所〔以〕复尊卑长幼之义。”所有这些，都一致认为这礼着重于敬老和养老。《周礼・党正》说：“国索鬼神而祭祀（注：“谓岁十二月大蜡之时”），则以礼属民而饮酒于序，以正齿位，一命齿于乡里，再命齿于父族，三命而不齿。”所谓“饮酒于序”，即指乡饮酒礼，也以“正齿位”为主。

前面已经谈到，乡饮酒礼起源于氏族聚落的会食中，那么，这种礼很自然的，会着重于尊长和养老。乡饮酒礼原来就是周族在氏族社会末期的习惯，在这个礼中充分表现了长老的享有威信和为人尊敬。周族自从进入中原，建立王朝，其父系家长制已转化成为宗法制度，原来习惯上应用的礼仪也转化为维护宗法制度和贵族特权的手段，乡饮酒礼也就成为维护贵族统治的一种手段。《礼记·乡饮酒义》解释其作用说：

尊让、絜、敬也者，君子之所以相接也。君子尊让则不争，絜、敬则不慢，不慢不争，则远于斗、辨矣，不斗、辨，则无暴乱之祸矣，斯君子之所以免于人祸也。

这是说：当时"君子"举行乡饮酒礼，是为了防止内讧，加强内部的团结。《乡饮酒义》记述传为孔子的一段话，分析贵族推行这礼的作用共有五点：(1)行迎宾礼时，把宾、介、众宾分为三等，是为了分别"贵贱之义"；(2)行献宾礼时，对宾有"献"、"酢"、"酬"，对介有"献"、"酢"而无"酬"；对众宾有"献"而无"酢"、"酬"，是为了分别"隆杀之义"；(3)作乐歌唱是为了"和乐而不流"；(4)旅酬是为了使"能弟长而无遗"；(5)无算爵是为了使"能安燕而不乱"。很明显，其目的在于分别贵贱、长幼的等次，以求维护当时贵族的统治秩序和特权。

特别值得我们注意的，这种由国君主持的礼，不仅具有酒会的性质，而且具有议会的性质。既要通过酒会的仪式，表示对贵者、长者的尊敬，分别贵贱、长幼；又要通过议会的方式，商定国家大事，特别是"定兵谋"。《礼记·王制》说："天子将出征……受命于祖，受成于学。"郑注："定兵谋也。"怎样"受成于学"而"定兵谋"呢？《鲁颂·泮水》说："鲁侯戾止，在泮饮酒。既饮旨酒，永锡难老。顺彼长道，屈此群丑。"郑笺："在泮饮酒者，征先生君子，与之行饮酒之礼，而因以谋事也。"鲁侯召集先生君子在泮宫举行饮酒之礼，为的就是"定兵谋"，商讨如何"屈此群丑"，亦即这诗后面所叙征伐淮夷的事。鲁侯这样在泮宫行乡饮酒礼，商讨出征淮夷的事，也就是《王制》所说"受成于学”。前节谈到，举行这种礼的礼节，在行“献宾之礼”后，要作乐表示欢迎和慰劳，歌唱《鹿鸣》是表示欢迎嘉宾，歌唱《四牡》是表示慰劳来宾，接着要歌唱《皇皇者华》，是为了表示要“咨诹”、“咨谋”、“咨度”“咨询”，因为这种礼不仅是个欢迎贵宾、尊敬长老的仪式，而且具有商定国家大事的议会性质。它是和尊敬长老的酒会相结合的一种元老会议，是当时执政者的一种咨询机关。这种礼在乡中举行，不仅是个欢迎贵宾、尊敬长老的仪式，而且是乡的一种咨询机关。

在古代希腊、罗马的政权机构中，设有贵族的元老院，能对国家大事特别是法律和军事上的大事作出初步决定，再交公民的“民众大会”表决。这种贵族的元老院，溯其源，是由军事民主制时期的“议事会”转变来的。我国古代虽然没有常设的贵族元老院，但是这种由国君主持、商定国家大事的乡饮酒礼，实质上就具有元老会议的性质。溯其源，也当起源于军事民主制时期的“议事会”，所以他们主要的任务还是“定兵谋”。看来，周族在军事民主制时期，“议事会”就在食桌上举行的，与聚餐会和酒会是结合的，如同荷马时代的希腊差不多。荷马时代希腊的“议事会”，惯常在主要的巴西琉斯的宫廷举行，在食桌上讨论王所提出的问题。周族在军事民主制时期的“议事会”，是在“庠”、“校”、“序”以及“辟雍”、“泮宫”中的食桌上举行的，原来“庠”、“校”、“序”等公共建筑，是兼有礼堂、会议室、俱乐部、运动场和学校的性质的。等到西周的国家成立，“议事会”就成为贵族的元老会议，还是和酒会结合着举行的，称为“乡酒”。前节谈到，西周时国王所行的乡饮酒礼，在辟雍举行，商代国王更有到军队驻防地点举行的，因为原来乡饮酒礼的主要目的就是在“定兵谋”。随着天子、诸侯和执政的卿的权力逐步加强，元老的权力就逐渐缩小，元老的集会就不再商议军国大事，不再对军国大事有任何决定之权，于是只剩下一种敬老的酒会仪式。

根据上面的论述，可知乡饮酒礼原来不仅仅是一种酒会中尊敬长老的仪式，而且具有元老会议的性质，它在我国古代政权机构中占有一定地位。它所具有的贵族元老会议的性质，和大蒐礼所具有的“国人”的“民众会议”性质，来源是同样的。

三 “飨礼”为高级的“乡饮酒礼”

西周、春秋时，天子、诸侯、卿大夫间流行着一种飨礼，作为招待贵宾的隆重礼节。飨礼是为了招待某一个（或几个）贵宾，特别隆重举行的，这和乡饮酒礼在某种规定场合举行是不同的，和乡饮酒礼在宾、介之外还有许多所谓“众宾”的情况也不同。但是，飨礼原来也单称为“飨”或“乡”，如《仪礼·聘礼》郑注：“今文飨皆作乡”，《公食大夫礼》郑注：“古文飨或作乡”，这和乡饮酒礼单称为“乡”或“飨”完全相同。究竟两者的关系如何呢？因为礼书上缺乏有关飨礼的系统记载，经学家所谓“飨礼已亡”，从来学者没有把它分析清楚。其实，西周金文和《左传》、《国语》等书述及飨礼的很多，是可以研究清楚的。

飨礼与乡饮酒礼的关系，过去学者有三种不同的看法。第一种看法，认为飨礼与乡饮酒礼不同，飨礼的称为“飨”，是采用“飨”字的引申之义。如段玉裁说：“乡饮酒，古谓之飨，凡饮宾之飨，皆此义引伸之”（《经韵楼集·乡饮酒礼与养老之礼名实异同考》）。第二种看法，认为飨礼即是乡饮酒礼，两者没有区别。如惠栋说：“乡人饮酒谓之飨，然则乡饮酒即古之飨礼，先儒谓飨礼已亡，非也”（《惠氏读说文记》）。第三种看法，认为飨礼起源于乡饮酒礼，而礼节基本相同。刘师培认为“飨与乡饮酒礼，其献数虽有多寡不同，至于献、酬、酢及奏乐，其礼仪节次，大概相符”。“飨礼舍天子飨诸侯别用房烝外，均设俎，与乡饮同”。“飨礼均以立成，其彻俎而后，则行燕礼……乡饮礼之末亦同燕礼。”又说：“盖凡饮酒之礼，备有宾介，兼备献、酢、酬三节，献由主人躬亲，且其礼惟行于昼者，皆本于乡饮礼者也”(《礼经旧说》卷四)。在上述三说中，以后一说比较合理，但还说得不够完善。就其历史发展过程来看，飨礼确是起源于乡饮酒礼而有所发展的；就其内容来看，确实有许多基本相同之点，飨礼实际上是一种高级的乡饮酒礼。现在按照行礼次序，进一步说明如下：

第一，戒宾、迎宾之礼。

飨礼多数以前来聘问的诸侯与卿大夫为贵宾，也有以本国卿大夫为宾的。所招待的贵宾多数是一人，也有数人的，如果是数人，其中就有宾、介之别。例如《左传·襄公二十七年》：“宋人享赵文子，叔向为介。”在迎宾之前也有戒宾之礼，如《左传·昭公元年》：“赵孟(即赵武)、叔孙豹、曹大夫入于郑，郑伯兼享之。子皮戒赵孟，礼终，赵孟赋《瓠叶》，子皮遂戒穆叔(即叔孙豹)，且告之……乃用一献，赵孟为客。”所谓“赵孟为客”，是以赵孟为上宾，叔孙豹为介，所以子皮“戒宾”，先赵孟，后叔孙豹。这里说：“子皮戒赵孟，礼终，赵孟赋《瓠叶》”，可知“戒宾”时还有一套礼节，还要赋诗来表达自己的意思，这比乡饮酒礼的“戒宾”为隆重。国君主持飨礼，不亲自“戒宾”，而派卿大夫代为“戒宾”，该是由于国君势位较尊的缘故。

乡饮酒礼只有主人设有“相”，帮同主持礼节，而宾只有介。飨礼则宾、主双方都设有“相”。如周定王飨晋景公，由原襄公相礼(《左传·宣公十六年》、《国语·周语中》)；楚共王飨晋卿郤至，“子反相”

(《左传·成公十二年》);楚灵王飨鲁昭公于新台,"使长鬣者相"(《左传·昭公七年》);这都是主人设有"相"。《左传·襄公二十六年》载:"齐侯、郑伯为卫侯故,如晋,晋侯兼享之,晋侯赋《嘉乐》,国景子相齐侯赋《蓼萧》,子展相郑伯赋《缁衣》";《国语·晋语四》载"秦伯享公子","子余相";这又是宾设有"相"。此外,主持飨礼的主人还可带有许多随从,如《左传·襄公二十七年》:"郑伯享赵孟于垂陇,子展、伯有、子西、子产、子太叔、二子石从。"飨礼还设有掌管席次的"执政",《左传·昭公十六年》:"晋韩起聘于郑,郑伯享之……孔张后至,立于客间,执政御之,适客后。又御之,适县间。"杜注:"执政,掌位列者,御,止也。""执政"正相当于乡饮酒礼的"司正"。

第二,献宾之礼。

乡饮酒礼,宾主之间有献、酢、酬三个步骤,称为一献之礼。飨礼则视宾客的尊卑分等,最尊者有九献。春秋时,招待国君的飨礼即用九献,如《左传·僖公二十二年》:"楚子入飨于郑,九献。"又如晋公子重耳到楚,楚成王用招待国君的礼招待他,"以周礼享之,九献"(《国语·晋语四》)。较次的用五献,如前面谈过的,郑伯用飨礼招待赵孟、叔孙豹、曹大夫,行礼时"具五献之笾豆于幕下",因赵孟辞谢,改用一献(《左传·昭公元年》)。更次的用三献,如季武子说:"小国之事大国也……得贶不过三献"(《左传·昭公六年》)。

飨礼中献宾用的是"醴",和乡饮酒礼献宾用"酒"的不同,所以古文献上或称乡饮酒礼为"乡人饮酒",或称飨礼为"飨醴"。西周金文也称乡饮酒礼为"乡酒",而称飨礼为"乡醴",有着严格的区别。《说文》说:"醴,酒一宿熟也";《周礼·酒正》郑注说:"醴犹体也,成而汁滓相将,如今恬酒矣";《吕氏春秋·重己》高注说:"醴以糵与黍相体,不以曲也，濁而甜耳。”可知醴是用蘖(麦芽)酿造成的甜白酒，糖化的程度大而酒化的程度小，而且是连酒糟在一起的，即今所谓酒酿。醴常被用在仪式上，只是给嘴里啐一下，不是给喝的，《士冠礼》中“宾醴冠者”，《士昏礼》中“女父醴使者”和“舅姑醴妇”，《聘礼》中“主君醴聘宾”，都是“啐之而已，不卒爵也”(详凌廷堪《礼经释例·饮食之例下》“凡醴皆用觶不卒爵”条)。飨礼中献宾时用醴也是如此，可以说，这是献宾之礼的进一步形式化。《尚书·顾命》说：“王三宿三祭三咤，上宗曰飨。”这是周康王即位时所举行的飨礼。《通典》卷九三引《白虎通》，所引《顾命》“三咤”作“三哜”，《通典》卷七二引魏尚书奏，引郑玄解释说：“即位必醴之者，以神之，以醴哜成之也。以醴哜成之者，醴濁，饮至齿不入口曰哜，既居重丧，但行其礼而不取其味。”其实，不居重丧，举行飨礼用醴时也是“饮至齿不入口”的。《顾命》所说的“哜”，也就是《仪礼》所说的“啐”。飨礼的献醴，只啐不饮，就用不到坐下，所以《国语·周语下》说：“夫礼之立成者为饫”，“饫”即是飨礼。飨礼因为是立着举行的，也或称为立饫，如《国语·周语中》说：“王公立饫则有房烝。”这种隆重的献醴之礼，是以立着不饮为其特点的，所以《左传·昭公五年》说：“是以圣者务行礼……设机而不倚，爵盈而不饮。”《顾命》说：“王三宿三祭三咤”，可知周初最隆重的飨礼只有“三献”，春秋时飨礼有“五献”和“九献”的，当是出于进一步的扩展。

飨礼的献宾之礼，不仅比乡饮酒礼次数增多，而且在开始献酒之前，还有所谓“裸”，这是一种最隆重的献礼的序幕，只有在飨礼和祭礼中才有。“裸”或作“果”，也叫做“灌”，就是用郁鬯(一种配合香料煮成的香酒)来灌，让宾客嗅到香气。《礼记·礼器》说：“诸侯相朝，灌用郁鬯，无笾豆之荐。”因为“灌”在“献”之前，还没有把食物陈设出来①。《礼记·郊特牲》说：“至敬不飨味，而贵气臭也。诸侯为宾，灌用郁鬯，灌用臭也。”这种“贵气臭”的“至敬”的礼，只给宾客嗅到香气，也不是给饮的。“祼”只有在飨礼和祭礼应用，同样是用来表示隆重的敬献之意的，所以《礼记·祭统》说：“夫祭有三重焉，献之属莫重于祼。”《国语·周语上》载虢文公说：“王乃淳濯飨醴。及期，郁人荐鬯，牺人荐醴，王祼鬯，飨醴乃行。”可见在飨礼开始时，在献醴之前确有“祼鬯”之礼。《左传·襄公九年》记季武子说：“君冠，必以祼享之礼行之，金石之乐节之，以先君之祧处之。”杜注：“享，祭先君也”，该是错误的，行“冠礼”时并无祭祀先君的节目，《左传》常以“享”假作“飨”。王国维说：“诸侯冠礼之祼享，正当士冠礼之醴或醮”（《观堂集林》卷一《再与林博士论洛诰书》），是正确的，“祼享”即指具有“祼”的仪式的飨礼。士冠礼中对冠者的醴或醮，是当作宾客招待的，即所谓

① 《周礼·大行人》：上公之礼“王礼再祼而酢，飨礼九献”；诸侯之礼“王礼壹祼而酢，飨礼七献”；“诸伯……如诸侯之礼”，诸子“王礼壹祼不酢，飨礼五献”；“诸男……如诸子之礼”。秦蕙田《五礼通考》卷一五六说：“飨礼之祼，经无明文，以礼宾之节推之，上公九献，则王一献，后亚献皆祼，伯七献，子男五献，则惟王祼而已，王祼用圭瓒。”孙诒让《周礼正义》也以为“祼”即包括在“献”之中，说：“凡九献者，再祼，后有七献；七献者，一祼，后有六献；……”这个说法是错误的。据《周礼·大行人》原文，“祼”应在“献”之前，不包括“献”之内。《周礼·内宰》：“凡宾客之祼献瑶爵皆赞”，也以“祼”、“献”为二事，故说“皆赞”。金鹗《天子宗庙九献辨》（《求古录礼说》卷十三）认为在宗庙祭祀中“祼”不在“献”内，“献必有俎，而灌时尚未迎牲（《郊特牲》云既灌然后迎牲），未有俎也，献尸必饮，而灌鬯用以灌地，尸不饮也。……灌第可通称为献，实为正献之礼，安得并数之以为九献乎？”飨礼中的“祼”大体也相似，是在“献”之前，未设荐俎时举行的。《礼记·礼器》说：“诸侯相朝，灌用郁鬯，无笾豆之荐”，可为明证。《国语·周语上》说：“王祼鬯，飨醴乃行”，也把“祼鬯”叙述在“飨醴”之前。黄以周《礼书通故》卷二四《燕飨通故》据《周礼·大行人》和《内宰》之文，认为“祼”与“献”有区别，很对。黄以周著《飨礼》（《儆季杂著·礼说》卷四）又认为行“祼”礼的称“饫”，也称“礼”，行“献”礼的称“飨”，把“祼”、“献”区分为两种完全不同的礼，并且说：“饫有祼酢，不献，飨有献，献有肴”，这就错了。

“醮于客位”，到诸侯冠礼中，为隆重起见，就改用飨礼，飨礼要先“祼鬯”，所以也称为“祼飨之礼”①。

飨礼又称为饫，不仅献酒仪式隆重，同时陈设的食物也较阔绰，而且花色繁多。隆重的，陈列有“半解其体”的牲，叫做体荐，也称房烝。所谓“王享有体荐”（《左传·宣公十六年》），“王公立饫则有房烝”（《国语·周语中》）。较次的，如同乡饮酒礼一样，陈列有折断的牲，叫做折俎，如《左传·襄公二十七年》：“宋人享赵文子，叔向为介，司马置折俎。”据礼书，最隆重的陈列十二牢，《周礼·掌客》：“王合诸侯而飨礼，则具十有二牢，庶具百物备。”也还有陈列腥鱼和腶脩（经过捶治而加姜桂的干肉）的，所谓“大祭祀飨食，羞牲鱼”（《周礼·大司马》）；“大飨尚腶脩”（《礼记·郊特牲》）。也还有“荐五味，羞嘉谷，盐虎形”，陈列有昌歜（昌蒲）的，所谓“飨有昌歜（“歜”王引之校作“歠”）、白黑、形盐（即虎形盐）”（《左传·僖公三十年》）。大体上陈设品种的好坏和多少，和献酒次数的多少是相适应的。这些食物都陈列在青铜制的礼器中，《国语·周语中》记述周定王的话，描写得很具体：“择其柔嘉，选其馨香，洁其酒醴，品其百笾，修其簠簋，奉其牺象（按指牺尊、象尊），出其樽彝，陈其鼎俎，净其巾幂，敬其祓除。”

飨礼的每次献宾之礼，如同乡饮酒礼一样，有“献”、“酢”、“酬”三

① 凌廷堪《礼经释例·饮食之例中》引《左传·庄公十八年》“王飨醴”，解释说：“飨谓飨礼，醴谓醴宾，马者盖谓飨及醴宾之庭实，故《聘礼》礼宾亦云：宾执左马以出也。杜预注以为行飨礼先置醴酒，恐误。《士昏礼》妇见舅姑，赞醴妇，妇馈舅姑，舅姑飨妇，亦分醴飨为两事。”这个说法是错误的，西周金文和《左传》、《国语》等书，多数称为“飨醴”或“乡醴”，分明是指一件事，因为“飨”礼以献醴为主，所以连称为乡醴。《仪礼·觐礼》：“飨礼乃归”，《汉书·匡衡传》载衡疏作“飨醴乃归”，是匡衡所见《觐礼》“飨礼”作“飨醴”。飨醴也可简称为飨或醴，犹如乡饮酒也可简称为乡或饮酒。

个步骤，比较隆重的“酢”，又叫做“宥”或“侑”、“右”、“友”。在《左传》上都称为“宥”，在《国语》上或称为“胙侑”：

虢公、晋侯朝王，王飨醴，命之宥（《左传·庄公十八年》）。

晋侯献楚俘于王……王享（飨）醴，命晋侯宥（《左传·僖公二十八年》）。

晋侯朝王，王享（飨）醴，命之宥（《左传·僖公二十五年》，《国语·晋语四》作：“王飨醴，命公胙侑”）。

王引之《经义述闻》卷十七，根据《尔雅·释诂》：“酬、酢、侑，报也”，认为“侑与酬酢同义，命之侑者，其命虢公晋侯与王相酬酢与？”“命之者，所以亲之也”。“胙即酢之借字，盖如宾酢主人之礼，以劝侑于王，故谓之酢侑与？”在《诗经》上“宥”又作“右”，《小雅·彤弓》说：

彤弓弨兮，受言藏之。我有嘉宾，中心贶之。钟鼓既设，一朝飨之。

彤弓弨兮，受言载之。我有嘉宾，中心喜之。钟鼓既设，一朝右之。

彤弓弨兮，受言櫜之。我有嘉宾，中心好之。钟鼓既设，一朝醻（酬）之。

这诗首章说“一朝飨之”，次章说“一朝右之”，末章说“一朝酬之”，孙诒让《诗彤弓篇义》（《籀庼述林》卷二）认为“此右即《左传》之宥，亦即《国语》之胙宥”，“即报饮之酢也”。“首章飨之，即献，次章右之，即酢，合之三章云醻之，正是献、酢、酬之礼”。在西周金文中，“右”又作“友”：

噩（鄂）侯驭（御）方内（纳）豊（醴）于王，乃僳之，驭方晉（友）王（鄂侯御方鼎）。

王才（在）周康寝（寝），乡醴，师遽蔑曆晉（友）（师遽方彝）。

王国维《释宥》(《观堂别集补遗》)读“㕛”(友)为“宥”和“侑”,也解释为酢,认为“此不云酢而云侑者,以诸侯之于天子,不敢居主宾献酢之名”,“侑之名,义取诸副尸”,“若曰天子自饮酒,而诸侯副之,如侑之于尸云尔”。我们认为王引之、孙诒让、王国维的解释,都合理,只是有一点还没有解释清楚。“宥”、“侑”等字既然是“酢”的意思,酢是对主人还敬酒,为什么一定要如《左传》所说那样“命之”才“宥”呢?因为按礼,宾和主地位相当的,在主人“献”宾后,才能“酢”主人,既然诸侯地位在天子之下,所以必须天子“命之”才能“酢”。犹如晋文公接受周襄王的册命,最初“端委(通常礼服)以入”,“太宰以王命,命冕服,内史赞之,三命而后即冕服”(《国语・周语上》)。

飨礼中对宾客举行“酬”的礼节时,按礼要酬以礼品,称为酬币。《仪礼・聘礼》:“致飨以酬报”,郑注:“酬币,飨礼酬宾劝酒之币也。”西周金文师遽方彝载周王“乡醴”后,“锡师遽瑞圭一、环章四”;效卣载:“公东宫内乡(飨)于王,王锡公贝十朋”;所有这些赏赐,都应属于酬币性质。春秋时也还流行这种礼节,“虢公晋侯朝王,王飨醴,命之宥,皆赐玉五瑴、马四匹”(《左传・庄公十八年》);“晋侯献俘于王……王享醴,命晋侯宥。……赐之大辂之服、戎辂之服,彤弓一、彤矢百、玈弓矢千、秬鬯一卣”(《左传・僖公二十八年》);鲁襄公“享晋六卿于蒲圃,赐之三命之服;军尉、司马、司空、舆尉、候奄,皆受一命之服;贿荀偃束锦加璧乘马,先吴寿梦之鼎”(《左传・襄公十九年》)。鲁襄公飨范献子,“展庄叔执币”(《左传・襄公二十九年》)。按礼,每一次“酬”都应有“币”,如果行九献之礼,要九次“酬”,就得酬给九次币。如秦“后子享晋侯,造舟于河,十里舍车,自雍及绛,归取酬币,终事八反”(《左传・昭公元年》)。杜注:“备九献之义,始礼自赍其一,故续送其八酬酒币。”

在当时饮酒的礼节中，在彼此相互“献”、“酢”、“酬”之间，还要讲究“席”的重次，重次越多就越表示尊重。如前引《左传·襄公二十三年》记载，季武子召集大夫饮酒，臧孙纥为了帮助季武子把悼子立为继承人，“命北面重席”去迎接他。飨礼对此更为讲究，《礼记·郊特牲》说：“大飨，君三重席而酢焉（注：“言诸侯相飨献酢，礼敌也”），三献之介，君专席而酢焉，此降尊以就卑也（注：“三献，卿大夫来聘，主君飨燕之，以介为宾，宾为苟敬，则彻重席而受酢也，专犹单也”）。”这是说：诸侯之间举行飨礼，地位相当，献、酢都该用三重席，如果国君用飨礼招待卿大夫（即所谓“三献之介”），国君进“献”时用三重席，到受“酢”时就撤去两重席，只留单层席，因为“此降尊以就卑也”。

第三，作乐。

飨礼既是高级的乡饮酒礼，行礼时陪奏的音乐和歌唱，也就更隆重和繁复。一般的乡饮酒礼行于大夫和士之间，送宾时有乐，迎宾时无乐，行礼时陪奏的乐，以“升歌”为第一节，“笙奏”为第二节，“间歌”为第三节，“合乐”为第四节。飨礼都行于天子、诸侯、卿大夫之间，迎送宾客时都有“金奏”之乐，行礼时所用的乐，同样有“升歌”，但是没有“笙奏”、“合乐”，而有“管”和“舞”。因为“金奏”、“管”、“舞”，都较“笙奏”、“合乐”为隆重。

飨礼在迎送宾客时，都用“金奏”，“金奏”就是用钟鼓演奏的乐曲，作为行步的节奏。如楚王用飨礼招待晋卿郤至，在地下室中悬着钟鼓，“郤至将登，金奏作于下”（《左传·成公十二年》）。按礼，天子行飨礼招待诸侯，才能用“金奏《肆夏》之三”，所谓“《肆夏》之三”是指《肆夏》的乐章三章，即《樊》、《遏》、《渠》，所以也称为《三夏》，《左传·

襄公四年》记叔孙穆子说：“三夏，天子所以享元侯也”，《国语·鲁语下》作：“夫先乐金奏《肆夏》——《樊》、《遏》、《渠》，天子所以飨元侯也。”到春秋中期以后，卿大夫才有奏《肆夏》的，《礼记·郊特牲》说：“大夫之奏《肆夏》也，由赵文子始也。”

飨礼所用的“升歌”，如果是诸侯招待使臣，便和乡饮酒礼一样，歌唱《鹿鸣》、《四牡》、《皇皇者华》。如果诸侯相互招待，就得歌唱《文王》、《大明》、《緜》，《国语·鲁语下》记叔孙穆子说：“夫歌《文王》、《大明》、《緜》，则两君相见之乐也。”乡饮酒礼的“升歌”主要用瑟伴奏，而飨礼则有用箫伴奏的，如《国语·鲁语下》说：“今伶箫咏歌及《鹿鸣》之三”，“伶”是歌声，“箫”是指吹箫者。

《礼记·仲尼燕居》说：

> 大飨有四焉：……两君相见，揖让而入门，入门而县兴（注：“县兴，金作也”）。揖让而升堂，升堂而乐阕，下管《象》，《武》、《夏籥》序兴。……客出以《雍》，彻以《振羽》。……入门而金作，示情也。升歌《清庙》，示德也。下而管《象》，示事也。

这是说：贵宾入门时即用“金奏”，升堂后，便用升歌《清庙》，接着用“管”吹奏《象》（乐曲名），然后再舞《武》（即《大武》）和《夏籥》（即《大夏》），《武》是武舞，《夏籥》是文舞，到礼完毕，客出时歌唱《雍》，“彻俎”时歌唱《振羽》。这里说两君相见，“升歌《清庙》”，和《左传》、《国语》载叔孙穆子所说“歌《文王》、《大明》、《緜》”不同。看来叔孙穆子所说的，是两君相见的通礼，而《仲尼燕居》所说的，是鲁国的特殊情况。升歌《清庙》、下管《象》以及舞《大武》《大夏》，原是“大尝禘”所用，“此天子之乐”（《礼记·祭统》），鲁国因“世世祀周公以天子之礼乐”，在太庙也升歌《清庙》（《礼记·明堂位》）。《左传·襄公十年》载荀偃、士匄说：“鲁有禘乐，宾祭用之。”孔颖达正义曾引用《祭统》和《仲尼燕居》来证明鲁国确用禘乐，宾祭确是同用。鲁国因为是周公后代，得用天子之乐，所以飨礼有升歌《清庙》等“禘乐”的节目。同时，宋国因为是商的后代，也曾用天子之乐来行飨礼，如《左传·襄公十年》载：“宋公享晋侯于楚丘，请以《桑林》(注：《桑林》，殷天子之乐名)。”

第四，正式礼乐完毕后的宴会和习射。

乡饮酒礼在正式的礼乐完毕后，为了使宾客尽欢，还有“旅酬”和“无算爵”，这都具有宴会的性质。同样的，飨礼在正式礼乐完毕后，也还要举行宴会。如《国语·晋语四》载：“秦伯享(飨)公子，如享国君之礼”，“卒事，秦伯谓其大夫曰：为礼而不终，耻也”(注：“言此，为明日将复宴”)。于是“明日宴”。所谓“卒事”，是指飨礼的正式礼乐已完毕；所谓“为礼而不终”，因为按礼，在飨礼正式礼乐完毕后，还应举行宴会招待。《左传·昭公元年》载：郑伯飨赵孟、叔孙豹等，“礼终乃宴”。所以要“礼终乃宴”，因为按礼应该如此。鄂侯御方鼎说：

> 噩(鄂)侯驭(御)方内(纳)豊(醴)于王，乃僳之，驭方晉(友)王。王休匽(宴)，乃射。驭方卿王射。驭方休阑，王宴，咸酓(饮)。王窺(亲)易(锡)驭〔方玉〕五瑴、马四匹、矢五〔束〕。

这里，头段记的是飨礼，后面记的，就是飨礼完毕后，按礼应进行的宴会和习射。长由盉说：

> 穆王才(在)下淢应，穆王乡豊(醴)，即井(邢)白(伯)大祝射，穆王蔑长由。

“穆王乡醴”是说周穆王举行飨礼，“即邢伯大祝射”是说在飨礼之后，就和邢伯、大祝一起习射。在飨礼之后往往要举行习射之礼，这和在乡饮酒礼之后要举行乡射礼也相同。

图六十五　鄂侯御方鼎及铭文

通高三十五点三厘米，口径三十一点一厘米，重十点六四千克，腹内壁有铭文八十六字。现藏上海博物馆。

根据上面的论证，可知飨礼有着和乡饮酒礼同样的献宾仪式，同样把“献”、“酢”、“酬”合成一献之礼，只是献宾不用酒而用醴，不喝而嘴上啐一下，而献礼的次数加多，有重复三次至九次的，在“献”之前有比“献”更隆重的“祼”，在“酢”的时候有比“酢”更隆重的“侑”，在“酬”之后又有“酬币”。在礼节增加的同时，“乐”也相应地增加，迎送宾客都有“金奏”，行献宾礼时除用“升歌”以外，还用“管”和“舞”代替了“笙奏”和“合乐”，其奏唱的曲调和诗歌也要看贵宾的身份而定，身份越高就越隆重。在正式礼乐完毕后，如同乡饮酒礼一样，常要连续举行宴会和习射之礼。总之，飨礼的基本礼节是和乡饮酒礼是相同的，只是礼节加重，陈设铺张，花色添增，更加形式化而已。可以很明显地看出，飨礼是在乡饮酒礼原有礼节的基础上加工而成的，就是一种高级的乡饮酒礼。古文献上把飨礼和乡饮酒礼同样称为“乡”或“飨”，因为飨礼就是由乡饮酒礼发展出来的，所以飨礼还沿用着和乡饮酒礼相同的名称。礼书上把飨礼或者称为“大飨”，就是因为这是一种高级的乡饮酒礼，犹如礼书把高级的乡射礼称为“大射”一样。古人为了把两者区别起见，把乡饮酒礼称为“乡酒”或“乡人饮酒”，而把飨礼称为“飨醴”或“享醴”。

飨礼和乡饮酒礼举行的目的也是差不多的。乡饮酒礼具有酒会和议会的性质，目的在于尊敬宾客，分别贵贱、长幼的等次，以求维护贵族的统治秩序和特权，更重要的是要商定国家大事。飨礼举行的目的也是如此，《礼记·乐记》曾把两者归为一类，说：“射、乡（指乡饮酒礼）、食、飨（指飨礼），所以正交接也。”《礼记·仲尼燕居》说：“食飨之礼所以仁宾客也。”《国语·周语中》记述周定王的话，说得最详细：

> 夫王公诸侯之有饫（指飨礼）也，将以讲事成章，建大德，昭大物也（韦注：“讲，讲军旅，议大事；章，章程也。大德，大功也。大物，大器也”）。

所谓“大德”、“大物”，无非摆出大的场面，大加铺张，用来讲究贵贱、长幼的等次；所谓“讲事成章”，就是商定国家大事。飨礼不仅是一种尊敬贵宾的仪式，同时还具有会谈国事的性质。

四　由“乡饮酒礼”和“飨礼”推论“礼”的起源和“礼”这个名称的来历

根据上面对“乡饮酒礼”和“飨礼”的论述，可以很具体地看到：我国古代的“礼”起源于氏族制末期的习惯。在氏族制时期，人们有一套传统的习惯，作为全体成员在生产、生活中自觉遵守的规范。等到贵族阶级和国家产生，贵族就利用其中某些习惯，加以改变和发展，逐渐形成各种“礼”，作为加强贵族统治的一种制度和手段，以维护其宗法制度和加强君权、族权、夫权和神权。

“乡饮酒礼”是由军事民主制时期的“议事会”转变来的，它不仅是尊敬长老的酒会，而且具有长老会议的性质，是借用酒会来商讨和决定军政大事的，也可以说是执政者的咨询机关，这在维护贵族统治上当然有其一定的作用。后来元老的政治权力缩小，这种“礼”成为单纯的酒会仪式，用来尊敬贵宾和族长，着重于分别贵贱、长幼的等次，依然是维护贵族统治秩序的一种手段。至于“飨礼”，实质上是一种高级的“乡饮酒礼”，是在“乡饮酒礼”原有的基础上加工制订而成的。看来，西周的高级贵族为了招待贵宾、举行会谈以及维护贵族统治秩序的需要，就在“乡饮酒礼”原有礼节的基础上，进一步加重礼节，增添花色，逐渐制定成了比“乡饮酒礼”更高级的“飨礼”。旧说周公制礼作乐，未必可信，西周的礼乐未必周公一人所制定，但是西周的高级贵族为了统治上的需要，在原有礼俗上增添花色，加以系统化，逐渐制订成各种符合于他们需要的礼乐，当是事实。“飨礼”就是其中之一。

"礼"这个名称的来历，是和这种饮酒醴的"礼"有密切关系的。原来"醴"和"礼"本是一字，同作"豊"，像两玉盛在器内之形。其所以会演变分化出"醴"和"礼"两字，王国维在《释礼》(《观堂集林》卷六)中解释说：

> 盛玉以奉神人之器谓之𠁁若豊，推之而奉神人之酒醴亦谓之醴，又推之而奉神人之事，通谓之礼。其初，当皆用𠁁若豊二字，其分化为醴、礼二字，盖稍后矣。

这个解释基本上是正确的，但是还没有把"醴"与"礼"的关系分辨清楚。前面谈过，"飨礼"是由"乡饮酒礼"加工制订而成，"飨礼"的献给宾客的是"醴"，不同于"乡饮酒礼"献的是"酒"，而且"飨礼"献醴之礼要比"乡饮酒礼"献酒之礼隆重得多，"醴"是当时高贵敬献礼品，如同盛在礼器上所献的玉一样，因而同样称为"豊"，或从"酉"称为"醴"。同时献"醴"之礼已更形式化，只是给宾客嘴里啐一下，不是给喝的，已纯粹成为一种敬献的仪式，如同用玉盛在礼器中敬献一样，因而这种敬献仪式也称为"豊"。当时贵族专门设有"飨礼"，用"醴"来敬献贵宾，成为一种隆重的尊敬仪式，既用之于贵宾，又推广到贵神，因而"豊"又从"示"而称为"礼"。推而广之，一切仪式的举行中，也常用"醴"来敬宾，凡是用"醴"来敬宾的，也都称为"礼"了。凌廷堪《礼经释例》的《宾客之例》中，有一例说：

> 凡宾主人行礼毕，主人待宾用醴，则谓之礼；不用醴，则谓之傧。

凌氏曾列举《仪礼》的《士昏礼》、《聘礼》等，详加论证，这里不重复了。礼书中这样把"待宾用醴"称为"礼"，该是沿袭古老的习惯的。《礼记·礼运》说："夫礼之初，始诸饮食。"大概古人首先在分配生活资料特别是饮食中讲究敬献的仪式，敬献用的高贵礼品是"醴"，因而这种敬献仪式称为“礼”,后来就把所有各种尊敬神和人的仪式一概称为“礼”了。后来更推而广之,把生产和生活中所有的传统习惯和需要遵守的规范,一概称为“礼”。等到贵族利用其中某些仪式和习惯,加以改变和发展,作为维护贵族统治用的制度和手段,仍然叫做“礼”。

西周时代这种敬献酒醴的仪式的产生,还可能与当时禁酒有关。《礼记·乐记》说:

> 夫豢豕为酒,非以为祸也,而狱讼益繁,则酒之流生祸也,是故先王因为酒礼。壹献之礼,宾主百拜,终日饮酒而不得醉焉,此先王之所以备酒祸也。故酒食者所以合欢也,乐者所以象德也,礼者所以缀淫也。

的确,西周初年周王朝鉴于殷贵族沉迷酒中,腐化堕落,曾积极禁酒。《尚书·酒诰》曾明白指出,只有祭祀和敬献长老和君长时能喝酒,如说:“饮惟祀,德将无醉”,“羞耇惟君,尔乃饮食醉饱”;还严禁合群饮酒,告诫康叔说:“群饮,汝勿佚,尽执拘以归于周,予其杀。”西周制定的献酒之礼,采用“哜”或“啐”的方式,只“饮至齿不入口”,该与当时“备酒祸”有关的。前面已谈过,周康王即位时所举行的“飨礼”,已采用“哜”的方式。《仪礼》所记述的献“醴”礼节,也是“啐之而已,不卒爵”;同时所记述的比较隆重的献“酒”礼节,如乡饮酒礼、燕礼、乡射礼、大射礼等,主人献宾,在“卒爵”之前都要“啐酒告旨”,详凌廷堪《礼经释例》的《饮食之例上》“凡献酒礼,盛者则啐酒告旨”条。《乡饮酒义》解释说:

> 祭荐祭酒,敬礼也;哜肺,尝礼也;啐酒,成礼也;于席末,言是席之正,非专为饮食也,为行礼也。

这里把“啐酒”看得很重要,作为“成礼”的一个步骤,而不以“卒爵”作为“成礼”的步骤,看来也与“备酒祸”有关。

第八章 “冠礼”新探

一 “冠礼”的起源及其作用

西周、春秋时代贵族所应用的“周礼”，其由父系家长制时期的“礼”转变而来，是无可否认的事实。其“冠礼”之由氏族制时期的“成丁礼”变化而来，就是个显著的例证。

“成丁礼”也叫“入社式”，是氏族公社中男女青年进入成年阶段必经的仪式。按照当时习惯，男女青年随着成熟期的到来，需要在连续几年内，受到一定程序的训练和考验，使具有必要的知识、技能和坚强的毅力，具备充当氏族正式成员的条件。可以说是一种原始的教育制度，也是学校的起源。如果训练后被认为合格，成年后，便可参与“成丁礼”，成为正式成员，得到成员应有的氏族权利，如参加氏族会议、选举和罢免酋长等，还必须履行成员应尽的义务，如参加主要的劳动生产和保卫本部落的战斗等。

“冠礼”是和“成丁礼”具有同样的特征的。根据《仪礼·士冠礼》

和《礼记·冠义》，贵族男子到二十岁时，要在宗庙中由父亲主持举行冠礼，即孟子所谓“丈夫之冠也，父命之”（《孟子·滕文公下》），在行礼前，要选定日期和选定加冠的来宾，叫做“筮日”、“筮宾”，所谓“筮日筮宾，所以敬冠事”。行礼时，嫡长子必须在序（阼阶上）举行，表示成人后可以代为主人，所谓“冠于阼（即阼阶上），以著代也”。举行的仪式，主要是由来宾加冠三次，初加缁布冠，再加皮弁，三加爵弁，叫做三加。“三加”后，经过来宾敬酒，再去见母亲。随后，再由来宾替他取“字”，接着就去见兄弟姑姊；在更换玄冠、玄端后，再手执礼品（挚），去见国君、乡大夫和乡先生。最后由主人向来宾敬酒，赠送礼品，送出宾客，才算礼成。男孩在未行“冠礼”前，作孩儿的打扮，行“冠礼”时由来宾加冠，穿上贵族的成年服装，无非表示开始成为“成人”了。男孩原来只有父亲所取的“名”，行“冠礼”时由来宾替他取“字”，“字”是贵族中“成人”尊敬的称号，也无非表示开始成为“成人”了。《冠义》所谓“三加弥尊，加有成也；已冠而字之，成人之道也”；《士冠礼》所谓“三加弥尊，谕其志也；冠而字之，敬其名也”。加冠后，要往见母亲、亲属和国君、乡大夫、乡先生，无非让大家公认他是“成人”。《冠义》解释说：“见于母，母拜之，见于兄弟，兄弟拜之，成人而与为礼也；玄冠玄端，奠挚于君，遂以挚见乡大夫、乡先生，以成人见也。”十分明显，“冠礼”实质上就是古代贵族的“成丁礼”，所以《穀梁传·文公十二年》说：“男子二十而冠，冠而列丈夫。”

“冠礼”和“成丁礼”的相同之处是，它们不仅同样是青年进入成年阶段的仪式，而且同样需要经过一定程序的教育和训练。《礼记·曲礼上》说：“人生十年曰幼学，二十曰弱冠。”《礼记·内则》又说：“十年出外就傅，宿于外，学书记；……十有三年学乐，诵诗，舞勺；成童舞象，学射御；二十而冠，始学礼。”有所谓“小学”和“大学”。同时，举行仪式后，也一样可以得到成员应得权利和应尽的义务。所不同者，“冠礼”是古代贵族中实行的“成丁礼”，其目的在于巩固贵族组织，维护宗法制度，加强对人民的统治，因此他们在“冠礼”后得到的主要权利，就是统治人民的特权。所以《冠义》说：行冠礼后“孝弟忠顺之行立，而后可以为人，可以为人而后可以治人也”。他们在“冠礼”后所应尽的义务，就是服兵役，为保护贵族特权而战斗。《盐铁论·未通》记御史说：“古者十五入大学，与小役；二十冠而成人，与戎事。”又记文学说：“二十而冠，三十而娶，可以从戎事。”“戎事”就是服兵役。西周、春秋时代的军队，主要是由贵族和“国人”组成的，其中的“甲士”该就是贵族和“国人”中举行过“士冠礼”的壮丁。《周礼·乡大夫》：“国中自七尺以及六十……皆征之”，从来注释家认为七尺即二十岁，该是自古相传的旧说。

“冠礼”是当时贵族青年成为“成人”必经的仪式。按礼，成为“成人”才“可以为人”，“可以为人”才“可以治人”，取得“治人”的贵族特权。因此所有贵族，包括天子、诸侯、卿大夫、士在内，都必须举行这个仪式，《士冠礼》所谓“天子之元子犹士也，天下无生而贵者也”。按礼，任何贵族中人都不是“生而贵者”，必须经过“冠礼”，才能取得“治人”的特权，就是天子、诸侯也不例外。所以《荀子·大略》说：“古者天子诸侯子十九而冠，冠而听治，其教至也。”[①]但是实际上，天子、诸侯、卿大夫都是世袭的，都是“生而贵者”，举行“冠礼”与否，与他们关

① 《说苑·建本》说：“周召公年十九，见王而冠，冠则可以为方伯诸侯矣。”这和《荀子·大略》所说相同。

系不大，因此多数未能认真举行。在春秋史料中，诸侯中只见鲁襄公在十二岁时，由于晋侯的建议，举行过“冠礼”，晋侯建议的理由只是“国君十五而生子，冠而生子，礼也”（《左传·襄公九年》）。卿大夫中只有晋国的赵文子举行过“冠礼”，赵文子在“冠礼”后，曾遍见卿大夫，即《冠义》所谓“以成人见也”。赵文子见同朝的卿大夫时，栾武子教他“务实”，中行宣子教他“戒骄”，韩献子说：“此谓成人，成人在始与善”，智武子教他要“有宣子（赵盾）之忠而纳之以成子（赵衰）之文”（《国语·晋语六》）。所有这些，无非因为赵文子已“成人”，将继任卿大夫的职位，教以如何治国和“为人”。

在战国以前，只有秦国国君认真举行过“冠礼”。按照秦国的“礼”，“冠礼”在二十二岁时举行，秦惠文王、昭襄王都是“生十九年而立”（《史记·秦始皇本纪》末节），又都是“三年王冠”（《史记·秦本纪》）的。秦始皇年十三岁而立，到“九年四月，上宿雍，己酉，王冠带剑”（《秦始皇本纪》），也是二十二岁举行“冠礼”。秦始皇要“宿雍”后举行“冠礼”，因为这礼必须在祖庙举行，而秦的祖庙在雍。他在举行“冠礼”的同时要“带剑”，因为行“冠礼”后，就成为贵族中的“成人”，就可以武装起来，成为统治者了。他就是在举行“冠礼”后，开始听政，即所谓“冠而听治”的，在听治后，就先后消灭了嫪毐和吕不韦两大集团，把政权集中到自己手中的。

按礼，贵族男子在结发加冠后，才可娶妻；贵族女子在许嫁后，才可结发加笄，所谓“男子幼娶必冠，女子幼嫁必笄”（《太平御览》卷七一八引《白虎通》）。所以礼书上常以“昏冠”连称，如说：“以昏冠之礼，亲成男女”（《周礼·大宗伯》），“凡其党之昏冠，教其礼事”（《周礼·党正》）。这个“结发”后结婚的风俗，曾流传很久。《文选》卷二九苏子卿诗:“结发为夫妻,恩爱两不疑。”李善注:“结发,始成人也,谓男年二十、女年十五时,取冠笄为义也。”我国古代贵族为成年男女举行冠笄仪式,另外一个意义,就是表示已经“成人”,即将男婚女嫁,负起传宗接代的责任,所谓“冠而生子,礼也”。其目的就在于延续和巩固贵族的血统组织,维护其宗法制度。

二 “字”的来源及其意义

根据古礼,婴儿生下三月后,要择日剪发,“妻以子见于父”,由父“执子之右手,咳而名之”(《礼记·内则》)。男子到二十岁举行“冠礼”,才由宾客取“字”,所谓“男子二十冠而字”(《礼记·曲礼上》)。女子则在十五岁许嫁时,举行“笄礼”取“字”,所谓女子“十有五年而笄”(《礼记·内则》),“女子许嫁笄而字”(《礼记·曲礼上》),所以旧时习俗,当女子将许嫁时,叫做“待字”。“字”的题取,需要在字义上和“名”有联系,不管是正是反。后世“冠礼”虽然不行了,但是这个成年取“字”的习惯曾长期流传着。

《士冠礼》记述古代男子取字的方式说:

> 曰:伯某甫,仲、叔、季,唯其所当。

这是说:男子“字”的全称有三个字,第一字是长幼行辈的称呼如伯、仲、叔、季之类,第二字是和“名”相联系的某一个“字”,末一字都用“甫”的称呼。其实“甫”是“父”的假借字。从古文献来看,西周时确实流行着这种取“字”的方式(在金文中尤为常见),春秋时也还有沿用这种习惯的。见于西周文献的,如白(伯)丁父(令簋)、白懋父(小臣谜簋等)、白家父(伯家父簋)、程伯林父(《大雅·常武》)、伯阳父(《国语·周语上》)、中(仲)旄父(《逸周书·作雒解》)、仲山甫(《大雅·烝民》等)、王中皇父(王中皇父簋)、仲㪥父(仲㪥父盘)、弔(叔)向父(叔向父簋)、弔邦父(𡡯盨)、弔家父(叔家父簠)等,其例不胜枚举。列国的情况也是如此,如晋有白郄父(伯郄父鼎)、桓伯林父(《左传·成公十八年》正义引《世本》),鲁有白愈父(鲁伯愈父鬲)、弔猒父(鲁士商㪥簋),齐有成伯高父(《礼记·檀弓》正义引《世本》),郑有召弔山父(召叔山父簠)、弔宾父(叔宾父盨等),陈有叔原父(陈公甗),戴有弔庆父(戴叔庆父鬲)等,例子也很多。

按照当时的习惯,男子的“字”可以不用全称。有省去伯、仲等行辈称呼的,如白懋父或称懋父(懋父簋、师旅鼎),兮白吉父(兮甲盘)或称吉甫(《小雅·六月》),白龢父或称龢父(邢人妄钟),白俗父或称俗父(南季鼎)。有省去“父”的称呼的,如吴大父(同簋)或称吴大(师酉簋),又如周公长子,或称禽父(《左传·昭公十二年》),一般多省称父而称为伯禽,其全称应为伯禽父;孔子的“字”,或称尼父(《礼记·檀弓上》、《左传·哀公十六年》),或单称尼(《韩非子·外储说左下》),一般多称为仲尼,其全称应为仲尼父。也有省去伯、仲等行辈而连同官名称呼的,如太公望或称师尚父(《大雅·大明》),白雍父或称师雍父(㝨鼎、遇甗等),白龢父或称师龢父(师兑簋、师嫠簋)等,“师”即是“师氏”官名的简称;又如兮白吉父或称尹吉父(《汉书·古今人表》),“尹”即“尹氏”官名的简称。也有省去“父”而连同官名称呼的,又有省去伯、仲等行辈和“父”,而连同官名称呼的,如内史叔兴父(《左传·僖公二十八年》)或称内史叔兴(《左传·僖公十六年》),又称内史兴(《国语·周语上》)。更有省去“某父”,单以伯仲等行辈连同官名、氏或称号来称呼的,如仲山甫或称樊仲(《国语·晋语四》),或称樊穆仲(《国语·周语上》);伯阳父或称太史伯阳(《史记·

周本纪》），或称太史伯（《史记·郑世家》），又或称史伯（《国语·郑语》）；又如庆父的“字”全称为仲庆父（《左传·庄公八年》），又或称为共仲（《左传·庄公三十二年》、《闵公二年》）。由此可见，西周、春秋史料中，有称某父的，有连同官名称某父的，有连同官名、氏或称号而称伯、仲等行辈的，都是“字”的简称。《礼记·檀弓上》说：“幼名，冠字，五十以伯仲，死谥，周道也”，就是说：习惯上到五十岁以后，可以单称伯、仲等行辈而省去“某父”的称呼①。

西周贵族男子取“字”，个别也有不用“伯某父”方式而称“子某”的，如唐叔虞，字子于（《史记·晋世家》）。到春秋时，多数用“子某”的方式取“字”，采用“伯某父”方式的逐渐减少，详见王引之《春秋名字解诂》（《经义述闻》卷二二、二三）。

古代女子取“字”的方式，《仪礼》中没有谈到。我们在西周、春秋金文中发现了下列许多贵族女子的称呼：匋孟妫媦母（陈伯元匜）、孱孟妫穀母（陈子匜）、□妫囧母（陈侯鼎）、孟妊车母（铸公簠）、叔□（此字从女，亦女姓）斐母（伯侯父盘）、中（仲）姬客母（干氏叔子盘）、虢孟姬良母（齐侯匜）、辛中姬皇母（辛仲姬鼎）、中姞义母（仲姞匜）、鄦（许）弔姬可母（蔡大师鼎）。这些称呼，除了有的冠有国名或氏以外，第一字是长幼行辈的称呼，第二字是姓，第三字和第四字都作“某

① 贾公彦疏说：“周文，二十为字之时，未呼伯仲，至五十乃加而呼之，故《檀弓》云五十以伯仲，周道也。是呼伯仲之时，则兼二十字而言，若孔子呼尼甫，至五十去甫以尼配仲，而呼之曰仲尼是也。”据金文看来，许多人都以伯仲连同某父称呼，贾公彦之说不可信。孔颖达疏又说：“年二十有为人父之道，朋友等类不可复呼其名，故冠而加字。年至五十曰艾，转尊，又舍其二十之字，直以伯仲别之。《士冠礼》二十已有伯某甫，仲、叔、季，此云五十以伯仲者，二十时虽云伯仲，皆配某甫而言，五十时直呼伯仲耳。”这个说法比较可信，西周、春秋文献中仅称伯仲而略去某父的例子，很常见。习惯上到五十岁后可以单称伯仲，带有敬老的意思。

母”。王国维认为：“此皆女字，女子之字曰某母，犹男子之字曰某父”（《观堂集林》卷三《女字说》）。郭沫若曾经认为王国维在这方面“揭破三千年来之秘密”（《甲骨文字研究·释祖妣》）①。此外也有不作“某母”而作“某女”的，如成姬多女（白多父簋）、京姜庚女（京姜鬲），杨树达又认为：“古文母女二字本通用”，“古人于女子不但以母为其字，亦以女为其字”（《积微居金文余说》卷二《京姜鬲跋》）。这个看法也很正确。

我们进一步研究一下，很清楚地可以看到，当时女子的“字”也可以不用全称。有省去伯、仲等行辈称呼的，如虢妃鱼母（苏冶妊鼎）、姬□母（王作鬲）、姬大母（戏伯鬲）、姬原母（应侯簋）、姬趛母（姬趛母鬲）、姬莽母（姬莽母鬲）、姜林母（姜林母簋）、郳始□母（郳始鬲）、妊貍母（南旁簋）等。也有省去“母”的称呼的，如孟妃㸒（番匊生壶）、邛（江）仲妳（芈）南（楚王钟）、中姬艅（仲姬俞簋）、弔（叔）姬霝（叔姬簠）、弔妊襄（薛侯盘）、季姬牙（鲁大宰原父盘）等。也有省去伯仲和姓而连同官名称呼的，如保侃母（保侃母簋、保侃母壶、南宫簋）、保攸母（保攸母簋，“保”是官名，即是“保母”）。也有省去伯仲和姓而单称

① 郭沫若在《两周金文辞大系》的蔡大师鼎下考释中说：“古人女子无论已嫁未嫁，均称某母。……某母当是女名，或省去‘母’字。古者女子无字，出嫁则以其夫之字为字，就见乎彝铭者言：如颂鼎‘皇考龚叔，皇母龚姒’，召伯虎簋‘幽伯幽姜’，𬹼镈‘皇祖圣叔，皇妣圣姜，皇祖又成惠叔，皇妣又成惠姜，皇考迻仲，〔皇母子仲姜〕’，均其例证。”在此又不同意王国维之说，认为“某母”乃女子之名，非字，无论已嫁未嫁都可称某母。我们以当时贵族女子“孟某母”的取“字”方式以及简称方法，和当时贵族男子“伯某父”的取“字”方式及简称方法作一比较，可知“某母”确为女子之字，非名。西周、春秋时女子在许嫁举行“笄礼”时取“字”，以丈夫的称号或字作为字的，只是女子称字的一种方式，郭沫若所举的几个例证，就是以丈夫的称号为字的，但不能说当时女子“无字”，全是“以其夫之字为字”。实际上，妇女出嫁后都用字，不以名行，因此在文献上妇女的名很少见。

“某母”或“某女”的，如寿母（鲁生鼎）、兹女（兹女盘）、帛女（帛女鬲）、之女（女姬罍）等。又有连省去“某母”或“某女”，而单以伯仲和姓连称的，如孟姬（不嬰簋）、中姬（叔家父簠）等，这是最普遍的一种省称方法，例子不胜枚举。可见当时女子的“字”的省称方法，基本上和男子一样。

上面我们把周代贵族女子的“字”和男子的“字”比较了一下，就可见女子取“字”的方式基本上和男子相同，仿效《仪礼》的话，就是：

曰：伯（或作孟）某母（或作女），仲、叔、季，唯其所当。

只是因为当时实行外婚制，同姓不婚，对女子的姓看得很重，就必须在伯、仲下把姓标出。《白虎通·姓名》说：“妇人姓以配字何？明不娶同姓也。”又因当时以父系为中心，成年的女子应该作为夫家的一个成员，女子“以许嫁为成人”（《礼记·曲礼》郑注）①，所以女子的“字”必须在许嫁时题取，女子的姓字上就往往标上了夫家的国名或氏。因此妇女的简称，也有以夫家的国名或氏连同姓来称呼的，又有以丈夫的称号连同姓来称呼的。甚至有以丈夫的“字”为其“字”的，如成姬多母就以其丈夫白多父的“多”为“字”（白多父簠）。这都是夫权的具体体现。只有少数以母家的国名或氏连同姓，作为女子的简称的。《礼记·丧大记》说：“凡复（招魂辞），男子称名，妇人称字（郑注：“妇人不以名行”）。”所以“妇人称字”，不以名行，因为“名”是母家所取，“字”才表示隶属于夫家的一个成员。《礼记·丧服小记》又说：“复与书铭，自天子达于士，其辞一也。男子称名，妇人书姓与

---

① 《礼记·丧服小记》说：“许嫁笄而字之，死则以成人之礼。”《公羊传·文公十二年》也说：“妇人许嫁，字而笄之，死则以成人之丧治之。”这是女子“以许嫁为成人”的具体表现。

伯仲。”一般学者都根据这点,认为“姓与伯仲即妇人之字”(夏炘《学礼管释》卷一《释妇人称字》),其实姓与伯仲相配,其中只有伯仲是妇人“字”的简称,如同当时男子简称伯仲,与氏相配一样。

为什么当时男女的“字”都要冠上伯仲等行辈的称呼呢?因为取“字”以后就表示“成人”,正式加入了贵族组织的序列,在宗法制度下,有大宗、小宗的区分,长幼行辈的排列,关系重大。为什么男子的“字”要加上“父”或“子”的称呼,女子的“字”要加上“母”或“女”的称呼呢?无非表示已具有男性成员或女性成员的贵族权利和义务。其间,也还有区别男女的性质,《礼记·乐记》所谓“昏姻冠笄,所以别男女也”。

“冠礼”既是由氏族制时期的“成丁礼”转变而来,“冠礼”取“字”的方式也该是沿袭周族“成丁礼”的习惯的。西周贵族男子取“字”所以称“父”,女子取“字”所以称“母”,王国维解释说:“盖男子之美称莫过父,女子之美称莫过母,男女既冠笄,有为父母之道,故以某父某母字之也”(《观堂集林》卷三《女字说》)。王国维因缺乏对社会发展史的认识,这个解释并不恰当。郭沫若在《甲骨文字研究·释祖妣》中解释说:

> 知古有亚血族结婚制而行之甚久,则知男字何以均可称父,女字何以均可称母之所由来。盖当时之为儿女子者均多父多母,故称其父均曰父某,而称其母均曰母某。周人习之,故男女之自为名,亦自称曰某父某母也。周人用此名而不嫌……后世制改则名涉于嫌,故某母之称绝迹于世,而某父之字亦改用某甫。

我们认为西周贵族取“字”的习惯,起于父系家长制时期的“成丁礼”,不必与亚血族婚姻有关。“父”与“母”,本来是成年男女的称呼。西周、春秋时贵族男子举行“冠礼”后，所戴的冠或称为“章甫”，《士冠礼》郑注：“甫或为父，今文为斧。”其实，“甫”是“父”的假借字，“父”原为“斧”的初字，就像手执斧形。石斧原是石器时代最重要的利器，到父系家长制时期，主要的劳动生产由成年男子担任，家族在父系权力下组成，石斧便成为当时成年男子的象征物品，故借为成年男子的称谓。“母”字的结构，是“女”字中有二点“象乳子”（《说文》），用以表示女子的成年，故作为成年女子的称谓。周族在举行“成丁礼”取“字”时，男子称“父”，女子称“母”，无非表示已具有成年男女的权利和义务。西周贵族的“冠礼”起源于“成丁礼”，所以还沿用这种取“字”的方式。后来“父”“母”已习惯为父母亲的称谓，逐渐“名涉于嫌”，所以春秋时“某母”之称逐渐稀少，“某父”之称也渐少见，而“子某”的取“字”方式大为流行。“子”字像人形，也是男子的美称。

周族在氏族制时期举行“成丁礼”的习俗，因史料缺乏，无从详知，但是，我们以易洛魁族举行“成丁礼”的习俗比较一下，也可推知其大概。

处于氏族制阶段的易洛魁族，每人都有两个名字。初生时由母亲取名，经近亲同意后，由部落会议公布，这是幼年的名字。到十六岁或十八岁时，通常由酋长来举行仪式，宣布废除幼年名字，授予成年名字。青年男子必须在战斗中表现出英勇行为后，才具有取得成年名字的资格。在成年名字授予后，一经部落会议公布，就取得了成员的权利和义务。酋长的授予成年名字，就意味着氏族授予名字，也标志着授予氏族权利①。因为“氏族有一定的名字或一连串名字，在

① 莫尔根：《古代社会》，三联书店一九五七年版，第八二至八三页。

全部落内只有该氏族本身才能使用这种名字，因之，氏族个别成员底名字也就指出了他属于哪一氏族。氏族的权利自然是跟氏族的名字密切联系在一起的”①。

周族人的“名”，相当于易洛魁族的幼年名字；周族人的“字”，相当于易洛魁族的成年名字。上述“伯某父”或“孟某母”的取“字”方式，就是周族所特有的“字”，原来只有这族人才能使用这种“字”的。周族在举行“成丁礼”时，这种“字”的授予，不仅指出了他属于周族，同时也表示着氏族权利的授予。到西周时，建立国家组织以后，周族成为统治的贵族，其父系家长制转变为宗法制度，其“成丁礼”随着变为“冠礼”，这时这种“字”的授予，就表现为贵族特权的授予。易洛魁族成员在取得成年名字时，要废除幼年名字；而周族男性成员在取得“字”时，依然保留幼年的“名”，并使“字”和“名”在字义上有所联系，使人们可以由“名”而推想到“字”，由“字”而推想到“名”，《白虎通·姓名》所谓：“或旁其名为之字者，闻名即知其字，闻字即知其名。”至于周族的女性成员则因服从夫权的关系，要在许嫁后举行“笄礼”取“字”，出嫁后便经常用“字”，不以“名”行了。

西周在灭殷和东征后，推行宗法制度，不断分封同姓和异姓诸侯，礼成为一种统治手段，“冠礼”就由姬姓推行到了异姓贵族，其举行“冠礼”取“字”的方式也推行到了异姓贵族。前面已举出很多例子，说明当时列国许多异姓贵族已多采用周族的取“字”方式。我们再以宋国为例，许多贵族都已改变了殷人的习惯，改从周的取“字”方式，如戴公一系，有乐甫（字）术（名）、石甫愿绎、夷父倾、硕甫泽、季

---

① 恩格斯：《家庭、私有制和国家的起源》，人民出版社一九五七年版，第八三页。

甫、夷甫须、好父说、华父督等；孔子的祖先，有弗父（字）何（名）、宋父周、正考父、孔父嘉、木金父、祁父、防叔、伯夏、叔梁（字）纥（名）等（以上据雷学淇辑校《世本》）。连孔子本人，字仲尼父，也不例外，真是“郁郁乎文哉，吾从周”。当时异姓贵族改从周的取“字”方式，无非表示服从周天子的统辖，接受了“周礼”，参加到以周天子为首的贵族统治集团中，与姬姓贵族一样取得了贵族特权。

三 三次加冠弁的意义

周族的男子在成年时要加冠，是和他们成年“结发”的习俗有关的。当时男孩的头发，或者两边分梳，长齐眉毛，叫做“两髦”（《鄘风·柏舟》）；或者把“两髦”总束起来，状如两角，叫做“总角”。到成年时，才把头发盘结到头顶上，安上笄，戴上冠，《齐风·甫田》所谓“婉兮娈兮，总角丱兮，未几见兮，突而弁兮（郑笺：“突而加冠为成人也”）”。周族人有露发的习惯，所戴的冠并没有把头发全部套住，只起着套住发髻的作用，并带有发饰的性质，所以《说文》说：“冠，豢也，所以豢发。”但是，“冠礼”的加冠，不仅在于套住发髻，是有其更重大的意义的。

根据《士冠礼》，要先后三次加冠弁服：

(1) 初次加缁（黑色）布冠，身穿玄（黑色）端、缁带、爵（赤黑色）韠。

(2) 再次加皮弁，身穿素（白色）积、缁带、素韠。

(3) 三次加爵（赤黑色）弁，身穿纁（浅绛色）裳、纯（读为“黗”，黑色）衣、缁带、韎（赤黄色）韐。

后来，往见亲戚和国君、卿大夫时，又要废弃缁布冠，改戴玄冠。上述三种服装的主要区别，就是冠弁形式和服色的不同。这些服装，都是由很原始的服饰逐渐转变来的，例如其中的韠，也叫韨（一作“市”）或韐，是一幅腰围，在西周时，是贵族服饰中很重要的部分，盖在裳的前面的，周天子常把它连同车马服饰赏赐给大臣，而它的起源，仅是野蛮时代围住下身的一块皮。《易纬·乾凿度》郑玄注说：“古者田渔而食，因衣其皮，先知蔽前，后知蔽后，后王易之以布帛，而独存其蔽前者，重古道而不忘本也”（《左传·桓公二年》正义引）。

各种冠弁的起源也很古老。行“冠礼”时初次戴上的缁布冠，原是周族人太古时戴的一种帽子。太古时丝帛还没有，只有麻布，一般都用白麻布制成冠，只有斋戒时才戴黑麻布制的冠，叫做缁布冠。这时为了保存古礼，初次加的冠就是缁布冠，而且从诸侯到士一律如此。《礼记·玉藻》说：“始冠缁布冠，自诸侯下达。”《士冠礼》说：“太古冠布，齐（斋）则缁之。”因为这仅是保存古礼，所以缁布冠只在仪式上应用一下，用过后就废弃，所谓“冠而敝之可也”。到实际应用时，就改戴玄冠。玄冠就是由缁布冠发展而来，它只是改用黑帛制成，结构略有改变而已（关于这方面清代学者已有详细考证）。

玄冠是当时贵族通常应用的礼帽，又叫委貌、章甫、毋追。《士冠礼》说：“委貌，周道也；章甫，殷道也；毋追，夏后之道也。”委貌该是周族传统的称呼，据郑玄注，“委犹安也，言所以安正容貌”。委貌也或简称委，它常和玄端（通常礼服）连称为“端委”或“委端”。章甫，据郑玄注，“章，明也”，“言以表明丈夫也，甫或作父”。前面谈到，行“冠礼”时，男子取“字”的方式是“伯某父”或“仲某父”等，用来表示其具有男性成员的权利，加冠后，其所戴玄冠又称为“章甫（父）”，很明显，同样是用来表示其具有男性成员的权利的。《士冠礼》说：“章甫，殷道也”，是否章甫之名起于殷代，“冠礼”在殷代已有呢？清代学者多数不信章甫出于殷道之说，如江永《乡党图考》说：

> 公西华言端章甫（按见《论语·先进》），犹云端委，未必有取于殷冠。孔子言：少居鲁，衣逢掖之衣，长居宋，冠章甫之冠（按见《礼记·儒行》），似章甫与委貌亦有微异。鲁人歌，衮衣章甫，爰得我所，又似当时章甫与委貌亦通行，可通称，未必夫子以殷人常服章甫也。

我们前面谈到，西周以后许多宋的贵族已服从周礼，改用周族“伯某父”的取“字”方式，其所冠“章甫（父）”，为了表明为“父”，也该是服从周礼的。孔子少居鲁，还未成年，因穿逢掖之衣，长居宋，已过成年，因戴章甫之冠。后来儒家讲治周礼，沿用古服，章甫又成为儒服。《墨子·公孟》载：“公孟子戴章甫，搢笏，儒服”，公孟子说：“君子必古言服而后仁”，墨子反驳说：“子法周而未法夏也，子之古非古也。”可知章甫还是“法周”的“古服”。但是也可能，西周、春秋时宋人所戴礼帽，通用章甫的名称，其式样也还保存着殷人的遗风。

委貌和玄端合称“端委”或“委端”，到春秋时贵族还经常用作礼服，用来参加各种政治活动。如晋文公接受周襄王的册命，曾“端委以入”（《国语·周语上》）；“阳榖之会，桓公委端、搢笏而朝诸侯”（《穀梁传·僖公三年》）；刘定公对赵文子说：“吾与子弁冕端委以治民，临诸侯”（《左传·昭公十年》）；董安于说：“及臣之长也，端委韠带，以随宰人，民无二心”（《国语·晋语九》）；子贡说：“太伯端委以治周礼”（《左传·哀公七年》）。由此可见，“冠礼”的加冠，无非表示授予贵族“治人”的特权，表示从此可“以治民”和“以治周礼”了。所以《冠义》说：“冠者礼之始也。”

行“冠礼”时再次戴上的皮弁，也是周族人上古时的一种帽子。《士冠礼》：“皮弁服，素积缁带，素韠。”郑玄注说：“皮弁者，以白鹿皮为冠，象上古也。”孔颖达正义说：“上古也者，谓三皇时，冒覆头，句(鉤)颔绕项。”《白虎通·绋冕》又说：“皮弁者……上古之时质，先加服皮，以鹿皮者，取其文章也。……积素以为裳也，言腰中辟(襞)积，至质不易之服，反古不忘本也。”这种服装，主要有两部分：皮弁用白鹿皮制成，取其有花纹，其形式“冒覆头，鉤颔绕项”，很明显，是上古野蛮时代的一种皮帽，所谓“古之王者有务(鍪)而拘领者矣”①；素积是素色的布积叠制成的裳，腰部依靠用折叠的襞积构成，也是上古一种原始的服装。

看来，周族在氏族制末期，就是穿着这种服装从事打猎和战斗的。《白虎通·绋冕》又说：皮弁素积，“征伐田猎，此皆服之”。《公羊传》何休注也认为“皮弁，武弁”(《宣公元年》)；“礼，皮弁以征不义，取禽兽行射”(《昭公二十五年》)；徐彦疏又说：“韩诗传亦有此文”(《成公二年》)。在比较原始的部落中，战斗和狩猎确是用着相同的服装的。到周建立国家以后，礼节上所用的服装，还多保存着旧有的形

---

① 孙颖达认为皮弁起于上古三皇时，“冒覆头，句颔绕项”，是有根据的。《荀子·哀公》载：“鲁哀公问舜冠于孔子……孔子对曰：古之王者有务而拘领者矣，其政好生而恶杀焉。”这是说在冠没有创制前，已有“务(鍪)而拘领者”。《淮南子·氾论训》篇根据这点也说：“古者有鍪而绻领以王天下者矣，其德生而不辱。”高诱注：“古者，盖三皇以前也，鍪，头著兜鍪帽，言未知制冠也。绻领，皮衣屈而紩之，如今胡家韦袭反褶以为领也。”《尚书大传·略说》又说：“周公对成王云：古人冒而句领”，郑玄注：“古人谓三皇时，以冒覆头，句领绕颈，至黄帝则有冕也”(《礼记·冠义》正义引，《荀子·哀公》杨注引略同)。可知上古最早的帽子是兜鍪形式的，是把头顶完全冒覆起来的，其形式如同锅子，故称“鍪”或“务”，原是用来保护头部的。古时作为武装的胄，当即由此发展而来。胄也是兜鍪形式。安阳西北冈出土有殷代铜胄，正是“以冒覆头”的兜鍪形式，见《考古学报》第七册，陈梦家：《殷代铜器》，图五五。

式。但逐渐有些变化和分化，后来这种皮帽就分化成了韦弁、皮弁、冠弁等三种。《周礼·司服》说："凡兵事，韦弁服；眡朝，则皮弁服；凡甸，冠弁服。"他们把"韦弁"用于有关军事的仪式，"皮弁"则已用到朝廷上去，只有"冠弁"仍然用于田猎上。孙诒让《周礼正义》认为田猎用的"冠弁"，就是"玄冠而加弁"，这种皮弁即所谓皮冠，该是正确的。春秋时各国贵族田猎时所戴皮冠，也还和行"冠礼"时所戴的皮弁一样，保持着原始的式样①，同时还保存着原始的风习，有下列三个故事足以证明：

(1) 有一次卫献公请孙文子、甯惠子来共进食，二人都穿着朝服侍候在朝，谁知天色很晚，卫献公再不召请，却独自在园囿中射鸿，二人跟从到园囿去见他，他"不释皮冠而与之言，二子怒"(《左传·襄公十四年》)。

(2) 有一次楚灵王在州来狩猎，后来赶到乾谿。"王皮冠、秦复陶(杜注："秦所遗羽衣")、翠被(杜注："以翠羽饰被")、豹舄(杜注："以豹皮为履")，执鞭以出，仆折父(杜注："楚大夫")从，右尹子革夕(杜注："子革，郑丹；夕，暮见")，王见之，去冠被，舍鞭(杜注："敬大臣")，与之语"(《左传·昭公十二年》)。

---

① 孙诒让《周礼正义》说："《孟子·万章》篇：万章曰：敢问招虞人何以？曰：以皮冠。赵注云：皮冠，弁也。孔广森云：《左传》责卫侯不释皮冠；楚灵王雨雪皮冠，右尹子革夕，王见之，去冠。皮冠可释可去，则必别有一物，加于冠上矣。案：皮冠盖犹方相氏之蒙熊皮，孔谓别有一物加于冠上，其说近是。赵氏以弁释皮冠，盖即据此经。……以弁加于冠上，谓之冠弁服。"今案：这种田猎用的皮冠，曾长期保持原始的形式，孙氏谓"盖犹方相氏之蒙熊皮"，甚是。狩猎戴皮冠，不仅为了预防伤害，兼有扰乱野兽耳目，或诱兽入网的意思。辉县琉璃阁战国墓第一号墓所出舞乐狩猎纹奁，奁壁上刻有戴兽头帽而射猎的人，见《山彪镇与琉璃阁》第六五页。这种兽头帽该是一种诱使兽近身的皮冠。

(3) 有一次齐景公在沛泽田猎,用弓来招呼虞人(掌山泽之官),虞人不进,景公派人把他捉来,他说:“皮冠以招虞人,臣不见皮冠,故不敢进”(《左传·昭公二十年》)。

楚灵王见右尹子革,“去冠被”,所以表示敬大臣;孙文子和甯惠子到园囿中去见卫献公,献公“不释皮冠”,二人就发怒。可知皮冠不仅是田猎的帽子,原来该是武装的帽子,所以在礼节上,即使与臣下相见也要脱帽。古时只有戴武装的帽子,见客要脱帽,如“郤至见客免胄”(《左传·成公十六年》)①。

这样看来,行“冠礼”时再次戴上皮弁,原来的意义就是把他武装起来,以便从事田猎和战斗,因为“二十冠而成人”,需要“与戎事”了。

行“冠礼”时,第三次所加的爵弁,是一种祭服。《白虎通·绋冕》说:“爵弁者,周人宗庙之冠也。”它是一种平顶的帽子,与冕略同,所不同者,冕顶前低后高,爵弁则前后平,冕前有旒,弁没有旒。《礼记·杂记上》说:“大夫冕而祭于公,弁而祭于己;士弁而祭于公,冠而祭于己。”可知弁在礼节中,与冕的用处有相同之处,只是低一等而已。

《士冠礼》解释三次加冠弁说:“三加弥尊,谕其志也。”谕些什么志呢?从上面的论述,可知初次加冠,无非表示授予贵族“治人”的特权;再次加皮弁,无非表示从此有服兵役的义务,有参与保护贵族权利的责任;三次加爵弁,无非表示从此有在宗庙中参与祭祀的权利。因为当时“国之大事,惟祀与戎”(《左传·成公十三年》),“冠礼”的举

---

① 许地山《礼俗与民生》:“欧洲的脱帽礼原是武士入到人家,把头盔脱下,表示解除武装,不伤害人的意思”(《国粹与国学》第九七页)。这和我国古代将士“见客免胄”的缘由相同。

行，就是表示已具有参与“大事”的大志了。当时贵族的“冠”，既代表着他们的身份和特权，又代表着他们参与“大事”的大志，因此十分重视，直到死，还是要戴着，不能“免冠”。《左传·哀公十五年》记载：卫国发生内乱，“下石乞盂黡敌子路，以戈击之，断缨，子路曰：君子死，冠不免。结缨而死”。

在西周金文中，我们常见周天子把服饰车马等赏赐给大臣，其用途不外乎“用事”、“用兽（狩）”、“用政（征）”、“用岁”，例如：

> 易（锡）女（汝）玄衣黹屯（纯）、赤市（韨）、朱黄（珩）、䜌旂、攸勒，用事。（颂鼎）
>
> 易（锡）女（汝）鬯一卣、冖（冕）衣、市（韨）、舄、车（车）、马，易（锡）乃且（祖）南公旂，用遣（狩）。（大盂鼎）
>
> 易（锡）女（汝）秬鬯一卣、祼圭鬲（瓒）宝、朱市（韨）、悤黄（珩）、玉环……易（锡）女（汝）丝（兹）关（赠），用岁用政（征）。（毛公鼎）

周天子在对臣属下令的时候，赐给许多服饰车马，不仅是表示恩宠，更重要的是表示具体地授予了特权和任务。所谓“用事”是指所担任的职官的任务，所谓“用岁”是指周年祭典，所谓“用政（征）”是指出征，所谓“用遣（狩）”是指狩猎，古人是用狩猎作为军事训练的。所谓“因蒐狩以习用武事，礼之大者也”（《穀梁传·昭公八年》）。当时周天子赏赐服饰的用途，不外乎“用事”、“用岁”、“用征”、“用狩”，同样因为“国之大事，惟祀与戎”。当“冠礼”举行时，由宾客三次加冠弁，当然不同于周天子赐予服饰，但是，其实际意义，也是代表贵族具体地表示授予特权和任务。

四 结语

按照易洛魁族的氏族制度，通过“成丁礼”的仪式，给予成员的权利和义务共有下列十点：(1)选举世袭酋长及普通酋长的权利。(2)罢免世袭酋长及普通酋长的权利。(3)遵守在氏族内禁止婚姻的义务。(4)氏族成员死亡者遗产继承之相互的权利。(5)援助、防卫及复仇之相互的义务。(6)对于氏族成员命名的权利。(7)收养外人为氏族成员的权利。(8)有权参加宗教上的共同仪典。(9)有权葬于氏族公共墓地。(10)有权参与氏族会议。由于有了“这些功能与职权，对于氏族组织予以活力和个性，并且保障了氏族人员的个人权利”①。我们根据前面的论述，可知周族在氏族制时期举行“成丁礼”时，给予成员的权利和义务和易洛魁族是差不多的。易洛魁族是通过对成员命名的方式，来授予氏族的权利和义务的；而周族除了通过对成员命名方式以外，更通过加冠的方式，来授予氏族的权利和义务的。

西周贵族所应用的“冠礼”，虽然其仪式和习惯是由氏族制时期的“成丁礼”变化而来，但是由于贵族、私有制和国家的产生，“冠礼”已成为巩固贵族组织和保障贵族成员特权的手段。所以当时“庶人”一般是不举行“冠礼”的②。贵族通过“冠礼”给予成员的特权和义务，根据上面的论述，主要的有下列六点：

---

① 莫尔根：《古代社会》，第七三至七四页。

② 《礼记·文王世子》说：“五庙之孙，祖庙未毁，虽为庶人，冠取妻必告。”这里所说的“庶人”，是指由贵族下降而为“庶人”的，还保持有传统的“冠礼”，并不是说当时“庶人”亦有冠礼。

（1）开始享有贵族成员参与各种政治活动和各种礼仪的权利。按礼，国君与卿大夫行“冠礼”后，才可亲理政务。

（2）开始享有贵族成员统治人民的特权。

（3）经过“结发”和加冠笄后，可以男婚女嫁，负起传宗接代的责任，但须遵守“同姓不婚”的古礼。成年妇女应服从夫权，并作夫家的成员，故其“字”应在许嫁时题取。

（4）取得宗法制度所规定的继承权。嫡长子与庶子所取得的继承权利不同，嫡长子在东序举行加冠仪式，即表示具备了继承“宗子”的资格。

（5）开始有服兵役的义务，负有保护本贵族特权的责任。

（6）取得了参加本族共同祭祀的权利。

这些权利和义务的给予，具体表现在成年名字和三种冠弁服饰的授予上。西周、春秋时贵族举行“冠礼”，这样的给予贵族成员特权和义务，很明显，其目的是为了巩固贵族组织，维护宗法制度，保护贵族利益。所以，这种礼必须在宗庙中隆重举行，《礼记·冠义》说：“是故古者重冠，重冠故行之于庙……所以自卑而尊先祖也。”①

① 春秋时诸侯行冠礼，不但必须于祖庙举行，还要举行隆重的飨礼，用钟磬之乐。《左传·襄公九年》记季武子说：“君冠，必以祼享之礼行之，以金石之乐节之，以先君之祧处之。”

第九章 “贽见礼”新探

西周、春秋间贵族很讲究烦琐的交际礼节,《礼记·表记》所谓“无辞不相接也,无礼不相见也”。怎样以“礼”相见呢? 郑玄注说:“礼谓挚也。”当时贵族彼此初次相见,或者有要事而相见,来宾都要按照自己身份和特定任务,手执一定的见面礼物,举行规定的相见仪式。这种手执的见面礼物,叫做“挚”,一作“贽”,也叫“质”。这种执“贽”相见之礼,我们称之为“贽见礼”,当时被广泛应用于贵族各个阶层的社会活动和政治活动中。例如士在行“冠礼”后,就要作为“成人”执“贽”去见国君、卿大夫和乡先生。“昏礼”中各个礼节,凡是需要彼此会见的,也都有一定的“贽见礼”。如果士与士初次相见,就得举行特定的“贽见礼”,叫做“士相见礼”。士初次见大夫,大夫初次相见,士和大夫初次见国君,也分别有规定的“贽见礼”。如果卿大夫奉君命去会见邻国国君,则称为“覜”或“聘”[①];诸侯朝见天子,则称为

---

① “聘”古或称“覜”,也或误作“頫”或“眺”,如《国语·齐语》说:“以骤聘眺于诸侯。”《说文》说:“诸侯三年大相聘曰覜。”《周礼·典瑞》郑注又说:“大夫众来曰覜,寡来曰聘。”其实,古书上“聘覜”时常连言,意义是差不多的。

“觐”或“朝”[①]；不论“觐礼”或“聘礼”，贵宾也都要执“贽”以相见，其实就是一种高级的“贽见礼”。

粗看起来，这种执“贽”相见之礼，好像只是为了表示礼貌；其实他们所用“贽”的品级，“贽”的授受仪式，都具体表现了宾主的身份以及他们的亲族关系和政治上的组织关系。在西周、春秋时代，贵族的亲族关系和政治上的组织关系，都是依靠“礼”作为制度来确立和维护的，这种“贽见礼”就是确立和维护贵族组织关系的一种重要礼节，也是当时维护贵族统治和巩固贵族组织的重要制度。

一 “贽见礼”的特点

“贽见礼”的特点，主要表现在所用“贽”的品级和“贽”的授受仪式上。

古时用来作为“贽”的礼物，主要有玉、帛、禽三等。《尚书·舜典》说：

> 修五礼，五玉、三帛、二生（牲）、一死，贽[②]。

“五玉”，《白虎通·瑞贽》说是珪、璧、琮、璜、璋；《史记正义》又认为是桓圭、信圭、躬圭、榖璧、蒲璧。“三帛”，郑玄以为是赤缯、黑缯、白缯（《史记集解》引）。“二生”，马融和郑玄都认为是羔和雁，为卿大夫所

① “朝”古或称“觐”。《周礼·大宗伯》说：“春见曰朝，夏见曰宗，秋见曰觐，冬见曰遇。”《周礼·大行人》也有“春朝诸侯”和“秋觐”、“夏宗”、“冬遇”的说法。《礼记·曲礼》又说：“天子当依而立，诸侯北面而见天子，曰觐；天子当宁而立，诸公东面，诸侯西面，曰朝。”这样，硬把“朝”“觐”区别开来，实在缺乏根据。其实，古书上“朝觐”时常连言，意义是差不多的。

② 《史记·五帝本纪》“贽”作“挚”，《说文》又引作“䞇”，说：“䞇，至也，一曰《虞书》雉䞇。”

执。“一死”，马融和郑玄又都认为是雉，为士所执，因为雉不容易驯养（《史记集解》和《史记正义》引）。所有这些解释，大体上都是根据礼书的。

《周礼·大宗伯》对贵族各阶层所用的“贽”，有具体的记述：

> 以玉作六瑞，以等邦国：王执镇圭，公执桓圭，侯执信圭，伯执躬圭，子执穀璧，男执蒲璧。以禽作六挚，以等诸臣：孤执皮帛，卿执羔，大夫执雁，士执雉，庶人执鹜，工商执鸡。

五等爵之说不见于西周文献，形成于春秋后期，《周礼》这个“以玉作六瑞”之说，采用五等爵，该已是春秋后期的制度；“诸臣”中“孤”的称谓，也不是西周所有，《周礼》这个六等臣分执六等“挚”之说，也该是春秋后期的制度。《周礼·射人》记载射人掌管朝仪中公卿大夫的席位和朝见礼节，也说：“其挚，三公执璧，孤执皮帛，卿执羔，大夫执雁。”《礼记·曲礼下》又说：

> 凡挚，天子鬯，诸侯圭，卿羔，大夫雁，士雉，庶人之挚匹，童子委挚而退。……妇人之挚椇、榛、脯、脩、枣、栗。

这里说天子执鬯，与《周礼》说“王执镇圭”不同。“鬯”是一种用香草和秬黍酿成的香酒，郑玄解释说：“天子无客礼，以鬯为挚者，所以唯用告神为至也。”其实，当时“鬯”不仅用于告神，也还用于招待贵宾，《礼记·礼器》说：“诸侯相朝，灌用郁鬯，无笾豆之荐。”《礼记·郊特牲》说：“诸侯为宾，灌用郁鬯，灌用臭也。”都是明证。《曲礼下》所说天子以鬯为挚，该是指招待贵宾而言的。《曲礼下》所说“庶人之挚匹”，也和《周礼》“庶人执鹜”之说不同。郑玄解释说：“说者以匹为鹜”，《白虎通·瑞贽》篇也说：“匹谓鹜也”，实际上“匹”从来不能解释为“鹜”的。黄以周《礼书通故》卷四九《名物通故》，认为"匹谓匹敌"，是在说："其或用挚者，亦惟用之匹敌而已。"此说比较合理。

上述礼书所说"贽"的品级，虽然略有出入，但大体上还是一致的。就是高级贵族以玉为贽，有圭、璧等，稍次用帛；次等贵族则用禽为贽，有羔、雁、雉等。羔是小羊，雁据方苞、王引之的考证，即《尔雅》所说舒雁，也就是鹅[1]，雉即野鸡。女子则以干果与干肉为贽，有椇、榛、脯、脩、枣、栗等。

《仪礼》是春秋、战国间贵族行礼仪式的汇编，由此可以看到当时各种品级的"贽"的具体应用情况，以及"贽"在各种礼中不同的授受仪式。为了便于进一步探讨起见，现在简要叙述如下：

据《仪礼·士相见礼》记述，宾客初次会见主人时，必须执"贽"，冬天执雉，夏天执腒（干雉），要"左头奉之"。会见时，宾奉"贽"入门左，主人再拜受"贽"，宾再拜送"贽"。因为礼尚往来，主人照礼要回见，回见时，主人要执前此宾客带来的"贽"奉还。因为士与士相见，彼此地位对等，主人受"贽"之后，回见时必须还"贽"。受贽和还贽，是"士相见礼"的主要礼节。若是士往见大夫，大夫地位较士为高，就用不到回见，那么，当士初次奉"贽"来见时，就该当场辞谢而不受。如果这个士以前曾做过那个大夫的臣属，有过君臣关系，就应按臣礼往见，要"奠挚再拜"，就是把"贽"安放在地上而不亲授；主人要待宾回出时，派"摈者"还其"贽"于门外。至于大夫相见，大体上与士相见礼相同，因为彼此地位也对等，只是所用的"贽"不同，"下大夫相见以

---

① 王引之《经义述闻》卷八"膳用六牲、雁宜麦、大夫执雁"条，又卷十"纳采用雁、下大夫相见以雁"条，有详细考订。

雁，饰之以布，维之以索，如执雉；上大夫相见以羔，饰之以布，四维之，结于面，左头，如麛执之。”要是士和大夫初次见君，就得严格地按照臣礼：

> 始见于君，执挚，至下，容弥蹙。……士大夫则奠挚，再拜稽首，君答壹拜。

王引之解释“至下”的“下”为“堂下”（《经义述闻》卷十），很对。执贽到堂下，奠贽再拜稽首，是臣见君的重要礼节，《论语·子罕》所谓“拜下，礼也”。

按礼，宾主初次相见，或者有要事相见，都要行贽见之礼。古时贵族男女婚配，是要靠媒人从中说合的。当男家使者到女家接洽时，都要行“贽见礼”。据《仪礼·士昏礼》记述，“纳采”时，使者要执雁到堂上两楹（柱）之间，授给主人；“问名”和“纳吉”时也都要如此。至于“纳徵”，具有订婚性质，比较重要，使者所执就不用雁，而用玄纁束帛（五匹帛）、俪皮（一对鹿皮）。“请期”时仍用雁。当婿前往“亲迎”时，也要执雁前往，“奠雁再拜稽首”，因为女父是尊长，按礼只可“奠挚”而不能亲授。成婚后，新妇见舅姑（公婆），所用的“贽”是盛于笲中的枣栗和腶脩，都要“奠于席”而不亲授，因为舅姑也是尊长。如果婿在成婚前未亲迎，就得在三月后请见女父，见女父时，先要“奠挚再拜，出”。再经过女父的摈者把“贽”送出来，请求改行授受之礼，婿经过推辞一番，才能再受“挚”进入，由“主人再拜受，堉再拜送”。

聘礼是贵族高级的会见礼，“贽”的授受仪式，当然远比士相见礼繁复。据《仪礼·聘礼》记述，当使者受君命将出国聘问时，要由贾人（官名）开椟（藏玉之匣）取圭，授给宰，宰再授给使者。使者在受圭的同时，要接受君命，以便出国行聘礼时转致邻国国君。接着要接受“束帛加璧”，以便出国行聘礼后举行享礼时应用；还要接受璋和“束帛加琮”，以便对邻国国君的夫人行聘礼和享礼时应用。到邻国行聘礼时，使者要“执圭”往见，由摈者入告主人（国君），再出来“辞玉”，使者要升堂后，才能转致其君之命，由主人“受玉于中堂与东楹之间”。接着举行享礼，使者要奉“束帛加璧”往见，升堂后，致其君之命，由主人再拜受币。随后，对夫人行聘礼，要执璋往见；对夫人行享礼，又要奉“束帛加琮”往见。这样用圭、璧、璋、琮四种宝玉作为“贽”而行礼，是聘礼中的主要礼节，《聘礼记》所谓“凡四器者，惟其所宝以聘可也”。最后，由“君使卿皮弁还玉于馆”，使者在堂上“自左南面受圭退”。并由大夫还璋以及其他的礼玉、束帛、乘皮等。这样的“执玉”、“辞玉”、“受玉”、“还玉”，是这种高级“贽见礼”中四个重要步骤。

聘礼中除了上述的主要的贽见礼以外，还有许多贽见礼节。当使者初到近郊时，要行“郊劳”之礼，由国君派卿用束帛来慰劳，叫做“劳”；使者用束锦来回谢卿，叫做“傧”；夫人派下大夫用枣栗来“劳”，使者又用束锦来“傧”；所有这些“劳”和“傧”，都具有“贽见礼”的性质。行聘礼后，使者还有“私觌”或“私面”之礼，用束锦、乘马（四匹马）为“币”，进见时要“奠币再拜稽首”，要经过摈者辞谢，请求改行授受之礼，才“振币进授，当东楹北面”。这种币也同样具有“贽”的性质。此外，还有卿大夫“劳”宾之礼，由“大夫奠雁再拜”；宾有“问卿”之礼，由宾奉束帛入，“受币堂中西”。

觐礼是贵族最高级的“贽见礼”。据《仪礼·觐礼》记述，当侯氏（诸侯）到近郊时也有“郊劳”之礼，由王（天子）派使者用璧来“劳”，使者要“执玉”升坛，侯氏要“受玉”和“还玉”，还要用束帛、乘马来“傧”使者。朝觐的主要仪式是：

> 侯氏入门右，坐奠圭，再拜稽首，摈者谒（注：“谒犹告也，上摈告以天子前辞，欲亲受之如宾客也”），侯氏坐取圭，升致命，王受之玉。侯氏降阶东，北面再拜稽首，摈者延之曰升，升成拜，乃出。

侯氏所以要“奠圭再拜稽首”，因为侯氏是天子的臣属，按礼应行臣礼，要经过“摈者”请改行授受之礼，才由王“受玉”。朝觐后举行享礼，侯氏奉“束帛加璧”，也要“奠币再拜稽首”，要待“摈者”传呼王命，改行授受之礼，再由“侯氏升致命，王抚玉，侯氏降自西阶，东面授宰币”。这里除“受玉”以外，又多出“抚玉”这个礼节，该是表示尊者对臣下慰勉之意，犹如《士昏礼》新妇见舅时，新妇把贽“奠于席，舅坐抚之”。

根据上述礼书所载，各种“贽见礼”的特点，包括“贽”的品级及其授受仪式，主要可以归纳为下列五点：

（1）宾客初次会见主人，或者为了要事相见，都必须执“贽”进见。宾主间还有一定的授受“贽”的模式。

（2）宾客执“贽”进见时，必须按照宾客的身份和特定的任务，手执不同品级的“贽”。高级贵族执玉及帛，次级贵族执禽及币，妇人则执干果及干肉。对各种“贽”的手执的方式，也有特别规定。

（3）“贽”的授受仪式的举行地点，则按宾主的身份、等级和地位关系而有所不同。隆重的授受仪式举行于堂上，宾主地位对等者，举行于堂上两楹（柱）之间的中心地点；如果宾的地位较次于主人者，则举行于中堂之东、东楹之西，即不在两楹之间的中心地点，而略微偏东，以表示迁就立于东楹之东的主人①。礼节较次的，授受仪式则不在堂上而在庭上举行。

(4) 举行“贽”的授受仪式时，一般都亲相授受。如果是小辈初次见长辈，臣下初次见君上，则将“贽”安放地上而不亲授，即所谓“奠挚”，以表示身份的低下。如果尊长有所推辞，然后再行授受之礼。

(5)“贽”的授受仪式举行后，主人按礼应把“贽”还给宾客。高级的“贽见礼”如觐礼、聘礼，在授受仪式中有“执玉”、“辞玉”、“受玉”、“还玉”等礼节。如果是小辈初次见长辈，臣下初次见君上，尊长可以受“贽”而不还，以表示接受其为小辈或臣下。

从上述五点看来，“贽”的品级及其授受仪式，不仅用来表示来宾的身份及宾主之间的关系，更用来确立亲族和君臣关系，成为建立和维护贵族组织关系的一种重要手段。《礼记·乐记》说：“朝觐然后诸侯知所以臣”。《祭义》也说：“朝觐所以教诸侯之臣也。”其实，不仅朝觐之礼用来巩固君臣关系，凡是臣下贽见君上之礼，都是为了确立和巩固君臣关系的。有些“贽见礼”是为了确立和巩固亲族关系的，如昏礼中婿贽见女父之礼，是为了确立岳父与女婿的关系的；新妇贽见舅姑之礼，是为了确立公婆与媳妇的关系的。《礼记·经解》说：“故朝觐之礼，所以明君臣之义也；聘问之礼，所以使诸侯相尊敬也；……

① 凌廷堪《礼经释例·通例》说：“凡授受之礼，敌者于楹间，不敌者不于楹间。”这是根据贾公彦之说。这个说法不确切，黄以周在《礼书通故》卷二一《相见礼通故》中已有驳正。黄氏说：“古人授受之礼，杀者行于庭，通行之礼皆在堂上两楹间，不敌者亦在两楹，不过东西有别耳。凡宾臣主君，行礼在东楹西。《聘礼》宾觌，进授币当东楹；又礼宾，受币当东楹；皆谓东楹西也。时宾在西序，以西言之，故曰当，则不敌者之授受亦在两楹明矣。《聘礼》公受玉于中堂与东楹之间，谓中堂东、东楹西也。时公位在东楹东，宾趋就之，敬君也。归饔饩及问卿，受币堂中西，趋君命，亦敬也。”

聘觐之礼废则君臣之位失，诸侯之行恶，而倍（背）畔侵陵之败起矣。”这仅就高级的贽见礼——觐礼和聘礼的作用而言，其实所有的“贽见礼”无不如此，行于君臣之间，所以明君臣之义；行于同辈之间，所以使相尊敬。目的就在于巩固贵族的组织关系，维护贵族统治的秩序，以加强贵族统治的力量。

二　“贽见礼”的源流

上节根据礼书所载“贽见礼”的特点，对“贽”的品级和授受仪式，作了分析。如今，就可进一步根据可靠史料，来探索一下“贽见礼”的起源和流变了。

《左传·哀公七年》记季康子说：“禹合诸侯于涂山，执玉帛者万国。”诸侯执玉帛来朝见天子之礼，虽不必起于夏禹时，其起源应该是很早的。《大雅·韩奕》说：

韩侯入觐，以其介圭，入觐于王。

介圭即是韩侯入觐时所执的“贽”，可知诸侯入觐时以圭为贽之礼，西周时已经实行。乖伯簋说：

隹（唯）王九年九月甲寅，王命益公征眉敖，益公至，告。二月，眉敖至，见，献貴。

这里记载：这年九月因为眉敖不服，周王命令益公出使眉敖处，益公使命完成后到达上告。次年二月，眉敖来到朝见，献貴。眉敖当为当时南方部族的君长，“见”当谓朝见，朝见而献貴，“貴”自应从杨树达读为“帛”（《积微居金文说》卷一《兮甲盘跋》），即玉帛之帛。由此可知西周时诸侯也已用帛为“贽”。

前节谈到，在《仪礼》的《觐礼》和《聘礼》中，有“效劳”之礼，由国君派使者带了玉帛到近郊对来宾慰劳，叫做“劳”；来宾用币帛来回敬使者，叫做“傧”，“劳”和“傧”都有“贽见礼”的性质。从西周金文看来，这种称为“劳”和“傧”的“贽见礼”，在西周时已有。西周金文中有“安”（或称“宁”）和“宾”之礼，见于下列记载：

弔（叔）氏吏（使）貣安曩白（伯），曩白宾貣马辔乘。（貣鼎）

王姜令乍（作）册睘安尸（夷）白（伯），尸白宾睘贝、布。（睘卣，睘尊大体相同，惟“王姜”作“天君”）

王令盂宁登（邓）白（伯），宾贝。（盂爵）

王才（在）宗周，令（命）史颂德（省）稣。……稣宾章（璋）、马亖（四）匹、吉金。（史颂簋）

王吏（使）小臣守吏（使）于夷，夷宾马两、金十钧。（小臣守簋）

王命螨眔弔（叔）緐父归吴姬飤器，自黄宾螨章（璋）一，马两，吴姬宾帛束。（螨簋）

王乎（呼）吴师召大易（锡）趞睽里，王令（命）善（膳）夫豖曰（谓）趞睽曰：“余既易（锡）大乃里。”睽宾豖章（璋）、帛束……大宾豖訊章（璋）、马两，宾睽訊章（璋）、帛束。（大簋盖）

中（仲）幾父史畿吏（使）于者（诸）侯者（诸）监，用厥宾乍（作）丁宝簋。（中幾父簋）

前三条所谓“安”和“宁”，即礼书所说“抚”，《周礼·大行人》说：“王之所以抚邦国诸侯者，岁遍存，三岁遍覜，五岁遍省”，郑注：“抚犹安也，存、覜、省者，王使臣于诸侯之礼，所谓间问也。”史颂簋所谓“省”，亦当即“五岁遍省”之“省”，与“安”、“宁”意义略同。金文的所谓“宾”，即礼书的所说“傧”，“宾”即是“傧”的初字。卜辞“宾”字作“”，原来从“止”，不从“贝”，像人到屋下；金文及小篆改从“止”为从“贝”，是后起的字。王国维说：“古者宾客至，必有物以赠之，其赠之之事谓之宾，故其字从贝，其义即礼经之傧字也。……后世以宾为宾客字，而别造傧字以代宾字”（《观堂集林》卷一《与林浩卿博士论洛诰书》）。说得很对。《仪礼》的《觐礼》和《聘礼》中所谓“劳”和“傧”，当即沿袭西周时代的“安”和“宾”而来。据西周金文，西周时用作“宾”的礼物，有璋、束帛、布、马匹、贝、金等，而《仪礼》所载用作“傧”的礼物，仅有玉和币，没有贝和金。看来，西周时用作“宾”的礼物范围较广，春秋以后就只用玉和币而不用贝和金了。

礼书有以币附加于玉的礼俗。《周礼・小行人》说：

> 合六币：圭以马，璋以皮，璧以帛，琮以锦，琥以绣，璜以黼。此六物者，以和诸侯之好故。

这以马和皮、帛、锦、绣、黼，同样作为附加于玉的币，是有根据的。但是，这样以六种币分别附加于六种玉的规定，就未必是事实了。据前引西周金文，“宾”所用的玉和币，蔺簋是璋一、马两和帛束，大簋盖是璋、帛束，又是璋、马两，史颂簋是璋、马四匹、吉金，可知西周时用马和帛附加于璋，这和《周礼》“圭以马，璋以皮，璧以帛”之说不合。五年琱生簋（或称召伯虎簋）说：“余亹（惠）君氏大章（璋），报寝（妇）氏帛束、璜”，这样以束帛加璜，也和《周礼》“璜以黼”之说不合。《左传・襄公十九年》载：鲁襄公“贿荀偃束锦加璧，乘马先吴寿梦之鼎”，这样以束锦加璧，也和《周礼》“璧以帛，琮以锦”之说不合。看来，西周、春秋间确有用币加玉的礼俗，玉所附加的币是可以随意配合的，《周礼》所说以六币配合六玉的办法，乃是出于《周礼》作者整齐划一的结果，并不符合实际应用的情况。

前节谈到，据《聘礼》记载，使者行聘礼后，还有“私觌”或“私面”之礼，用束锦、乘马，也是属于“贽”的性质。这种“私面”之礼，在春秋时也确已实行。《左传·昭公六年》载：楚公子弃疾路过郑国，郑大夫子皮、子产、子大叔随从郑伯“以劳诸柤”，弃疾辞谢，不肯相见，子皮等坚持请他出见，他用见楚王之礼来见郑伯，“以其乘马八匹私面；见子皮如上卿，以马六匹；见子产以马四匹；见子大叔以马二匹”。所说乘马八匹、六匹、四匹、二匹，都是“私面”之币。

前节谈到，高级的“贽见礼”如覲礼和聘礼，很重视“贽”的授受仪式，有着“执玉”、“辞玉”、“受玉”、“还玉”等一套礼节。这些礼节，在春秋时也确已实行。如《左传·定公十五年》载：“邾隐公来朝”，“邾子执玉高”，“受玉卑”；《左传·成公三年》载：“齐侯朝于晋，将授玉”，杜注：“行朝礼。”这已把“执玉”和“授玉”、“受玉”，作为朝聘礼中重要的节目。《左传·文公十二年》载：

> 秦伯使西乞术来聘，且言将伐晋，襄仲辞玉，曰：“君不忘先君之好，照临鲁国，镇抚其社稷，重之以大器，寡君敢辞玉。”对曰：“不腆敝器，不足辞也。”主人三辞，宾客曰：“寡君愿徼福于周公鲁公以事君，不腆先君之敝器，使下臣致诸执事，以为瑞节，要结好命，所以藉寡君之命，结二国之好，是以敢致之。”襄仲……厚贿之。

这里把“辞玉”礼节记载很详，连彼此对答之辞也有记述。所谓“主人三辞”，看来“辞玉”之礼，按礼也要三次推让。

相见用禽鸟和干果、干肉为“贽”之礼，春秋时在贵族中仍然流行。《春秋·庄公二十四》年载：“八月丁丑，夫人姜氏入，戊寅大夫宗妇觌用币。”“觌用币”即是行“贽见礼”。《左传》记载这时御孙说：

> 男贽，大者玉帛，小者禽鸟，以章物也；女贽不过榛栗枣脩，以告虔也。今男女同贽，是无别也。

《国语·鲁语上》记这时宗人夏父展之说，大体相同。《穀梁传》也说：“男子之贽羔雁雉腒，妇人之贽枣栗腶脩。用币，非礼也。”御孙等所说，基本上和前节所引礼书所说相合。他们根据这种“礼”，来批评这时“宗妇觌用币”为“非礼”，可知在这以前，这样的“贽见礼”已很流行。

《左传·定公八年》又载：

> 公会晋师于瓦，范献子执羔，赵简子、中行文子皆执雁，鲁于是始尚羔。

这里说鲁国由于晋国卿大夫范献子、赵简子等前来，“执羔”和“执雁”相见，才开始在“贽见礼”中“尚羔”①。如果礼书所载，卿和上大夫执羔，下大夫执雁之说，确是西周以来的制度，那么，鲁国的卿早已执羔，何待范献子前来执羔，才开始“尚羔”？从《左传》看来，男贽用玉帛禽鸟，该沿用已久，但是用羔为贽，似乎是春秋后期才流行的。礼书所载“卿执羔”之说，记的正是春秋后期以后流行的制度。《白虎通·瑞贽》根据《仪礼·士相见礼》所说：“上大夫相见以羔……左头，如麛执之”，认为“卿大夫贽，古以麑鹿，今以羔雁”，当是事实。原来卿大夫是用野生的小鹿为“贽”的，后来为了方便，才改用家畜家禽——羔、雁（鹅）。章炳麟《重定鲁于是尚羔说》（《春秋左氏读》卷

---

① 《左传正义》引贾逵说：“《周礼》公之孤四命执皮帛，卿三命执羔，大夫再命执雁，鲁废其礼，三命之卿皆执皮帛，至是乃始复礼尚羔。”又引郑玄说：“天子之卿执羔，大夫执雁，诸侯之卿当天子之大夫，故传曰：唯卿为大夫，当执雁而执羔，僭天子之卿也，鲁人效之而始尚羔，记礼所从坏。”杜预注又说：“礼，卿执羔，大夫执雁，鲁则同之，今始知执羔之尊也。”这三个说法，都没有什么根据，如同猜谜一样。

九)就据此解释说:“言鲁始尚羔者,盖鲁卿本不以羔为挚,而用麑鹿为挚,至此始尚羔者。”这是很可能的,原来贵族用来作为贽的动物,都是野兽野禽,不仅卿大夫以麑鹿为贽,士也以雉为贽。

为什么当时贵族不用别的东西,而很特别地要用玉、帛、禽、鸟作“贽”呢?儒家对此曾作许多解释。《礼记·聘义》说:“昔者君子比德于玉焉,温润而泽,仁也;缜密以栗,知也;廉而不刿,义也;……”董仲舒《春秋繁露·执贽》又认为:羔取其“执之不鸣,杀之不啼,类死义者”;“食于其母,必跪而受之,类知礼者”;雁取其“俶然有行列之治”。《白虎通·瑞贽》又认为,士以雉为贽,取其“必死不可生畜”;妇人以枣栗腶脩为贽,因为“职在供养馈食之间”。这些解释,完全着眼于道德方面,显然出于儒家的附会。

西周、春秋时代贵族所应用的“礼”,很多是由父系家长制时期的“礼”转变而来,“贽见礼”也是如此,应该起源于氏族社会末期的交际礼节。其所以会很特殊地手执玉、帛、野兽、野禽为“贽”,就是起源于原始人手执石利器的习惯,和互相赠送猎得禽兽的风俗。古代贵族们在礼仪上应用的玉器,是由石制生产工具演变来的。原始人随身佩带石利器,或是手执石利器,原是为了便于利用,但是到后来,手执石利器逐渐成为某种身份的象征和某种权威的代表。甲骨文和金文的“父”字,原是“斧”字的初文,像手中执斧之状,在父系家长制时期,主要劳动由成年男子担任,家族在父系权力下组成,“斧”便成为当时成年男子的象征,成了成年男子和父系家长的称谓。又如甲骨文和金文的“尹”字,像手执长柄武器之状,原是族长权力的象征,成了族长的称谓,后来又成为官长的称谓。等到冶金术发明和发展,利器多改用青铜铸造,但是他们在举行各种礼仪时,还多沿用旧习惯,用着石利器。因为这种石利器只在仪式上应用，并不实用，往往就挑选精美石料，施以艺术加工，这样就产生了玉礼器。原来手执石利器作为某种身份的象征和某种权威的代表的，这时就改执玉礼器来作为象征或代表了。西周、春秋时用来作为“贽”的玉礼器如圭、璧、璋、琮等，当即由此而来。近来许多研究玉器的学者，认为璧起源于环状石斧，圭起源于有孔石斧，璋起源于有孔石刀①，是正确的。璧由环状石斧演变而来，其名为“璧”（“璧”的初文作“辟”），因为环状石斧是劈削器，即取义于它的功效——“劈”。圭由长方形的有孔石斧演变而来，其名为“圭”，因为这种有孔石斧是割杀器，即取义于它的功效——“刲”，即是《易·归妹》“士刲羊”的“刲”。

前面谈到，春秋中叶以前低级贵族用来作为“贽”的禽，原是野兽野禽。《管子·揆度》有一段话，谈到了尧舜时代用“贽”的情况，据说当时“令诸侯之子将委质者，皆以双虎之皮，卿大夫豹饰，列大夫豹幨”，于是“大夫散其邑粟与其财物，以市虎豹之皮，故山林之人刺其猛兽，若从亲戚之仇”。这个故事不一定是事实，但是最初的“贽”是猎得的野兽，该是事实。我们认为，这也是起源于氏族制末期的传统习惯，所有鹿、雉等，都是他们打猎中经常得到的野兽和野禽，常被用作见面礼物的。原始人不但习惯于把猎得的好东西分给同族中的成员，同时爱好交际，在部落之间也常长途跋涉，互相聘问。他们总是把友人来访的日期安排在食品丰富的季节，殷勤招待。宾客也不空

① 外国学者如勒孚所著《玉》一书（芝加哥一九一四年出版），林泰辅《从中国上代石器玉器所见之汉民族》（日本《史学杂志》三十八卷七号、八号），滨田耕作《古玉概说》（我国有胡肇椿译本，中华书局一九三六年版），在这方面有大体相同的见解，但是都未能确切说明演变的缘由。

手而来，总是带着自制的物品和亲自生产的物品，作为见面礼物，这就是“挚”或“贽”的起源。而且礼尚往来，主人在招待宾客之后，也不让宾客空手回去，必须回赠来宾一些财物，这就是“宾”或“傧”的起源。到西周、春秋间，农业生产和手工业生产已有较大的发展，不但农产品的品种已很多，各种手工艺品也很精美，照例，贵族可以很方便地用农产品和手工艺品作为“贽”，他们仍将禽兽执在手中作为“贽”，很明显，是沿袭原始的风俗习惯。《礼记·礼器》所谓：“礼也者，反本循（旧误作“修”，从王引之校正）古，不忘其初者也。”

至于妇女用干果与干肉为贽，看来也和氏族制末期的男女分工有关。氏族制末期男子担任狩猎，女子则担任采集野生果实，并料理家务。后来贵族男子以禽兽为“贽”，而妇女以干果与干肉为“贽”，也该沿袭原始的风俗习惯而来。

根据上面的论述，关于“贽见礼”的起源和流变，主要可以归纳为下列六点：

（1）氏族制末期人们惯于手执石利器作为权力和身份的象征，后来贵族用作“贽”的玉礼器即由此演变而来。圭即起源于有孔石斧，璧即起源于环状石斧，璋即起源于有孔石刀。

（2）氏族制末期男子从事狩猎，常以猎得的禽兽为礼物；女子从事采集，常以采得的果实为礼物。后来贵族男子以鹿、雉等为“贽”，女子以干果、干肉为“贽”，当是沿袭原始风习而来。

（3）“贽”按贵族中等级的身份而分品级，由来已久。西周时诸侯已多用玉、帛为“贽”。西周、春秋间的“贽”，还有用各种币帛附加于各种玉礼器的。在春秋中叶以前卿大夫多用麃鹿为贽，春秋后期以后才改用羔、雁（鹅）。士用雉为“贽”，亦当由来已久。

(4)“贽”的授受仪式,到春秋时已很繁复。高级的“贽见丰”如觐礼和聘礼,“贽”的授受仪式,春秋时已有“执玉”、“辞玉”、“受玉”、“还玉”等节目。

(5)西周时,天子、王后、王臣派使者到诸侯国去慰问,叫“安”或“宁”、“省”;诸侯、臣属对天子的使者回敬礼物,叫做“宾”。也是一种“贽见礼”。后来聘礼的“郊劳”礼中有所谓“劳”和“傧”,当即由此演变而来。

(6)聘礼中有“私觌”或“私面”之礼,也是一种“贽见礼”。这在春秋时也已实行。

由此可见,礼书所载的“贽见礼”,虽然出于春秋、战国间人编定,并没有把西周时代的原样保存下来,但是由于“礼”具有很顽固的保守性,这种礼的主要特点,如“贽”按身份而分品级、“贽”有一定的授受仪式等,应该很早就确立了,只是在仪式上,后来的比原始的较为繁复而已。

三 “贽”的作用与“命圭”制度

在西周、春秋间贵族举行的“贽见礼”中,“贽”实际上就是一种身份证,而且具有徽章的作用。它不仅用来表示来宾的身份,用来识别贵贱,并用作贵族中等级的标志。《左传·庄公二十四年》所谓“男贽,大者玉帛,小者禽鸟,以章物也”,杜注:“章所执之物别贵贱。”《礼记·郊特牲》论到昏礼时也说:“执挚以相见,敬章别也。”《国语·周语上》所载内史过的话,说得更详细:

> 古者先王既有天下……以教民事君。诸侯春秋受职于王,以临其民;大夫士日恪位著,以儆其官。……犹恐其有坠失也,

故为车服旗章以旌之，为贽币瑞节以镇之，为班爵贵贱以列之，为令闻嘉誉以声之。

这里把“贽币瑞节”，和“车服旗章”、“班爵贵贱”相提并论，看得很重要。所谓“为贽币瑞节以镇之”，就是把“贽币瑞节”作为自重之物，也作为被人尊重之物；既以此表示自己的身份，也用来表示上下级之间的关系。内史过因为晋惠公“执玉卑”，曾大发议论说：

夫执玉卑，替其贽也（韦注：“替，废也”）……替贽无镇……欲替其镇，人亦将替之。

就是说，晋惠公把“贽”执得卑下而不恭敬，就是废黜了“贽”，废黜“贽”就是废弃了自重之物，自己废弃自重之物，就会使人们不尊重而废弃他了。内史过把贽看得如此重要，因为贽就是一种用来自重和被人尊重的身份证，废黜了贽就等于丧失了自己原有的贵族等级和身份。当时贵族如此重视贽见礼，重视贽的执法和授受，因为这种贽，代表着他们自命“高贵”的等级和身份；这种礼的举行，具有表明他们的统治地位和特权、维护他们的组织关系、巩固统治的作用。

“贽”是当时贵族用来代表身份的信物，在贵族的政治生活和社会生活中都很重要，因而就产生了上级贵族对下级贵族颁给“贽”的制度。其中最重要的，就是颁给“命圭”的制度。

《考工记·玉人》把诸侯所执的圭，称为“命圭”，郑注：“命圭者，王所命之圭也，朝觐执焉，居则守之。”这种“命圭”制度，西周、春秋间确有实行的。《诗经·大雅·崧高》记述周宣王时把申伯分封到南土说：

王遣申伯，路车乘马。“我图尔居，莫如南土。锡尔介圭，以作尔宝。往近王舅，南土是保。”

这里说得很清楚，在分封土地的同时，赏赐给“介圭”，作为镇国之宝，即郑玄所说“王所命之圭”。《大雅·韩奕》说：“韩侯入觐，以其介圭。”韩侯这样用“介圭”行入觐之礼，即郑玄所说“朝觐执焉”。《尚书·舜典》说：“辑五瑞，既月乃日，觐四岳群牧，班瑞于群后。”《舜典》作于战国时，所说“班瑞”制度虽不必是尧舜时的情况，但是，也可证明我国古时确有“命圭”制度存在。《吕氏春秋·重言》说：“成王与唐叔虞燕居，援梧叶以为珪，而授唐叔虞，曰：余以此封女。”《史记·晋世家》也有类似的说法，这虽是后世编造出来的故事，不必是事实，但也可见古时确有“命圭”制度，把圭作为受封土地的信物的。因为一个贵族在受封土地之后，身份就有提高，作为高级身份证的圭当然有颁发的必要。

到春秋时，这种“命圭”制度也还在实行。上面所引《国语·周语上》内史过的话，说“古者先王既有天下”，“为贽币瑞节以镇之，为班爵贵贱以列之”，也是把“贽”看作是王所颁发的。《左传·文公十二年》载：“郕太子以夫鍾与郕圭来奔（“圭”旧误作“邽”，从惠士奇、王引之校正）。”服虔注：“一曰郕邦之宝圭……太子以其国宝与地夫鍾来奔也”（《太平御览》卷一四六引）。王引之说：“圭为郕国之宝，故谓之曰郕圭”（《经义述闻》卷十七）。这个郕太子带同出奔的圭，叫做“郕圭”，很显然是郕国的“命圭”。春秋时这种“命圭”制度还推行到了卿大夫这个阶层中。《左传·哀公十四年》载宋国“司马牛致其邑与珪焉而适齐”。杜注：“珪，守邑信符。”

圭不仅是分封土地时的信物，又是受策命的信物。《国语·吴语》记载晋大夫董褐说：“夫命圭有命，固曰吴伯，不曰吴王”，韦注：“命圭，受锡圭之策命。”当重要的策命颁赐时，是要同时授给“命圭”

作为信物的。《仪礼·聘礼》记述使者受命出使说："使者受圭，同面，垂缫以受命。""受圭"是和"受命"同时的，这个圭就是"受命"的信物。行聘礼时，使者"袭执圭"，"升西楹西，东面"，"宾致命（郑注："致其君之命也"），公左还北乡"。其所以要执着圭而致其君之命，因为这个圭就是君命的信物。《礼记·郊特牲》所谓"大夫执圭而使，所以申信也"。前引《左传·文公十二年》所载"秦伯使西乞术来聘"，"襄仲辞玉"一节，西乞术在申说他所以要"致玉"的理由时，既说要"以为瑞节，要结好命"，又说"所以藉寡君之命，结二国之好"，也是把"致玉"看作"致其君命"的信物。

《左传·僖公十一年》载：

天王使召武公、内史过赐晋侯命，受玉惰。过归告王曰："晋侯其无后乎？王赐之命，而惰于受瑞，先自弃也已，其何继之有？……"

《国语·周语上》又载：

襄王使邵公过（按即召武公）及内史过赐晋惠公命……晋侯执玉卑，拜不稽首。内史过归，以告王曰："晋不亡，其君必无后。……"

上述两段记载，记的是一件事，内容有些出入，该是传闻异辞。《左传》说"赐晋侯命，受玉惰"，又记内史过说："王赐之命，而惰于受瑞"，可知当时周襄王赐晋惠公策命，同时还赐给宝玉。晋惠公在接受宝玉时失敬，即所谓"受玉惰"。《国语》所说"执玉卑"，当即《左传》所谓"受玉惰"，就是说晋惠公受玉时执得很卑下。这样在赐策命时，同时赐给作为"贽"的宝玉，也同样是把这种宝玉作为"受命"的信物的。

圭不仅是"受命"的信物，据说还具有"合符信"的作用。《尚书大传》说：

古者圭必有冒……天子执冒以朝诸侯，见则覆之。故冒圭者，天子所与诸侯为瑞也。……无过行者得复其圭，以归其国，有过行者留有圭，能改过者复其圭，三年圭不复，少黜以爵，六年圭不复，少黜以地，九年圭不复而地毕〔削〕，此所谓诸侯朝于天子也（据陈寿祺辑本）。

这样完备的“复圭”、“留圭”的制度，恐出于后世润饰，但是“冒圭”的制度也还有所依据。《白虎通·瑞贽》也说：“合符信者，谓天子执瑁以朝，诸侯执圭以觐天子，瑁之为言冒也，上有所覆，下有所冒也。”天子执瑁以朝的说法，是根据《考工记》的，《考工记·玉人》说：“天子执冒四寸，以朝诸侯。”据说瑁的形状像犁冠，因而可以用来冒在圭上。《说文》说：“瑁，诸侯执圭朝天子，天子执玉以冒之，似犁冠。”关于瑁的应用，最早见于《尚书·顾命》。《顾命》记述周康王即位时接受“册命”典礼说：

王麻冕黼裳，由宾阶阶。卿士、邦君麻冕蚁裳，入即位。太保、太史、太宗皆麻冕彤裳，太保承介圭，上宗奉同瑁，由阼阶阶。太史秉书，由宾阶阶，御王册命……王再拜兴……乃受同瑁，三宿三祭三咤，上宗曰飨。太保受同降，盥，以异同秉璋以酢。授宗人同，拜，王答拜。太保受同，祭哜宅。授宗人同，拜，王答拜。

这一段，王国维著有《周书顾命考》、《周书顾命后考》、《书顾命同瑁说》等三篇文章（《观堂集林》卷一）加以注释。这时成王刚去世，由太保为册命之主，把成王的遗命传授给康王，由太宗为傧，太史执策宣读命书。其所以要由太保承介圭，上宗奉瑁，太史秉命书，因为圭和瑁就是成王遗命的信物，也就是传王位的信物，以便康王即位后执以朝诸侯的。在西周时代，政治上重要的策命，常授以玉器作为信物，所以这时太保把成王遗命传授给康王，同时太宗也把天子的瑞信——瑁传授给康王。《顾命》的“同”字，《今文尚书》作“铜”，《白虎通·爵》作“铜”，虞翻说：“今经（指《今文尚书》）益‘金’就作‘铜’字，诂训言天子副玺”（《三国志·虞翻传》注引《虞翻别传》）。王国维解释说：“上经言太保承介圭，今文家盖以为天子正玺，此释铜云天子副玺，则与《考工记》之冒，正相当矣”（《书顾命同瑁说》）。今文家认为这种圭和瑁，性质上和后世的玺相同。《顾命》的“瑁”字，古文又作“玥”，《说文》说：“玥，古文从目”，也或省作“冃”。虞翻又引郑玄说：“古冃似同，从误作同。”则又以为“同”字为“冃”字之误，今本“上宗奉同瑁”，是兼存了“冃”的误字“同”和“冃”的繁体字“瑁”。郑玄又把“冃”解释为“酒杯”，王国维又解释说：

> 余谓同瑁一物，即古圭瓒。盖圭瓒之制可合可分，天子之瓒与诸侯之命圭相为牝牡，诸侯朝天子，天子受其命圭（《聘礼》有受玉之事，朝觐礼亦宜然，《尧典》所谓辑瑞也），冒之以瓒，因以行祼将之礼。以其冒圭之首，故谓之瑁；以其尽冒公侯伯三等之圭，故谓之同。此说虽无根据，然味经文“以异同秉璋以酢”一语，古秉柄一字，大保自酢，以璋为同柄，其献王时自必以介圭为同柄矣。

这个说法沟通今古文二家之说，很有见解，但是认为“以其尽冒公侯伯三等之圭，故谓之同”，终不免缺乏根据，还是把“同”字认为“冃”字之误，较为合理。

根据上面的论述，关于“贽”的作用与“命圭”制度，主要可以归纳为下列四点：

（1）不同品级的“贽”，具有身份证、徽章的作用，用来识别贵贱，表明贵族的等级和特权。

(2)“命圭”为高级贵族的身份证和徽章，具有代表一定的特权的性质。“命圭”往往由上级贵族在分封土地或策命时颁赐，作为受封土地或受命的信物，甚至具有符信的作用。

(3) 诸侯的使者受命出使时，同时受圭作为受命的信物。聘问他国君主时，要执圭往见，作为致其君命的信物。

(4) 天子去世后，举行传授王位的典礼，当大臣把遗命传授给继承人时，也常以圭和瑁作为遗命的信物，把瑁传授给继承人。

这种“命圭”制度，可能是西周时逐渐形成的。《左传・定公四年》记载成王分封鲁、卫、晋等国情况，记述赏赐物品很详细，并没有圭在内，可知当时“命圭”制度尚未确立。但据《尚书・顾命》看来，成王去世后，举行传授王位典礼时，已用圭和瑁作为传授遗命的信物，这时当已产生“命圭”制度。根据本节所引史料来看，从西周后期到春秋时代，这种“命圭”制度确已流行。这是春秋末年和战国时代推行玺印制度以前，在贵族的政治组织中确立和维护人事关系的一种重要制度。战国时代楚国大臣的高级爵位有所谓“执珪”、“上执珪”(详见拙作《战国史》第六章第六节)，还是沿袭这种“命圭”制度而来的；他们所执的代表爵位和特权的珪，还该出于楚王所颁赐。

四　“贽”的授受仪式的作用与“委质为臣”制度

“贽”在“贽见礼”中，用来表示来宾的身份和地位；而“贽”的授受仪式，就进一步用来表示宾主之间的关系。不仅授受的地点，用来表示宾主之间地位的高下；执“贽”的手法，授受的方式，受而是否归还，都用来表示宾主之间的地位关系。因而被用作确立和维护贵族组织关系的一种手段。

第一节谈到“贽”的授受的地点，是按宾主的身份而有所不同的。这在春秋时已很注意到这点。《左传·成公六年》载：

> 郑伯如晋拜成，子游相，授玉于东楹之东（杜注：“礼，受玉两楹之间，郑伯行疾，故东过”）。士贞伯曰：“郑伯其死乎！自弃也已。视流而行速，不安其位，宜不能久。”

按礼，郑伯与晋君的地位相当，授玉应该在两楹之间的中心地点；这时因为郑伯走得快了些，到了东楹之东授玉，地点偏东，这是地位较次于主人的宾客授玉之处，这样，郑伯就降低了自己的地位和身份，所以士贞伯要说他“自弃”和“不安其位”，甚至“不能久”而“死”了。

“执玉”的手法，尤为春秋时贵族所注意。《左传·定公十五年》记载有邾隐公到鲁朝见的事：

> 邾隐公来朝，子贡观焉。邾子执玉高，其容仰，公受玉卑，其容俯。子贡曰：“以礼观之，二君者皆有死亡焉。夫礼，死生存亡之体也……今正月相朝，而皆不度，心已亡矣。嘉事不体，何以能久？高仰，骄也。卑俯，替也。骄近乱，替近疾。君为主，其先亡乎？”

从子贡这一席话，可知“执玉”高低，按礼有一定分寸，即所谓“度”，太高和太低都是“不度”，太高表现为骄傲，太低表现为自卑。而且是否合“度”，关系十分重大，甚至关系到“死生存亡”。《论语·乡党》说：“执圭，鞠躬如也，如不胜，上如揖，下如授，勃如战色，足蹜蹜如有循。”如此说来，执圭不但高低要有分寸，身体的姿势、神色、脚步，都要郑重其事，战战兢兢，合乎一定的规矩。《礼记·曲礼下》说得更详细：

> 凡奉者当心，提者当带。执天子之器则上衡，国君则平衡，大夫则绥之，士则提之。凡执主器，执轻如不克。执主器，操币圭璧，则尚左手，行不举足，车轮曳踵。

根据这个记述，不仅执法有“上衡”、“平衡”、“绥”（稍下）、“提”等区别，行路时还不得举足，要起前拽后，使脚跟如同车轮一样，曳地而行。为什么“执玉”要如此讲究，而且看得关系如此重大呢？因为当时贵族举行“贽见礼”的目的，在乎巩固和加强彼此之间的组织关系和友好关系，要巩固和加强这种关系，首先需要彼此能够“敬”和“让”。《礼记·聘义》说：“敬让也者，君子之所以相接也，故诸侯相接以敬让，则不相侵陵。”在朝聘之礼中，“执玉”所以要小心谨慎地合于规矩，就是为了表示敬让。更重要的，是为了正确表明双方的地位、等级和名分以及彼此之间的关系，从而维护当时原有的统治秩序，巩固贵族阶级的统治。

在贽见礼中，最足以表示双方地位关系的，就是初见面时的送贽方式。按礼，宾主地位相当的，采取亲自授受的方法；如果是小辈会见长辈，臣下拜见君上，就必须采用“奠贽”和“委质”的方式。“奠贽”就是把贽陈放在地上，表示尊卑悬殊，不敢亲相授受。“委质”就是把贽付给主人，不再收还。

这种小辈对尊长的奠贽、委质之礼，春秋时贵族间确实普遍实行的。《左传·昭公元年》载：

> 郑徐吾犯之妹美，公孙楚聘之矣，公孙黑又使强委禽焉。

杜注：“禽，雁也。纳采用雁。”其实，“委禽”就是“委质”，女婿到女父家“亲迎”是要“委质”的，因为女父是婿的尊长，“强委禽”就是要强迫行迎娶之礼。《礼记·曲礼下》说：“童子委挚而退。”因为童子年幼，见先生尊长，按礼要把贽陈放地上，付给主人而退。《史记·仲尼弟子列传》说：

> 孔子设礼，稍诱子路，子路后儒服委质，因门人而请为弟子。

因为要自“请为弟子”，就得行拜见老师的礼，老师是尊长，拜见时就必须“委质”。拜见老师所执的贽，就是“束脩”，即十脡干肉。《论语·述而》说：“自行束脩以上，吾未尝无诲焉。”许多学者都认为这个“束脩”，是拜见老师的“贽”①。

这种“委质”的仪式，更重要的，是被运用在君臣关系的确立上。它和“策命”礼，同样成为确立君臣关系的重要礼节。《左传·僖公二十三年》载：

> 九月晋惠公卒，怀公命无从亡人（重耳），期期而不至，无赦。狐突之子毛及偃从重耳在秦，弗召。冬，怀公执狐突，曰：“子来则免。”对曰：“子之能仕，父教之忠，古之制也。策名委质，贰乃辟也。今臣之子，名在重耳有数年矣，若又召之，教之贰也。……”乃杀之。

从狐突这席话，可知当时君臣关系的确立，有“策名委质”的制度②。“策名”就是指“策命”礼，亦称“锡命”礼，“委质”就是指“委贽”礼。西

---

① 凌廷堪《礼经释例·器物之例上》对此表示怀疑，认为“礼经腶脩，妇人之挚，男子无用之者”，古书中谈到的束脩，“疑是馈问之物，非挚也”。但是，我们认为弟子犹如童子，其挚自应较成人为轻，可以用束脩的。

② 《左传》杜注解释“策名委质”说：“名书于所臣之策，屈膝而君事之，则不可以贰。”孔颖达正义据此，把“质”解释为“形体”，把“委”解释为“屈膝而委身体于地”，显然是错误的。清代学者驳斥此说的很多，不列举。《史记·仲尼弟子列传》索隐引服虔注说：“古者始仕，先书其名于策，委死之质于君，然后为臣，示必死节于其君也。”《国语》韦注解释“委质”说：“质，贽也，士贽以雉，委贽而退。”又解释“委质而策死”说：“言委质于君，书名于册，示必死也。”这些解说都比较确切，但还不够完善。

周、春秋之际,政治上君臣关系的确立,自上而下,按礼必须经过“策命”礼,由史官当场宣读任命官职的命书,并将命书授给臣下,命书有一定的程式,如同国王当面用口语下命令一样,先呼受命者之名,再任命官职或再叙明任命的理由,并加赏赐,用以表示官职、任务和权利的授予。同时君臣关系的确立,由下而上,按礼必须经过“委质”礼,由臣下拜见君上,“奠挚再拜稽首”,以表示对君上的臣服、忠心,并承担对君上应尽的义务。这由上而下和由下而上的两种确立君臣关系的必要礼节,合称起来,就叫做“策名委质”。《国语·晋语九》载:

中行穆子帅师伐狄,围鼓。……中行伯既克鼓,以鼓子苑支来。令鼓人各复其所,非僚勿从。鼓子之臣曰夙沙釐,以其孥行,军吏执之。……穆子召之……对曰:“臣委质于狄之鼓,未委质于晋之鼓也。臣闻之,委质为臣,无有二心,委质而策死,古之法也。君有烈名,臣无叛质,敢即私利,以烦司寇,而乱旧法,其若不虞何?”穆子叹……

夙沙釐这席话,可和上述狐突的话互相印证。狐突说:“策名委质,贰乃辟也”,就是说经过了“策命”和“委质”,确立了君臣关系,做臣下的必须效忠,不能有二心,如有二心,即是犯罪行为。夙沙釐说:“委质为臣,无有二心,委质而策死,古之法也。”同样的,认为既经“委质”成为臣属,必须效忠而无二心,直到死为止,不能为了私利,对自己的“质”有所反叛。由此可见,“委质”之礼在当时确立君臣关系上的重要性。《孟子·滕文公下》载:

周霄问曰:“古之君子仕乎?”孟子曰:“仕。传曰:孔子三月无君,则皇皇如也,出疆必载质。……”“出疆必载质何也?”曰:“士之仕也,犹农夫之耕也,农夫岂为出疆而舍其耒耜哉。”

孔子所以在“无君”之后，要“皇皇如也，出疆必载质”，因为要出仕为臣，必须对君上行“委质”之礼，“质”是必不可少的东西。孟子竟把士的“质”和农夫的“耒耜”，相提并论，无非想说明其重要性①。

到战国时代，君臣关系的确立和解除，已创立了一套“玺”“符”的制度，但是“委质为臣”的旧习惯也还沿用着。《吕氏春秋·执一》载吴起对商文说：“今日置质为臣（高注：置犹委也），其主安重；今日释玺辞官，其主安轻；子与我孰贤？”商文对答说：“吾不若子。”这是明证。同时，在臣属对君上朝见的礼节中，也还沿用“委质”的仪式。例如魏国在马陵之役被齐国大破之后，魏惠王听从惠施的策略，“变服折节而朝齐”（《战国策·魏策二》），所谓“梁王抱质执珪，请为陈侯臣”（《战国策·魏策四》），就是采用了“委质为臣”的方式。后来只有鲁国的儒士，讲究着古礼，曾用“委质为臣”的方式，参与农民起义领袖陈涉建立的张楚政权。《史记·儒林列传》载：

> 陈涉之王也，而鲁诸儒持孔氏之礼器，往归陈王，于是孔甲为陈涉博士，卒与涉俱死。……搢绅先生之徒负孔氏之礼器，往委质为臣者何也？以秦焚其业，积怨而发愤于陈王也。

《盐铁论·褒贤》记大夫言，也有相同的叙述。孔子的八世孙孔鲋（字甲），在秦末农民起义中，也还沿用孔子“出疆必载质”的办法，带同鲁国儒士，采用“委质为臣”之礼，出任张楚政权的博士。

一般宾、主之间行“贽见礼”，主人在受贽之后，是要还贽的。只

---

① “委质为臣”，古时也或称为“传质为臣”，《孟子·万章下》说：“庶人不传质为臣，不敢见于诸侯，礼也。”赵岐注：“传，执也。”不确。“传”当为“布”的意思，与“委”意义相同。也或称为“错质为臣”，《荀子·大略》说：“错质之臣不息鸡豚。”“错”当读为“措”，与“委”意义相同。杨注：“错，置也，质读为贽。……谓执贽而置于君……或曰：置质犹言委质，言凡委质为人臣，则不得与下争利。”

有“委贽”而成为臣下的，或者成为小辈的（如婿拜见女父），或者成为弟子的（如弟子拜见老师），尊长是受贽而不还的。夏炘《释昏礼不还贽》（《学礼管释》卷九）说：“五雁及纳徵之束帛……以求昏于主人，主人受之而不还，所以许之也。”君臣之间也是如此，臣下以贽自求隶属于君上，君上受之而不还，也是“所以许之也”。如果以禽和干肉为贽的，尊长接受后，就用以充膳。《周礼·膳夫》说：“凡祭祀之致福者，受而膳之。以挚见者亦如之。”《周礼·司士》又说：“掌擯士者膳其挚。”①如果以币帛之类作为贽的，或者用其他财物作为贽的，既接受而不还，当然也可作为财物来应用。《士昏礼》说：“挚不用死，皮帛必可制。”昏礼中女父家接受的贽“不用死”，也可以充膳；所接受的皮帛合于制度，就可用来制作衣服。尊长和君上这样的接受“贽”，实际上就成为接受贡献。《礼记·聘义》说：“已聘而还圭璋，此轻财而重礼之义也。”反过来说，这样接受贡献“贽”，就具有接受贡献财物的性质。本来“贽”就具有财物的性质，不仅币帛禽鸟是财物性质，玉礼器更具有宝贵的财物性质，所以《仪礼·聘礼》说使者所执的圭是由贾人保管的②。《周礼·大行人》说：“九州之外谓之蕃国，世壹见，各以其所贵宝为挚。”这样以贵宝为贽，性质更明显为贡献财物。

举行“委质为臣”之礼，不仅表示确立君臣关系，并由此确定了臣下贡献财物的责任。据前引乖伯簋，这年九月，周王命令益公出使眉敖处，次年二月眉敖即来朝见，献貴。“献貴”也就是“委质为臣”。凡

① 《周礼·膳夫》郑注：“郑司农云：以羔雁雉为挚见者，亦受之以给王膳。”《周礼·司士》郑注又说：“郑司农云：‘膳其挚者，王食其所执羔雁之挚。’玄谓膳者人于王之膳人。”

② 据《仪礼·聘礼》，使者所执之圭，由贾人保管，郑注：“贾人在官知物价者。”《周礼·玉府》有贾八人，掌“凡王之献金玉兵器文织良货贿之物，受而藏之。”圭既由贾人保管，就是当作重要财物的。

是一经“委质为臣”，就必须负起贡献人力和物力的责任，所谓“淮夷旧我員畮（贿）人（臣），毋敢不出其員，其责（积），其进人，其贮，毋敢不即餗（次）、即岑（市）”（兮甲盘）。《鲁颂·泮水》说：“憬彼淮夷，来献其琛，元龟象齿，大赂南金。”情况也相同。到春秋时，霸主成为诸侯之长，当霸主召集诸侯会盟时，诸侯前来朝聘的，也要按自己不同的身份执“贽”，更要按等级来贡献财物。《左传·哀公十三年》记载黄池之会的情况说：

吴人将以公见晋侯，子服景伯对使者曰：“王合诸侯则伯帅侯牧以见于王，伯合诸侯则侯帅子男以见于伯。自王以下，朝聘玉帛不同，故敝邑之职贡，于吴有丰于晋，无不及焉，以为伯也。”

由于宾主的地位不同，朝聘所用的“贽”也不同，所谓“朝聘玉帛不同”；由于“朝聘玉帛不同”，所负担的“职贡”也就不同。春秋时霸主所采用的这种制度，该就是“委质为臣”之礼的进一步扩展。

由此可见，“委质为臣”之礼，不仅表示在政治上确立了君臣关系，臣下必须效忠于君上；同时还表示在经济上确立了贡纳关系，臣下必须按规定贡献于君上。同时，小辈对长辈行“委质”之礼，不仅表示确立了长幼的亲属关系，也还表示对尊长负有侍奉和服役的责任①。即使师生关系也是如此，弟子对老师行“委质”之礼，以“束脩”

① 《左传·桓公二年》载师服说：“吾闻国家之立也，本大而末小，是以能固。故天子建国，诸侯立家，卿置侧室，大夫有贰宗，士有隶子弟，庶人工商各有分亲，皆有等衰，是以民服事其上而下无觊觎。”服虔注：“士卑，自其子弟为仆隶”（《仪礼·既夕礼》正义引）。有人据此，认为周代贵族的家长可以把子弟当作奴隶来使用。其实，从上下文来看，“士有隶子弟”，是说“士”这个阶层的“宗子”（即家长）所属有“子弟”，犹如“大夫有贰宗”、“庶人工商各有分亲”，并不是说家长可以把子弟当作奴隶。但是当时贵族的小辈，对于尊长确有侍奉和服役的责任。《论语·为政》载：“子夏问孝，子曰：色难。有事，弟子服其劳；有酒食，先生馔，曾是以为孝乎？”此处所谓先生即指长辈，所谓弟子即指幼辈。

献给老师,不仅表示确立了师徒关系,还表示要为老师服劳役和承担纳学费的责任①,所以“束脩”就成为学费的名称。

西周、春秋间,不仅确立君臣关系有“委质”或献贽之礼;如果两国相战,战败国的国君不得不屈服时,更有一种表示投降的“贽见礼”。

《左传·僖公六年》载:蔡穆侯带了许僖公到武城见楚成王,许僖公“面缚衔璧,大夫衰绖(丧服),士舆榇(棺)”,楚成王问逢伯,逢伯说:“昔武王克殷,微子启如是。武王亲释其缚,受其璧而祓之,焚其榇,礼而命之,使复其所。”②楚王就照这样办了。《左传·昭公四年》载:楚国灭赖,赖君“面缚衔璧,士舆榇从之”。楚灵王问椒举,椒举说:“成王克许,许僖公如是,王亲释其缚,受其璧,焚其榇。”楚王又照样做了。这两次投降的贽见礼,都是“面缚衔璧”,以“璧”为贽的。杜预解释“面缚衔璧”说:“缚手于后,唯见其面,以璧为贽,手缚故衔之。”《左传·宣公十二年》载:楚军攻克郑国,“郑伯肉袒牵羊以逆”。这个投降的贽见礼,又用“肉袒牵羊”的仪式,肉袒是袒衣裸体,“牵羊”就是以羊为贽。《礼记·曲礼上》说:“效马效羊者右牵之,效犬者左牵之,执禽者左首,饰羔雁者以缋。”所谈的,就是以禽兽为贽来进献的方式。这时郑伯行投降的“贽见礼”,牵羊来迎接,因为按礼,献

---

① 《吕氏春秋·尊师》说:“治唐(场)圃,疾灌寖,务种树;织葩屦,结罝网,捆蒲苇;之田野,力耕耘,事五谷;如山林,入川泽,取鱼鳖,求鸟兽;此所以尊师也。视舆马,慎驾御,适衣服,务轻暖;临饮食,必蠲絜;善调和,务甘肥;必恭敬,和颜色;审辞令,疾趋翔,必严肃;此所以尊师也。”很具体地说明了当时弟子对老师有贡献和服役的责任。

② 《史记·宋世家》载:“周武王伐纣克殷,微子乃持其祭器,造于军门,肉袒面缚,左牵羊,右把茅,膝行而前以告,于是武王乃释微子,复其位如故。”这个记载与《左传》逢伯所说,颇有出入,“肉袒”“牵羊”则与《左传·宣公十二年》所记郑伯迎降的情况相同。

羊是要牵着的①。在上述这种投降的"贽见礼"中,多数用"面缚衔璧"的方式,胜利者都"释其缚,受其璧,焚其榇","释其缚"和"焚其榇",无非表示采取宽大的处理办法,"受其璧",更是表示接受其"委质为臣"。

根据上面的论述,关于"贽"的授受仪式的作用与"委质为臣"制度,可以归纳为下列三点:

(1)"贽"的授受仪式,包括授受地点、执"贽"手法、授受方式以及受而是否归还,用来表示确立和维护贵族的等级、名分以及彼此关系,从而巩固贵族组织,维护贵族统治的秩序。

(2)陈放地上而不亲相授受的"奠贽"方式,把"贽"付给主人而不再收还的"委质"方式,是小辈见尊长的"贽"的授受仪式。用来确立长幼的亲族关系、弟子与老师的师徒关系、臣下与君上的君臣关系等。

(3)"委质为臣",不仅用来表示君臣关系的确立,还用以表示对君上的臣服、忠心,并对君上应尽义务(包括人力和财物的贡献)的承担。同样的,用"束脩"作为"贽","委质"请为弟子,不仅表示确立师徒关系,还表示愿为老师服劳役,和承担纳学费的责任。

西周、春秋时,许多政治上重要的制度,往往贯串在各种"礼"的举行中。根据本文的论述,可以很清楚地看到,这种"贽见礼"不仅是一种交际的仪式,更重要的,是一种确立和维护贵族的组织关系的人

---

① 《吕氏春秋·行论》载:楚庄王"兴师围宋九月","宋公肉袒执牺,委服告病……乃为却四十里,而舍于卢门之阖,所以为成而归也。"所谓"肉袒执牺,委服告病",即行投降的"委贽礼","执牺"就是以牺为贽。但是《左传·宣公十五年》记载这事,说是"使华元夜入楚师,登子反之床,起之曰:寡君使之以病告……。"

事制度，其作用在于表明贵族的各等身份和地位，确立和维护贵族内部的各种组织关系如君臣关系、亲族关系、师徒关系等，明确相互关系中彼此应尽的责任和应得的权利，从而巩固贵族的组织，加强贵族阶级的统治。这是在战国时代确立官僚制度和集权的政治组织以前[①]，贵族统治组织中的一种重要制度。

---

① 关于战国时代的官僚制度和集权的政治组织，详见拙作《战国史》第六章。

第十章　“册命礼”的仪式

西周王朝举凡继承王位、分封诸侯、任命官职、赏赐臣下或诰诫臣下，都要隆重举行册命礼。文献对册命礼仪式的记载，以《礼记·祭统》与《周礼·大宗伯》郑玄注最为概括。《礼记·祭统》说：

古者明君爵有德而禄有功，必赐爵禄于太庙，示不敢专也，故祭之日一献，君降立于阼阶之南，南乡（向），所命北面，史由君右执策命之，再拜稽首，受书以归，而舍奠于其庙，此爵赏之施也。

《周礼·大宗伯》："王命诸侯则傧"，郑玄注：

傧，进之也。王将出命，假祖庙，立依前，南乡，傧者进当命者，延之命使登，内史由王右以策命之，降，再拜稽首，登，受策以出。

仪式记载较详的，有《逸周书·尝麦解》。所记“王命大正正刑书”的仪式：

史导王于北阶（当作“阼阶”），王陟阶，在东序，乃命太史尚大正即居于户西（“居”当作“位”），南向，九州牧伯咸进在中（“在”当作“廷”），西向。宰乃承王中升自客阶，作筴（策）执筴（策）从中，宰坐，尊中于大正之前，大祝以王命作筴（策）告大宗，王命□□秘作筴（策）许诺，乃北向，繇（读）书于两楹之间。

金文有载全套册命仪式的，可以颂鼎铭文为例：

隹（唯）三年五月既死霸甲戌，王才（在）周康邵（昭）宫。旦王各（格）大室，即立（位）。宰引右颂入门立中廷。尹氏受（授）王令书，王乎（呼）史虢生册令颂。王曰：“颂，令女（汝）官司成周贮廿家，监司新寤（造），贮用宫御，易女玄衣黹屯（纯），赤市朱黄、䜌旂、攸勒，用事。”颂拜稽首，受令册佩以出，反（返）入（纳）堇（瑾）章（璋）。颂对扬天子不（丕）显鲁休，用作朕皇考龏弔（叔）皇母龏始（姒）宝尊鼎（下文从略）。

陈梦家作《王若曰考》（收入《尚书通论》），将文献与金文所载册命礼概括为下列七点：

（1）文献上王策命之书称为“册”（《尚书·金滕》），“书”《尚书·顾命》、“简书”、“命书”，即金文的“令”、“令书”。

（2）文献上称史官宣读册命为“读书”（《仪礼·聘礼》）、“繇书”（《逸周书·尝麦解》）。“繇”即“读”字。

（3）文献上称“史”或“内史”秉书执策，金文史官作“作册尹”或“尹氏”。

（4）策命时授策于受命者，受命者再拜稽首，扬天子休，受策以出，出入三觐。

（5）策命时，王南向，受命者北面，史由王右以策命之，王南向而史在其右，则宣命之史在东而执策之史在西。据金文，受命者在中廷

图六十六 颂鼎及铭文

高三十一点四厘米，口径三十二点九厘米，重九点八二千克，腹内壁有铭文一百五十一字。现藏上海博物馆。（上海博物馆提供）

北向，当傧者之右，而受命者在中廷之西边的西阶前，面对宣命之史。王立于室南的阶南，楹在阶北室内，史立于王的右后（即北），故曰读书于两楹之间。受命者之“登”（升）、“降”，指上下阼阶。

(6) 策命之时傧者延受命者,赞其升降。傧或相,即金文所谓“右”。

(7) 内史掌书王命,贰之者录册命的副本而藏王室,其授予受命者的简册,往往载之于彝器。

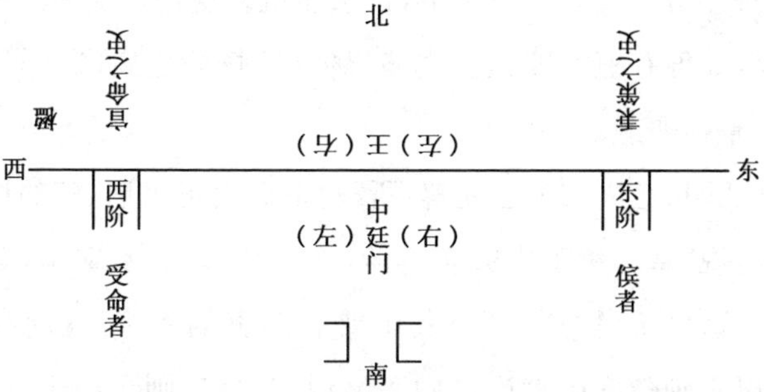

根据文献记载,“中廷”在东西两阶之前。王国维作《明堂庙寝通考》(《观堂集林》卷三),以为古代宗庙如明堂之制,东南西南四面有四堂四室两两相对,中有“大室”,金文所谓王在周康邵(昭)宫、周康穆宫、周康剌(烈)宫、周康宫新宫是指同为康王之庙,而有昭、穆、烈、新四宫,在四宫之中有“大室”。王氏此说全出推想,并不可信。近年考古发现的古代宗庙遗址,也可见此说不确。

陈梦家以为金文称策命地点在“宗周大庙”、“宗周穆庙”、“周康庙”、“周庙图室”、“吴大庙”的,当在宗庙;金文又称在周康穆宫、周康剌(烈)宫、周康邵宫大室、周康穆宫大室、康宫新宫大室的,当为王宫之大室。陈氏此说亦不确。《诗经·大雅·常武》载:“赫赫明明,王命卿士,南仲大祖,大师皇父。”《毛传》:“王命南仲于大祖。”正义说:“言王命南仲于太祖,谓于太祖之庙命南仲也。”这是正确的。常规的策命地点当在宗庙,如吴彝、蔡簋、师旋簋都在“庙”;免簋、师兑簋作

“大庙”；无叀鼎、盠方彝作“周庙”；师酉簋作“吴大庙”；另一师兑簋作“康庙”；大克鼎作“穆庙”；大多数器铭作“大室”，“大室”当为宗庙之大室。伊簋作“穆大室”，当为穆庙之大室。郝懿行《尔雅义疏》说：“古者宗庙亦称宫，《公羊传·文公十三年》鲁公称世室，群公称宫，《诗》云公侯之宫，又云宗室牖下，皆宗庙也。”这是正确的。古人亦称宗庙为宫，如鲁有桓宫即桓公之庙，炀宫即炀公之庙，这样的称呼在古文献中是很普遍的。

上文所引《逸周书·尝麦解》所载“王命大正正刑书”的册命礼特别隆重，所说“宰乃承王中升自客阶，作策执策从中，宰坐，尊中于大正之前”。这里所说的“中”是其中盛有刑书的木椟。《周礼·小司寇》说：“以三刺断庶民狱讼之中”，又说：“岁终，则令群士计狱弊讼，登中于天府。”所谓“中”都是指藏有刑书的木椟。《尝麦解》所说“作策”就是“作册”，也即史官。《尝麦解》所说“王命大正正刑书”的仪式，由宰捧了藏有刑书的“中”升登，作策（史官）从“中”取出“策”来执着，接着宰坐下，把“中”安放在大正之前，大祝告知作策（史官）以王命告大宗，然后大正北向，由作策（史官）读书于两楹之间。

古代称盛放筹算、书策的木椟为“中”。射礼中设置有盛筹算的“中”，见于《仪礼·乡射礼》。《礼记·投壶》所说：“司射奉中”，“中”也是盛放筹算之器。“史”字从“中”从“又”，就是以手执“中”的形象，史即由此得名。

这里特别要指出，举行册命礼，受命者居左，同时有导引者居右。这种导引者，文献称之为“傧”或“摈”，金文称之为“右”，负责导引受命者入中门，立中廷，北向而接受册命。金文作为“右”者都是朝廷的公卿大臣，有称为“公”或“伯”的，有官为司马、司徒、司工、宰、公族的。因为西周王朝的朝廷大臣，确有公卿两级，有公伯两等爵位。公一级的，早期有太保、太师和太史，后期只有太师和太史。卿一级的，早期有司徒、司马、司工、司寇、太宰、公族，中期以后司寇职位降低，只有五位大臣。册命礼是当时周王册命官职和赏赐臣下的重要制度，“右”者是引导受命者的朝廷公卿大臣，“右”者和受命者之间有着上下级的组织和统属关系。册命礼是公卿所属的官吏朝见周王而接受册命的仪式，因此受命的官吏必须通过上级公卿大臣的导引。我们可以从此有系统地研究当时朝廷大臣的组织及其所统属的官僚体系。

第十一章　出征、出猎和执驹的礼制

一　出征的礼制“禷”祭和“禡”祭

西周王朝对出征的礼制有一定的规定。《礼记·王制》说：“天子将出征，类乎上帝，宜乎社，造于祢，禡于所征之地，受命于庙，受成于学。出征执有罪，反，释奠于学，以讯馘告。”这一系列出兵时所举行的礼仪活动，确是西周王朝所规定的。

《诗经·大雅·皇矣》记述文王伐崇得胜，“是类是禡，是致是附，四方以无侮”。可知西周初年“类”、“禡”等祭礼已经举行。《尔雅·释天》说：“是禷是禡，师祭也。”郭璞注：“师出征伐，类于上帝，禡于所征之地。”这是正确的。

“类”即“禷”，《说文》云：“禷，以事类告也。”许慎《五经异义》解释说：“非时祭天谓之类，言以事类告也”（《史记·五帝本纪》正义引）。这是说，“类”不是定期的祭天，是临时有大事而举行祭礼告天。

“禡”是“师祭”，《说文》云：“师行所止，恐有慢其神，下而祀之曰祃。”《王制》郑玄注云：“祃，师祭也，为兵祷，其礼亦亡。”郝懿行《尔雅义疏》说：“按《公羊传·庄公八年》：出曰祠兵，何休注：将出兵必祠于近郊，是祠兵即祃祭，古礼犹未亡也。祃借作貉，《肆师》云：祭表貉则为位，郑注：貉，师祭也。貉音陌，读为十百之百，于所立表之处为师祭，造军法者祷，气势之增倍也。其神盖蚩尤或曰黄帝。又《甸祝》云：掌表貉之祝号。杜子春读貉为百尔所思之百，书亦或为祃。貉，兵祭也，甸以讲武治兵，故有兵祭，引《诗》及《尔雅》，然则祃本兵祭，因田猎习兵，故亦依仿为之，实则祃宜于所征之地。”郝氏此说，很是正确。古代确有祭祀战神的礼俗。《史记·封禅书》称齐有八神，“三曰兵主，祠蚩尤，蚩尤在东平陆监乡，齐之西境也”。并说：“八神将自古有之，或曰太公以来作之。”相传黄帝、炎帝是用兵的开始，《吕氏春秋·荡兵》说：“兵所自来久矣，黄、炎故用水火矣。”《史记·高祖本纪》记其初起时“立季为沛公，祠黄帝、祭蚩尤于沛庭而衅鼓旗”。刘邦起兵出征，祭祀黄帝和蚩尤而“衅”鼓旗，“衅”是血祭，就是祭祀战神（即兵神）。等到天下已定，刘邦还是“令祝官立蚩尤之祠于长安”（见《史记·封禅书》）。蚩尤相传是神话中兵器的创作者，《山海经·大荒北经》说：“蚩尤作兵伐黄帝。”《管子·地数》说黄帝“欲陶天下而以为一家”，蚩尤“为剑、铠、矛、戟”。黄帝相传是神话中教导野兽战胜赤帝于阪泉的，《大戴礼记·五帝德》说：黄帝“教熊、罴、貔、豹、虎，以与赤帝战于版（阪）泉之野，三战然后得行其志”。这些传说都该与蚩尤、黄帝为战神有关。古代确有祭祀战神或兵神的礼俗，西周的祃祭就是这种祭礼的开端。

二　出猎的礼制——祭祀马祖

特别值得注意的是西周对马神的祭祷。《诗经·小雅·吉日》：

“吉日维戊，既伯既祷。田车既好，四牡孔阜。升彼大阜，从其群丑。”《毛传》：“伯，马祖也。重物慎微，将用马力，必先为之祷其祖。”西周贵族由于重视马力，崇祀马神而祈祷。这样把马神称为“伯”，可知他们对马神的尊崇。《周礼》夏官的校人，掌王马之政，“春祭马祖”，郑玄注：“马祖，天驷也。”可知马祖就是天驷。《尔雅·释天》：“天驷，房也。”郭璞注：“龙为天马，故房四星谓之天驷。”《史记·天官书》：“房为府，曰天驷。”索隐引《诗记历枢》说：“房为天马，主车驾。”又引宋均云：“房既近心，为明堂，又别为天府及天驷也。”房有四星，南星名左骖，北星名右骖，中二星名左服右服，四星合为天驷。正义说：“房星，君之位，亦主左骖，亦主良马，故为驷，王者恒祠之，是马祖也”。他们认为房四星合为天驷，马祖之神就在那里，主管车驾，因而每年初次选定吉日出发田猎，要先祭祀马祖之神而祈祷，见于《小雅·吉日》。祭祀马祖，按礼是要在春天举行的，《周礼·夏官·校人》所谓“春祭马祖”。

三　“执驹”的礼制

一九五五年三月陕西眉县李村西周窖穴出土盠驹尊作马形，器铭作：“惟十又三月辰才（在）甲申，王初执驹于㡿（岸），王乎（呼）师豦召盠。王亲旨（诣）盠，驹易（锡）两”（下文从略）。盖铭作：“王𩣡（拘）驹㡿（岸），易（锡）盠驹[illegible]雷骓子。”同时另出盠驹尊盖，铭作：“王𩣡（拘）駒，厚易（锡）盠驹，[illegible]雷骆子。”

一九八四到一九八五年间陕西长安张家坡井叔墓中出土井叔鼎，同时出土三件盨盖，铭文都是“唯三年五月既生霸壬寅，王才（在）周，执驹于滆应，王乎（呼）嶲趩召达，王易（锡）达驹”（下文从略）。达当为井叔之名。

所谓“执驹”是当时一种养马的礼制。《周礼》夏官司马的校人：“春祭马祖，执驹。”郑玄注引郑司农云：“执驹，无令近母，犹攻驹也。二岁曰驹，三岁曰駣。玄谓执犹拘也，春通淫之时，驹弱，血气未定，为其乘匹伤之。”《周礼》夏官司马的庾人，“掌十有二闲之政”，“及祭马祖、祭闲之先牧，及执驹、散马耳”。《夏小正》载四月“执陟攻驹”，戴德传云：“执也者，始执驹也。执驹也者，离之去母也，执而升之君也。”可知执驹礼是对二岁的小马离开母马而升入王闲为服马时，初系马具所行之礼。西周重视此礼，特由周王亲自参与。所说“执驹于岸”，当是举行此礼于辟雍中大池之岸。

所谓“执驹”，“执”当为“絷”的通假。“絷”一作“㬎”，见于《说文》。《礼记·月令》和《吕氏春秋·十二纪》，记季春之月“乃合累牛、腾马，游牝于牧”。仲夏之月“游牝别其群，则絷腾驹，班马政”。高诱于季春之月注云：“累牛，父牛也。腾马，父马也。皆将群游从牝于牧之野，风合之。”又于仲夏之月注云：“是月牝马怀妊已定，故放之则别其群，不欲驹蹄逾趯其胎骨，故絷之也。”按《周礼·夏官·牧师》称：“中(仲)春通淫。”《礼记·月令》称季春“乃合累牛、腾马，游牝于牧”。当时为了便于所牧牛马的“通淫”，没有把雌性牛马系于牧，成为所谓“游牝”，等到仲夏之月牝马怀妊已定，就从牧群中放出，同时把原来随从母马的二岁小马系住，送进王闲以便使用，举行“执驹”礼。《夏小正》四月“执陟攻驹”，“执”是“絷”的通假，“陟”是升登君王之闲。《说文》有“㬎”字，说：“㬎，绊马也”，“读若辄”，与“絷”从“执”声，声近通用。《说文》又有“𦋺”字，说：“𦋺，马络头也。从网从㬎。”所谓“执驹”，就是给二岁小马套上络头及马具。因为二岁小马已能服车，套上络头及马具，便可驾驶马车而使用。所谓“攻驹”，戴德解释说：“攻驹也者，教之服车，数舍之也。”洪震煊《夏小正疏义》说：“此谓施之羁绊，则可以升之君闲矣。攻犹习也，闲习舆卫是必教之。”可知“执驹”礼具有教导成熟小马“服车”的技艺的作用。“执”是“絷”的通假，指套上络头和马具以及用缰绳带住，常用作动词，如《诗·周颂·有客》所说：“言授之絷，以絷其马。”

第十二章　重要祭礼简释

一　祭祀上帝于天室和开天辟地的神话

大丰簋载："王祀于天室，降。天亡又(佑)王，衣(殷)祀于王丕显考文王，事喜(糦)上帝。"所谓天室，近人有两种不同的解释，一说天室即明堂，一说天室即指嵩山，在古神话中，嵩山原有天神居住。这两种解释都是正确的。

《史记·封禅书》说："周公既相成王，郊祀后稷以配天，宗祀文王于明堂以配上帝"，正与大丰簋所载相合，可知天室正是明堂。

《史记·封禅书》说："昔三代之居皆在河、洛之间，故嵩高为中岳。"又云："太室，嵩高也。"嵩山是中原地区最高山峰，它的东部山峰名太室，海拔一千四百四十米。太室这个名称，西周时已有。《左传·昭公四年》记楚人椒举讲到："周幽为大室之盟，戎狄叛之。"杜预注："大室，中岳也。"古无"嵩"字，原来嵩山名为"崇"。《国语·周语上》说："昔夏之兴也，融降于崇山。"韦昭注："融，祝融也。崇，嵩高山也。"在古神话中,祝融原是从天下降到崇山的。为什么祝融要从天下降到崇山呢?《尚书·吕刑》说:"蚩尤惟始作乱……皇帝(即上帝)哀矜庶戮之不辜,报虐以威,遏绝苗民,无世在下,乃命重黎,绝地天通,罔有降格。"其中黎就是祝融。《国语·郑语》说:"夫黎为高辛氏火正……光照四海,故命之曰祝融。"古神话中,嵩山(即崇)原是高得通天的,由于祝融的"绝地天通",才使天地分开,天神不再下降。嵩山的最高峰的称为"太室",就是因为这里原有上天的通道,这是祭祀上帝最合适的处所。太室就是大室,原是对宗庙和宫殿中大礼堂的称呼,西周金文所载册命礼中,常常讲到"王才(在)大室"或"王格大室",或者庙的"大室",或者某宫的"大室"。嵩山之称为"大室",就是由于这是祭祀上帝的地方。所谓"天室",也是因为这是祭祀上帝的地方。

这种有关嵩山的神话,西周开国时期已经流行。《逸周书·度邑解》和《史记·周本纪》记载有武王制定规划建设东都洛邑的故事,据说武王因为"未定天保"("天保"是说上天保佑的国都),睡不着觉,决定要"定天保,依天室",还说"粤詹(瞻)雒(洛)、伊,毋远天室",因而"营(规划)周居(即东都)于雒邑而后去。"武王选定洛水、伊水流域的洛邑作为东都,其中一个原因,就是为了"依天室"和"毋远天室"。所说"天室"就是"大室",就是指嵩山,嵩山正当洛邑东南五十公里。武王祭祀上帝的天室,当即修建于嵩山附近。所谓"依天室",就是举行殷见礼于天室。

《尔雅·释山》:"山大而高,崧。"《释文》:"崧又作嵩。"郭璞注:"今中岳嵩,嵩山盖依此名。"《尔雅·释名》也说:"山大而高曰嵩。"《诗经·大雅·崧高》原是周宣王大臣尹吉甫因为宣王加封申伯于谢，作了这首诗，赠予申伯的。《崧高》开头就说："崧高维岳，骏极于天；维岳降神，生甫及申。"这是说嵩山高大得上达到天，嵩山有天神下降，生下甫侯（即吕侯）和申侯。他们相信嵩山是天神会集的地点。

《山海经》把高大的山分成两等，第一等叫做"冢"，第二等叫做"神"。《西山经》说："华山，冢也，其祠之礼用太牢。羭山，神也，祠之用烛。"郭璞注："冢者，神鬼之所舍也。"《中山经》又说："苦山，少室、太室，皆冢也，其祠之太牢之具，婴以吉玉，其神状皆人面而三首，其余属皆豕身人面也。"《山海经》的所谓"冢"，相当于《崧高》所谓"岳"。古人相信像华山、嵩山那样高大的山峰，是天神会集之地。

《吕刑》所说重黎从上天降下"绝地天通"，就是开天辟地的神话，这个神话从西周一直流传到战国时代。长沙发现的战国时代的《楚帛书》上，还记载有祝融和四季之神的"创世"神话。

二　郊祭

"郊祭"是在都城之郊祭天的典礼，是西周王朝最重大的祭祀仪式。《尚书·召诰》记载召公和周公开始营建东都洛邑，"周公朝（早）至于洛，则达观新邑营（通盘观察新邑的经营情况）。越三日丁巳，用牲于郊，牛二。越翼日戊午，乃社于新邑（设立"社"于新邑而祭祀），牛一、羊一、豕一。越七日甲子，周公乃朝（早）用书命庶殷侯、甸、男邦伯（用公文命令许多殷的领袖，包括侯、甸、男等诸侯）。厥既命殷庶，庶殷丕作（许多殷人领袖奉命从事工作）"。说明周召二公开始营建洛邑，在命令殷人动工之前，曾举行"郊祭"和"社祭"的仪式，这是祭祀天地的隆重典礼。

《逸周书·作雒解》对此有较详细的描写，据说在"作大邑成周

(即洛邑)”之后,“乃设丘兆于南郊,以祀上帝,配以后稷,日、月、星、辰,先王皆与食。诸受命于周,乃建大社于国中,其壝东青土、南赤土、西白土、北骊土,中央叠以黄土”。所谓“设丘兆于南郊,以祀上帝”,就是“用牲于郊”的“郊祭”。举行“郊祭”是要在南郊建设圆丘而登临祭祀的。所谓“建大社于国中”,就是为了“社于新邑”。所谓“壝”,就是筑成祭祀社神的土坛。这样以五色土筑成社坛的东、南、西、北、中五方,不见于其他西周文献资料,可能出于后人增饰。

《礼记·郊特牲》认为“郊之祭也,迎长日之至也”。“兆于南郊,就阳位也”。“于郊,故谓之郊。牲用骍,尚赤也。用犊,贵诚也。郊之用辛也。周之始郊,日以至”。这是说“郊祭”是在夏历冬至之日定期举行的。郑玄注引《易说》曰:“三王之郊一用夏正。”这在可靠的西周文献中尚无确证。《郊特牲》又说:“郊所以明天道也。帝牛不吉,以为稷牛。帝牛必在涤三月。稷牛唯具,所以别事天神与人鬼也。万物本乎天,人本乎祖,此所以配上帝也。郊之祭也,大报本反始也。”这样以后稷配上帝而“郊祭”,当出于周的“郊祭”。这样认为“事天神与人鬼”不同,如果所养准备祭祀上帝的牛不吉,必须用“涤三月”所养准备祭后稷的牛代替,临时选取其他的牛来祭后稷。“郊祭”是十分隆重的祭礼,必须事先报告祖先,要“卜郊”。《郊特牲》说:“卜郊,受命于祖庙,作龟于祢宫,尊祖亲考之义也。卜之日,王立于泽,亲听誓命,受教谏之义也。”所谓“泽”,当是辟雍的大泽的岸上。

西周“郊祭”的遗址,考古尚未发现。近年在春秋时代晋国新旧都城遗址(牛村古城)的东郊和南郊发现有“郊祭”的兽坑群,坑位有一定次序,二坑或四坑为一组,所埋牲畜,马最多,羊较少,牛更少。所埋陪葬品中有玉璧、玉璜等玉器。

三　社祭

根据前引《召诰》所载营建洛邑前的祭礼,“社祭”的重要性仅次于“郊祭”。“社祭”殷代已很流行,见于殷墟卜辞。《诗经・大雅・緜》描写大王亶父迁居到岐(今陕西岐山),讲到营造室家,建筑城墙、城门之后,“迺立冢土,戎丑攸行”。《尔雅・释天》说:“乃立冢土,戎丑攸行。起大事,动大众,必先有事乎社而后出,谓之宜。”《毛传》也说:“冢土,大社也。起大事,动大众,必先有事乎社而后出,谓之宜。”所说“大事”是指军事行动,所说“有事”是指祭祀典礼。《緜》的正义引孙炎曰:“大事,兵也。有事,祭也。知兵为大事者,《左氏・成十三年传》云:国之大事,在祀与戎是也。《春秋》书有事于大庙(宣八年),有事于武宫(昭十五年),皆谓祭事,故知祭为有事也。”所谓“宜”,就是《周礼・大祝》所说“大师宜乎社”。

古人以为社神与国家的建设有密切关系。《墨子・明鬼下》说:“三代之圣王,其始建国营都日,必择国家之正坛置以为宗庙,必择木之修茂者立以为丛社。”(“社”原误作“位”,从孙诒让改正)并且说:“故圣王其赏也必于祖,其僇也必于社。赏于祖者何也,告分之均也。僇于社者何也,告听之中也。”古时君王出征,常载庙主与社主以行,“赏于祖”就是奖赏战胜者于庙主之前,“戮于社”就是杀死战败者于社主之前。例如《夏书・甘誓》结句就说:“用命,赏于祖;弗用命,戮于社。予则孥戮汝。”《墨子・明鬼下》引作《夏书・禹誓》,结句也说:“若不共命,是以赏于祖而僇于社。”西周沿用这种礼制。《礼记・大传》说:“牧之野,武王之大事也,既事而退,柴于上帝,祈于社,设奠于牧室。”郑玄注:“牧室,牧野之室也。”所谓“设奠于牧室”,就是在牧野克商之后，在前线当场向祖先举行告捷的祭礼。

宜侯夨簋，载："隹四月辰才(在)丁未，王省武王、成王伐商图，征(延)省东或(国)图。王立(位)于宜，入土(社)，南乡(向)。王令虞侯夨曰：䌛！侯于宜"(下文从略)。这里所说"入社，南向"而后"王令虞侯夨"，是说周康王是在社坛上发布册封虞侯夨的命令。

四　禘祭

《尔雅·释天》："禘，大祭也。"《诗经·周颂·雍》的《序》说："雍，禘大祖也。"郑笺："禘，大祭也。大于四时而小于祫。大祖谓文王。"禘是太庙中的大祭，不限于文王。小盂鼎记载周王在周庙接受盂战胜鬼方后的献俘典礼，"用牲啻(禘)周王、□王、成王"。剌鼎载："唯五月，王才(在)□，辰才(在)丁卯，王啻，用牡于大室，啻(禘)邵(昭)王"(下文从略)。可知禘祭是祭祀先王的大祭，不限于开国的君王。所祭所用牲畜有"用牲"、"用牡"的不同。庚姬尊载："隹(惟)五月辰在丁亥啻(禘)司(祠)，赏庚姬贝卅朋。"这是庚姬因参与禘祠受赏。

五　衣祭

衣祭即殷祭，"衣"、"殷"声近通用。殷商称大合祭祖先为"衣"，常见于殷墟卜辞。西周与殷商不同，是指群臣大会见而共同参与大献祭。大丰簋载："乙亥王又(有)大丰(礼)，王凡(泛)三方。王祀于天室，降。天亡又(佑)王，衣(殷)祀于王不(丕)显考文王，事喜上帝"(下文从略)。衣祀当是盛大的祭礼。

六 烝祭

《国语·楚语下》记楚昭王时大夫观射父讲到“郊禘不过茧栗，烝尝不过把握。”“烝”字，甲骨文和金文作䒼，像以米盛于豆而献祭。《诗经·小雅·天保》说：“吉蠲为饎，是用孝享。禴祠烝尝，于公先王。”《尔雅·释天》称：“春祭曰祠，夏祭曰礿，秋祭曰尝，冬祭曰烝。”盂鼎铭文中讲到“有祡、烝祀无敢扰”。段簋载：“唯王十又四祀十又一月丁卯，王鼒(在)毕登(烝)。戊辰，曾(赠)。”郭沫若《两周金文辞大系考释》，依据《周本纪》所引《泰誓》“太子发上祭于毕”，集解引马注：“毕，文王墓地名”，《孟子·离娄》“文王卒于毕郢”，赵注：“毕，文王墓，近丰、镐之地”，认为“此言毕烝盖烝祭文王”。又认为“曾”是“赠”的省文，就是《周礼·春官·男巫》所说“冬堂赠”，郑玄注引杜子春云：“堂赠，谓逐疫也。”段簋铭文在十一月，正与《周礼》相合。同时与《尔雅》“冬祭曰烝”、《周礼·春官·大宗伯》“以烝冬享先王”相合。

郭氏以为“毕烝”是祭于文王墓地之说，恐不足信。《古本竹书纪年》(《通鉴前纪》卷五所引)：“纣六纪，周文王初禴于毕。”“禴”即“礿”字，《尔雅·释天》所谓“夏祭曰礿”。王国维《古本竹书纪年辑校》说：“《唐书·历志》：纣六年周文王初禴于毕，虽不著所出，当本《纪年》。”考《周本纪》说：“九年武王上祭于毕。”集解引马融曰：“毕，文王墓地名也”，而索隐云：“按文云上祭于毕，则毕，天星之名。毕星主兵，故师出而祭毕星也。”洪亮吉认为古无墓祭之礼，并引《后汉书·苏竟传》“武王上祭毕星，求助天也”，赞成索隐之说。其实，毕确为地名，所说“初禴于毕”和“上祭于毕”，所祭当为天神而非墓地。《周易·既济》：“东邻杀牛，不如西邻禴祭，实受其福。”《礼记·坊记》引此爻辞，郑玄注:“东邻谓纣国中也。西邻谓文王国中也。”《汉书·郊祀志》载杜邺说王商曰:“东邻杀牛不如西邻禴祭,言奉天之道,贵以诚质、大得民心也。”可知“禴祭”所祭是天神。《国语·楚语下》记观射父解释孟冬之月所以要烝尝的道理,“日月会于龙豵(指孟冬之月日月合辰于尾上),土气含收,天明昌作,百嘉备舍,群神频行,国于是乎蒸尝,家于是乎尝祀”。这是说,到孟冬之月土气使得万物含藏,天气昌明,百物都收藏入仓库,群神频繁地出行,因此必须对群神举行“蒸尝”的祭祀。观射父接着还说:“天子禘郊之事,必自射其牲,王后必自舂其粢;诸侯宗庙之事,必自射牛、刲羊、击豕,夫人必自舂其盛。况其下之人,其谁敢不战战兢兢,以事百神!”“蒸祭”百神,确是西周春秋间最广泛推行的礼制。

从周文王“初禴于毕”,武王“上祭于毕”,以及懿王时制作的段簋所说“王在毕烝”看来,西周王朝在毕地建有祭祀天神的设施,周王常在冬季前往毕地举行烝祭之礼的。《礼记·月令》所说孟冬之月“大饮烝。天子乃祈来年于天宗,大割祠于公社及门闾”,很可能是从西周时代冬天举行的“烝祭”发展而来的。

第七编

西周王朝的衰亡和东迁中原

第一章　西周后期王室逐步衰落

一　懿王时“王室遂衰”

《周本纪》载：“懿王之时，王室遂衰，诗人作刺。”《汉书·匈奴传》载：懿王时，“戎狄交侵，中国被其苦，诗人始作，疾而歌之曰：靡室靡家，獫允（即严允）之故。”按《周本纪》称昭王之时“王道微缺”，穆王之时“王道衰微”，懿王之时“王室遂衰”，盖自昭王以后逐步衰落，到懿王时国力衰退，因而戎狄开始入侵。

二　夷王为诸侯所拥立和烹杀齐哀公

《周本纪》载：“懿王崩，共王弟辟方立，是为孝王。孝王崩，诸侯复立懿王太子燮，是为夷王”。崔述《丰镐考信录》评论说：“懿王之崩，子若弟不得立而立孝王；孝王之崩，子又不立而仍立懿王子，此必皆有其故，史失之耳。否则孝王乃懿王弟，兄终弟及而仍传之兄子，于事理为近，然不可考矣。《史记》又称诸侯立懿王太子燮，按立君大事，自有朝廷大臣主之，非若春秋之世王室微弱，乃藉外兵以复国也，诸侯安得操其权乎？恐子长亦以春秋时事例之耳。今删诸侯之文。”

崔氏这个说法不确。此时西周王室已经衰弱，势力强大的诸侯开始干预王位，因而先是兄终弟及，继而又传之兄子。《礼记·郊特牲》说：“觐礼，天子不下堂而见诸侯。下堂而见诸侯，天子之失礼也，由夷王以下。”郑玄注：“时微弱，不敢自尊于诸侯也。”因为周夷王等乃诸侯所拥立，当然不敢自尊于诸侯。

《古本竹书纪年》载：夷王三年“王致诸侯，烹齐哀公”（《周本纪》正义和《太平御览》卷八五所引）。《齐世家》说：“哀公时纪侯谮之周，周烹哀公而立其弟静，是为胡公。胡公徙都薄姑，而当周夷王之时。”周夷王烹杀齐哀公，是由于“纪侯谮之周”和周夷王的“致诸侯”。

《左传·昭公二十六年》记王子朝使告于诸侯，讲到“至于夷王，王愆于厥身，诸侯莫不并走其望（祭祀名山大川），以祈王身”。杜预注：“愆，恶疾也。”说明夷王虽然微弱而有恶疾，尚为诸侯所拥戴。

三　厉王因暴虐和“专利”而被流放

《国语·周语上》载：“厉王虐，国人谤王。邵（召）公告曰：‘民不堪命矣！’王怒，得卫巫，使监谤者，以告，则杀之。国人莫敢言，道路以目。王喜，告邵公曰：‘吾能弭谤矣，乃不敢言。’邵公曰：‘是障之也，防民之口，甚于防川。……’王不听，于是国莫敢出言，三年流王于彘。”所谓“国人”是指居住在国都的“公民”，他们有纳军赋和服兵役的义务，是当时国家政治上和军事上的重要支柱，当国家有危难，有迁都和废立君主等大事，执政者要征询他们的看法，他们会发表意见，甚至采取行动。这时周厉王暴虐，杀死诽谤的国人，禁止国人言论，因而被国人流放到彘，彘在今山西霍县。

《周语上》又载，“周厉王说（悦）荣夷公，芮良夫曰：‘王室其将卑乎！夫荣夷公好专利而不知大难。夫利，百物之所生也，天地之所载也，而或专之，其害多矣。天地百物，皆将取焉，胡可专也？所怒甚多，而不备大难，以是教王，王能久乎？……今王学专利，其可乎？匹夫专利，犹谓之盗，王而行之，其归鲜矣。荣公若用，周必败。’既，荣公为卿士，诸侯不享，王流于彘。”周厉王之所以要被流放，还由于厉王重用“好专利”的荣夷公为执政的卿士。所谓“专利”就是独占山泽之利，独占天地间所生的百物。原来山泽是开放的，任何人都可以进入山泽中从事采集活动，这时被荣夷公“专利”而霸占了。

四　共伯和摄行天子事

《左传·昭公二十六年》记王子朝使告于诸侯，讲到“至于厉王，王心戾虐，万民弗忍，居王于彘。诸侯释位，以间王政”。《古本竹书纪年》载：“厉王既亡（“厉”原误“幽”，今改正），有共伯和者摄行天子事”（《晋书·束皙传》所引）。又说：“共伯和干王位”（《周本纪》索隐所引）。《庄子·让王篇》说：“共伯得乎共首。”《释文》引司马彪注：“共伯名和，修其行，好贤人，诸侯皆以为贤。周厉王之难，天子旷绝，诸侯皆请以为天子，共伯不听，即干王位。”《鲁连子》称：“卫州共县本共伯和之国也。共伯名和，好行仁义，诸侯贤之。周厉王无道，国人作难，王奔于彘，诸侯奉和以行天子事，号曰共和元年”（《周本纪》正义所引）。《吕氏春秋·开春》：“共伯和修其行，好贤仁，而海内皆以来为稽矣。周厉之难，天子旷绝，而天下皆来谓矣。”高诱注：“谓天子也”（按元刻本、李本张本等皆作“请天子”）。《周本纪》所说“召公、周公二相行政，号曰共和”，不确。

或释师毁簋的白(伯)龢(和)父为共伯和，非是。“伯和父”或作“师龢(和)父”，见师嫠簋和师兑簋，是师氏；共伯和是诸侯，不可能是一人。

五 宣王强立鲁国君主

《国语·周语上》载：“鲁武公以括与戏见王，王立戏。樊仲山父谏曰：‘不可立也，不顺必犯，犯王命必诛，故出令不可不顺也。……今天子立诸侯而建其少，是教逆也……。’王卒立之。鲁侯归而卒，及鲁人杀懿公而立伯御。”韦昭注：“括，武公长子伯御也。戏，括弟懿公也”。

《周语上》又载：“三十二年春宣王伐鲁，立孝公。诸侯从是而不睦。宣王欲得国子之能导训诸侯者，樊穆仲曰：‘鲁侯孝。’王曰：‘何以知之？’对曰：‘肃恭明神而敬事耇老；赋事行刑，必问于遗训而咨于故实，不干所问，不犯所咨。’王曰：‘然则能训治其民矣。’乃命鲁孝公于夷宫。”韦昭注：“孝公，懿公之弟称也。”“夷宫者，宣王祖父夷王之庙，古者爵命必于祖庙。”

六 宣王料民于太原

《国语·周语上》载：“宣王既丧南国之师，乃料民于太原。仲山父谏曰：‘民不可料也！古者不料民而知多少，司民协孤终，司商协民姓，司徒协旅，司寇协奸，牧协职，工协革，场协入，廪协出，是则少多、死生、出入、往来者皆可知也。于是乎又审之以事，王治农于籍，蒐于农隙，耨获亦于籍，狝于既烝，狩于毕时，是皆习民数者也，又何料焉？

不谓其少而大料之，是示少而恶事也。临政示少，诸侯避之。治民恶事，无以赋令。且无故而料民，天之所恶也，害于政而妨于后嗣。'王卒料之，及幽王乃废灭。"宣王南征最后失败，丧失南国之师，周王朝就衰落了。

西周时代原实行井田制，农民除了耕种所分配的份地（私田）以外，都要集体耕作贵族所有的"公田"，或称"籍田"。周天子所有的"公田"是"千亩"。《周语上》称："宣王即位，不籍千亩。"韦昭注："籍，借也，借民力以为之。天子籍田千亩，诸侯百亩。自厉王之流，籍田礼废，宣王即位，不复遵古也"。西周天子有"大籍农"之礼，农民要集中耕作籍田，有"千耦其耘"、"十千维耦"的集体耕作的场面，即仲山父所谓"王治农于籍"，"耨获亦于籍"，因此农民的总数可以由此统计。籍田耕作完毕之后，农民还要参与集体狩猎，具有军事训练性质，即所谓"三时务农而一时讲武"，因此农民总数也可由此统计，所以仲山父说是"皆习民数者也"。自从宣王即位"不籍千亩"，农民的总数不能由此统计，这时周宣王"既丧南国之师"，想得到补充，因而"料民于太原"，就是要在广大平原地区登记人口，统计人民总数。

宣王号称中兴，曾伐淮夷、徐戎及楚和严允，伐楚所用战车多到三千乘，结果"丧南国之师"，而要料民（登记人口）来补充。其结果正如《周语上》所说"及幽王乃废灭"。

第二章　周人东迁和平王东迁

一　西周末年人祸和天灾交迫

西周末年王室腐败，官吏贪污暴虐，再加上连年旱灾，使人民流离失所。《太平御览》卷八七九引《随巢子》说："厉、幽之时天旱地坼。"又引《史记》说："共和十年大旱，火焚其屋。伯和篡位立，秋又大旱。"《通鉴外纪》说："二相立宣王，大旱。"可知厉王以后，连年有旱灾。《诗经·大雅·云汉》说："天降丧乱，饥馑荐臻。""周余黎民，靡有孑遗。"这是说上天降下死丧的祸害，连年发生灾荒，使得遗留的人民不能活着，说明旱灾非常严重。《诗经·大雅·瞻卬》说："瞻卬昊天，则不我惠。孔填不宁，降此大厉。邦靡有定，士民其瘵。蟊贼蟊疾，靡有夷届。罪罟不收，靡有夷瘳。"这是说仰望苍天，不给我恩惠，使我很久不安宁，又降下如此患难，使得国家不安定，士民受到祸害，蟊贼为害闯祸，没有平息完结，刑罚的网张开不收，士民的祸害不能平息。《瞻卬》又说："人有土田，女(汝)反有之；人有民人，女覆夺之；

此宜无罪，女（汝）反收之；彼宜有罪，女（汝）覆说（脱）之。”这是说执政者倒行逆施，颠倒是非，贪赃枉法，掠夺“土田”和“民人”，拘捕无罪的人，开脱有罪的人。《瞻卬》又说：“妇有长舌，维厉之阶。乱匪（非）降自天，生自妇人。”这是指责幽王宠幸的褒姒，搬弄是非，祸乱出于褒姒。这篇诗歌，描写了当时天灾和人祸交迫的情况。

《诗经·大雅·召旻》也是描写旱灾和人祸交迫情况的。《召旻》说：“旻天疾威，天笃降丧。瘨我饥馑，民卒流亡。我居圉卒荒。天降罪罟，蟊贼内讧。昏椓靡共（供），溃溃回遹。实靖夷我邦。”这是说苍天发出威势，天降下深重丧乱，造成饥荒，人民到处流亡，从国中到边境全都荒芜；苍天降下刑罚的网，蟊贼内讧，互相诽谤而不供职事，一片紊乱景象，真要颠覆我们国家了。

二　郑国和周人避难东迁中原

西周末年在这样人祸和天灾交迫的形势下，无论周的贵族和人民，都想要设法逃避这场大灾难了。都想要从西周王畿地区逃避出去。郑国的东迁，就是为了逃避灾难，转危为安。

郑国在今陕西华县一带，原是西周王畿以内的地方。始封之君郑桓公是周宣王之弟，原任王朝的司徒官职，是“甚得周众与东土之人”的，因为“王室多故”，请问太史伯阳“其何所可以逃死”，伯阳指点他设法逃往中原的“济、洛、河、颍”地区，也就是虢国和郐国所在地区。虢国即东虢，在今河南荥阳东北，郐国在今河南密县东南。伯阳建议郑桓公为了“周难之故，寄孥（家属）与贿（财货）焉”。等到政局紊乱，虢、郐二国之君“是骄而贪”，就要分夺郑的土地财货，这时“君若以成周之众，奉辞伐罪，无不克矣；若克二邑（指虢、郐二国），邬（一作鄢)、弊(一作蔽)、补、舟(一作丹)、依、𫛼(一作𫛼)、历、华,君之土也”。郑桓公依照伯阳的建议去做,“乃东寄孥与贿,虢、郐受之,十邑皆有寄地”。以上是根据《国语·郑语》的记载。《史记·郑世家》有着相同的记载,结尾说:“于是卒言王,东徙其民雒(洛)东,而虢,郐果献十邑,竟国之。”据此可知,所谓“寄孥与贿”,实际上就是迁移人民而寄居在那里。两年以后,犬戎“杀幽王于骊山下,并杀桓公,郑人共立其子掘突,是为武公”。郑桓公本人虽然仍然没有避开这场国难而被杀死,但是郑国因为人民东迁而继续保存下来,新的国都就称为新郑,即今河南新郑。

郑的东迁,对中原起着开发作用。《左传·昭公十六年》记载郑国大夫子产说:“昔我先君桓公与商人,皆出自周,庸次比耦以艾杀此地,斩之蓬蒿藜藋而共处之。世有盟誓,以相信也,曰:‘尔无我叛,我无强贾,毋或匄夺。尔有利市宝贿,我勿与知。’恃此质誓,故能相保以至于今。”据此可知,郑国和周人避难东迁中原,对中原的荒芜地区进行开垦,同时有从事贸易的商人随同前往,与当地执政者“世有盟誓”,互相保证和好相处。

三　周原和西都周人窖藏铜器而避难东迁

从汉代以来周原常有西周铜器出土,清代又有著名的西周重要铜器出土,如道光初年岐山县礼村发现大盂鼎、小盂鼎,道光年间岐山县发现毛公鼎和大丰簋,光绪十六年(一八九〇年)扶风任家村发现大克鼎等几十件,一九四〇年任家村发现梁其钟等一百多件。五十年代以来考古工作者在周原地区发现了西周铜器多到三千多件,铸有铭文的有一千多件。值得注意的是,重要铜器大多出于窖藏,窖穴大小因所藏铜器多少而不同，少的仅一两件，多的有二十多件、三十多件、五十多件甚至一百多件。其中重要的发现有下列五次：

(1) 一九六〇年十月扶风黄堆乡齐家村一窖发现柞钟、幾父壶、友父簋等三十九件。

(2) 一九六一年十月长安张家坡一窖出土师旋簋、盂簋、伯梁父簋等五十三件。

(3) 一九七三年五月长安马王村一窖出土卫簋、是娄簋等二十五件。

(4) 一九七五年二月岐山董家村一窖出土裘卫四器、倗匜、南仲父簋等三十七件。

(5) 一九七六年十二月扶风庄白村一窖出土微氏家族铜器丰尊、丰卣、旂觥、墙盘、瘐钟、伯先父鬲等一百零三件。

所有窖藏铜器有下列六个特点：

第一，窖藏数量众多，属于周原地区的扶风尤其集中，据统计，已发现五十三处，其次是岐山，有十五处，长安有九处。五十年代以来陕西出土西周铜器多达两千多件，其中铸铭的有一千多件，大多出于窖藏，仅少量出于墓葬。

第二，凡未经盗掘的墓葬，所出铜器规格多少，大体上都和墓主身份相当，而窖藏所出铜器并无整套的礼器，但常有宗庙用的重器和实用的大器，不少大器铸有长篇铭文。现在我们所见到的西周重器，如大盂鼎、大克鼎、多友鼎、墙盘等，都出于窖藏。

第三，窖藏铜器一般都在居住遗址的近旁，原是近旁屋主的所有物，大多埋藏草率，器物放置零乱，有的利用原来的灰坑，有的挖掘草率，而且所挖较浅，浅的只二十六到三十厘米，少数深的也不过三米。

只有少数窖穴经修整，放置有秩序，或大小相套。多数窖穴填有草灰或灰土，有的器物之间的空隙填满草木灰，因而器物保存完好。

第四，一窖所藏常是同一家族不同时期的器物。如扶风庄白村一窖出土微氏家族铜器一百零三件，既有早期旂的器和丰的器，又有中期墙的器和㾓的器。又如一九七六年临潼零口乡西段村一窖出土一百五十一器，既有武王时的利簋，又有西周晚期的陈侯簋等。

第五，所有窖藏的开口，都在西周文化层中。不少窖穴只藏西周晚期铜器，如一九六〇年扶风法门镇召陈村一窖出土的散伯车父的器二十一件，同年扶风齐家村一窖出土的幽王时制作柞钟等二十一件，一九八一年扶风黄堆乡下务子出土的师同鼎等，都很明显是西周末年所埋藏。

第六，各窖所藏铜器都没有完整的体系，如扶风庄白村所出多到一百零三件，簋多到八件，却没有和簋相配的鼎，编钟多到二十一件，却没有一套是完整的。有些窖藏所出铜器有残缺，如一九七六年扶风云塘所出白公父盨和壶，都有盖失器。有的一人之器分藏两窖，残缺可能因分藏两窖而造成。

从以上六个特点看来，所有窖藏，当是原住周原的大小贵族为了临时避难而埋藏的。西周晚期有两次变乱，先是厉王被流放到彘，再是犬戎入侵而幽王被杀，以致西周灭亡。少数窖藏是厉王被流放时所埋藏。一九七八年五月扶风齐家村发现的㝬簋，是周厉王十二年自铸用于宗庙的重器，器形特别高大，当是厉王被流放时，随从他的亲信临时埋藏的。大多数的窖藏当是犬戎入侵，西周将灭亡时，大小贵族从周原东逃而仓促埋藏的。当申侯、曾侯引犬戎向西都王畿进攻时，在《诗经・大雅・召旻》所说“今也日蹙国百里”的紧急情况下，原住周原一带的大小贵族避难东迁。所有这些铜器，都是他们世代相传的“传家宝”，用以代表他们的地位和权力的，仓促之下不便带走，只能临时窖藏起来。

一九七六年城固宝山乡苏村一窖出土铜器两百多件，除两件方罍外，全是戈、矛、戣、盾泡、脸壳等进攻和防卫武器，当是此地原来防守的周人，放下武器而逃难了。

四　西都大臣的封邑东迁中原

周宣王时，开始把亲戚和大臣分封到中原地区。周宣王曾分封他的母舅到申，称为申伯，接着又增加谢作为封邑，并派大臣召伯虎率领大军前往，“彻申伯土田”，建筑大城，营造寝庙，周王并且到郿（今陕西眉县东北），亲自为申伯饯行，还赏给大圭作为凭证。大臣尹吉甫还作《崧高》之诗赠予申伯，作为纪念，就是《诗经·大雅·崧高》。这是大举把亲戚分封到南国的典型例子。

与此同时，原来已在西都王畿有封邑的大臣，又重新加给中原的封邑。例如宣王的执政大臣仲山甫，“出纳王命，王之喉舌，赋政于外，四方爰发”，十分重要。仲山甫，《国语·周语上》作“樊仲山父”，韦注：“仲山父，王卿士，食采于樊。”尹吉甫曾作《烝民》一诗赠给仲山甫，大大赞扬他的美德、威仪以及辅佐国王的功绩。末段讲到“王命仲山甫城彼东方”，因而“仲山甫徂齐”（“齐”是“济”的通假）。原来仲山甫所封樊邑，就是汉代杜陵的樊乡，在今陕西长安东南。所谓“城彼东方”，就是在东方加赐封邑，就是汉代河内郡修武的樊，或称阳樊，在今河南济源东南。正在济水附近，所以说：“仲山甫徂齐（济）。”后人有误传以为是齐国的，是错误的。

到幽王时，为非作恶的卿士皇父更要到中原地区建筑大城，把搜刮积储的财物从西都用车马运来保藏。《诗经·小雅·十月之交》就讲到："皇父孔圣，作都于向。择三有事，亶侯多藏。……择有车马，以居徂向。"向在今河南济源南。这是讽刺的话，说这个卿士皇父真是很圣明，在向建筑大城，挑选三有司的官（司徒、司马、司空），积储了很多宝藏，挑选强壮的车马，运送到向邑储存。他们都在中原地方济水旁边筑城囤积财货，是为了便于把四方搜刮来的财货运送到这里。济水源出济源西王屋山，往东南流，就通到河水（黄河），由此可以通达四方。

五　秦和西戎的战斗以及周人避难东迁

《秦本纪》载："非子居犬丘，好马及畜，善养息之。……孝王召使主马于汧、渭之间。……于是孝王曰：'……朕其分土为附庸。'邑之秦，使复续嬴氏祀，号曰秦嬴。……秦嬴生秦侯。秦侯立十年卒，生公伯，公伯立三年卒，生秦仲。秦仲立三年，周厉王无道，诸侯或叛之。西戎反王室，灭犬丘大骆之族。周宣王即位，乃以秦仲为大夫，诛西戎。西戎杀秦仲。秦仲立二十三年死于戎，有子五人，其长者曰庄公。周宣王乃召庄公昆弟五人，与兵七千人，使伐西戎，破之。于是复予秦仲后及其先大骆地犬丘并有之，为西垂大夫。"

秦原是嬴姓游牧部族的一支，原居犬丘（今甘肃礼县东北），周孝王封以秦邑（今甘肃张家川东），作为附庸。周宣王以秦仲为大夫进攻西戎，被西戎杀死；周宣王乃召秦仲长子庄公统率兄弟五人，兴兵七千，使伐西戎而破之，周宣王因而给以西邑，称为西垂大夫。《史记正义》引《括地志》以为西邑即汉陇西郡西县，这是正确的，在今甘肃天水西南。同时周宣王又给以原来所住犬丘之地。

据虢季子白盘铭文，虢季子白“壮武于戎工（功），经维四方，搏伐严允于洛之阳”。虢季子白当即虢文公，当时任“大师”职，所以能称“经维四方”。据不𡢁簋盖铭文，白氏曰：“不𡢁（其），御方严允，广伐西俞（隃），王命我羞追于西，余来归献禽（擒），余命女（汝）御追于𠫑……。”白氏曰：“不𡢁，女（汝）小子，女（汝）肇诲于戎工（功）……。”结尾载：“不𡢁拜稽首休，用作朕皇祖公白、孟姬尊簋。”这个不𡢁，很明显就是秦庄公，庄公名其，见于《史记·十二诸侯年表》。秦庄公之祖确是公伯。所说“羞追于西”，即是汉代的西县。所说“白氏”当是虢季子白，这时秦庄公只是西周王朝的大夫，秦还是附庸，并未成为诸侯。因此，严格说来，不𡢁簋仍该是西周之器。

《秦本纪》载：秦襄公“七年春，周幽王用褒姒废太子，立褒姒子为適（嫡），数欺诸侯，诸侯叛之。西戎犬戎与申侯伐周，杀幽王骊山下。而秦襄公将兵救周，战甚力，有功。周避犬戎难，东徙雒邑，襄公以兵送周平王。平王封襄公为诸侯，赐之岐以西之地”。

秦在讨伐犬戎的过程中逐步兴起，由附庸、大夫而成为诸侯，同时在战斗中帮助周人避犬戎难而东徙。《左传·襄公十年》记载当时王叔陈生和伯舆两个卿士争权，晋侯派士匄前来王室调解，引起王叔之宰和伯舆的大夫瑕禽争讼，王叔之宰说这是“筚门（柴门）圭窦（小户）之人”欺陵其上，瑕禽驳斥说：“昔平王东迁，吾七姓从王，牲用备具。王赖之，而赐之骍旄（赤牛）之盟，曰：‘世世无失职。’若筚门圭窦，其能来东厎乎（“厎”谓安止）？”杜注：“平王徙时，大臣从者有七姓，伯舆之祖皆在其中，主为王备牺牲，共（供）祭祀。”可知七个姓的贵族都是全族东徙的。在当时天灾和人祸交迫的紧急形势下，不仅周的贵族大量东徙，一般平民东徙的当然更多。《秦本纪》又载：秦襄公“十二年伐戎至岐卒”，接着秦文公十六年“以兵伐戎，戎败走，于是文公遂收周余民而有之，地至岐，岐以东献之周”。所谓“周余民”，就是指大量东徙而余留之民。

原住周原和西都王畿的周大小贵族以及平民，在人祸和天灾交迫下，临时窖藏铜器等财物，仓皇东迁，使得许多周贵族失去原有的经济基础，从而加速了西周王朝的衰亡，等到幽王被攻杀，于是不得不把政权机构东迁中原。当时申侯、曾侯引犬戎攻杀幽王，申侯、曾侯是要藉此控制周王室，而犬戎目的在劫略，《周本纪》所谓“尽取周赂去”。实际上犬戎并未即去，因而避难东徙的周人不能再回归，周人窖藏的铜器因而在地下完整地保留到后世。

六 幽王的灭亡和平王的东迁

《周本纪》载：“幽王以虢石父为卿用事，国人皆怨。石父为人佞巧，善谀好利，王用之。又废申侯、去太子也。申侯怒，与缯、西夷犬戎攻幽王。幽王举烽火征兵，兵莫至，遂杀幽王骊山下，虏褒姒，尽取周赂而去，于是诸侯乃即申侯而共立故幽王太子宜臼，是为平王，以奉周祀。平王立，东迁雒邑，避戎寇。”

《古本竹书纪年》载：“幽王八年立褒姒之子曰伯服为太子。”（《太平御览》卷一四七引，卷八五又引“伯服”作“伯盘”。《左传·昭公二十六年》正义亦引作“伯盘”，雷学淇《竹书纪年义证》以作“盘”为是。）

《古本竹书纪年》载：“（伯盘）与幽王俱死于戏。先是，申侯、鲁侯（“鲁”当作“曾”）及许文公立平王于申，以本太子故称天王。幽王既死，而虢公翰又立王子余臣于携。周二王并立”（《左传·昭公二十六年》正义引）。《通鉴外纪》引作“幽王死，申侯、鲁侯（“鲁”当作“曾”）、许文公立平王于申，虢公翰立王子余，二王并立”。“二十一年携王为晋文公（当作“晋文侯”）所杀，以本非適，故称携王”（《左传·昭公二十六年》正义引）。

《左传·昭公二十六年》记王子朝告于诸侯，其中讲到“至于幽王，天不弔周，王昏不若，用愆厥位。携王奸命，诸侯替之，而建王嗣，用迁郏鄏（即洛阳）”。

《古本竹书纪年》载：“自武王灭殷，以至幽王凡二百五十七年。”（《周本纪》集解引，《通鉴外纪》卷三所引略同）

《诗经·小雅·十月之交》载有幽王灭亡时的情景：“十月之交，朔日辛卯。日有食之，亦孔之丑。彼月而微，此日而微。今此下民，亦孔之哀。日月告凶，不用其行。四国无政，不用其良。彼月而食，则维其常。此日而食，于何不臧！烨烨震电，不宁不令。百川沸腾，山冢崒崩。高岸为谷，深谷为陵。哀今之人，胡憯莫惩！皇父卿士，番维司徒，家伯维宰，仲允膳夫，棸子内史，蹶维趣马，楀维师氏。艳妻煽方处。抑此皇父，岂曰不时？胡为我作，不即我谋？彻我墙屋，田卒汙莱。曰予不戕，礼则然矣！皇父孔圣，作都于向。择三有事，亶侯多藏。不慭遗一老，俾守我王。择有车马，以居徂向。黾勉从事，不敢告劳。无罪无辜，谗口嚣嚣。下民之孽，匪（非）降自天；噂沓背憎，职竞由人。悠悠我里，亦孔之痗。四方有羡，我独居忧。民莫不逸，我独不敢休。天命不彻，我不敢效我友自逸。”

这首诗作于幽王六年（公元前七七六年），开头所说这年十月朔日（初一）有日食，这是公元前七七六年九月六日的日食，正当周历十月朔日辛卯。依据南京紫金山天文台张培瑜所编《晚殷西周冬至合朔时日表》的推算，这年十月初一正是辛卯。据此可知，从南朝梁虞劆，隋张胄元，唐傅仁均、一行，元郭守敬以来，古历法专家推定幽王六年十月辛卯朔日有日食，是正确的。其中讲到“百川沸腾，山冢崒崩”的大地震，正是幽王二年周原地区“三川竭、岐山崩”的情景。作诗的人以此评论当时西周执政者祸国殃民，在日食地震、河沸山崩的时候，还是和褒姒勾结起来为非作歹，搜刮财货，运往中原囤积。

按《十月之交》所说“艳妻煽方处”，《鲁诗》作“阎妻”。《毛传》以为艳妻即幽王之后褒姒。《十月之交》所说“皇父卿士”，许印林（《攗古录金文》所引）、王国维（《观堂集林》卷二三《玉谿生诗年谱序》）都认为皇父即函皇父簋、函皇父鼎之函皇父，“函”与“艳”、“阎”皆同音通用。我们认为幽王时之皇父确为函皇父，与宣王时出征的南仲皇父不同。“艳妻”是诗人对褒姒的贬称，褒姒出于褒国，并不能因“艳”、“函”音同而以为出自函国。

附　　录

论《逸周书》

一

《逸周书》原称《周书》，具有《尚书·周书》的逸篇性质，其中保存有好多篇真实的西周历史文件。就史料价值来看，有些篇章的重要性是超过《尚书·周书》的。

《汉书·艺文志》六艺的书家，著录有《周书》七十一篇，班固自注："周史记"。颜师古注："刘向云：'周时诰誓号令也，盖孔子所论百篇之余也。'今存者四十五篇矣。"这就是今本《逸周书》的来源。今本《逸周书》实存五十九篇及《序》一篇，其中四十二篇有孔晁注，十七篇无注，十一篇仅存篇目。颜师古所说："今存者四十五篇"，是指孔晁注本，唐时存四十五篇，其后又失去三篇。唐代流传的《逸周书》有两种版本，除孔晁注本以外，另有一种无注本，曾被误传为出土于晋代汲郡的魏墓中，因而有《汲冢周书》之称。《隋书·经籍志》著录有《周书》十卷，下注："汲冢书。"《唐书·艺文志》既有《汲冢周书》十卷，又有孔晁注《周书》八卷，就是由于无注本与孔晁注本同时并存。今本既有孔晁注本，又有无注本，当是唐以后学者把两种残本合编而成。

清代学者校订此书的，有卢文弨校本，这一校本汇集有当时许多学者校勘的成果。清代学者对此书作新的校释的，有丁宗洛《逸周书管笺》、陈逢衡《逸周书补注》、朱右曾《逸周书集训校释》与唐大沛《逸周书分编句释》。丁宗洛《管笺》随意增改文字与解释，学术价值不高。陈逢衡《补注》兼采别家之说，内容比较丰富。此外王念孙《读书杂志》、洪颐煊《读书丛录》等，虽然校释不多，却很精审。朱右曾与唐大沛都是道光年间的学者，他们的校释是在前人已有成绩的基础上进行的，又有进一步的成就。朱右曾曾吸取卢文弨、王念孙、洪颐煊以及丁宗洛的成果，唐大沛又曾吸取卢文弨、王念孙、洪颐煊与陈逢衡的成果。朱右曾《集训校释》既有单刻本，又被收入《续皇清经解》中，因而流行较广。唐大沛《分编句释》，现有台北学生书局影印本。近代学者对此书作部分校释的，有孙诒让《周书斠补》、刘师培《周书补正》与陈汉章《周书后案》。书中《王会解》，宋代王应麟有《王会补注》，清代何秋涛有《王会篇笺释》，近代刘师培有《周书王会篇补释》。

后人对《逸周书》史料的来源有很不同的看法。《汉书·艺文志》著录于六艺的书九家之中，而宋代以来，不少学者以为是战国时人的仿作，假托于周为名，陈振孙《直斋书录解题》认为"文体与古文不类，似战国后人仿效为之者"。李焘《跋嘉定五年刊本》更说："书多驳辞，宜孔子所不取，抑战国处士私相缀续，托周为名，孔子亦未见。"《四库全书总目提要》因见《左传》多处引《书》，见于此书，断定春秋时已有之，特战国以后辗转附益，故其文驳杂耳。朱右曾采取了折衷的看法，认为"此书虽未必果出文、武、周、召之手，要亦非战国秦汉人所能伪托”；并且着重指出：“《克殷篇》所叙，非亲见者不能，《商誓》、《度邑》、《皇门》、《芮良夫》诸篇，大似《今文尚书》。”

值得重视的是唐大沛的见解。他明确断言其中“真赝相淆，纯杂不一”。他说：“原本有真古书完具者，有稍残缺者，有残缺已甚者，有集断简而成者，有取古兵家要言而指为文、武之书者，有伪叙首尾强属之某王时者，有本篇已亡，谰取他书以当之者。”他主张重新加以清理分编。他把全书分为上、中、下三编。上编属于真古书，有训告书十二篇，纪事书七篇，政制书九篇（政制书九篇未见稿本）；中篇有训告书十篇，“盖集先圣格言以成”，又有武备书八篇，“皆兵家要言”；下编有训告书八篇，纪事书二篇及政制书二篇，大多集取断简而成，残缺讹脱难晓，有的首尾皆伪作而中间杂取兵家之言。

在唐大沛列入上编的训告书与纪事书中，有些并非真古书，他把此书开头三篇《度训》、《命训》、《常训》，疑为《尚书·顾命》所谓“周之大训陈于西序”者，当然不可信。但是他指出《商誓》、《度邑》、《皇门》、《尝麦》、《祭公》、《芮良夫》等训告书与《克殷》、《世俘》、《作雒》等纪事书都是真古书，是可信的。他还说：“《商誓》、《度邑》、《皇门》、《尝麦》、《祭公》、《芮良夫》，与《今文尚书》二十八篇悉同轨辙。”他在每篇的解题中，又有进一步的说明。

《逸周书》末尾有《序》一篇，案《书序》体例说明各篇制作的原因。唐大沛认为“此序盖战国时人编书者所作”，是很可能的。从整篇序文来看，编者的编辑要旨，在于阐明文王、武王、周公如何克殷而建国的历程，强调西周初期的文治与武功，而对武功尤其重视。唐大沛认为其中许多武备书“皆兵家要言”，有些训告书是首尾伪作而中间杂取兵家之言的。吕思勉先生《经子解题》中有论《逸周书》部分，他认为《逸周书》应入子部兵家。《逸周书》很可能出于战国时代兵家所编辑，编者以文王、武王、周公的文治与武功作为兵家思想的渊源，因而广为搜辑材料，编成这样一部《周书》。书中既收辑有真实的《周书》逸篇，包括《克殷》、《世俘》等宣扬武王的武功的篇章，《商誓》、《度邑》、《作雒》、《皇门》等说明武王、周公文治的篇章；同时又辑录战国时人伪托的篇章，还采辑一些战国时代的论著，附会为文王、武王、周公所作，用来说明西周初期的文治武功；更直接编入不少战国时代兵家的著作。

二

《逸周书》中确实保存有好多篇《周书》逸篇。班固指出《周书》是“周史记”，刘向解释为“周时诰誓号令之类”，就是认为《周书》是《书》的逸篇性质。先秦的所谓“书”，主要是指册命的文件，包括诰誓号令之类，确是出于当时史官记录的。西周金文记述册命礼，讲到臣下所接受的册命的文件，就叫做“令册”或“令书”(颂鼎、寰盘铭文)，或“书”(免簋铭文)。西周文献中提到的“书”，同样是指册命的文件，如《尚书·金縢》：“以启金縢之书”，《尚书·召诰》：“周公乃朝(早)用书命庶殷”，《尚书·顾命》：“太史秉书由宾阶隮”。举行册命礼时，按礼制，应有史官当着受命者面前宣读册命文件，称为“繇书”或“读书”。如《逸周书·世俘解》：“武王降自东，乃俾史佚繇书于天号”，《逸周书·尝麦解》：“乃北向繇书于两楹之间。”王国维说“繇”即“籀”字的通假，“繇书”就是“籀书”，也就是“读书”，《说文》云：“籀，读也”(《史籀篇疏证》)。这是正确的。

刘向说《逸周书》“盖孔子所论百篇之余”，当然不可信。孔子删书之说，原来出于西汉纬书作者的编造。但是不能否认，今本《尚书》（即《今文尚书》）确是战国时代儒家的《书》的逸本。战国诸子引用《诗》、《书》，都是用作理论依据的，他们的《书》的选本，当然同样是为了用作理论依据。《今文尚书》二十八篇，原是西汉初年伏生传授的壁藏的有残缺的本子，而它的祖本当即出于战国和秦的儒家所编选。我们只要把它与《墨子》所引的《书》作一比较，便可明了。《墨子》共引《书》二十九则，大多数不见于《今文尚书》，少数见于《今文尚书》的，所引文字也有出入。值得注意的是，《今文尚书》二十八篇中，《周书》要占一半，而大多数周书是有关周公的文献，宣扬的是文、武、周公之道，正是儒家主要的理论依据。而《逸周书》所收辑西周文献，正是儒家《尚书》选本以外的篇章，而且都是《书序》所说百篇之外的。因此，可以说是儒家"所论百篇之余"的。

先秦诸子各有其选读《书》的标准，儒家也有其选取的政治思想的标准。孟子早就说："尽信《书》不如无《书》，吾于《武成》取二三策而已矣，仁人无敌于天下，以至仁伐至不仁，而何其血之流杵也"（《孟子·尽心下》）。孟子认定武王克商，是"以至仁伐至不仁"，用这个标准来衡量《武成》，《武成》就不可信，因为它记载了大量的杀伤，弄得流血漂杵，就太残忍了。这个评选《书》的标准，对后代儒家是有深远影响的。汉景帝时发现了一批用古文（即战国文字）写的竹简，其中有《书》的篇章，即所谓《古文尚书》。其内容，除了与伏生所传《今文尚书》相同的篇章以外，还多出了十六篇，即所谓《逸书》，其中就有《武成》一篇。这是个很重要的古籍发现。《古文尚书》自从孔安国"以今文读之"，开始传授以后，逐渐形成与《今文尚书》对立的学派。到东汉时期，这个学派虽然作为民间私学，但逐渐已在学术界取得优势，先后出了许多大名家。但是这个古文学派讲解传授和注解的，始终是与《今文尚书》相同的篇章，比《今文尚书》多出的十六篇（后来分为二十四篇），始终没有被传授推广和注解，看来就是因为其内容不符合当时的政治思想标准，不能用它来和今文学派在政治上竞争。因此《武成》一篇在东汉初年（光武帝建武年间）首先散失了，其余的逸篇到永嘉之乱就全失去了。

值得庆幸的是，这部兵家选辑的《逸周书》中保存的好多篇《周书》逸篇，能够一直流传到今天。《逸周书》的编者该是以兵家的标准来选取《周书》的，因而它所保存的西周历史文件，内容很不同于儒家所传的《今文尚书》。

保存于《逸周书》中的《世俘解》，应该是和《武成》篇同一来源的不同篇章。清代学者孔广森在《经学卮言》中已经指出这点，《汉书·律历志》所引《武成》的字句和《世俘解》相同，《书序》说："武王伐殷，征伐归兽，识其政事，作《武成》。"而《世俘解》所记克殷后"武王狩"一节，"与归兽事相类"。顾颉刚先生《逸周书世俘篇校注写定与评评》（《文史》第二辑），进一步论证《世俘解》与《武成》相同的地方，并且举出不少证据来证明这是西周初期作品，如文中用"旁生霸"、"既死霸"等记时名词，用"越若来"、"朝至"等词，称"国"为"方"，杀人言"伐"，沿用商代杀人献祭的礼制等。屈万里《读周书世俘篇》（《李济先生七十岁论文集》上册），也认为《世俘解》与《武成》是同记一事的篇章，提出了补充证据，进一步认定这是西周文献，认为《世俘解》中宗庙用燎祭和祭祀用牲之多，憝国与服国之多，用猎获禽之多，以及文中有后世罕见的方国等等，都足以证明非东周以后的作品。

我们认为，《世俘解》不仅是和《武成》相同的篇章，而且所叙述的武王克殷过程，与西周初期所作歌颂武王克殷的《大武》乐章完全符合。根据《礼记·乐记》，《太武》乐章分为六成："且夫《武》，始而北出，再成而灭商，三成而南，四成而南国是疆，五成而分（《史记·乐书》"分"下有"陕"字），周公左，召公右，六成复缀，以崇天子。"所说第一成"始而北出"，是指从盟津渡河北上进军，第二成"灭商"是指牧野之战得胜而灭商，第三成"南"和第四成"南国是疆"，就是《世俘解》所记分兵四路南下连克南疆诸侯之方国。《吕氏春秋·古乐》说武王克殷于牧野以后，"归乃荐俘馘于京太室"，蔡邕《明堂月令论》所引《乐记》逸文同样说："武王代殷，荐俘馘于京太室"，都与《世俘解》记载相合。这些讲古乐的书上所以会有这样与《世俘解》相同的记述，该是原来《大武》乐章表现有这方面的情节。

《世俘解》在记述武王克殷过程中，还记载了在牧野举行的杀人献祭的告捷礼，在殷郊举行的大规模狩猎，即是大蒐礼，以及回到宗周在宗庙中举行杀人献俘礼。不仅告捷礼与献俘礼是当时庆祝大胜的必要典礼，而且大蒐礼也还是庆祝胜利的必要仪式。《书序》特别指出《武成》的"征伐归兽"，《史记·周本纪》作"行狩"，"兽"与"狩"古字通用。殷代早就有战胜之后狩猎的礼俗，见于省吾《甲骨文字释林》的"释战后狩猎"条。大蒐礼原是利用集体狩猎来进行的军事训练，是当时很重要的一种礼制。商代和西周金文中也称大蒐礼为"兽"或"遣"（见宰峀簋、盂鼎铭文）。根据殷墟卜辞记载，在商的王畿西南太行山南麓，有特定的狩猎区，估计武王克商后的"大狩"，就在这一带举行的。

唐大沛说："此篇中盖有后人所增益以侈大其事者，然原本疑亦史佚所记也。"《世俘解》中所记战争中杀人的数字和狩猎中擒获的数字,数量太大,是可能有增益的地方的。

保存于《逸周书》的《克殷解》,也是可信的记载。《史记》的《周本纪》和《齐世家》几乎全文采用。末段自“立王子武庚”以下,该出于后人增补。《克殷解》记载牧野之战“商师大崩”之后,商纣奔入内宫自焚而死,武王进入王所,“而击之以轻吕,斩之以黄钺,折县(悬)诸大白”,再到二女之所,“乃右击之以轻吕,斩之以玄钺,折县诸小白”。武王这样斩下已死的商纣的头挂到旗杆上,过去不少人认为不该如此残忍,《论衡·恢国》就曾加以驳正。唐大沛认为这是真古书,是史臣“直书其事”,这一论断很是正确的。这个记载与《墨子》、《战国策》等书相合。《墨子·明鬼下》也说武王“折纣而系之赤环,载之白旗”。白旗是当时君王用来指挥大军作战的军旗。军旗以大白最贵,小白次之,赤旗又次之。当时军礼,斩得敌国首领的首级要悬挂在军旗之上示众,举行献俘礼时,也还要挂在军旗上示众。所以《世俘解》记载武王在周庙举行献俘,“太师负商王纣县首白旗,妻二首赤旗,乃以先馘入”,就是由太师吕尚掮着挂有商纣头的白旗与纣妻二头的赤旗先进入。这种礼制,在西周初期还举行,例如小盂鼎记载盂在战胜鬼方之后,向康王献俘,“盂以多旗佩鬼方……”,就是由盂掮着多面旗子佩挂着鬼方首领的头。

《逸周书》中保存的《商誓解》,是武王克商以后对殷贵族的一篇讲话。武王自称伐商是奉上帝之命,劝导殷贵族顺从天命。唐大沛在解题中认为此篇是真古书,而感慨没有得到人们的重视。这确是现存西周文献中最早的一篇,也是现存武王讲话中最完整的一篇,十分重要。武王口口声声说是奉上帝之命,讨伐多罪的一夫(即纣)。全篇“上帝”与“天”字并用,在重要的字句都用“上帝”,全篇一连提到十一次“上帝”，一次单称“帝”。关于天命应如何理解，《孟子·万章上》有万章与孟子的问答，万章问：“天与之者，谆谆然命之乎？”孟子答：“否！天不言，以行与事示之而已矣。”这是孟子对天命的一种理性的解释，但是原始的信仰并不如此，上帝不是“不言”的，确是“谆谆然命之”的。《商誓解》所记武王讲话正是这样。既说：“在昔后稷，惟上帝之言”，又说：“今在商纣……上帝亦显，乃命朕文考（指文王）曰：殪商之多罪纣”，又两处提到“上帝曰必伐之”，又说：“肆上帝命我小国曰：革商国”。《商誓解》中这样的记载，真是当时史官的实录。可能这篇真古书就是因为这样有上帝“谆谆然命之”的话，不为儒家的《尚书》选本所选取。

武王伐纣有两次誓师的讲话，即《太誓》与《牧誓》。《太誓》原本已失传，只见先秦古书所引的片段。汉武帝时发现的《太誓》讲到白鱼赤乌等祥瑞，当是战国时代阴阳家的作品。现存《尚书》的《牧誓》，近人都认为已非原本。《诗经·大雅·大明》：“殷商之旅，其会如林，矢于牧野：‘维予侯兴，上帝临汝，无贰尔心。’”“矢”是“誓”的意思，“矢于牧野”以下三句，该即《牧誓》的主要内容。《诗经·鲁颂·閟宫》：“致天之届，于牧之野：‘无贰无虞，上帝临汝。’”“于牧之野”以下二句，也该是《牧誓》的主要内容，与上引《大明》相同。这和《商誓解》武王自称奉上帝之命伐商相合。因为武王自称奉上帝之命，所以要用“上帝临汝”来鼓励战士信心，要大家在上帝的监护下齐心一致，勇往直前，不要畏缩。这些话却不见于今本《牧誓》。今本《牧誓》除了说：“今予发惟恭行天之罚”一句以外，没有一处提到“上帝”的。可以证明今本《牧誓》确已不是原作。先秦古书所引的《太誓》就和《商誓解》相同，既说：“纣夷之居而不肯事上帝”（《墨子·非命中》引《太誓》),又说:“惟我有周,受之大帝”(《墨子·非命下》引《太誓》)。大帝即是上帝。

《商誓解》的思想内容是和先秦古书所引的《太誓》一致的。《商誓解》记武王说:“上帝之来,革纣之命,予亦无敢违大命。”“帝”上的“上”字和“纣之”下的“命”字都原缺,从唐大沛补。从上下文看,补字是对的。这是说伐商克纣是由于天命的变革。《商誓解》又记武王说:“古商先誓(“誓”是“哲”的通假)王成汤克辟上帝,保生商民……今纣弃成汤之典,肆上帝命我小国曰:革商国。”这是说天命之所以革商,是由于纣不能继承成汤之典而“保生商民”,因为天命是顺从民意的。先秦古书所引《太誓》很突出这个观点,例如说:“民之所欲,天必从之。”(《左传·襄公三十一年》及《昭公元年》,《国语·周语中》及《郑语》引《太誓》)又如说:“天视自我民视,天听自我民听”(《孟子·万章上》)。值得重视的是,《商誓解》记武王把纣称为“一夫”,他说:“昔我在西土,我其有言,胥告商之百姓(指百官贵族)无罪,其惟一夫,予既殛纣,承天命。”唐大沛注:“一夫,纣也。孟子所谓独夫纣。”“一夫”在《太誓》中又称“独夫”。荀子说:“诛桀纣若诛独夫,故《泰誓》曰独夫纣,此之谓也”(《荀子·议兵》)。孟子也说:“残贼之人谓之一夫,我闻诛一夫纣矣,未闻弑君也”(《孟子·梁惠王下》)。十分明显,这种“汤武革命”的理论,就是孟子、荀子等儒家的民本思想的渊源。这种来源于“汤武革命”的儒家民本思想,对后代的政治有着深远的影响。

保存于《逸周书》的《度邑解》,讲武王克殷后,通宵睡不着,担心没有“定天保,依天室”,难以安定大局。“天保”是指顺从天意的国都,“天室”是指举行大典及施政的明堂,“依”是指举行内外群臣大会见并参与大献祭的殷礼，古“依”、“殷”同音通用。武王原拟传位于周公，周公没有接受，武王于是把建设东都的任务嘱托周公。唐大沛认为这是真古书，该与《尚书·周书》的诸诰并传。王国维也说：“此篇渊懿古奥，类宗周以前之书”（《观堂别集》卷一《周开国年表》）。《史记》曾采用其中关于建设东都部分。现在由于何尊在陕西宝鸡出土，证实了此篇的可靠性。《何尊》记载成王说：“惟武王既克大邑商，则廷告于天曰：余其宅兹中或（国），自之辥（乂）民。”所谓“宅兹中国”，就是要建设东都洛邑。《度邑解》记武王说：“自洛汭延于伊汭，居阳无固，其有夏之居。”《史记·周本纪》同。屈万里注：“此有夏亦当指周言。其，将然之词，言此地将为周之居也”（《史记今注》）。这个有夏之居的解释是对的。过去解释为夏代建都之地，是错的。周人自称我有夏（见《尚书·君奭》及《立政》），“有夏之居”就是“周居”，所以《史记》接着说：“营周居于雒邑而去。”这个“营”字是规划的意思。这是说武王要在洛汭与伊汭之间，靠大河之阳的平原地区，营建新都。后来周公在东征胜利之后，营建东都成周，就是执行武王的遗嘱的。

《度邑解》记载武王要传位给周公。《度邑解》说：“王□□传于后。”两缺字，朱右曾以为是“欲旦”二字，唐大沛以为是“命旦”二字。《度邑解》又记武王说：“乃今我兄弟相后，我筮龟其何所，即今用建庶建。”唐大沛注：“兄先弟后，殷人传及之法也，后即上文传于后之后。”朱右曾又以为“不传子而传弟故曰庶建”。这些解释是不错的。《度邑解》下文又说：“叔旦恐，泣涕共（拱）手。”就是周公表示不接受。武王死后，因成王年幼，周公奉成王而摄政称王。等到平定三监与武庚叛乱，东征胜利，周公执行武王遗嘱，营建东都成周，全国统一，局势大定，周公就归政于成王，而成王任命周公继续留在成周，作为“四辅”(即四方之辅),主持以后东都政务。《尚书·洛诰》载:“王命作册逸祝册,惟告周公其后。”又说:“王命周公后。”成王这样任命周公“其后”,同样是依据武王的遗嘱,即《度邑解》所说“传于后”的“后”。只是这个“后”字的含义已经发生变化。不是指王位的传授,而是指掌管此后东都政务的权力的授予。

保存于《逸周书》的《作雒解》,又是一篇西周重要文献。唐大沛认为“此周家一代大制作也”。是不错的。它记述了武王克殷以后发生的一系列的事件,等到周公东征胜利,将致政于成王,营建大邑成周作为东都,“立城方千七百二十丈,郛方七十里,南系于雒水,北因于郏山,以为天下之大凑,制郊甸方六百里,因西土而为方千里”。“方千七百二十丈”,《艺文类聚》、《初学记》等书都引作“方千六百二十丈”,正好方九里,与《考工记》所说“匠人营国方九里”相合。这样设置小城而连结大郭的都城布局,影响深远,为春秋战国时代各诸侯国所采用。早期的郭并没有郭城的建筑,只是利用原有的山川加工连结,用作防御设施。关于这点,焦循《群经宫室图》的“城图六”的说明是正确的。从《作雒解》来看,成周是东都的总称,既有“城”(即王城),另有“郛”(即大郭),更有“郊甸”即指王畿。这样以东都王畿六百里连结西都王畿四百里,合成王畿千里。即《汉书·地理志》所说:“初雒邑与宗周通封畿,东西长而南北短,短长相覆为千里。”这样建设东西两都结连的王畿,作为统治全国的枢纽,有利于巩固全国的统一。《公羊传》与《汉书·地理志》把王城与成周分为两个城邑,以为王城在汉代河南县,成周在洛阳县,两邑相距三十多里,这是错误的。王城确在汉代河南县,而成周的大郭并不在洛阳县,当即在王城以东,横跨瀍水东西两岸,在洛水以北,邙山以南。童书业《春秋王都辨疑》(收入《中国古代地理考证论文集》),对此已有精辟的辨正。令彝铭文记载:明公于乙酉这天用牲于成周康宫,完毕以后又“用牲于王”,王即指王城。明公不可能于同一天内在两个相距三十多里的城邑先后举行“用牲”的祭典。陈梦家先生的《西周铜器断代》,依然认定王城与成周各为一邑,认为王城为王宫所在,成周是宗庙所在,亦不可信。当时宗庙不仅是祭祖之处,而且具有礼堂性质,朝聘、册命等典礼都要在此举行,因而都城必须同时有王宫与宗庙的建筑,不可能分筑在相隔三十多里的两个城邑中。《作雒解》的末段列举洛邑的各种建筑设施,有不少后人增添的部分,但所说建有宗庙与路寝,还是可信的。

保存于《逸周书》的《皇门解》,记载周公在宫门会见“群门”时所作的讲话。开头说:“维正月庚午,周公格左闳门,会群门。”王念孙依据《玉海》引文及《周书序》校改“群门”为“群臣”,朱右曾从其说改字,而唐大沛认为“不必改”。从下文讲到“大门宗子”来看,以不改为是。《周书序》改作“群臣”是出于误解。“群门”是指周的许多“大门宗子”,就是各个大宗的族长。“会群门”是各大宗族长的定期大会见,当是从原始社会末期军事民主制时期氏族长老的议事会演变而来。周公在讲话中,开头就说:“下邑小国,克有耇老。”因为讲话的对象都是宗族的长老。他自称“予一人”,当已摄政称王,但是他面对宗族长老,还是会见性质,所以称为“会群门”。讲话中总结了前代的历史经验,赞扬贵族长老们“献言”帮助君王进行治理的好处,要求大家“明尔德,以助予一人忧”,最后以集体打猎作比喻说:“譬若众畋,常扶予险,乃而(“而”、“能”古通用)予于济。”就是说要如同集体打猎一样,经常扶助我脱险而能帮助我成功。这样的提倡贵族内部的民主和互助,还是沿袭军事民主时期的民主作风。这与《尚书·周书》中记载周公训诫臣下和告诫殷贵族的讲话，显然是大不相同的。

保存于《逸周书》的《祭公解》，记述大臣祭公谋父在临终前对穆王与三公提出五点劝戒：一是不要违反文武之道，以致丧失“二王大功”；二是不要以宠妾妒嫉正后；三是不要以小谋而败坏大事；四是不要以左右近臣为害大夫、卿士；五是不要以家相（家臣）扰乱王室，不爱护王室以外的人。唐大沛说：“此上五者，必穆王生平尝有此失，故举以为戒。”保存于《逸周书》的《芮良夫解》，是大臣芮良夫见到厉王起用荣夷公执政而实行“专利”时，向厉王进谏的话。指出荣夷公执政引导厉王做“不若”（不顺）的事，“专利作威，民将弗堪”，“惟以贪谀事王，不勤德以备难，下民胥怨，财力单竭，手足靡措，弗堪戴上，不其乱而”，“爵以贿成，贤智钳口，小人鼓舌，逃害要利，并得厥求”。这篇谏词，可能有后人增饰的地方，但基本上是可信的。我们从《祭公》、《芮良夫》等篇可以见到西周由盛而衰的政局变化。

三

我们在上节所谈到的，都是《逸周书》中保存比较完整的《周书》逸篇，史料价值是比较高的。此外确有如唐大沛所说有集断简而成的篇章。这种篇章虽然残缺不全，也还有其一定的史料价值。例如《尝麦解》，就是用三段内容不同的断简连缀而成。第一段讲孟夏尝麦于太祖的祭典，用的是夏正的历法，当是东周以后的作品，这一段只有十八个字，当即一片断简。第二段讲授给大正（官名）刑书的典礼，也可能是东周的作品，所讲授给刑书的礼制比较具体，对于研究册命的礼制以及策书的制度都很有参考价值。第三段所讲祭祀风雨等情况，也是研究祭祀制度的史料。

战国时代已有小说家产生，除编写民间故事以外，也还从事历史故事的创作，其中就有以西周历史作为题材的。《汉书·艺文志》有小说家者流，著录有《周考》一书，班固自注："考周事也。"这部《逸周书》中，就收辑有假托西周历史的故事，最为后人所爱读的就是《王会解》。《王会解》是描写周成王在成周会见四方少数民族贡献特产的盛大典礼的。王应麟以及唐大沛等人，认为这是依据描写这次盛会的图画记录下来的。如同《山海经》依据描写山海的图画而作成的一样。全篇把先秦四方少数民族分布情况及其特产，作了极其详尽的叙述。清代何秋涛的《王会篇笺释》曾对此作了很详细的考证。尽管它是小说性质。并非真有其事，但它是战国的作品，所叙述的先秦少数民族的情况，还是很值得我们珍视的史料。

《逸周书》既然出于战国时代的兵家所编辑，当然又是研究兵家不可少的资料。其中有不少以"武"作为篇名的，如《武称》、《大武》、《大明武》、《小明武》、《柔武》、《武顺》、《武穆》、《武纪》等，都很明显是兵家著作。

这部《逸周书》，内容比较混杂，长期被列入"杂史"一类，不为学者所重视，以致有些篇章已经散失，有些篇章残缺，有不少错脱字和缺烂的字。长期以来，从事注释和研究的人不多，书中保存的《周书》逸篇，没有被史学家充分利用来阐明西周历史事实的真相。司马迁已注意到这部书，但在《史记》中也只采取其中部分史料。至于夹杂在中间的许多战国时代的作品，也还没有分别加以清理，恢复其应有的史料价值，这些都有待于我们作进一步的研究和探讨。

（原载《中华文史论丛》一九八九年第一期）

图书在版编目(CIP)数据

西周史/杨宽著.—上海:上海人民出版社,
2019
(中国断代史系列)
ISBN 978-7-208-15368-4

Ⅰ.①西… Ⅱ.①杨… Ⅲ.①中国历史-西周时代
Ⅳ.①K224

中国版本图书馆CIP数据核字(2018)第176757号

责任编辑 张钰翰
封面设计 范昊如 夏 雪 等

中国断代史系列
西周史
杨 宽 著

出 版 上海人民出版社
(201101 上海市闵行区号景路159弄C座)
发 行 上海人民出版社发行中心
印 刷 上海盛通时代印刷有限公司
开 本 890×1240 1/32
印 张 29.75
插 页 6
字 数 649,000
版 次 2019年1月第1版
印 次 2024年7月第7次印刷
ISBN 978-7-208-15368-4/K·2773
定 价 138.00元